Direitos Fundamentais

Direitos Fundamentais

2017 · 2ª Edição

Jorge Miranda
Professor Catedrático das Faculdades de Direito
da Universidade de Lisboa e da Universidade Católica Portuguesa

DIREITOS FUNDAMENTAIS

AUTOR
Jorge Miranda

EDITOR
EDIÇÕES ALMEDINA, S.A.
Rua Fernandes Tomás, nos 76, 78 e 80
3000-167 Coimbra
Tel.: 239 851 904 · Fax: 239 851 901
www.almedina.net · editora@almedina.net

DESIGN DE CAPA
EDIÇÕES ALMEDINA, S.A.

PRÉ-IMPRESSÃO
EDIÇÕES ALMEDINA, S.A.
IMPRESSÃO E ACABAMENTO
PENTAEDRO, LDA.

Novembro, 2017
DEPÓSITO LEGAL
434711/17

Os dados e as opiniões inseridos na presente publicação são da exclusiva responsabilidade do(s) seu(s) autor(es).
Toda a reprodução desta obra, por fotocópia ou outro qualquer processo, sem prévia autorização escrita do Editor, é ilícita e passível de procedimento judicial contra o infrator.

 GRUPOALMEDINA

Biblioteca Nacional de Portugal – Catalogação na Publicação

MIRANDA, Jorge, 1941-

Direitos fundamentais. - 2ª ed. – (Manuais universitários)
ISBN 978-972-40-7217-3

CDU 342

DO AUTOR

I – Livros e monografias

- *Contributo para uma teoria da inconstitucionalidade*, Lisboa, 1968;
- *Poder paternal e assistência social*, Lisboa, 1969;
- *Notas para uma introdução ao direito constitucional comparado*, Lisboa, 1970;
- *Chefe do estado*, Coimbra, 1970;
- *Conselho de estado*, Coimbra, 1970;
- *Decreto*, Coimbra, 1974;
- *Deputado*, Coimbra, 1974;
- *A Revolução de 25 de Abril e o Direito Constitucional*, Lisboa, 1975;
- *A Constituição de 1976 – Formação, Estrutura, Princípios Fundamentais*, Lisboa, 1978;
- *Manual de Direito Constitucional*, 1.º tomo, 10 edições, 1981, 1982, 1985, 1990, 1996, 1997, 2003, 2009, 2011 e 2014; 2.º tomo, 7 edições, 1981, 1983, 1991, 2000, 2003, 2007 e 2013; 3.º tomo, 6 edições, 1983, 1987, 1994, 1998, 2004 e 2010; 4.º tomo, 6 edições, 1988, 1993, 2000, 2008, 2012 e 2016; 5.º tomo, 4 edições, 1997, 2000, 2004 e 2010; 6.º tomo, 4 edições, 2001, 2005, 2008 e 2013; 7.º tomo, 2007;
- *As associações públicas no Direito português*, Lisboa, 1985;
- Relatório com o programa, o conteúdo e os métodos do ensino de direitos fundamentais, Lisboa, 1986;
- *Estudos de Direito eleitoral*, Lisboa, 1995;
- *Escritos vários sobre a Universidade*, Lisboa, 1995;

DIREITOS FUNDAMENTAIS

- *O constitucionalismo liberal luso-brasileiro*, Lisboa, 2001;
- *Teoria do Estado e da Constituição*, 2 edições, Rio de Janeiro, 2002 e 2009;
- *Curso de Direito Internacional Público*, 6 edições, Cascais, 2002, 2004, 2006, 2009, 2012 e 2016 e Rio de Janeiro, 2009;
- *Constituição Portuguesa Anotada* (com Rui Medeiros), 1.º tomo, 2 edições, Coimbra, 2005 e 2010 (reimpressão de 2017); 2.º tomo, Coimbra, 2006; 3.º tomo, Coimbra, 2007;
- *Escritos vários sobre direitos fundamentais*, São João do Estoril, 2006;
- *Formas e sistemas de governo*, Rio de Janeiro, 2007;
- *As Constituições dos Estados de língua portuguesa – Uma visão comparativa* (com E. Kafft Kosta), Curitiba, 2013;
- *Curso de Direito Constitucional*, 2 volumes, Lisboa, 2016;
- *Direito de asilo e refugiados na ordem jurídica portuguesa*, Lisboa, 2016;
- *Direitos Fundamentais*, Coimbra, 2017;
- *Fiscalização da Constitucionalidade*, Coimbra, 2017.

II – Lições policopiadas

- *Ciência política e Direito Constitucional*, 2 Volumes, Lisboa, 1972-1973;
- *Ciência política – formas de governo*, 4 edições, Lisboa, 1981, 1983-1984, 1992 e 1996;
- *Direito Constitucional – Direitos, liberdades e garantias*, Lisboa, 1578-1979;
- *Direito da economia*, Lisboa, 1983;
- *Funções, órgãos e actos do Estado*, 3 edições, Lisboa, 1984, 1986 e 1990;
- *Direito Internacional Público – i*, 2 edições, Lisboa, 1991 e 1995;
- *Direito constitucional-III – Direito eleitoral e direito parlamentar*, 2 edições, Lisboa, 2001 e 2003.

III – Principais artigos

- *Relevância da agricultura no Direito constitucional português*, in *Rivista di Diritto Agrario*, 1965, e in *Scientia Iuridica*, 1966;
- *Notas para um conceito de assistência social*, in *Informação Social*, 1968;

- *Colégio eleitoral*, in *Dicionário Jurídico da Administração Pública*, ii, 1969;
- *A igualdade de sufrágio político da mulher*, in *Scientia Iuridica*, 1970;
- *Liberdade de reunião*, in *scientia iuridica*, 1971;
- *Sobre a noção de povo em Direito constitucional*, in *Estudos de Direito público em honra do Professor Marcello Caetano*, Lisboa, 1973;
- *Inviolabilidade do domicílio*, in *Revista de Direito e Estudos Sociais*, 1974;
- *Inconstitucionalidade por omissão*, in *Estudos sobre a Constituição*, i, Lisboa, 1977;
- *O Direito eleitoral na Constituição*, in *Estudos sobre a Constituição*, ii, Lisboa, 1978;
- *Aspects institutionnels de l'adhésion du Portugal à la Communauté Economique Européenne*, in *Une Communauté à douze? L'impact du nouvel élargissement sur les Communautés Européennes*, Bruges, 1978;
- *O regime dos direitos, liberdades e garantias*, in *Estudos sobre a Constituição*, iii, Lisboa, 1979;
- *A ratificação no Direito constitucional português*, in *Estudos sobre a Constituição*, iii, Lisboa, 1979;
- *Os Ministros da República para as regiões autónomas*, in *Direito e Justiça*, 1980;
- *A posição constitucional do primeiro-ministro*, in *Boletim do Ministério da Justiça*, n.º 334;
- *Églises et État au Portugal*, in *Conscience et liberté*, 1986;
- *Propriedade e Constituição (a propósito da lei da propriedade da farmácia)*, in *O Direito*, 1974-1987;
- *A Administração Pública nas Constituições portuguesas*, in *O Direito*, 1988;
- *Tratados de delimitação de fronteiras e Constituição de 1933*, in *Estado e Direito*, 1989;
- *O programa do governo*, in *Dicionário Jurídico da Administração Pública*, vi, 1994;
- *Resolução, ibidem*, vii, 1996;
- *O património cultural e a Constituição – tópicos*, in *Direito do Património Cultural*, obra coletiva, 1996;
- *Les candidatures*, in *Annuaire International de Justice Constitutionnelle*, 1996;
- *L'esperienza portoghese di sistema semipresidenziale*, in *Democrazia e forme di governo – Modelli stranieri e riforma costituzionale*, obra coletiva, 1997;

DIREITOS FUNDAMENTAIS

- *Timor e o Direito constitucional*, in *Timor e o Direito*, obra coletiva, Lisboa, 2000;
- *Uma perspectiva constitucional de reforma do contencioso administrativo*, in *Estudos em homenagem ao Prof. Doutor Inocêncio Galvão Telles*, obra coletiva, Coimbra, 2003;
- *A «Constituição europeia» e a ordem jurídica portuguesa*, in O Direito, 2001-2003;
- *Notas sobre a renúncia do Presidente da República*, in *Revista da Faculdade de Direito da Universidade de Lisboa*, 2005;
- *Os juízes têm direito à greve*, in *Homenagem ao Prof. Doutor André Gonçalves Pereira*, obra coletiva, Coimbra, 2006;
- *Cultura, Constituição e Direitos Culturais*, in O Direito, 2006;
- *Em vez do Código Civil uma lei sobre leis*, in *Estudos Comemorativos dos 20 anos da Universidade Nova de Lisboa*, obra coletiva, I, Coimbra, 2008;
- *Constituição e Universidade*, in *Revista da Faculdade de Direito da Universidade de Lisboa*, 2008;
- *A Constituição de Angola de 2010*, in O Direito, 2010;
- *Estado, liberdade religiosa e laicidade*, in *Revista da Faculdade de Direito da Universidade de Lisboa*, 2012;
- *Revisitando os atos de Governo*, in *Estudos em homenagem ao Prof. Doutor J. J. Gomes Canotilho*, obra coletiva, Coimbra, 2012;
- *La solidarité – Un défi politique*, in *Long Cours – Mélanges en l'honneur de Pierre Bon*, obra coletiva, Paris, 2014;
- *Direitos fundamentais culturais e direitos de autor*, in *Estudos de Direito Intelectual em Homenagem ao Prof. Doutor José de Oliveira Ascensão*, obra coletiva, Coimbra, 2015.

IV – Coletâneas de textos

- *Anteriores Constituições Portuguesas*, Lisboa, 1975;
- *Constituições de Diversos Países*, 3 edições, Lisboa, 1975, 1979 e 1986-1987;
- *As Constituições Portuguesas*, 4 edições, Lisboa, 1976, 1984, 1991 e 1997;
- *A Declaração Universal e os Pactos Internacionais de Direitos do Homem*, Lisboa, 1977;

- *Fontes e trabalhos preparatórios da Constituição*, Lisboa, 1978;
- *Direitos do Homem*, 2 edições, Lisboa, 1979 e 1989;
- *Textos Históricos do Direito Constitucional*, 2 edições, Lisboa, 1980 e 1990;
- *Jurisprudência constitucional escolhida*, 3 volumes, 1996 e 1997.

V – Obras políticas

- *Um projecto de Constituição*, Braga, 1975;
- *Constituição e democracia*, Lisboa, 1976;
- *Um projecto de revisão constitucional*, Coimbra, 1980;
- *Revisão constitucional e democracia*, Lisboa, 1983;
- *Anteprojecto de Constituição da República de São Tomé e* Príncipe, 1990;
- *Um anteprojecto de proposta de lei do regime do referendo*, in *Revista da Faculdade de Direito da Universidade de Lisboa*, 1991;
- *Ideias para uma revisão constitucional em 1996*, Lisboa, 1996;
- *Inconstitucionalidade de revisão constitucional – 1971 e um projecto de Francisco de Sá Carneiro*, Lisboa, 1997;
- *Estudo em vista a uma nova lei de partidos políticos*, Lisboa, 1999;
- *Uma Constituição para Timor*, Lisboa, 2001;
- *Constituição e cidadania*, Coimbra, 2003;
- Parecer sobre a reforma do sistema eleitoral relativo à Assembleia Legislativa Regional dos Açores, in *Revista da Faculdade de Direito da Universidade de Lisboa*, 2003;
- *Na hipótese de outra revisão constitucional*, in *Estudos em homenagem ao Prof. Doutor José Manuel Sérvulo Correia*, obra coletiva, Coimbra, 2010.
- *Da Revolução à Constituição – Memórias da Assembleia Constituinte*, Cascais, 2015

TÍTULO I
A PROBLEMÁTICA DOS DIREITOS FUNDAMENTAIS

CAPÍTULO I
SENTIDO DOS DIREITOS FUNDAMENTAIS

§ 1.º
Formação e evolução

1. Noção de direitos fundamentais

I – O Estado consiste, primordialmente, numa comunidade de pessoas entrelaçado com um poder institucionalizado. Constituem-no aqueles homens e aquelas mulheres que o seu Direito reveste da qualidade de cidadãos ou súbditos e a que atribui direitos e deveres. Não é a única manifestação de fenómeno político e jurídico; outras existiram e outras têm emergido nas grandes transformações dos últimos cem anos. Mas é a única em que a autoridade se exerce diretamente sobre as pessoas e em que estas podem participar na formação da vontade funcional.

São muitos e muito diversificados os direitos das pessoas dentro da ordem jurídica estatal. Entre todos avultam os *direitos fundamentais* ou direitos das pessoas perante o Estado e assentes na Constituição ou Lei Fundamental – direitos fundamentais, por traduzirem essa relação fundamental e por beneficiarem das garantias inerentes à força específica das suas normas [1].

---

[1] Para uma análise dos direitos fundamentais da ótica dos direitos subjetivos, v., para uma iniciação, Robert Alexy, *Theorie der Grundrechte*, 1986, trad. *Teoria de los Derechos Fundamentales*,

DIREITOS FUNDAMENTAIS

Sem negar que tenha havido também direitos afins em quaisquer tipos de Estados e em todas as épocas, apesar disso só com o constitucionalismo moderno e com a sua ideia de limitação de poder adquirem pleno sentido os direitos fundamentais. Tal como apenas com o seu desenvolvimento, eles se vão alargando aos diversos domínios das formas de realização das pessoas no âmbito da vida económica, social e cultural [2].

II – Direitos fundamentais implicam necessariamente três pressupostos ou condições firmes.

Em primeiro lugar, não há verdadeiros direitos fundamentais sem que as pessoas estejam em relação imediata com o poder político, beneficiando de um estatuto comum e não separadas em razão dos grupos ou das instituições a que pertençam. Não há direitos fundamentais sem Estado ou, pelo menos, sem comunidade política integrada; não há direitos fundamentais sem Estado que os respeite e que os proteja.

Em segundo lugar, não há direitos fundamentais sem reconhecimento de uma esfera própria de autonomia das pessoas frente ao poder, não absorvendo este a sociedade em que eles se movem. Não existem em regimes políticos totalitários [3].

Madrid, 1993, págs. 173 e segs.; THOMAS MEINDL, *La notion de droit fondamental dans les jurisprudences et doctrines constitutionnelles françaises et allemandes*, Paris, 2003, págs. 279 e segs.; JOSÉ DE MELO ALEXANDRINO, *A estruturação do sistema de direitos, liberdades e garantias na Constituição portuguesa*, II, Coimbra, 2006, págs. 50 e segs.; CELSO ANTÓNIO BANDEIRA DE MELO, *Eficácia das normas constitucionais e direitos sociais*, São Paulo, 2011, pág. 42; VASCO PEREIRA DA SILVA, *"Todos diferentes, todos iguais" – Breve consideração acerca da natureza jurídica dos direitos fundamentais*, in *Estudos dedicados ao Professor Luís Alberto Carvalho Fernandes*, obra coletiva, III, Coimbra, 2011, págs. 553 e segs.; JOSÉ CARLOS VIEIRA DE ANDRADE, *Os direitos fundamentais na Constituição portuguesa de 1976*, 5.ª ed., Coimbra, 2012, págs. 107 e segs.

[2] Cfr., por todos, o nosso *Manual de Direito Constitucional*, II, 7.ª ed., Coimbra, 2013, págs. 11 e segs., e Autores citados.

[3] Cfr., mais frisantemente, acerca do nacional-socialismo alemão, ULRICH SCHEUNER, *Le peuple, l'État, le droit et la doctrine national-socialiste*, in *Revue du droit public*, 1937, pág. 50: já não há direitos subjetivos do indivíduo perante o Estado, nem esfera de ação individual livre de qualquer ingerência do Estado; pelo contrário, qualquer cidadão é, antes de mais, membro da comunidade; o indivíduo em toda a sua atividade acha-se em comunhão com a comunidade. E, acerca do marxismo-leninismo, o art. 23.º da primeira Constituição soviética, de 1918: «Tendo em conta os interesses da classe operária no seu conjunto, a República Soviética

CAPÍTULO I – SENTIDO DOS DIREITOS FUNDAMENTAIS

Em terceiro lugar, não há direitos fundamentais sem Constituição – sem a Constituição do constitucionalismo moderno iniciado no século XVIII, a Constituição enquanto fundação ou refundação do ordenamento jurídico estatal e incindível de um poder constituinte, a Constituição como sistematização racionalizadora das normas estatutárias de poder e da comunidade; a Constituição como lei, mesmo se acompanhada de fontes consuetudinárias e jurisprudenciais.

III – No período liberal falava-se em *direitos e garantias individuais*. A locução *direitos fundamentais*, embora não desconhecida no século XIX [4], seria consagrada na Constituição de Weimar, de 1919, e viria a generalizar-se depois nos textos constitucionais – como o português de 1976, o brasileiro de 1988 ou o angolano de 2010 e na jurisprudência e na doutrina [5].

Explicam este fenómeno também a ligação a outras figuras subjetivas e objetivas, a virtualidade de se abrir a diferentes precompreensões, a consideração do «homem situado» e a consagração de direitos das confissões religiosas, de múltiplas associações, de sindicatos, de partidos políticos e de outras entidades coletivas. Basta lembrar ainda, no caso do Brasil, a epígrafe do capítulo I do título I da Constituição: «direitos e deveres individuais e *coletivos*».

Já em Direito internacional continuam a prevalecer os termos *direitos do homem, direitos humanos* ou *proteção internacional da pessoa humana* – em parte, por assim ficar mais clara a atinência aos seres humanos, e não aos Estados [6] ou a outras entidades internacionais; e, em parte por, para lá de convenções setoriais sobre matérias específicas, ser menos extenso ou menos profundo o desenvolvimento alcançado e procurar-se um «mínimo ético universal».

Federativa da Rússia priva os indivíduos e os grupos particulares dos direitos que poderiam usar em detrimento da revolução socialista».

[4] Recorde-se a «Declaração de Direitos Fundamentais do Povo Alemão» de 1848, e sobre ela, por exemplo, OLIVIER JOUANJAN, *Une origine des "droits fondamentaux" en Allemagne: le moment 1848*, in *Revue de droit public*, 2012, págs. 766 e segs.
Ou, numa aceção algo diversa, LOPES PRAÇA, *Estudos sobre a Carta Constitucional e o Acto Adicional de 1852*, I, Coimbra, 1878, págs. 25 e 26.

[5] É a expressão que desde sempre temos adotado: *Contributo para uma teoria da inconstitucionalidade*, Lisboa, 1968, pág. 71; *Ciência Política e Direito Constitucional*, policopiado, II, Lisboa, 1971, pág. 212.

[6] Cfr. os direitos e deveres do art. 2.º da Carta das Nações Unidas e os da Carta de Direitos e Deveres Económicos dos Estados de 1974.

PAULO OTERO, diferentemente, prefere a expressão «direitos humanos», por se concentrar no essencial – o estatuto da pessoa humana – e por, a partir das últimas décadas do século XX, se assistir a uma progressiva perda de «fundamentalidade», com excessivo alargamento, despersonalização e diluição e até com o aparecimento de direitos fundamentais contrários à dignidade da pessoa humana [7].

Mas não. O alargamento dos direitos fundamentais para além dos direitos individuais não traduz senão o reconhecimento da inserção comunitária, sem a qual a pessoa humana, sobretudo na época atual, fica desamparada e ameaçada. Outra coisa vem a ser o exagero na formalização constitucional de certos direitos, derivada, porém, em larga medida, do caráter compromissório das Constituições recentes.

Acresce que o próprio termo "direitos humanos" pode não servir para a defesa da pessoa humana (tal como "dignidade humana" e não "dignidade da pessoa humana"), por poder inculcar direitos inerentes à Humanidade ou ao género humano e não a todas e cada uma das pessoas humanas [8].

IV – Em rigor, direitos fundamentais são sempre direitos constantes da Constituição formal. A seu lado fala-se, entretanto, em *direitos fundamentais em sentido material* para abranger todos os direitos constantes da Constituição em sentido material como conjunto de normas de qualquer natureza que lhes acrescentam novos direitos, por si só ou enquanto reguladores da organização e da atividade do Estado ou da estrutura dos seus órgãos e dos respetivos titulares.

Esta distinção de direitos fundamentais em sentido formal e direitos fundamentais em sentido material remonta, de algum mdo, ao IX Aditamento (de 1791) à Constituição dos Estados Unidos e encontra-se, expressa ou implícita, em não poucas Constituições.

---

[7] *Instituições políticas e constitucionais*, I, Coimbra, 2007, págs. 526 e segs.

[8] Sobre a questão terminológica, cfr. PAULO FERREIRA DA CUNHA, *Res Publica*, Coimbra, 1998, págs. 76 e segs.; INGO SARLET, *A eficácia dos direitos fundamentais*, 10.ª ed., Porto Alegre, 2009, págs. 27 e segs.; LUCIO PEGORARO, *Derecho Constitucional Comparado y uso comutativo de la palabra derecho (y de los adjetivos que la acompañam)*, in *Anuario Iberoamericano de Justicia Constitucional*, 14, 2010, págs. 347 e segs.

Cfr. já num plano conceitual, ROBERT ALEXY, *Constitucionalismo discursivo*, trad., Porto Alegre, 2011, págs. 10 e 11; JOSÉ DE MELO ALEXANDRINO, *A natureza variável dis direitos humanos: uma perspectiva de dogmática jurídica*, in *Liber Amicorum Fausto de Quadros*, obra coletiva, II, Coimbra, 2016, págs. 63 e segs.

Na verdade, lê-se nesse Aditamento que «a especificação de certos direitos pela Constituição não significa que fiquem excluídos ou desprezados outros direitos até agora possuídos pelos cidadãos». Segundo o art. 16.º, n.º 1, da atual Constituição portuguesa, «os direitos fundamentais consagrados na Constituição não excluem quaisquer outros constantes das leis e das regras de direito internacional». E algo de parecido consta do art. 5.º, § 2.º, da Constituição brasileira. Quer isto dizer que há (ou pode haver) normas de Direito ordinário, interno e internacional, atributivas de direitos equiparados aos constantes de normas constitucionais.

Debruçando-se sobre o texto norte-americano, escreve KELSEN que ele consagra a doutrina dos direitos naturais: os autores da Constituição terão querido afirmar a existência de direitos não expressos na Constituição, nem na ordem positiva. E, a seguir, explica, no seu jeito de raciocinar característico, que o que isso traduz é que os órgãos de execução do Direito, especialmente os tribunais, podem estipular outros direitos, afinal indiretamente conferidos pela Constituição [9].

Pois bem: cabe acrescentar que se a Constituição – a norte-americana, como a portuguesa ou a brasileira – os prevê é porque adere a uma certa conceção de *jusfundamentalidade* (conforme adiante se mostrará) ou, doutra perspetiva, porque adere a uma ordem de valores que ultrapassa as disposições dependente da capacidade do legislador constituinte [10].

2. Os direitos fundamentais na história

I – Somente há direitos fundamentais quando o Estado e a pessoa, a autoridade e a liberdade se distinguem e até, em maior ou menor medida, se contrapõem. Mas – por isso mesmo – não podem apreender-se senão como realidades que se postulam reciprocamente, se condicionam, interferem uma com a outra.

Os fins do Estado, a organização do Estado, o exercício do poder, a limitação do poder são função do modo de encarar a pessoa, a sua liberdade, as suas necessidades. E, do mesmo modo, as aspirações e pretensões individuais, institucionais ou coletivas reconhecidas, os direitos e deveres da pessoa, a sua

---

[9] *General Theory of Law and State,* Nova Iorque, 1961 (reimpressão), págs. 266-267.
[10] Cfr. INGO WOLFGANG SARLET, *op. cit.,* págs. 74 e segs.

DIREITOS FUNDAMENTAIS

posição perante a sociedade e o Estado são função do sentido que ele confere à sua autoridade, das normas que a regulam, dos meios de que dispõe.

Eis o que resulta com toda a nitidez, desde logo, do conspecto histórico que temos de brevemente fazer, na sequência do que resumimos no tomo I do nosso *Manual de Direito Constitucional*, e que também fica comprovado numa perspetiva de evolução de crenças, filosofias e ideologias [11].

[11] Sobre a história dos direitos fundamentais, v., entre tantos, Georg JELLINEK, *Allgemeine Staatslehre*, trad. castelhana *Teoria General del Estado*, Buenos Aires, 1954, págs. 307 e segs.; A. ESMEIN, *Éléments de Droit Constitutionnel Français et Comparé*, 7.ª ed., I, Paris, 1921, págs. 539 e segs.; CARL SCHMITT, *Verfassungslehre*, trad. castelhana *Teoria de la Constitución*, Madrid, 1934, págs. 182 e segs.; NIYAZI YELTEKIN, *La nature juridique des droits de l'homme*, Lausana, 1950, págs. 65 e segs.; PHILIPPE DE LA CHAPPELLE, *La Déclaration Universelle des Droits de l'Homme et le Catholicisme*, Paris, 1962, págs. 345 e segs.; Manuel GARCIA PELAYO, *Derecho Costitucional Comparado*, 8.ª ed., Madrid, 1967, págs. 144 e segs.; FELICE BATTAGLIA, *Dichiarazione di Diritti*, in *Enciclopedia del Diritto*, XII, págs. 409 e segs.; OTTO BRUNNER, *Neue Wege der Verfassungs und Sozialgeschichte*, Gotinga, 1968, trad. italiana *Per una nuova storia costituzionale e sociale*, Milão, 1970, págs. 201 e segs.; ÉTIENNE GRISEL, *Les Droits Sociaux*, Basileia, 1973, págs. 17 e segs.; JEAN RIVERO, *Les libertés publiques*, Paris, 1973, I, págs. 33 e segs.; IRING FETSCHER, *Libertad*, in *Marxismo y Democracia – Enciclopedia de Conceptos Basicos – Política 5*, obra coletiva, trad., Madrid, 1975, págs. 1 e segs.; RICHARD P. CLAUDE, *The classical model of humam rights development*, in *Comparative Human Rights*, obra coletiva, Baltimore e Londres, 1976, págs. 6 e segs.; PABLO LUCAS VERDU, *Curso de Derecho Político*, III, Madrid, 1976, págs. 39 e segs.; PONTES DE MIRANDA, *Democracia, Liberdade, Igualdade*, 2.ª ed., São Paulo, 1979, págs. 259 e segs.; ADRIANO MOREIRA, *Ciência Política*, Lisboa, 1979, págs. 311 e segs.; JESÚS GONZÁLEZ AMUCHASTEGUI, *Acerca del origen de la Declaración de los Derechos del Hombre y del Ciudadano de 1789*, in *Anuario de Derechos Humanos*, 2, março de 1983, págs. 119 e segs.; JEAN MORANGE, *Libertés Publiques*, Paris, 1985, págs. 24 e segs.; GEORGES TÉNÉKIDÈS, *La cité d'Athènes et les droits de l'homme*, in *Protecting Human Rights: the European Dimension – Studies in honour of Gerard J Wiarda*, obra coletiva, Colónia, 1988, págs. 605 e segs.; PEDRO CRUZ VILLALON, *Formación y evolución de los derechos fundamentales*, in *Revista Española de Derecho Constitucional*, 1989, págs. 35 e segs.; MANOEL GONÇALVES FERREIRA FILHO, *Direitos humanos fundamentais*, São Paulo, 1995, pág. 9 e segs.; REINHOLD ZIPPELIUS, *Allgemeine Staatslehre*, trad. portuguesa *Teoria Geral do Estado*, 3.ª ed., Lisboa, 1997, págs. 418 e segs.; JOSÉ MARTINEZ DE PISÓN, *Derechos humanos: historia, fundamento y realidad*, Saragoça, 1997, págs. 57 e segs.; *Historia de los Derechos Fundamentales*, obra coletiva editada por GREGORIO PECES-BARBA e EUSEBIO FERNANDEZ-GARCIA, I, Madrid, 1998, GILLES LEBRETON, *Libertés publiques et droits de l'homme*, 4.ª ed., Paris, 1999, págs. 56 e segs.; ISABEL BANOND, *A ideia de liberdade no mundo antigo: notas para uma reflexão*, in *Revista da Faculdade de Direito da Universidade de Lisboa*, 1999, págs. 325 e segs.; PAULO FERREIRA DA CUNHA, *Teoria da Constituição*, II, Lisboa, 2000, págs. 91 e segs.; LOUIS FAVOREAU *et alii*, *Droit des Libertés Fondamentales*, Paris, 2000, págs. 27 e segs.; CHRISTOPH EBERHARD, *Droits de l'homme et dialogue interculturel*, Paris, 2002, págs. 37 e segs.; FÁBIO KONDER COMPARATO, *A afirmação histórica dos direitos humanos*, 3.ª ed., São Paulo, 2003; SÉRGIO RESENDE DE BARROS, *Direitos fundamentais – paradoxo da história*,

CAPÍTULO I – SENTIDO DOS DIREITOS FUNDAMENTAIS

II – São bem conhecidas quatro grandes diferenciações de compreensão e extensão dos direitos das pessoas, as quais revertem em sucessivos períodos de formação.

A primeira consiste – adotando a fórmula célebre de BENJAMIN CONSTANT [12] – na distinção entre *liberdade dos antigos* e *liberdade dos modernos,* na distinção entre a maneira de encarar a pessoa na Antiguidade e a maneira de a encarar a partir do Cristianismo. Para os antigos, a liberdade é, antes de mais, participação na vida da Cidade; para os modernos, antes de mais, realização da vida pessoal [13].

A segunda refere-se à *tutela dos direitos própria da Idade Média e do Estado estamental* e à *tutela dos direitos própria do Estado moderno,* mais particularmente do Estado constitucional. Ali, direitos (ou melhor, privilégios, imunidades, regalias) de grupos, de corporações, de ordens, de categorias; aqui direitos comuns, ou universais, ligados a uma relação imediata com o Estado, direitos do homem e do cidadão (ainda que sem excluir alguns direitos de categorias particulares).

Belo Horizonte, 2003; J. J. GOMES CANOTILHO, *Direito Constitucional e Teoria da Constituição,* 7.ª ed., Coimbra, 2004, págs. 380 e segs. e *O círculo e a linha – Da "liberdade dos antigos" à "liberdade dos modernos" na teoria republicana dos direitos fundamentais,* in *Estudos sobre Direitos Fundamentais,* 2.ª ed., Coimbra, 2008, págs. 7 e segs.; GERHARD OESTRETCH, *Geschichte der Menschenrechte und Grundfreiheiten in Umriss,* trad. italiana *Storia dei diritti umani e delle libertà fondamentali,* 4.ª ed., Bari, 2006; ISAAL SABBÍ GUIMARÃES, *Direito Talmúdico como precursor dos direitos humanos,* in *De jure – Revista Jurídica do Ministério Público do Estado de Minas Gerais,* janeiro-junho de 2006, págs. 69 e segs.; PAULO OTERO, *op. cit.,* págs. 55 e segs.; Augusto Silva Dias, *«Delicta in re» e «Delicta Mere Prohibita»: uma análise das Descontinuidades do Ilícito Penal Moderno à Luz da Reconstrução de uma Distinção Clássica,* Coimbra, 2008, págs. 628 e segs.; PAULO BONAVIDES, *Do Estado liberal ao Estado real,* 9.ª ed., São Paulo, 2009, págs. 31 e segs.; INGO SARLET, *op. cit.,* págs. 37 e segs.; ISABEL CABRITA, *Direitos humanos: um conceito em movimento,* Coimbra, 2011; José Carlos Vieira de Andrade, *op. cit.,* págs. 51 e segs.; JORGE PEREIRA DA SILVA, *Deveres do Estado de proteção de direitos fundamentais,* Lisboa, 2015, págs. 63 e segs.

[12] *De la liberté des anciens comparée à celle des modernes,* 1815 (in *Cours de Politique Constitutionnelle,* IV, Paris, 1820, págs. 238 e segs.). Há uma tradução em português de ANTÓNIO DE ARAÚJO, *As duas liberdades de Benjamin Constant,* in *Revista da Faculdade de Direito da Universidade de Lisboa,* 1999, págs. 523 e segs.

[13] Excederia, porém, o escopo deste livro indagar do exato alcance da contraposição. A tendência dominante é para tomá-la em moldes mais mitigados do que os sugeridos por CONSTANT: v., por todos, GEORG JELLINEK, *op. cit.,* págs. 223 e segs., ou GIOVANNI SARTORI, *Théorie de la Démocratie,* trad., Paris, 1973, págs. 205 e segs.

DIREITOS FUNDAMENTAIS

A terceira contraposição dá-se entre *direitos, liberdades e garantias* e *direitos sociais* e patenteia-se nas grandes clivagens políticas, ideológicas e sociais dos séculos xix, xx e xxi. Se o Estado liberal se oferece relativamente homogéneo, já o Estado social recolhe concretizações e regimes completamente diferentes.

A quarta e última distinção prende-se com a *proteção interna* e a *proteção internacional dos direitos do homem*. Até ao fim da segunda guerra mundial, os direitos fundamentais, concebidos contra, diante ou através do Estado, só por este podiam ser assegurados; desde então, também podem ser assegurados por meio de instâncias internacionais.

Donde, o seguinte quadro:

1.ª fase	Liberdade dos Antigos	
2.ª fase	Liberdade dos Modernos	
	Direitos estamentais	
3.ª fase	Direitos comuns	
4.ª fase	Direitos, liberdades e garantias e direitos sociais	
5.ª fase	Proteção interna	Também proteção internacional

A primeira e a segunda fases são de pré-história; e apenas a terceira e a quarta de história dos direitos fundamentais e a quinta já, de certo modo, a ultrapassa.

3. A evolução até ao Estado moderno

I – Situando-nos, tal como a propósito da evolução geral do Estado[14], na linha do caminho conducente ao Estado moderno de tipo europeu – e tendo, por-tanto, de não considerar, embora não podendo ignorar, situações e aquisições

---

[14] V. *Manual...*, i, subtomo I, 10.ª ed., Coimbra, 2014, págs. 51 e segs.

CAPÍTULO I – SENTIDO DOS DIREITOS FUNDAMENTAIS

homólogas noutros tipos históricos, noutras civilizações, noutros lugares – avultam como principais marcas dessa evolução até aos séculos XV e XVI:

- A prevalência do fator pessoal sobre o fator territorial, como elemento definidor da comunidade política na Grécia e em Roma (apesar de não se reconhecer ao homem, só por ser homem, necessariamente personalidade jurídica);
- A reflexão e a criação cultural da Grécia clássica, quando questionam o poder estabelecido, afirmam a existência de leis que lhe são superiores e reivindicam um direito de desobediência individual, de que fica sendo emblemática a atitude de ANTÍGONA [15];
- A análise filosófica do conceito de justiça – distributiva e comutativa – feita por ARISTÓTELES [16] e a análise técnico-jurídica subsequente feita pelos juristas romanos;
- A distinção de poder público e poder privado e, correlativamente, de Direito público e Direito privado, em Roma, acompanhada, porém, da completa prevalência da família sobre a personalidade individual;

[15] Recordem-se os discursos contrastantes e sempre atuais da tragédia de SÓFOCLES (na tradução de Maria Helena da Rocha Pereira, Coimbra, 1984):
«ANTÍGONA – É mais longo o tempo em que devo agradar aos que estão no além do que aos que estão aqui. É lá que ficarei para sempre».
«ISMENA – Eu não faço nada que não seja honroso, mas sou incapaz de atuar contra o poder do Estados» (pág. 42).
«ANTÍGONA – Não nasci para odiar, mas sim para amar» (pág. 60).
«CREONTE – Não há calamidade maior que a anarquia. É ela que perde os Estados, que deita por terra as casas, que rompe as filas das lanças aliadas. E àqueles que seguem caminho direito é a obediência que salva a vida a maior parte das vezes» (pág. 67).
«HÉMON – Não há Estado algum que seja pertença de um só homem».
«CREONTE – Acaso não se deve entender que o Estado é de quem manda?» (pág. 70).
E sobretudo:
«ANTÍGONA – Eu entendo que os teus éditos não tinham tal poder que um mortal pudesse sobrelevar os preceitos, não escritos, mas imutáveis dos deuses. Porque esses não são de agora, nem de ontem, mas vigoram sempre, e ninguém sabe quando surgiram. Por causa das tuas leis, não queria eu ser castigada perante os deuses, por ter temido a decisão de um homem» (pág. 57).
Cfr. entre tantos, VICENTE DE PAULO BARRETTO, *Philia, autonomia e legitimidade, in Direito e Literatura – Reflexões teóricas*, obra coletiva, Porto Alegre, 2008, págs. 75 e segs.
[16] *Ética a Nicómaco*, livro V, de que há tradução portuguesa, de António de Castro Caeiro, 4.ª ed., Lisboa, 2012).

DIREITOS FUNDAMENTAIS

- A formação, em Roma, do *jus gentium* como complexo de normas reguladoras de relações jurídicas em que interviessem estrangeiros (*peregrini*) e a atribuição progressiva aos habitantes do Império de direitos e até da cidadania romana [17];
- O reconhecimento, com o cristianismo, da dignidade de cada homem ou mulher como filho ou filha de Deus, do destino e da responsabilidade individual, da unidade do género humano e da autonomia do espiritual perante o temporal [18];
- A condenação da escravatura pela Patrística e a doutrina da lei injusta formulada pela Escolástica medieval;
- A conquista de algumas garantias básicas de liberdade e segurança pessoal, na Inglaterra, a partir da *Magna Carta* de 1215 [19];
- O aparecimento também de algumas garantias da propriedade e até de participação política das pessoas e dos grupos, conexas com a intervenção das assembleias estamentais na criação de impostos (precursoras do princípio, mais tarde proclamado, *no taxation without representation*).

II – É com o cristianismo que todos os seres humanos, só por o serem e sem aceção de condições, são considerados pessoas dotadas de um eminente valor [20]. Criados à imagem e semelhança de Deus, todos os homens e mulheres são chamados à salvação através de Jesus que, por eles, verteu o Seu sangue. Criados à imagem e semelhança de Deus, todos têm uma liberdade irrenunciável que nenhuma sujeição política ou social pode destruir [21].

---

[17] Cfr., por todos, Marnoco e Sousa, *História das Instituições de Direito Romano, Peninsular e Português*, Coimbra, 1910, págs. 280 e segs., ou Raúl Ventura, *Direito Romano*, policopiado, Lisboa, 1958-1959, págs. 320 e segs.

[18] Sem esquecer o Antigo Testamento. Cfr., por exemplo, Jorge Daniel Barrientos-Parros, *Alguns fundamentos bíblicos na formação dos direitos humanos*, in *Direito Constitucional e Internacional dos Direitos Humanos*, obra coletiva (coord. de Alexandre Coutinho Pagliarini e Dimitri Dimoulis), Belo Horizonte, 2012, págs. 95 e segs.

[19] Cfr., por todos, Anne Pallister, *Magna Carta – The Heritage of Liberty* Oxónia, 1971, ou João Soares Carvalho, *Em volta da Magna Carta*, Lisboa, 1993.
Fizemos uma tradução dos pontos mais importantes em *Textos Históricos de Direito Constitucional*, 2.ª ed., Lisboa, 1990, págs. 13 e segs.

[20] V. a nossa tradução in *Constituição de Diversos Países*, I, 3.ª ed., Lisboa, 1986, págs. 395 e segs.

[21] Sobre os direitos do homem na Revelação e na doutrina da Igreja, v., por exemplo, *I Diritti Umani*, obra coletiva (dir. de Gino Concetti), Roma, 1982, págs. 21 e segs.; Michel Villey, *Le droit et les*

CAPÍTULO I - SENTIDO DOS DIREITOS FUNDAMENTAIS

«Dai a César o que é de César e a Deus o que é de Deus» (Evangelho segundo S. Mateus, XXII, 21).

«Bem-aventurados vós os pobres, porque vosso é o reino de Deus. Bem-aventurados os que agora tendes fome, porque sereis saciados» (Evangelho segundo S. Lucas, VI, 20 e 21).

«Levantou-se entre eles uma disputa sobre qual deles devia ser considerado o maior. Jesus disse-lhes: «Os reis das nações fazem sentir o seu domínio sobre elas e os que exercem autoridade tomam o nome de benfeitores. Entre vós não seja assim: quem quiser ser o maior entre vós seja como o mais pequeno; e aquele que manda seja como o que serve... Eu estou no meio de vós como o que serve» (*ibidem*, XXII, 24 a 27).

«O Senhor é espírito e onde está o Espírito do Senhor há liberdade» (2.ª Epístola aos Corintios, III, 17).

«Não há judeu, nem grego, não há escravo nem homem livre, não há homem nem mulher: todos vós sois um só em Cristo» (Epístola aos Gálatas, III, 26) [22].

«Vós, Irmãos, fostes chamados à liberdade; convém somente que não façais desta liberdade um pretexto para viver segundo a carne, mas servi-vos uns aos outros pela caridade do Espírito» (Epístola aos Gálatas, V, 13).

«Não há poder que não venha de Deus» (Epístola aos Romanos, XIII, 1).

«Velai e procedei como pessoas que devem ser julgadas segundo a lei da liberdade. Porque será julgado sem misericórdia aquele que não usar de misericórdia. A misericórdia triunfará do juiz» (Epístola de S. Tiago, II, 12, 13).

A liberdade é, essencialmente, a liberdade interior, espiritual, dos filhos de Deus. Não é a liberdade política – que não teria sentido no contexto em que o Cristianismo se difundiu, primeiro no meio adverso do Império Romano pagão, depois no cesaropapismo constantiniano e bizantino, a seguir na insegurança provocada pelas invasões bárbaras e, por último, na nova sociedade homogénea, a Cristandade ocidental, resultante da reconstrução e da fusão dos elementos latinos e germânicos [23] [24].

---

droits de l'homme, Paris, 1983, págs. 105 e segs.; ALAN BRUDNER, *Constitutional Goods*, Oxónia, 2004, págs. 52 e segs.; ou JOÃO CARLOS LOUREIRO, *Pessoa, Dignidade e Cristianismo*, in *ARS IUDICANDI – Estudos em homenagem ao Prof. Doutor António Castanheira Neves*, obra coletiva, I, Coimbra, 2008.

[22] V. igualmente a Epístola aos Colossenses, III, 11.

[23] Cfr. BERTRAND BADIE, *Les Deux États – Pouvoir et Société en Occident et en terre d'Islam*, Paris, 1986, págs. 20, 28, 39 e 67 e segs.

[24] Também a escravatura não foi abolida, a Patrística só a conseguiu suavizar. Cfr. JEAN-MARIE SALANITRO, *Pourquoi les chrétiens n'ont-ils pas aboli l'esclavage antique?*, in *Revue français de philosophie et de culture juridique*, n.º 29, págs. 15 e segs.

DIREITOS FUNDAMENTAIS

Nem, durante os séculos de formação da Europa, poderia surgir a própria noção de direitos fundamentais como interesses, pretensões ou direitos subjetivos frente ao Estado (inexistente, de resto, em quase toda a Idade Média, por quase toda a parte), porque se procurava, antes de mais, firmar uma ordem objetiva – moral, religiosa e jurídica – ao serviço do bem comum. Eram, simultaneamente, os deveres de realização do bem comum e um diversificado sistema de garantias no interior de uma sociedade policêntrica que haviam de assegurar a proteção da pessoa [25].

4. Da centralização do poder ao constitucionalismo

I – A sociedade política medieval era, com efeito, como se sabe, uma sociedade complexa, feita de grupos, de ordens, de classes, de múltiplas unidades territoriais ou sociais. Os direitos aí eram direitos das pessoas enquanto membros desses grupos ou estamentos, direitos de acentuado cunho institucional e concreto, por vezes em concorrência uns com os outros. O único direito comum parecia ser o de petição e queixa [26].

Mas o Estado *estamental* cedo seria substituído pelo Estado *absoluto,* o qual, afirmando o princípio da soberania, não mais aceitaria qualquer interposição a separar o poder do príncipe e os súbditos. Ora, desaparecendo as ordens e as classes enquanto portadoras de faculdades políticas [27], perante o poder soberano todos os grupos e todos os homens são iguais [28]. O rei atinge todos e todos estão sujeitos ao rei. Sob este aspeto, o Estado absoluto – que, aliás,

---

[25] Cfr., quanto a Portugal, MARIA DA GLÓRIA GARCIA, *Da justiça administrativa em Portugal,* Lisboa, 1994, págs. 62 e segs.

[26] Cfr. GERHARD OESTERREICH, *op. cit.,* págs. 22 e segs., que se refere, porém, à obtenção pelas Cartas de Leão, em 1188, do Rei Afonso IX de certos direitos de defesa e dos direitos à vida, à honra e à propriedade.

[27] Alguns resquícios de direitos feudais e estamentais subsistiriam, porém, até às revoluções dos séculos XVIII e XIX.

[28] Recorde-se CAMÕES (*Lusíadas,* IX, 94):
«Ou dai na paz leis iguais, constantes,
Que aos grandes não dem o dos pequenos»
Tal como se refere à «Lusitana antiga liberdade» (I, 6).
Cfr. PEDRO CALMON, *O Estado e o Direito n'Os Lusíadas,* Rio de Janeiro-Lisboa, 1945, págs. 89 e segs.

CAPÍTULO I - SENTIDO DOS DIREITOS FUNDAMENTAIS

se pretende *legítimo,* e não *tirânico* [29] – viria a ser um dos passos necessários para a prescrição de direitos fundamentais, universais ou gerais, em vez de situações especiais, privilégios ou imunidades.

Além de criar condições jurídicas de igualdade, o Estado absoluto suscitaria objetivamente (ou, se se quiser, dialeticamente) condições de luta pela liberdade. Os seus exageros e arbítrios, a insuficiência das garantias individuais e a negação de direitos políticos dos súbditos tornar-se-iam cada vez menos admissíveis no «século das luzes» [30]. E também a burguesia ascendente reclamaria zonas de liberdade económica, carecidas de justificação sem uma nova referência global a direitos e liberdades individuais.

II – Um lugar de especial relevo deve ser conferido à conquista da liberdade religiosa.

A quebra da unidade da Cristandade ocidental, a Reforma e a Contra-Reforma abriram profundas fissuras individuais e políticas, perseguições e guerras político-religiosas que, num contexto de intolerância e absolutismo, acabariam por conduzir à regra de em cada Estado uma religião, a do Príncipe *(Cujus Regio Ejus Religio)* [31]. Exceção foi, na França, o Édito de Nantes, de 1598, que garantia a liberdade de culto dos Huguenotes nos locais onde estavam estabelecidos, e o direito de acesso a cargos públicos; seria revogado em 1685 [32].

Todavia, esse circunstancialismo também a muitos mostraria que a possibilidade de professar sem constrangimentos a sua própria fé e de praticar os respetivos atos de culto era algo de insubstituível [33] e que, quando posto

---

[29] Como já escrevia JERÓNIMO OSÓRIO, *Da Instituição Real e sua Disciplina* (na ed. de 1944, págs. 219, 373 e 405), «*é* a lei que distingue o Rei do Tirano».

[30] Cfr. ALEXIS DE TOCQUEVILLE, *L'Ancien Régime et la Révolution,* Paris, 1856 (na ed. de 1964, págs. 191 e segs., *maxime* 204); PIER FRANCESCO GROSSI, *I diritti di libertà ad uso di lezioni,* I, 1, 2.ª ed., Turim, 1991, págs. 107 e segs.; IGNACIO ARA PINILLA, *Las transformaciones le las derechos humanos,* Madrid, 1994.

[31] Cfr., por todos, JÓNATAS MACHADO, *Liberdade religiosa numa comunidade constitucional inclusiva,* Coimbra, 1996, págs. 60 e segs.

[32] Cfr., entre tantos, FERNANDO CATROGA, *Entre Deuses e Césares – Secularização, laicidade e religião civil,* Coimbra, 2006.

[33] V. a defesa da liberdade religiosa em TOMÁS MORUS (*Utopia,* 1515-1516) e, mais limitadamente em LOCKE (*Epistola de Tolerantia,* 1689). Há traduções para português. Cfr. MARIA MARGARIDA CANDEIAS, *A Filosofia de Locke – os direitos individuais do Homem,* in *O Direito,* 2016, págs. 157 e segs. e 473 e segs.

em causa, poderia ser procurado noutras paragens [34]: foi o que aconteceu no século XVII com a emigração de prosélitos de várias confissões para a costa oriental da América do Norte.

JELLINEK chegou mesmo a escrever que a ideia de consagrar legislativamente os direitos naturais do indivíduo não era uma ideia de origem política, mas antes uma ideia de origem religiosa. O que se julgava ser obra da Revolução, não teria sido, na realidade, senão um produto da Reforma e das lutas por ela engendradas [35].

III – As duas linhas de força mais próximas – não únicas, nem isoladas – dirigidas à formação e ao triunfo generalizado do conceito moderno de direitos fundamentais são, porém, a tradição inglesa de limitação do poder (da *Magna Carta* ao *Act of Settlement*) e a conceção iluminista jusracionalista projetada nas Revoluções americana e francesa.

Embora tenham de ser inseridas num fundo de valores e de experiências que radicam no cristianismo e no humanismo renascentista, são elas que determinam o aparecimento das declarações de direitos setecentistas. E embora tenham de ser tomadas como contribuições complementares que se reforçam mutuamente e, ao longo do século XIX, se interinfluenciam [36],

---

[34] Por outro lado, foi em nome da religião cristã que, desde o início da expansão colonial europeia se afirmou a igualdade substancial de todos os seres humanos e de todos os povos (FRANCISCO DE VITÓRIA) e se denunciaram o genocídio, a escravatura e outros maus tratos ou espoliações dos povos nativos: (ANTONIO DE MONTESINOS, BARTOLOMEU DE LAS CASAS, MANUEL DA NÓBREGA ou ANTÓNIO VIEIRA).
Dizia VIEIRA (Sermão do 1.º Domingo da Quaresma, de 1653): «Sabeis, cristãos, sabeis nobreza e povo de Maranhão, qual é o jejum que quer Deus de vós esta Quaresma? Que solteis a atadura de injustiça e que deixeis ir livres os que tendes cativos e oprimidos. – Não há maior maldição numa casa, nem numa família, que servir-se com suor e com sangue injusto».
Cfr. JOÃO VIEGAS, *O Padre António Vieira e os direitos dos índios*, in *O Direito*, 2004, págs. 927 e segs.
[35] *La Déclaration des Droits de l'Homme et du Citoyen*, trad., Paris, 1902, pág. 79. Na mesma linha, ÉDUARD ROSENTHAL, *A transformação das funções do Estado no último período histórico*, in *Boletim da Faculdade de Direito da Universidade de Coimbra*, ano VIII, 1923-1925, pág. 25.
[36] É isso que permite ultrapassar a conhecida polémica, no início do século XX, entre GEORG JELLINEK e ÉMILE BOUTMY acerca da origem da Declaração dos Direitos do Homem e do Cidadão de 1789. V. de GEORG JELLINEK, *La Déclaration...*, cit., e *La Déclaration des Droits de l'Homme et du Citoyen*, in *Revue du droit public*, julho-dezembro de 1902, págs. 385 e segs.; e de BOUTMY, *La Déclaration des Droits de l'Homme et du Citoyen et M. Jellinek*, in *Études Politiques*, Paris, 1907, págs. 119 e segs. Cfr. ainda a recolha de estudos de JELLINEK, BOUTMY, DOUMERGUE

CAPÍTULO I - SENTIDO DOS DIREITOS FUNDAMENTAIS

elas correspondem a visões bem diversas de irradiação e defesa dos direitos do homem: empiricamente e com base nas decisões dos juízes, na Inglaterra e nos países da sua família constitucional [37]; dedutivamente e por meio da lei escrita, na França e nos países continentais; participando duma e doutra, nos Estados Unidos [38].

IV – «Todos os homens são, por natureza, livres e têm certos direitos inatos, de que, quando entram no estado de sociedade, não podem, por nenhuma forma, privar ou despojar a sua posteridade, entre os quais o gozo da vida e da liberdade, com os meios de adquirir e possuir a propriedade e procurar e obter felicidade e segurança» (art. 1.º da Declaração de Direitos da Virgínia, de 1776, e muito próxima a Declaração de Independência dos Estados Unidos da América).

«O fim de toda a associação política é a conservação dos direitos naturais e imprescritíveis do homem» (art. 2.º da Declaração dos Direitos do Homem e do Cidadão); «o exercício dos direitos naturais de cada homem não tem por limites senão os que asseguram aos outros membros da sociedade o gozo dos mesmos direitos» (art. 4.º da Declaração dos Direitos do Homem e do Cidadão).

Observe-se que, ao contrário do que, por vezes, se julga, não se trata apenas de proclamar solenemente direitos subjetivos anteriores e superiores ao poder público. Eles são, simultaneamente, afirmados (com ou sem clara perceção disso) como princípios objetivos e institucionais. Os direitos do homem são as bases do Estado (preâmbulo da Declaração de Virgínia) e uma sociedade em que falte a sua garantia não tem Constituição (art. 16.º da Declaração de 1789) [39].

---

e Posada feita por Jesus G. Amuchastegui, *Origines de la Declaración de Derechos del Hombre y del Ciudadano*, Madrid, 1984; ou, recentemente, Emerson Garcia, Estudo introdutório, tradução de Sieyés, *Exposição Refletida dos Direitos do Homem e do Cidadão*, Rio de Janeiro, 2008, págs. 1 e segs.

[37] Apesar de, como se sabe, um dos principais escritores do jusracionalismo ser inglês: Locke (com a sua consideração dos direitos à vida, à liberdade e à propriedade).

[38] É usual também contrapor o cunho nacional das declarações inglesas e norte-americanas ao universalismo pretendido pelas declarações francesas.

[39] V. também sobre a diferença entre as Declarações americanas e a francesa, Hannah Arendt, *On Revolution*, trad. portuguesa *Sobre a Revolução*, Lisboa, 1971, pág. 107; Giorgio Del Vecchio, *La Déclaration des Droits de l'Homme et du Citoyen de la Révolution Française*, 2.ª ed., Roma, 1979; Eduardo Garcia de Enterría, *La língua de las Derechos. La formacion del Derecho publico europeo tras la Revolución francesa*, Madrid, 1994, págs. 65 e segs.

Mas o maior filósofo do iluminismo viria a ser KANT, com um contributo decisivo para a definição da dignidade da pessoa humana [40].

V – Muito interessante é o modo como MARCELO NEVES traça a passagem daquilo a que chama a força *simbólica* dos direitos para a força normativa. Como escreve, no primeiro momento, manifestam-se, no domínio de um discurso social difuso, amparado inicialmente na reflexão filosófica (contratualismo), expetativas normativas por inclusão universal no Direito. Estas expetativas implicam, originariamente, uma reação contra o absolutismo e a pretensão da afirmação política e validação jurídica das liberdades civis (individuais). Nesse contexto, sobretudo a liberdade religiosa e a liberdade económica (propriedade privada) têm destaque. A força simbólica desse discurso social, altamente conflituoso, leva, posteriormente, à estruturação política das expetativas correspondentes. Nesse segundo momento, surgem as declarações políticas das liberdades civis, sem que essas tenham a validade jurídica dos direitos positivados. Aqui, já há um forte grau de seletividade em relação às expetativas diversas e conflituosas que emergem no momento anterior. As declarações políticas das liberdades civis tiveram uma enorme força simbólica nos processos constituintes decorrentes das revoluções liberais. Tal força simbólica contribuiu imensamente para a positivação jurídica dessas liberdades como direitos constitucionalmente garantidos. Mas, nesse terceiro momento, tem-se, a rigor, apenas a textualização de expetativas normativas referentes às liberdades individuais. Evidentemente, a força normativa não decorre diretamente da textualização em documentos constitucionais. Esta já implica uma estruturação jurídica seletiva de expetativas normativas textualizadas nas declarações políticas. No entanto, textos de normas, especialmente de normas constitucionais, podem aflorar abundantemente, sem que estas sejam concretizadas ou realizadas. A textualização constitucional pode, porém, ter um papel simbólico relevante na paulatina concretização e realização normativa. Só nesse quarto momento é que se passa de uma força meramente simbólica para a força normativo-jurídica dos direitos humanos enquanto direitos constitucionais concretizados e amplamente realizados no Estado Democrático de Direito. Aqui, há como que um equilíbrio construtivo entre força simbólica e força normativa, uma servindo de suporte e fortificando, reciprocamente, a outra [41].

---

[40] Cfr. *infra*.

[41] *A força simbólica dos direitos humanos*, in *Direitos Sociais – Fundamento, judicialização e direitos sociais em espécie*, obra coletiva (coord. de Cláudio Pereira de Souza Neto e Daniel Sarmento), Rio de Janeiro, 2010, pág. 434.

5. Do Estado liberal ao Estado social

I – Tal como o conceito de Constituição, o conceito de direitos fundamentais surge indissociável da ideia de Direito liberal. Daí que se carregue das duas características identificadoras da ordem liberal: a postura individualista abstrata de (no dizer de RADBRUCH) um «indivíduo sem individualidade» [42]; e o primado da liberdade, da segurança e da propriedade, complementadas pela resistência à opressão.

Apesar de todos os direitos serem ou deverem ser (por coerência) direitos de todos, alguns (*maxime* o sufrágio) são, no século XIX, denegados aos cidadãos que não possuam determinados requisitos económicos; outros (*v. g.*, a propriedade) aproveitam sobretudo aos que pertençam a certa classe; e outros ainda (o direito de associação, em particular de associação sindical) não é sem dificuldade que são alcançados.

Contrapostos aos direitos de liberdade são, nesse século e no século XX reivindicados (sobretudo, por movimentos de trabalhadores) e sucessivamente obtidos, direitos económicos, sociais e culturais [43] – direitos económicos para garantia da dignidade do trabalho, direitos sociais como segurança na necessidade e direitos culturais como exigência de acesso à educação e à cultura e, em último termo, de transformação da condição humana [44].

---

[42] *Filosofia do Direito*, 4.ª ed. portuguesa, Coimbra, 1961, I, pág. 177.

[43] No século XIX encontram-se textos precursores destes direitos, sendo o mais significativo a Constituição francesa de 1848, cujo art. 13.º prescrevia que se favorecesse e encorajasse o *desenvolvimento do trabalho*, designadamente pela *igualdade das relações entre o patrão e o operário* e pelas instituições de previdência e de crédito.
Em Portugal, também indiretamente poderia dizer-se que a Constituição de 1822 já os pressupunha, ao propor-se, no preâmbulo «segurar os direitos de cada um e o *bem geral de todos os Portugueses*». V. ainda arts. 237.º a 240.º; na Carta Constitucional, art. 145.º, §§ 29.º, 30.º e 32.º; e, na Constituição de 1838 o art. 28-I, II e III. E já no século XX, o art. 3.º, n.º 11 e 29.º da Constituição de 1911.

[44] Sobre esta evolução, cfr., por exemplo, ALESSANDRO PASSERIN D'ENTRÈVES, *La Dottrina dello Stato*, 2.ª ed., Turim, 1967, págs. 281 e segs.; JORGE MIRANDA, *Contributo para uma teoria da inconstitucionalidade*, Lisboa, 1968, págs. 70 e segs.; ERNST FORSTHOFF, *Der Staat der Industriegesellschaft*, trad. castelhana *El Estado de la Sociedad Industrial*, Madrid, 1975, págs. 249 e segs.; VITAL MOREIRA, *A ordem jurídica do capitalismo*, Coimbra, 1973, págs. 145 e segs.; AMÂNCIO FERREIRA, *A conquista dos direitos sociais*, in *Fronteira*, n.º 5, janeiro-março de 1979, págs. 83 e segs.; JOSÉ VILAS NOGUEIRA, *Igualdad juridica y Desigualdad economica en el Estado capitalista: los derechos sociales*, in *Revista de Estudios Politicos*, n.º 14, março-abril de 1980, págs. 11 e segs.;

De notar, entretanto, uma diferença. Nos países com Constituições vindas do século XIX e socialmente mais avançados, não se sentiu necessidade de ir além da via legislativa; aí os direitos sociais são apenas direitos fundamentais em sentido material. Já em países como os da Europa meridional e da América Latina coube às Constituições dar o passo em frente; sem a constitucionalização, em maiores ou menores catálogos, não se chegaria a níveis comparáveis de progresso social.

II – Num resumo da evolução dos direitos fundamentais, indicam-se, correntemente, quatro ou cinco gerações: a dos direitos de liberdade; a dos direitos políticos; a dos direitos sociais; a dos direitos ao ambiente, à autodeterminação, aos recursos naturais e ao desenvolvimento; e, ainda, a dos direitos relativos à bioética, à engenharia genética, à informática e a outras utilizações das modernas tecnologias [45].

GÉRARD MARCOU, *Réflexions sur l'origine et l'évolution des droits de l'homme*, in *Service Public et Libertés – Mélanges offerts au Professeur Robert-Édouard Charlier*, obra coletiva, Paris, 1981, págs. 635 e segs.; *The Development of Welfare States in Europe and America*, obra coletiva, ed. por Peter Flora e Arnold J. Heidenheimer, New BrunsWick e Londres, 1984; WOLFGANG ABENDROTH, ERNST FORSTHOFF e KARL DOEHRING, *El Estado Social*, trad., Madrid, 1986; JORGE REIS NOVAIS, *Contributo para uma teoria do Estado de Direito*, Coimbra, 1987, págs. 213 e segs.; IGNACIO ARAS PINILLA, *op. cit.*, págs. 86 e segs.; OLIVIER JOUANJAN, *Le príncipe d'égalité devant la loi en Droit allemand*, Paris, 1992, págs. 129 e segs.; *Les droits de l'homme à l'aube les XXème siècle*, obra coletiva, Conselho da Europa, Estrasburgo, 1993; PAULO OTERO, *Introdução ao Estado de Direito*, I, Lisboa, 1998, págs. 233 e segs.; NIKLAS LUHMANN, *Politische Theorie im Wohlfahrtstaat*, 1981, trad. *Teoria Politica del Estado de Bien Estar*, Madrid, 1993, reimpressão de 2002; PAULO BONAVIDES, *Do Estado...*, cit., págs. 182 e segs.; AUGUSTO SILVA DIAS, *"Delicta in se" e "delicta mere prohibita"*, Coimbra, 2005, págs. 629 e 630; JÜRGEN HABERMAS, *A transformaçao estrutural da esfera pública*, trad., Coimbra, 2012; JEFF KING, *Social rights, constitutionalism and German Social Principle*, in *Pública – Revista Eletrónica de Direito Público*, n.º 3, 2014, págs. 2 e segs.

[45] Cfr., por exemplo, ROBERT PELLOUX, *Vrais et faux droits de l'homme*, in *Revue du droit public*, 1981, págs. 53 e segs.; PÉREZ LUÑO, *Las generaciones de derechos humanos*, in *Revista del Centro de Estudios Constitucionales*, Setembro-outubro 1991, págs. 203 e segs.; MARTA REBELO, *A doutrina contemporânea e a pós-moderna de direitos fundamentais*, in *Scientia Juridica*, abril-junho de 2005, págs. 220 e segs.; VASCO PEREIRA DA SILVA, *op. cit., loc. cit.*, págs. 554 e segs.; PAULO BONAVIDES, *Curso de Direito Constitucional*, 28.ª ed., São Paulo, 2013, págs. 580 e segs.; CATARINA SANTOS BOTELHO, *Os direitos sociais em tempo de crise*, Coimbra, 2015, págs. 89 e 90; ALÍSON JOSÉ MAIA MELO, *Revisitando as gerações de direitos fundamentais*, in *Democracia e Direitos Fundamentais – Uma homenagem aos 90 anos do Professor Paulo Bonavides*, obgra coletiva, 1996, págs. 95 e segs.

CAPÍTULO I – SENTIDO DOS DIREITOS FUNDAMENTAIS

Conquanto esta maneira de ver possa ajudar a apreender os diferentes momentos históricos de aparecimento dos direitos, o termo *geração,* geração de direitos, afigura-se enganador por sugerir uma sucessão de categorias de direitos, umas substituindo-se às outras – quando, pelo contrário, o que se verifica ou deve verificar-se é um enriquecimento crescente em resposta às novas exigências das pessoas e das sociedades.

Nem se trata de um mero somatório, mas sim de uma interpenetração mútua, com a consequente necessidade de harmonia e concordância prática [46]. Os direitos vindos de certa época recebem o influxo dos novos direitos, tal como estes não podem deixar de ser entendidos em conjugação com os anteriormente consagrados: algumas liberdades e o direito de propriedade não possuem hoje o mesmo alcance que possuíam no século XIX, e os direitos sociais adquirem um sentido diverso consoante os outros direitos garantidos pelas Constituições.

Tão pouco as pretensas gerações correspondem a direitos com estruturas contrapostas: um caso paradigmático é o do direito à intimidade ou à privacidade só plenamente consagrado no século XX [47]. E há direitos inseridos numa geração que ostentam uma estrutura extrema complexa: é o caso do direito ao ambiente.

Finalmente, direitos como os direitos à autodeterminação, aos recursos naturais e ao desenvolvimento nem sequer entram no âmbito dos direitos fundamentais, porque pertencem a outra área – a dos *direitos dos povos* – ainda que a descolonização tenha trazido à cidadania milhões de homens e mulheres. Eis o que adiante se mostrará.

III – Nos séculos XVIII e XIX dir-se-ia existir somente uma conceção de direitos fundamentais, a liberal. Não obstante as críticas – legitimistas, socialistas, católicas – era o liberalismo (então, cumulativamente, filosófico, político e económico) que prevalecia em todas as Constituições e Declarações; e, não obstante a pluralidade de escolas jurídicas – jusnaturalista, positivista,

---

[46] Cfr., muito próximo, Willis Santiago Guerra, *A dimensão processual dos direitos fundamentais e da Constituição,* in *Revista de Informação Legislativa,* n.º 137, janeiro-março 1998, pág. 14.

[47] Cfr. José Martinez de Pisón, *op. cit.,* pág. 176 (autor que, aliás, acolhe a análise por gerações) ou, para todo o desenvolvimento, Alexandre Sousa Pinheiro, *Privacy e proteção de dados pessoais: a construção dogmática do direito à identidade informacional,* Lisboa, 2015.

história – era a ele que se reportavam, duma maneira ou doutra, as interpretações da liberdade individual.

A situação muda no séculos xx e xxi: não tanto por desagregação ou dissociação das três vertentes liberais (em especial, por o liberalismo político deixar de se fundar, necessariamente, no liberalismo filosófico e se poder desligar do liberalismo económico) quanto por quse todas (não todas) as grandes correntes – religiosas, culturais, filosóficas, ideológicas, políticas – se interessarem pelos direitos das pessoas em concreto, pela sua inserção na sociedade e pelas relações desta com o Estado. O tema dos direitos cessou de ser exclusivamente liberal ou liberal e individualista.

IV – A passagem para o Estado social de Direito [48] irá reduzir ou mesmo eliminar o cunho classista que, por razões diferentes, ostentavam antes os direitos de liberdade e os direitos sociais. A transição do governo representativo clássico para a democracia representativa [49] irá reforçar ou introduzir uma componente democrática que tenderá a fazer da liberdade tanto uma liberdade – participação como uma liberdade – autonomia (fechando-se, assim, o ciclo correspondente à contraposição de CONSTANT).

Por um lado, não só os direitos políticos são paulatinamente estendidos até se chegar ao sufrágio universal como os direitos económicos, sociais e culturais, ou a maior parte deles, vêm a interessar à generalidade das pessoas. Por outro lado, o modo como se adquirem, em regime liberal ou pluralista, alguns dos direitos económicos, sociais e culturais a partir do exercício da liberdade sindical, da formação de partidos, da greve e do sufrágio mostra que os direitos da liberdade se não esgotam num mero jogo de classes dominantes. A efetivação dos direitos sociais preservando as liberdades, viria, pois, a produzir nos países onde se tem verificado, um efeito pacificador e integrador.

Como escrevemos há muitos anos, «Tanto na conceção liberal como na conceção social, deparam-se a liberdade e a igualdade; porém, na primeira, a igualdade é a titularidade dos direitos e demanda liberdade para todos, ao passo que, na segunda, a igualdade é a concreta igualdade de agir e a liberdade

---

[48] V. a expressão em *Contributo...*, cit., pág. 70. Supomos ter sido a primeira vez que ela foi utilizada na doutrina jurídica portuguesa.
[49] V. *A Constituição de 1976*, cit., págs. 359 e segs.

CAPÍTULO I – SENTIDO DOS DIREITOS FUNDAMENTAIS

a própria igualdade puxada para a ação. Na conceção liberal, a liberdade de cada um tem como limite a liberdade do outro; na conceção social, esse limite prende-se com a igualdade material e situado. Os direitos constitucionais de índole individualista podem resumir-se num direito geral de liberdade, os direitos de índole social num direito geral à igualdade.

«Sabemos que esta igualdade material não se oferece, cria-se; não se propõe, efetiva-se; não é um princípio, mas uma consequência. O seu sujeito não a traz consigo como qualidade inata que a Constituição tenha de confirmar e que requeira uma atitude de mero respeito; ele recebe-a através de uma série de prestações, porquanto nem é inerente às pessoas, nem preexistente ao Estado. Onde bastaria que o cidadão exercesse ou pudesse exercer as próprias faculdades, carece-se, doravante, de atos públicos em autónomo discricionariedade. Onde preexistiriam direitos, imprescindíveis, descobrem-se condições externas que se modificam, se removem ou se adquirem. Assim, o conteúdo do direito de igualdade consiste num comportamento positivo, num *dare* ou num *facere*» [50].

V – Para o Estado social de Direito, a liberdade *possível* – e, portanto, *necessária* – do presente não pode ser sacrificada em troca de quaisquer metas, por justas que sejam, a alcançar no futuro. Há que criar *condições de liberdade* – de liberdade *de facto*, e não só *jurídica* [51]; mas a sua criação e a sua difusão somente têm sentido em *regime de liberdade*. Porque a liberdade (tal como a igualdade) é indivisível, a diminuição da liberdade – civil ou política – de alguns (ainda quando socialmente minoritários), para outros (ainda quando socialmente maioritários) acederem a novos direitos, redundaria em redução da liberdade de todos [52].

O resultado almejado há de ser uma *liberdade igual para todos*, construída através da correção das desigualdades e não através de uma igualdade sem liberdade [53]; sujeita às balizas materiais e procedimentais da Constituição;

---

[50] *Contributo...*, cit., págs. 71 e 72.

[51] Cfr., por todos, PETER HÄBERLE, *Le libertà...*, cit., pág. 49; ou ROBERT ALEXY, *op. cit.*, págs. 215 e segs.

[52] Na sociedade supercomplexa de hoje, o Direito só poderá exercer satisfatoriamente a sua função de congruente generalização de expectativas normativas enquanto forem institucionalizados constitucionalmente os princípios da inclusão e da diferenciação funcional e, por conseguinte, os direitos fundamentais sociais e os concernentes à liberdade política (MARCELO NEVES, *A constitucionalização simbólica*, 2.ª ed., São Paulo, 2007, pág. 78).

[53] Cfr., as visões, por exemplo, de JOHN RAWLS, *A Theory of Justice*, 1971, trad. *Uma Teoria de Justiça*, Brasília, 1981, págs. 159 e segs., *maxime* 232-233.

DIREITOS FUNDAMENTAIS

e suscetível, em sistema político pluralista, das modulações que derivem da vontade popular expressa pelo voto [54].

VI – Há quem considere a felicidade o princípio diretor do Estado social[55]. Mas há que recordar que foi a Declaração de Direitos de Virgínia que, pela primeira vez, falou num direito de procurar a felicidade, obviamente inseparável, no seu contexto, do direito à liberdade[56]. E, sobretudo, há que recordar a prática dos regimes totalitários visando identificar a felicidade de

[54] Na vigência da Constituição de 1976, a ideia dos direitos de liberdade tem sido pacífica entre nós. Já não os dos direitos sociais, chegando a alguns autores a contestá-los ou a submetê-los a visões reducionistas em nome de certas premissas filosóficas ou teóricas.

Uma dessas visões reducionistas é a de João Carlos Espada, para quem os direitos sociais constituem algo que dá origem a um «chão comum» abaixo do qual ninguém deve recear vir a situar-se, mas acima do qual podem florescer desigualdades sociais (*Direitos sociais de cidadania*, Lisboa, 1997, págs. 7 e 9). Eles corresponderiam a uma rede de segurança contra a privação ou a exclusão (pág. 255). Não se trataria de promover a igualdade, mas sim a oportunidade; não de evitar desigualdades, mas a exclusão de um universo de oportunidades. Porque as pessoas são livres e iguais enquanto cidadãos, podem ser livres e diferentes enquanto indivíduos (pág. 264).

Parece-nos restritivo e inadequado este «critério residual e negativo» dos direitos sociais. A libertação da necessidade não se consegue só com uma espécie de «rendimento mínimo garantido». Exige medidas positivas, global e continuamente orientadas por objetivos de desenvolvimento e transformação – por exemplo, por objetivos de democracia económica, social e cultural [como se lê nos arts. 2.º e 9.º, alínea *d*), da Constituição].

Tão pouco diferença e desigualdade social se equivalem: quanto mais as pessoas ascenderem a patamares mais elevados de educação, cultura e segurança económica mais livres ficam para escolher entre diversos caminhos de vida, mais recusam a uniformização e o autoritarismo, assim como mais se sentem membros da mesma comunidade.

Outra linha desvalorizadora vem a ser a de Luís Pereira Coutinho (*Os direitos sociais como compromissos*, in *e-publica, Revista Eletrónica de Direito Público*, n.º 3, 2014, págs. 3 e segs.), para quem (apoiando-se em Cass Sunstein) os direitos sociais, apesar de positivados em Portugal (ao contrário do que sucede nos Estados Unidos), não passariam de «compromissos da comunidade»; as suas normas seriam normas de ação dirigidas ao legislador, e não normas de controlo do legislador pelo juiz; e, no limite, os seus destinatários seriam os cidadãos que titulam os inerentes encargos, sob a forma de impostos ou de outros sacrifícios.

É esta uma tese, de todo em todo, à margem de uma Constituição como a portuguesa (ou como a de qualquer Constituição de Estado social) que define os direitos sociais como direitos fundamentais a par dos direitos de liberdade. Que na concretização deles entrem as legítimas opções do legislador democrático é uma coisa. Que as suas normas não possam servir de parâmetros de constitucionalidade, algo de completamente diferente.

[55] Cfr. Maria Isabel Lorca Martín de Villodres, *Felicidad y constitucionalismo*, in *Revista de Derecho Publico*, 2013, pág. 323.

[56] Cfr. também o art. 13.º da Constituição japonesa.

CAPÍTULO I – SENTIDO DOS DIREITOS FUNDAMENTAIS

indivíduos com as suas próprias conceções ideológicas e, mesmo o risco na nossa época, de correntes, formações sociais ou partidos diversos propenderem para um paternalismo justamente nos antípodas do respeito da liberdade individual.

6. Direitos fundamentais e regimes políticos nos séculos XX e XXI

I – A evolução e as vicissitudes dos direitos fundamentais, seja numa linha de alargamento e aprofundamento, seja numa linha de retração ou de obnubilação, acompanham o processo histórico, as lutas sociais e os contrastes de regimes políticos [57] – bem como o progresso científico, técnico e económico (que permite satisfazer necessidades cada vez maiores de populações cada vez mais urbanizadas).

Do Estado liberal ao Estado social de Direito o desenvolvimento dos direitos fundamentais faz-se no interior das instituições representativas e procurando a harmonização entre direitos de liberdade e direitos sociais, de maneiras e segundo modelos mais ou menos variados. Já não assim no Estado soviético, no Estado fascista e autoritário de direita e em muitos dos regimes da Ásia e da África de diferentes tendências. Não importa a similitude de formulações que, por vezes, se nota; importa o seu sentido sistemático.

II – Entre muitas sínteses classificativas possíveis dos regimes políticos atuais em razão dos direitos fundamentais, é de referir, como exemplo interessante, a proposta por dois especialistas norte-americanos, RHODA E. HOWARD e JACK DONNELLY [58].

Estes autores contrapõem regimes *individualistas e* regimes *comunitários,* incluindo nos individualistas os que apelidam de regimes *liberais* [59] e de regimes *mínimos* (ou de mínima intervenção económico-social do Estado) e nos regimes comunitários os que designam por regimes *tradicionais,* regimes *comunistas,*

---

[57] Tomando regime político como expressão ou objetivação de uma Constituição material, de uma ideia de Direito, de um projeto complexo e que se pretende coerente de organização coletiva (do Estado-poder e do Estado-comunidade): v. *Manual...,* III, 6.ª ed., Coimbra, 2010, pág. 278.

[58] *Human Dignity, Human Rights and Political Regimes,* in *American Political Science Review,* 1986, págs. 801 e segs.

[59] Na aceção corrente nos Estados Unidos, algo diversa da europeia. Cfr. a distinção entre liberalismo *passivo* ou conservador e liberalismo *ativo* ou igualitário de CARLOS SANTIAGO NINO (*Etica y Derechos Humanos,* Buenos Aires, 1984, págs. 193 e segs.).

DIREITOS FUNDAMENTAIS

regimes *corporativos* e regimes *desenvolvimentistas*. Haveria então o seguinte quadro de *conceções sociais* de dignidade e de realização dos direitos do homem[60]:

Tipos de regime	Igualdade ou Hierarquia	Valoração da pertença (ao grupo)	Relevância dos direitos civis e políticos	Relevância dos direitos económicos e sociais
Regimes individualistas				
Liberal	Igualdade	Moderada	Sim	Sim
Mínimo	Hierarquia	Muito baixa	Sim	Não
Regimes comunitários				
Tradicional	Hierarquia	Muito alta	Não	Na substância apenas (1)
Comunista	Igualdade	Alta	Não	Na substância apenas
Corporativo	Hierarquia	Variável	Não	Não (?)
Desenvolvimentista	Igualdade	Moderada	Não	Na substância (?)

III – Considerando em especial o princípio da liberdade, vale a pena lembrar a conhecida tricotomia de *regimes liberais (liberais no sentido político e conexos com a democracia representativa), regimes autoritários e regimes totalitários*. Embora muitas vezes acenada com finalidades de guerra ideológica (de todo em todo estranhas a este livro), ela afigura-se correta nas suas bases essenciais e não encontramos denominações alternativas mais adequadas para os três tipos de regimes.

Não se trata tanto, quantitativamente, do grau de liberdade reconhecida ou deixada às pessoas (máximo nos regimes liberais e mínimo ou inexistente nos regimes totalitários) quanto, qualitativamente, dos seguintes fatores:

---

[60] Ou seja (como explicam HOWARD e DONNELLY): através da prestação dos correspondentes bens e serviços, mas sem atribuição de verdadeiros direitos.

CAPÍTULO I – SENTIDO DOS DIREITOS FUNDAMENTAIS

a) De a liberdade – no sentido de ninguém ser obrigado a fazer ou deixar de fazer alguma coisa senão em virtude da lei – valer como princípio fundamental da ordem jurídica (regimes liberais), ainda que com desvios (regimes autoritários), ou não valer (regimes totalitários);

b) De serem garantidas e promovidas quer as liberdades civis quer as liberdades políticas (regimes liberais); só as primeiras, sendo negadas ou obliteradas as liberdades políticas (regimes autoritários); ou nem umas nem outras serem admitidas, salvo em intenso regime de restrição (regimes totalitários);

c) De o abuso da liberdade ou de outros direitos estar apenas sujeito a medidas repressivas (regimes liberais) ou estar também sujeito a controlos preventivos, de grau variável (regimes autoritários e totalitários);

d) De o Estado ser neutro (regimes liberais); de não ser neutro, mas tolerar ideologias diferentes ou respeitar o direito de as perfilhar, sem quebra da primazia da sua conceção (regimes autoritários); de o Estado ter uma conceção total da vida, que pretende impor a todas as pessoas (regimes totalitários);

e) De o Estado acolher a diversidade de interesses, grupos e instituições no interior da sociedade civil (regimes liberais); de o ascendente das forças políticas dominantes não impedir a subsistência e a relevância de alguma ou algumas instituições presentes na sociedade civil (regimes autoritários); ou de o Estado ou as forças dominantes não consentirem quaisquer instituições ou grupos autónomos à sua margem (regimes totalitários);

f) De a organização política e social assentar na divisão do poder (regimes liberais); na concentração do poder político (regimes autoritários); e na concentração do poder político e social, com absorção, no limite, da sociedade pelo Estado (regimes totalitários);

g) De se admitir direito de oposição (regimes liberais) ou, embora, porventura, sob diversas formas, não se admitir direito de oposição (regimes autoritários e totalitários).

Olhando à experiência conhecida, verifica-se que os regimes liberais e democráticos atuais vêm na continuidade dos regimes políticos liberais do século XIX – sem embargo da profunda transformação que estes sofreram,

DIREITOS FUNDAMENTAIS

quer no plano da fundamentação, quer no dos condicionalismos políticos, económicos e sociais; que os regimes autoritários têm paralelo nas numerosas autocracias de todas as épocas; e que, pelo contrário, os regimes totalitários constituem fenómeno específico do nosso tempo, ligado à conjugação de messianismos ideológicos com partidos de massas e à utilização de processos de domínio do ensino e da comunicação social [61].

IV – O terrorismo, fenómeno antigo, mas eclodido com particular acutilância nos últimos vinte anos, suscita difíceis problemas aos regimes liberais. A começar nos Estados Unidos e passando por vários países europeus, têm sido emanadas leis e medidas administrativas destinadas a preveni-lo e a combatê-lo, não sem que, por vezes, pereçam situar-se no limite do constitucional e internacionalmente admissível [62].

---

[61] Cfr., por exemplo, *Comparative Politics – A Reader*, obra coletiva (ed. por HARRY ECKSTEIN e DAVID E. APTER), Nova Iorque, 1963; KARL LOEWENSTEIN, *Verfassungslehre*, trad. castelhana *Teoria de la Constitución*, Barcelona, 1964, págs. 75 e segs.; RAYMOND ARON, *Démocratie et Totalitarisme*, Paris, 1965; GIOVANNI SARTORI, *op. cit.*, págs. 110 e segs.; NICOS POULANTZAS, *L'État, le Pouvoir et le Socialisme*, Paris, 1978; FELIKS GROSS, *Toleration and Pluralism*, in *Il Politico*, 1985, págs. 181 e segs.; *Traité de Science Politiques-ii – Les Régimes Politiques*, obra coletiva, Paris, 1985, págs. 115 e segs. e 269 e segs.; REINHOLD ZIPPELIUS, *op. cit.*, págs. 367 e segs.; MARGARETH ANNE LEISTER, *Ordem jurídica e direitos humanos: o universalismo* versus *especificidades culturais*, in *Revista Mestrado em Direito da UNIFIEO (Osasca)*, São Paulo, julho-dezembro de 2008, págs. 51 e segs.
Sobre os regimes totalitários, cfr. CARL J. FRIEDRICH e ZBIGNIEW K. BRZEKINSKI, *Totalitarian Dictatorship and Autocracy*, in *Comparative Politics*, obra coletiva, Nova Iorque, 1963, págs. 464 e segs.; GEORGES BURDEAU, *Traité de Science Politique*, v, 2.ª ed., Paris, 1970, págs. 621 e segs., e vii, 2.ª ed., Paris, 1973, págs. 226 e segs.; LEONARD SCHAPIRO, *Totalitarianism*, Londres, 1972; HANNAH ARENDT, *The Origins of Totalitarianism*, trad. portuguesa *O Sistema Totalitário*, Lisboa, 1978; PLAUTO FARACO DE AZEVEDO, *Limites e justificação do poder do Estado*, Petrópolis, 1979, págs. 97 e segs.; FRANÇOIS CHÂTELET e ÉVELINE PISIER-KOUCHNER, *Les Conceptions Politiques du XXe Siécle*, Paris, 1981, págs. 765 e segs.; *Totalitarismes*, obra coletiva sob a direção de Guy Hermet, Paris, 1984; ADRIANO MOREIRA, *Totalitarismo*, in *Polis*, v, págs. 1218 e segs.; JOHN L. STANLEY, *Is Totalitarianism a New Phenomenon?*, in *The Review of Politics*, 1987, págs. 177 e segs.; H. C. F. MANSILLA, *La evolución del Estado y la universalidad del totalitarismo. El fenomeno orwelliano en el Tercer Mundo*, in *Revista de Estudos Politicos*, julho-Setembro de 1987, págs. 191 e segs.; ALAIN TOURAINE, *Qu'est-ce que la Démocratie?*, Paris, 1994, págs. 161 e segs.; CARLOS BLANCO DE MORAIS, *O sistema político*, Coimbra, 2017, págs. 55 e segs.

[62] V. uma referência ao terrorismo na própria Constituição, em Portugal, desde 2001, ao admitir-se a entrada no domicílio de cidadãos, de noite, sem seu consenimento, embora com necessidade de autorização judicial (art. 34.º, n.º 3).

CAPÍTULO I - SENTIDO DOS DIREITOS FUNDAMENTAIS

A segurança é um imperativo a que se acha sujeito qualquer Estado. Não, porém, uma segurança que colida com o conteúdo essencial dos direitos de liberdade e que afete a dignidade das pessoas. De todo o modo, um juízo adequado há de atender à diversidade das situações e depende tanto da consciência jurídica geral como da limitação recíproca dos órgãos de poder e da fiscalização efetiva realizada pelos tribunais[63].

7. O Estado social, hoje

I – A passagem dos direitos sociais para as situações da vida foi ocorrendo, nos últimos cem anos, em ondas sucessivas e, em alguns casos, com refluxos [64].

Na Europa, a sua época de ouro vai desde 1945 até aos anos 80 ou 90, com abonos familiares, segurança social abrangendo todas as vicissitudes das vidas das pessoas, serviço nacional de saúde geral e gratuito ou tendencialmente gratuito, garantia de acesso de todos aos graus mais elevados do ensino segundo as suas capacidades e independentemente das condições económicas, políticas de pleno emprego, extensão aos estrangeiros, etc. Alude-se, com frequência, a um modelo social europeu. Na realidade, ele toma configurações diversas em virtude de fatores variáveis; melhor será considerar um modelo nórdico, um modelo britânico, um modelo francês, um modelo alemão, um modelo da Europa meridional.

Fora da Europa, entre os países anglo-saxónicos ou de influência anglo-saxónica, muito nítido é o contraste entre, de um lado os Estados Unidos, com

---

[63] Cfr. JORGE MIRANDA, *Os direitos fundamentais e o terrorismo: os fins não justificam os meios, nem para um lado nem para o outro*, in *Revista da Faculdade de Direito da Universidade de Lisboa*, 2003, págs. 658 e segs.; PETER WEISS, *Terrorism, Counterterrorism and International Law, ibidem*, págs. 611 e segs.; PAULO ALPOIM, *A dignidade da pessoa humana e a problemática do terrorismo*, in *Tratado Luso-Brasileiro da Dignidade Humana*, 2.ª ed., São Paulo, 2009, págs. 945 e segs.; J. J. GOMES CANOTILHO, *Terrorismo e direitos fundamentais*, in *Estudos sobre direitos fundamentais*, 2.ª ed., Coimbra, 2009, págs. 233 e segs.; *Terrorismo, democracia y seguridad en perspectiva constitucional*, obra coletiva (org. por JAVIER PÉREZ ROYO), Madrid, 2010; SUZANA TAVARES DA SILVA, *Direitos fundamentais na arena global*, Coimbra, 2011, págs. 135 e segs. (chegando a falar no *risco do terrorismo* como categoria dogmática – pág. 152); o n.º 158, de 2016, de *Pouvoirs*.
[64] Há Constituições que expressamente definem o Estado como Estado social: a alemã (art. 20.º), a francesa (art. 1.º), a romena (art. 1.º, n.º 3), a búlgara (preâmbulo), a colombiana (art. 1.º), a russa (art. 7.º), a ucraniana (art. 1.º).

resistências antigas[65] e atuais, avanços e recuos [66]; de outra parte, a Austrália e a Nova Zelândia; e de outro lado ainda, a África do Sul (onde, graças ao Tribunal Constitucional, se têm conseguido alguns avanços sociais).

Não menos significativas são as concretizações muito variáveis nos países da América Latina, com relevo no Brasil, nos últimos anos. Já em quase todos os países asiáticos e africanos o Estado social é mais uma aspiração do que uma realidade.

No tocante a Portugal, remontam à Constituição de 1933, as primeiras normas definidoras de direitos sociais, acompanhadas de instituição de previdência. Mas, em rigor, o Estado social apenas irá desenvolver-se por força e na vigência da Constituição democrática de 1976. E algo de parecido pode afirmar-se acerca do Brasil com as Constituições de 1934 e, sobretudo, de 1988.

II – Entretanto, desde os anos 90 e, mais ainda desde 2004, tornou-se na Europa um lugar-comum declarar a existência de uma crise ou rutura do Estado social ou mesmo um Estado pós-social [67]. E, por certo, ele enfrenta

---

[65] Cfr. JACQUES LAMBERT, *Le governement des jugges et la lutte contre la législation sociale aux États-Unis*, Paris, 1931.

[66] Cfr. GEORGE S. KATROUGALOS, *European «Social States» and the USA: Na Ocean apart?*, in *European Constitutional Law Review*, 2008, n.º 2, págs. 225 e segs.

[67] Por exemplo, de diversos quadrantes, em Portugal, VASCO PEREIRA DA SILVA, *Em busco do acto administrativo perdido*, Lisboa, 1995, págs. 122 e segs.; CARLA AMADO GOMES, *Estado Social – Concretização de direitos fundamentais*, in *Revista da Faculdade de Direito da Universidade do Porto*, 2010, págs. 11 e segs.; JOÃO CAUPERS, *A agonia do Estado Social*, *ibidem*, págs. 45 e segs.; PEDRO COSTA GONÇALVES, *Estado de garantia e mercado*, *ibidem*, págs. 97 e segs.; *Da sustentabilidade do Estado fiscal*, obra coletiva (coord. por José Casalta Nabais e Suzana Tavares da Silva), Coimbra, 2011; SUZANA TAVARES DA SILVA, *Direitos fundamentais ...*, cit., págs. 91 e segs.; LUÍS S. CABRAL DE MONCADA, *Direito Económico*, 6.ª ed., Coimbra, 2012, págs. 41 e segs.; ANTÓNIO CASIMIRO FERREIRA, *Política e Sociedade – Teoria social e tempo de austeridade*, Porto, 2014, págs. 27 e segs.; ANTÓNIO MANUEL HESPANHA, *Rumos do constitucionalismo no séc. XXI: constitucionalismo, pluralismo e neoliberalismo*, in *As Conferências do Centro de Estudos Judiciários*, obra coletiva, Coimbra, 2014, págs. 9 e segs.; CARLOS BLANCO DE MORAIS, *Curso de Direito Constitucional*, II, vol. 2, Coimbra, 2014, págs. 131 e segs. Assim como *Para onde vai o Estado social em Portugal?*, obra coletiva (org. de Fernando Ribeiro Mendes e Nazaré Costa Cabral), Porto, 2014; ou ANTÓNIO CASIMIRO FERREIRA, *Política e Sociedade – Teoria social em tempo de austeridade*, Porto, 2014, *maxime* págs. 209 e segs. e 411 e segs.; *O Tribunal Constitucional e a crise*, obra coletiva, (org. de Gonçalo Almeida Ribeiro e Luís Pereira Coutinho), Coimbra, 2014; JORGE REIS NOVAIS, *Em defesa do Tribunal Constitucional*, Coimbra, 2015; CATARINA SANTOS BOTELHO, *Os direitos sociais em tempo de crise*, Coimbra, 2015, págs. 359 e segs., e *40 anos de*

CAPÍTULO I – SENTIDO DOS DIREITOS FUNDAMENTAIS

quer dificuldades quer ataques sem paralelo, particularmente, embora não só, nos países da periferia (Irlanda, Portugal, Espanha, Itália, Grécia, Chipre).

Tem que se reconhecer que contribuíram para a situação fatores de ordem interna: por um lado, as demandas excessivas de grupos sociais, com a criação de uma cultura de subsídiodependência frente ao Estado e, gerando uma patologia de direitos ou uma ampliação de prestações tão egoístas como a provocada pela mentalidade privada da sociedade organizada segundo a lei da oferta e da procura [68]; por outro lado, as duplicações de estruturas organizativas (ou um "Estado paralelo"), os desperdícios e as gestões incompetentes, inadequadas ou corruptas, e ainda o facilitismo do crédito bancário e a especulação bolsista.

Isto a par do domínio das chamadas correntes neoliberais, exigindo a desregulação de setores básicos da economia e privatizações sem freio; do desaparecimento ou apagamento dos partidos democratas-cristãos, da crise de identidade dos partidos social-democratas, socialistas e trabalhistas, do aparecimento de movimentos populistas e da perda de influência dos sindicatos.

Assim como ressaltam as causas externas: o mercado global, com penetração de produtos vindos de países, com mão de obra barata e desprovida de proteção social, e levando à deslocalização de empresas para esses países; a concorrência desleal entre Estados no domínio dos sistemas tributários e os *off shores* ou "paraísos fiscais"; o capitalismo financeiro transnacional como ator privilegiado dos jogos económicos, sociais e políticos [69]; e, ao mesmo tempo, a crise económico-financeira mundial [70]

Tudo isto conduzindo ao aumento do desemprego e da precariedade de trabalho, ausência de expectativas da juventude, redução de prestações sociais, retorno à emigração, aumento de conflitualidade.

---

direitos sociais: uma reflexão sobre o papel dos direitos fundamentais sociais no século XXI, in *Julgar*, maio-agosto de 2016, págs. 107 e segs.
Em perspetiva não jurídica, cfr. *Os Portugueses e o Estado-Providência*, obra coletiva (org. por FILIPE CARREIRO DA SILVA), Lisboa, 2013.
[68] GREGORIO PECES-BARBA, *Ética, Poder y Derecho – Reflexiones ante el fin del siglo*, Madrid, 1995, pág. 38.
[69] Donde aquilo que MARIO TURCHETTI (*Tyranie et tyranicide de l'Antichité à nos jours*, Paris, 2000, págs. 973 e segs.) designou por "economicização do mundo"; ou GEORGE S. KATROVALES (*op. cit.*, pág. 249) por «cidadela mercantil da União Europeia».
E recorde-se o Papa Francisco (*Laudato si*, n.º 209: "A finança sufoca a economia real".
[70] Cfr., por todos, XENOPHON CONTIADES, *Constitutions in the Global Financial Crisis*, Burlington, 2013.

DIREITOS FUNDAMENTAIS

III – Refira-se ainda num plano mais vasto e com incidência fortíssima nos direitos sociais, aquilo a que, a partir de ULRICH BECK, se vem chamando *sociedades de risco* e *civilização do perigo* – designadamente, risco económico, climático e provocado pelo terrorismo – e à escala mundial[71].

Ou, noutro âmbito, a «sociedade de informação»[72]

IV – Não obstante, o Estado social, o Estado social de Direito, está bem radicado na consciência jurídica por toda a Europa, e também em Portugal.

Não se vislumbra um modelo alternativo. Mas, por isso mesmo, exige medidas corretivas e adaptações, desde a desburocratização à coordenação de serviços sociais com as autoridades independentes reguladoras das atividades económicas à luz de um princípio de eficiência; desde a racionalização dos tipos de prestações à quebra dos egoísmos de certos grupos sociais e a um novo espírito de solidariedade ou igualdade [73]. Assim, como políticas económicas ajustadas às condições concretas (matéria em que, evidentemente, não nos cabe entrar).

Nem deixa de ser significativo que o Tratado da União Europeia inclua entre os objetivos a prosseguir o combate à exclusão social e à discriminação e a promoção da justiça e de proteção social (art. 3.º, n.º 3) e que a Carta de Direitos Fundamentais da União lhes dedique todo um capítulo (arts. 27.º a 38.º) sob a rubrica de *Solidariedade*.

---

[71] *Riskogesellschaft*. Mais recentemente, *Weltriskogesellschaft*, 2007, trad. *Sociedade de Risco Mundial*, Lisboa, 2016.
Na doutrina portuguesa, MARIA DA GLÓRIA GARCIA, *Sociedade de risco político e direito*, in *Estudos comemorativos dos 10 anos da Faculdade de Direito da Universidade Nova de Lisboa*, obra coletiva, 2008, I, págs. 111 e segs.; José PEDRO TEIXEIRA FERNANDES, *Da utopia da sociedade em Rede à Realidade da* Sociedade *de Risco*, in *Análise Social*, n.º 207, 2.º trimestre de 2013, págs. 261 e segs.

[72] Cfr., por todos, CARLOS ALBERTO MOLINARO e INGO WOLFGANG SARLET, *Sociedade da informação e direitos sociais. Breves reflexões e algumas inquietudes*, in *Fundamentos – Caderno Monográfico de Teoria do Estado, Direito Público e História Constitucional*, Astúrias, 2016, págs. 167 e segs.

[73] Cfr. as visões de J. J. GOMES CANOTILHO, *A governança do terceiro capitalismo e a Constituição social (Considerações preambulares)*, in *Entre Discursos e Cultura Jurídica*, obra coletiva, Coimbra, 2006, págs. 146 e 149; ou de JOÃO CARLOS LOUREIRO, *Adeus ao Estado social*, Coimbra, 2010, págs. 40 e segs.

8. A justiça constitucional e os direitos fundamentais

A fiscalização da constitucionalidade das leis é o meio mais importante (não o único) de conferir garantia aos direitos consignados nas normas constitucionais, se bem que, como se sabe, a sua história seja muito diferente nos Estados Unidos, na Europa e no resto do mundo [74]; e se bem que apenas a partir da segunda metade do século XX se tenha tomado plena consciência do nexo incindível entre justiça constitucional e direitos fundamentais.

Nos Estados Unidos, desde a origem, e em especial com o caso *Marbury versus Madison*, os tribunais assumiram o poder de não aplicar normas inconstitucionais, porque feridas de nulidade. Mas, no início, o preocupação dominante era a defesa da unidade do país e não tanto a defesa dos direitos. Foi depois de 1880 que o Supremo Tribunal se esforçou por preservar os direitos de matriz liberal, como a liberdade de iniciativa económica e a propriedade, contra intentos de legislação social, o que se manteria até 1937-1938. Foi em 1954, com o caso *Brown versus Board of Education of Topeka*, que ele declarou inconstitucional a segregação racial nas escolas. E foi, entretanto, que se voltou para a salvaguarda de novas liberdades [75].

Na Europa, ou por a Constituição não ser tomada rigorosamente como fundamento de validade das leis, ou por uma crença otimista na racionalidade destas, ou por uma visão rígida de separação de poderes, no século XIX a fiscalização da constitucionalidade foi ignorada ou rejeitada. Não surgiria senão após a primeira guerra mundial [76], por influxo de KELSEN, levando à criação de um Tribunal Constitucional na Constituição austríaca de 1920. E o seu desenvolvimento viria desde o fim da segunda guerra mundial e, mais recentemente, desde a queda dos regimes autoritários e totalitários do sul e do leste do continente.

Ora, na Europa, mais ainda que nos Estados Unidos, tem vindo a ser imenso o influxo das decisões dos Tribunais Constitucionais e de órgãos homólogos

---

[74] Cfr. o nosso *Manual de Direito Constitucional*, VI, 4.ª ed., Coimbra, 2013, págs. 119 e segs., e Autores citados.

[75] E até para a aceitação (parcial) de medidas de Estado social, com o chamado *Obamacare* no âmbito da saúde. Foram os casos *National Federation of Independent Business v. Sebelius* e *King v. Burwell*.

[76] Sem esquecer o art. 63.º da Constituição portuguesa de 1911, defiscalização difusa.

DIREITOS FUNDAMENTAIS

no desenvolvimento da matéria dos direitos fundamentais – desenvolvimento de grandes princípios, como o da igualdade, da proporcionalidade e da tutela da confiança, explicitação do sentido de muitos dos direitos e até explicitação de novos direitos, conjugação de direitos de liberdade e direitos sociais. Tudo isto em diálogo (muitas vezes crítico) com a doutrina [77].

Não menos interessante e significativa tem sido a comunicação entre as jurisprudências constitucionais [78].

9. Os direitos fundamentais para além do Estado

I – A crença oitocentista na Constituição supusera que, onde esta existisse, estariam também garantidos os direitos fundamentais. Num contexto de subsistência do dogma da soberania do Estado, isto levaria a que se não concebesse senão uma proteção interna dos direitos fundamentais.

Mas, quando o Estado, não raramente, rompe as barreiras jurídicas de limitação e se converte em fim de si mesmo e quando a soberania entra em crise perante a multiplicação das interdependências e das formas de institucionalização da comunidade internacional, torna-se possível reforçar e, se necessário, substituir, em parte, o sistema de proteção interna por vários sistemas de proteção internacional dos direitos do homem.

II – São antecedentes remotos da proteção internacional dos direitos da pessoa humana a Paz de Augsburgo, de 1555 (ao prescrever a igualdade de

---

[77] Cfr. *The Supreme Court and Human Rights*, obra coletiva (coord. de Burke Marshal), Washington, 1982; *Cours Constitutionnelles Européennes et Droits Fondamentaux*, obra coletiva (dir. de Louis Favoreu), Aix-Marselha, 1982; *La Justice Constitutionnelle au Portugal*, obra coletiva, Paris, 1989; MARIE-CLAIRE PONTHOREAU, *La reconnaisse des droits non-écrits par les cours constitutionnelles italienne et française: Essai sur le pouvoir créateur du juge constitutionnel*, Paris, 1994; LUÍS AFONSO HECK, *O Tribunal Constitucional Federal e o desenvolvimento dos princípios constitucionais*, Porto Alegre, 1995; GILMAR FERREIRA MENDES, *Direitos Fundamentais e Controle de Constitucionalidade*, São Paulo, 1998; KENNETH W. STARR, *First Among Equals. The Supreme Court in American Life*, Nova Iorque, 2002; *XXV Aniversário da Jurisprudência Constitucional Portuguesa*, obra coletiva, Coimbra, 2009; JORGE REIS NOVAIS, *Direitos Fundamentais e Justiça Constitucional em Estado de Direito democrático*, Coimbra, 2013, *maxime*, págs. 137 e segs.; CARLOS ALBERTO DE AZEVEDO CAMPOS, *A evolução do ativismo judicial na Suprema Corte Americana*, in *Revista do Ministério Público do Estado do Rio de Janeiro*, maio-julho de 2016, págs. 59 e segs.

[78] Cfr. *Manual ...*, VI, cit., pág. 164 e Autores citados.

CAPÍTULO I – SENTIDO DOS DIREITOS FUNDAMENTAIS

católicos e luteranos no Sacro Império Romano-Germânico), as *capitulações* ou os acordos com vista à proteção dos cristãos no Império Otomano ou dos residentes europeus no Extremo Oriente, os tratados tendentes à abolição da escravatura e do tráfico de escravos, as concordatas e outros acordos entre a Santa Sé e os Estados relativos às garantias da situação e da liberdade da Igreja Católica nos respetivos países, assim como a própria proteção humanitária e o asilo territorial.

São antecedentes próximos a proteção das minorias nacionais, étnicas e linguísticas após 1918, o art. 23.º do Pacto da Sociedade das Nações (ao vincular os Estados membros a assegurar e manter condições de trabalho equitativas e humanas para homens, mulheres e crianças) e a Organização Internacional do Trabalho.

E são origens imediatas, por um lado, os gravíssimos atropelos à dignidade das pessoas ocorridos no segundo quartel do século XX, em especial durante a segunda guerra mundial; a consequente reação da consciência jurídica; o aparecimento das Nações Unidas e de outras organizações. E, por outro lado, as grandes transformações jurídico-políticas que determinaram, simultaneamente, a crise (ou a superação) do conceito clássico de soberania e o alargamento da noção de subjetividade internacional.

Existe um vínculo muito estreito entre a institucionalização da comunidade internacional e a proteção internacional dos direitos do homem. Só a existência de instituições e órgãos internacionais, com autoridade acatada pelos Estados, propicia, em última análise, uma plena garantia dos direitos do homem em face desses mesmos Estados.

No *jus cogens* – Direito internacional imperativo com função superior à dos tratados (arts. 53.º, 64.º e 71.º da Convenção de Viena sobre Direito dos Tratados, de 1969) – entram, pelo menos, os princípios de igual dignidade de homens e mulheres, de proibição da escravatura e do tráfico de seres humanos, da proibição do racismo e da proteção das vitimas de guerras e de conflitos [79].

III – Podem ser apontados grandes estádios de desenvolvimento:

1.ª) Mera declaração de direitos, sem imediata concretização prática;

---

[79] V. o nosso *Curso de Direito Internacional Público*, 6.ª ed., Cascais, 2016, págs. 323 e segs.

2.º) Consagração em tratados, aplicáveis, direta ou indiretamente, nas ordens jurídicas internas, com a possibilidade de invocação dos direitos consagrados em fontes internacionais pelos seus titulares perante os tribunais dos respetivos Estados;

3.º) Possibilidade de invocação perante instâncias internacionais;

4.º) Criminalização internacional das violações mais graves aos direitos da pessoa humana.

IV – Um papel decisivo no desenvolvimento da proteção têm tido as Nações Unidas, conscientes, desde o início, da ligação entre direitos do homem e a paz. E, ainda antes e sobrevivendo à segunda guerra mundial, o papel da Organização Internacional do Trabalho (OIT) no campo dos direitos económicos e sociais.

Como grandes marcos avultam a Declaração Universal dos Direitos do Homem, de 1948; os Pactos Internacionais de Direitos Económicos, Sociais e Culturais e de Direitos Civis e Políticos, de 1966; a Declaração de Viena de 1993 (proclamando que todos os direitos do homem são universais, interdependentes e inter-relacionados); e os textos de carácter específico produzidos ao longo de setenta anos.

Também não pouco importante tem sido a obra das organizações especializadas da "família" da ONU: além da OIT, a UNESCO (Organização das Nações Unidas para a Educação, a Ciência e a Cultura), a FAO (Organização para a Alimentação e a Agricultura), a OMS (Organização Mundial de Saúde) ou a UNICEF (Fundo das Nações Unidas para a Infância).

A nível regional salientam-se:

a) A ação do Conselho da Europa, projetada sobretudo na Convenção Europeia de Salvaguarda dos Direitos do Homem e das Liberdades Fundamentais, de 1950, e na Carta Social Europeia, de 1961, agora substituída pela Carta Revista de 1996;

b) A Carta da Organização dos Estados Americanos e a Convenção Interamericana de Direitos do Homem, de 1969;

c) A Carta Africana dos Direitos do Homem e dos Povos, de 1981 [80].

---

[80] Sobre toda esta matéria, v. *Curso...*, cit., págs. 309 e segs. e Autores cit.

CAPÍTULO I – SENTIDO DOS DIREITOS FUNDAMENTAIS

V – Naturalmente, hão de ser fortíssimas as relações entre o Direito constitucional e este Direito internacional de direitos do homem com a sua dupla função de garantia e prospetiva: de garantia de direitos já consagrados a nível interno, e prospetiva, tendente à atribuição de novos direitos.

Seja qual for o sistema de incorporação das normas de Direito internacional na ordem interna, elas, mesmo quando não habilitam os cidadãos a invocá-las em juízo, pelo menos vinculam diretamente as autoridades públicas e prevalecem sobre as normas das leis ordinárias.

VI – Entre as Constituições abertas ao Direito internacional dos direitos do homem encontra-se a portuguesa de 1976. Ao declarar que:

- Portugal pode, tendo em vista a realização de uma justiça internacional que promova o respeito pelos direitos da pessoa humana e dos povos, aceitar a jurisdição do Tribunal Penal Internacional, nas condições de complementaridade e demais termos estabelecidos no Estatuto de Roma (art. 7.º, n.º 7);
- Os direitos fundamentais consagrados na Constituição não excluem quaisquer outros não apenas constantes da lei como das regras aplicáveis de Direito internacional (art. 16.º, n.º 1);
- Os preceitos constitucionais e legais relativos aos direitos fundamentais devem ser interpretados e integrados de harmonia com a Declaração Universal dos Direitos do Homem (art. 16.º, n.º 2);
- É garantido o direito de asilo aos estrangeiros e aos apátridas perseguidos ou gravemente ameaçados de perseguição, em consequência da sua atividade em favor da democracia, da libertação social e nacional, da paz entre os povos, da liberdade e dos direitos da pessoa humana (art. 33.º, n.º 8) e a lei define o estatuto de refugiado político (art. 33.º, n.º 9);
- A expulsão de quem tenha entrado ou permaneça regularmente em território nacional, de quem tenha obtido autorização de residência ou de quem tenha apresentado pedido de asilo não recusado só pode ser determinada por autoridade judicial, assegurando a lei formas expeditas de decisão (art. 33.º, n.º 2);
- Sem prejuízo das normas de cooperação judiciária penal no âmbito da União Europeia, só é admitida a extradição por crime a que corresponda, segundo o Direito do Estado requisitante, pena ou medida de segurança privativa ou restritiva de liberdade com carácter perpétuo ou de duração indefinida, se, nesse domínio, o Estado requisitante for parte de convenção internacional a que Portugal esteja vinculado e oferecer

garantias de que tal pena ou medida de segurança não será aplicada ou executada (art. 33.º, n.ᵒˢ 4 e 5);

– Não é admitida a extradição, nem a entrega, a qualquer título, por motivos políticos ou por crime a que corresponda, segundo o Direito do Estado requisitante, pena de morte ou outra de que resulte lesão irreversível da integridade física (art. 33.º, n.º 6);

– A extradição só pode ser determinada por autoridade judicial (art. 33.º, n.º 7).

VII – O desenvolvimento das organizações internacionais de integração e de entidades supranacionais, com faculdades de autoridade – a par da erosão ou da chamada crise do Estado [81] – levanta a necessidade de proteção das pessoas que possam ser por elas atingidas e, portanto, de direitos perante ou contra essas organizações e entidades.

É o que sucede, especificamente, no âmbito da União Europeia, em que foi elaborada uma Carta de Direitos Fundamentais, agora declarada vinculativa pelo Tratado de Lisboa de 2007 e publicada como seu anexo [82].

Se parece ainda cedo transpor para fora do Estado toda a problemática dos direitos fundamentais, nem por isso deixa de se colocar o problema da concatenação do sistema da Carta com os da Convenção Europeia dos Direitos do Homem e das Constituições nacionais.

VIII – Problema de todos os tempos tem sido o dos refugiados, vítimas de guerras, de situações de violência, de perseguições políticas, étnicas ou religiosas, de graves carências económicas.

Há uma Convenção Relativa aos Estatutos dos Refugiados, de 1951, e um Protocolo Adicional de 1966; uma Declaração da Assembleia Geral das Nações Unidas sobre o Asilo Territorial, de 1967; e não poucas normas de âmbito europeu [83]. Não têm sido suficientes para se enfrentar o problema, muito

---

[81] Cfr. José Luís Bolzan de Morais, *As crises do Estado e da Constituição e a transformação espacial dos direitos humanos*, Porto Alegre, 2002; Sabino Cassese, *Oltre lo Stato*, Bari, 2006; *Manual...*, III, 6.ª ed., 2010, págs. 9 e segs., e autores citados; Antonio Ruggeri, *La tutela "multilivello" dei diritti fondamentali, tra esperienze di normazioni e teorie costituzionali*, in *Politica del Diritto*, 2007, págs. 317 e segs.

[82] Cfr. *Curso...*, cit., págs. 357 e segs., e autores citados.

[83] Cfr. Márcia Mieko Morikawa, *Deslocados internos entre a soberania do Estado e a proteção internacional dos direitos do homem: uma crítica ao sistema internacional de proteção de refugiados*,

CAPÍTULO I – SENTIDO DOS DIREITOS FUNDAMENTAIS

grave nos últimos anos, até porque, para lá das normas tudo depende de um espírito de solidariedade difícil de se afirmar e concretizar.

10. Gerações futuras e sustentabilidade

I – Não é de agora que se tem consciência de que as gerações presentes, nas suas decisões, devem ter em conta as gerações futuras.

Já a Constituição francesa de 1793 (curiosamente, a Constituição jacobina) dizia no seu art. 28.º: «Um povo tem sempre o direito de rever, de reformar e de modificar a sua Constituição. *Nenhuma geração pode sujeitar as gerações futuras às suas leis*». E esse, como se sabe, tem sido um dos argumentos utilizados pelos adversários da prescrição de limites materiais de revisão constitucional, embora a isso também se contraponha o princípio da divisão intergeracional ou intemporal de trabalho [84].

Mas, quando hoje se fala em direitos das gerações futuras ou em deveres para com elas, o cerne do problema não se situa aí, mas sim em âmbitos diversos – no da justiça entre gerações e no da sustentabilidade.

> II – JOHN RAWLS [85], no contexto da sua teoria contratualista da justiça, terá sido um dos primeiros autores a considerar o problema, dizendo:
> «Cada geração deve não só preservar as conquistas da cultura e civilização, e manter intactas aquelas justas instituições que foram estabelecidas, como também reservar, em cada período de tempo, uma adequada quantidade de real capital acumulado. Esta poupança pode assumir várias formas, desde o investimento líquido em máquinas e outros meios de produção ao investimento em aprendizado e educação. (...)
> (...)
> «Desde que niguém sabe a qual geração pertence, a questão é encarada do ponto de vista de cada um e uma equitativa geração se expressa pelo princípio adotado. Todas as gerações estarão virtualmente representadas na posição

---

Coimbra, 2006; MARGARIDA SALEMA D'OLIVEIRA MARTINS, *O refugiado no Direito internacional e no Direito português*, in *Estudos em homenagem ao Prof. Doutor Martim de Albuquerque*, II, Coimbra, 2010, págs. 263 e segs.; HELÈNE LAMBERT, *Comparative perspectives on arbitrary deprivation of nationality and refugees states*, in *International and Comparative Law Quarterly*, 2015, págs. 1 e segs.; ANA RITA GIL, *Imigração e Direitos Humanos*, Coimbra, 2017.

[84] Cfr. *Manual...*, II, 7.ª ed., cit., págs. 240 e segs.

[85] *Op. cit.*, págs. 220 e segs.

DIREITOS FUNDAMENTAIS

original, desde que o mesmo princípio seja sempre escolhido. Resultará uma decisão idealmente democrática, uma que seja equitativamente ajustada às pretensões de cada geração e, portanto, satisfaça o preceito que o que diz respeito a todos interessa a todos. Além disto, é imediatamente óbvio que cada geração exceto possivelmente a primeira, ganha quando se mantém uma razoável taxa de poupança. O processo de acumulação, desde que começou e efetuou-se, existe para o bem de todas as gerações subsequentes.

(...)

«Enquanto todas as gerações têm de fazer a sua parte, rumo ao justo estágio além do qual não se requeira posterior poupança líquida, não se tem de pensar nesse estágio como o único que dê significado e propósito ao conjunto do processo. Pelo contrário, todas as gerações têm suas metas adequadas. Não se subordinam entre si, mais que os indivíduos. A vida de um povo é concebida como um esquema de cooperação alastrado pelo tempo histórico. Tem de ser governada pela mesma conceção de justiça que regule a cooperação dos contemporâneos. Nenhuma geração tem pretensões mais fortes que qualquer outra. Tentando aferir a equitativa taxa de poupança, as pessoas, na posição original, indagam o que é razoável que os membros das seguintes gerações aguardem, entre si, a cada nível de incremento. Tentam organizar uma justa tabela de poupança, equilibrando quanto cada estágio estaria querendo poupar em favor dos seus descendentes imediatos, diante do que se sentiriam intitulados a pretender dos seus predecessores imediatos. Pois se imaginam pais, isto é, têm de definir quanto reservariam aos seus filhos, anotando o que estes se sentiriam com direito a reclamar dos seus pais. Quanto atinjam uma estimativa, parecendo equitativa a ambos os lados, com a devida permissão dada à melhora das suas circunstâncias, então a taxa equitativa (ou nível de taxas) está especificado para aquele estágio. Então, desde que isto seja feito em todos os estágios teremos definido o justo princípio de poupança. Quando tal princípio for seguido, as gerações próximas não poderão se queixar mutuamente; e, de fato, nenhuma geração pode incriminar outra, não importa sua distância no tempo.»

Mais sinteticamente, PETER HÄBERLE liga a tutela das gerações futuras à própria tutela dos direitos fundamentais e afirma a necessidade de unir reciprocamente as gerações, conforme um princípio de justiça [86]. Assim como liga a dignidade da pessoa humana à solidariedade entre gerações [87].

Ou, na doutrina portuguesa, JÓNATAS MACHADO preocupando-se com a necessidade de conferir uma dimensão intergeracional às expressões *povo* e

---

[86] *Cultura dei diritti e diritti di cultura nello spazio costituzionale europeo – Saggi*, trad., Milão, 2003, págs. 114 e segs.

[87] *L'État constitutionnel*, trad., Paris, 2004, págs. 143 e 144.

CAPÍTULO I – SENTIDO DOS DIREITOS FUNDAMENTAIS

soberania popular consagradas na Constituição, dentro do quadro normativo de uma teoria de justiça[88].

E JORGE PEREIRA DA SILVA, enunciando como princípios de justiça entre as gerações, além do de precaução, os da equivalência, da *ratio* positiva de poupança, do mínimo irreversível e da imparcialidade intergeracional[89]

III – Incindível do olhar para as gerações futuras, é o olhar para a sustentabilidade:

- sustentabilidade ambiental, antes de mais;
- outrossim, sustentabilidade cultural (perante a globalização de estereótipos que ameaçam as identidades nacionais e regionais e perante a degradação do património cultural);
- sustentabilidade financeira dos serviços sociais (perante o envelhecimento das populações e a quebra da natalidade);
- sustentabilidade laboral (perante inovações tecnológicas constantes que ameaçam a estabilidade dos empregos).

Considerando o ambiente, em discurso ao Parlamento Alemão, o Papa Bento XVI dizia que «nas nossas relações com a natureza, torna-se claro que algo não está bem: que a matéria não é apenas material para o que construímos, mas que a própria Terra traz em si a sua dignidade e devemos seguir as suas indicações»[90].

Na encíclica *Laudato si,* n. 159, o Papa Francisco fala "na raiz humana da crise ecológica" e apela para uma "ecologia integral – ambiental, económica e social, cultural e de vida quotidiana" (n. 101 e segs. e 137 e segs.).

Em Portugal, VASCO PEREIRA DA SILVA lembra que o futuro do Homem não pode deixar de estar indissociavelmente ligado ao futuro da Terra[91];

---

[88] *Nós, o Povo "Português" (comunidade intergeracional e princípio de justiça),* in *20 anos da Constituição de 1976,* obra coletiva, págs. 72 e segs., *maxime* 84.

[89] *Deveres do Estado de proteção de direitos fundamentais,* Lisboa, 2015, págs. 437 e 438.

[90] *Os fundamentos do Estado liberal de Direito* (discurso ao Parlamento Alemão), in *COMMUNIO – Revista Internacional Católica,* 2012, pág. 96.

[91] *Verde, cor do Direito – Lições de Direito do Ambiente,* Coimbra, 2002, pág. 31. Cfr. ainda *Direito do Ambiente,* obra coletiva com coordenação de Diogo Freitas do Amaral e Marta Tavares de Almeida (Instituto Nacional de Administração), Oeiras, 1994; PAULO DE CASTRO RANGEL, *Concertação, programação e direito do ambiente,* Coimbra, 1994; JOSÉ MANUEL PUREZA, *Tribunais, natureza e sociedade: o Direito do Ambiente em Portugal,* Lisboa, 1996, págs. 26 e segs.; JORGE MIRANDA, *Manual...,* IV, 3.ª ed., págs. 532 e segs.; CARLA AMADO GOMES, *Risco e Modificação do*

DIREITOS FUNDAMENTAIS

J. J. GOMES CANOTILHO afirma a dimensão ecológica da República e a necessidade de auto-sustentabilidade ambiental [92]; MARIA DA GLÓRIA GARCIA apela a que se pense a axiologia do lazer [93] e a responsabilidade pelo futuro [94] e a que se tome a "questão ecológica" como "questão de destino" [95].

Para JOÃO CARLOS LOUREIRO, uma teoria da Constituição à distância, que tome a sério os desafios do futuro ao Direito não pode deixar de considerar entre os seus princípios, não apenas a dignidade – princípio fundante –, mas também a sustentabilidade [96].

Na doutrina brasileira, JUAREZ FREITAS liga a sustentabilidade ao direito ao futuro e define-a como o princípio constitucional que determina, com eficácia direta e imediata, a responsabilidade do Estado e da sociedade pela concretização solidária do desenvolvimento material e imaterial, socialmente inclusivo, durável e equânime, ambientalmente limpo, inovador, ético e eficiente [97].

INGO WOLFGANG SARLET e TIAGO FENSTERSEIFER apontam para um Estado socioambiental, com necessária e urgente convergência das agendas social e ambiental num mesmo projeto jurídico-político para o desenvolvimento humano [98].

GELTON COSTA CARDOSO DA SILVA fala em fraternidade socioambiental e apela a um constitucionalismo fraternal [99].

Acto Autorizativo Concretizador de Deveres de Protecção do Ambiente, Coimbra, 2007; LUÍS FILIPE COLAÇO ANTUNES, *Direito Público do Ambiente*, Coimbra, 2008; *Temas de Direito do Ambiente*, obra coletiva, Cadernos de *O Direito*, 2011; TIAGO ANTUNES, *Pelos caminhos jurídicos do ambiente*, I, Lisboa, 2014; CATARINA SANTOS BOTELHO, *Os direitos sociais* ..., cit., págs. 395 e segs.

[92] *Direito...*, cit., pág. 227. V. também as expressões *Estado de Direito do ambiente*, *Estado de justiça do ambiente* e *Estado democrático do ambiente* em *Jurisdicização da ecologia ou ecologização do Direito*, in *Revista Jurídica do Urbanismo e do Ambiente*, n.º 4, dezembro de 1995, págs. 73 e segs.

[93] *O lugar do Direito na protecção do ambiente*, Coimbra, 2007, págs. 140 e 141.

[94] *Ibidem*, págs. 372 e segs.

[95] *Ibidem*, pág. 496.

[96] *Autonomia do Direito, futuro e responsabilidade intergeracional*, in *Boletim da Faculdade de Direito da Universidade de Coimbra*, 2010, pág. 37. Cfr. do mesmo Autor *Fiat constitutio, pereat mundus? Neojoaquimismo, Constitucionalismo e Escassez*, in *Revista Portuguesa de Filosofia*, 2014, págs. 244 e segs. Ou SUZANA TAVARES DA SILVA, *O problema da justiça intergeracional, em jeito de comentário ao Acórdão do Tribunal Constitucional n.º 187/2013*, in *Cadernos de Justiça Tributária*, abril-junho de 2013, págs. 6 e segs., *maxime* 12 e segs.

[97] *Direito ao futuro*, Belo Horizonte, 2011, pág. 147.

[98] *Princípios do direito ambiental*, São Paulo, 2014, pág. 28.

[99] *O princípio constitucional da fraternidade socioambiental*, in *Sociedades e Direito*, obra coletiva (coord. de Alexandre Coutinho Pagliarini e Márcia Carla Pereira Ribeiro), Rio de Janeiro, 2013, págs. 155 e segs.

CAPÍTULO I – SENTIDO DOS DIREITOS FUNDAMENTAIS

IV – A Constituição japonesa estatui que os direitos fundamentais são concedidos «às pessoas de hoje e às *futuras gerações* com direitos e em termos invioláveis» (art. 11.º, 2.ª parte). Falam também em gerações futuras, conquanto sem utilizarem a expressão *direitos*, a Constituição alemã (art. 20.º-A, no texto atual), a brasileira (art. 225.º), a norueguesa (art. 110.º-B, após 1992), a sul-africana (art. 24.º), a polaca (art. 74.º), a suíça (preâmbulo), a boliviana (art. 7.º). E a Constituição portuguesa em "solidariedade entre gerações" [art. 66.º, n.º 2, alínea *d*), após 1997].

A nível internacional, refiram-se os preâmbulos da Carta das Nações Unidas, da Convenção sobre os Direitos do Homem e a Biomedicina (de 1997) e da Carta dos Direitos Fundamentais da União Europeia. Por seu lado, a UNESCO, em 1997, chegou a aprovar uma Declaração sobre as Responsabilidades das Gerações Presentes para com as Gerações Futuras.

11. Direitos fundamentais das gerações futuras?

I – Haverá então direitos das gerações futuras?

KAREL VASAK defende-os, indo ao encontro da conceção africana da «cadeia da vida», segundo a qual os mortos, os vivos e os seres a nascer constituem uma mesma *realidade* e uma mesma comunidade. «À hora da globalização *geográfica* do mundo tudo milita a favor da globalização *temporal* ... Afirmar que as gerações futuras são titulares de verdadeiros direitos do homem significa que se quer assegurar a continuidade do género humano na dignidade e na liberdade» [100].

Posição favorável, embora conformando os direitos das gerações futuras não como pretensões subjetivas acionáveis, nem como realidades inscritas na dimensão jurídica objetiva dos direitos fundamentais, é a de JORGE PEREIRA DA SILVA [101].

«Subjetivamente, escreve, os direitos fundamentais fluem de forma contínua entre gerações, sem ruturas nem descontinuidades, mas numa perspetiva objetiva eles coexistem no tempo em termos tais que os direitos das gerações futuras interagem hoje mesmo com os direitos da geração presente, cerceando-os no seu alcance material ou nas suas possibilidades de exercício, e vinculando as

---

[100] *Les différents typologies des droits de l'homme*, in *Classer les droits de l'homme*, obra coletiva, Bruxelas, 2004, págs. 21 e 22.

[101] *Ensaio sobre a protecção constitucional das gerações futuras*, in *Homenagem ao Professor Doutor Diogo Freitas do Amaral*, obra coletiva (org. por Augusto de Athayde, João Caupers e Maria da Glória Garcia), Coimbra, 2010, págs. 459 e segs. V. também *Deveres do Estado...*, cit., págs. 403 e segs.

entidades públicas à sua salvaguarda. Trata-se assim, acima de tudo, de uma dimensão jusfundamental que compromete os seus titulares presentes para com os seus titulares supervenientes e que – como certamente já se vem pressentindo – depende da efetiva assunção pelo Estado das suas responsabilidades (éticas e) jurídicas para com o futuro. Os titulares presentes dos direitos fundamentais têm que agir, até certo ponto, como administradores fiduciários daqueles que lhes hão de suceder. (...)

«A ideia de direitos fundamentais das gerações futuras não é apenas artifício retórico sem qualquer tradução jurídica, antes possuindo a consistência dogmática que deriva do facto de aqueles poderem já hoje produzir (pré)efeitos jurídicos delimitadores dos direitos atualmente titulados pela geração presente. Desde logo – adaptando uma ideia recorrente no que toca ao relacionamento entre direitos de sujeitos contemporâneos – os direitos das gerações presentes terminam aí onde o seu exercício irrestrito (ou abusivo) ponha em causa a subsistência dos direitos das gerações futuras, considerando sobretudo a dependência destes em face dos pressupostos naturais da vida humana na terra. Os direitos fundamentais presentes incorporam como limites (imanentes), se não mesmo restrições, a responsabilidade dos seus atuais titulares para com todos aqueles que lhes hão de suceder nessa posição. Para que essa eficácia delimitadora se produza em termos efetivos – assim se fechando o círculo –, os direitos das gerações futuras carecem apenas do cumprimento por parte do Estado, com um alcance temporalmente alargado, dos seus deveres de proteção de direitos fundamentais. Por outras palavras, entre a dimensão intergeracional dos direitos fundamentais – que permite falar com propriedade jurídica de direitos das gerações futuras – e a teoria dos deveres estaduais de proteção existe uma ligação umbilical, uma vez que é esta que fornece o caminho dogmático que permite dar tradução prática àquela dimensão e àqueles direitos» [102] [103].

II – Posição bem diversa é a de outros Autores, como José Casalta Nabais que não descortina quais sejam os atuais titulares (ativos) desses direitos. «Pois que estes ou são as futuras gerações, o que não é factível, ou se reconduzem à geração atual, o que originaria a curiosa categoria de direitos a que futuras gerações tenham direito(s) a uma vida digna de ser vivida. O que não deixa de ser uma forma bastante equívoca de dizer que sobre a atual geração, quer na

---

[102] *Ensaio...*, cit., *loc. cit.*, págs. 459 e segs., *maxime* 486 e segs. Retomando o problema, v. do mesmo Autor, *Deveres do Estado de protecção de direitos fundamentais*, cit., págs. 403 e segs.
[103] Cfr. Suzana Tavares da Silva, *Os direitos fundamentais ...*, cit., pág. 125, procurando acentuá-los; e Catarina Santos Botelho, *Os direitos sociais ...*, cit., págs. 361 e segs., *maxime* 371 e 380, aceitando-os como implícitos e derivados do princípio da dignidade da pessoa humana.

CAPÍTULO I – SENTIDO DOS DIREITOS FUNDAMENTAIS

forma de tarefas estaduais, quer na forma de diversos deveres (sem direitos) dos indivíduos, grupos e organizações, recaem exigências para com os vindouros orientadas no sentido da preservação no futuro da comunidade atual através da prevenção de riscos e perigos que possam vir a inviabilizar ou onerar excessivamente a vida das gerações futuras» [104].

Também, segundo afirma MASSIMO LUCIANI, «para além da ambiguidade e da polissemia da expressão, a questão dos direitos das gerações futuras é, antes de mais, a questão dos interesses do género humano. A razão essencial para não se comprometerem os bens de que pderiam gozar as gerações futuras não está no pretenso direito de um sujeito em potência, mas no interesse de sujeito em ato à própria sobrevivência como (parte do) género humano.

«A tese dos direitos das gerações futuras não explica o que aconteceria na hipótese de conflito entre direitos destas e daquelas gerações futuras: teriam sempre razão as mais longínquas? E se são direitos e se forem violados, como encarar um problema de responsabilidade jurídica entre gerações» [105]?

Ou, para ANTONIO SPADARO, «A tentativa de elaboração de uma teoria de direitos de gerações futuras apresenta um grau de abstração a roçar a presunção (isto é, paternalismo ético), visto que pretende disciplinar situações jurídicas antes e sem o consentimento dos diretos interessados que, bem pelo contrário, poderiam ter direitos (e deveres) segundo outras e diversas conceções das dos atuais vivos [106]. (...) Coisa bem diferente é uma promessa, um empenhamento individual e coletivo ou a assunção de responsabilidades atuais e difusas para com as gerações futuras» [107].

Parece-nos esta maneira de ver a mais plausível. Questão diferente é ou pode ser a dos *deveres* das gerações atuais perante as gerações futuras.

III – O problema exigiria uma atenção mais prolongada, aqui impossível. Seja como for, aceitem-se direitos das gerações futuras ou considerem-se tão só *deveres* das gerações presentes para com elas, sem dúvida existe um princípio de solidariedade entre as gerações proclamado a respeito do ambiente [como sucede nos citados arts. 225.º da Constituição brasileira e no 66.º da Constituição portuguesa], mas que decorre do objetivo fundamental

---

[104] *Liberdade com responsabilidade*, Coimbra, 2007, pág. 240.

[105] *Generazioni future, distribuzione temporalle delle spese pubbliche e vincoli costituzionali*, in *Diritto e Società*, 2008, págs. 145 e segs.

[106] *L'amore del lontano: universalità e intergenerazionalità dei diritti fondamentali fra ragionevolezza e globalizzazione, ibidem*, pág. 176.

[107] *Ibidem*, pág. 210.

DIREITOS FUNDAMENTAIS

assumido por ambas as Constituições de construção de uma sociedade livre, justa e *solidária* (art. 13.º na primeira e art. 1.º na segunda).

Por outro lado, essa solidariedade ou equidade intergeracional não pode deixar de estar voltada para as gerações vindas do passado, para os idosos (art. 72.º da Constituição portuguesa, art. 230.º da Constituição brasileira), o que implica que as políticas de sustentabilidade dos sistemas de segurança social tenham de respeitar o princípio da proteção da confiança[108].

---

[108] Cfr. ROQUE CABRAL, *Deveres para com os vindouros?*, in *A propósito do que hoje vivemos – Reflexões sobre a realidade do nosso tempo*, Parede, 2014; ou ALEXIS GOSSERIES, *Penser la justice entre générations*, trad. *Pensar a justiça entre gerações*, Coimbra, 2015 págs. 107 e segs.

§ 2.º
Conceções de direitos fundamentais

12. As Igrejas Cristãs perante os direitos da pessoa humana

I – A despeito da coincidência no essencial – hoje acolhida generalizadamente – entre a visão cristã das relações da pessoa com o poder público e o propósito de garantia dos seus direitos, foi patente nos séculos XVIII e XIX o grave conflito que opôs os defensores deste propósito e a Igreja Católica.

O conflito proveio de circunstâncias históricas não difíceis de identificar: o enciclopedismo e as fundamentações nominalistas e laicistas dos direitos «naturais, invioláveis e sagrados» do homem (bem como os equívocos provocados pelo indiferentismo religioso), o modo revolucionário como o liberalismo se implantou no Continente e a inserção constantiniana da Igreja Católica desse tempo. Mas iria desaparecer ou atenuar-se à medida que iam sendo ultrapassadas estas circunstâncias e que os direitos fundamentais e as correspondentes instituições jurídico-objetivas adquiriam dinamismo próprio (até devido a violações e negações nunca antes conhecidas) e, por outro lado, à medida que também a Igreja se procurava libertar das amarras do poder e abrir em missão cada vez mais para o mundo [109].

---

[109] Vale a pena transcrever o seguinte passo de JOÃO PAULO II (*Memória e identidade*, trad., Lisboa, 2005, pág. 103): «O iluminismo europeu não produziu apenas as crueldades da Revolução francesa; teve também frutos positivos como as ideias de liberdade, igualdade e fraternidade, que traduzem valores já proclamados no Evangelho (embora proclamados independentemente deste, tais ideias revelam por si só a própria origem)».

DIREITOS FUNDAMENTAIS

A Doutrina Social da Igreja, as intervenções dos últimos Papas perante os problemas concretos contemporâneos, o Concílio Vaticano II, a ação dos bispos em numerosos países, a iniciativa de diversas comunidades, a oposição de vários grupos a regimes autoritários e totalitários, revelam o reencontro dos católicos com os direitos e liberdades fundamentais, assim como importantes contribuições para a mudança de mentalidades e de estruturas em numerosos países, sobretudo na América Latina.

II – Em resumo, a doutrina católica dos direitos do homem afirma:

- O reconhecimento da consciência de liberdade e dignidade dos homens do nosso tempo;
- A igual dignidade de todas as pessoas, mesmo quando chamadas a serviços diferentes;
- O primado das pessoas sobre as estruturas;
- A conexão entre direitos e deveres e entre justiça e caridade;
- A opção preferencial pelos pobres;
- A relação necessária entre libertação humana e liberdade cristã;
- A relação também necessária, na perspetiva do bem comum, entre os princípios da solidariedade (de todas as pessoas) e da subsidiariedade (do Estado);
- A função social da propriedade;
- A relação ainda entre o desenvolvimento integral de cada homem e o desenvolvimento solidário de toda a humanidade;
- A relação entre o desenvolvimento humano e o destino comum dos bens [110] [111].

---

[110] São os seguintes os principais textos deste magistério:
– a encíclica *Rerum Novarum* de Leão XIII, de 1891;
– a encíclica *Quadragesimo Anno* de Pio XI, de 1931;
– a mensagem de Natal de 1944 de Pio XII;
– a encíclica *Mater et Magistra* de João XXIII, de 1961;
– a encíclica *Pacem in Terris* de João XXIII, de 1963;
– a declaração *Dignitatis Humanae* (sobre liberdade religiosa) do Concílio Vaticano II, de 1965;
– a constituição pastoral *Gaudium et Spes* (sobre a Igreja no mundo atual) do Concílio Vaticano II, também de 1965;
– a encíclica *Populorum Progressio* de Paulo VI, de 1967;

CAPÍTULO I – SENTIDO DOS DIREITOS FUNDAMENTAIS

III – As outras Igrejas cristãs, designadamente as ortodoxas e as protestantes, têm seguido caminhos, em parte, diferentes. [111]

As Igrejas ortodoxas – Igrejas nacionais muito ligadas aos respetivos Estados – têm sido bastante mais tímidas na adesão aos princípios da liberdade política e até da liberdade religiosa.

Ao invés, importantíssima foi a participação de algumas das confissões protestantes ao longo do século XVIII na defesa dos direitos do homem e na sua formulação, à margem (como aconteceria na França) de conceções laicistas ou agnósticas. A ética protestante, muito mais individualista que a católica, e, porventura também, o facto de o capitalismo ter desabrochado, primeiro, nos países da Europa do Norte explicarão estas diferenças. Em contrapartida,

---

[111] – a carta apostólica *Octogesima Adveniens* (no 80.º aniversário da *Rerum Novarum*) de Paulo VI, de 1971;
– a encíclica *Redemptor Hominis* de João Paulo II, de 1979;
– a instrução da Congregação da Doutrina da Fé *Liberdade Cristã e Libertação*, de 1986;
– a encíclica *Sollicitudo Rei Socialis* de João Paulo II, de 1987;
– a encíclica *Centesimus Annus* de João Paulo II, de 1991;
– a encíclica *Laudato si* de Francisco, de 2015.
Cfr. JACQUES MARITAIN, *Les Droits de l'Homme et la Loi Naturelle*, Paris, 1953; STEPHAN WYSZYNSKI, *O espírito do trabalho*, trad., Lisboa, 1959; ADÉRITO SENAS NUNES, *Princípios da Doutrina Social*, Lisboa, 1969; a obra coletiva *Comentarios a la Pacem in Terris*, Madrid, 1963; PHILIPPE DE LA CHAPELLE, *op. cit.*, págs. 405 e segs.; ANDRÉ-VINCENT, *Le fondement du droit et la religion d'après les documents pontificaux contemporains*, in *Archives de Philosophie du Droit*, tomo XVIII, Paris, 1973, págs. 149 e segs.; a obra coletiva *Jean Paul II et les Droits de l'Homme*, Friburgo-Paris, 1980; a obra coletiva *I Diritti Umani*, cit., *maxime* págs. 199 e segs. e 492 e segs.; RENÉ COSTE, *L'Église et les Droits de l'Homme*, Paris, 1982; M. VILLEY, *op. cit.*, págs. 105 e segs. e 131 e segs.; o n.º 3 de 1987 da revista *Communio* (ed. portuguesa); JORGE MIRANDA, *A «Gaudium et Spes» e os Direitos do Homem*, in *Gaudium et Spes*, obra coletiva, Lisboa, 1988, págs. 35 e segs.; JOSÉ M. PUREZA, *Notas para uma leitura cristã dos Direitos do Homem*, in *Communio*, 1989, págs. 152 e segs.; ANTÓNIO REIS RODRIGUES, *Doutrina social da Igreja – Pessoa, Sociedade e Estado*, Lisboa, 1991; MÁRIO PINTO, *A doutrina social da Igreja, ontem, hoje e amanhã*, in *Direito e Justiça*, 1998, págs. 209 e segs.; GIORGIO FILIBECK, *I Diritti dell'Uomo nell'Ensegnamento della Chiesa da Giovanni XXIII a Giovanni Paolo II*, trad. *Direitos do Homem – De João XXIII a João Paulo II*, Lisboa, 2000; CLÉBER FRANCISCO ALVES, *O princípio constitucional da dignidade da pessoa humana: o enfoque da Doutrina Social da Igreja*, Rio de Janeiro, 2001; MATEUS CARDOSO PERES, *Teologia e Direitos Humanos*, in *Direitos Humanos – 50.º aniversário da Declaração Universal*, obra coletiva, Lisboa, 2001, págs. 61 e segs.; HENRIQUE NORONHA GALVÃO, *Origem teológica do conceito de pessoa*, in *Communio*, 2002, págs. 205 e segs.; *Compendio della Dottrina Sociale della Chiesa* (ed. do Conselho Pontifício "Justiça e Paz"), Roma, 2004, trad. *Compêndio de Doutrina Social da Igreja*, S. João do Estoril, 2005; KARL GRAF BALLESTREIN, *A Igreja Católica e os direitos humanos*, in *Communio*, 2006, págs. 275 e segs.

DIREITOS FUNDAMENTAIS

por vezes, certas Igrejas protestantes caíram em sectarismos ou adotaram atitudes menos compatíveis com os direitos do homem [112] ou menos sensíveis à justiça social.

Grande importância tem tido a atividade do Conselho Ecuménico das Igrejas, através de conferências, documentos [113] e diferentes formas de intervenção [114].

13. Outras religiões e outras áreas civilizacionais

I – Se o cristianismo professa, embora historicamente com hiatos e desvios, o princípio da autonomia (ao menos, relativa) do temporal em relação ao espiritual e hoje, mais ou menos claramente, a regra de que cabe aos leigos (e não aos clérigos) agir na construção política, o islamismo – a outra grande religião monoteísta presente um pouco por toda a parte – reitera uma visão oposta, uma visão de integração das duas esferas.

No islamismo, não é possível separar o temporal do espiritual, o jurídico do moral, a comunidade política da comunidade religiosa, os direitos do homem da lei divina. Não se trata de organizar o poder, trata-se também de incrementar a virtude. O poder islâmico é tanto um poder político como um poder religioso, é um poder em que se combinam teocracia e democracia – teocracia, porque assente na soberania de Deus, e democracia, porque o direito de governar não tem sentido senão no âmbito da comunidade e da vontade dos crentes.

O Islão proclama a dignidade inerente a todos os homens e a unidade entre eles, reforçada pela relação com Deus; acredita na dimensão social da vida humana; demonstra uma particular sensibilidade perante o direito à honra, o direito de desobediência à lei injusta e a igualdade económica; procura realizar a justiça distributiva; e respeita as minorias étnicas e religiosas. Todavia, não confere os mesmos direitos aos homens e às mulheres, bem como aos muçulmanos e aos não muçulmanos, nem admite liberdade fora do contexto da comunidade religiosa e política.

---

[112] No sul dos Estados Unidos e na África do Sul.

[113] Como o relatório sobre «Direitos do Homem e Responsabilidade Cristã», aprovado em St. Polten (na Áustria) em 1974.

[114] V. JOHN LUCAL, *L'opera del Consiglio Ecumenico delle Chiese*, in *Diritti Umani*, págs. 869 e segs.

CAPÍTULO I – SENTIDO DOS DIREITOS FUNDAMENTAIS

Daqui a não identificação das conceções islâmicas com as conceções ocidentais, consideradas individualistas e profanas; e isto manifesta-se inequivocamente quer nas Constituições dos vários Estados atuais de religião oficial muçulmana (desde a Arábia Saudita ao Irão fundamentalista) quer na «Declaração Islâmica Universal dos Direitos do Homem» [115] [116].

II – É necessário ainda ter em cuidadosa conta, além da área árabo--muçulmana, civilizações e áreas geográfico-culturais como a Índia, a China e a África Negra. Não só as identidades culturais correspondentes aos diversos povos que aí se inserem são muito ricas como seria contraditório pensar num mundo de direitos do homem ignorando-as ou destruindo-as.

O que oferecem de comum essas civilizações, a despeito de todas as diferenças que entre elas existem, é uma intensa vivência grupal e comunitária, com muito menor relevo prestado à personalidade individual; é uma situação de muito mais forte necessidade de segurança física e espiritual do que na Europa; é uma muito mais vincada homogeneidade coletiva; e é a quase completa prevalência do sentido dos deveres sobre o sentido dos direitos.

Esta a razão por que não pode, em rigor, dizer-se que nesses países tenha surgido uma noção jurídico-política de direitos fundamentais – não obstante, em todos, de uma maneira ou doutra, se manifestarem o respeito pela pessoa humana, a corresponsabilização dos diversos membros do grupo uns pelos outros, a regra da ajuda mútua e o esforço de preservação da liberdade familiar [117] [118].

---

[115] Publicada em *Documentação e Direito Comparado*, n.º 16, 1983, págs. 199 e segs.

[116] Cfr. MAURICE BORMANS, *I diritti dell'uomo nel mondo religioso dell'Islam*, in *I Diritti Humani*, págs. 495 e segs.; CLAUDIO CORDONE, *La teoria islamica dei diritti umani*, in *Rivista Internazionale di Filosofia del Diritto*, 1984, págs. 578 e segs.; SAMI A. ALDEEB ABU-SAHLIEH, *La définition internationale des droits de l'homme et l'Islam*, in *Revue Générale de Droit International Public*, 1985, págs. 621 e segs., MOHAMED ALLAL SINALEUR, *Tradición islamica y derechos humanos*, in *Los fundamentos filosoficos de los derechos humanos*, obra coletiva, UNESCO, trad., Madrid, 1985, págs. 217 e segs.; FOUAD ZAKARIA, *Los fundamentos filosoficos de los derechos humanos en el mundo arabe, ibidem*, págs. 251 e segs.; BERTRAND BADIE, *op. cit.*, págs. 118 e 229 e segs., *maxime* 281-282; HENRI WIBAUT, *Droits de l'Homme et Islam*, in *Conscience et Liberté*, 1987, págs. 16 e segs.; ROSA MARIA MARTÍNEZ DE LOPES, *Les droits de l'homme et le monde arabe; un double défi*, in *Conscience et Liberté*, 2012, págs. 79 e segs.

[117] V., em geral, RADHIKA COOMARASWAMY, *Recherche et éducation en matière de droits de l'homme en Asie*, in *L'Enseignement des Droits de l'homme en Asie*, obra coletiva, Paris, UNESCO, 1980, págs. 235 e segs.; YOUGINDRA KHUSHALANI, *Human Rights in Asia and Africa*, in *Human Rights*

DIREITOS FUNDAMENTAIS

III – Na Índia entende-se que as liberdades humanas requerem virtudes humanas. São cinco as liberdades sociais: a liberdade frente à violência, a liberdade frente à necessidade, a liberdade frente à exploração, a liberdade frente à desonra, a liberdade frente à morte e à doença. E são cinco também as virtudes individuais: a ausência de intolerância, a compaixão ou sentimento de solidariedade, a sabedoria, a liberdade de pensamento e consciência, a liberdade frente ao medo, à frustração e ao desespero [119]. Na tradição hindu, não existe distinção mutuamente exclusiva entre o espiritual e o mundano e entre o religioso e o secular. A vida no mundo é apenas um reflexo incompleto e nebuloso do espiritual, que é absoluto, perfeito e total [120].

Na China, marcada por CONFÚCIO, o que importa, antes de mais, é o cumprimento dos deveres para com os vizinhos, em espírito de simpatia e companheirismo. Na ideia de obrigações recíprocas revela-se o ensinamento fundamental do confucionismo. A responsabilidade perante o bem comum prevalece sobre a liberdade individual [121].

Na África tradicional, as sociedades, fortemente hierarquizadas, são unificadas pela crença mística. A inviolabilidade da vida e a entreajuda dos membros da comunidade são os valores fundamentais da ordem coletiva.

Law Journal, vol. 4, n.º 4, 1983, págs. 403 e segs.; NARENDRA SINGH, *A Ásia e os direitos do homem*, in *As dimensões internacionais dos direitos do homem*, obra coletiva sob a direção de Karel Vasak, trad., Lisboa, 1983, págs. 669 e segs.; KÉBA M'BAYE, *Os direitos do homem em África, ibidem*, págs. 615 e segs.; o n.º 36, 2.º semestre de 1988, e n.º 40, 2.º semestre de 1990, de *Conscience et Liberté*; TANIA GROPPI, *Costituzione senza costituzionalismo? La codificazione dei diritti in Asia agli inizi del XXI secolo*, in *Politica del Diritto*, 2006, págs. 187 e segs.; ELENA ASCIUTTI, *Diritti e Valori: una prospettiva asiatica*, in *Politica del Diritto*, março de 2009, págs. 147 e segs.

[118] Cfr. ainda FRANCESCO D'AGOSTINO, *op. cit.*, págs. 59 e segs.: o contraste entre a conceção jurídica ocidental e a não ocidental radica em aquela, e não esta, ser relacional e assente no reconhecimento da alteridade subjetiva.

[119] YOUGINDRA KHUSHALANI, *op. cit.*, págs. 406-407.

[120] R. C. PANDEYA, *Fundamentos filosoficos de los derechos humanos. Perspectiva hindu*, in *Los fundamentos...*, pág. 306.

[121] YOUGINDRA KHUSHALANI, *op. cit., loc. cit.*, págs. 405 e 406; M. ZHENDUO, *Confucius et son enseignement*, in *Conscience et Liberté*, 2.º semestre de 1990, págs. 60 e segs. Cfr. ELIZABETH J. PERRY, *Chinese conceptions of "Rights": From Mencius to Mao – and now*, in *American Political Science Associations – Perspectives on Politics*, vol. 6, n.º 1, março de 2008, págs. 37 e segs.; ANTÓNIO MANUEL HESPANHA, *Introdução ao pensamento jurídico-político chinês, tradição e prospectiva*, in *Anais da Universidade Autónoma de Lisboa – História*, 1994, págs. 112 e segs.

CAPÍTULO I – SENTIDO DOS DIREITOS FUNDAMENTAIS

Procura-se, acima de tudo, a vida em harmonia com os outros, com a natureza e com os espíritos que a povoam e animam [122].

14. Universalismo e multiculturalismo

I – Com os antecedentes apontados, a ideia moderna de direitos fundamentais foi afirmada, no século XVIII, nos Estados Unidosa e na França – não pela natureza das coisas ou das pessoas, mas por circunstâncias históricas bem conhecidas. Daí se propagaria para o resto do Ocidente e, por variadas formas, para todos os países.

Alguns dirigentes políticos asiáticos e africanos têm pretendido ligar a sua difusão à colonização, esquecendo tradições não muito distantes dos respetivos povos e não notando que ela é indissociável da criação de novos Estados, com a rutura de laços tribais e locais e do aparecimento de uma consciência jurídica comum, na qual entram tanto deveres como direitos frente ao poder político [123].

Outros declaram a liberdade política contrária ao desenvolvimento e, sem dúvida, importantíssimos progressos materiais se alcançaram em regimes que a negam. Mas aí não têm sido só os direitos dos cidadãos a serem sacrificados, também muitos dos direitos dos trabalhadores. Muito pelo contrário, como escreve AMARTYA SEN, o alargamento da liberdade é simultaneamente o fim primário e o principal meio de desenvolvimento [124] e a intensidade das necessidades económicas aumenta, mais do que reduz, a urgência das liberdades públicas [125].

Ou, conforme lembra RONALD DWORKIN, o juízo interpretativo tem de ser naturalmente sensível a diferentes condições económicas, a características políticas e culturais diferentes e a histórias diferentes. Deve ser sensível a estas

---

[122] YOUGINDRA KHUSHALANI, *op. cit., loc. cit.*, págs. 415 e segs.; KEBA M'BAYE, *op. cit., loc. cit.*, págs. 615 e segs.; MARCOLINO MOCO, *Direitos humanos – As particularidades africanas*, in *Revista da Faculdade de Direito da Universidade de Lisboa*, 2009, págs. 435 e segs.

[123] Cfr., por exemplo, FEHTI JAMAA, *Les preoblèmes spécifiques posés par les droits fondamentaux dans les pays en voie de développement*, relatório ao II Congresso da Associação Internacional de Direito Constitucional, Aix-en-Provence, 1987.

[124] *Development as Freedom*, 1999, trad. *O desenvolvimento com liberdade*, trad., Lisboa, 2003, pág. 50.

[125] *Ibidem*, pág. 161.

DIREITOS FUNDAMENTAIS

diferenças, porque afetam claramente a interpretação... Mas o próprio padrão abstrato – a compreensão básica de que a dignidade exige preocupações iguais pelo destino de todos e respeito total pela responsabilidade pessoal – não é relativo. É genericamente universal [126].

II – Em momento de otimismo pensou antever-se uma "civilização do universal" [127] também no domínio dos direitos das pessoas, equivalente ao "ideal comum a atingir" proclamado pela Declaração Universal dos Direitos do Homem, de 1948. Ainda não se chegou lá, nem se sabe quando e se se chegará, porque persistem sistemas altamente repressivos das liberdades, especialmente da liberdade religiosa e da liberdade política; a tortura; o tráfico de pessoas; a xenofobia; a pobreza [128]; desigualdades sociais profundas; a fome que atinge milhões de seres humanos.

Isto não significa negar a universalidade de direitos [129]. Pelo contrário, deve ser e tem sido um incentivo para se procurar contrariar essas práticas.

[126] *Justice for Hedgehogs*, 2011, trad. *Justiça para ouriços*, Coimbra, 2012, pág. 346.

[127] Do nome do livro de RENÉ MAHEU, *La Civilisation de l'Universel*, Paris, 1966 (de que há tradução portuguesa).

[128] Cfr. *International Power Law: an emerging discourse*, obra coletiva (coord. de Lucy Williams), 2008, trad. *O Direito Internacional da Pobreza – um discurso emergente*, Cascais, 2010.

[129] Cfr. LOUIS HENKIN, *Rights: here and there*, in *Columbia Law Review*, 1981, págs. 1582-1583; *Universalité des droits de l'homme devant un monde pluraliste*, obra coletiva, Conselho da Europa, Estrasburgo, 1990; MARTIN KRIELE, *L'universalità dei diritti dell'uomo*, in *Rivista Internazionale di Filosofia del Diritto*, 1992, págs. 3 e segs.; JOSÉ MARTÍNEZ PISÓN, *op. cit.*, págs. 42 e segs. e 211 e segs.; VITTORIO POSSENTI, *Diritti umani e natura umana*, in *Vita Sociale*, julho-outubro de 1994, págs. 269 e segs.; o n.º 38, de 1998, de *Persona y Derecho* (revista da Universidad de Navarra); ALCEU DE AMOROSO LIMA, *Os direitos de todos os homens e o homem sem direitos*, Petrópolis, 1999; JOÃO CARDOSO ROSAS, *A universalidade dos direitos do cidadão*, in *Justificação dos direitos humanos*, obra coletiva, Braga, 2001, págs. 47 e segs.; CHRISTOPH EBERHARD, *Droits de l'homme et dialogue interculturel*, cit., págs. 189 e segs.; ACÍLIO DA SILVA ESTANQUEIRO ROCHA, *Direitos humanos e multiculturalismo*, ibidem, págs. 181 e segs.; BALDASSARE PASTORE, *Per una ermeneutica dei Dirittu umani*, Turim, 2993; PETER HÄBERLE, *Cultura dei diritti e diritto della cultura nello spazio costituzionali europeo – Saggi*, trad., Milão, 2003, págs. 81 e segs., maxime 95; WOLFGANG KERSTING, *Universalismo e direitos humanos*, trad., Porto Alegre, 2003, págs. 79 e segs. (preconizando um «universalismo sóbrio»; AMARTYA SENS, *op. cit.*, págs. 237 e segs. e *The Idea of Justice*, trad., *A Ideia de Justiça*, cit., págs. 469 e segs.; OTFRIED HÖFFE, *Demokratie und Zeitälter der Globalisierung*, trad. *A democracia no mundo de hoje*, São Paulo, 2005, págs. 64 e segs.; MARIA JOSÉ FARIÑAS DULCE, *Los Derechos Humanos: desde la perspectiva socio-jurídica a la "actitud post moderna"*, 2.ª ed., Madrid, 2006; MARTA CARTABIA, *L'universalità dei diritti umani nell'età dei "nuovi diritti"*, in *Quaderni Costituzionali*, 2009, págs. 537 e segs.; VICENTE DE PAULO BARRETTO,

CAPÍTULO I – SENTIDO DOS DIREITOS FUNDAMENTAIS

Há uma só humanidade e há valores comuns, o primeiro dos quais é o respeito pela dignidade de cada pessoa (como quer que seja entendida). Nem por acaso todas as Constituições consignam catálogos de direitos fundamentais e, como se referiu, se têm multiplicado os instrumentos internacionais e a ação das organizações intergovernamentais e não governamentais. As diferenças de entendimento não implicam relativismo; justificam e exigem tolerância e diálogo intercultural.

III – Não se justifica, pois, qualquer euro ou oestecentrismo nem asio ou afrocentrismo [130].

O feitiche dos direitos humanos e outros temas, Rio de Janeiro, 2010, págs. 215 e segs.; Santiago Legarre e Cristóbal Orrego, *Los usos del Derecho Constitucional Comparado y la universalidad de los derechos humanos*, in *Revista Española de Derecho Constitucional*, janeiro-abril de 2010, págs. 11 e segs.; Geliza Fátima, *Clutura e internacionalização dos direitos*, in *Revista de Informação Legislativa*, novembro-dezembro de 2012, págs. 133 e segs.; Luiz Ernane Ferreira Malato, *Direitos Humanos – Federalização da competência e Amazônia*, Porto Alegre, 2012, págs. 44 e segs.; Salvatore Bonfiglio, *Per una teoria interculturale dei diritti fondamentali e della Costituzione*, in *Diritto Pubblico Comparato ed Europeo*, 2016/1, págs. 119 e segs.
Diferentemente, Michel Villey, *Le Droit et les Droits de l'Homme*, Paris, 1983, págs. 10 e segs. e 153, o qual, todavia, reconhece que os direitos do homem protegem do abuso do governo e do arbítrio do "Direito positivo" (pág. 14).
Ou Patrícia Jerónimo, *Os Direitos do Homem à escala das Civilizações*, Coimbra, 2001, págs. 260 e segs., para quem os direitos humanos pelo seu estatuto filosófico e pelas suas traduções normativas, só têm verdadeiro sentido para o Ocidente, mas que repudia a absolutização das culturas, na medida em que esta retira ao indivíduo a possibilidade de questionar não só os valores alheios mas também os valores que são seus. E que, mais ainda, entende que não devemos prescindir de um corpo de referentes ético-jurídicos de dimensão transcivilizacional. (...)
«O outro, por muito diferente que seja, está sempre muito próximo, pelo que somos forçados a dialogar com ele. E este diálogo – como qualquer diálogo – precisa de referentes comuns. Estes referentes não podem, no entanto, ser tomados como absolutos pré-definidos. Não resultam da natureza, mas da necessidade de um diálogo pautado pelo respeito mútuo, pelo reconhecimento. Os universais possíveis haverão de ser encontrados neste diálogo e não descobertos numa natureza misteriosa e susceptível de leituras sempre tendenciosas» (pág. 312).
Ou ainda Boaventura de Sousa Santos, *Se Deus fosse um ativista dos direitos humanos*, Coimbra, 2013, defendendo uma «concepção contra-hegemónica e intercultural de direitos humanos» (págs. 13 e segs., *maxime* 25); ou Melina Girardi Falhin, *A concepção contemporânea dos direitos humanos e o mito da universalidade: os paradoxos da universalização parcial dos direitos*, in *Direitos Humanos – I volume, Cumplicidades e paradoxos*, obra coletiva, Curitiba, págs. 153 e segs., falando em aspetos mitológicos e simbólicos do discurso universalista.
[130] Devendo tomar-se bem nota do que diz Acílio da Silva Estanqueiro Rocha, *op. cit.*, *loc. cit.*, pág. 185: «É com frequência que se argumenta que a defesa de uma universalidade

Por outro lado, se asiáticos e africanos podem beneficiar dos avanços institucionais realizados no Ocidente, do mesmo modo europeus e americanos, tantas vezes submersos no individualismo consumista, só ganhariam em captar sinais de humanização e de transformação provindos de outras áreas como o apelo a mais solidariedade no quotidiano, a revitalização de laços familiares e da continuidade das gerações, o lugar das crianças e dos velhos [131], um mais estreito enlace entre direito e deveres, o respeito das forças naturais.

Problema diferente vem a ser o da inserção de centenas de milhares de trabalhadores migrantes e de refugiados vindos da Ásia e de África para os países ocidentais. Impõe-se então também o respeito pelas suas crenças e tradições, mas com os limites decorrentes da salvaguarda da identidade do país de acolhimento e, sobretudo, dos valores democráticos [132].

ética tem subjacente uma posição etnocêntrica; ora, não é a pretensão de universalidade que é expressão de etnocentrismo, mas o inverso: o relativismo é uma forma especial de etnocentrismo; este não conduz à universalização, mas é a via mais segura para o relativismo cultural e étnico.

[131] Cfr. E. KAFFT KOSTA, *Os Direitos Fundamentais da Terceira Idade e a Marca Cristã – Do Sul que não pode e faz(ia) ao Norte que pode e não faz (ou duas variantes do Homo Sacer)*, in *O Direito*, 2013, págs. 431 e segs.
Ainda hoje a Constituição chinesa (de 1982) impõe aos filhos maiores o dever de manter e auxiliar os pais (art. 49.º). No Ocidente, que saibamos, só a Constituição brasileira consigna norma semelhante (art. 229.º, 2.ª parte).

[132] Cfr. PAOLO BARILE, *Eguaglianza e tutela delle diversità*, in *Quaderni Costituzionali*, 1994, págs. 53 e segs.; ALAIN TOURAINE, *Qu'est-ce que la Démocratie?*, Paris, 1994, págs. 72 e 113 e segs.; JÜRGEN HABERMAS, *op. cit.*, págs. 86 e segs.; MATTEO GIANNI, *Cittadinanza diferenziata e integrazione multiculturale*, in *Rivista Italiana di Scienza Politica*, 1997, págs. 495 e segs.; GIOVANNI SARTORI, *Pluralismo, multiculturalismo e estranei*, in *Rivista Italiana di Scienza Politica*, 1997, págs. 477 e segs.; *Multiculturalism*, trad. *Multiculturalismo*, obra coletiva (coord. por Charles Taylor), Lisboa, 1998; *Direitos humanos, estrangeiros, comunidades migrantes e minorias*, obra colectiva coordenada por Gomes Canotilho, Oeiras, 2001; PATRÍCIA JERÓNIMO, *Os direitos das minorias no ordenamento jurídico português – Breve incursão pelos meandros do multiculturalismo*, in *Scientia Iuridica*, maio-agosto de 2001, págs. 69 e segs.; DIETER GRIMM, *Multiculturalidad – derechos fundamentales*, in *Derecho Constitucional para la Sociedad Multicultural*, obra coletiva, Edital Trotta, 2007, págs. 135 e segs.; LUÍSA NETO, *Novos direitos ou novo(s) objetivo(s) para o Direito*, Porto, 2010, págs. 187 e segs.; JOSÉ LUIS BOLZAN DE MORAIS e GUSTAVO VIEIRA, *Estado, Constituição e Direitos Humanos no cenário pós-nacional: diversidade e multiculturalismo entre loucura e sanidade*, in *Direitos humanos – direitos de quem?*, obra coletiva, Curitiba, 2012, págs. 197 e segs.; FRANCESCO MALVESI, *I diritti fondamentali nella società multiculturale*, in *Diritto e Società*, 2012, págs. 1 e segs.; PAOLO VERONESI, *Diritti costituzionali e multiculturalismo, ibidem*, págs. 19 e segs.

CAPÍTULO I - SENTIDO DOS DIREITOS FUNDAMENTAIS

15. As atitudes filosóficas subjacentes às conceções de direitos do homem

I – Os pressupostos filosóficos são inelimináveis em qualquer posição relativa aos direitos fundamentais – assim como, reciprocamente, não se depara sistema filosófico que não encare, direta ou indiretamente, a pessoa, o seu valor e a sua circunstância [133].

Em geral, as atitudes do espírito – e, por consequência, as atitudes filosóficas – a respeito da pessoa e dos seus direitos podem ser reconduzidos à tricotomia formulada por GUSTAV RADBRUCH de *individualismo, supra-individualismo* e *transpersonalismo.*

Sublinha ALAIN TOURAINE: «É preciso afastar quer uma conceção jacobina de cidadania, quer um multiculturalismo extremo que repudie todas as formas de cidadania» (pág. 113). E JÜRGEN HABERMAS: «No contexto de uma Constituição de Estado de Direito democrático, diversas formas de vida podem coexistir beneficiando de direitos iguais. Importa, porém, que se revejam numa cultura política comum aberta a impulsos vindos de formas de vida novas» (*Die Einbeziehung der Anderen Studien zur Politischen Theorie,* 1996, trad. *L'intégration républicaine,* Paris, 1998, pág. 93).

[133] Cfr., por todos, GUSTAV RADBRUCH, *Filosofia do Direito,* I, cit., págs. 161 e segs. e II, págs. 213 e 214; MANUEL GOMES DA SILVA, *Esboço de uma concepção personalista do Direito,* Lisboa, 1965; LUÍS CABRAL DE MONCADA, *Filosofia do Direito e do Estado,* II, Coimbra, 1966, págs. 290 e segs.; HELMUT COING, *Grundzüge des Rechtsphilosophie,* trad. castelhana *Fundamentos de Filosofia del Derecho,* Madrid, 1976, págs. 143 e segs.; A. CASTANHEIRA NEVES, *A unidade do sistema jurídico, o seu problema e o seu sentido,* Coimbra, 1979; MIGUEL REALE, *Filosofia do Direito,* I, 8.ª ed., São Paulo, 1978, págs. 211 e segs.; H. L. A. HART, *Utilitarismo y Derecho Natural,* in *Anuario de Derechos Humanos,* I, 1981, págs. 149 e segs.; FRANCESCO GENTILE, *I diritti dell'uomo nella critica marxiana dell'emancipazione politica,* in *Rivista Internazionale di Filosofia del Diritto,* 1981, págs. 571 e seg.; SERGIO COTTA, *Persona,* in *Enciclopedia del Diritto,* XXXIII, 1983, págs. 159 e seg.; MICHEL VILLEY, *Le Droit et les Droits de l'Homme,* cit.; BERTRAND BINOCHE, *Critiques des droits de l'homme,* Paris, 1989; JOSÉ MARTINEZ DE PISÓN, *op. cit.,* págs. 98 e segs.; PAULO FERREIRA DA CUNHA, *O ponto de Arquimedes,* Coimbra, 2001; *Direitos humanos – teorias e práticas,* obra coletiva (org. de Paulo Ferreira da Cunha), Coimbra, 2003; ANTÓNIO CARLOS CAMPOS PEDROSO, *A justificação dos direitos fundamentais,* in *Revista Mestrado em Direito da UNIFIEO* (São Paulo), 2007, págs. 35 e segs.; AMARTYA SEN, *A Ideia de Justiça,* cit., págs. 205 e segs. e 469 e segs.; MARIA CRISTINA VIDOTTE BLANCO TÁRREGA, *A génese lógica dos direitos fundamentais – teoria discursiva e princípio democrático,* in *Revista de Direito Constitucional e Internacional,* janeiro-março de 2009, págs. 209 e segs.; JOÃO MAURÍCIO ADEODATO, *A Retórica Constitucional – Sobre tolerância, direitos humanos e outros fundamentos éticos do Direito,* 2.ª ed., São Paulo, 2010; ANTÓNIO CORTÊS, *O paradigma social do "desenvolvimento humano" – Contributo para uma refundação ética dos direitos fundamentais,* in *Estudos em homenagem ao Prof. Doutor Jorge Miranda,* obra coletiva, VI, Coimbra, 2012, págs. 41 e segs.; ANTÓNIO BRAZ TEIXEIRA, *O problema filosófico-jurídico dos "Direitos Humanos",* in *De Legibus – Revista da Faculdade de Direito da Universidade Lusófona,* 2014, págs. 151 e segs.

DIREITOS FUNDAMENTAIS

O individualismo (que também, deste ângulo, poderia denominar-se personalismo) toma como fim principal, a realizar pelo Estado, o indivíduo, a pessoa; no supra-individualismo são finalidades coletivas, de ordem social, que prevalecem; no transpersonalismo trata-se de valorizar e de promover a realização, acima de tudo, de finalidades de obra, quer dizer, de ideias, de instituições, de resultados, como que desprendidos de quem os fez, ou do serviço em favor de quem foram pensados.

Mas talvez seja mais adequado, olhando a experiências históricas e sem prejuízo das diferentes inspirações filosóficas, contrapor simplesmente conceções *personalistas* e conceções *não-personalistas*.

II – Entre os que se confessam favoráveis à existência de direitos fundamentais da pessoa perante o Estado, são diversíssimas (repetimos) as maneiras de os encarar, relacionar e sistematizar. As grandes conceções filosófico-jurídicas que se manifestam a respeito da Constituição [134] ou a respeito do Estado [135] fazem-se outrossim aqui sentir [136].

---

[134] V. *Manual...*, II, 7.ª ed., Coimbra, 2013, págs. 70 e segs.

[135] V. *Manual...*, III, cit., págs. 13 e segs.; János Kis, *L'égale dignité – Essai sur les fondements de droits de l'homme*, Paris, 1989.

[136] Cfr., de diferentes premissas, nas últimas décadas, Castan Tobeñas, *Los Derechos del Hombre*, Madrid, 1969, págs. 40 e segs.; Frede Castberg, *La Philosophie du Droit*, Paris, 1970, págs. 97 e segs.; Raymond Polin, *L'Obligation Politique*, Paris, 1971, págs. 102 e segs.; John Rawls, *Uma Teoria da Justiça*, cit., e *Political Liberalismo*, 1992, trad. *Liberalismo político*, Lisboa, 1997; Kotaro Tanaca, *Some observations on Peace, Law and Human Rights*, in *Transnational Law in a Changing Society – Essays in honor of Philip C. Jessup*, Nova Iorque e Londres, 1972, págs. 242 e segs.; Yves Madiot, *Droits de l'homme et libertés publiques*, Paris, 1976, págs. 21 e segs.; G. Orrú, *Il dibattito sui valori e diritti fondamentali welle «Settimane Salisburghesi». Proposte e riflessioni*, in *Jus*, 1978, págs. 303 e segs.; Enrique D. Haba, *Droits de l'homme, libertés individuelles et rationnalité juridique*, in *Archives de Philosophie du Droit*, t. 25, *La loi*, Paris, 1980, págs. 325 e segs.; Dino Pasini, *I diritti dell'uomo*, reimpressão, Nápoles, 1981, págs. 5 e segs.; *I Diritti Umani*, obra coletiva, cit., págs. 609 e segs.; Andres Ollero, *Como tomar-se los derechos humanos como filosofia*, in *Revista de Estudios Politicos*, maio-julho de 1983, págs. 110 e segs.; Gregorio Peces-Barba, *Derechos Fundamentales*, 4.ª ed., Madrid, 1983, págs. 18 e segs.; Terrance Mc Connell, *The nature and basis of inalienable rights*, in *Law and Philosophy*, vol. 3.º, n.º 1, abril de 1984, págs. 25 e segs.; Antonio E. Perez Luño, *Derechos Humanos, Estado de Derecho y Constitución*, Madrid, 1984, págs. 52 e segs., 132 e segs. e 284 e segs.; Carlos Santiago Nino, *Etica y Derechos Humanos*, cit.; *Los fundamentos filosóficos de los derechos humanos*, obra coletiva, cit.; Luc Ferry e Alain Renaut, *Philosophie politique – des droits de l'homme à l'idée républicaine*, Paris, 1985; A. J. Milne, *Human Rights and Human Diversity*, Albany, 1986; Blandine Barret-Kriegel,

CAPÍTULO I – SENTIDO DOS DIREITOS FUNDAMENTAIS

Encontram-se, por conseguinte, com maior ou menor nitidez:

a) Conceções *jusnaturalistas* (os direitos do homem como imperativos de Direito natural, anteriores e superiores à vontade do Estado) e conceções *positivistas* (os direitos do homem como faculdades outorgadas e reguladas pela lei positiva);

b) Conceções *idealistas* (os direitos do homem como ideia que se projeta sobre o processo histórico) e conceções *realistas* (os direitos do homem como expressão da experiência ou das lutas políticas, económicas e sociais);

c) Conceções *objetivistas* (os direitos do homem como realidades em si ou como valores objetivos ou decorrências de valores) e conceções *subjetivistas* (os direitos do homem como faculdades da vontade humana ou como manifestações de autonomia);

Les droits de l'homme et le droit naturel, in *Droit, Institutions et Systèmes Politiques – Mélanges en hommage à Maurice Duverger, obra coletiva*, Paris, 1987, págs. 3 e segs.; Ronald Dworkin, *Taking Rights Seriously*, 1977, 5.ª reimpressão, Londres, 1987, *maxime* págs. 150 e segs.; Daniel Hoffman, *What makes a Right Fundamental*, in *The Review of Políticas*, 1987, págs. 517 e segs.; Francesco Cavalla, *I diritti dell'uomo (prospettive político-culturali)*, in *Gli operatori del diritto e i diritti dell'uomo, obra coletiva*, Milão, 1987, págs. 263 e segs.; János Kis, *L'Egale Dignité – Essai sur les fondements des droits de l'homme*, trad. francesa, Paris, 1989; Andrés Ollero Tassara, *Derechos humanos y metodologia juridica*, Madrid, 1989, págs. 202 e segs.; Charles Widner, *Droit de l'Homme et Science de l'Homme, Pour une éthique authropologique*, Paris, 1992; Joaquín Rodríguez-Touro Muñiz, *La razón de los derechos*, Madrid, 1995; Michel Renaud, *A dignidade do ser humano como fundamento ético dos direitos do homem*, in *Brotéria*, 1999, págs. 135 e segs. e 423 e segs.; Luigi Ferrajoli, *Los fundamentos de los derechos fundamentales*, trad., Madrid, 2001; *Justiça e Direitos Humanos*, obra coletiva (coordenada por Acílio Estanqueiro Rocha), Braga, 2001; *Legitimação dos direitos humanos, obra coletiva* (org. Ricardo Lobo Tormes), Rio de Janeiro, 2002; Eduardo C. B. Bittar, *Constituição e direitos fundamentais: reflexões filosóficas a partir de Habermas e Häberle*, in *Revista Mestrado de Direito da UNIFIEO*, ano 6, n.º 2, 2006, págs. 37 e segs.; Francisco José Bronze, *Lições de Introdução ao Direito*, 2.ª ed., Coimbra, 2006, págs. 443 e segs.; Joseph Ratzinger, *Wahrheit, Werte, Macht*, trad. *Verdade, valores, poder*, Braga, 2006; David Bill Chitz, *Poverty and Fundamental Rights*, Oxónia, 2007, *maxime* págs. 47 e segs; António Cortês, *Jurisprudência dos princípios*, Lisboa, 2010; Rogério Pacheco Alves, *Dignidade humana como restrição*, in *Revista do Ministério Público* (Rio de Janeiro), 2013, págs. 239 e segs.; Fábio Konder Comparato, *O fundamento dos direitos humanos*, in *Democra cia e Direitos Fundamentais – Uma homenagem aos 90 anos do Professor Paulo Bonavides*, obrz coletiva, São Paulo, 2016, págs. 280 e segs.

DIREITOS FUNDAMENTAIS

d) Conceções *contratualistas* (os direitos do homem como resultado do contrato social, como a contrapartida para o homem da sua integração na sociedade) e conceções *institucionalistas* (os direitos do homem como instituições inerentes à vida comunitária) [137];

e) Assim como, noutro plano, conceções *substancialistas* e conceções *procedimentalistas*.

16. Direitos e valores

I – O característico das conceções filosóficas consiste em conferir uma fundamentação aos direitos do homem no plano dos fins últimos da pessoa, da sociedade e do Estado, em integrar o sistema de direitos numa *Weltanschauung*, em descobrir um sentido para eles conforme com o sentido de vida e de valores que procuram refletir.

Porém, diante da variedade e até dos contrastes de pressupostos e sistemas filosóficos e filosófico-jurídicos [138], pode perguntar-se se o apelo que se lhes faz não é estéril ou se, no âmbito dos regimes pluralistas da atualidade, não se apresenta contraproducente ou contraditória uma unidade de valores [139].

Bem significativa desta perspetiva é a posição de NORBERTO BOBBIO [140], para quem não pode existir um fundamento absoluto de direitos historicamente relativos e estruturalmente diversos e para quem a pluralidade de conceções religiosas e morais determina um insuperável relativismo – mas, para quem,

---

[137] Cfr. a esquematização de MIHAILO MARKOVIC das «*alternativas* de fundamentação humanista dos direitos do homem» (in *Los fundamentos...*, obra coletiva, cit., págs. 131 e segs.):
– relativismo estático e a-histórico, característico das visões empíricas, pragmáticas e estruturalistas;
– absolutismo de tipo Kantiano e fememonológico;
– absolutismo histórico na linha de HEGEL;
– historicismo relativista segundo MARX.

[138] Mesmo daqueles que se reclamam do humanismo – e, por isso, há quem fale num conflito de humanismos (assim, AUGUSTE ETCHEVERRY, *Le Conflit Actuel des Humanismes*, de que há trad. portuguesa, Porto, 1958).

[139] Cfr., por exemplo, *Diritti dell'uomo e ideologie contemporanee*, obra coletiva, Pádua, 1988; ou, doutro prisma, STUART A. SCHEINGOLE, *The Politics of Rights*, New Haven e Londres, 1974.

[140] *Sul fondamento dei diritti dell'uomo*, in *Rivista Internazionale di Filosofia del Diritto*, 1965, págs. 301 e segs., e in *L'Età dei Diritti*, Turim, 1990, págs. 5 e segs. Cfr. MÁRIO REIS MARQUES, *Os direitos humanos no pensamento de Norberto Bobbio*, in *Estudos em homenagem ao Prof. Doutor Aníbal de Almeida*, obra coletiva, Coimbra, 2012, págs. 599 e segs.

CAPÍTULO I – SENTIDO DOS DIREITOS FUNDAMENTAIS

precisamente, esse pluralismo constitui o mais forte argumento a favor de alguns direitos como a liberdade de religião e a liberdade de pensamento.

A fundamentação absoluta, continua BOBBIO, não só é ilusória como, algumas vezes, é um pretexto para defender posições reacionárias. Não se trata, pois, de a encontrar, mas de procurar os vários fundamentos possíveis dos direitos fundamentais. O problema de fundo dos direitos do homem é hoje não tanto o de os *justificar* quanto de os *proteger:* e este é um problema não filosófico, mas sim político.

II – Admitimos os riscos de intolerância de uma visão demasiado rígida ou fechada dos direitos do homem, a indeterminação de muitos dos conceitos com eles conexos [141] e os custos de uma qualquer plataforma doutrinal (eventualmente precária) ou de um qualquer sincretismo – em detrimento do trabalho em comum pela realização dos direitos.

Nem desconhecemos a contradição em que caem muitos daqueles que, invocando constantemente o Direito natural, no concreto ignoram ou ficam indiferentes a graves violações da liberdade de expressão ou da liberdade de emigração, das garantias de processo penal, do direito ao trabalho ou do direito ao salário.

Assim como tão pouco negamos os progressos alcançados em tantos campos, apesar de todos os obstáculos e apesar das divergências de culturas jurídicas e políticas, até porque – como notava, em tempo de conflitos ideológicos intensos, JACQUES MARITAIN – homens mutuamente opostos nas suas conceções teóricas podem chegar a um acordo prático e, assim, contribuir para que se dê um «crescimento vegetativo do conhecimento moral e do sentimento moral, uma espécie de desenvolvimento vital em si mesmo», independentemente dos sistemas filosóficos (ainda que, secundariamente, estes entrem em ação recíproca com esse processo espontâneo) [142] [143].

Recorde-se a relação estabelecida por KELSEN (*Von Wesen und Wert der Demokratie,* trad. francesa *La Démocratie – Sa nature, sa valeur,* Paris, 1932, págs. 108 e segs.) entre democracia e relativismo crítico.

[141] Cfr. ENRIQUE P. HABA, *Droits de l'homme, concepts mouvants, idéologies,* in *Archives de Philosophie du Droit,* t. 29, Paris, 1984, págs. 323 e segs.

[142] *Les Droits de l'Homme et la Loi Naturelle,* cit., págs. 69 e 73. V. também a alocução à 1.ª reunião plenária da 2.ª sessão da Conferência Geral da UNESCO, realizada no México, em 1947

DIREITOS FUNDAMENTAIS

Todavia, a conveniência e, mais do que a conveniência, a necessidade de perscrutar os fundamentos, os valores, ou, se se preferir, as referências éticas subjacentes aos direitos historicamente consignados em cada Constituição material revela-se iniludível quer no plano estritamente abstrato e teórico, quer no plano da interpretação jurídica, quer no da política legislativa. [143]

Primeiramente, reduzir a problemática dos direitos do homem à da sua positivação e garantia como direitos fundamentais poderia equivaler a uma atitude conservadora, alheia às aspirações das pessoas concretas e às transformações sociais; poderia acarretar, para muitos, a resignação perante as leis decretadas ou perante as contingências da sua aplicação; poderia traduzir a recusa de qualquer dimensão utópica ou idealista [144], ou a perda da universalidade destes direitos num mundo cada vez mais próximo e globalizado [145].

Em segundo lugar, a consciência jurídica é sempre uma consciência formada segundo certos valores e sem um consenso básico acerca das relações entre a pessoa e o Estado não existe princípio de legitimidade [146]. Não terá de

---

(in *Droits des Peuples, Droits de l'Homme*, págs. 172 e 173), e *Reflexões sobre os Estados Unidos*, 2.ª ed. port., Rio de Janeiro, 1959, pág. 99.

Recorde-se ainda, de JACQUES MARITAIN, *Reflexões sobre os Estados Unidos*, 2.ª ed., brasileira, Rio de Janeiro, 1959, pág. 99: «Não existe real e genuína tolerância senão quando um homem está firmemente e absolutamente convencido de uma verdade, ou do que ele tem por verdade, e quando, ao mesmo tempo, reconhece aos que negam essa verdade o direito de existir e de contradizê-lo e expor o seu parecer, e isso não porque eles estejam emancipados da verdade, mas porque eles buscam a verdade à sua maneira, e porque ele respeita neles a natureza humana e a dignidade humana e aqueles mesmos recursos e faculdades do intelecto e da consciência que os fazem potencialmente capazes de alcançar a verdade que ele ama, se algum dia depararem com ela».

[143] Cfr. LUÍS CABRAL DE MONCADA, *op. cit.*, II, págs. 151-152, e ainda a «auto-regência» ou autonomia do Direito segundo GUSTAV RADBRUCH a que aludimos em *Manual...*, I, 10.ª ed., Coimbra, 2014, pág. 101, nota.

[144] Cfr. SERGIO COTTA, *Il fondamento dei diritti umani*, in *I Diritti Umani*, págs. 645 e segs., ou, doutro prisma, *Attualità e ambiguità dei diritti fondamentali*, in *Diritti Fondamentali dell'Uomo* (*Quaderni di Iustitia*, 27), Roma, 1977, págs. 1 e segs. Cfr. também CARLOS SANTIAGO NINO, *Ética y derechos fundamentales: un ensayo de fundamentación*, 2.ª ed., Buenos Aires, 1989.

[145] Como observa VICENTE DE PAULA BARRETO, *O Fetiche...*, cit., pág. 194, há casos em que a justificação e fundamentação dos direitos é a etapa indispensável e indissociável da sua proteção.

[146] Cfr. ANDRÉS OLLERO TASSARA, *Consenso y disenso en la fundamentación de los derechos humanos*, in *Derecho y Moral – Anales de la Catedra F. Suarez*, 1988, págs. 209 e segs.; *Derechos humanos*

CAPÍTULO I – SENTIDO DOS DIREITOS FUNDAMENTAIS

ser, um fundamento último em termos filosóficos, mas terá de ser, certamente, um requisito mais sólido do que o simples equilíbrio de forças políticas, económicas e sociais [147]. E nenhum regime pluralista [148] poderá subsistir, a prazo, sem a crença arreigada no valor da liberdade política [149].

Este valor foi, de resto, bem sentido e explicitado por NORBERTO BOBBIO, ao escrever, em anterior fase do seu pensamento: "A justiça não é simplesmente igualdade – critério abstrato – mas igualdade referida à liberdade – critério concreto. Quer dizer que é *igualdade na liberdade*, ou melhor e mais especificamente, igual possibilidade de usar a sua liberdade. Estabelecendo, assim, como fundamento da avaliação da justiça a liberdade, o problema da justiça desloca-se; passa-se para igualdade no livre exercício da sua própria personalidade"[150] [151].

y metodologia jurídica, cit., págs. 207 e segs., para quem o consenso não serve como fundamentação, mas é exigência básica da positivação dos direitos. Ou JOHN RAWLS, falando num «consenso de sobreposição» ligado a valores de razão pública (*Liberalismo político*, cit., págs. 26, 61, 141 e segs. e 209 e segs.) e que não implica indiferença ou ceticismo (págs. 155 e segs.).

Ou ainda a visão de MARCELO NEVES (*A força simbólica...*, cit., *loc. cit.*, pág. 425): "Os direitos humanos servem para permitir a convivência nas condições reais de dissenso estrutural. Se quisermos falar de uma moral universalista moderna, que estaria suposta na ideia de direitos humanos, essa moral deveria ser entendida como moral do dissenso. Por exemplo, a tortura e outros métodos de repressão contrários aos direitos humanos dirigem-se exatamente à negação do dissenso. A questão dos direitos humanos só se manifesta quando o dissenso vem à tona".

[147] Cfr. WOLFGANG ABENDROTH, *Antagonische Gesellschaft und Politische Demokratie*, 1967, trad. *Sociedad Antagonica y Democracia Politica*, Barcelona-México, 1973, pág. 208: a conexão da ideia do Estado social de Direito com a democracia implica que se tenha de obter em cada caso uma situação de compromisso entre os grupos sociais que garanta um mínimo de critérios comuns admitidos por todos.

[148] Cfr. A. CASTANHEIRA NEVES, *A unidade do sistema jurídico*, Coimbra, 1979, págs. 76-77, distinguindo relativismo radical e pluralismo: aquele fecha-se na subjetividade e só é compatível com relações externas de conflito; ao passo que o pluralismo é dialógico e não exclui a pressuposição de um referente comunitário, nem nega a procura de um sentido através da dialética das divergências. V. também MANUEL CARNEIRO DA FRADA, *Relativismo, Valores, Direitos*, in *Revista da Ordem dos Advogados*, 2008, págs. 651 e segs.

[149] Cfr. OTFRIED HÖFFE, *Pluralismus und Toleranz*, 1984, trad. *Pluralismo y Tolerancia*, in *Estudios sobre Teoria del Derecho y Otros Ensayos*, México, 1992, págs. 133 e segs.; ou JOSÉ LAMEGO (apesar de entender que a «sociedade aberta» não deve ficar sobrecarregada com conteúdo ético excessivo), *«Sociedade aberta» e liberdade de consciência*, Lisboa, 1985, págs. 140, nota, e 125 e segs.

[150] *Lezioni di filosofia del diritto ad uso degli studenti*, págs. 113-114, cit. em *Autobiografia*, trad., Lisboa, 1999, pág. 112.

[151] Cfr. ALESSANDRO PACE, *Eguaglianza e libertà*, in *Politica del Diritto*, 2001, págs. 155 e segs.

DIREITOS FUNDAMENTAIS

Ao invés, quando ocorre crise a respeito de valores justificativos de determinados direitos fundamentais são estes direitos que ficam postos em causa. A doutrina da «segurança nacional», surgida em alguns países da América Latina nos anos 60 e 70 do século passado, traduz a sobreposição de interesses de classe, alçados a interesses nacionais, aos valores democráticos. Afiguram-se contraditórias a luta pela abolição da pena de morte e a legalização da interrupção voluntária da gravidez. A indiferença perante a exclusão social e perante a desigualdade de facto em quaisquer domínios fragiliza a coesão social. A corrupção corrói a democracia.

Finalmente, mesmo à face do Direito positivo, é inultrapassável o problema da unidade de sentido dos direitos fundamentais. Até porque pode haver diferentes leituras das Constituições e das declarações de direitos, é necessário tentar raciocinar em coerência sistemática. Nem com isto se abre caminho ao subjetivismo do intérprete, porque este, enquanto tal, tem de se mover no contexto do sistema, tem de interpretar e integrar os preceitos relativos aos direitos fundamentais à luz dos princípios que o enformam, tem de se inspirar na ideia de Direito acolhida na Constituição. Só tal unidade de pensamento jurídico permite apreender o âmbito de cada direito e definir o seu conteúdo essencial, relacionar os vários direitos e as diversas faculdades compreendidas em cada um, evitar ou resolver colisões, propiciar a todos uma adequada harmonização.

III – Um papel insubstituível está reservado à história na verificação da variedade de condições de realização dos direitos da pessoa, dentro da unidade do género humano [152]; no confronto de experiências, ora de sedimentação, ora de crise; e no descobrir de novos percursos e de novos avanços.

Não basta, contudo, observar passivamente a história. É preciso refletir sobre ela e ligá-la ao destino do homem ou da mulher em concreto, à consciência que tenha de si mesmo, à consciência que tenha dos seus direitos

---

[152] Cfr., por exemplo, OTFRIED HOFFE, *Les droits de l'homme comme principes de l'humanité politique*, in *Droits des Peuples, Droits de l'Homme*, págs. 88 e segs., *maxime* 105; ou GERMAN BIDART CAMPOS e DANIEL E. HERRENDORF, *Los valores en el sistema de los derechos humanos*, in *Revista de Derecho Político*, n.º 33, 1991, págs. 9 e segs., *maxime* 17 e 25-26; JOSÉ BARATA MOURA, *Da Declaração de Direitos do Homem e do Cidadão de 1789 à Declaração Universal dos Direitos do Homem de 1948*, in *Academia Internacional da Cultura Portuguesa*, Boletim n.º 3, 2004, págs. 249.

CAPÍTULO I – SENTIDO DOS DIREITOS FUNDAMENTAIS

ou da necessidade de os adquirir e alargar em todos os domínios da vida social e política.

Ora, a história mostra que, dos direitos fundamentais é inseparável uma ideia, um valor, um princípio, um metaprincípio (como se queira): a dignidade da pessoa humana. Apesar de subjacente às conceções religiosas e filosóficas do homem criado à imagem de Deus [153], vindas de muito longe, só nos finais do século XVIII, aquando do aparecimento das primeiras Constituições modernas, ela seria explicitada por KANT.

> «O homem e, duma maneira geral, todo o ser racional, *existe* como fim em si mesmo, não só como meio para o uso arbitrário desta ou daquela vontade. Pelo contrário, em todas as suas ações, tanto nos que se dirigem a ele mesmo como nos que se dirigem a outros seres racionais, ele tem sempre de ser considerado *simultaneamente como fim...*» [154].
>
> «... O imperativo prático será, pois, o seguinte: *Age de tal maneira que uses a humanidade, tanto na tua pessoa, como na de qualquer outra, sempre e simultaneamente como fim e nunca simplesmente como meio...* [155].
>
> «... No reino dos fins, tudo tem *um preço, uma dignidade.* Quando uma coisa tem um preço, pode-se pôr em vez dela qualquer outra como *equivalente*, mas quando uma coisa está acima de todo o preço e, portanto, não permite o equivalente, então tem ela dignidade» [156].

17. Os sistemas teórico-jurídicos de direitos fundamentais

I – *Prima facie* não muito distantes das conceções filosóficas, se bem que não derivadas automaticamente delas e situadas no terreno da elaboração dogmática inerente à Ciência do Direito, deparam-se algumas grandes sínteses,

---

[153] Recordem-se, para além das obras teológicas, SANTO AGOSTINHO, *De Civitate Dei*, trad. *A Cidade de Deus*, II, Lisboa, 1993, págs. 1054 e 1055 (livro XV, capítulo XXVIII ou GIOVANNI PICO DELLA MIRANDOLA, *Oratio de hominis dignitate* (1496), trad. *Discurso sobre a Dignidade do Homem*, Lisboa, 2001.

[154] *Grundlegung der Metaphysik der Sitten (1785)*, trad. (de Paulo Quintela), *Fundamentação da Metafísica dos Costumes*, Lisboa, 2008, pág. 71 (segunda secção). Cfr., por exemplo, recentemente entre nós, ANTÓNIO CORTÊS, *O princípio da dignidade humana em Kant*, in *Boletim da Faculdade de Direito da Universidade de Coimbra*, 2005, págs. 601 e segs.

[155] *Ibidem*, pág. 73.

[156] *Ibidem*, pág. 81.

DIREITOS FUNDAMENTAIS

«sistemas de cristalização dos direitos fundamentais», «compreensões», ou «pré-compreensões», teorias jurídicas dos direitos fundamentais [157].

Simultaneamente tentativas de redução à unidade da pluralidade de direitos no plano conceitual e pontos de apoio no plano da prática, são sete as principais teorias: a liberal, a institucionalista, a conservadora, a dos valores, a democrática, a social e a socialista marxista.

II – Muito em resumo, pode dizer-se que:

a) A teoria liberal tende a reconduzir os direitos fundamentais a direitos de autonomia e de defesa, individuais e fortemente subjetivados;

b) A teoria institucionalista tende a reconduzi-los ou a inseri-los em instituições, em enquadramentos objetivos e funcionais;

---

[157] Cfr. MAURICE HAURIOU, *Précis de Droit Constitutionnal*, 2.ª ed., Paris, 1929, págs. 633 e segs.; PAUL DUEZ, *Esquisse d'une définition réaliste des droits publics individuels*, in *Mélanges R. Carré de Malberg*, obra coletiva, Paris, 1933, págs. 123 e segs.; GIUSEPPE CICALA, *Diritti Sociali e Crisi del Diritto Soggettivo nel Sistema Costituzionale Italiano*, Nápoles, 1965, págs. 123 e segs.; GEORGES VLACHOS, *op. cit., loc. cit.*, págs. 279 e segs.; EKKEHART STEIN, *Lehrbuch des Staatsrecht*, trad. castelhana *Derecho Politico*, Madrid, 1973, págs. 238 e segs.; PABLO LUCAS VERDÚ, *op. cit.*, III, págs. 65 e segs., e *El sentimiento constitucional*, Madrid, 1985, págs. 155 e segs.; WILLIAM E. CONKLIN, *In Defense of Fundamental Rights*, Alphen aan den Rijn, 1978; HANS-PETER SCHNEIDER, *Peculiarid y Junción de los derechos fundamentales en el Estado Constitucional Democratico*, in *Revista de Estudios Politicos*, n.º 2, janeiro-fevereiro de 1979, págs. 13 e segs.; ANDRÉS OLLERO, *Para uma teoria «juridica» de los derechos humanos*, in *Revista de Estudios Politicos*, n.º 35, Setembro-outubro de 1983, págs. 103 e segs.; JÖRG PAUL MULLER, *Élements pour une théorie suisse des droits fondamentaux*, trad., Berna, 1983, págs. 2 e segs.; GEORGE E. PANICHAS, *The structure of basic human rights*, in *Law and Philosophy*, 4, n.º 3, dezembro de 1985, págs. 343 e segs.; RONALD DWORKIN, *op. cit.*, págs. 81 e segs., 184 e segs. e 266 e segs.; REINHOLD. ZIPPELIUS, *op. cit.*, págs. 436 e segs.; ROBERT ALEXY, *op. cit.*, págs. 35 e segs. e 540 e segs.; IGNACIO ARA PINILLA, *op. cit.*, págs. 20 e segs. e 79; ERNST-WOLFGANG BÖCKENFÖRDE, *Escritos sobre Derechos Fundamentales*, trad., Baden-Baden, 1993, págs. 44 e segs.; PAULO FERREIRA DA CUNHA, *Teoria...*, II, cit., págs. 75 e segs.; JOSÉ DE MELO ALEXANDRINO, *op. cit.*, I, págs. 47 e segs.; CRISTINA QUEIROZ, *Direitos Fundamentais – Teoria Geral*, 2.ª ed., Coimbra, 2010, págs. 90 e segs.; PETER HÄBERLE, *Recentes desenvolvimentos sobre direitos fundamentais na Alemanha*, in *Nove ensaios constitucionais e uma aula de jubilação*, trad., São Paulo, 2012, págs. 97 e segs.; MARIA BEATRIZ ARRIAGADA CÁCERES, *Las Cortes Constitucionales frente a los "Derechos civiles y politicos": Una mirada desde la teoría analítica del Derecho*, in *Revista Española de Derecho Constitucional*, set.-dezembro de 2015, págs. 105 e segs.

CAPÍTULO I – SENTIDO DOS DIREITOS FUNDAMENTAIS

c) A teoria conservadora tende a subordinar a liberdade individual à autoridade e à tradição a partir de uma visão pessimista da natureza humana e orgânica da sociedade;

d) A teoria dos valores tende a identificá-los com valores, com princípios éticos difundidos na comunidade política e a que fica subordinada a ação individual;

e) A teoria democrática tende a identificá-los com direitos de participação, ligados à realização da democracia e à conformação por ela da vida coletiva;

f) A teoria social tende a afirmar a dimensão social e positiva de todos os direitos, inclusive as liberdades, e a salientar a natureza de direitos subjetivos dos direitos sociais;

g) A teoria socialista marxista tende a realçar a dimensão económica e concreta de todos os direitos, a dependência das condições materiais do seu exercício e a sua necessária adstrição à estrutura da sociedade.

III – Fácil é de reconhecer que, se cada uma destas teorias, tomada em si mesma, na sua lógica própria, é incompatível com as demais, em algumas divisam-se aspetos comuns ou complementares (assim, designadamente, na consideração do Estado social de Direito).

Por outro lado, nenhuma destas teorias vale autonomamente ou se impõe à margem do Direito positivo: qualquer delas carece de ser posta à prova no âmbito dos diferentes ordenamentos e só pode ser adotada quando se mostrar idónea para exprimir as suas linhas de força. Nenhuma se substitui ao esforço do jurista ou fornece soluções imediatas: qualquer delas é apenas auxílio da interpretação, construção e sistematização jurídica e as soluções ou os resultados práticos apenas se encontram no confronto dos princípios e preceitos com as situações da vida.

Em ordenamento pluralista, não cabe ao juiz optar por uma única destas teorias. Ele tem de trabalhar, sim, com os contributos de várias, na síntese possível e constitucionalmente adequada aos princípios e regras da sua própria Constituição e das situações de vida [158].

---

[158] Cfr. PETER HÄBERLE, *I diritti fondamentali nelle società pluraliste e la costituzione del pluralismo*, in *La democrazia alla fine del secolo*, trad. italiana, Roma-Bari, 1994, págs. 95 e segs.; FRANCISCO

DIREITOS FUNDAMENTAIS

IV – Independentemente das divergências a nível de formulações, teorizações e fundamentações, ressaltam algumas tendências comuns:

- A diversificação do catálogo, muito para lá das declarações clássicas [159];
- O acolhimento de direitos ligados à defesa contra a utilização abusiva dos meios tecnológicos e contra a privacidade das pessoas e em face da já referida "sociedade de risco" [160];
- A consideração do homem situado, traduzida na relevância dos grupos e das pessoas coletivas e na conexão com garantias institucionais;
- A acentuação da dimensão objetiva e a irradiação para todos os ramos de Direito;
- O enlace de princípios e regras no sistema de normas de direitos fundamentais [161];

FERNÁNDEZ SEGADO, *La dogmática de los derechos fundamentales*, Lima, 1994; KONRAD HESSE, *Significado de los derechos fundamentales*, in BENDA, MAIHOFER, VOGEL, HESSE, HEYDE, *Handbuch des Verfassungsrecht der Bundesrepublik Deutschland*, 1994, trad., *Manual de Derecho Constitucional*, Madrid, 1996, págs. 83 e segs.; GIANCARLO ROLLA, *Le prospettive dei diritti della persona alla luce delle recenti tendenzi costituzionali*, in *Quaderni Costituzionali*, 1997, págs. 417 e segs.; J. J. GOMES CANOTILHO, *Direito...*, cit., pág. 1249; *Interpretação das normas de direitos fundamentais* (anotação ao acórdão n.º 613/2006 do Tribunal Constitucional), in *Revista de Legislação e de Jurisprudência*, n.º 3944, maio-junho de 2007, págs. 312 e segs. e *Direitos fundamentais, transcendência e reduto de complexidade*, in *Revista do Tribunal Regional Federal da Primeira Região*, maio-julho de 2017, págs. 25 e segs.; RAUL CANOSA USERA, *Interpretación evolutiva de los derechos fundamentales*, in *La Ciência del Derecho Procesal Constitucional – Estúdios en homenaje a Héctor Fix-Zanudio*, obra coletiva, VI, Madrid, 2008, págs. 57 e segs.; NILSITON ARAGÃO, *A liberdade criativa na interpretação dos direitos fundamentais*, in *Revista da Faculdade de Direito de Sul de Minas*, n.º 2, julho-dezembro de 2010, págs. 284 e segs.

[159] Cfr., criticamente, PAULO OTERO, *Instituições...*, I, cit., págs. 526 e segs.; JANNEKE H. GERARDS, *Fundamental Rights and Other Interests. Should it really make a diference?*, in *Conflicts between fundamental rights* (ed. por EVA BRENS), Antuérpia, 2008, págs. 655 e segs.

[160] Cfr., na doutrina portuguesa, MARIA DA GLÓRIA GARCIA, *Sociedade de risco, Política e Direito*, in *Estudos Comemorativos dos 10 anos da Faculdade de Direito da Universidade Nova de Lisboa*, obra coletiva, I, Coimbra, 2008, págs. 111 e segs.; CARLA AMADO GOMES, *Estado social e concretização de direitos fundamentais na era tecnológica: algumas verdades inconvenientes*, in *Revista da Faculdade de Direito da Universidade do Porto*, VII especial, 2010, págs. 13 e segs.; JOÃO CARLOS LOUREIRO, *Prometeu, Golem e Companhia. Bioconstituição e corporariedade na "sociedade (mundial) de risco"*, in *Boletim da Faculdade de Direito da Universidade de Coimbra*, 2010, págs. 151 e segs., *maxime* 161 e segs.; JORGE PEREIRA DA SILVA, *Deveres do Estado...*, cit., págs. 170 e segs.

[161] Cfr., antes de mais, ROBERT ALEXY, *Teoria...*, cit., págs. 62 e 115 e segs., *maxime* 135 e segs. E também, em estudos recentes, JOSÉ SÉRVULO CORREIA, *Direitos Fundamentais – Sumários*,

CAPÍTULO I – SENTIDO DOS DIREITOS FUNDAMENTAIS

- O reconhecimento da complexidade de estrutura;
- A dimensão plural e poligonal das relações jurídicas;
- A produção de efeitos não só verticais (frente ao Estado) mas também horizontais (em relação aos particulares);
- O relevo da ponderação no tratamento dos conflitos de direitos;
- A dimensão participativa e procedimental, levando a falar em *status activus processualis* [162];
- A ideia de aplicabilidade direta;
- A interferência não apenas do legislador mas também da Administração na concretização e na efetivação dos direitos;
- O desenvolvimento dos meios de garantia e a sua ligação aos sistemas de fiscalização da legalidade e da constitucionalidade;
- O enlace com o Direito internacional.

V – Não seria sem interesse referenciar a evolução do tratamento da temática dos direitos fundamentais pela doutrina jusfilosófica e juscientífica portuguesa desde o século XIX, até para explicitação das correntes teóricas acabadas de enunciar (pois que todas ou quase todas, de uma maneira ou doutra, tiveram ou têm tido projeção em Portugal).

Dessa tarefa, contudo, já nos desincumbimos, em parte (até 1984) em escrito anterior [163], para o qual agora remetemos.

Lisboa, 2002, págs. 75 e segs.; DAVID DUARTE, *A norma da legalidade administrativa*, Coimbra, 2006, págs. 728 e segs.; ALFONSO GARCÍA FIGUEIROA, *Princípios e direitos fundamentais*, in *A Constitucionalização do Direito – Fundamentos teóricos e aplicações específicas*, obra coletiva (org. de Cláudio Pereira de Sousa Neto e Daniel Sarmento), Rio de Janeiro, 2007, págs. 3 e segs.; DAVID DUARTE, *A norma de legalidade procedimental administrativa*, Coimbra, 2006, págs. 728 e segs.; ANDRÉ RUFINO DO VALE, *Estrutura das normas de direitos fundamentais*, São Paulo, 2009; VIRGÍLIO AFONSO DA SILVA, *Direitos fundamentais – Conteúdo essencial, restrição e eficácia*, 2.ª ed., São Paulo, 2010, págs. 43 e segs.; MARIANA MELO EGÍDIO, *Análise da estrutura da norma atributiva de direitos fundamentais. A ponderação e a tese ampla de previsão*, in *Estudos em homenagem ao Prof. Doutor Sérvulo Correia*, obra coletiva, I, Coimbra, 2010, págs. 611 e segs.

[162] Cfr. PETER HÄBERLE, *Cultura dei diritti...*, cit., págs. 180 e segs. e 188 e segs.

[163] Relatório com o programa, os conteúdos e os métodos do ensino de Direitos Fundamentais, in *Revista da Faculdade de Direito da Universidade de Lisboa*, 1986, págs. 393 e segs. Cfr., mais recente, JOSÉ DE MELO ALEXANDRINO, *A estruturação...*, cit., I, págs. 367 e segs. e 469 e segs.

CAPÍTULO II
CONCEITOS AFINS
E CATEGORIAS DE DIREITOS FUNDAMENTAIS

§ 1.º
Direitos fundamentais e conceitos afins

18. Direitos fundamentais e direitos subjetivos públicos

I – Se a origem dos direitos fundamentais se encontra diretamente nas correntes políticas e jurídicas dos Estados Unidos e da França do século XVIII, a elaboração dogmática da categoria começa na Alemanha, em meados do século seguinte, em ambiente bem diverso.

A teoria dos direitos subjetivos públicos é tanto um esforço de explanação sistemática dos direitos das pessoas perante as entidades públicas (e das próprias entidades públicas), adequada ao estádio de então do Direito da Alemanha, como uma reação contra o Direito natural.

Segundo ela, só o Estado tem vontade soberana e todos os direitos subjetivos públicos fundamentam-se na organização estatal. Mas enquanto que GERBER considera esses direitos um mero reflexo do Direito objetivo e um limite do poder do Estado, já JELLINEK os analisa a partir de uma ligação específica entre o indivíduo e o Estado, em termos de estatuto.

> Como refere GERBER, todos os poderes de Direito privado são faculdades de uma pessoa de submeter um objeto à sua vontade jurídica; e a pessoa é o centro do sistema de Direito privado. Não assim em Direito público [164].

[164] *Über öffentlichen Rechte*, 1852, trad. italiana *Diritto Pubblico*, Milão, 1971, págs. 31-32.

DIREITOS FUNDAMENTAIS

Os direitos do povo não são senão direitos exclusivamente negativos, direitos ao reconhecimento do lado livre, isto é, não estatal da sua personalidade. São apenas limites dos direitos do monarca [165].

Por seu turno, para JELLINEK, cada direito subjetivo atesta a existência de um ordenamento jurídico, pelo qual é criado, reconhecido e protegido. É, pois, o ordenamento objetivo de Direito público que constitui o fundamento do direito subjetivo público [166].

Qualquer direito público existe no interesse geral, o qual é idêntico ao interesse do Estado [167]. Só como membro do Estado o homem é, em geral, sujeito de direito [168].

Pelo facto de pertencer ao Estado, o indivíduo é qualificado sob diversos aspetos. As possíveis relações em que pode encontrar-se com o Estado colocam-no numa série de condições juridicamente relevantes. As pretensões jurídicas que decorrem dessas condições são o que se designa com o nome de direitos subjetivos públicos [169].

II – Assim como o conceito e a expressão *direitos do homem* podem ficar vinculados a um jusracionalismo insatisfatório, também o conceito e a locução *direitos subjetivos públicos* se reportam a uma visão positivista e estatista que os amarra e condiciona. Nenhum valor dir-se-ia lhes subjazer, não se realça o sentido de autonomia das pessoas e, pelo contrário, prevalece a ideia de soberania (ainda que trabalhada juridicamente).

Direitos subjetivos públicos significam direitos subjetivos atribuídos por normas de Direito público, em contraposição aos direitos subjetivos atribuídos por normas de Direito privado. Ora, esta simetria poderia inculcar identidade de natureza – quando *a priori* nada a justifica, quando se apresenta extremamente heterogénea a estrutura dos direitos das pessoas garantidos pela Constituição e quando, no mínimo, se afigura duvidosa a qualificação de alguns como direitos subjetivos.

---

[165] *Ibidem*, pág. 67.
[166] *System der subjectiven öfentlichen Rechts*, 1882, trad. italiana (com prefácio de V. E. ORLANDO) *Sistema dei Diritti Pubblici Subbietivi*, Milão, 1912, pág. 10.
[167] *Ibidem*, pág. 78.
[168] *Ibidem*, pág. 92.
[169] *Ibidem*, pág. 96.

CAPÍTULO II – CONCEITOS AFINS E CATEGORIAS DE DIREITOS FUNDAMENTAIS

Por outro lado, o seu âmbito abrange muito mais do que aquele que nos propomos no presente volume. Abrange não só situações jurídicas ativas das pessoas frente ao Estado como situações funcionais inerentes à titularidade de cargos públicos (a que, em breve, iremos aludir); abrange situações que cabem no Direito administrativo, no tributário ou no processual (direitos dos funcionários e dos administrados, direitos dos contribuintes, direitos das partes em processo); e inclui ainda direitos de entidades públicas, enquanto sujeitos de relações jurídico-administrativas, de relações jurídico-financeiras ou de outras relações de Direito público interno [170] [171].

Todas estas razões desaconselham, evidentemente, o emprego do termo *direitos subjetivos públicos* como sinónimo ou em paralelo a *direitos fundamentais*.

III – De resto, há direitos que participam ou podem participar de uma dupla natureza – a de direitos fundamentais e a de direitos subjetivos privados.

É o caso dos direitos dos cônjuges (art. 36.º, n.º 3, 1.ª parte), dos direitos dos pais em relação aos filhos (art. 36.º, n.º 3, 2.ª parte, e n.º 5), de alguns dos direitos dos jornalistas [art. 38.º, n.º 2, alíneas *a*), 2.ª parte, e *b*), 2.ª parte], dos direitos de autor (art. 42.º, n.º 2), de alguns dos direitos dos trabalhadores

---

[170] Como se sabe, GERBER enunciava três tipos de direitos subjetivos públicos: direitos do monarca, direitos dos funcionários e direitos dos súbditos (*op. cit.*, págs. 47 e segs. e 65 e segs.).

[171] Cfr. SANTI ROMANO, *La teoria dei diritti pubblici subbietivi*, in *Primo Trattato Completo di Diritto Amministrativo Italiano*, I, Milão, 1897, págs. 111 e segs.; OTTO MAYER, *Le Droit Administratif Allemand*, trad. francesa, Paris, 1903, págs. 132 e segs.; CAEIRO DA MATA, *Pessoas morais administrativas*, Coimbra, 1903, págs. 61 e segs.; ROCHA SARAIVA, *Construção Jurídica do Estado*, Coimbra, 1912, II, págs. 75 e segs., e *As doutrinas políticas germânica e latina e a teoria da personalidade jurídica do Estado*, in *Revista da Faculdade de Direito da Universidade de Lisboa*, I, n.ºs 3 e 4, julho-dezembro de 1917, págs. 287 e segs.; FRANCO PIERANDREI, *I diritti subbietivi pubblici nell'evoluzione della dottrina germanica*, Turim, 1940; RENATO ALESSI, *La crisi attuale della nozione di diritto soggettivo ed suoi possibili riflessi nel campo del Diritto Pubblico*, in *Rivista Trimestrale di Diritto Pubblico*, 1953, págs. 307 e segs.; ELIO CASETTA, *Diritti pubblici subbietivi*, in *Enciclopedia del Diritto*, XII, págs. 791 e segs.; RUI MACHETE, *Contencioso Administrativo*, in *Dicionário Jurídico da Administração Pública*, II, págs. 694 e 695; JORGE REIS NOVAIS, *Contributo...*, cit., págs. 76 e segs., e *As restrições aos direitos fundamentais não expressamente autorizadas pela Constituição*, Coimbra, 2003, págs. 106 e segs.; GUSTAVO DE VELASCO, *Sobre la división del Derecho en publico y privado*, in *Rivista Trimestrale di Diritto Pubblico*, 1978, págs. 898 e segs.; VASCO PEREIRA DA SILVA, *Em busca do acto administrativo perdido*, Lisboa, 1995, págs. 212 e segs.; JOSÉ DE MELO ALEXANDRINO, *op. cit.*, II, págs. 50 e segs.; MAFALDA CARMONA, *O acto administrativo conformador de relações de vizinhança*, Coimbra, 2011, págs. 183 e segs.

[arts. 54.º, n.º 5, alíneas *a)*, *b)*, *c)* e *e)*, 55.º, n.º 6, 57.º, n.º 2, alínea *e)*, e 59.º, n.º 1, alínea *d)*], dos direitos dos consumidores (art. 60.º), do direito de propriedade (art. 60.º, n.º 1).

Eles são direitos subjetivos privados, enquanto manifestados em relações de Direito privado – Direito da Família, Direito do Trabalho, Direito do Consumo, Direito das Coisas. E são, ou podem ser considerados, direitos fundamentais, enquanto o Estado fica obrigado à sua proteção através de normas constitucionais.

19. Direitos fundamentais e direitos de personalidade

I – Os direitos de personalidade são posições jurídicas fundamentais do homem que ele tem pelo simples facto de nascer e viver [172]; são aspetos imediatos da exigência de integração do homem [173] ou da subjetividade [174]; são condições essenciais ao seu *ser* e devir [175]; revelam o conteúdo necessário da personalidade [176]; são emanações da personalidade humana em si [177]; são direitos de exigir de outrem o respeito da própria personalidade [178]; têm por objeto, não algo de exterior ao sujeito, mas modos de ser físicos e morais da pessoa [179] ou bens da personalidade física, moral e

---

[172] Luís CABRAL DE MONCADA, *Lições de Direito Civil*, 2.ª ed., Coimbra, 1954, i, págs. 279-280.

[173] MANUEL GOMES DA SILVA, *op. cit.*, pág. 157.

[174] CLÁUDIO ARI MELO, *Contribuição para uma teoria híbrida dos direitos de personalidade*, in *O novo Código Civil e a Constituição*, obra coletiva (org. por Ingo Wolfgang Sarlet), Porto Alegre, 2003, págs, 74 e segs.

[175] ORLANDO DE CARVALHO, *Os direitos do homem no Direito Civil Português*, Coimbra, 1973, págs. 24 e segs.

[176] ADRIANO DE CUPIS, *Os direitos da personalidade*, trad., Lisboa, 1961, pág. 17; PAULO CUNHA, *Teoria Geral do Direito Civil*, policopiado, Lisboa, 1971-1972, págs. 111 e segs.; MAURÍCIO MAZUR, *A dicotomia entre os direitos de personalidade e os direitos fundamentais*, in *Direito da Personalidade*, obra coletiva (org. de Jorge Miranda, Otávio Luiz Rodrigues Júnior e Gustavo Bonato Fruet), São Paulo, 2012, pág. 28.

[177] JOSÉ DE OLIVEIRA ASCENSÃO, *Direito Civil – Teoria Geral*, i, 2.ª ed., Coimbra, 2000, pág. 75.

[178] ADRIANO VAZ SERRA, *Requisitos da responsabilidade civil*, in *Boletim do Ministério da Justiça*, n.º 92, janeiro de 1960, pág. 135.

[179] CARLOS ALBERTO DA MOTA PINTO, *Teoria Geral do Direito Civil*, 4.ª ed. (por ANTÓNIO PINTO MONTEIRO e PAULO MOTA PINTO), Coimbra, 2005, pág. 108. Cfr. RABINDRANATH CAPELO DE SOUSA, *A Constituição e os direitos da personalidade*, in *Estudos sobre a Constituição*, obra coletiva, II, Lisboa, 1978, págs. 94 e segs.

CAPÍTULO II – CONCEITOS AFINS E CATEGORIAS DE DIREITOS FUNDAMENTAIS

jurídica [180] ou manifestações parcelares da personalidade humana [181] ou a defesa da própria dignidade [182].

Em Portugal, remontam aos «direitos originários» do Código de Seabra [183], uma das expressões da visão antropocêntrica ou «individuocêntrica» que o enformava [184], e adquirem hoje consagração formal e nominal no Código Civil de 1966 [185]. Não traduzem meras conquistas doutrinais à margem da lei.

Eram «direitos originários» o direito de existência, o direito de liberdade, o direito de associação, o direito de apropriação e o direito de defesa (arts. 359.º e segs. do Código de 1867). E atualmente preveem-se, além da tutela geral da personalidade (art. 70.º do Código de 1966), a proteção contra a ofensa a pessoas já falecidas (art. 71.º), o direito ao nome e ao pseudónimo (arts. 72.º e 74.º), a reserva do conteúdo de cartas-missivas e outros escritos confidenciais (arts. 75.º, 76.º e 77.º), o direito à imagem (art. 79.º) e a reserva sobre a intimidade da vida privada (art. 80.º) – a que podem ainda ser aditados outros direitos [186].

Discute-se acerca do âmbito rigoroso da figura, em face de tendências para o seu constante alargamento; acerca da existência ou não de um direito geral de personalidade; e acerca mesmo da qualificação como direitos subjetivos (por o objeto destes direitos se confundir com a própria personalidade ou com manifestações específicas dela) e acerca da sua extensão às pessoas

---

[180] Luís Carvalho Fernandes, *Teoria Geral do Direito Civil*, I, 5.ª ed., Lisboa, 2009, págs. 84 e segs.; António Menezes Cordeiro, *Tratado do Direito Civil*, IV, 4.ª ed., Coimbra, 2017, págs. 103 e segs.

[181] Rabindranath Capelo de Sousa, *O direito geral de personalidade*, Coimbra, 1995, *maxime* págs. 557 e segs.

[182] Pedro Pais de Vasconcelos, *Teoria Geral do Direito Civil*, 4.ª ed., Coimbra, 2007, págs. 41 e 43.

[183] Cfr. Dias Ferreira, *Código Civil Anotado*, I, 2.ª ed., Coimbra, 1884, págs. 253 e segs.; José Tavares, *Os Princípios fundamentais do Direito Civil*, I, 2.ª ed., Coimbra, 1929, págs. 267 e segs.

[184] Luís Cabral de Moncada, *op. cit.*, I, págs. 133 e segs. Cfr. Orlando de Carvalho, *A Teoria Geral da Relação Jurídica – Seu sentido e limites*, Coimbra, 1970, págs. 18 e segs.; ou João de Castro Mendes, *Direitos, liberdades e garantias...*, cit., *loc. cit.*, págs. 112-113.

[185] Por iniciativa de Manuel de Andrade, *Esboço de um anteprojecto de Código das pessoas e da família – Na parte relativa ao começo e termo da personalidade jurídica, aos direitos de personalidade e ao domicílio*, in *Boletim do Ministério da Justiça*, n.º 102, janeiro de 1961, págs. 153 e segs.

[186] V., por exemplo, Paulo Cunha, *op. cit.*, págs. 111 e segs.; Luís Carvalho Fernandes, *op. cit.*, I, págs. 224 e segs.; ou Pedro Pais de Vasconcelos, *op. cit.*, pág. 44.

DIREITOS FUNDAMENTAIS

coletivas [187]. Seja como for, para o que ao presente volume concerne, decisivas são a proteção conferida por essa via – a par de outras – à pessoa humana e a carga valorativa, que, assim, se acrescenta à ordem jurídica.

II – Para lá do postulado primordial do respeito da dignidade da pessoa humana (art. 1.º da Constituição), com tudo quanto implica, eles dir-se-iam corresponder a direitos como o direito à vida (arts. 24.º e 33.º, n.º 4), o direito à integridade pessoal (art. 25.º), os direitos ao desenvolvimento da

[187] Cfr., ainda, PIERRE KAYSER, *Les droits de la personnalité – Aspects théoriques et pratiques*, in *Revue Trimestrielle de Droit Civil*, 1971, págs. 445 e segs.; CAVALEIRO DE FERREIRA, *Noções Gerais de Direito*, policopiado, Lisboa, Universidade Católica, 1972-1973, pág. 75; JOÃO DE CASTRO MENDES, *op. cit., loc. cit.*, págs. 111-112; ANTUNES VARELA, *Alterações legislativas do direito ao nome*, in *Revista de Legislação e de Jurisprudência*, n.º 3710, Setembro de 1983, págs. 140 e segs.; DAVIDE MESSINETTI, *Personalità (diritti della)*, in *Enciclopedia del Diritto*, XXXIII, 1983, págs. 355 e segs.; CARLOS ROGEL VIDE, *Bienes de la personalidad, derechos fundamentales y libertades publicas*, Bolonha, 1985; ENZO ROPPO, *I diritti della personalità*, in *L'influenza dei valori costituzionali sui sistemi giuridici contemporanei*, obra coletiva, I, Milão, 1985, págs. 99 e segs.; RITA AMARAL CABRAL, *O direito à intimidade da vida privada*, in *Estudos em memória do Prof. Doutor Paulo Cunha*, obra coletiva, Lisboa, 1988, págs. 373 e segs.; MÁRIO RAPOSO, *Curso de Direito das Pessoas*, Lisboa, 1989, págs. 41 e segs.; FRANÇOIS RIGAUX, *La liberté de la vie privée*, in *Revue internationale de droit comparé*, 1991, págs. 539 e segs.; DIOGO LEITE DE CAMPOS, *Lições de Direito da Personalidade*, in *Boletim da Faculdade de Direito da Universidade de Coimbra*, 1991, págs. 129 e segs.; LUIS ROLDÃO DE FREITAS GOMES, *Noção de Pessoa em Direito Brasileiro*, ibidem, 1993, págs. 340 e segs.; PAULO MOTA PINTO, *O direito à reserva sobre a intimidade da vida privada*, ibidem, págs. 478 e segs., e *O direito ao livre desenvolvimento da personalidade*, in *Portugal – Brasil Ano 2000*, obra coletiva, Coimbra, 1999, págs. 171 e segs., 225 e segs. e 243 e segs., e *A protecção da vida privada e a Constituição*, in *Boletim da Faculdade de Direito da Universidade de Coimbra*, 2000, págs. 153 e segs.; JOÃO LOUREIRO, *Transplantações: um olhar constitucional*, Coimbra, 1995, págs. 12 e 13; NUNO PINTO DE OLIVEIRA, *O Direito Geral de Personalidade e a «Solução de Dissentimento» – Ensaio sobre um caso de «constitucionalização do Direito civil»*, Coimbra, 2002; ANTÓNIO MENEZES CORDEIRO, *Defesa da concorrência e direitos fundamentais da empresa*, in *O Direito*, 2004, págs. 69 e segs.; ELIMAR SZANIAWSKI, *Direitos de personalidade e sua tutela*, São Paulo, 2009; *Les droits de la personnalité*, obra coletiva (sob a direção de JEAN-LOUIS RENCHON), Bruxelas, 2009; JOSÉ DE OLIVEIRA ASCENSÃO, *Pessoa, direitos fundamentais e direitos de personalidade*, in *Revista da Faculdade de Direito da Universidade de Lisboa*, 2009, págs. 9 e segs.; MARIA DO ROSÁRIO PALMA RAMALHO, *Direitos de personalidade e direitos fundamentais em matéria laboral*, in *Estudos em homenagem ao Prof. Doutor Jorge Miranda*, obra coletiva, II, págs. 639 e segs.; ANA FILIPA MORAIS ANTUNES, *Comentário aos artigos 70.º a 80.º do Código Civil (direitos de personalidade)*, Lisboa, 2012; JULIANA LEANDRA NAKAMURA GUILLEN DESGUALDO, *Uma breve análise dos direitos de personalidade e fundamentais, na ótica do Direito Civil Constitucional brasileiro*, in *Diálogo em Direito: uma abordagem sobre a transdisciplinaridade entre Direito Civil e o Direito Constitucional*, obra coletiva, Lisboa, 2015, págs. 169 e segs.

CAPÍTULO II – CONCEITOS AFINS E CATEGORIAS DE DIREITOS FUNDAMENTAIS

personalidade, à capacidade civil, ao bom nome e reputação, à imagem, à palavra e à reserva da intimidade da vida privada (art. 26.º, n.º 1), o direito à liberdade e à segurança (art. 27.º), certas garantias relativas à informática (art. 35.º), o direito de resposta (art. 37.º), a liberdade de consciência, de religião e de culto (art. 41.º), a liberdade de criação cultural (art. 42.º), a liberdade de aprender e ensinar (art. 43.º), a liberdade de escolha de profissão (art. 47.º, n.º 1), o direito ao trabalho (art. 58.º), o direito ao ambiente (art. 66.º), o direito à educação e à cultura (art. 73.º) e o direito à cultura física e ao desporto (art. 79.º).

Não obstante largas zonas de coincidência, não são, contudo, assimiláveis direitos fundamentais e direitos de personalidade. Basta pensar nos demais direitos inseridos no texto constitucional que extravasam dali: o direito de acesso aos tribunais (art. 20.º, n.º 1), o direito à cidadania (art. 26.º, n.º 1), as garantias da liberdade e da segurança (arts. 28.º e segs.), a liberdade de imprensa (art. 38.º), o direito de antena (art. 40.º), os direitos políticos (arts. 48.º e segs.), a grande maioria dos direitos, liberdades e garantias dos trabalhadores (arts. 53.º e segs.) e dos direitos económicos, sociais e culturais (arts. 58.º e segs.) ou os direitos fundamentais dos administrados (art. 268.º) [188].

Mas, sobretudo, são distintos o sentido, a projeção, a perspetiva de uns e outros direitos. Os direitos fundamentais pressupõem relações de poder, os direitos de personalidade relações de igualdade. Os direitos fundamentais têm uma incidência publicística imediata, ainda quando ocorram efeitos nas relações entre os particulares (como prevê o art. 18.º, n.º 1, a ser estudado a seu tempo); os direitos de personalidade uma incidência privatística, ainda quando sobre ou subposta à dos direitos fundamentais. Os direitos fundamentais pertencem ao domínio do Direito constitucional, os direitos de personalidade ao do Direito civil [189].

---

[188] Basta pensar, por outro lado, que os direitos de personalidade gozam igualmente de proteção depois da morte do respetivo titular (art. 71.º do Código Civil).

[189] Com algum exagero, decerto, chegámos a escrever: os direitos fundamentais são os direitos de personalidade no Direito público; os direitos de personalidade os direitos fundamentais no Direito privado (*Ciência Política*, cit., II, pág. 213).

DIREITOS FUNDAMENTAIS

20. Direitos fundamentais e situações funcionais

I – Sob a denominação genérica de situações funcionais, englobamos as situações jurídicas, ativas e passivas, dos titulares dos órgãos e, porventura, de certos agentes do Estado e de quaisquer entidades públicas enquanto tais. Englobamos as situações jurídicas em que se subjetivam os estatutos inerentes aos cargos desempenhados por essas pessoas no Estado e noutras entidades públicas[190].

Na Constituição portuguesa preveem-nas, em geral, os arts. 113.º, n.º 3, alínea *c)* (imparcialidade perante as candidaturas em eleições); 117.º, n.º 2, e 164.º, alínea *m)*; e, em especial, os arts. 130.º (atinente à responsabilidade criminal do Presidente da República), 154.º (incompatibilidades e impedimentos dos Deputados), 155.º, n.º 2 (faltas de Deputados a atos ou diligências oficiais, por causa de reuniões ou missões da Assembleia), 157.º (imunidades parlamentares), 158.º (direitos e regalias dos Deputados), 159.º (deveres), 196.º (efetivação da responsabilidade criminal dos membros do Governo), 216.º (garantias e incompatibilidades dos juízes) e 223.º, n.º 2, alínea *g)* (recursos relativos à perda de mandato de Deputados).

Embora injustificáveis à face dos princípios da igualdade dos cidadãos, da temporariedade dos cargos políticos e da forma republicana de governo [arts. 13.º, 50.º, n.º 2, 118.º e 288.º, alínea *b)*], legislação vária estabelece ainda algumas situações de vantagem, designadamente pensões de reforma, em favor de ex-titulares de órgãos de poder[191] – situações *pós-funcionais*, assim aproximáveis de situações funcionais[192] – mais tarde atenuadas e agora em vias de desaparecerem.

---

[190] Cfr. LÉON MICHOUD, *La Théorie de la Personalité Morale*, I, Paris, 1906, págs. 147 e segs.; ou ROCHA SARAIVA, *Construção...*, cit., II, págs. 91-92; PAULO OTERO, *Direito Constitucional Português*, II, Coimbra, 2010, págs. 99 e segs.

[191] V. Lei n.º 26/84, de 31 de julho (art. 8.º), Lei n.º 4/85, de 9 de abril (arts. 24.º e segs.), Lei n.º 26/95, de 18 de agosto (art. 24.º, n.º 1) e Lei n.º 52-A/2005, de 10 de outubro (arts. 24.º e 28.º, revogados).
Cfr., a favor, acórdão n.º 3/2016, de 13 de janeiro (*Diário da República*, 1.ª série, de 2 de Fevereiro).

[192] J. J. GOMES CANOTILHO (*A concretização da Constituição pelo legislador e pelo Tribunal Constitucional*, in *Nos Dez Anos da Constituição*, obra coletiva, Lisboa, 1987, págs. 371-372) fala em leis incidentes em «causa própria» dos autores do ato e observa que a Lei n.º 4/85 cria o original situação de quer os órgãos legiferantes quer os órgãos de controlo não oferecerem «distanciação» suficiente para uma fiscalização materialmente intensificada.

CAPÍTULO II – CONCEITOS AFINS E CATEGORIAS DE DIREITOS FUNDAMENTAIS

II – Muito variáveis são a natureza e a estrutura destas situações:

a) Desde verdadeiros direitos subjetivos, pessoais (*v. g.*, direito de livre trânsito e direito a cartão especial de identificação) e patrimoniais (direito a remuneração) a deveres (a começar pelo dever geral de desempenho do cargo com zelo) [193] e a restrições (como são as incompatibilidades) [194];

b) Direitos funcionais ou regalias – situações de vantagem destinadas a propiciar o desempenho do cargo em condições ótimas e a contribuir para a dignificação da função [195];

c) Garantias como as imunidades (responsabilidade e inviolabilidade pessoal) e o direito de recurso para Tribunal Constitucional contra a perda de mandato;

d) Específicas situações de responsabilidade (tipificadas sob a forma de crimes de responsabilidade dos titulares de cargos políticos) [196] e específicas formas de proteção penal (contra atentados ou agressões de que esses titulares sejam alvo) [197].

III – Mas as situações funcionais distinguem-se claramente quer dos poderes funcionais quer dos direitos fundamentais.

Não se confundem com os poderes funcionais – em que se analisa a competência dos órgãos ou que, sendo os órgãos colegiais, são autonomizados para efeito de dinamização dessa competência (assim os poderes funcionais dos Deputados, segundo o art. 156.º da Constituição) – por os poderes funcionais se reconduzirem ao próprio Estado em ato, serem situações jurídicas

---

[193] E incluindo o dever de declaração acerca do património e dos rendimentos, no início e no termo do exercício do cargo (Lei n.º 4/83, de 2 de abril, com alterações subsequentes) e acerca de incompatibilidades e impedimentos (Lei n.º 64/93, de 26 de agosto, também com várias alterações).

[194] Cfr. JORGE MIRANDA, *Lei reguladora de incompatibilidades de cargos públicos*, in *O Direito*, 1992, págs. 261 e segs.

[195] V. também a Lei n.º 40/2006, de 25 de agosto (sobre precedências protocolares).

[196] V. a Lei n.º 34/87, de 16 de julho. Cfr. JORGE MIRANDA, *Imunidades constitucionais e crimes de responsabilidade*, in *Direito e Justiça*, 2001, 2, págs. 27 e segs.

[197] V. arts. 327.º, 328.º e 333.º do Código Penal.

DIREITOS FUNDAMENTAIS

essenciais ou primárias, cujo eficaz exercício equivale ao exercício do poder público [198].

Distinguem-se dos direitos fundamentais – e é isso o que interessa aqui – por os direitos fundamentais implicarem diferenciação, separação ou exterioridade diante do Estado. As situações funcionais são situações jurídicas de membros do *Estado-poder* ou do *Estado-aparelho* (conforme se quiser), os direitos fundamentais são situações jurídicas de membros do *Estado-comunidade,* das pessoas que o constituem (ainda que não específica ou necessariamente na veste de cidadãos). Ao passo que as situações funcionais são consequência da prossecução do interesse público e este prevalece sempre sobre o interesse dos titulares, os direitos fundamentais só existem onde haja um interesse das pessoas que valha por si, autónomo, diferenciado. Daí, em princípio, o caráter obrigatório do exercício ou da invocação de algumas das situações funcionais [199] e o caráter livre do exercício dos direitos fundamentais [200].

Não quer isto dizer que o elemento funcional esteja ausente de alguns dos direitos fundamentais e que não haja conceções (as supra-individualistas e as transpersonalistas, há pouco mencionadas) que tendem a fazê-lo realçar em geral. Só que os direitos, quaisquer direitos, desaparecem quando absorvidos pela função.

Assim como nada impede que a Constituição e a lei confiram às situações funcionais, e até aos poderes funcionais, formas de tutela análogas às de direitos fundamentais. Bem podem fazê-lo, em nome da proteção das minorias, do princípio representativo, da separação de poderes ou da jurisdicionalidade inerente ao Estado de Direito: é o que se verifica hoje, com a garantia do

---

[198] Sobre toda esta problemática, v. JORGE MIRANDA, *Deputado,* Coimbra, 1974, págs. 28, 55 e segs. e 63 e segs., e autores citados; e CARLA AMADO GOMES, *Imunidades parlamentares,* Coimbra, 1998.

[199] O titular das imunidades deve fazer tudo quanto seja possível para evitar que outrem as viole (assim, relatório da comissão eventual de inquérito à detenção do Deputado Manuel Lopes, in *Diário da Assembleia da República,* III legislatura, 1.ª sessão legislativa, 1.ª série, n.º 145, reunião de 26 de julho de 1984, pág. 6301).

[200] Já não será sempre assim com as regalias, e não terá de o ser com os direitos dos titulares. Cfr., reportando-se, porém, a poderes funcionais, PALONA BIGLINO CAMPOS, *Las facultades de los parlamentaris son derechos fundamentales?,* in *Revista de las Cortes Generales,* 3.º quadrimestre de 1993, págs. 54 e segs.

CAPÍTULO II – CONCEITOS AFINS E CATEGORIAS DE DIREITOS FUNDAMENTAIS

recurso para o Tribunal Constitucional por parte do Deputado relativamente à perda do mandato e a eleições no âmbito das respetivas assembleias [art. 223.º, n.º 2, alínea *g*), da Constituição, após 1997, e arts. 91.º-A, 91.º-B e 102.º-D da Lei n.º 28/82, de 15 de novembro, na redação dada pela Lei n.º 13-A/98, de 26 de fevereiro].

IV – Zona *prima facie* cinzenta entre situações funcionais e direitos fundamentais é a dos direitos e deveres dos funcionários e agentes do Estado contemplados na Constituição (arts. 269.º, 270.º e 271.º). Dadas a extensão da categoria, a tendência para assimilar funcionários e agentes a trabalhadores [201] e a natureza de alguns desses direitos – como o de opção partidária (art. 269.º, n.º 2) e o de audiência e defesa em processo disciplinar (art. 269.º, n.º 3) – parece irrecusável tratar-se de autênticos direitos fundamentais, de *direitos fundamentais particulares* na aceção que, dentro em breve, será posta em foco.

21. Direitos fundamentais e direitos dos povos

I – Nos últimos setenta anos vem-se falando em direitos dos povos, em complemento (e, às vezes, quase em substituição) dos direitos do homem ou dos direitos fundamentais.

Como se lê no art. 1.º de cada um dos dois Pactos das Nações Unidas de 1966: «Todos os povos têm o direito de dispor deles mesmos e de determinar livremente o seu desenvolvimento económico, social e cultural; para atingir os seus fins, todos os povos podem dispor livremente das suas riquezas e dos seus recursos naturais, sem prejuízo das obrigações decorrentes da cooperação económica internacional, fundada no princípio do interesse mútuo; em nenhum caso, poderá um país ser privado dos seus meios de subsistência».

Várias resoluções da Assembleia Geral das Nações Unidas e numerosas conferências e reuniões científicas e políticas, especialmente sob a égide da UNESCO, têm-se ocupado não só dos direitos à autodeterminação, ao desenvolvimento e aos recursos naturais mas também dos direitos à

---

[201] E que levou na revisão constitucional de 1982 a substituir no art. 269.º (mas só nele) essa designação pela de «trabalhadores da Administração Pública e demais agentes do Estado e outras entidades públicas».

DIREITOS FUNDAMENTAIS

identidade cultural [202], à participação no património comum da humanidade, à comunicação entre os povos e à paz, chegando-se aqui e ali a sugerir a sua prevalência sobre os direitos individuais [203].

Em 1981 foi celebrada a Carta Africana de Direitos do Homem e dos Povos e, no seu preâmbulo, inculca-se uma necessária relação entre uns e outros direitos.

Entre nós, a Constituição dispõe que Portugal se rege nas relações internacionais por (entre outros) os princípios do respeito dos direitos do homem e dos direitos dos povos (art. 7.º, n.º 1); e afirma o direito dos povos à auto-determinação e independência e ao desenvolvimento, bem como o direito a insurreição contra todas as formas de opressão (art. 7.º, n.º 3) [204].

II – O movimento de afirmação ou reivindicação destes direitos dos povos corresponde, por certo, a uma significativa tendência da política e do Direito internacionais dos nossos dias, ligada à deslocação de relações entre as potências, à descolonização, aos problemas de largas partes da Humanidade, à crescente circulação de pessoas e bens, às novas estratégias de matérias-primas e energia.

Trata-se de questões de soberania *política* e *económica* e trata-se também da consciência assumida (por enquanto talvez só por alguns) de injustiça criadas e mantidas no interior de uma mesma Humanidade. Daí a articulação com a procura de uma «nova ordem económica internacional» ou de uma «nova ordem internacional da informação» e daí a inserção, por vezes proposta, nos chamados direitos de solidariedade ou de terceira geração a que já nos referimos [205].

---

[202] Como diz a Declaração de Princípios da Cooperação Cultural Internacional, de 1966 (art. 1.º): «Toda a cultura tem uma dignidade e um valor», «Todos os povos têm o direito e o dever de desenvolver a sua cultura» e «Na sua variedade fecunda e influência recíproca, todas as culturas fazem parte do património comum da humanidade». Há também uma Declaração Universal sobre a Diversidade Cultural, de 2001.

[203] Em 1976, em Argel, por iniciativa da Fundação Lelio Basso foi elaborada uma «Declaração de Direitos dos Povos».

[204] Sobre a história e o sentido destes preceitos, v. *Manual...*, III, cit., págs. 200 e segs. Quanto ao direito a insurreição, v. *Manual...*, I, 2, Coimbra, 2014, págs. 269 e 270.

[205] Cfr., na doutrina, *Le Droit au Développement au plan international*, obra coletiva, Alphen aan den Rijn, 1980; HÉRIBERT GOLSONG, *Évolution de la conception des droits collectifs dans la politique internationale*, in *Les Droits de l'Homme – Droits Collectifs ou Droits Individuels*, obra coletiva, Paris,

CAPÍTULO II – CONCEITOS AFINS E CATEGORIAS DE DIREITOS FUNDAMENTAIS

Apesar disso, não parece inteiramente correto erguer sobre aquela tendência ou sobre aqueles evidentes fatores de transformação do Direito das Gentes um conceito de direitos dos povos, nem é, em caso algum, aceitável assimilar os *direitos dos povos* aos *direitos do homem*.

Não se justifica – salvo em circunstâncias excecionais de reconhecimento de movimentos de libertação ou análogos – configurar os povos como sujeitos de Direito internacional, ao lado ou em vez dos Estados. De resto, porque a noção de povo implica a de Estado, a autodeterminação de qualquer povo equivale à sua passagem a povo de um Estado com que se identifique [206].

Sobretudo, não pode fazer-se confusão entre tais direitos dos povos – desde o direito à autodeterminação ao direito à paz – e os direitos do homem – o direito à vida, à liberdade física, às convicções religiosas e filosóficas, ao trabalho, etc. São coisas completamente diversas, mesmo se interligadas. Os direitos dos povos são direitos de coletividades mais ou menos bem definidas, em variáveis situações [207]; os direitos do homem direitos das pessoas (sempre pessoas individuais, concretas, irredutíveis e insubstituíveis) [208].

1980, págs. 137 e segs.; JOSÉ OLMETA CHALBAUD, *El derecho de autodeterminación de los pueblos*, Bilbau, 1980; ROBERTO PELLOUX, *op. cit., loc. cit.*, págs. 53 e segs.; JEAN-JACQUES ISRAEL, *Le droit au développement*, in *Revue Générale de Droit International Public*, 1983, págs. 5 e segs.; *Droits des Peuples. Droits de l'Homme*, obra coletiva, Paris, 1994, págs. 9 e segs.; GIANCARLO GUARINO, *Autodeterminazione dei popoli e Diritto Internazionale*, Nápoles, 1984; EDMOND JOUVE, *Le Droit des Peuples*, 1986; KARL JOSEF PARTSCH, *Recent development in the field of peoples's rights*, in *Human Rights Law Journal*, 1986, págs. 117 e segs.; PHILIP ALSTON, *Some notes on the concept of the right to development*, in *Essais sur le concept du «droit de vivre»*, obra coletiva, Bruxelas, 1988, págs. 73 e segs.; PEDRO PINTO LEITE, *O Direito Internacional e os Direitos dos Povos*, in *Revista de Informação Legislativa*, n.º 109, janeiro-março de 1991, págs. 183 e segs.; JULIE RINGELHEIM, *Droits individuels et droits collectifs: avenir d'un équivoque*, in *Classes des droits de l'homme*, obra coletiva, Bruxelas, 2004, p. 241 ss.; ANTÓNIO AUGUSTO GONÇALO TRINDADE, *Some reflections in the justiciability of the people's right to peace*, in *Revista da Faculdade de Direito da Universidade Federal de Minas Gerais*, janeiro-julho de 2012, págs. 11 e segs.

[206] *Manual...*, III, cit., págs. 58 e segs.

[207] Nem deixa de ser elucidativo que os direitos dos povos e os chamados direitos de terceira geração tenham aparecido primeiro, ou sobretudo, em textos internacionais.

[208] Como observa ainda um Autor (ROBERT PELLOUX, *op. cit., loc. cit.*, págs. 67 e 68), o objeto dos direitos dos povos é, muitas vezes, impreciso; por vezes retomam-se, sob feição diferente, direitos económicos e sociais ou contradizem-se liberdades fundamentais; e a sua proteção é difícil de assegurar. «Os novos direitos do homem arriscam-se a desvalorizar os verdadeiros direitos do homem».

DIREITOS FUNDAMENTAIS

O exercício de direitos fundamentais por membros de comunidades dependentes (*maxime* de direitos políticos) tem sido um meio de conquista de direitos dos povos. Tal como a efetivação destes deveria ser um veículo de efetivação de direitos do homem (quer direitos económicos, sociais e culturais quer liberdades). Nem sempre isto tem sucedido; e, muito pelo contrário, tem-se assistido, em não poucos lugares, ao sacrifício – em nome de ideologias desenvolvimentistas ou outras – de direitos fundamentais das pessoas em nome de direitos ou pretensos direitos dos povos.

III – Concluído o movimento de descolonização, a problemática dos direitos dos povos deslocou-se para três áreas de não pouca importância:

- A dos direitos dos povos autóctones ou dos povos em estádios político-culturais diferentes dos das populações demograficamente dominantes nos respetivos Estados, como sucede em muitos países de todos os continentes, incluindo a Europa;
- A dos direitos das minorias – étnicas, nacionais, culturais, linguísticas, religiosas – problemática aguda, sobretudo na Europa centro-oriental e no Médio-Oriente;
- As dos direitos dos apátridas e dos direitos dos refugiados[209].

Mas, no fundo, tudo está relacionado com os direitos fundamentais reconhecidos aos membros desses grupos.

22. Direitos fundamentais e interesses difusos

I – Aquilo a que se vai dando o nome de interesses difusos [210] [211] é uma manifestação da existência ou do alargamento de «necessidades coletivas

---

[209] Cfr. ELEONORA CECCHERINI, *La Codificazione dei Diritti nelle recenti Costituzioni*, Pádua, 2002, págs. 129 e segs.; JULIE HINGELHEIM, *op. cit., loc. cit.*, págs. 249 e segs.; JORGE MIRANDA, *Curso ...*, cit., págs. 322 e segs. e 319 e segs.; HUGHES MOUTOURI, *Contribution à l'étude juridique des groupes*, in *Revue de droit public*, 2007, págs. 479 e segs.

[210] Na Constituição, art. 60.º, n.º 3, após 1997, e, na legislação ordinária, art. 20.º, n.º 1, alínea *e)*, da Lei n.º 9/91, de 9 de abril, ou art. 6.º, n.º 3, da Lei n.º 34/2004, de 29 de julho.

[211] Cfr. a obra coletiva *La tutela degli interessi difusi nel diritto comparato com particolare riguardo alla protezione dell'ambiente e dei consumatori*, Milão, 1976; MIGUEL SANCHEZ MORÓN, *La participación*

CAPÍTULO II – CONCEITOS AFINS E CATEGORIAS DE DIREITOS FUNDAMENTAIS

individualmente sentidas»[212]; traduz um dos entrosamentos específicos de Estado e sociedade; e implica formas complexas de relacionamento entre as pessoas e os grupos no âmbito da sociedade política que, só podem ser apreendido numa nova cultura cívica e jurídica.

Trata-se de necessidades comuns a conjuntos mais ou menos largos e indeterminados de indivíduos e que somente podem ser satisfeitas numa perspetiva comunitária. Nem são interesses públicos, nem puros interesses individuais, ainda que possam repercutir-se, de modo específico, direta ou indiretamente, nas esferas jurídicas destas ou daquelas pessoas.

É o que se verifica na Constituição portuguesa com a valorização do património cultural [arts. 9.º, alínea *e*), 66.º, n.º 2, alíneas *c*) e *e*), e 78.º]; com a defesa do ambiente e a conservação da natureza [arts. 9.º, alínea *e*), 66.º e 90.º]; com a preservação e o aproveitamento dos recursos naturais [arts. 9.º, alínea *c*), 66.º, n.º 2, alínea *d*), e 81.º, alíneas *l*) e *m*)]; com a saúde pública (arts. 52.º, n.º 3, e 64.º); com a proteção do consumidor [arts. 52.º, n.º 3, 60.º e 81.º, alínea *h*)]; com a cobertura médica e hospitalar do país [art. 64.º, n.º 3, alínea *b*)]; com a existência de uma rede de transportes e equipamento social [art. 65.º, n.º 2, alínea *a*)]; com a existência de uma rede de creches e de outros equipamentos sociais de apoio à família [art. 67.º, n.º 2, alínea *b*)].

---

del ciudadano en la Administración publica, Madrid, 1980, págs. 116 e segs.; PIETRO VIRGA, *La tutela giudiziaria nei confronti della pubblica amministrazione,* 3.ª ed., Milão, 1982, págs. 37 e segs.; CARLOS FERREIRA DE ALMEIDA, *Os direitos dos consumidores,* Coimbra, 1982, págs. 226 e segs.; RENATO FEDERICI, *Gli interessi diffusi,* Pádua, 1984; GERMAN BIDART CAMPOS, *Las obligaciones em el Derecho Constitucional,* Buenos Aires, 1987, págs. 89 e segs.; o acórdão do Supremo Tribunal de Justiça de 6 de janeiro de 1988, in *Boletim do Ministério da Justiça,* n.º 373, fevereiro de 1988, págs. 499 e segs., *maxime* 504; LUÍS FILIPE COLAÇO ANTUNES, *A tutela dos interesses difusos em Direito Administrativo,* Coimbra, 1989, e *O procedimento administrativo de avaliação do impacto ambiental,* Coimbra, 1998, *máxime* págs. 71 e segs.; JOSÉ DE OLIVEIRA ASCENSÃO, *Direito Civil – Teoria Geral,* III, Coimbra, 2002, págs. 110 e segs.; MIGUEL TEIXEIRA DE SOUSA, *A legitimidade popular na tutela dos interesses difusos,* Lisboa, 2003; VASCO PEREIRA DA SILVA, *Em busca...,* cit., págs. 2183 e segs.; RONNIE PREUSS DUARTE, *Garantia de acesso à justiça – Os direitos processuais fundamentais,* Coimbra, 2007, págs. 229 e segs.; AUGUSTO SILVA DIAS, «*Delicta...*», cit., págs. 634 e segs.; CARLA AMADO GOMES, *O Provedor de Justiça e a tutela de interesses difusos,* in *Temas dispersos de Direito do Ambiente,* II, Lisboa, 2008, págs. 237 e segs.; ROBERTO SENISE LISBOA, *Contratos difusos e coletivos – A função social do contrato,* 4.ª ed., São Paulo, 2012, págs. 139 e segs.
[212] Cfr. o conceito de necessidades coletivas individualmente sentidas, a propósito da noção de serviços públicos, em MARCELLO CAETANO, *Manual de Direito Administrativo,* 9.ª ed., II, Lisboa, 1972, págs. 1041 e segs.

DIREITOS FUNDAMENTAIS

II – Não pode dizer-se que quem quer que seja possua um único, genérico e indiscriminado direito à proteção do património monumental, ou ao controlo da poluição e da erosão, ou à salubridade pública, ou a uma rede de transportes, etc.

O que se encontram aí são interesses difusos, interesses dispersos por toda a comunidade e que apenas a comunidade, enquanto tal, pode prosseguir, independentemente de determinação de sujeitos. E ela prossegue-os, por modos muito diferenciados: por serviços da Administração direta ou indireta do Estado, por associações públicas ou por outras entidades da Administração autónoma, por associações privadas, pelos próprios interessados inorganicamente, em moldes ou não de democracia participativa [213].

Direitos podem, contudo, emergir quando tais interesses venham a radicar em certas e determinadas pessoas ou venham a confluir com outros direitos, sejam direitos com que tenham alguma interferência ou dos quais se possam fazer decorrer (*v. g.*, o direito à vida ou o direito à cultura), sejam direitos de iniciativa, de promoção ou de defesa.

Nos condicionalismos mutáveis da vida contemporânea e de Constituições com características de abrangência como a portuguesa, os interesses difusos oferecem, pois, uma impressão de volatilidade e de cruzamento de linhas de força insuscetíveis de se reconduzirem a esquemas unilaterais.

III – O art. 52.º, n.º 3, alínea *a)*, da Constituição (após 1989 e 1997) [214] confere a todos, pessoalmente ou através de associações de defesa dos interesses em causa, o direito de *ação popular* nos casos e termos previstos na lei, para promover a prevenção, a cessação ou a perseguição judicial das infrações contra a saúde pública, os direitos de consumidores, a qualidade

---

[213] Cfr. Luís Filipe COLAÇO ANTUNES, *O procedimento...*, cit., pág. 97: a característica fundamental de situações jurídicas relativas aos interesses difusos reconhece-se no facto de a tutela dos direitos pluri-individuais ser a resultante da tutela objetiva (os bens são diretamente tutelados pelo ordenamento jurídico, sem qualquer mediação de sujeitos) de uma multiplicidade de objetos que formam como que uma universalidade (com isto não se pretende, obviamente, negar que, em última análise, a tutela seja oferecida aos sujeitos, mas estes atuam agora perferencialmente em função da tutela objetiva dos bens, e não na defesa de qualquer direito subjetivo).

[214] Cujos antecedentes são os arts. 66.º, n.º 3, e 78.º, n.º 3, vindos de 1982.

CAPÍTULO II – CONCEITOS AFINS E CATEGORIAS DE DIREITOS FUNDAMENTAIS

de vida, a preservação do ambiente e do património cultural, bem como de requerer para o lesado ou lesados a correspondente indemnização [215].

Alargam-se, assim, os meios da tutela dos interesses difusos, mas a localização e a formulação constitucionais não se afiguram as melhores, porquanto se confundem, sob o mesmo nome [216], essa ação coletiva [217] e a ação popular, verdadeira e própria, de grande tradição entre nós [218] – ação judicial relativa a interesses públicos, promovida por qualquer cidadão, por qualquer membro do *populus* [a que alude, de resto, após 1997, o art. 52.º, n.º 2, alínea *b)*, contemplando a defesa de bens do Estado, das regiões autónomas e das autarquias locais] [219].

Não faltam leis ordinárias das últimas décadas contemplando formas de promoção de interesses difusos: assim, os arts. 40.º e 44.º da Lei n.º 11/87, de 7 de abril (lei de bases do ambiente), os arts. 2.º e segs. da Lei n.º 23/96, de 26 de julho (utentes dos serviços públicos essenciais) [220], os arts. 13.º e 17.º e segs. da Lei n.º 24/96, de 31 de julho (lei de defesa dos consumidores),

---

[215] Cfr. *Diário da Assembleia da República*, v legislatura, 1.ª sessão legislativa, 2.ª série, n.º 55-RC, ata n.º 53, págs. 7745 e segs.

[216] No Brasil, a Constituição atual faz o mesmo (art. 5.º, n.º 73).

[217] A melhor localização seria no art. 20.º em sede dos princípios gerais, e não aqui, no capítulo sobre direitos de participação política.

[218] A Carta Constitucional e a Constituição de 1838 chegaram a prever ação popular em caso de suborno, peita, peculato e concussão de juízes e oficiais de justiça (arts. 124.º e 26.º, respetivamente).

[219] Cfr. José Robin de Andrade, *A acção popular no Direito Administrativo Português*, Lisboa, 1967; Nuno Antunes, *O direito de acção popular no contencioso administrativo português*, Lisboa, 1997; Mariana Sotto maior, *O Direito de acção popular na Constituição da República Portuguesa*, in *Documentação e Direito Comparado*, n.º 75/76, 1998, págs. 239 e segs.; Paulo Otero, *A acção popular: configuração e valor no actual Direito português*, in *Revista da Ordem dos Advogados*, 1999, págs. 871 e segs.; Luís Fábrica, *A acção popular no Código de Processo nos Tribunais Administrativos*, in *Cadernos de Justiça Administrativa*, n.º 21, maio-junho de 2000, págs. 16 e segs.; José Lebre de Freitas, *A acção popular no Direito português*, *Sub Judice*, n.º 24, janeiro-março de 2003, págs. 15 e segs.; anotação de Pedro Machete, in Jorge Miranda e Rui Medeiros, *Constituição Portuguesa Anotada*, i, 2.ª ed., Coimbra, 2010, págs. 1029 e segs.; José de Oliveira Ascensão, *A participação popular na defesa do ambiente*, in *Estudos em homenagem ao Prof. Doutor Jorge Miranda*, obra coletiva, II, págs. 249 e segs.; Mário Aroso de Almeida, *Sobre a legitimidade popular no contencioso administrativo português*, in *Cadernos de Justiça Administrativa*, set.-outubro de 2013, págs. 50 e segs. Sobre o Brasil, v., por todos, José Afonso da Silva, *Acção popular constitucional*, São Paulo, 1968.

[220] Abrangendo o fornecimento de água, energia elétrica e gás e o serviço de telefones.

DIREITOS FUNDAMENTAIS

os arts. 5.º e segs. da Lei n.º 35/98, de 18 de julho (organização não governamentais do ambiente), o art. 31.º do Código dos Valores Mobiliários (aprovado pelo Decreto-Lei n.º 486/99, de 3 de novembro, com alterações), os arts. 7.º e seg. da Lei n.º 107/2001, de 8 de setembro (património cultural); e, sobretudo, a Lei n.º 83/95, de 31 de agosto (direito de participação procedimental e de ação popular) e o art. 68.º do Código do Procedimento Administrativo (aprovado pelo Decreto-Lei n.º 4/2015, de 7 de janeiro).

Têm legitimidade para a proteção de interesses difusos os cidadãos, a quem a atuação administrativa possa provocar prejuízos relevantes, as associações e as fundações sem caráter político ou sindical que tenham por fim a defesa desses interesses e os órgãos das autarquias locais das respetivas áreas (art. 2.º da Lei n.º 83/85).

Nos processos de ação popular, o autor representa, por iniciativa própria, com dispensa de mandato e autorização expressa, todos os demais titulares dos direitos ou interesses em causa que não tenham exercido o direito de auto-exclusão (art. 14.º da Lei n.º 83/85); as sentenças têm eficácia geral, salvo quando o julgador deva decidir por forma diversa fundado em motivações próprias do caso concreto, não abrangendo, contudo, os que tenham exercido esse direito de auto-exclusão (art. 19.º); e a indemnização por violação de interesses dos titulares não individualmente identificados é fixada globalmente (art. 22.º, n.º 2) [221].

Aos titulares de interesses difusos é reconhecido também um direito de intervenção na ação penal, quando esses interesses envolvam proteção penal (art. 25.º da Lei n.º 83/95).

Seria interessante uma comparação com a *class action* norte-americana, com a ação civil pública brasileira e com figuras análogas presentes nos ordenamentos jurídicos de outros países [222].

---

[221] Cfr. RUI MACHETE, *Algumas notas sobre os interesses difusos, o procedimento e o processo,* in *Estudos em memória do Prof. Doutor João de Castro Mendes,* obra coletiva, Lisboa, 1992, págs. 651 e segs.; MÁRIO ESTEVES DE OLIVEIRA *et alii, Código do Procedimento Administrativo,* 2.ª ed., Coimbra, 1997, págs. 269 e segs.; JOSÉ LEBRE DE FREITAS, *A acção popular ao serviço do ambiente,* in *AB VNO AD OMNES – 75 anos da Coimbra Editora,* obra coletiva, Coimbra, 1998, págs. 799 e segs.; VASCO PEREIRA DA SILVA, *Verde cor do Direito– Lições de Direito do Ambiente,* Coimbra, 2002; CARLA AMADO GOMES, *Acção popular e efeito suspensivo do recurso: processo especial ou especialidade processual?,* in *Textos dispersos de Direito do Ambiente,* Lisboa, 2005, págs. 105 e segs.

[222] Cfr., por exemplo, ÁLVARO LUIZ VALERY MIRRA, *Interesses difusos: a acção civil pública e a Constituição,* in *Revista de Informação Legislativa,* abril-junho de 1987, págs. 169 e segs.; MAURO CAPPELLETTI, *Le pouvoir des juges,* trad., Aix-en-Provence-Paris, 1990, págs. 57 e segs.; ANTÓNIO PAYAN MARTINS, *Class action e Portugal,* Lisboa, 1999, págs. 29 e segs.; ADA PELLEGRINI

CAPÍTULO II – CONCEITOS AFINS E CATEGORIAS DE DIREITOS FUNDAMENTAIS

23. Direitos fundamentais e interesses legítimos

A Constituição, em mais de um preceito, alude a direitos e a *interesses constitucional ou legalmente protegidos*. Assim, no art. 18.º, n.º 2, acerca das restrições às restrições de direitos, liberdades e garantias; no art. 20.º, n.º 1, acerca do acesso à justiça; no art. 266.º, n.º 1, sobre as funções da Administração pública; no art. 268.º, n.º 4, sobre tutela jurisdicional dos direitos dos administrados. Assim como alude a *interesses públicos e privados* (art. 202.º, n.º 2).

Parece tratar-se de figuras com dimensões complementares: a subjetiva, nos direitos, nos direitos fundamentais; mais a objetiva nos interesses legítimos.

24. Direitos fundamentais e garantias institucionais

I – Conhecem-se duas noções de garantia institucional: um conceito lato e impreciso de disposição constitucional em que se contempla e em que, portanto, se garante qualquer instituição no mais amplo sentido (abrangendo até qualquer direito tomado como instituição) [223]; e um conceito restrito de disposição constitucional consagradora de qualquer instituição ou de qualquer forma ou princípio objetivo de organização social que o Estado deva respeitar [224]. No primeiro sentido, a liberdade religiosa ou a liberdade de imprensa podem ser vistas como garantias institucionais; no segundo, só o poderão ser a religião ou as confissões religiosas ou a imprensa.

As garantias institucionais, numa aceção restrita e rigorosa, no século XIX, ou estavam fora das Constituições ou, quando nelas admitidas, não eram alvo da atenção dos estudiosos. Não se quadravam com a ambiência individualista,

---

GRINOVER, *A defesa do meio ambiente como conquista de cidadãos*, in *Portugal-Brasil Ano 2000*, obra coletiva, Coimbra, 1999, págs. 141 e segs.; GUY HORSMANS, *La defense de intérêts individuels par la voie collective*, in *En hommage à Francis Delpérée – Itinéraires d'um constitutionnaliste*, obra coletiva, Bruxelas-Paris, 2007, págs. 647 e segs.; ANTONIO CIDONCHA MARTIN, *Garantía institucional, dimensión institucional y derecho fundamental. Balance jurisprudencial*, in *Teoría y Realidad Constitucional*, n.º 23, 2009, págs. 149 e segs.

[223] JORGE MIRANDA, *Ciência Política...*, cit., II, pág. 243, e, de certo modo, OLIVEIRA ASCENSÃO, *Reordenamento Agrário e Propriedade Privada*, in *Curso de Direito e Economia Agrária*, obra coletiva, Lisboa, 1965, pág. 283.

[224] JORGE MIRANDA, *Contributo...*, cit., págs. 164-165: com a garantia institucional visa-se a subsistência de determinado instituto tomado como essencial ao regime político.

DIREITOS FUNDAMENTAIS

na qual se encarava a sociedade como uma associação de indivíduos livres; e com a ambiência liberal, em que se tendia a reduzir os direitos a liberdades e a garantias, muitos deles (senão todos) considerados anteriores e superiores ao Estado e à vida social.

Ao invés, no século xx, o dilatar do âmbito da Constituição material, a consciência de que o indivíduo vive situado em comunidades e instituições, as pressões dos grupos e a intervenção intensíssima do Estado nos domínios económico, social e cultural concorrem para fazer salientar constitucionalmente, a par dos direitos fundamentais, instituições numerosas, de cuja subsistência e de cujas condições de desenvolvimento curam normas específicas. E é em face dessas instituições ou, às vezes, mais simples e impropriamente, em face de grandes diretivas constitucionais destinadas a presidir à regulamentação legislativa de certas matérias, que se fala em garantias institucionais.

O conceito entremostra-se, por isso, na análise da Constituição de Weimar, e vem a ser CARL SCHMITT (na sua teoria da Constituição, construída à volta desse texto) que o divulga em contraposição ao conceito de direitos fundamentais (tomado este, porém, de um ângulo excessivamente liberal) [225]. Após a segunda guerra mundial, e numa fase de consolidação e extensão do Estado de Direito, revestem-se as garantias institucionais de todos os meios de proteção inerentes à ordem constitucional de valores [226].

---

[225] Escreve SCHMITT (*op. cit.*, pág. 198): «A garantia institucional é, por essência, limitada. Existe só dentro do Estado e não se baseia na ideia de uma esfera de liberdade em princípio ilimitada, antes diz respeito a uma instituição juridicamente reconhecida que, como tal, é sempre uma coisa circunscrita e delimitada ao serviço de certas tarefas e de certo fim, ainda quando as tarefas não estejam especializadas em particular e seja admissível alguma «universalidade do círculo de atuação».

[226] Cfr. ÉTIENNE GRISEL, *op. cit.*, págs. 111 e segs.; LUCIANO PAREJO ALFONSO, *Garantia institucional y autonomias locales*, Madrid, 1981; ROBERT ALEXY, *op. cit.*, págs. 237 e segs.; JOÃO SILVA LEITÃO, *Constituição e Direito de Oposição*, Coimbra, 1987, págs. 129 e segs. e 220 e segs.; JOSÉ MARIA BAÑO LEÓN, *La distinción entre derecho fundamental y garantia institucional en la Constitución española*, in *Revista española de Derecho Constitucional*, Setembro-dezembro de 1988, págs. 156 e segs.; PEDRO CRUZ VILLALÓN, *Formación...*, cit., *loc. cit.*, págs. 54 e segs.; ALFREDO GALLEGO ANABITARTE, *Derechos fundamentales y garantias institucionales: analises doctrinal y jurisprudencial*, Madrid, 1994; MÁRCIO IORIO ARANHA, *Interpretação Constitucional e as Garantias Institucionais de Direitos Fundamentais*, São Paulo, 1999, págs. 167 e segs.; JOSÉ SÉRVULO CORREIA, *Direitos fundamentais*, Lisboa, 2002, págs. 87 e segs.; MIGUEL NOGUEIRA DE BRITO, *A justificação da propriedade privada numa democracia constitucional*, Coimbra, 2007, págs. 754 e segs.; MARIA D'OLIVEIRA MARTINS, *Contributo para a compreensão da figura das*

CAPÍTULO II – CONCEITOS AFINS E CATEGORIAS DE DIREITOS FUNDAMENTAIS

II – Se a distinção em puros termos formais não oferece grandes dúvidas, já no exame do Direito constitucional positivo podem surgir dificuldades de qualificação, até porque as Constituições tratam, não raro, conjuntamente os direitos fundamentais e as garantias institucionais.

Para saber então se determinada norma se reporta a um direito ou a uma garantia institucional, haverá que indagar se ela estabelece uma faculdade de agir ou de exigir em favor de pessoas ou de grupos, se coloca na respetiva esfera jurídica uma situação ativa que uma pessoa ou um grupo possa exercer por si e invocar diretamente perante outras entidades – hipótese em que haverá um direito fundamental; ou se, pelo contrário, se confina a um sentido organizatório objetivo, independentemente de uma atribuição ou de uma atividade pessoal – caso em que haverá apenas uma garantia institucional.

É indiscutível que, entre tantos outros, são direitos fundamentais o direito à vida (arts. 24.º e 33.º, n.º 4), o direito de reunião (art. 45.º), o direito de sufrágio (art. 49.º), o direito à greve (art. 57.º, n.ᵒˢ 1 e 2) ou o direito à habitação (art. 65.º). E que são garantias institucionais o casamento (art. 36.º, n.ᵒˢ 1, 2 e 3) [227], a adoção (art. 36.º, n.º 7), o serviço público da rádio e da televisão (art. 38.º, n.º 5), as instituições particulares de solidariedade social não lucrativas (art. 63.º, n.º 5), o serviço nacional de saúde [art. 64.º, n.º 2, alínea *c*), e n.º 4], os setores público, privado e cooperativo e social da economia [arts. 80.º, alínea *b*), e 82.º] [228], as organizações de moradores (arts. 263.º e segs.) ou as associações públicas (art. 267.º, n.ᵒˢ 1 e 4).

Algo duvidosa pode ser a qualificação, por exemplo, dos direitos patrimoniais de autor (art. 42.º, n.º 2), da contratação coletiva (a que se refere

---

garantias institucionais, Coimbra, 2007 (salientando, pág. 292, que elas devem corresponder, não a todas as decisões organizatórias, mas a decisões estruturais do legislador constituinte, a valores constitutivos do Estado e da ordem jurídica, pág. 292); José de Melo Alexandrino, *Direitos fundamentais – Introdução geral*, Coimbra, 2011, págs. 38 e 39; José Carlos Vieira de Andrade, *Os direitos...*, cit., págs. 134 e segs.; Paulo Bonavides, *Curso...*, cit., págs. 552 e segs., *maxime* 548 e segs.

[227] Cfr. Francisco Pereira Coelho, *Casamento e divórcio no ensino de Manuel de Andrade e na legislação actual*, in *Boletim da Faculdade de Direito da Universidade de Coimbra*, 2001, págs. 13 e segs.

[228] A garantia é a garantia da existência (ou da coexistência) destes setores de propriedade dos meios de produção, e não do modo concreto ou atual como existam. E o mesmo se diga do serviço público da rádio e da televisão.

o art. 56.º, n.ᵒˢ 3 e 4) [229], da oposição (art. 114.º, n.º 2); ou, antes de 1982, da autonomia da Universidade (art. 76.º) e da iniciativa privada (art. 85.º). Tudo depende, acima de tudo, da inserção sistemática, da realidade constitucional e da opção legislativa que se faça a partir daí.

De qualquer sorte, não devem ser levadas demasiado longe as decorrências dos conceitos – transformando-os em preceitos. Se a Constituição não distingue expressamente e se trata no mesmo plano direitos fundamentais e garantias institucionais, o regime jurídico aplicável não pode ser, à partida, diverso, mormente quanto à preservação do conteúdo essencial perante o legislador ordinário, quanto aos destinatários das normas e quanto aos órgãos competentes para a sua regulamentação legislativa [230].

Nem caberia também aqui uma excessiva compartimentação. Há direitos fundamentais indissociáveis de garantias institucionais – por exemplo, o direito de constituir família (art. 36.º, n.º 1), indissociável da proteção da instituição familiar (arts. 67.º, 68.º, 69.º, 71.º, n.º 2, e 72.º, n.º 1). E há direitos fundamentais de instituições – assim, os direitos das confissões religiosas (art. 41.º, n.ᵒˢ 4 e 5), dos sindicatos (art. 56.º) ou dos partidos (arts. 114.º, n.º 3, 40.º, n.º 1, etc.).

Finalmente, a maior ou menos importância desta ou daquela garantia institucional – como a deste ou daquele direito – é função da sua maior ou menor proximidade dos princípios basilares da Constituição.

25. Direitos fundamentais e deveres fundamentais

I – Dever é a situação jurídica passiva, pela qual uma pessoa fica adstrita a um comportamento de agir ou de não agir.

---

[229] V., sobre o assunto, o parecer n.º 18/78 da Comissão Constitucional, de 27 de julho, in *Pareceres*, VI, págs. 10 e segs.

[230] Diferentemente, IGNACIO DE OTTO Y PARDO, *La regulación del ejercicio de los derechos y libertades,* in LORENZO MARTIN-RETORTILLO e INACIO DE OTTO Y PARDO, *Derechos fundamentales y Constitucion*, Madrid, 1988, págs. 99 e segs.; MARIA D'OLIVEIRA MARTINS, *Caracterização do artigo 22.º da Constituição como uma garantia institucional e algumas notas sobre o regime das garantias institucionais,* in *Estudos dedicados ao Professor Doutor Luis Alberto Carvalho Fernandes,* obra coletiva, II, Lisboa, 2009, págs. 601 e segs.

CAPÍTULO II - CONCEITOS AFINS E CATEGORIAS DE DIREITOS FUNDAMENTAIS

Há deveres em Direito público e em Direito privado [231], aqui com especialíssimo relevo para as obrigações [232]. Quando os deveres decorrem de uma norma da Constituição, dizem-se deveres fundamentais [233].

Se no Direito civil, o incumprimento de um dever importa ilicitude com as consequentes sanções, já no Direito constitucional (e, ainda mais, no Direito internacional público), tal nem sempre se verifica.

---

[231] Cfr., entre tantos, José Dias Marques, *Teoria Geral do Direito Civil*, I, Coimbra, 1958, págs. 269 e segs.; Paulo Cunha; *op. cit.*, págs. 113-114 (contrapondo aos direitos de personalidade vinculações de personalidade; João de Castro Mendes, *Direito Civil – Teoria Geral*, policopiado, Lisboa, 1972-1973, págs. 107 e segs.; António Menezes Cordeiro, *Tratado de Direito Civil Português – I – Parte Geral – Tomo I*, 3.ª ed., Coimbra, 2005, págs. 356 e segs.

[232] Cfr. art. 397.º do Código Civil: "Obrigação é o vínculo jurídico por virtude do qual uma pessoa fica adstrita para com outra à realização de uma prestação".

[233] A doutrina é imensa. Cfr. Georg Jellinek, *Sistema...*, cit., págs. 215 e segs.; Carl Schmitt, *Verfassungslehre*, 1927, trad. castelhana *Teoria de la Constitución*, México, 1966, págs. 202-203; Santi Romano, *Frammenti di un Dizionario Giuridico*, Milão, reimpressão, 1953, págs. 91 e segs; Giorgio Lombardi, *Contributo allo studi dei deveri costituzionali*, Milão, 1967; Santiago Varela Diaz, *La idea de deber constitucional*, in *Revista Española de Derecho Constitucional*, 1982, págs. 69 e segs.; Alessandro Pace, *Problemática delle libertà costituzionali*, Pádua, 1985, págs. 11 e segs.; José Casalta Nabais, *O dever fundamental de pagar impostos*, Coimbra, 1997, *maxime* págs. 35 e segs., e *Liberdade com responsabilidade*, Coimbra, 2007, págs. 167 e segs.; Francisco Rubio Llorente, *Los deberes constitucionales*, in *Revista Española de Derecho Constitucional*, maio-agosto de 2001, págs. 11 e segs.; Sérvulo Correia, *Direitos...*, cit., págs. 113 e segs.; Sérgio Resende de Barros, *Direitos Humanos – Paradoxo da Civilização*, Belo Horizonte, 2003, págs. 13 e segs.; J. J. Gomes Canotilho, *Direito...*, cit., págs. 531 e segs.; Francisco Ost, *La responsabilité, face cachée des droits de l'homme*, in *Classer les droits de l'homme*, obra coletiva (sob a direção de Emmanuelle Bribesin e Ludovic Hennebel), Bruxelas, 2005, págs. 88 e segs.; Francisco Gerson Marques de Lima, *Os deveres constitucionais e o cidadão responsável*, in *Constituição e Cidadania – Estudos em homenagem ao Professor J. J. Gomes Canotilho*, obra coletiva (coord. de Paulo Bonavides, Francisco Gerson Marques de Lima e Fayga Silveira Bedê), São Paulo, 2006, págs. 140 e segs.; Bido Pieroy e Bernhard Schlinke, *Grunderechte. Staatsrecht*, II, 2007, trad. portuguesa *Direitos Fundamentais – Direito Estadual*, II, Lisboa, 2007, págs. 60 e 61; Carla Amado Gomes, *Risco e modificação ...*, cit., págs. 135 e segs. e 157 e segs.; Paulo Otero, *Instituições...*, I, cit., págs. 330 e segs.; Ingo Wolfgang Sarlet, *A eficácia...*, cit., págs. 226 e segs.; Cristina Queiroz, *Direitos Fundamentais – Teoria Geral*, 2.ª ed., Coimbra, 2010, pág. 82; Carlos Rátis Martins, *Introdução ao Estudo dos Deveres Fundamentais*, Salvador, 2011; José Carlos Vieira de Andrade, *Os direitos...*, cit., págs. 149 e segs.; António Brito Neves, *Do conflito de deveres jurídicos: uma perspetiva constitucional*, in *O Direito*, 2012, págs. 675 e segs.; Paulo Ferreira da Cunha, *Direitos Fundamentais*, in *Fundamentos e Direitos Sociais*, Lisboa, 2014, págs. 171 e segs.; Tiago Antunes, *Pelos caminhos jurídicos do ambiente*, Lisboa, 2014, págs. 17 e segs.

DIREITOS FUNDAMENTAIS

II – A ideia de dever aparece em todas as civilizações e é assumida por todas as conceções religiosas, éticas e filosóficas, naturalmente com acentos e formas diferentes: deveres perante Deus e perante os outros, deveres de justiça e de solidariedade, em especial para com os vizinhos, as crianças, os velhos e os carentes, deveres perante o Estado e perante a comunidade.

A diferença está em que, no Ocidente, sobreleva a dimensão individual; em que na Grécia surge a ideia de isonomia; em que, por impulso do cristianismo, se afirma a liberdade essencial dos filhos de Deus; em que, mesmo no tempo das monarquias absolutas, se admitem direitos; em que, a partir do século XVIII, são também proclamados direitos em face do Estado, inclusive direitos de participação política, garantidos por leis supremas, as Constituições.

III – Mas os deveres, nestas Constituições ou em declarações de direitos, não ficam arredados para fora. O princípio da virtude é proclamado por MONTESQUIEU e, de um modo ou de outro, acolhido pelos revolucionários liberais. A Declaração de Direitos da Virgínia, de 1776, afirma expressamente que "o governo livre e as bênçãos da liberdade não podem ser preservados por nenhum povo sem um forte sentimento de justiça, moderação, temperança, frugalidade e virtude e sem um constante recurso aos princípios fundamentais" (secção XV).

Os deveres entram, pois, na seara jurídico-constitucional ou conexos com os direitos, ora só implicitamente, ora enunciando-se um ou outro, ora procurando-se estabelecer um catálogo – o que não significa que o seu estatuto se torne igual ao dos direitos ou que a doutrina e a jurisprudência lhes dediquem a mesma atenção.

No caso português, a Constituição de 1822 dedica o título I aos direitos e *deveres individuais dos Portugueses* e prescreve no art. 19.º: "Todo o português deve ser justo. Os seus principais deveres são venerar a religião, amar a pátria, defendê-la com as armas, quando for chamado pela lei; obedecer à Constituição e às leis; respeitar as autoridades públicas e contribuir para as despesas do Estado".

O dever de pagar impostos vai continuar nas Constituições seguintes: art. 145.º, § 14.º da Carta Constitucional; art. 24.º da Constituição de 1838; art. 3.º, n.º 27 da Constituição de 1911; art. 8.º, n.º 16 da Constituição de 1933. A Constituição de 1911 acrescenta o ensino primário obrigatório (art. 3.º, n.º 27) e o serviço militar (art. 68.º).

CAPÍTULO II – CONCEITOS AFINS E CATEGORIAS DE DIREITOS FUNDAMENTAIS

IV – Já no século XX, a Constituição de Weimar, de 1919, adota a epígrafe *Direitos e deveres fundamentais dos alemães* para a sua parte II (arts. 109.º e segs.) e, para lá de três deveres específicos (arts. 132.º, 133.º e 134.º), reitera que, sem prejuízo da sua liberdade individual, todos os cidadãos têm o "dever moral de empregar todas as suas forças intelectuais e físicas para o bem da coletividade" (art. 163.º).

Depois da segunda guerra mundial, seguem nessa esteira, entre outras, a Constituição japonesa de 1946 (arts. 11.º e segs.) e a italiana de 1947 (arts. 13.º e segs.); a grega, de 1975 (art. 25.º, n.º 4) [234]; a portuguesa de 1976 (arts. 12.º e segs.), a espanhola de 1978 (arts. 10.º e segs.); depois, a brasileira de 1988 (arts. 5.º e segs.), a romena (arts. 50.º e segs.), a búlgara (arts. 25.º e segs.) e a colombiana (arts. 11.º e segs.), as três de 1991; a estoniana (arts. 8.º e segs.) e a caboverdiana (arts. 15.º e segs.), ambas de 1992; a guineense de 1993 (arts. 24.º e segs.); a polaca de 1997 (arts. 82.º e segs.); a venezuelana de 2000 (arts. 13.º e segs.); a timorense de 2002 (arts. 16.º e segs.); a moçambicana de 2004 (arts. 38.º e segs.); a angolana (arts. 22.º e segs.) e a húngara (Arts. I a XXIX).

Divisões autónomas sobre deveres fundamentais encontram-se, por exemplo, nas Constituições do Japão, da Índia, da Roménia, da Colômbia de Cabo Verde e da Venezuela.

Também a Declaração Universal dos Direitos do Homem proclama que "o indivíduo tem deveres para com a comunidade, fora da qual não é possível o livre e pleno desenvolvimento da sua personalidade" (art. 29.º, n.º 1) [235].

V – De qualquer modo, continuando algo reduzido o espaço dos deveres nas Constituições atuais no cotejo das longas e ricas listas de direitos, pensa-se, por vezes, que isso se deve a uma reação contra o realce que os regimes autoritários e totalitários lhes haviam atribuído.

No entanto, em rigor, o que distingue os regimes autoritários e totalitários dos regimes vindos no seguimento dos regimes liberais e dos que se empenham na democracia representativa e no Estado de Direito não é isso. O que caracteriza aqueles vem a ser, sim, a funcionalização dos

---

[234] As Constituições italiana e grega ligam os direitos fundamentais aos "deveres inderrogáveis de solidariedade social".

[235] Contêm expressamente deveres a Convenção Interamericana dos Direitos do Homem (art. 32.º) e a Carta Africana dos Direitos do Homem e dos Povos (arts. 27.º a 29.º).

DIREITOS FUNDAMENTAIS

direitos fundamentais aos deveres ou a objetivos ideológico-programáticos assumidos pelas Constituições ou a imposição de restrições que atingem o núcleo essencial dos direitos.

A Constituição de 1933 continha, além do referido dever de pagar impostos (art. 8.º, n.º 16) o dever dos cidadãos de responder em inquérito estatístico acerca da religião que professavam (art. 8.º, n.º 3, 2.ª parte), os deveres dos cônjuges na sustentação e na educação dos filhos legítimos (art. 12.º, n.º 2), o dever de registo do casamento e do nascimento (art. 12.º, n.º 3), o dever dos órgãos de informação de inserir notas oficiosas do Governo (art. 21.º), o dever dos funcionários de acatar e fazer respeitar a autoridade do Estado (arts. 22.º e 23.º), a obrigação dos cidadãos de prestar ao Estado e às autarquias locais cooperação e serviços em harmonia com a lei (art. 26.º), a obrigatoriedade de educação e de instrução (art. 43.º) e do ensino primário elementar (art. 43.º, § 1.º), o serviço militar obrigatório (art. 54.º).

A natureza autoritária não vinha daí, nem sequer de deverem os cidadãos exercer os direitos sem ofensa dos direitos de terceiros, nem lesão dos interesses da sociedade ou dos princípios da moral (art. 8.º, § 1.º, 2.ª parte). Vinha de outras normas "Leis especiais regularão o exercício da liberdade de expressão do pensamento, de ensino, de reunião e de associação, devendo, quanto à primeira, *impedir preventiva ou repressivamente a perversão da opinião pública na sua função de força social*" (art. 8.º, § 2.º); "A opinião pública é elemento fundamental da política e administração do país, *incumbindo ao Estado defendê-la de todos os fatores que a desorientem contra verdade, a justiça, a boa administração e o bem comum*" (art. 20.º); "A organização económica da Nação deverá realizar o máximo de produção e riqueza socialmente útil, e estabelecer uma vida coletiva de que resultem *poderio para o Estado* e justiça entre os cidadãos" (art. 29.º). E vinha de um sistema político de concentração de poder (arts. 81.º, 87.º, 91.º, 107.º, 108.º) e da debilidade da fiscalização da constitucionalidade (art. 122.º, depois 123.º).

Não menos elucidativas eram as fórmulas, que adiante indicaremos, de Constituição de outros Estados.

VI – Tal como os direitos, os deveres têm de ser compreendidos em razão dos bens jurídicos que lhes subjazem ou a cujo serviço se encontram [236].

Tal como os direitos, os deveres constitucionais fundam-se na dignidade da pessoa humana. Pessoa pressupõe liberdade e implica responsabilidade;

---

[236] Assim, GEORG JELLINEK, *op. cit.*, pág. 216.

e, mais do que isso, como se lê no art. 1.º da Declaração Universal, "espírito de fraternidade"

Existe, por conseguinte, um único sistema constitucional, mais ou menos complexo, de direitos e deveres – o que não significa, porém, equivalência e, muito menos, que possa entender-se que a cada direito corresponde sempre uma pluralidade de deveres fundamentais [237].

VII – Pode haver conflitos de deveres e direitos. Menos frequentes hão de ser conflitos entre deveres.

---

[237] Como entende Paulo Otero, *Instituições...*, I, cit., págs. 537-538.

§ 2.º
Categorias de direitos fundamentais

26. As classificações

Os direitos fundamentais constituem, em cada ordenamento constitucional, uma unidade. Mas isso não significa que não possam ser estabelecidas categorias a partir de diferentes ângulos.

Quanto à estrutura e ao conteúdo, para além da divisão tripartida de JELLINEK em *status libertis, status civitatis* e *status activae civitatis*, distinguiremos direitos de agir e direitos de exigir e direitos de existência, direitos de liberdade, direitos de participação, direitos a prestações e direitos de defesa.

No tocante aos sujeitos, consideraremos, por um lado, direitos fundamentais individuais e institucionais; por outro lado, direitos comuns e direitos particulares; e, por outro lado ainda, direitos do homem, do cidadão e do trabalhador.

Quanto ao exercício, direitos de exercício individual, de exercício coletivo e de exercício individual e coletivo simultaneamente.

No respeitante ao objeto, em primeiro lugar, direitos pessoais, sociais e políticos; depois, direitos gerais e especiais; e, por fim, direitos fundamentais materiais e procedimentais.

Numa visão mais complexa, por último, prestaremos atenção às garantias, também elas, apesar de instrumentais, suscetíveis de ser tomadas como direitos e sem se confundirem com as garantias institucionais.

Já a dicotomia direitos, liberdades e garantias – direitos económicos, sociais e culturais, consagrada na Constituição e em instrumentos internacionais, será analisada no momento próprio, o do atual sistema português de direitos fundamentais.

27. *Status libertatis, status civitatis* e *status activae civitatis*

I – Não obstante as reservas que registámos à doutrina dos direitos subjetivos públicos de Georg Jellinek, justifica-se pelo seu imenso interesse considerar a classificação que apresenta, globalizando os direitos por referência a posições jurídicas diferenciadas perante o Estado, em sucessivos estatutos jurídico-públicos.

Escreve Jellinek:

«Pelo facto de pertencer ao Estado, de ser dele membro, o indivíduo qualifica-se sob diversos aspetos. As possíveis relações nas quais pode encontrar-se com o Estado colocam-no numa série de condições juridicamente relevantes.

«... Por virtude da subordinação ao Estado, que forma a base de qualquer atividade estadual, o indivíduo, na esfera dos seus deveres individuais, encontra-se no *status* passivo, no *status subjectionis*, de que fica excluída a autodeterminação e, portanto, a personalidade. Uma personalidade absoluta do indivíduo, não subordinada de nenhuma maneira à vontade do Estado, é uma conceção incompatível com a natureza do Estado e que somente aparece na mística personalidade preestadual ligada a especulações de direito natural. Qualquer personalidade é relativa, ou seja, limitada; e também o é a personalidade do Estado.

«Chamado a desenvolver determinadas tarefas, o Estado aparece igualmente limitado na sua capacidade de agir, por efeito do dever moral que lhe incumbe de reconhecer a personalidade dos súbditos; e a isso fica juridicamente obrigado por força do seu próprio ordenamento jurídico. A relação entre o Estado e cada pessoa faz-se, assim, de tal sorte que um e outro surgem como duas grandezas que se implicam reciprocamente. Com o desenvolvimento da personalidade individual diminui a extensão do *status* passivo e com isso o campo da autoridade do Estado. A história política moderna tem por conteúdo o constante desenvolvimento da personalidade individual e da limitação do poder...

«A soberania do Estado é um poder objetivamente limitado, que se exerce no interesse geral. E é uma autoridade exercida sobre pessoas, que não estão em tudo e por tudo subordinadas, é uma autoridade exercida sobre homens livres. Ao membro do Estado pertence, por isso, um *status,* em que é senhor absoluto, uma esfera livre do Estado, uma esfera que exclui o *imperium.* Tal vem a ser a esfera da liberdade individual, do *status* negativo, do *status libertatis,* dentro da qual são prosseguidos os fins estritamente individuais mediante a livre atividade do indivíduo.

«Toda a atividade do Estado desenvolve-se no interesse dos súbditos. Quando ele, na realização das suas tarefas, reconhece ao indivíduo a capacidade jurídica

CAPÍTULO II - CONCEITOS AFINS E CATEGORIAS DE DIREITOS FUNDAMENTAIS

de pretender que o poder público atue em seu favor, quando lhe dá a faculdade de servir-se das suas instituições, quando, numa palavra, o Estado concede ao indivíduo pretensões jurídicas positivas, está-lhe reconhecendo o *status* positivo, o *status civitatis*, o qual se apresenta, pois, como o fundamento do complexo das pretensões estatais no interesse individual.

«A atividade do Estado só se torna possível através de ação de indivíduos. Quando o Estado reconhece ao indivíduo a capacidade de agir por conta do Estado, promove-o a uma condição mais elevada, mais qualificada, promove-o à cidadania ativa. Esta corresponde ao *status* ativo, ao *status activae civitatis,* com o qual o indivíduo fica autorizado a exercer os chamados direitos políticos em sentido estrito.

«Nestes quatro *status* – passivo, negativo, positivo e ativo – se resumem as condições em que o indivíduo pode deparar-se diante do Estado como seu membro. Prestações ao Estado, liberdade frente ao Estado, pretensões em relação ao Estado, prestações por conta do Estado, tais vêm a ser os diversos aspetos sob os quais pode considerar-se a situação de direito público do indivíduo. Estes quatro *status* formam uma linha ascendente, visto que, primeiro, o indivíduo, pelo facto de ser obrigado à obediência, aparece privado de personalidade; depois, é-lhe reconhecida uma esfera independente, livre do Estado; a seguir, o próprio Estado obriga-se a prestações para com o indivíduo; e, por último, a vontade individual é chamada a participar no exercício do poder político ou vem mesmo a ser reconhecida como investida do *imperium* do Estado» [238].

II – Como resulta da transcrição feita, são três as categorias de direitos que vêm a ser recortadas: *direitos de liberdade,* que têm por objeto a expansão da personalidade sem interferência do Estado; *direitos cívicos* (em certo sentido adotado pela doutrina), os quais têm por objeto prestações positivas do Estado, de outras entidades públicas e da sociedade no seu conjunto no interesse dos súbditos [239]; e *direitos políticos,* os quais têm por objeto a interferência das pessoas na própria atividade do Estado, na formação da sua vontade [240] [241].

---

[238] *Sistema...,* cit., págs. 96 e segs. V. também *Teoria General del Estado,* cit., págs. 313 e segs.

[239] Para uma análise, cfr., por todos, Robert Alexy, *op. cit.,* págs. 247 e segs.
Cfr., por exemplo, Rocha Saraiva, *op. cit.,* II, págs. 89 e segs.

[240] Cfr. a classificação alvitrada por António Barbosa de Melo (*Democracia e Utopia*, Porto, 1980, págs. 27 e segs.), distinguindo os direitos fundamentais em direitos políticos, cívicos e de liberdade, consoante se polarizem em torno da ideia de igualdade, da fraternidade e da de liberdade.

[241] Poderia, porém, anotar-se ser a classificação incompleta, por não incluir os direitos patrimoniais: assim, Santi Romano, *La teoria...,* cit., *loc. cit.,* págs. 141 e segs.

DIREITOS FUNDAMENTAIS

O quadro proposto corresponderia, de certa maneira, ao processo de emancipação da pessoa humana. No entanto, está longe de ser confirmado pela história: recordem-se a democracia ateniense com o seu défice de liberdade individual e o Estado liberal com direitos políticos e sem direitos sociais. A história aponta, antes, para a interdependência dos diversos direitos.

28. Direitos de agir e direitos de exigir

Tomando como referência a Constituição portuguesa – ou qualquer outra de Estado social de Direito – facilmente se enxerga a grande diversidade de estrutura e de conteúdo dos direitos que consigna.

Uma dicotomia básica é de direitos de agir e de direitos de exigir, segundo este esquema:

Direitos fundamentais	Direitos de agir	Liberdades	Liberdades em geral Direito de propriedade	
		Direito de defesa (*v. g., habeas corpus*, ação popular)		
	Direitos de exigir	Direito de exigir prestações ou comportamentos positivos	Prestações jurídicas (*v. g.*, produção de normas jurídicas, acesso à justiça)	
			Prestações materiais (os direitos sociais)	
		Direito de exigir comportamentos negativos (*v. g.*, não haver tortura, não haver censura à imprensa)		

CAPÍTULO II – CONCEITOS AFINS E CATEGORIAS DE DIREITOS FUNDAMENTAIS

Mas esta classificação afigura-se demasiado abstrata. Parece preferível outra voltada para o conteúdo e para os bens jurídicos correspondentes aos direitos – donde direitos de existência, de liberdade, de participação, a prestações e de defesa [242].

29. Direitos de existência, de liberdade, de participação, a prestações e de defesa

I – Um primeiro grupo compreende direitos como o direito à vida (art. 24.º), o direito à integridade pessoal (art. 25.º), os direitos à identidade pessoal, à capacidade civil, à cidadania, ao bom nome e reputação, à imagem, à palavra, à reserva de intimidade da vida privada e familiar e à identidade genética (art. 26.º). Designamo-los como *direitos de existência*, por da sua salvaguarda depender a própria existência da pessoa ou da pessoa na sua esfera mais íntima (ou, passe a redundância aparente, mais pessoal). Coincidem com o núcleo dos direitos de personalidade a que há pouco aludimos. Aqui, o sujeito *exige* a tutela dos bens essenciais da sua existência contra qualquer comportamento ofensivo desses bens.

Um segundo grupo é o dos direitos de liberdade: direito ao desenvolvimento da personalidade (art. 26.º, n.º 1), liberdade física (art. 27.º), liberdade de casamento (art. 36.º), liberdade de expressão e informação (arts. 37.º e 38.º), liberdade de consciência, religião e culto (art. 41.º), liberdade de criação cultural (art. 42.º), liberdade de propaganda eleitoral [art. 113.º, n.º 3, alínea *a*)], etc.; e aqui entra também o direito de propriedade (art. 62.º). Têm por conteúdo positivo o direito de decidir, por si, agir ou não agir e por conteúdo negativo não sofrer o sujeito interferência, impedimentos ou constrangimentos; ali, na aceção de ISAIAH BERLIN, *liberdade positiva*, aqui *liberdade negativa* [243].

---

[242] Cfr. a sistematização dos direitos fundamentais que apresentámos em *Um projecto de Constituição*, Braga, 1975, e em *Uma Constituição para Timor*, in *Revista da Faculdade de Direito da Universidade de Lisboa*, 2000, págs. 942 e segs.

[243] ISAIAH BERLIN, *op. cit.*, págs. 70 e segs. e 133 e segs.

Cfr., por exemplo, ALESSANDRO PASSERIN D'ENTRÈVES, *La Dottrina dello Stato*, 2.ª ed., Turim, 1967, págs. 281 e segs. e 297 e segs.; e recentemente, em Portugal, MAFALDA CARMONA, *Liberdade negativa e liberdade positiva*, in *Estudos em homenagem ao Prof. Doutor Jorge Miranda*, obra coletiva, II, Coimbra, 2012, págs. 511 e segs.

DIREITOS FUNDAMENTAIS

Um terceiro grupo vem a ser o dos direitos de participação: participação política em geral (art. 48.º), direito de sufrágio (art. 49.º), direito de acesso a cargos públicos (art. 50.º), direito de ação popular [art. 52.º, n.º 3, alínea b)], direito de petição-representação (art. 52.º, n.ᵒˢ 1 e 2), direito de participação das organizações de trabalhadores na elaboração de legislação do trabalho [arts. 54.º, n.º 5, alínea d), e 56.º, n.º 1, alínea a)], direitos de participação das associações de consumidores, de associações representativas de beneficiários da segurança social, de famílias [arts. 60.º, n.º 3, 63.º, n.º 2, e 67.º, n.º 2, alínea g)], etc. São também direitos de agir – de agir, por diferentes modos, para a conformação de atos ou atividades do Estado e de outras entidades públicas.

Surgem depois os direitos a prestações: direito à administração da justiça (arts. 20.º, n.º 1, e 202.º), direito dos trabalhadores a assistência material quando, involuntariamente, se encontrem em situação de desemprego [art. 59.º, n.º 1, alínea e)], direitos à segurança social (art. 63.º), à proteção da saúde (art. 64.º), à habitação (art. 65.º), ao ensino (art. 74.º), etc. São também direitos de exigir, de exigir o acesso a certos bens e serviços ao Estado e a outras entidades – incluindo em certos termos – entidades da sociedade civil. E neles dominam os direitos sociais ou direitos económicos, sociais e culturais.

Uma quinta categoria vem a ser a dos direitos de defesa: direito a tutela jurisdicional efetiva de direitos e interesses legalmente protegidos (arts. 20.º e 268.º, n.ᵒˢ 4 e 5), direito de resistência (arts. 21.º, 103.º, n.º 3, e 271.º, n.º 3), direito de queixa ao Provedor de Justiça (art. 23.º), direito de requerer habeas corpus (art. 31.º), direitos de arguidos em processo penal (art. 31.º), direito de defesa em caso de expulsão ou extradição (art. 33.º), direito à objeção de consciência (arts. 41.º, n.º 6, e 276.º, n.º 4), direito à greve (art. 57.º), direitos dos arguidos em processo disciplinar (art. 269.º, n.º 3), direito de recorrer para o Tribunal Constitucional de decisões dos tribunais que apliquem normas cuja inconstitucionalidade haja sido suscitada [art. 280.º, n.º 1, alínea b)]. Há, de novo, uma atividade das pessoas, mas especificamente voltada para a salvaguarda dos seus direitos.

II – Poderia tender-se a qualificar os direitos de liberdade, de participação e de defesa como direitos de conteúdo ativo e os direitos de existência e a prestações direitos de conteúdo passivo. Direitos de conteúdo ativo, aqueles, por o seu exercício consistir sempre num comportamento do sujeito; e direitos

CAPÍTULO II – CONCEITOS AFINS E CATEGORIAS DE DIREITOS FUNDAMENTAIS

de conteúdo passivo estes, por nestes avultar, para efeitos de proteção jurídica, um comportamento de outrem, desfavorável no caso dos direitos de existência, favorável no caso dos direitos a prestações.

Seria, porém, levar demasiado longe a contraposição e esquecer que se descortinam duas ou mais vertentes, embora em medida variável, em quase todos os direitos.

Por outro lado, a liberdade ou a ideia de liberdade aparece em quase todos os direitos. Os direitos de participação são também direitos de liberdade, os direitos de defesa pressupõem decisão de escolha do tempo e do modo respetivos pelo sujeito e até os direitos a prestações podem envolver manifestações de liberdade e participação.

III – Aos direitos correspondem outros tantos deveres do Estado: deveres de proteção quanto aos direitos de existência e de liberdade; aos direitos de participação e de defesa deveres de organização e de procedimento; aos direitos a prestações deveres de prestação.

No fundo, todos se reconduzem a deveres de prestação: de prestação predominantemente jurídica os deveres de proteção e os de organização e procedimento; deveres de prestação predominantemente material os deveres de prestação em sentido estrito (correspondentes aos direitos de prestação também em sentido estrito que são os direitos sociais).

30. Direitos de liberdade e direitos sociais

I – Não faltam Autores que somente tomam como direitos fundamentais as liberdades e que relegam os direitos sociais para a área das imposições dirigidas ao legislador ou para a das garantias institucionais. Assim como há aqueles que não admitem verdadeiras liberdades à margem da consecução dos fatores de exercício, só adquiridos pela efetivação dos direitos sociais.

Todavia, da ótica do Estado social de Direito, sejam quais forem as interpretações e distinções conceituais, não pode negar-se a ambas as categorias de direitos a qualificação como direitos fundamentais.

II – Nos direitos de liberdade, parte-se da ideia de que as pessoas, só por o serem, ou por terem certas qualidades ou por estarem em certas situações ou

DIREITOS FUNDAMENTAIS

inseridas em certos grupos ou formações sociais, exigem respeito e proteção por parte do Estado e dos demais poderes. Nos direitos sociais, parte-se da verificação da existência de situações de necessidade e de desigualdades de facto – umas derivadas das condições físicas e mentais das próprias pessoas, outras derivadas de condicionalismos exógenos (económicos, sociais, geográficos, etc.) – e da vontade de as vencer para estabelecer uma relação solidária entre todos os membros da mesma comunidade política.

A existência das pessoas é afetada tanto por uns como por outros direitos. Mas em planos diversos: com os direitos de liberdade, é a sua esfera de autodeterminação e expansão que fica assegurada, com os direitos sociais é o desenvolvimento de todas as suas potencialidades que se pretende alcançar; com os primeiros, é a vida imediata que se defende do arbítrio do poder, com os segundos é a esperança numa vida melhor que se afirma; com uns, é a liberdade atual que se garante, com os outros é uma liberdade mais ampla e efetiva que se começa a realizar.

Os direitos de liberdade são direitos de *libertação do poder* e, simultaneamente, *direitos à proteção* do poder contra outros poderes (como se vê, quanto mais não seja, nas garantias de intervenção do juiz no domínio das ameaças à liberdade física por autoridades administrativas). Os direitos sociais são *direitos de libertação da necessidade* [244] e, ao mesmo tempo, *direitos de promoção*. O escopo irredutível daqueles é a limitação jurídica do poder [245], o destes é a organização da solidariedade [246].

Liberdade e libertação não se separam, pois; entrecruzam-se e completam-se; a unidade da pessoa não pode ser truncada por causa de direitos destinados a servi-la; e também a unidade do sistema jurídico [247] impõe a harmonização constante dos direitos da mesma pessoa e de todas as pessoas.

---

[244] Como dissemos na Assembleia Constituinte, a liberdade é a liberdade-autonomia do homem perante outros homens e perante o Estado, é a liberdade-participação no Governo e na administração, mas é também (aqui parafraseando Franklin D. Roosevelt) a liberdade-libertação da miséria, da insegurança e da necessidade (v. *Diário*, sessão de 4 de julho de 1975, pág. 275).

[245] Assim, JELLINEK, *La Déclaration...*, cit., *loc. cit.*, pág. 399.

[246] Cfr. a noção de *status positivus socialis*, por exemplo, em INGO WOLFGANG SARLET, *op. cit.*, págs. 282 e segs.

[247] Cfr. GEORGES VLACHOS, *La structure des droits de l'homme et le problème de leur réglementation en régime pluraliste*, in *Revue Internationale de Droit Comparé*, 1972, págs. 310 e segs.

CAPÍTULO II - CONCEITOS AFINS E CATEGORIAS DE DIREITOS FUNDAMENTAIS

Indissociáveis, pois, uns dos outros, direitos de liberdade e direitos sociais inserem-se numa unidade axiológica e sistemática dentro da Constituição e da ordem jurídica como um todo.

Este o postulado de base. Não obstante, há diferenças de estrutura, de realização e, consequentemente, de regimes que não podem ser obnubilados [248].

[248] Sobre a distinção, na doutrina de diversos países, cfr., entre tantos, PIERO CALAMANDREI, *L'Avvenire dei Diritti di Libertà*, introdução à 2.ª ed. da obra de FRANCESCO RUFFINI, *Diritti de Libertà*, Florença, 1946, reimpressão de 1975; PHILIPPE BRAUD, *La notion de liberté publique en droit français*, Paris, 1968, págs. 11 e segs. e 121 e segs.; JEAN RIVERO, *Les Droits de l'Homme, catégorie juridique?*, in *Perspectivas del Derecho Publico en la segunda mitad del siglo XX – Homenaje a Enrique Sayagues-Laso*, obra coletiva, III, págs. 31 e segs.; GEORGES BURDEAU, *Traité de Science Politique*, 2.ª ed., VII, Paris, 1972, págs. 587 e segs., e *Constitution, Droits de l'Homme et «Changement»*, in *Scritti in onore di Vezio Crisafulli*, obra coletiva, II, Pádua, 1985, págs. 124 e segs.; GEORGES VLACHOS, *op. cit., loc. cit.*, págs. 298 e segs.; JOÃO DE CASTRO MENDES, *Direitos, liberdades e garantias*, cit., *loc. cit.*, págs. 103 e segs.; MANUEL CAVALEIRO DE FERREIRA, *Direito Penal*, cit., I, págs. 87-88; EDUARDO GARCIA DE ENTERRÍA, *La significación de las libertades para el derecho administrativo*, in *Anuario de Derechos Humanos*, I, 1981, págs. 115 e segs.; THEODOR C. VAN BOVEN, *Os critérios de distinção dos direitos do homem*, in *As dimensões internacionais...*, págs. 65 e segs.; JORGE DE FIGUEIREDO DIAS, *Sobre a autonomia dogmática do direito penal económico*, in *Estudios penales y criminales*, obra coletiva, Santiago de Compostela, 1985, pág. 55; JOSÉ MANUEL CARDOSO DA COSTA, *A hierarquia das normas constitucionais e a sua função na protecção dos direitos fundamentais* (sep. do *Boletim do Ministério da Justiça*, n.º 396), Lisboa, 1990, págs. 12 e seg.; JOSÉ CASALTA NABAIS, *Os direitos fundamentais na Constituição portuguesa* (sep. do *Boletim do Ministério da justiça*, n.º 400), Lisboa, 1990, págs. 11 e segs. e *Algumas reflexões críticas sobre direitos fundamentais*, in *AB UNO AD OMNES – 75 anos da Coimbra Editora*, obra coletiva, 1998, págs. 965 e segs.; JÜRGEN HABERMAS, *Droit et democratie*, trad., Paris, 1997, págs. 415 e segs.; GIORGIO LOMBARDI, *Diritti di libertà e diritti sociali*, in *Politica del Diritto*, 1999, págs. 7 e segs.; ROBERT CHERVI, *Droits de l'homme et libertés des personnes*, Paris, 1999, págs. 25 e segs.; J. J. GOMES CANOTILHO, *Direito...*, cit., págs. 398 e segs.; ENRICO DICIOTTI *Sulla distinzione tra diritti di libertà e diritti sociali: una prospettiva di filosofia analítica*, in *Quaderni Costituzionali*, 2004, págs. 733 e segs. e *O discurso de direitos*, Coimbra, 2011, págs. 179 e segs.; DAVID DUARTE, *A norma...*, cit., págs. 733 e segs.; ALAN BRUDNER, *Constitutional Goods*, cit., págs. 75 e segs. e 241 e segs.; JOSÉ SÉRVULO CORREIA, *Interrelação entre os regimes constitucionais dos direitos, liberdades e garantias e dos direitos económicos, sociais e culturais e o sistema constitucional de autonomia do legislador e de separação e interdependência de poderes: Teses*, in *Estudos em homenagem ao Prof. Doutor Armando Marques Guedes*, obra coletiva, Coimbra, 2004, págs. 969 e 970; PAOLO GIlberto COGO LEIVAS, *Teoria dos direitos fundamentais*, Porto Alegre, 2006; JOSÉ DE MELO ALEXANDRINO, *A estruturação do sistema de direitos, liberdades e garantias na Constituição portuguesa*, Coimbra, 2006, II, págs. 139 e segs. e 198 e segs. e *O discurso de direitos*, Coimbra, 2011, págs. 179 e segs.; ISABEL MOREIRA, *A solução dos direitos, liberdades e garantias e dos direitos económicos, sociais e culturais na Constituição portuguesa*, Coimbra, 2007; RUI MEDEIROS, *Direitos, liberdades e garantias e direitos sociais: entre unidade e diversidade*, in *Estudos em homenagem ao Prof. Doutor Sérvulo Correia*, obra coletiva, I, Coimbra, 2010, págs. 657 e segs.; RICARDO BRANCO, *O efeito*

aditivo da declaração de inconstitucionalidade com força obrigatória geral, Coimbra, 2009, págs. 311 e segs.; LUÍSA CRISTINA PINTO E. NETTO, *Por uma compreensão sistemática e unitária dos direitos fundamentais*, in *Direito Constitucional – Homenagem a Jorge Miranda*, obra coletiva (coord. por Helena Telino Neves Godinho e Ricardo Arnaldo Malheiros Fiúza), Belo Horizonte, 2011, págs. 259 e segs.; PAULO FERREIRA DA CUNHA, *Direitos Fundamentais, loc. cit.*, págs. 103 e segs.; JOSÉ CARLOS VIEIRA DE ANDRADE, *Os direitos...*, cit., págs. 162 e segs.; MANUEL AFONSO VAZ, RAQUEL CARVALHO, CATARINA SANTOS BOTELHO, INÊS FOLHADELA e ANA TERESA RIBEIRO, *Direito Constitucional – O sistema constitucional português*, Coimbra, 2012, págs. 247 e segs., 281 e segs. e 334 e segs.; CARLOS BLANCO DE MORAIS, *Curso...*, II, cit., págs. 552 e segs.; JORGE SILVA SAMPAIO, *O controlo jurisdicional das políticas públicas de direitos sociais*, Coimbra, 2014, págs. 188 e segs.; MARIA FERNANDA PALMA, *O argumento criminológico e o princípio da necessidade da pena no juízo de constitucionalidade*, in *Julgar*, maio-agosto de 2016, págs. 112 e segs.

Sobre os direitos de liberdade em geral, v. JOSÉ TAVARES, *Ciência do Direito Político*, Coimbra, 1909, págs. 90 e segs.; FRANCESCO RUFFINI, *op. cit.*; PIETRO VIRGA, *Libertà giuridica e diritti fondamentali*, Milão, 1947; KELSEN, *Teoria Pura do Direito*, 2.ª ed. portuguesa, Coimbra, 1962, I, págs. 270-271; MARCELLO CAETANO, *Direito Constitucional*, I, Rio de janeiro, 1977, págs. 355 e segs.; PIERANGELO CATALANO, *Diritti di libertà e potere negativo*, in *Studi in memoria di Carlo Esposito*, obra coletiva, III, Pádua, 1973, págs. 1955 e segs., *maxime* 1971; GIULIANO AMATO, *Libertà (diritto costituzionale)*, in *Enciclopedia del Diritto*, XXV, págs. 272 e segs.; GIOVANNI SARTORI, *op. cit.*, págs. 218 e segs.; IRING FETSCHER, *Libertad*, in *Marxismo y Democracia – Política*, obra coletiva, trad., Madrid, 1975, págs. 1 e segs.; FRANCK WAY JR., *Liberty in the balance: current issues in civil liberties*, 4.ª ed., Nova Iorque, 1976; JEAN RIVERO, *Idéologie et téchniques dans le droit des libertés publiques*, in *Mélanges J. J. Chevalier*, obra coletiva, Paris, 1978, págs. 247 e segs.; ISAIAH BERLIN, *Four essays on liberty*, 1969, trad. *Quatro Ensaios sobre a Liberdade*, Brasília, 1981; JOAQUIM DE SOUSA TEIXEIRA, *Liberdade*, in *Polis*, III, págs. 1099 e segs.; JOSÉ LAMEGO, *«Sociedade aberta» e liberdade de consciência*, Lisboa, 1985; ALESSANDRO PACE, *Problematica delle libertá costituzionali*, cit.; *Droit constitutionnel et droits de l'homme*, obra coletiva, Paris-Aix-en-Provence, 1987; CHRISTIAN STARCK, *La Constitution cadre et mesure du droit*, Paris-Aix-en-Provence, 1994, págs. 67 e segs.; GILLES LEBRETON, *op. cit.*, págs. 151 segs. e 43 e segs.; PIERFRANCESCO GROSSI, *I diritti di libertà ad uso di lezione*, I, 1, 2.ª ed., Turim, 1991; JORGE BACELAR GOUVEIA, *O estado de escepção*, Lisboa, 1999, págs. 867 e segs.; LOUIS FAVOREU *et alii*, *Droit des libertés fondamentales*, Paris, 2000; PHILIP PETIT, *A Theory of Freedom: from the Psychology to the Politics of Agency*, 2001, trad. *Teoria da Liberdade*, Belo Horizonte, 2007; OMAR CHESSA, *Libertà fondamentali e teoria costituzionale*, Milão, 2002; MIGUEL GALVÃO TELES, *Liberdade jurídica, Constituição e estado de natureza de segundo grau*, in *Estudos em homenagem ao Prof. Doutor Jorge Miranda*, obra coletiva, II, págs. 821 e segs.; FRANCISCO M. MORA SIFUENTES, *Ideas de libertad y modelos de derechos fundamentales: una aproximación*, in *Questiones Constitucionales* (México), janeiro-junho de 2013, págs. 171 e segs.

Sobre os direitos sociais, v. CARL SCHMITT, *op. cit.*, págs. 196-197; MICHEL STASKOU, *Quelques remarques sur les «droits économiques et sociaux»*, in *Essais sur les droits de l'homme en Europe* (deuxième série), obra coletiva, Paris, 1961, págs. 45 e segs.; MANLIO MAZZIOTTI, *Diritti Sociali*, in *Enciclopedia del Diritto*, XII, págs. 802 e segs.; GIUSEPPE CICALA, *Diritti sociali e crisi del diritto soggettivo nel sistema costituzionale italiano*, Nápoles, 1965; ÉTIENNE GRISEI, *op. cit.*, págs. 85 e segs. e 114 e segs.; *La reconnaissance et la mise en oeuvre des droits économiques et sociaux*,

CAPÍTULO II – CONCEITOS AFINS E CATEGORIAS DE DIREITOS FUNDAMENTAIS

31. Sentido da distinção

I – A Constituição distingue direitos de liberdade e direitos sociais no art. 9.º, ao declarar tarefas fundamentais do Estado *garantir os direitos e liberdades fundamentais* [alínea *b*)] e *promover a efetivação dos direitos económicos, sociais, culturais e ambientais mediante a transformação e modernização das estruturas económicas e sociais* [alínea *d*)] [249].

obra coletiva, Bruxelas, 1972; *Vers une protection efficace des droits économiques et sociaux?*, obra coletiva, Bruxelas, 1973; FERNANDO AMÂNCIO FERREIRA, *Uma abordagem dos direitos sociais*, in *Fronteira*, n.º 6, abril-julho de 1979, págs. 51 e segs.; GUIDO CORSO, *I diritti sociali nella Costituzione italiana*, 1981, págs. 755 e segs.; RICARDO GARCIA MARCHO, *Las aporias de los derechos fundamentales sociales y el derecho a la vivienda*, Madrid, 1982; JOÃO CAUPERS, *Os direitos fundamentais dos trabalhadores e a Constituição*, Coimbra, 1985, págs. 27 e segs.; J. J. GOMES CANOTILHO, *Tomemos a sério os direitos económicos, sociais e culturais*, Coimbra, 1988; ANTÓNIO PEREIRA-MENAUT, *Against Positive Rights*, in *Valparaiso University Law Review*, 1988, págs. 359 e seg.; JÜRGEN HABERMAS, *Faktizät und Geltung. Beiträge Zur Diskurst Theorie des Rechts und des demokratischen Rechstaat*, 1992, trad. francesa *Droit et Démocratice*, Paris, 1997, págs. 443 e segs.; FRANCISCO DE CONTRERAS PELÁEZ, *Derechos sociales – teoria y ideologia*, Madrid, 1994; JOSÉ IGNACIO MARTINEZ ESTAY, *Jurisprudência constitucional española sobre derechos sociales*, Barcelona, 1997; MANUEL AFONSO VAZ, *O enquadramento jurídico-constitucional dos «direitos económicos, sociais e culturais»*, in *Juris et de Jure*, obra coletiva, Porto, 1998, págs. 435 e segs.; ANDREA GIORGIS, *La costituzionazzione del diritto alla uguaglianza sostanziali*, Nápoles, 1999; *La protection des droits sociaux fundamentaux dans les Etats membres de l'Union Européenne*, obra coletiva (ed. por JULIA ILIOPOULOS-STRANGAS), Atenas – Bruxelas, Badem-Badem, 2000; JAIME BENVENUTO LIMA JR., *Os direitos económicos, sociais e culturais*, Rio de Janeiro, 2001; BEATRIZ GONZALEZ MORENO, *El Estado Social – Naturaleza juridica y estrutura de los derechos sociales*, Vigo, 2002; *Direitos Fundamentais Sociais – Estudos de Direito Constitucional, Internacional e Comparado*, obra coletiva (org. por INGO WOLFGANG SARLET), Rio de Janeiro, 2003; CLÁUDIA MARIA DA COSTA GONÇALVES, *Direitos fundamentais sociais – Releitura de uma Constituição dirigente*, Curitiba, 2006; CRISTINA QUEIROZ, *Direitos fundamentais sociais*, Coimbra, 2006; *Exploring Social Rights: Between Theory and Practice*, obra coletiva, Oxónia, 2007; AMARTYA SENI, *op. cit.*, págs. 998 e segs.; JORGE REIS NOVAIS, *Direitos Sociais*, Coimbra, 2010; *Direitos Sociais – Fundamentos, judicialização e direitos sociais em espécie*, obra coletiva (coord. por Cláudio Pereira de Souza Neto e Daniel Sarmento), Rio de Janeiro, 2010; FLÁVIA PIOVESAN, *Eficácia e vinculação dos direitos sociais*, São Paulo, 2012; *Economia and Social Rights afete the Global Financial Crisis*, obra coletiva (ed. por ALOFE NULAND), Cambridge, 2014; MARK TUSHEN, *Social and Economic Rights: Historial Origins and Contemporary Issues*, in *E-Publica – Revista Eletrónica de Direito Público*, 2014, n.º 5, págs. 8 e segs.; relatórios nacionais, in *Annuaire International de Justice Constitutionnelle*, 2015, págs. 107 e segs.; CATARINA SANTOS BOTELHO, *Os direitos sociais ...*, cit., págs. 85 e segs.

[249] É a esta luz que deve ser lida a «garantia *de efetivação* dos direitos e liberdades fundamentais» do art. 2.º (após 1989).

DIREITOS FUNDAMENTAIS

Mas, definindo uns e outros como *direitos fundamentais* (epígrafe da parte I) e prevendo a aplicação do regime dos direitos, liberdades e garantias do título II a direitos de natureza análoga (art. 17.º), insere-os no mesmo sistema, torna-os complementares, interdependentes, indissociáveis. As diferenças de estrutura e de realização que existem não põem em causa este postulado de base [250]. O que não se justificaria seria ou amplificar a distinção, vendo direitos de liberdade e direitos sociais como compartimentos estanques, ou tender a apagá-la.

A diferença básica reside (conforme decorre do quadro há pouco exposto) em que os direitos de liberdade são direitos de agir e os direitos sociais direitos de exigir. Mais precisamente: as liberdades têm como contrapartida característica uma atitude de respeito e de não interferência por parte de outrem e os direitos sociais envolvem a pretensão de prestações normativas e materiais ou fáticas.

Ou, retomando JELLINEK, as liberdades são, no essencial, direitos negativos, ainda quando possam compreender vertentes positivas, e os direitos sociais direitos positivos, ainda quando, por seu turno, possam abarcar ou ser acompanhados de exigências de respeito e não intervenção. Mas, quer uns

---

[250] Numa postura radical, pondo em causa a dicotomia, VASCO PEREIRA DA SILVA, *A cultura a que temos direito – Direitos fundamentais e Cultura*, Coimbra, 2007, págs. 135 e segs., e *"Todos diferentes, todos iguais" – Breves considerações acerca da natureza jurídica dos direitos fundamentais*, in *Estudos dedicados ao Prof. Doutor Luís Alberto Carvalho Fernandes*, obra coletiva, III, Coimbra, 2011, págs. 578 e segs.; ISABEL MOREIRA, *op. cit.*, págs. 181 e segs.; JORGE REIS NOVAIS, *Direitos sociais* cit.; ANDRÉ SALGADO DE MATOS, *O direito ao ensino. Contributo para uma dogomática unitária dos direitos fundamentais*, in *Estudos em homenagem ao Professor Doutor Paulo de Pitta e Cunha*, obra coletiva, III, Coimbra, 2010, págs. 393 e segs.; JAIRO SCHAFER, *Classificação de direitos fundamentais*, 2.ª ed., Porto Alegre, 2013, págs. 91 e segs.

Numa posição mitigada, PAULO OTERO, *Direitos económicos e sociais na Constituição de 1976: 35 anos de evolução constitucional*, in *Tribunal Constitucional: 35 aniversário da Constituição de 1976*, obra coletiva, I, Coimbra, 2012, págs. 37 e segs.; ou JORGE SILVA SAMPAIO, *O controlo jurisdicional das políticas públicas*, Coimbra, 2014, págs. 188 e segs.

Pelo contrário, acentuando-a, MANUEL AFONSO VAZ, *Lei e Reserva da Lei*, 2.ª ed., Porto, 2013, págs. 298 e segs.; MANUEL AFONSO VAZ *et alii*, *Direito Constitucional*, 2.ª ed., Porto, 2015 JOSÉ DE MELO ALEXANDRINO, *A estruturação...*, II, cit., págs. 219 e segs., e *O Discurso dos direitos*, Coimbra, 2011, págs. 325 e segs.;, págs. 171 e segs., *maxime*, 201 e segs.; JORGE BACELAR GOUVEIA, *Manual...*, II, págs. 956 e segs.; CARLOS BLANCO DE MORAIS, *Curso...*, II, cit., págs. 553 e segs.; CATARINA SANTOS BOTELHO, *Os direitos sociais ...*, *cit., págs. 283 e segs.*

CAPÍTULO II – CONCEITOS AFINS E CATEGORIAS DE DIREITOS FUNDAMENTAIS

quer outros – e esta vem a ser a nota que tem de ser, ao mesmo tempo, posta em foco – acompanhados de deveres de proteção do Estado [251].

Pode e deve falar-se, numa atitude geral de respeito, resultante do reconhecimento da liberdade da pessoa de conformar a sua personalidade e de reger a sua vida e os seus interesses. Esse respeito pode converter-se quer em abstenções quer em ações do Estado e das demais entidades públicas ao serviço da realização da pessoa, individual ou institucionalmente considerada [252] – mas nunca em substituição da ação ou da livre decisão da pessoa, nunca a ponto de o Estado penetrar na sua personalidade e afetar o seu ser. E é fundamentalmente neste sentido de respeito e preservação da personalidade e da capacidade de ação das pessoas que se justifica ainda dizer que as diferentes liberdades se salvaguardarão ou se efetivarão tanto mais quanto menor for a intervenção do Estado, ao passo que os direitos sociais poderão ser tanto mais efetivados quanto maior ela vier a ser.

Uma atitude geral de respeito obriga tanto as entidades públicas como ainda, em certos casos e em certas condições – defini-las vem a ser um dos mais difíceis problemas do Direito constitucional contemporâneo – as

---

[251] Cfr., PAULO MOTA PINTO, O direito..., cit., loc. cit., págs. 189 e segs.; J. J. GOMES CANOTILHO, Omissões normativas e deveres e protecção do Estado, in Estudos em homenagem a Cunha Rodrigues, obra coletiva, II, Coimbra, 2001, págs. 111 e segs.; JORGE PEREIRA DA SILVA, Dever de legislar e protecção jurisdicional contra omissões legislativas, Lisboa, 2003, maxime págs. 37 e segs. e Deveres do Estado..., cit.; Jacqueline Sophie Perioto Guhur Frascati, A força jurídica dos direitos sociais, económicos e culturais a prestações:apontamentos para um debate, in Revista da Faculdade de Direito da Universidade de Lisboa, 2007, págs. 395 e segs.; CRISTINA QUEIROZ, op. cit., págs. 377 e segs.; JORGE REIS NOVAIS, Direitos sociais..., cit.; RUI MACHETE, A legitimidade activa dos particulares e a subjectivação das normas administrativas, in Cadernos de Justiça Administrativa, 86, março-abril de 2011, pág. 21. Cfr. ROBERT ALEXY, op. cit., págs. 435 e segs.
Sobre a proteção penal, cfr. MARIA DA CONCEIÇÃO FERREIRA DA CUNHA, Constituição e Crime, Porto, 1995; LUIZ REGIS PRADO, Bem jurídico-penal e Constituição, São Paulo, 1996; MARIA FERNANDA PALMA, Constituição e Direito Penal, in Perspectivas Constitucionais, obra coletiva (org. de Jorge Miranda), II, Coimbra, 1997, pág. 227, e, mais amplamente, Direito Constitucional Penal, Coimbra, 2006.

[252] Cfr. GEORGES VLACHOS, op. cit., loc. cit., pág. 315: já não é um dever abstrato de abstenção negativa sistemática que determina a essência do Direito do Homem e, designadamente, do direito individual; é a obrigação que decorre – para o Estado como para os grupos ou os particulares – da ideia de não alienação da personalidade e que gera, consoante os casos, tanto um dever de não fazer como uma injunção de agir, concreta e eficazmente, para salvaguardar a liberdade do homem.

entidades privadas (art. 18.º, n.º 1, *in fine*, da Constituição) [253]. Porque o respeito da liberdade de todos os membros da comunidade política tem que ver não somente com as entidades públicas como também com todos esses membros, uns perante os outros, pelo menos quando haja relações de desigualdade ou de dependência, importa que uns respeitem a personalidade dos outros para que possam todos conviver [254].

Acresce que alguns direitos de liberdade podem reconduzir-se a direitos potestativos [255] enquanto o seu exercício altera unilateralmente a ordem jurídica: assim, o direito de ação judicial (arts. 20.º, 31.º, 52.º, n.º 3), o direito de casar (art. 36.º, n.º 1), o de adotar (art. 36.º, n.º 7), a liberdade de associação (arts. 46.º, 51.º, 55.º), o direito de livre disposição de propriedade em vida ou por morte (art. 62.º, n.º 1).

Em segundo lugar, os direitos de liberdade têm um conteúdo essencialmente determinado ou determinável ao nível de normas constitucionais e os direitos sociais têm um conteúdo determinado, em maior ou menor medida, por opção do legislador ordinário [256]. Donde, uma mais vincada *densidade constitucional* dos primeiros do que dos segundos, não obstante serem sempre

---

[253] Cfr. *infra*.

[254] Por isso, como observa João Baptista Machado (*op. cit.*, pág. 144), a neutralidade do Estado não se concretiza, necessariamente, em mera abstenção mas também, quando necessário, numa ação destinada a impedir que a livre atuação dos indivíduos e das forças sociais possa vir a criar coações incompatíveis com a autodeterminação de outros indivíduos e de outras forças sociais.

[255] Cfr. Sérvulo Correia, *Direitos...*, cit., pág. 75; e, de certo modo, Robert Alexy (*Teoria ...*, cit., pág. 185 e segs.), quando se refere a competências.

[256] Cfr. João Caupers, *op. cit.*, págs. 40 e segs.; Manuel Afonso Vaz, *Lei...*, cit., págs. 370 e segs.; J. Gomes Canotilho, *Direito...*, cit., pág. 401; Jorge Reis Novais, *Os princípios constitucionais estruturantes da República Portuguesa*, Coimbra, 2004, págs. 292 e segs., *As restrições...*, cit., págs. 133 e segs.; *Direitos sociais*, págs. 141 e segs.; José de Melo Alexandrino, *A estruturação...*, cit., II, págs. 237 e segs.; Rui Medeiros, *Direitos...*, cit., *loc. cit.*, págs. 663 e segs.; José Carlos Vieira de Andrade, *op. cit.*, págs. 172 e segs., *maxime* 176. E já na Assembleia Constituinte, Deputado Costa Andrade, *Diário*, n.º 33, de 20 de agosto de 1975, pág. 871.

Cfr. Schmitt, *op. cit.*, págs. 192 e segs. e 203 e segs. (falando em direitos absolutos e direitos relativos); Georges Burdeau, *Constitution...*, cit., *loc. cit.*, pág. 125; Ernst Forsthoff, *Concepto y essencia del Estado social de Derecho*, in *El Estado social*, cit., pág. 87.

Mas, cfr. ainda a visão crítica de Isabel Moreira, *A solução...*, cit., págs. 186 e segs.

CAPÍTULO II – CONCEITOS AFINS E CATEGORIAS DE DIREITOS FUNDAMENTAIS

apuráveis o lugar, a projeção e o sentido de cada direito social, pelo menos em face das incumbências correspondentes prescritas na Constituição [257].

Ou, doutro prisma, os direitos de liberdade constam de normas constitucionais precetivas e, quase todos, de normas precetivas exequíveis por si mesmas (ao contrário de muitos dos direitos de defesa e de direitos de participação política). Os direitos sociais constam de normas programáticas [258].

Nem é só pela natureza das coisas que a margem de decisão do legislador frente aos direitos de liberdade se oferece mais restrita do que perante os direitos sociais. Há, outrossim, uma razão política: a coerência com os princípios democráticos pluralistas. Em Estado social de Direito, as normas constitucionais sobre direitos sociais têm de propiciar, no limite da sua força jurídica e do conteúdo essencial dos direitos, a suficiente abertura a diferentes manifestações de vontade popular através de voto [259].

Em terceiro lugar, a efetivação das liberdades depende sobretudo de condições socioculturais e institucionais. Condições socioculturais: o sentido cívico dominante na comunidade. Condições institucionais: a segurança (arts. 27.º, n.º 1, e 272.º, n.º 1), a legalidade democrática [arts. 3.º, n.º 2, 199.º, alínea f), 202.º, n.º 2, 219.º, n.º 1, 272.º, n.º 1], a ordem constitucional democrática (art. 19.º, n.º 2) [260] e o aparelho judiciário (arts. 202.º e segs.). Já a efetivação dos direitos sociais depende tanto de condições socioculturais e institucionais como de condições económicas e financeiras (art. 9.º da Constituição, de novo) [261].

Acrescente-se que os direitos de liberdade – bem como as garantias e os direitos politicos – são apenas, por definição, observados ou plenamento observados em regime político liberal ou pluralista, que é, insista-se, o

---

[257] De resto, a respeito destes ou daqueles direitos, pode haver graus variáveis de determinabilidade das normas que contemplem: cfr. JORGE MIRANDA, *Pensões no sector bancário e direito à segurança social*, in *Jurisprudência Constitucional*, 7, julho-setembro de 2005, pág. 14.

[258] Por todos, JORGE MIRANDA, *Manual...*, II, cit., págs. 298 e segs.

[259] Cfr. EDUARDO CORREIA BAPTISTA, *Os direitos de reunião e de manifestação no Direito português*, Lisboa, 2006, págs. 93 e segs.; ou JAMES SPIEGEMANTAL, *The forgothen freedom: freedom from fear*, in *International Comparative Law Quarterly*, 2010, págs. 543 e segs.

[260] Todos têm direito a que reine uma ordem capaz de tornar plenamente efetivos os direitos e as liberdades (art. 28.º da Declaração Universal).

[261] O que não equivale a implausibilidade ou a inviabilidade destes, cfr. AMARTYA SEN, *The Idea of Justice*, 2009, trad. *A Ideia de Justiça*, Coimbra, 2010, págs. 498 ne segs.

DIREITOS FUNDAMENTAIS

subjacente ao Estado social de Direito. Eles constituem padrões e princípios do Estado de Direito democrático (Constituição portuguesa) ou do Estado democrático de Direito (Constituição brasileira). Os direitos sociais, pelo contrário, como não menos se sabe, eram os direitos preferenciais em Estado marxista-leninista. Os direitos de liberdade podem existir em países em desenvolvimento, os direitos sociais não têm aí inteiras condições de efetivação [262].

32. Sentido da distinção (cont.)

I – A distinção das duas categorias de direitos não deve, entretanto, ser exagerada ou empolada:

a) Direitos de liberdade não são o mesmo que direitos naturais e direitos sociais o mesmo que direitos civis (em certa aceção) ou direitos outorgados pelo Estado. Não está aqui em causa senão uma análise de situações jurídicas ativas de Direito positivo; mas, se assim não fosse, por certo seria incorreto qualificar de direito natural o direito de antena e muito difícil não qualificar como tais o direito ao trabalho ou o direito à segurança social.

b) Parece exagerado falar numa supremacia material dos direitos de liberdade como um imperativo de axiologia constitucional [263] – porque uns e outros formam um sistema, fundado na dignidade da pessoa humana e dirigido à solidariedade (art. 1.º da Constituição). Somente quanto a este ou àquele direito em especial poderá proceder-se a uma distinção segundo esse critério.

---

[262] Ainda um quarto critério de distinção poderia encontrar-se no Direito penal, seguindo JORGE DE FIGUEIREDO DIAS (*Direito Penal – Parte Geral – I*, 2.ª ed., Coimbra, 2007, pág. 121). A violação dos direitos, liberdades e garantias pode justificar a criminalizaçao, é o Direito penal *de justiça*, o Direito penal *clássico* ou Direito penal *primário*. Já o Direito penal *administrativo*, o Direito penal *secundário* respeita à ordenação jurídico-constitucional relativa aos direitos sociais. No primeiro, visa-se proteger a esfera especificamente *pessoal* (embora não necessariamente "individual") do homem; no segundo, visa-se proteger a sua esfera de atuação *social*.

[263] Assim, CARLOS BLANCO DE MORAIS, *Curso...*, cit., págs. 565 e segs.

CAPÍTULO II – CONCEITOS AFINS E CATEGORIAS DE DIREITOS FUNDAMENTAIS

c) Nem se justifica, em face do sistema constitucional, dizer que os direitos, liberdades e garantias estão sob reserva de Constituição e os direitos sociais sob reserva de lei [264].

d) Direitos de liberdade tão pouco são o mesmo que direitos individuais e direitos sociais o mesmo que direitos institucionais ou coletivos. Entre os direitos fundamentais institucionais contam-se algumas liberdades (*v. g.,* a das confissões religiosas e a das associações) e, de resto, os direitos sociais apresentam-se, de ordinário, como de titularidade individual (poucos direitos serão mais *individuais* que o direito ao trabalho ou o direito ao ensino).

e) Os direitos de liberdade não se determinam por exclusão de partes por pertencerem ao ser humano enquanto tal, como pessoa ou em aspetos incindíveis da sua personalidade ou pelo menos enquanto cidadão, e os direitos económicos, sociais e culturais não são direitos fundamentais especiais tirando a sua especialidade do bem tutelado e de uma forma de tutela eminentemente social [265]. São gerais – ou comuns – tanto os primeiros como os segundos direitos. E tão dependentes de formas organizativas podem ser alguns dos direitos de liberdade (*v. g.,* a liberdade de formação de partidos políticos) como os direitos sociais.

f) A relatividade doutrinal dos conceitos de direito subjetivo, expetativa, pretensão, interesse juridicamente protegido não permite qualificar ou deixar de qualificar os direitos fundamentais em bloco, repetimos, como direitos subjetivos numa aceção rigorosa (no sentido do Direito civil) [266]. E não se afigura curial dizer dos direitos sociais que deles não possa deduzir-se pretensões jurídicas concretas por via interpretativa [267].

---

[264] Assim, MANUEL AFONSO VAZ, *Lei...,* cit., págs. 373-374 e 381, nota.

[265] Conforme sugere JOÃO DE CASTRO MENDES (*op. cit., loc. cit.,* págs. 103 e segs.).

[266] Cfr. as perspetivas de ÉTIENNE GRISEL, *op. cit.,* págs. 98 e segs.; JEAN RIVERO, *Les Droits...,* cit., *loc. cit.,* pág. 32; GUIDO CORSO, *op. cit., loc. cit.,* pág. 783; JOSÉ REINALDO DE LIMA LOPES, *Direitos subjetivos e direitos sociais,* in *Direitos humanos, direitos sociais e justiça,* obra coletiva, São Paulo, 1998, págs. 113 e segs.; GOMES CANOTILHO, *Direito...,* cit., pág. 476; JORGE REIS NOVAIS, *As restrições...,* cit., págs. 141 e segs.

[267] ERNST-WOLFGANG BÖCKENFÖRDE, *op. cit.,* págs. 76 e segs.

DIREITOS FUNDAMENTAIS

g) Os direitos sociais são direitos de todos, e não apenas direitos de todos os que careçam de proteção [268]. São direitos de todos, direitos *universais*: primeiro, porque assentes na dignidade da pessoa humana; depois, qualquer pessoa, ainda quando julgue que não precisa, pode em qualquer momento de futuro, próximo ou distante, pelas contingências da vida e da sociedade, vir a carecer de qualquer tipo de proteção social; por último, porque o Estado, mesmo na veste de Estado regulador, deve exigir a todas as entidades prestadoras de serviços, públicos e não públicos, idêntica qualidade dos cuidados (de saúde, de ensino, etc.) a proporcionar aos cidadãos.

II – Há contudo quem, aparentemente, partindo de uma conceção unitária dos direitos subjetivos públicos, descubra uma "composição interna" dos direitos fundamentais sem aceção de categorias [269]; ou quem tenda a salientar os elementos de continuidade em detrimento dos elementos de distinção [270] ou de complementaridade [271]; ou quem negue o dualismo por haver espaços de precetividade em todos os direitos fundamentais [272]. Tal como há quem considere a indivisibilidade dos direitos como nota de uma sociedade pluralista e veja na diferenciação entre direitos negativos e positivos só uma diferença de grau[273].

E ainda quem, reconhecendo haver diferenciação no mundo dos direitos fundamentais, sustente que isso não decorre da distinção entre direitos de liberdade e direitos sociais, mas de outras características ou vicissitudes [274].

Assim, para JORGE REIS NOVAIS, por uma parte:

---

[268] Assim, JOSÉ CARLOS VIEIRA DE ANDRADE, *Algumas reflexões sobre direitos fundamentais trinta décadas depois*, in *Anuário Português de Direito Constitucional*, 2006, pág. 139; JOSÉ DE MELO ALEXANDRINO, *A estruturação...*, cit., II, pág. 219.

[269] VASCO PEREIRA DA SILVA, *A cultura a que temos direito – Direitos fundamentais e cultura*, Coimbra, 2007, págs. 113 e segs.

[270] ISABEL MOREIRA, *A solução...*, cit., *maxime* págs. 181 e segs.

[271] DINAMENE DE FREITAS, *O ato administrativo inconstitucional*, Coimbra, 2010, págs. 119 e segs., *maxime* 124.

[272] ANDRÉ SALGADO DE MATOS, *op. cit., loc. cit.*, págs. 406 e segs.

[273] JAIRO SCHÄFER, *op. cit.*, págs. 77 e segs.

[274] JORGE REIS NOVAIS, *Direitos sociais...*, cit., 15.

CAPÍTULO II – CONCEITOS AFINS E CATEGORIAS DE DIREITOS FUNDAMENTAIS

- Os direitos de liberdade, dada a natureza do objeto, asseguram uma quantidade determinada ou determinável de acesso individual aos bens por eles assegurados, enquanto que nos direitos sociais, salvo casos excecionais e particulares, a Constituição não pode ou não deve fixar ela própria esses limites [275].

- A separação de poderes implica que o juiz não possa apreciar se há ou não os recursos disponíveis para a concretização dos direitos sociais; só pode apreciar se as dificuldades financeiras apontadas são suficientemente relevantes para fazer afastar ou fazer ceder as pretensões individuais e se o procedimento seguido para se chegar à decisão de prioridade, bem como os respetivos consensos, não merecem censura [276].

- Um direito negativo é mais justiciável que um direito positivo [277].

- A falta de determinabilidade dos direitos sociais não é uma lacuna ou opção indevida do legislador constituinte; está, antes, relacionada com a natureza destes direitos e com a sua dependência de fatores mutáveis que o Estado não controla [278].

- Os direitos sociais não são diretamente aplicáveis; carecem de prévia intervenção cooperadora do legislador para que os deveres do Estado ou a pretensão do seu titular sejam judicialmente exigíveis [279].

- À luz da tese dos direitos fundamentais como trunfos contra a maioria, não há nos direitos sociais uma oposição tendencial tão primária e evidente entre maioria e direitos fundamentais como a que ocorre com os direitos de liberdade [280].

Em contrapartida, a identidade entre direitos de liberdade e direitos sociais verifica-se, segundo o mesmo Autor:

a) Sempre que a norma constitucional fixa definitivamente deveres estatais de natureza precisa e inequívoca com caráter de regra suscetível de aplicação direta e imediata.

b) No domínio dos deveres estatais de respeito de acesso individual a bens jusfundamentalmente protegidos que os particulares estão em condições de assegurar através de recursos próprios, sem necessidade de ajuda do Estado.

---

[275] *Ibidem*, págs. 63-64.
[276] *Ibidem*, pág. 117.
[277] *Ibidem*, pág. 129.
[278] *Ibidem*, pág. 143.
[279] *Ibidem*, pág. 151.
[280] *Ibidem*, pág. 320.

DIREITOS FUNDAMENTAIS

c) No domínio dos deveres estatais de proteção do acesso individual a bens jusfundamentalmente protegidos, seja contra ameaças ou agressões do próprio Estado e das entidades públicas, seja de entidades particulares, do próprio titular ou de eventualidade ou riscos naturais [281].

Olhando à dimensão negativa presente nos direitos sociais, a sua natureza jurídica é exatamente a mesma dos direitos de liberdade [282]. É sempre possível *traduzir* um direito social em direito, liberdade e garantia; a ameaça de lesão de um direito social (saúde, habitação, trabalho) é também ameaça de lesão ao direito ao desenvolvimento da personalidade [283].

Finalmente, os direitos sociais vivem nos direitos a prestações concretizados na lei; estes são, portanto, corpo dos direitos fundamentais sociais [284]. Não há que separar direitos sociais e direitos derivados a prestações – tal como não há que separar direitos de liberdade e direitos derivados de liberdade [285].

E a indeterminação do conteúdo é superável no tempo, pois, a partir do momento em que o legislador fixa, com elevado grau de precisão e clareza, até por razões de igualdade e segurança jurídica, o conteúdo do direito exigível do Estado, o direito social adquire um grau de determinabilidade e densidade bastante superior, aliás, ao que apresenta, em geral, a conformação legal dos direitos de liberdade [286].

Como decorre dos passos transcritos, JORGE REIS NOVAIS aparece, de certa sorte, dividido entre o relevo que não pode deixar de emprestar ao elemento positivo dos direitos sociais (designadamente, quanto à reserva financeiramente possível) e a vontade de realçar o elemento negativo. Ora, relendo o que escreve, julgamos nítida a preponderância do primeiro sobre o segundo. E, como ele próprio sugere, o que importa para distinguir esta ou aquela categoria de direito, é o direito como um todo, e não cada uma das faculdades em que se desdobra [287].

A recondução à unidade só a consegue ao *traduzir*, algo forçadamente, os direitos sociais em direitos de liberdade e quando analisa as normas legais

---

[281] *Ibidem*, págs. 302 e segs. V. também pág. 283.
[282] *Ibidem*, pág. 235. V. ainda págs. 54 e segs., 238 e segs. e 311 e segs.
[283] *Ibidem*, pág. 355.
[284] *Ibidem*, pág. 178.
[285] *Ibidem*, pág. 84.
[286] *Ibidem*, págs. 152 e 288.
[287] *Ibidem*, págs. 63 e 64.

CAPÍTULO II – CONCEITOS AFINS E CATEGORIAS DE DIREITOS FUNDAMENTAIS

concretizadoras e conformadoras dos direitos. Mas, bem pelo contrário, o confronto tem de se situar ao nível das normas constitucionais, e não ao das normas legislativas. E, justamente, a eventual menor determinabilidade das normas legais regulamentadoras de direitos de liberdade resulta da natureza destes direitos, deixados tanto quanto possível à decisão de conformação e exercício dos próprios titulares.

Muito menos, por mais imbrincadas que venham a estar as normas constitucionais e as normas legislativas, se justifica afirmar que o não cumprimento da norma legal jusfundamental por parte dos poderes públicos se configura como violação do direito fundamental ou como restrição, legítima ou ilegítima, do direito fundamental[288]. Em caso algum, pode ter-se como inconstitucionalidade o não cumprimento de uma norma legal.

33. As vertentes positivas e negativas dos direitos

Dito isto, tão incontornáveis como as diferenças são as manifestações de vertente positiva nos direitos de liberdade e de vertente negativa nos direitos sociais[289]:

a) Em geral, o Estado tem o dever de proteção em face de todos os direitos, a começar pelo direito à vida, passando por todas as liberdades e chegando aos direitos políticos e aos direitos sociais[290].

b) Em geral, sem segurança ou sem ordem pública (art. 29.º, n.º 2 da Declaração Universal), insistimos, não é possível o exercício das liberdades, o que pressupõe tribunais (art. 202.º) e polícias (art. 272.º);

---

[288] *Ibidem*, pág. 288.

[289] Cfr., por exemplo, Isabel Moreira, *op. cit.*, págs. 118 e segs. ou Maria Lúcia Amaral, *Direito à educação: uma perspectiva europeia*, in *Estudos em memória do Prof. Doutor J. L. Saldanha Sanches*, I, obra coletiva, Coimbra, 2011, págs. 496 e 497.

[290] Cfr. sobretudo Jorge Pereira da Silva, *Deveres do Estado de Proteção de Direitos Fundamentais*; ou ainda, Gabriel Doménech Pascoal, *Derechos fundamentales y riesgos tecnológicos*, Madrid, 2006; Francisco M. Mora Sifuentes, *op. cit., loc. cit.*, págs. 201 e segs; José Joaquim Gomes Canotilho, *Jusfundamentalidade e deverosidade protectiva. Os deveres fundamentais e as obrigações básicas na nova cultura de controvérsias*, in *Liber Amicorum Fausto de Quadros*, I, obra coletiva, Coimbra, 2016, págs. 843 e segs..

e não é por acaso que o art. 9.º, alínea *b)* fala em «*garantir* os direitos e liberdades fundamentais».

c) Quanto a algumas liberdades, exigem-se prestações positivas [291] ou ajudas materiais [292], sem as quais se frustra o seu exercício ou o seu exercício por todos os cidadãos e todos os grupos.

Assim, com a liberdade de imprensa, que implica o assegurar pela lei dos meios necessários à salvaguarda da sua independência perante os poderes político e económico (arts. 38.º, n.ºs 4 e 6, 1.ª parte, e 39.º, n.º 1) e a possibilidade de expressão e confronto das diversas correntes de opinião nos meios de comunicação social do setor público (arts. 38.º, n.º 6, 2.ª parte, e 39.º, n.º 1); com a liberdade religiosa (art. 41.º, n.º 5); com o direito de manifestação (art. 45.º, n.º 2); com a liberdade de propaganda eleitoral, associada à igualdade das diversas candidaturas e à imparcialidade das entidades públicas [art. 113.º, n.º 3, alíneas *a), b)* e *c)*].

d) A vertente negativa nos direitos sociais manifesta-se nos seguintes pontos:

- as prestações que lhes correspondem não podem ser impostas às pessoas contra a sua vontade, salvo quando envolvam deveres e, mesmo aqui, com certos limites (*v. g.,* tratamentos médicos ou frequência de escolas) [293];

- quando a Constituição institua formas de participação, não pode ser impedido o seu desenvolvimento, nem podem ser feitas discriminações;

- é vedado ao poder público prejudicar o acesso aos direitos sociais constitucional ou legalmente garantidos ou o seu exercício, por meio de medidas arbitrárias;

- é também vedado aos particulares lesar os bens ou os interesses jusfundamentais que lhes correspondem (*v. g.,* a habitação, através do despejo ilegal de inquilinos ou por meio de urbanizações especulativas

---

[291] Cfr. PHILIPPE BRAUD, *op. cit.,* págs. 148 e segs., JÖRG PAUL MULLER, *op. cit.,* págs. 62 e segs.; FRANCO MODUGNO, *I «nuovi diritti» nella giurisprudenza costituzionale,* Turim, 1995, pág. 70; ou PAULO MOTA PINTO, *O direito ao livre desenvolvimento...,* cit., *loc. cit.,* págs. 189 e segs.

[292] Cfr. JEAN RIVERO, *Les Droits de l'Homme,* cit., *loc. cit.,* pág. 31.

[293] Cfr. CARLA AMADO GOMES, *Defesa da Saúde Pública v. Liberdade Individual,* Lisboa, 1999, págs. 18 e segs.; FLÁVIA PIOVESAN, *op. cit.,* págs. 126 e segs.

CAPÍTULO II - CONCEITOS AFINS E CATEGORIAS DE DIREITOS FUNDAMENTAIS

que lancem as pessoas para fora do seu *habitat* tradicional); ou (conforme o art. 69.º, n.º 3), celebrar contratos de trabalho com menores em idade escolar [294].

e) Há não poucos direitos de liberdade, ou direitos, liberdades e garantias, com conteúdo menos determinado na Constituição por as respetivas normas não serem exequíveis por si mesmas: assim, as garantias concernentes à utilização de informática (art. 35.º), a divulgação da titularidade e dos meios de financiamento dos órgãos de comunicação social (art. 38.º, n.º 3) [295], o direito de antena (art. 40.º), a objeção de consciência (art. 41.º, n.º 6), a liberdade de manifestação (art. 45.º, n.º 2), o direito de sufrágio (art. 49.º), o direito de ação popular (art. 52.º, n.º 3), o direito de gestão democrática das escolas (art. 77.º, n.º 1).

f) O conteúdo dos direitos sociais fica determinável através do estabelecimento das incumbências do Estado para a sua concretização: assim, quanto aos direitos dos trabalhadores (art. 55.º), ao direito à segurança social (art. 63.º), ao direito à proteção da saúde (art. 64.º), ao direito à habitação (art. 65.º), ao direito ao ensino (art. 74.º) [296].

g) Todos os direitos fundamentais envolvem para o Estado, imediata ou mediatamente, custos, conquanto sejam patentes as diferenças entre os custos financeiros correspondentes aos deveres de proteção das liberdades e garantias, sobretudo dos judiciais (arts. 20.º, 27.º e 202.º e segs.) e das prestações e serviços exigidos pelos direitos sociais [arts. 63.º, n.º 2, 64.º, n.º 2, alínea *a)*, 65.º, n.º 2, alínea *b)*, 74.º, n.º 2, alíneas *c)* e *e)*] [297].

---

[294] Cfr. sobre o tabaco e o direito à proteção da saúde o nosso parecer *Lei do tabaco e princípio da igualdade*, in *O Direito*, 2008, págs. 504 e segs.; e o acórdão n.º 423/2008 do Tribunal Constitucional, de 4 de agosto, in *Diário da República*, 1.ª série, de 17 de setembro de 2008.

[295] Cfr. Luísa Cristina Pinto e Netto, *op. cit.*, pág. 275.

[296] Cfr. Rui Medeiros, *Direitos...*, cit., *loc. cit.*, págs. 665-666.

[297] Cfr. Stephen Holmes e Cass Sunstein, *The cost of rights. Why liberty depends on taxes*, Nova Iorque-Londres, 1999; Flávio Galdino, *O custo dos direitos*, in *Legitimação dos direitos humanos*, obra coletiva (org. Ricardo Lobo Torres), Rio de Janeiro, 2002, págs. 139 e segs., *maxime* 173 e segs.; Jorge Reis Novais, *Os princípios...*, cit., pág. 296 e *Direitos sociais*, cit., págs. 93 e segs., 110, 111, 117 e 119; Paulo Mota Pinto, *Reflexões sobre jurisdição constitucional e direitos fundamentais*, in *Themis*, 2006, *30 anos da Constituição portuguesa*, pág. 205; Paulo Otero, *Instituições...*, i, cit., págs. 539 e 540; José Casalta Nabais, *A face oculta dos direitos fundamentais: os deveres e*

h) Se são muito maiores os custos dos direitos sociais do que os dos direitos de liberdade, em contrapartida, a efetivação de alguns dos direitos sociais, criando condições de bem-estar propiciadoras do consumo, pode reverter em crescimento económico compensador desses custos.

i) A interconexão de liberdades e direitos sociais [298] afigura-se óbvia quer no processo histórico da sua formulação, quer no momento atual de exercício e efetivação. A liberdade sindical e o direito à greve são instrumentos de defesa dos direitos dos trabalhadores (arts. 55.º, n.º 1, e 57.º, n.º 2). Há garantias ao serviço de direitos sociais: assim, o direito à segurança no emprego (art. 53.º) em relação ao direito ao trabalho (art. 58.º, n.º 1) [299], e, em geral, também funcionam como tais certos direitos específicos de participação (arts. 52.º, n.º 3, 55.º, 56.º, 60.º, n.º 3, 63.º, n.º 1, 64.º, 66.º, 77.º e 79.º). Em contrapartida, a efetivação dos direitos sociais propicia a realização das liberdades

---

os custos dos direitos, in *Por uma liberdade com responsabilidade*, Coimbra, 2007, págs. 163 e segs., *maxime* 177-178; Virgilio Afonso da Silva, *Direitos Fundamentais – conteúdo essencial, restrições e eficácia*, 2.ª ed., São Paulo, 2011, págs. 241 e 242; Carlos Blanco de Morais, *Curso...*, cit., pág. 571; Jorge Silva Sampaio, *op. cit.*, págs. 206 e segs.

José Casalta Nabais sustenta que enquanto os direitos sociais têm por suporte fundamentalmente *custos financeiros públicos diretos* visíveis a olho nu, os clássicos direitos e liberdades assentam sobretudo em custos *financeiros públicos indiretos* cuja visibilidade é muito diminuta ou mesmo nula. "Na verdade, os custos dos direitos sociais concretizam-se em despesas públicas com imediata expressão na esfera de cada um dos seus titulares, uma esfera que assim se amplia na exata medida dessas despesas. Uma individualização que toma tais custos particularmente visíveis tanto do ponto de vista de quem os suporta, isto é, do ponto de vista do Estado, ou melhor dos contribuintes, como do ponto de vista de quem deles beneficia, isto é, do ponto de vista dos titulares dos direitos sociais. Já os custos dos clássicos direitos e liberdades se materializam em despesas do Estado com a sua realização e proteção, ou seja, em despesas com os serviços públicos adstritos basicamente à produção de bens públicos em sentido estrito".

Doutro ângulo, Carlos Blanco de Morais diz não ser possível comparar custos existenciais e de funcionamento do Estado com as suas instituições (a que se ligam os direitos de liberdade), sem os quais o mesmo Estado não seria viável, com os custos relativos a tarefas de bem-estar e que o Estado presta ou não, em razão dos objetivos constitucionais que lhe sejam fixados e de acordo com as disponibilidades financeiras.

[298] Nas palavras de Robert Pelloux, *op. cit.*, *loc. cit.*, pág. 54.

[299] Assim, acórdão n.º 148/87 do Tribunal Constitucional, de 6 de maio, in *Diário da República*, 2.ª série, n.º 178, de 5 de agosto de 1987.

CAPÍTULO II – CONCEITOS AFINS E CATEGORIAS DE DIREITOS FUNDAMENTAIS

ou de certas liberdades: se se assegura, por exemplo, o ensino básico universal, obrigatório e gratuito ou a educação permanente [art. 74.º, n.º 2, alíneas *a)* e *c)*], é para que todos possam usufruir da liberdade de aprender (art. 43.º) e da liberdade de criação cultural (art. 42.º). Finalmente, não faltam casos de harmonização: por exemplo, o direito ao trabalho não pode ser efetivado com privação da liberdade de profissão (art. 47.º).

34. A dupla natureza dos direitos ambientais

I – Como se disse na altura própria, o ambiente ou a preservação do meio ambiente e dos recursos naturais tem a natureza de interesses difusos, embora possa reverter em direitos fundamentais, quando conflua com direitos fundamentais ou radique em determinadas pessoas. Isso não justificaria, porém, a referência autónoma a direitos ambientais introduzida no art. 9.º, alínea *d)* pela revisão constitucional de 1997, até porque esses direitos reconduzem-se ou desdobram-se, em direitos com estrutura de direitos, liberdades e garantias, ou em direitos com estrutura de direitos económicos, sociais e culturais [300].

Tudo sem desconsiderar, como parece óbvio, a geminação com os deveres de proteção.

II – Enquanto reconduzíveis a direitos, liberdades e garantias ou a direitos de natureza análoga, os direitos atinentes ao ambiente são direitos de autonomia ou de defesa das pessoas perante os poderes, públicos e sociais, que sobre elas se exercem ou que as condicionam.

Perpassa aí uma estrutura negativa – embora não sem incidências positivas – visto que eles têm por contrapartida o respeito, a abstenção, o *non facere*. O seu escopo é a *conservação* do ambiente e consiste na pretensão de cada pessoa a não ter afectado *hoje, já* o ambiente em que vive [301] e em, para tanto, obter os indispensáveis meios de garantia.

---

[300] Cfr. TIM HAYWEED, *Constitutional environmental Rights*, Oxónia, 2005, *maxime* págs. 79 e segs.

[301] O que não vale dizer, evidentemente, que a garantia da conservação seja só para o imediato, para o presente. Cfr. *supra*.

DIREITOS FUNDAMENTAIS

E, para lá desse núcleo essencial, deparam-se aí:

– o direito à informação sobre o ambiente, de diferentes quadrantes (art. 66.º, n.º 1, conjugado com os arts. 37.º, n.º 1, 48.º, n.º 2, e 268.º, n.ºs 1 e 2);
– o direito de constituir associações de defesa do ambiente (arts. 46.º e 66.º, n.º 2);
– o direito de participação na formação das decisões administrativas relativas ao ambiente (art. 66.º, n.º 1, conjugado com o art. 267.º, n.º 4);
– o direito de impugnar contenciosamente decisões administrativas que possam provocar a degradação do ambiente (art. 268.º, n.º 4);
– o direito de promover a prevenção, a cessação ou a «perseguição judicial», de actos tendentes à degradação do ambiente [art. 52.º, n.º 3, alínea *a*), 1.ª parte];
– o direito de requerer para o lesado ou os lesados pela degradação do ambiente a correspondente indemnização [art. 52.º, n.º 3, alínea *a*), 2.ª parte] ([2]);
– o direito de resistência a qualquer ordem ou a qualquer agressão de particular que ofenda o direito ao ambiente (art. 21.º).

III – Por sua vez, enquanto direito económico, social e cultural, o direito ao ambiente é um direito a prestações positivas do Estado e da sociedade, um direito a que seja criado um «ambiente de vida humana, sadio e ecologicamente equilibrado» (art. 66.º, n.º 1, de novo).

Em especial também, indiquem-se:

– o direito dos trabalhadores à higiene no trabalho [art. 59.º, n.º 1, alínea *c*)];
– o direito a especial protecção dos trabalhadores que desempenham atividades em condições insalubres, tóxicas ou perigosas [art. 59.º, n.º 2, alínea *c*), 3.ª parte];
– o direito à habitação em condições de higiene e conforto (art. 65.º, n.º 1);

CAPÍTULO II – CONCEITOS AFINS E CATEGORIAS DE DIREITOS FUNDAMENTAIS

– o direito dos idosos a condições de habitação e convívio familiar e comunitário adequados (art. 72.º, n.º 1) [302].

35. Direitos fundamentais individuais e direitos fundamentais institucionais

I – A conceção oitocentista dos direitos fundamentais tomava-os como direitos exclusivamente individuais ou individualistas. Eram direitos do homem, direitos das pessoas singulares e de exercício individual, voltados para a salvaguarda da liberdade pessoal [303]. Donde, as designações constitucionais dominantes (como «direitos individuais» ou «direitos dos cidadãos»).

Contudo, já nas Constituições liberais se encontravam direitos que não podiam remeter-se a esse puro esquema – o que significava que, mesmo em tal contexto, ele não era totalmente válido. O mais típico era a liberdade de imprensa; mas também, quando garantidos, o direito de petição coletiva, a liberdade de culto religioso, o direito de reunião ou o direito de associação. E as Constituições dos séculos XX e XXI vão tornar mais frequentes e mais claros os direitos com dimensão institucional e coletiva. Não poucos dos direitos constitucionais dos trabalhadores (como a liberdade sindical ou o direito à greve) pressupõem-na; certas liberdades clássicas estendem-se a instituições; e estas adquirem direitos de participação de vário alcance.

O fenómeno hodierno da relevância institucional dos direitos fundamentais flui de duas causas difundidas por toda a parte: a passagem do

---

[302] Cfr., além dos Autores citados *supra* acerca da sustentabilidade, João PEREIRA REIS, *Temas de Direito do Ambiente*, Lisboa, 1988, págs. 87 e segs.; J. J. GOMES CANOTILHO, *O caso da quinta do Taipal (protecção do ambiente e direito de propriedade)*, in *Revista de Legislação e de Jurisprudência*, n.ᵒˢ 3850 e 3851, págs. 44 e segs. e *O direito ao ambiente*, in *Estudos sobre direitos fundamentais*, págs. 172 e segs.; PLAUTO FARACO DE AZEVEDO, *Método e Hermenêutica Material no Direito*, Porto Alegre, 1999, págs. 140 e segs.; JORGE MIRANDA, *Manual...*, IV, 3.ª ed., págs. 532 e segs.; RAÚL CANOSA USERA, *Constitución y Medio Ambiente*, Madrid, 2000, págs. 91 e segs.; VLADIMIR PASSOS DE FREITAS, *A Constituição Federal e a efetividade das normas ambientais*, São Paulo, 2012; MARIA FA GLÓRIA GARCIA, *O lugar do Direito na proteção do ambiente*, cit.; SIMÓN YARZA, *Medio ambiente y derechos fundamentales*, Madrid, 2012; CARLA AMADO GOMES, *Introdução ao Direito do Ambiente*, Lisboa, 2012, págs. 31 e segs.; TIAGO ANTUNES, *Pelos caminhos jurídicos do ambiente*, cit.; ANA DE JESUS e BRUNO OLIVEIRA E SILVA, *Ambiente, economia verde e direitos humanos*, in *Análise Social*, n.º 223, 2.º trimestre de 2017, págs. 317 e segs.

[303] Cfr. SCHMITT *op. cit.*, págs. 200 e segs.

DIREITOS FUNDAMENTAIS

homem isolado ao «homem situado» (BURDEAU) e o pluralismo de grupos (ou corpos intermediários, segundo alguns) no seio da sociedade civil [304]. Na sua consagração, as Constituições vão mais ou menos longe consoante os postulados políticos de que partem. Mas não deixa de ser curiosa a aproximação a este respeito, como se sabe, de duas Constituições de índoles tão diferentes como as portuguesas de 1933 e 1976.

II – Os direitos fundamentais reportam-se sempre à pessoa humana, mas há bens jurídicos da pessoa que só podem ser salvaguardados no âmbito ou através de instituições (associações, grupos de qualquer natureza, instituições *stricto sensu*), dotadas de maior ou menor autonomia frente aos indivíduos que, em cada momento, as constituam. Trata-se sempre da proteção, da promoção, da realização da pessoa, mas essa realização passa, no nosso tempo, pela atribuição de direitos a determinadas instituições (personificadas ou não).

É nesta ótica que se justifica classificar os direitos fundamentais em individuais e institucionais, sendo individuais, obviamente, o direito à vida, a liberdade pessoal, a objeção de consciência, o direito ao trabalho, o direito ao ensino ou, em geral, os demais direitos sociais; e direitos institucionais o direito de antena (art. 40.º da Constituição), o de livre organização das confissões religiosas (art. 41.º, n.º 3), o direito de livre ação das associações (art. 46.º, n.º 2), os direitos das comissões de trabalhadores (art. 54.º, n.º 5) e das associações sindicais (art. 56.º) ou os direitos de participação no Conselho Económico e Social (art. 92.º, n.º 2).

---

[304] Cfr., em sentidos discrepantes, JEAN BUCHMANN e ANDRÉ BUTTGENBACH, *Les droits fondamentaux des personnes et des groupes sociaux*, in *Revue de Droit International et de Droit Comparé*, XXVII, 1950, págs. 146 e segs.; GEORGES VILACHOS, *op. cit., loc. cit.*, págs. 287 e segs.; JEAN RIVERO, *Les droits de l'homme: droits individuels ou droits collectifs?*, in *Les droits de l'homme – Droits collectifs ou droits individuels*, obra coletiva, Paris, 1980, págs. 17 e segs.; JÖRG PAUL MULLER, *op. cit.*, págs. 96 e segs.; PAUL DELVAUX, *Problématiques des droits de l'homme: droits subjectifs ou droits de l'être en société?*, in *Rivista Internazionale di Filosofia del Diritto*, 1983, págs. 525 e segs.; ALESSANDRO PACE, *op. cit.*, págs. 15 e segs.; PETER HÄBERLE, *Le libertà...*, cit., págs. 204 e segs. (falando num *status activus corporativus*); NICOLÁS LÓPEZ CALERA, *Hay derechos colectivos?*, Barcelona, 2000; ÁNGEL J. GÓMEZ MONTORO, *La titularidad de derechos fundamentales por personas jurídicas: un intento de fundamentación*, in *Revista Española de Derecho Constitucional*, n.º 65, março-agosto de 2002, págs. 49 e segs. Cfr. ainda, mas na perspetiva de grupos étnicos e linguísticos, HUGUES MOUTOUH, *Contribution à l'étude juridique du droit des groupes*, in *Revue du droit public*, 2007, págs. 479 e segs.

CAPÍTULO II – CONCEITOS AFINS E CATEGORIAS DE DIREITOS FUNDAMENTAIS

Muitos, senão a maior parte, dos direitos individuais referem-se apenas à vida ou aos interesses das pessoas a que são atribuídos. Outros revestem-se de alcance institucional, por implicarem instituições em que se desenvolvem ou de cuja dinamização depende o seu exercício: o direito de constituir família (art. 36.º, n.º 1), o direito de sufrágio (art. 49.º), o direito de constituir ou de participar em associações e partidos políticos (art. 51.º), o direito à segurança social (art. 63.º), o direito à habitação (art. 65.º).

Alguns dos direitos, somente para efeito de análise, podem dizer-se individuais ou institucionais. Na realidade, são simultaneamente individuais e institucionais: assim, a liberdade religiosa, a qual compreende a liberdade de cada um ter a sua religião e as suas convicções e a liberdade de, em conjunto com os que professem a mesma religião ou a mesma confissão, ter a correspondente vida comunitária; a liberdade de expressão em geral e de imprensa em particular, que é a liberdade de cada um manifestar e divulgar o seu pensamento, e a liberdade de expressão de diversas correntes políticas, designadamente nos órgãos de comunicação social do setor público (arts. 38.º, n.º 6, e 39.º, n.º 6) [305].

Certos direitos não são exclusivos de indivíduos ou de instituições; podem ser conferidos quer a uns quer a outros. Formulados para os indivíduos num primeiro momento, estendem-se depois às pessoas coletivas (art. 12.º, n.º 2): assim, o direito ao bom nome (art. 26.º, n.º 1), o sigilo de correspondência (art. 34.º, n.º 4) ou o direito de resposta (art. 37.º, n.º 4).

III – Entendimento mais restritivo é o sustentado por JOSÉ CARLOS VIEIRA DE ANDRADE, para quem os direitos fundamentais são posições jurídicas subjetivas individuais [306] ou, quando muito, direitos individuais coletivizados e para quem, portanto, direitos como o de antena, os de organizações de trabalhadores e outros direitos de participação se reconduzem a faculdades ou competências no quadro de opções organizatórias.

Mesmo à face do art. 12.º, n.º 2, da Constituição, deve ser tida em conta a diferença de qualidade entre os sujeitos de direitos que são as pessoas humanas e os que o não são: a diferença entre o caráter *final* da personalidade jurídica do homem e o caráter *instrumental* da personalidade jurídica coletiva. Os direitos fundamentais das pessoas coletivas são direitos fundamentais por analogia e atípicos. Quanto aos «direitos fundamentais coletivos» em sentido

---

[305] Cfr. já *Ciência Política...*, cit., II, pág. 220.
[306] *Op. cit.*, págs. 115 e segs.

estrito, direitos exclusivos de pessoas coletivas ou organizações, devem ser equiparados a garantias institucionais [307] [308].

Como se observa, não divergimos tanto das premissas deste Autor, quanto da interpretação e do enquadramento sistemático que confere a largo número de direitos, com a sua consequente desvalorização.

Nós divisamos no direito de antena, nos direitos de participação das organizações de trabalhadores e nos das associações de famílias, de beneficiários da segurança social ou de consumidores também um *radical subjetivo* e um sentido último de proteção da pessoa, similar aos que se encontram nos direitos das confissões religiosas ou das associações em geral. O direito de antena destina-se a permitir a expressão, em plano de relativa igualdade, de ideias e opiniões nos meios de comunicação social, só possível por via dele. Tal como reconhecer às pessoas pertencentes a certas categorias sociais a faculdade de defender os respetivos interesses a partir das correspondentes organizações equivale a reconhecer-lhes mais possibilidade de manifestação, mais dignidade, nunca menos dignidade.

Não negamos que haja aqui uma dimensão organizatória; mas ela também existe, por exemplo, no direito de sufrágio (como resulta do art. 113.º da Constituição). E não sustentamos uma identidade de estrutura ou de projeção dos direitos individuais e dos direitos institucionais: justamente, os direitos políticos só enquanto individuais (como o sufrágio) são constitutivos da vontade política do povo, não os direitos de grupos, ligados a interesses setoriais [309]. Apenas sustentamos que o conceito de direitos fundamentais abrange uns e outros.

IV – Nas pessoas coletivas públicas as coisas passam-se diferentemente. Há que distinguir.

Se os direitos fundamentais são situações jurídicas ativas das pessoas enquanto membros da comunidade política, seria contraditório pensar em

---

[307] *Ibidem*, págs. 122 e segs.

[308] Mais longe vai José Casalta Nabais (*Algumas reflexões críticas sobre os direitos fundamentais*, in *Por uma liberdade.*, cit., pág. 111), falando, a respeito da excessiva titularidade de direitos fundamentais por entidades e organizações coletivas em "coletivismo jusfundamental".

[309] Jorge Miranda, *O quadro de direitos políticos da Constituição*, in *Estudos sobre a Constituição*, obra coletiva, I, págs. 177 e segs.

CAPÍTULO II – CONCEITOS AFINS E CATEGORIAS DE DIREITOS FUNDAMENTAIS

direitos fundamentais das entidades em que se desdobra o poder político ou configurar nesses moldes relações estritamente políticas ou administrativas. Os direitos de participação das regiões e das autarquias locais na dinâmica estatal reconduzem-se a fenómenos de descentralização e equilíbrio do poder, estranhos à problemática de que ora nos ocupamos [310]. Ou, no máximo, a fenómenos procedimentais e processuais [311].

Por maioria de razão, o mesmo se diga a respeito dos institutos públicos, das empresas públicas e das pessoas coletivas correspondentes à Administração pública sob formas jurídico-privadas – todas, entidades resultantes de mera descentralização funcional ou de desdobramento, por imperativos de racionalidade, do próprio Estado, das regiões autónomas ou das autarquias locais.

Naturalmente, porém, as pessoas coletivas públicas podem gozar de direitos não fundamentais, de direitos subjetivos públicos – como se disse atrás – e até privados. Assim como princípios constitucionais objetivos, como os da proporcionalidade, da tutela da confiança e da proteção jurisdicional não deixam de se lhes estender [312] [313], e até alguns aspetos do regime deste ou daquele direito fundamental (*v. g.*, inviabilidade de correspondência, garantia de propriedade, direito a reparação).

V – Já não assim no domínio das associações públicas ou, pelo menos, das associações públicas profissionais (arts. 47.º e 267.º, n.º 4, da Constituição) e das Universidades públicas (arts. 76.º e 77.º) e, porventura – se receberem estatuto adequado – das organizações de moradores (arts. 248.º e 265.º, n.º 2). Aqui trata-se de realidades sociologicamente distintas (no todo ou em parte)

---

[310] No art. 283.º, n.º 1, fala-se em «direitos das regiões autónomas» [tal como, antes de 1989, no art. 281.º, n.º 1, alínea *c*)], mas impropriamente.

[311] Assim, os direitos de participação procedimental e de ação popular das autarquias locais em relação aos interesses de que sejam titulares residentes nas respetivas circunscrições (art. 2.º da Lei n.º 83/95, de 31 de agosto).

[312] Cfr. um caso de violação do princípio da tutela de confiança, resolvido menos satisfatoriamente pelo Tribunal Constitucional: acórdão n.º 24/98, de 22 de janeiro, in *Diário da República*, 2.ª série, de 19 de fevereiro de 1998. Falando em garantias institucionais, v. o acórdão n.º 496/2010, de 15 de dezembro, *ibidem*, 2.ª série, de 27 de janeiro de 2010.

[313] Contra, afirmando que a titularidade de direitos e deveres fundamentais por sujeitos coletivos públicos deve ser a mesma das restantes pessoas jurídicas, DAVID DUARTE, *A norma de universalidade de direitos fundamentais*, in *Boletim da Faculdade de Direito da Universidade de Coimbra*, 2000, págs. 426 e segs.

DIREITOS FUNDAMENTAIS

do Estado-comunidade, com interesses específicos e com relativa capacidade de livre determinação frente ao Estado-poder. Por isso, podem gozar de direitos fundamentais, o primeiro dos quais vem a ser, justamente, o de autonomia [314].

VI – Em alguns casos, revela-se tão forte a incidência pluri-individual dos direitos e tão forte a cumulação de vontades no mesmo sentido que dir-se-iam direitos coletivos (direitos coletivos e não já institucionais, por serem direitos de uma coletividade ou de uma categoria inorgânica).

Ocorreria isto com o direito de manifestação (art. 45.º, n.º 2), com o direito à greve (art. 57.º), com o direito de organização do trabalho em condições socialmente dignificantes [art. 59.º, n.º 1, alínea *b*)] ou com o direito de participação de professores e estudantes na gestão das escolas (art. 77.º), e, inclusive, com o direito de associação (art. 46.º) e direito de constituir partidos (art. 51.º).

Mas estes direitos somente poderiam formar um *tertium genus* vistos do prisma dos interesses – interesses coletivos a prosseguir, e não interesses individuais simplesmente – e do prisma do exercício – exercício apenas relevante (ou mais ou menos relevante) quando conjunto ou coletivo. Não formam um *tertium genus* do prisma da titularidade jurídica.

VII – De resto, a necessidade de garantia da liberdade individual e de outros direitos das pessoas surge no interior de quaisquer instituições. Designadamente, surge no interior dos partidos (arts. 10.º, n.º 2, e 51.º, n.º 5, da Constituição), das comissões de trabalhadores (art. 54.º, n.º 2), das associações

---

[314] Em sentido próximo, v. NUNO E SOUSA, *A liberdade de imprensa*, Coimbra, 1984, págs. 233 e segs.; MARCELO REBELO DE SOUSA, *A natureza jurídica das Universidades,* Lisboa, 1992, pág. 34; PAULO OTERO, *O poder de substituição em Direito Administrativo*, Lisboa, 1995, págs. 548 e 549; VITAL MOREIRA, *Administração autónoma e associações públicas*, Coimbra, 1997 págs. 510 e segs.; GOMES CANOTILHO, *Direito...*, cit., págs. 422 e 423; LUÍS PEREIRA COUTINHO, *As faculdades normativas universitárias,* Coimbra, 2004, págs. 93 e segs. Na doutrinha de outras países, cfr., exemplo, JÖRG PAUL MÜLLER, *op. cit.*, págs. 98-99; JOSÉ MANUEL PIAZ LEMA, *Tienen derechos fundamentales les personas jurídico-públicas?,* in *Revista de Administración Publica,* Setembro-dezembro de 1989, págs. 79 e segs.; GIOVANNI BIAGLINI, *Tienen legitimación en materia de derechos fundamentales las empresas publicas? Consideraciones a la luz de la libertad de empresa,* in *Anuario Iberoamericano de Justicia Constitucional,* n.º 8, 2004, págs. 27 e segs.

sindicais (art. 55.º, n.º 3), das famílias (art. 69.º, n.º 2), das associações públicas (art. 267.º, n.º 4).

Apesar de criadas para a melhor realização das pessoas, as associações e as instituições sociais podem afetar a situação destes ou daqueles dos seus membros, cujos direitos devem ser garantidos, portanto, pela Constituição e pela lei. Não se compreenderia que os mesmos direitos fossem protegidos contra o Estado e não também, em termos adequados, perante quaisquer grupos da sociedade civil [315]. Voltaremos ao assunto a propósito do regime dos direitos, liberdades e garantias.

Assim, a par de direitos fundamentais das instituições, existem direitos individuais *no interior das instituições*, prolongamentos de direitos fundamentais (perante o Estado) ou (numa aceção mais alargada) verdadeiros direitos fundamentais autónomos, por se carregarem de um sentido de resistência ao poder (seja ele qual for).

36. Direitos de exercício individual, direitos de exercício coletivo e de exercício individual e coletivo simultaneamente

Em plano diferente – não já o da titularidade, mas o de exercício – fica a observação de que há direitos de exercício individual, de exercício coletivo e de exercício individual e coletivo simultaneamente [316].

Por natureza, são direitos sempre de exercício individual os direitos de existência, o direito ao desenvolvimento da personalidade, a liberdade física, a liberdade de consciência, a liberdade de aprender e ensinar, a liberdade positiva e negativa de associação, o direito de acesso a cargos públicos, etc., o direito ao trabalho e, em geral, todos os direitos sociais.

---

[315] Cfr., sobre a Itália (onde existe a cláusula geral do art. 2.º da respetiva Constituição), COSTANTINO MORTATI, *Note introdutive ad uno studio sulle garanzie dei diritti dei singoli nelle formazioni sociali*, in *Scritti in onore di Salvatore Pugliatti*, obra coletiva, III, Milão, 1978, págs. 1575 e segs.; PAOLO BARILE, *Diritti dell'Uomo e Libertà Fondamentali*, Bolonha, 1984, págs. 67-68; EMANUELE ROSSI, *Le formazione sociali nella Costituzione italiana*, Pádua, 1989, págs. 188 e segs.

[316] Pode distinguir-se, ainda, da perspetiva do mesmo titular, entre exercício *simples* (de um só direito de cada vez) e exercício *complexo* (exercício de dois ou mais direitos ao mesmo tempo). Cfr. JORGE REIS NOVAIS, *As restrições...*, cit., pág. 380; ou J. J. GOMES CANOTILHO, *Direito...*, cit., pág. 1269.

DIREITOS FUNDAMENTAIS

São direitos de exercício coletivo – quer dizer, que só podem ser postos em prática por um conjunto de pessoas – a liberdade de imprensa, a liberdade de reunião, a liberdade de manifestação, o direito à greve, o direito de sufrágio. E é muito mais de exercício coletivo do que de exercício individual o direito à habitação, por incindível da família [art. 65.º, n.os 1 e 3, e 67.º, n.º 2, alínea a)].

São direitos de exercício individual e coletivo simultaneamente a liberdade de expressão e informação, a liberdade de religião e de culto, a liberdade de organização e atividade partidária, o direito de petição, a liberdade de propaganda eleitoral.

Contudo, em nenhuma circunstância, num Estado de Direito o exercício coletivo de direitos como os acabados de indicar pode sacrificar a liberdade de escolha individual das pessoas pertencentes à coletividade ou à categoria socioeconómica. O direito de manifestação implica o de não participar em manifestações contra a sua vontade, o direito à greve o de não aderir à greve, o direito de participação o de livre escolha do seu sentido, a liberdade de associação a liberdade negativa de associação, etc.

37. Direitos fundamentais comuns e direitos fundamentais particulares

I – O Estado moderno foi construído em nome da subordinação geral e imediata dos súbditos, depois cidadãos, ao poder. O afã do absolutismo monárquico de reduzir ou eliminar os laços feudais e estamentais e os respetivos privilégios serviu para realizar esse princípio; e o constitucionalismo intentou levá-lo até às últimas consequências. Os direitos fundamentais sobrevieram, pois, como direitos do homem e de todos os homens.

Havia e há, porém, na sociedade, múltiplos estados e situações em que as pessoas se encontram integradas, suscetíveis de as qualificar ou de para elas implicarem identidades particulares. A época liberal terá conseguido ignorá-las ou pô-las em causa, não pôde fazer que não existissem; e a vida dos nossos dias mostrou-as mais nítidas, fez avultar diferentes grupos e formulou (ou formulou de novo), sob a sua influência, muita da proteção constitucional dos indivíduos.

Daí a necessidade, hoje, de distinguir entre direitos comuns ou universais dos cidadãos e direitos particulares ou direitos próprios destes ou daqueles cidadãos; de distinguir entre direitos de todos os membros da comunidade

CAPÍTULO II – CONCEITOS AFINS E CATEGORIAS DE DIREITOS FUNDAMENTAIS

política, só por virtude dessa qualidade, e direitos de certos e determinados membros, devido às categorias sociais que integram ou às situações em que têm de se mover [317]. Entre estes encontram-se, por exemplo, entre nós, os direitos constitucionais dos cônjuges (art. 36.º, n.º 3) e dos filhos (art. 36.º, n.º 4), os dos jornalistas [art. 36.º, n.º 2, alíneas *a)* e *b)*], os direitos associativos e sociais dos trabalhadores (arts. 54.º, 56.º e 59.º)[318], os direitos dos pais e das mães, das crianças [319], dos jovens, dos idosos e das pessoas com deficiência (arts. 68.º a 71.º)[320], os direitos dos alunos e dos professores (arts. 73.º e 76.º) em face da liberdade de aprender e de ensinar (art. 43.º, n.º 1), as imunidades dos advogados (art. 208.º), os direitos dos funcionários (arts. 269.º, n.ºs 2 e 3, e 271.º, n.º 2) ou os direitos dos militares e agentes militarizados (art. 270.º).

II – Perante tais direitos particulares pode perguntar-se se não se vem inverter toda a evolução atrás enfatizada de passagem de direitos *estamentais* para direitos *universais* e, sobretudo, se não se vem parcelar ou atomizar a pessoa humana [321] – aqui tomada sob a veste de cônjuge, ou pai, ou filho, ali sob a veste de trabalhador, acolá sob a de consumidor, etc.

Parece-nos que o elenco apontado à face da Constituição portuguesa – mais extenso, embora, do que os que se encontram noutras Constituições atuais – não é tão vasto que afete a noção proposta. É um elenco menor no conjunto dos direitos fundamentais constitucionalmente estabelecidos e, salvo um ou outro afloramento excessivo, corresponde até a situações que sempre se verificam, independentemente das formas de organização política, económica e social.

Por outro lado, no contexto em que se vão inserir, estes direitos não se reconduzem, de modo algum, a direitos corporativos, de caráter fechado e exclusivista, porque são atribuídos a todos quantos se achem ou venham a achar nas mesmas posições, e ninguém é impedido de a elas aceder. São direitos de *estado*, e não privilégios de grupo ou de classe. Recortam-se no âmbito

---

[317] Cfr., por exemplo, P. MERTENS, *Égalité et droits de l'homme: de l'homme abstrait à l'homme «situé»*, in *L'Égalité*, obra coletiva, IV, Bruxelas, 1975, págs. 274 e segs.

[318] Cfr. JOÃO CAUPERS, *Os direitos fundamentais dos trabalhadores ...*, cit.

[319] Cfr. JOSÉ DE MELO ALEXANDRINO, *O Discurso...*, cit., págs. 51 e segs. e 145 e segs.

[320] Cfr. FILIPE VENADE SOUSA, *Os direitos fundamentais das pessoas surdas*, Coimbra, 1914.

[321] Cfr. PAUL DELVAUX, *op. cit., loc. cit.*, pág. 528.

DIREITOS FUNDAMENTAIS

de estatutos de fronteiras abertas e flexíveis, a interpretar no quadro global das normas constitucionais. Provenientes da mesma e única Constituição, não podem contrariar o princípio geral da universalidade (art. 12.º, n.º 1) e, por isso, tão pouco limitam a unidade fundamental da comunidade política.

A finalidade prática de consagração destes direitos não é outra, na quase totalidade de casos, senão ainda a realização da pessoa – a realização da pessoa ou o desenvolvimento da personalidade – nas condições concretas em que se tem de mover. A nossa Constituição di-lo expressamente a propósito dos direitos dos trabalhadores [art. 59.º, n.º 1, alínea b)], dos direitos das crianças (art. 68.º), dos direitos dos jovens (art. 70.º, n.º 2), dos direitos dos idosos (art. 72.º, n.º 2) [322].

E, se não é assim rigorosamente com os direitos dos jornalistas, nem por isso se afigura menos indiscutível que a razão de ser da sua previsão não é a proteção privilegiada de uma qualquer classe profissional, mas sim a garantia da liberdade de imprensa: é porque da liberdade dos jornalistas depende, em muito, a liberdade de comunicação social que ela é elevada a direito fundamental.

III – Só algumas dúvidas podem ser suscitadas acerca dos direitos dos consumidores (art. 60.º), dos contribuintes (arts. 103.º e 104.º) e dos direitos dos administrados (art. 268.º) – porque *todos somos* consumidores, contribuintes e administradores.

Eles são ainda direitos fundamentais comuns.

38. Direitos do homem, do cidadão e do trabalhador

Surgidos como direitos do homem e de todos os homens, os direitos fundamentais apresentaram-se também, de início, como direitos do homem, sempre o mesmo, com idênticas qualidades e abstraindo das situações sociais e económicas em que pudesse achar-se. Todavia, o reconhecimento de que, por detrás desse homem abstrato, estava, de facto, um homem concreto – o burguês – e a contraposição afirmada doutro homem concreto – o trabalhador

---

[322] Assim como os direitos dos pais em relação aos filhos têm em vista a felicidade de uns e outros, e daí a sua garantia (art. 36.º, n.º 6). Cfr. o nosso estudo *Sobre o poder paternal*, in *Revista de Direito e de Estudos Sociais*, 1990, págs. 23 e segs.

CAPÍTULO II – CONCEITOS AFINS E CATEGORIAS DE DIREITOS FUNDAMENTAIS

ou o operário – com direitos a conquistar implicaram, e ainda implicam, uma revisão ou tantas revisões quantas as conceções que se adotem.

Para as correntes socialistas marxistas e marxistas-leninistas, os direitos do homem ou do homem e do cidadão são direitos burgueses, vinculados ao domínio da burguesia e ao serviço desta classe; e, se, eventualmente, atribuídos a outras classes, não passam de liberdades formais, até por os trabalhadores não disporem, na sociedade capitalista, de meios para os aproveitar e efetivar. Direitos fundamentais a promover hão de ser os direitos do trabalhador.

Para as correntes (sejam quais forem as suas inspirações) que se reclamam do Estado social de Direito, é possível desprender os direitos declarados nas Constituições liberais da ligação aos interesses da burguesia para os fazer plenamente direitos de todos os homens. Tal como é possível acrescentar, sem excluir, a esses direitos (afinal, direitos comuns na aceção acabada de indicar) direitos correspondentes a situações socioeconómicas específicas, designadamente direitos dos trabalhadores, e direitos que, sendo embora de todos os homens, para os trabalhadores assumem mais interesse (como o direito ao trabalho ou o direito à segurança social) – porque a experiência do constitucionalismo consiste, toda, na aquisição progressiva dos direitos daqueles que careçam de proteção. Lembramo-lo já no capítulo anterior.

Deste modo, independentemente de quaisquer outros aspetos, as Constituições mais recentes contemplam direitos em que sobressaem ora a qualidade genérica do homem enquanto homem, ora a do cidadão, ora a do trabalhador. E isso permite uma nova classificação dos direitos quanto à sua titularidade [323].

39. Direitos pessoais, sociais e políticos

I – Um enfoque puramente individualista tenderá a circunscrever os direitos fundamentais àqueles que se prendem ou mais se prendem com a realização individual do homem – assim, a liberdade e a segurança (ou a liberdade, a segurança e a propriedade, na trilogia das Constituições liberais). Em contrapartida, perspetivas coletivistas ou (noutro plano) corporativistas tenderão a identificar direitos fundamentais com integração na coletividade

---

[323] Assim, FELICE BATTAGLIA, *Estudios de Teoria del Estado*, trad., Bolonha-Madrid, 1966, págs. 157 e segs.

DIREITOS FUNDAMENTAIS

ou em instituições coletivas, por só aí o homem se realizar. Entre estes pontos extremos, é possível, contudo, salientar direitos de diverso âmbito – tal como os revela, em grau variável, o Direito comparado.

Uma diferente classificação dos direitos fundamentais quanto ao objeto ou ao conteúdo atende, pois, aos diversos círculos de desenvolvimento da pessoa que os direitos facultam e, para além disso, aos valores constitucionais que eles, mais ou menos intensamente, refletem. Donde, a tricotomia direitos pessoais, direitos sociais e direitos políticos [324].

II – Há direitos em que se trata de proteger, direta e essencialmente, a pessoa enquanto tal, a pessoa singular, o indivíduo, nos atributos caracterizadores da sua personalidade moral e física. São os direitos que sempre se encontrariam, ainda que, por hipótese, não se constituíssem laços perduráveis de convivência social e apenas se desse a mera coexistência dos indivíduos. Neles cabem o direito à vida (art. 24.º da Constituição), o direito à integridade moral e física (art. 25.º), o direito à liberdade e à segurança (art. 27.º), a liberdade de consciência, de religião e de culto (art. 41.º) ou o direito de deslocação e de emigração (art. 44.º).

Há direitos da pessoa situada na sociedade, na sociedade civil (chamada assim em contraste com o Estado ou com o Estado-poder, não porque a sociedade civil não seja politicamente relevante – o que seria absurdo) [325]. São os direitos correspondentes à teia de relações sociais em que a pessoa se move para realizar a sua vida em todas as suas potencialidades; ou advenientes da inserção nas múltiplas sociedades sem as quais ela não poderia alcançar e fruir os bens económicos, culturais e sociais *stricto sensu* de que necessita.

---

[324] Mais amplamente, JACQUES MARITAIN (*Les Droits de l'Homme et la Loi Naturelle*, cit., págs. 93 e segs.) fala em direitos da pessoa humana, direitos da pessoa cívica e direitos da pessoa social ou, mais em particular, da pessoa operária, sendo estes os direitos do ser humano nas suas funções sociais, económicas e culturais (direitos dos produtores e dos consumidores, direitos dos técnicos, direitos dos que se dedicam às obras do espírito). Também na encíclica *Laborem Exercens*, JOÃO PAULO II se refere a «direitos do homem do trabalho» (n.º 17).
Cfr. a classificação de direitos da Constituição italiana; a que apresentámos em *Um Projecto de Constituição*, Braga, 1975; e, de certo modo, o enquadramento da Carta de Direitos Fundamentais da União Europeia através de cinco grandes critérios – dignidade, liberdade, igualdade, solidariedade, cidadania.
[325] Sobre o assunto, v. *Manual...*, III, cit., págs. 30 e segs., e autores citados.

CAPÍTULO II – CONCEITOS AFINS E CATEGORIAS DE DIREITOS FUNDAMENTAIS

E daí que se subdividam em direitos económicos, como a liberdade de profissão (art. 47.º) ou o direito de propriedade (art. 62.º), direitos culturais como a liberdade de imprensa (art. 38.º) ou o direito à educação e à cultura (art. 73.º) e direitos sociais *stricto sensu* como o direito de constituir família (art. 36.º, n.º 1) ou o direito à segurança social (art. 63.º).

Finalmente, há direitos da pessoa frente ao Estado ou no Estado, direitos de participação na vida pública (como se lê na rubrica do art. 48.º), direitos de tomar parte na vida política e na direção dos assuntos públicos do país (mesmo art. 48.º, n.º 1, e art. 21.º, n.º 1, da Declaração Universal). Identificam-se com o *status activae civitatis* de JELLINEK e compreendem o direito de informação sobre os atos do Estado e das demais entidades públicas (art. 48.º, n.º 2), o direito de sufrágio (art. 49.º), o direito de acesso a cargos públicos (art. 50.º), o direito de associação política (art. 51.º), o direito de apresentação de candidaturas à presidência da República (art. 124.º, n.º 1) ou o direito de tomar parte na administração da justiça (art. 207.º), etc.

Dum prisma valorativo, dir-se-ia que os direitos *pessoais* se ligam à autonomia, à liberdade e à segurança da pessoa; que os direitos *sociais* decorrem da sua sociabilidade e têm em vista objetivos de promoção, de comunicação e de cultura; e que os direitos *políticos* se ajustam à ideia de participação.

III – É ainda bem conhecida e significativa uma divisão mais simples: a divisão da liberdade em *civil* e *política*.

A liberdade civil abrange os direitos das pessoas no seio da sociedade civil. A liberdade política compreende todos os pertinentes à relação com o Estado-poder, sejam direitos de participação *stricto sensu* ou direitos políticos, sejam – principalmente – quaisquer liberdades enquanto exercidas ou projetadas na vida política (liberdade de opinião e expressão política, liberdade de formação de partidos e associações políticas, liberdade de reunião e manifestação política).

A liberdade civil é, por consequência, primordialmente uma liberdade-autonomia. A liberdade política pressupõe liberdade-autonomia e liberdade-participação.

Como mostrámos, a contraposição oferece, além do interesse histórico evidenciado na celebérrima contraposição de BENJAMIN CONSTANT, um interesse atual relevantíssimo quanto à distinção de regimes políticos.

40. Direitos gerais e direitos especiais

Assim como as normas jurídicas podem ser, de uma banda, normas de direito comum e normas de direito particular e, de outra banda, normas gerais e normas especiais – ali, classificadas a partir dos destinatários, aqui a partir do seu conteúdo preceptivo [326] – também os direitos fundamentais podem ser direitos comuns e direitos particulares – consoante conferidos à generalidade das pessoas ou a categorias de pessoas definidas através de certas qualidades – e direitos gerais e direitos especiais – os primeiros atribuídos ou atribuíveis em razão de situações de caráter geral, os segundos atribuídos ou atribuíveis à face de situações especiais eventualmente verificáveis.

Esta classificação é eminentemente lógico-sistemática. Não se esgota, contudo, em puro pretexto para formalismos, porque ou permite realçar situações merecedoras de proteção acrescida ou vem adequar melhor o tratamento jurídico dos direitos aos bens que por eles devem ser alcançados.

São direitos especiais, entre outros, na Constituição portuguesa, o direito a *habeas corpus* por virtude de prisão ou detenção ilegal (art. 31.º, n.º 1), as garantias de processo criminal (art. 32.º), a proteção dos representantes eleitos dos trabalhadores no exercício das suas funções (art. 55.º, n.º 6), a especial proteção do trabalho das mulheres durante a gravidez e após o parto [arts. 59.º, n.º 2, alínea *c*), e 68.º] e a liberdade de propaganda eleitoral [art. 113.º, n.º 3, alínea *c*)] [327].

41. Direitos fundamentais materiais e direitos fundamentais procedimentais

I – Referimo-nos atrás a uma dimensão procedimental, a um *status activus processualis,* como uma das tendências de visão atual dos direitos fundamentais, querendo com isso significar a necessidade de os compreender não só estaticamente, ou do prisma do seu conteúdo, mas também dinamicamente, através das formas da sua efetivação, através do procedimento. Não basta

---

[326] Cfr., por todos, JOSÉ DE OLIVEIRA ASCENSÃO, *O Direito – Introdução e Teoria Geral,* 13.ª ed., Coimbra, 2005, págs. 527 e segs.

[327] Em plano completamente diverso situam-se os regimes especiais dos partidos (art. 51.º) e das associações sociais sindicais (art. 55.º).

CAPÍTULO II – CONCEITOS AFINS E CATEGORIAS DE DIREITOS FUNDAMENTAIS

declarar os direitos, reconhece-se hoje; importa instituir meios organizatórios de realização, procedimentos adequados e equitativos [328].

Para além disso, o próprio fenómeno procedimental implica posições jurídicas subjetivas, verdadeiros direitos fundamentais. Implica-as, ou porque haja de se assegurar a intervenção dos cidadãos ou de grupo de cidadãos em decisões coletivas ou porque haja de ser garantida a defesa de outros direitos contra eventuais resultados desfavoráveis a que o procedimento possa conduzir.

É o caso, na Constituição portuguesa, em primeiro lugar, do direito de sufrágio (art. 49.º), do direito de formação de partidos políticos (art. 51.º), dos direitos de apresentação de candidaturas (arts. 124.º, 151.º e 239.º, n.º 4), assim como dos direitos de participação das organizações de trabalhadores na legislação do trabalho [arts. 54.º, n.º 5, alínea *d*), e 56.º, n.º 2, alínea *a*)], ou dos direitos de participação dessas organizações e das organizações representativas de atividades económicas na elaboração dos planos de desenvolvimento economico e social (art. 92.º). E é o caso, depois, do direito, em geral, de acesso a tribunal (art. 20.º) do direito de ação para defesa de interesses difusos [art. 52.º, n.º 3, alínea *a*)], do direito de participação dos administrados em procedimentos que lhes digam respeito (arts. 267.º, n.º 5, e 268.º, n.º 1), do direito de acesso à justiça administrativa (art. 268.º, n.ºs 4 e 5) ou das garantias dos arguidos em processo penal (art. 32.º) e em processo disciplinar (art. 269.º, n.º 3).

II – Justifica-se, pois, fazer uma contraposição entre *direitos fundamentais materiais* ou direitos das pessoas nas situações da vida constitucionalmente garantidas, e *direitos fundamentais procedimentais* ou direitos das pessoas conexos

---

[328] Cfr. J. J. GOMES CANOTILHO, *Tópicos de um Curso de Mestrado sobre Direitos Fundamentais, Procedimento, Processo e Organização*, Coimbra, 1990, e *Direito...*, cit., págs. 447 e segs.; VIEIRA DE ANDRADE, *O dever da fundamentação expressa de actos administrativos*, Coimbra, 1991, págs. 184 e segs., e *Os direitos...*, cit., págs. 151 e 152; VASCO PEREIRA DA SILVA, *Em busca...*, cit., págs. 206 e segs., 332 e segs. e 428 e segs.; PEDRO MACHETE, *A audiência dos interessados no procedimento administrativo*, Lisboa, 1995, págs. 40 e segs. e 337 e segs.; ANGELO SCHIALLALI, *Derechos fundamentales y procedimiento entre libertad y securidad*, in *Revista de Derecho Constitucional Europeo*, 13, janeiro-junho de 2010, págs. 209 e segs.

DIREITOS FUNDAMENTAIS

com procedimentos relativos a funções ou a órgãos de poder público [329]; e, nestes, ainda (como mostram os exemplos acabados de sugerir) subdistinguir direitos procedimentais *substantivos* – em que a participação no procedimento vale de per si – e direitos procedimentais *adjetivos* ou direitos *processuais* – em que está em causa a tutela de outros direitos por meio de regras de processo [330].

Trata-se, todavia, de classificação dependente de mais de uma variável e algo fluida, porque uns e outros direitos se interpenetram e completam.

42. Direitos e garantias

I – Clássica e bem atual é a contraposição dos direitos fundamentais, pela sua estrutura, pela sua natureza e pela sua função, em *direitos propriamente ditos,* por um lado, e *garantias,* por outro lado [331].

Os direitos representam só por si certos bens, as garantias destinam-se a assegurar condições para a fruição desses bens; os direitos são principais, as garantias são acessórias e, muitas delas, adjetivas (ainda que possam ser objeto de um regime constitucional substantivo); os direitos permitem a realização das pessoas e inserem-se direta e imediatamente, por isso, nas respetivas esferas jurídicas, as garantias só nelas se projetam pelo nexo que possuem com os direitos; na aceção jusracionalista inicial, os direitos *declaram-se,* as garantias *estabelecem-se.*

Ou, olhando àqueles direitos em que mais clara se revela a distinção, os direitos de liberdade:

– As liberdades são formas de manifestação da pessoa; as garantias pressupõem modos de estruturação do Estado;

---

[329] Cfr. J. J. Gomes Canotilho, *Tópicos...,* cit., págs. 9-10; João Loureiro, *O procedimento administrativo entre a eficiência e a garantia dos particulares,* Coimbra, 1995, págs. 225 e segs.

[330] José Carlos Vieira de Andrade (*O dever...,* cit., pág. 188) fala em 1) direitos fundamentais procedimentais ou direitos a determinados procedimentos como bens jurídicos autónomos; 2) direitos fundamentais de cunho procedimental, ou direitos dependentes de um procedimento, direitos cuja concretização ou cujo exercício individual só é possível através de uma normação ordinária de cariz organizatório ou procedimental; 3) direitos fundamentais postos em causa por um procedimento ou direitos de defesa em procedimento.

[331] Cfr. o nosso artigo *Garantias Constitucionais,* in *Verbo,* IX, págs. 173-174, e autores citados, ou Ingo Wolfgang Sarlet, *op. cit.,* págs. 178 e segs.

CAPÍTULO II – CONCEITOS AFINS E CATEGORIAS DE DIREITOS FUNDAMENTAIS

- As liberdades envolvem sempre a escolha entre o *facere* e o *non facere* ou entre agir e não agir em relação aos correspondentes bens, têm sempre uma dupla face – positiva e negativa [332]; as garantias têm sempre um conteúdo positivo, de atuação do Estado ou das próprias pessoas;
- As liberdades valem por si; as garantias têm função instrumental e derivada [333].

Os exemplos são frisantes. Ao direito à vida (art. 24.º, n.º 1) correspondem as garantias que consistem na proibição da pena de morte (art. 24.º, n.º 2) e na proibição de extradição por crimes puníveis com a pena de morte segundo o direito do Estado requisitante (art. 33.º, n.º 6); ao direito à liberdade e segurança (art. 27.º, n.º 1) a não retroatividade de lei incriminadora (art. 29.º, n.º 1), o *habeas corpus* (art. 31.º) ou as garantias do arguido (art. 32.º); à liberdade de expressão e de informação (art. 37.º, n.º 1) a proibição de censura e a sujeição das infrações aos princípios gerais de direito criminal (art. 37.º, n.ºs 2 e 3); à liberdade sindical (art. 55.º, n.ºs 1 e 2) a não sujeição da eleição dos dirigentes sindicais a qualquer autorização ou homologação (art. 55.º, n.º 3); etc. [334].

Casos há em que se torna difícil discernir se se está diante de um direito autónomo ou de uma garantia. É o que sucede com a proteção diplomática (art. 14.º), com o direito à proteção legal contra quaisquer formas de discriminação (art. 26.º, n.º 1, *in fine*), com a proibição de separar os filhos dos pais (art. 36, n.º 6), com a objeção de consciência (arts. 41.º, n.º 6, e 276.º, n.º 4), com o direito de queixa (arts. 52.º, n.º 1, e 23.º, n.º 1), com a proibição de *lock-out* (art. 57.º, n.º 4), com o direito à indemnização por requisição ou expropriação por utilidade pública (art. 62.º, n.º 2), com a proteção da linguagem gestual [art. 74.º, n.º 2, alínea *h*)]. Tudo dependerá então do prisma que se quiser adotar.

II – As garantias e os direitos procedimentais interpenetram-se, sem se confundirem.

---

[332] A liberdade de religião envolve a de professar e de não professar religião, a de associação a de se associar ou de não se associar, a de emigração a de emigrar ou de não emigrar, etc.

[333] Cfr. as características dos direitos de *liberdade* apontadas por Pierfrancesco Grossi, *op. cit.*, págs. 235 e segs.

[334] V. uma classificação de garantias em José Afonso da Silva, *op. cit.*, págs. 84 e 85.

DIREITOS FUNDAMENTAIS

As garantias acabadas de indicar, com exceção das de processo penal, são direitos fundamentais materiais. Assim como os direitos procedimentais substantivos são direitos *stricto sensu*, e não garantias. Mas reconduzem-se a garantias os direitos fundamentais adjetivos, estejam ao serviço de outros direitos fundamentais (a liberdade, a honra, a propriedade) ou ao serviço de direitos não fundamentais.

III – Controversa vem a ser a qualificação das garantias como direitos ou como direitos fundamentais. Há quem a conteste em nome das características acabadas de mencionar, por faltar ou parecer remota quase sempre a ligação aos sujeitos e por não convir transformar a organização constitucional (e, muito menos, legal) em interesse próprio dos cidadãos, com o corolário da afirmação de uma espécie de direito material à constitucionalidade (ou à legalidade).

Também haveria de se reconduzir as garantias a garantias institucionais se se assentasse no pressuposto de que, em Estado liberal ou burguês de Direito, verdadeiros direitos fundamentais são apenas os direitos de liberdade [335].

A nossa posição é mitigada. Reconhecemos a existência de garantias constantes da Constituição que não são direitos – tão distantes ficam de qualquer possibilidade de invocação autónoma pelos cidadãos em juízo ou perante órgãos administrativos ou doutra natureza: assim, *v. g.*, a proibição de um número nacional único dos cidadãos (art. 35.º, n.º 5), a independência dos órgãos de comunicação social perante o poder político e o poder económico (arts. 38.º, n.ºs 4 e 6, e 39.º, n.º 1) ou a proibição de programação da educação e da cultura segundo diretrizes ideológicas (art. 43.º, n.º 2). Todavia, muito mais numerosas são as garantias em que ocorre a atribuição ou a projeção subjetiva, conquanto mediata, tudo se passando como se houvesse o desdobramento de certo direito num elemento ou momento primário – o direito propriamente dito – e num elemento ou momento secundário – a garantia [336]. As garantias são, desde logo, aqui elementos da definição constitucional desses direitos [337].

---

[335] Retomando a expressão de SCHMITT atrás citada.

[336] Cfr. a distinção entre direitos principais e direitos acessórios ou subordinados no acórdão n.º 51/87 do Tribunal Constitucional, de 4 de fevereiro (in *Diário da República*, 2.ª série, n.º 83, de 9 de abril de 1987).

[337] Sobre as garantias como direitos subjetivos à garantia, v. MANOEL GONÇALVES FERREIRA FILHO, *op. cit.*, pág. 33.

CAPÍTULO II – CONCEITOS AFINS E CATEGORIAS DE DIREITOS FUNDAMENTAIS

Corroboram este entendimento a história da reivindicação e da obtenção das garantias [338], mormente das da segurança pessoal (muitas das quais explicitadas antes da maior parte das liberdades), a formulação e a análise das respetivas normas, o seu sentido sistemático dentro da Constituição e a convicção arreigada na comunidade jurídica da sua inserção na esfera das pessoas.

As garantias podem e devem ser olhadas objetivamente como *têtes de chapitre* de grandes ramos de Direito, como o Direito criminal e o Direito processual criminal (há muito) ou (hoje também) o Direito administrativo. Enquanto objeto de preceitos constitucionais, a sua função própria é a de proteção das pessoas e estas podem nelas se firmar para defender a sua personalidade.

Somente a tal luz se compreende que se prescreva que ninguém pode ser submetido a tortura (art. 25.º, n.º 2), que a decisão judicial que ordene ou mantenha uma medida de privação de liberdade deva ser logo comunicada a parente ou a pessoa de confiança do detido, por este indicada (art. 28.º, n.º 3), que o processo criminal tenha estrutura acusatória (art. 32.º, n.º 5), que as associações não possam ser dissolvidas ou suspensas senão nos casos previstos na lei e mediante decisão judicial (art. 46.º, n.º 2), que nenhum trabalhador possa ser obrigado a pagar quotização para sindicato em que não esteja inscrito [art. 55.º, n.º 2, alínea *b*), 2.ª parte] ou que os atos administrativos careçam de fundamentação expressa quando afetem direitos ou interesses legalmente protegidos dos cidadãos (art. 268.º, n.º 3).

Somente a tal luz se compreende o regime minucioso muito justificado da suspensão de garantias, e não somente de direitos *stricto sensu*, em situação de necessidade (em estado de sítio ou em estado de emergência) com regras como a da especificação dos direitos suspensos ou da proporcionalidade (art. 19.º, n.º 5 e n.os 4 e 8), de óbvia índole subjetivista.

E também só assim se não confundem garantias como essas com condições de efetivação como as que se estabelecem para os direitos sociais [art. 9.º, alínea *d*), e primitivo art. 50.º]. São coisas diversas, por exemplo, os meios processuais de tutela da liberdade pessoal contra acusações e prisões

---

[338] Sobre o aparecimento do conceito de garantias na França (embora com paralelo nos países anglo-saxónicos), v. PEDRO CRUZ VILLALON, *El Estado de Sitio y la Constitución*, Madrid, 1980, págs. 225 e segs.

DIREITOS FUNDAMENTAIS

arbitrárias e as condições de efetivação do direito ao trabalho (art. 58.º, n.º 3) ou do direito à habitação (art. 65.º, n.º 2). São-no, sobretudo – se bem que, como, de imediato, se vai frisar, a contraposição tenha de ser vista com todo o cuidado – quando as condições de efetivação acarretem incumbências do Estado: por certo, a fixação, a nível nacional, dos limites da duração do trabalho [art. 59.º, n.º 2, alínea *b*)], a criação de um serviço nacional de saúde (art. 64.º, n.º 2), o ordenamento do espaço territorial [art. 66.º, n.º 2, alínea *b*)] ou a criação de um sistema público de educação pré-escolar [art. 74.º, n.º 2, alínea *b*)] não poderiam ser elevados a direitos fundamentais.

IV – Numa perspetiva globalizante do sistema jurídico-constitucional, deve acrescentar-se que os direitos políticos e, em geral, os direitos de participação, para além de valerem por si mesmos, servem de garantias dos restantes direitos fundamentais – quer dos direitos de liberdade, quer dos direitos económicos, sociais e culturais. A história do direito de sufrágio mostra-o bem.

43. Direitos fundamentais relativos e absolutos?

Poderá transpor-se para o campo dos direitos fundamentais a distinção entre direitos relativos e direitos absolutos, vinda do domínio civilístico e que também adquire algum relevo em Direito internacional público [339]?

Entendendo como entendemos os direitos fundamentais como direitos em face do Estado, parece que a resposta deve, em geral, ser negativa. Eles são sempre direitos relativos, ainda que em termos diversos dos que se verificam em Direito privado, porquanto por virtude do princípio da universalidade não pressupõem uma certa e determinada relação entre dois sujeitos: são todas as pessoas dentro da comunidade jurídico-política, cada um por si, que está em relação com o Estado [340].

---

[339] Cfr., recentemente, JOSÉ DE OLIVEIRA ASCENSÃO, *Direito Civil – Teoria Geral*, III, Coimbra, 2002, págs. 87 e segs.; MIGUEL GALVÃO TELLES, *Direitos absolutos e relativos*, in *Estudos em homenagem ao Prof. Doutor Joaquim Moreira da Silva Cunha*, obra coletiva, Coimbra, 2005, págs. 643 e segs.; MÁRIO JÚLIO DE ALMEIDA COSTA, *Direito das obrigações*, 10.ª ed., Coimbra, 2007, págs. 91 e 92; EDUARDO CORREIA BAPTISTA, *op. cit.*, pág. 67, nota.

[340] Cfr., em sentido próximo, VASCO PEREIRA DA SILVA, *Em busca...*, cit., págs. 179 e segs.

CAPÍTULO II – CONCEITOS AFINS E CATEGORIAS DE DIREITOS FUNDAMENTAIS

Direitos fundamentais relativos em sentido próximo do Direito privado são, sim, o direito de resposta e de retificação (art. 37.º, n.º 4), o direito de liberdade sindical na empresa [art. 52.º, n.º 2, alínea *d*)], o direito à retribuição do trabalho [art. 59.º, n.º 1, alínea *a*)].

Alguns direitos fundamentais coincidem com direitos de personalidade, como se sabe, e estes são, por natureza, absolutos [341]. Mas há uma diferença capital. Enquanto direito fundamental, o direito à vida consiste em não ser privado da vida, designadamente pela aplicação da pena de morte (art. 24.º, n.º 2), o direito à integridade pessoal em não sofrer tortura (arts. 25.º, n.º 2, e 32.º, n.º 8), o direito à reserva de intimidade da vida privada em haver garantias efetivas contra a obtenção ou a utilização abusiva ou contrária à dignidade humana de informações relativas às pessoas e às famílias (art. 26.º, n.º 2) – isto mesmo sem considerar específicos deveres de proteção.

É certo também que não poucos direitos fundamentais vinculam os particulares (art. 18.º, n.º 1, 3.ª parte) como a liberdade de expressão (art. 37.º). Mas, independentemente de que seja o alcance dessa eficácia [342], tal não os converte em direitos absolutos, porque ou se trata de uma eficácia derivada ou colateral ou então esses direitos reconduzem-se ainda a direitos de personalidade.

---

[341] MIGUEL GALVÃO TELLES, *op. cit.*, *loc. cit.*, pág. 666.
[342] Cfr. *infra*.

TÍTULO II
DIREITOS FUNDAMENTAIS E SISTEMAS CONSTITUCIONAIS

CAPÍTULO I
RELANCE COMPARATIVO

44. Sequência

I – O Direito constitucional comparado surpreende semelhanças e diferenças, projeções e reações entre institutos constitucionais de mais de um país ou de um só país em diversas épocas. Como questões idênticas ou similares se suscitam por toda a parte ou se suscitaram no passado num determinado país, é importante conhecer não apenas como o Direito positivo as considera aqui e agora mas também como são consideradas noutros sistemas ou como o foram noutras épocas no país de que se trata. Daí, a necessidade tanto de comparação simultânea como de comparação sucessiva [343].

Parece-nos conveniente proceder agora a um breve bosquejo comparativo, a vários títulos: porque a experiência histórica mostra que as conceções filosóficas e ideológicas de direitos fundamentais se projetam, direta e fortemente, nos sistemas constitucionais existentes (ou traduzem-se até em diferentes sistemas constitucionais); porque o sistema constitucional

---

[343] Cfr. *Sobre o Direito Constitucional Comparado*, in *Direito e Justiça*, 1981-1986, págs. 203 e segs.; ou *Manual...*, I, 1, cit., págs. 33 e segs.

DIREITOS FUNDAMENTAIS

português melhor pode ser apercebido tendo em conta que, na sua génese imediata, na Assembleia Constituinte de 1975-1976, e ainda, em menor medida, na revisão constitucional de 1982 (bem como nas subsequentes), se manifestaram as influências quer de sistemas típicos estrangeiros quer das tradições nacionais; enfim, porque, a respeito de numerosos aspetos do regime geral ou do tratamento em especial dos direitos, na nossa Constituição hoje, se revela precioso o contributo da comparação, assinalando a origem das disposições, esclarecendo o seu sentido ou abrindo novos horizontes de caminhos possíveis [344].

---

[344] Sobre direitos fundamentais em Direito constitucional comparado, cfr., exemplificativamente, *Essais sur les Droits de l'Homme en Europe*, obra coletiva ed. por Robert Pelloux, 2 séries, Paris, 1959 e 1961; K. LOEWENSTEIN, *op. cit.*, págs. 390 e segs.; *Comparative Human Rights*, obra coletiva ed. por Richard P. Claude, Baltimore e Londres, 1976; Ivo D. DUCHACEK, *Derechos y libertades en el mundo actual*, trad., Madrid, 1976; GIOVANNI BOGNETTI, *Diritti fondamentali nell'esperienza costituzionale*, in *Diritti Fondamentali dell'Uomo*, obra coletiva, Roma, 1977; BENITO DE CASTRO CID, *Derechos humanos y Constitución*, in *Revista de Estudios Políticos*, n.º 18, novembro-dezembro de 1980; LOUIS HENKIN, *Economic-Social Rights as «Rights»: a United States perspective*, in *Human Rights Law Journal*, vol. 2.ª, n.ºs 3-4, dezembro de 1981, págs. 223 e segs.; MITCHELL GINSBERG e LEONARD LESSER, *Current Developments in Economic and Social Rights; a United States perspective, ibidem*, págs. 237 e segs.; *Essays ou Human Rights in the Helsinki Process*, obra coletiva, Dordrecht, Boston, Lancaster, 1981; *I Diritti Umani*, obra coletiva, cit., págs. 443 e segs.; *Cours Constitutionelles Européennes et Droits Fondamentaux*, obra coletiva, Paris-Aix, 1982; *Droit Constitutionnel et Droits de l'Homme*, cit.; CHRISTIAN STARCK, *La jurisprudence de la Cour Constitutionnelle Fédérale concernant les droits fondamentaux*, in *Revue de droit public*, 1988, págs. 1264 e segs.; GEOFFREY MARSHALL, *Declaraciones de derechos: problemas basicos en su elaboración y aplicación*, in *Revista del Centro de Estudios Constitucionales*, 1988, págs. 337 e segs.; PIERRE BON, *La protection constitutionnelle des droits fondamentaux: aspects de droit comparé européen*, in *Revista da Faculdade de Direito da Universidade de Lisboa*, 1990, págs. 9 e segs.; n.ºs 6-8, agosto de 1990, da *Revue Universelle des Droits de l'Homme*; PETER HÄBERLE, *Le libertà...*, cit., págs. 231 e segs.; *Enunciazione e giustizialilitá dei diritti fondamentali nelle Carte Costituzionali europee*, obra coletiva ed. por Andrea Romano, Milão, 1993; *Rights and judicial Review – A comparative perspective*, obra coletiva ed. por David du Beatty, Dordrecht, 1994; *Tutela dei diritti fondamentali* e *costituzionalismo multilivello. Tra Europa* e *Stati nazionali*, obra coletiva (a cargo de ANTONIO D'ATENA e PIERFRANCESCO GROSSI), Milão, 2004; JOSÉ DE MELO ALEXANDRINO, *A estrutura...*, I, cit., págs. 113 e segs.; LUCIO PEGORARO e JOHANA DELGADO CAITAN, *Os direitos "fundamentais" – Considerações sobre a elaboração do conceito e suas implicações positivas no constitucionalismo contemporâneo*, in *Estudos de Direito e Direitos Fundamentais – Homenagem ao jurista Mário Moacyr Porto*, obra coletiva, Rio de Janeiro, 2005, págs. 443 e segs.; *Diritto Costituzionale dei Paesi dell'Unione Europea*, obra coletiva, Pádua, 2007, págs. 201 e segs.; RAÚL MACHADO HORTA, *Direito Constitucional*, 5.ª ed., Belo Horizonte, 2010, págs. 183 e segs.; *Los derechos como principios objectivos en los Estados Compuestos*, obra coletiva (ed. por JUAN CARLOS GAVARA DE CARA), Barcelona, 2010; STEPHAN GORBAN, *O*

CAPÍTULO I – RELANCE COMPARATIVO

Antes de recortarmos as traves-mestras da atual ordem constitucional portuguesa de direitos fundamentais, vamos, pois, fazer um relance esquemático: em primeiro lugar, por algumas Constituições significativas de outros Estados; em segundo lugar, pelas seis Constituições portuguesas; e, em terceiro lugar, pelos projetos de Constituição apresentados à Assembleia Constituinte (vistos estes à luz dos vetores doutrinais básicos que os enformavam).

II – Não pode, porém, comparar-se em bruto, pondo frente a frente em globo dois ou mais sistemas ou institutos. É mister uma análise prévia simplificadora, que propicie alguns pontos firmes de correspondência ou descorrespondência, quer dizer, critérios de comparação.

Comparação postula comparabilidade de objeto e os critérios – que surgem como expedientes de índole técnica – permitem captar e conhecer melhor a realidade normativa [345]. O objeto de comparação que se pretenda tomar reclama, naturalmente, critérios a ele ajustados.

Para efeito do estudo dos direitos fundamentais, no presente capítulo, adotamos, pois, os seguintes critérios de comparação:

a) As fontes (formais e instrumentais) dos preceitos que os consignem;
b) O lugar na sistematização constitucional;
c) As categorias de direitos fundamentais e as distinções que as próprias Constituições estabeleçam;
d) A prescrição de regras gerais sobre direitos fundamentais;
e) A consagração ou não de um princípio de tutela jurisdicional;
f) O sentido dos limites e restrições aos direitos;
g) A previsão de deveres fundamentais.

A partir destes critérios, não custará relacionar direitos fundamentais e regimes políticos [346].

---

novo modelo de constitucionalismo da Comunidade Britânica – Legitimidade da jurisdição constitucional, obra coletiva, Rio de Janeiro, 2010; GIUSEPPE DE VERGOTTINI, *Diritto Costituzionale Comparato,* I, 8.ª ed., Pádua, 2011, págs. 343 e segs.

[345] V. *Notas para uma introdução ao Direito Constitucional Comparado,* Lisboa, 1970, págs. 48-49.

[346] Cfr. os diferentes critérios adotados por JOSÉ DE MELO ALEXANDRINO (*op. cit.,* I, págs. 141 e segs.) ao comparar as Constituições francesa, alemã, italiana, portuguesa, espanhola, norte-americana, canadiana e australiana.

DIREITOS FUNDAMENTAIS

45. Comparação de Constituições de alguns Estados

I – Os direitos fundamentais, mesmo sendo formalmente constitucionais, podem surgir em conjunto com os demais institutos ou à sua margem; podem ser enunciados e protegidos em normas qualificadas de constitucionais, estruturalmente ligadas às demais normas, ou podem ser enunciados e protegidos em textos autónomos, embora dotados de valor constitucional ou até supraconstitucional. Ou seja: os direitos fundamentais podem constar ou não da Constituição formal, nuclear ou instrumental [347]; ou, como se dizia no início do século xx, podem revelar-se através de *garantias de direitos* ou de *declarações de direitos* [348].

Quase todas as Constituições, afinal na linha do art. 16.º da Declaração de 1798, ocupam-se dos direitos fundamentais ao lado das demais matérias. Sejam quais forem os princípios em que se inspirem, colocam-nos a par da organização política ou da económica. Mas existem ou têm existido, por razões históricas bem determinantes, importantíssimos exemplos de declarações de direitos.

Recordem-se os exemplos da Inglaterra, desde a *Magna Carta* à Petição de Direito de 1628, à lei de *Habeas Corpus* de 1679 e à Declaração de Direitos de 1689; dos Estados Unidos, com os dez primeiros Aditamentos à Constituição; e da França, com a Declaração dos Direitos do Homem e do Cidadão – que permanece ao longo da sucessão de Constituições e formas políticas [349] – com o preâmbulo da Constituição de 1946, ressalvado pela Constituição de 1958, e com a Carta do Ambiente de 2008.

Também noutros países, em momentos de luta revolucionária ou de grande mutação política e precedendo a estabilização organico-constitucional, têm sido proclamadas Declarações ou Cartas, definidoras dos grandes princípios e objetivos dos novos regimes e em que avultam implicações no domínio dos

---

[347] Na aceção que damos a estes termos: v. *Manual...*, ii, cit., págs. 30 e segs.

[348] Cfr., por todos, MARNOCO E SOUSA, *Comentário*, cit., págs. 39-40; A. ESMEIN, *op. cit.,* i, págs. 553 e segs.; ANDRÉ HESSE, *Conception américaine et conception française des Déclarations de Droits: juge américain et juge français*, in *Revue international d'histoire Politique et constitutionnel*, 1954, págs. 323 e segs.; PECES-BARBA, *Derechos Fundamentales,* cit., págs. 137 e segs.; ELEONORA CECCHERINI, *La codificazione dei diritti nelle recente Costituzioni*, Milão, 2002.

[349] Sobre o valor jurídico da Declaração de 1789 antes de 1958, v., por todos, DUGUIT, *op. cit.,* iii, págs. 599 e segs.

CAPÍTULO I - RELANCE COMPARATIVO

direitos fundamentais. Assim, a Declaração de Direitos do Povo Trabalhador e Explorado, soviética, de 1918; a Carta do Trabalho, italiana, de 1927; na Espanha, o Foro do Trabalho e o Foro dos Espanhóis, de 1938 e 1945, respetivamente; a Carta Nacional Argelina de 1976; a Carta Canadiana de Direitos e Liberdades de 1982; ou a Carta dos Direitos e Liberdades Fundamentais referida nos arts. 3.º e 112.º da Constituição checa de 1992.

Caso singular é o do Brasil, em que o § 3 do art. 5.º da Constituição (aditado pela Emenda n.º 45, de 2004), dá valor constitucional aos tratados de direitos do homem aprovados nas duas Câmaras do Congresso, em dois turnos de votação, por três quartos dos respetivos membros [350].

II – A grande contraposição no tocante ao lugar dos direitos fundamentais nas Constituições dos séculos XIX e XX dá-se entre as Constituições de Estado de Direito e as Constituições marxistas-leninistas e de certos países da Ásia e da África. Tem que ver, sobretudo, com o seu realce e com o seu posicionamento frente à organização económica.

Ao passo que as primeiras tratam antes e conferem prevalência aos direitos e liberdades, as segundas concedem especial relevo à estruturação da economia ou às bases económicas, sociais e políticas do Estado. Ao passo que nas primeiras os direitos fundamentais se antepõem à organização económica, nas segundas é o contrário ou não se justifica a separação. E reconhecem-se os pressupostos filosófico-jurídicos ou os circunstancialismos de uma e outra orientação.

> Dedicam os respetivos primeiros títulos ou capítulos aos direitos fundamentais, por exemplo, as Constituições mexicana, italiana, alemã, espanhola e holandesa; na Constituição indiana, após uma parte I sobre a União e uma parte II sobre a cidadania, a parte III ocupa-se dos direitos fundamentais, a parte IV dos princípios diretivos da política do Estado e a parte IV-A dos deveres fundamentais; na Constituição grega, depois de, na parte I, se estabelecerem os princípios gerais do Estado, a parte II versa sobre os direitos individuais e sociais; e na Constituição brasileira os direitos fundamentais vêm logo a seguir aos *princípios fundamentais* (parte I e título II, respetivamente); e o mesmo fazem

---

[350] Cfr. JORGE MIRANDA, *Curso de Direito Internacional Público*, Rio de Janeiro, 2009, págs. 140 e segs, e Autores citados.

DIREITOS FUNDAMENTAIS

as atuais Constituições da Guiné-bissau, da Colômbia, da Bulgária, de Cabo Verde, de Timor, de Moçambique e de Angola.

Diferentemente, na Constituição da República Democrática Alemã, o título I cuidava só das bases da sociedade e do Estado socialista e o título II dos cidadãos e das coletividades na sociedade socialista, com um capítulo I sobre direitos e deveres fundamentais; na Constituição jugoslava de 1974, era no título II da parte II – relativa à organização social – que se encontrava o estatuto das liberdades, direitos e deveres do homem e do cidadão; na última Constituição soviética, a parte I tratava das bases do regime social e da política da U. R. S. S. e era na parte II, respeitante ao Estado e ao indivíduo, que, no capítulo VII, apareciam os direitos, liberdades e deveres fundamentais. Algo de semelhante ainda ocorre nas Constituições cubana e chinesa.

III – As Constituições em vigor vindas dos séculos XVIII e XIX, como a norte-americana e a norueguesa, só consignam direitos com estrutura de direitos de liberdade [351]. Diferentemente, quase todas as Constituições decretadas nos séculos XX e XXI preveem direitos, liberdades e garantias e direitos económicos, sociais e culturais; tudo está em saber se distinguem e como distinguem ambas as categorias.

Nas Constituições de Estado de Direito a precedência dos direitos sobre a organização económica faz-se acompanhar da precedência dos direitos, liberdades e garantias sobre os direitos sociais. Nas Constituições de tipo soviético, bem como em algumas de países com projetos desenvolvimentistas, ou não se chega a distinguir uma categoria da outra ou as liberdades aparecem diluídas ou subalternizadas diante dos direitos sociais.

Na França, enquanto que o essencial dos direitos e liberdades se acha na Declaração de 1789, o cerne dos direitos económicos, sociais e culturais vem no preâmbulo de 1946.

Algumas Constituições classificam elas próprias os direitos fundamentais: a italiana distribui-os por títulos correspondentes a relações civis, ético-sociais, económicas e políticas (arts. 13.º e segs., 29.º e segs., 35.º e segs. e 48.º e segs., respetivamente); a grega fala em direitos individuais e sociais (sem os repartir

---

[351] Nos Estados Unidos, apesar do *New Deal* dos anos 30, alguma jurisprudência favorável em nome do princípio da igualdade e das recentes tentativas de criação de um sistema de saúde universal, os direitos sociais continuam na penumbra. Cfr. GEORGE S. KATROUGALOS, *European "Social States" and the U.S.A.: An Ocean apart?*, in *European Constitutional Law Review*, 2008, n.º 2, págs. 225 e segs.

CAPÍTULO I - RELANCE COMPARATIVO

por divisões específicas); a brasileira em direitos individuais e coletivos (art. 5.º), direitos sociais (arts. 6.º e segs.) e direitos políticos (arts. 14.º e segs.); a colombiana em direitos fundamentais (art. 11.º), direitos sociais, económicos e culturais (arts. 42.º e segs.) e direitos coletivos e do ambiente (arts. 78.º e segs.); a polaca em liberdades e direitos pessoais, liberdades e direitos políticos e liberdades e direitos económicos sociais e culturais (arts. 38.º e segs., 57.º e segs. e 64.º e segs.); a cabo-verdiana, a moçambicana, a timorense (arts. 2.º e segs. e 50.º e segs.), a santomense (arts. 22.º e segs. e 57.º e segs.) e a angolana em direitos, liberdades e garantias ou direitos e liberdades e direitos económicos, sociais e culturais (arts. 27.º e segs. e 67.º e segs.; 48.º e segs. e 82.º e segs.; e 30.º e segs. e 76.º e segs.).

Outras dir-se-ia colocarem sob a rubrica de direitos fundamentais quase exclusivamente direitos e liberdades e relegarem os direitos económicos, sociais e culturais para diversas rubricas (de política económica e social): é o caso das Constituições indiana (parte II e parte IV); de certa maneira, o da Constituição espanhola (capítulo II e capítulo III do título I); ou, em parte, da Constituição brasileira (título VII)[352]. Apesar disso, não se justificaria negar a natureza de direitos fundamentais dos direitos económicos, sociais e culturais; tão somente se impõe extrair as necessárias decorrências no plano do regime jurídico.

Já na Alemanha a situação se afigura algo diversa: só direitos e liberdades são consagrados no texto constitucional federal e só a expressa qualificação de República como Estado social (art. 20.º) propicia direitos sociais, designadamente através do labor do Tribunal Constitucional[353]. Em contrapartida, as Constituições de alguns dos *Länder* procuram ir bem mais longe na formulação destes direitos.

Confrontem-se também, por exemplo, três Constituições que, estabelecendo as duas espécies de direitos, parece não distinguirem: a holandesa, a romena e a sul-africana. Aquela começa pelos direitos e liberdades, conquanto, logo a seguir, contenha certos direitos sociais (arts. 19.º a 23.º); e o mesmo fazem a segunda (arts. 11.º e segs. e 26.º e segs.) e a terceira (arts. 22.º e segs. e 43.º e segs.).

De registar, por último, que em Constituições marxistas-leninistas a quase assimilação dos direitos de liberdade aos direitos económicos, sociais e culturais levava a que o Estado recebesse a incumbência de criar condições da sua efetivação (assim, art. 28.º da Constituição da República Democrática Alemã, arts. 39.º, 2.ª parte, e 50.º da Constituição soviética ou art. 30.º da Constituição angolana de 1975).

---

[352] Apesar da enumeração dos direitos sociais no art. 6.º.

[353] Sobre a situação alemã, v., por todos, JORGE REIS NOVAIS, *Direitos sociais*, cit., págs. 76 e segs.; e DIETER GRIMM, *The role of fundamental rights after sixty four years of constitutional jurisprudence in Germany*, in *International Journal of Constitutional Law*, 2015, págs. 9 e segs

DIREITOS FUNDAMENTAIS

IV – O princípio da igualdade depara-se em todas as Constituições modernas. Mas, para além disso, algumas procuram referir ou mesmo sistematizar princípios gerais sobre o conteúdo, a força jurídica, o exercício ou outros aspetos do regime dos direitos fundamentais: Constituições alemã federal (arts. 1.º, 18.º e 19.º), indiana (arts. 13.º, 14.º e 32.º), grega (arts. 4.º, 5.º e 25.º), espanhola (arts. 53.º, 54.º e 55.º), brasileira (art. 5.º), colombiana (arts. 85.º e 94.º), a cabo-verdiana (arts. 22.º e segs.), a polaca (arts. 30.º e segs. e 77.º e segs.), a timorense [arts. 6.º, alínea *j*) e 16.º, n.º 2], a moçambicana (arts. 35.º e 36.º) a santomense (art. 15.º, n.º 2) ou a angolana (art. 21.º).

Naturalmente, o alcance dessas fórmulas tem de ser descoberto no contexto sistemático das Constituições. Se elas são de per si de grande importância, não se dissociam dos restantes princípios estruturadores dos ordenamentos constitucionais. E é aí, muito mais que no católogo maior ou menor dos direitos proclamados, que se encontra o núcleo da problemática dos direitos fundamentais.

> Vejam-se certos preceitos da Constituição federal alemã: «A dignidade da pessoa humana é sagrada. Todos os agentes da autoridade pública têm o dever absoluto de a respeitar e proteger» (art. 1.º, n.º 1); «Os direitos fundamentais aqui enunciados constituem preceitos jurídicos diretamente aplicáveis que vinculam os poderes legislativos, executivo e judicial» (art. 1.º, n.º 3); «Sempre que a presente Lei Fundamental admitir a limitação de um direito fundamental por lei ordinária ou em aplicação de lei ordinária, esta deverá ser geral» (art. 19.º, n.º 1).
>
> E comparem-se com disposições homólogas da Constituição da antiga República Democrática Alemã: «O respeito e a proteção da dignidade e da liberdade da pessoa são comandos que se impõem a todos os órgãos do Estado, a todas as forças sociais e a todos os cidadãos» (art. 19.º, n.º 2); «O princípio da inviolabilidade do ser humano e da sua liberdade somente pode ser restringido em caso de ação punível ou de tratamento médico; e estas limitações devem ser estritamente definidas pela lei. Os direitos dos cidadãos só podem ser limitados na medida em que as disposições legais o permitam e por virtude de imperiosos motivos» (art. 30.º, n.º 2).
>
> Os resultados práticos não eram, contudo, idênticos, como se sabe.

V – Uma especificação do critério anterior é o critério da tutela jurisdicional.

Em regra, no Estado moderno a forma mais idónea de garantia dos direitos fundamentais e dos direitos em geral consiste na intervenção dos tribunais, e algumas Constituições declaram-na expressamente. Outras, porém, permitem ou podem ser interpretadas como permitindo que a lei ordinária não a preveja quanto a certas situações ou quanto a certos direitos.

Entre várias, encontram-se cláusulas gerais de tutela jurisdicional nas Constituições da República Federal da Alemanha (art. 19.º, n.º 4), da Índia (art. 32.º), da Grécia (art. 20.º), da Espanha (art. 53.º, n.º 2), da Holanda (art. 17.º), do Brasil (art. 5.º, n.os 69, 70 e 71), da Colômbia (art. 86.º), de Cabo Verde (art. 29.º), da República Checa (art. 4.º), da Rússia (art. 46.º) [354], de Timor (art. 26.º), de Moçambique (art. 62.º), de São Tomé e Príncipe (art. 20.º), ou de Angola (art. 29.º).

VI – Os direitos fundamentais estão necessariamente sujeitos a limites e a restrições, ainda que de natureza e grau muito diversos. Não há liberdades absolutas; elas aparecem, pelo menos, limitadas pela necessidade de assegurar as liberdades dos outros. O que varia é, sim, o sentido dos limites.

A prescrição expressa de uma cláusula geral de limites aos direitos – nomeadamente, aos direitos, liberdades e garantias e, entre todos, às liberdades públicas, perante as quais o problema se põe com a máxima gravidade – pode ser por si só reveladora de uma intenção de compressão. Mas pode ela não existir, e, apesar disso, induzir-se do texto constitucional ou das finalidades do regime político idêntico alcance. Vice-versa, pode uma cláusula geral ser formulada de tal sorte que impeça precisamente a subversão dos direitos na prática.

Decisivo é saber qual a função relativa dos limites e dos direitos à face da Constituição: se são os direitos que se encontram funcionalizados aos limites e às restrições, ou se são os limites e as restrições que se encontram funcionalizados aos direitos [355]; e, em definitivo, mais do que à leitura dos textos cabe à realidade constitucional patentear o alcance efetivo das cláusulas

---

[354] E também se encontravam nas Constituições da ex-Jugoslávia (art. 203.º) e da União Soviética (art. 58.º, n.º 2).

[355] Sobre o problema em geral, cfr. Georges Vlachos, *op. cit., loc. cit.*, págs. 333 e 347 e segs.; Pontes de Miranda, *op. cit.*, págs. 306 e segs.; ou Luis Aguiar de Luque, *Los limites de les derechos fundamentales*, in *Revista del Centro de Estudios Constitucionales*, n.º 14, janeiro-abril de 1993, págs. 91 e segs.

DIREITOS FUNDAMENTAIS

correspondentes, com as consequências necessárias no plano dos regimes – autoritários e totalitários na primeira hipótese, liberais na segunda.

Há Constituições que funcionalizam os direitos ao limites – que submetem o exercício dos direitos, mormente o exercício das liberdades, a fins transcendentes às pessoas, sejam fins coletivos (a nação, o proletariado, a raça, os interesses da sociedade simplesmente) ou os fins de cultura (segundo a distinção, atrás citada, de RADBRUCH). Outras Constituições funcionalizam os limites aos direitos – quer dizer, entendem que a existência de limites não se justifica por si só, justifica-se pela necessidade de assegurar a convivência de todos os indivíduos e grupos numa sociedade livre.

Já falámos no assunto a respeito dos deveres fundamentais [356]

> Exemplos de cláusulas funcionalizadoras dos direitos aos limites: «Toda a pessoa, natural ou jurídica, é responsável pela *segurança nacional*, nos termos da lei» (art. 86.º da Constituição brasileira de 1967-1969); «Em conformidade com os interesses do povo e a fim de *fortalecer e desenvolver o regime socialista* são garantidos aos cidadãos da URSS as liberdades de palavra, de imprensa, de reunião, de comércio, de desfile e manifestação na rua» (art. 50.º da Constituição soviética de 1977). «No exercício das suas liberdades e dos seus direitos os cidadãos da República Popular da China não podem ofender os *interesses do Estado, da sociedade ou da coletividade ou as legítimas* liberdades e direitos dos outros cidadãos» (art. 51.º da Constituição chinesa).
>
> Exemplo de cláusula funcionalizadora dos limites aos direitos: «O exercício dos direitos naturais de cada homem não tem por limites senão os que asseguram aos outros membros da sociedade o gozo dos mesmos direitos» (art. 4.º, 2.ª parte, da Declaração dos Direitos do Homem e do Cidadão). E também as Constituições alemã (arts. 1.º e 19.º), portuguesa (art. 18.º, n.ᵒˢ 2 e 3), cabo-verdiana (art. 17.º, n.ᵒˢ 4 e 5), santomense (art. 11.º, n.º 2), angolana (art. 28.º, n.º 1)[357]

---

[356] Alguma dificuldade suscitam – por se prestarem a equívocos – certas normas destinadas a reprimir o abuso de certos direitos fundamentais e que, por essa via, encerram limites: «Quem abusar da liberdade de expressão das opiniões, em particular por meio da imprensa, da liberdade de ensino, da liberdade de reunião, da liberdade de associação, do sigilo da correspondência, das comunicações postais e das telecomunicações, do direito de propriedade ou do direito de asilo, para combater a ordem constitucional liberal e democrática, poderá ser privado do exercício destes direitos fundamentais» (art. 18.º da Constituição alemã federal). Citem-se outrossim o art. 25.º, n.º 3, da Constituição grega e o art. 55.º, n.º 2, da Constituição espanhola.

[357] Para maior desenvolvimento na comparação das Constituições dos Estados de língua oficial portuguesa, v. JORGE MIRANDA e E. KAFFT KOSTA, *As Constituições dos Estados de língua portuguesa*, Curitiba, 2013.

CAPÍTULO I - RELANCE COMPARATIVO

46. Comparação das Constituições portuguesas

I – Há uma dupla contraposição nas Constituições portuguesas[358] acerca dos direitos fundamentais: entre Constituições liberais individualistas (as de 1822, 1826, 1838 e 1911) e Constituições de intenções sociais (as de 1933 e 1976) e entre Constituições liberais, politicamente (as quatro primeiras e a de 1976) e Constituição autoritária (a de 1933).

II – Em Portugal, os direitos fundamentais têm sido sempre consignados na Constituição instrumental, nunca foi adotada a técnica das declarações de direitos.

Todavia, a Constituição de 1976 acrescenta a referência à Declaração Universal dos Direitos do Homem (art. 16.º, n.º 2), nos termos que adiante serão explicados. Logo, hoje os direitos fundamentais em sentido formal, entre nós, tanto aparecem na Constituição instrumental como numa declaração de direitos.

III – As Constituições de 1822, de 1838, de 1911 e de 1976 consagram aos direitos fundamentais uma grande divisão dos respetivos textos, ao passo que a Carta Constitucional e a Constituição de 1933 lhes consagram *ex professo* apenas, cada uma, um único longo artigo (embora contenham outros direitos noutros lugares).

A Constituição de 1822 abre com um título I respeitante aos «Direitos e deveres individuais dos Portugueses» (arts. 1.º a 19.º). Fazendo-o antes de tratar (no título II) da «Nação Portuguesa, seu Território, Governo, Religião e Dinastia», está, de certo jeito, a fazer correspondê-lo à Declaração dos Direitos do Homem e do Cidadão de 1789, precedente, por seu lado (lógica e cronologicamente), da primeira Constituição francesa. Nenhuma outra Constituição adota idêntico esquema.

---

[358] Cfr. LOPES PRAÇA, *op. cit.,* I, págs. 22 e segs.; TRINDADE COELHO, *Manual Político do Cidadão Português,* 2.ª ed., Porto, 1908, págs. 23 e segs., 261 e 401 e segs.; MARNOCO E SOUSA, *Comentário,* cit., págs. 32 e segs.; PEREIRA DOS SANTOS, *La Constitution Sociale et Politique Portugaise,* 2.ª ed., Paris-Porto, 1940, págs. 65 e segs.; MIGUEL GALVÃO TELES, *Direito Constitucional Português Vigente – Sumários Desenvolvidos,* policopiado, Lisboa, 1971, págs. 108 e segs.; PEDRO SOARES MARTINEZ, *As liberdades fundamentais e a revisão constitucional,* Lisboa, 1971; AFONSO QUEIRÓ, *Revisão Constitucional de 1971 – Pareceres da Câmara Corporativa,* Coimbra, 1972, págs. 45 e segs.; MARCELLO CAETANO, *Manual de Ciência Política e Direito Constitucional,* 6.ª ed., II, Lisboa, 1972, págs. 514 e segs.; JORGE MIRANDA, *Ciência Política...,* cit., II, págs. 211 e segs.; JOSÉ DE MAGALHÃES GODINHO, *Liberdades e garantias individuais,* Lisboa, 1973; JORGE BACELAR GOUVEIA, *Os direitos fundamentais atípicos,* Lisboa, 1995, págs. 253 e segs.; JOSÉ DE MELO ALEXANDRINO, *A estruturação...,* cit., I, págs. 311 e segs.; JORGE MIRANDA, *Manual ...,* I, 2, Coimbra, 2015.

DIREITOS FUNDAMENTAIS

Não pouco relevo também ocupam os «Direitos e garantias dos Portugueses» na Constituição de 1838 (título II, arts. 9.º a 33.º); menor os «Direitos civis e políticos» na Carta Constitucional (art. 145.º) e os «Direitos e garantias individuais» na Constituição de 1911 (título II, arts. 3.º e 4.º) e na Constituição de 1933 (art. 8.º); máximo os «Direitos e deveres fundamentais» na Constituição de 1976 (parte I, arts. 12.º a 79.º) [359].

O lugar dos direitos fundamentais sofre variações. Eles ficam:

- na Constituição de 1822, no título I, pelas razões prováveis acabadas de salientar;
- na Carta, no título VIII, o último do texto, com a rubrica «Das disposições gerais, e garantias dos direitos civis e políticos dos cidadãos portugueses»;
- na Constituição de 1838, no título III (após um título I, sobre a «Nação Portuguesa, seu território, religião, governo e dinastia», e um título II, sobre os «Cidadãos Portugueses»);
- na Constituição de 1911, no título II (após um título I, «Da forma do governo e do território da Nação Portuguesa»);
- na Constituição de 1933, no título II («Dos cidadãos») da parte I, que trata «Das garantias fundamentais» (após um título I sobre a «Nação Portuguesa»);
- na Constituição de 1976, abrangendo toda a parte I, mas havendo antes «Princípios Fundamentais».

Tirando os casos extremos das duas primeiras Constituições (que colocam os direitos fundamentais ou no início ou no fim dos respetivos textos), verifica-se que nas outras quatro os direitos fundamentais aparecem imediatamente a seguir às normas definidoras da estrutura do Estado (do Estado-comunidade e do Estado-poder) e antes das normas respeitantes à organização política.

No que tange à organização económica, a posição relativa dela e dos direitos fundamentais só é significativa nas duas últimas Constituições, não nas Constituições liberais. Em ambas, os direitos fundamentais antecedem a organização económica (títulos II e VIII da parte I, na Constituição de 1933; partes I e II, na Constituição de 1976).

IV – Olhando às categorias de direitos previstos, a grande contraposição faz-se entre as Constituições de 1822, 1826, 1838 e 1911 e as Constituições de 1933 e 1976.

---

[359] É interessante observar a variação de terminologia ao longo das Constituições.

CAPÍTULO I – RELANCE COMPARATIVO

Naquelas, estavam prenunciados, pelo menos, dois direitos sociais – o direito à educação [360] e o direito à assistência [361] – mas tudo assentava nos direitos, liberdades e garantias e expressamente se proclamava uma trilogia de liberda-de-segurança-propriedade [362].

Nestas, a par dos direitos, liberdades e garantias, avultam direitos sociais. Relativamente poucos e dispersos na Constituição de 1933 (o direito ao trabalho no art. 8.º, n.º 1-A, após 1951; a proteção da família no art. 13.º, depois 14.º; a associação do trabalho à empresa no art. 36.º; o direito à educação e à cultura nos arts. 42.º e 44.º). Objeto de divisão específica na Constituição de 1976 (título III da parte I, onde, no entanto, sob a rubrica de «Direitos económicos, sociais e culturais», se encontram quer direitos sociais quer alguns direitos, liberdades e garantias ou direitos análogos.

Além disso, numa e noutra, tende-se a separar a propriedade da liberda-de: na Constituição de 1933, garantindo-se a propriedade no art. 8.º, n.º 15, e falando-se na sua função social no art. 35.º; e na Constituição de 1976, deslocan-do-se a propriedade para o título dos direitos económicos, sociais e culturais (art. 62.º).

V – Quarto critério de comparação concerne as cláusulas gerais a que estão sujeitos os direitos fundamentais. A sua existência ou não é sinal de maior ou menor apuramento do respetivo regime jurídico.

Afora o princípio da igualdade, as três Constituições oitocentistas não as contêm. As Constituições de 1911 e de 1933 muito poucas: além da igualdade, a não tipicidade dos direitos fundamentais, já atrás referida, no art. 4.º da primei-ra e no art. 8.º, § 1.º, 1.ª parte, da segunda; a proibição de suspensão, salvo nos casos expressamente previstos na Constituição no art. 3.º, n.º 38, da primeira e no art. 10.º da segunda; uma regra sobre limites no art. 8.º, § 1.º, 2.ª parte, da Constituição de 1933. Pelo contrário, a Constituição de 1976 autonomiza um título de «Princípios gerais», se bem que aí haja de discernir mais de uma categoria de princípios.

VI – Quinto critério é o da tutela jurisdicional.

Como princípio geral, ela, porém, só aparece no art. 20.º da Constituição vigente – o que não quer dizer, naturalmente, que em todas as anteriores os

---

[360] Constituição de 1822, arts. 237.º e 238.º; Carta, art. 145.º, §§ 30.º e 32.º; Constituição de 1838, art. 28.º, I e II; Constituição de 1911, art. 3.º, n.º 11.

[361] Constituição de 1822, art. 239.º; Carta, art. 145.º, § 31.º; Constituição de 1838, art. 28.º--III.

[362] Arts. 1.º, 145.º (corpo) e 3.º (corpo) das Constituições de 1822, 1826 e 1911 e ainda art. 23.º da Constituição de 1838.

DIREITOS FUNDAMENTAIS

tribunais não desempenhassem um papel relevantíssimo e que não deva esquecer ter-se consagrado em 1971 o direito de recurso contencioso contra atos administrativos ilegais (novo n.º 21 do art. 8.º da Constituição de 1933).

VII – A única Constituição com um preceito geral sobre limites ao exercício dos direitos é a de 1933, cujo art. 8.º, § 1.º, 2.ª parte, estipula que os cidadãos deverão sempre «fazer uso deles sem ofensa dos direitos de terceiros, nem lesão dos interesses da sociedade ou dos princípios da moral».

Esta cláusula não se apresentaria necessariamente funcionalizadora dos direitos a fins transcendentes. Mas foi-o, sem dúvida, conjugada com outras disposições conforme atrás se mostrou.

47. Os direitos fundamentais na Constituição de 1976

I – Os direitos fundamentais ocupam um lugar eminente na Constituição de 1976, por razões históricas bem conhecidas: a resposta ao regime autoritário anterior e os confrontos ideológicos de 1975, terminados com o triunfo da Assembleia Constituinte sobre o processo revolucionário; e uma Assembleia Constituinte com uma larga maioria identificada com o Estado social de Direito (mesmo se esta expressão nunca foi utilizada)[363].

Isso tornou-se logo patente na proclamação da dignidade da pessoa humana como base da República (art. 1.º) e na sistematização do texto, com precedência dos direitos fundamentais em face da organização económica e da organização política.

Não deixou, entretanto, a Constituição de sofrer a influência de Constituições contemporâneas de outros Estados: da Constituição alemã (art. 1.º) quanto àquela proclamação e quanto ao regime dos direitos, liberdades e garantias (art. 18.º), em grande parte extensível, como veremos, aos direitos sociais; e da Constituição italiana e das de alguns Estados da Europa oriental, quanto a estes direitos.

---

[363] Cfr. os projetos de Constituição dos seis partidos representados na Assembleia in *Diário da Assembleia Constituinte*, suplemento ao n.º 134, págs. 280(66) e segs. e suplemento ao n.º 16, págs. 358(96) e segs.; e com correções, de novo, *Diário*, suplemento ao n.º 25, págs. 634(1) e segs.

CAPÍTULO I – RELANCE COMPARATIVO

II – O regime dos direitos, liberdades e garantias segue, no essencial, o da Constituição alemã de 1949 (art. 1.º, n.º 3)[364]:

- Aplicabilidade imediata dos preceitos respeitantes aos direitos, liberdades e garantias;
- Vinculação das entidades públicas;
- Caráter geral e abstrato das leis restritivas;
- Respeito do conteúdo essencial dos preceitos constitucionais.

A Constituição acrescentaria a vinculação das entidades privadas.

III – Notas distintivas importantíssimas são também:

- A interpretação e a integração dos preceitos constitucionais e legais relativos a direitos fundamentais de harmonia com a Declaração Universal dos Direitos do Homem[365];
- Em vez da simples enumeração dos direitos, a explicitação das faculdades principais neles compreendidas nos direitos, liberdades e garantias e das incumbências do Estado (e da sociedade) para a efetivação dos direitos sociais.

IV – Não menos importantes vêm a ser ainda:

- O princípio da universalidade dos direitos (art. 12.º) e o princípio da equiparação de direitos e deveres de portugueses e estrangeiros em Portugal (art. 15.º, n.º 1);
- O regime muito limitativo da suspensão de direitos, liberdades e garantias em estado de sítio ou em estado de emergência (art. 19.º);

---

[364] Antecedentes doutrinários entre nós, AFONSO RODRIGUES QUEIRÓ e A. BARBOSA DE MELO, *A liberdade de empresa e a Constituição*, in *Revista de Direito e de Estudos Sociais*, julho-dezembro de 1967, pág. 237; MIGUEL GALVÃO TELES, *Direito Constitucional – Sumários Desenvolvidos relativos ao título II da parte III (Curso de Direito Constitucional vigente)*, 1970-1971, policopiados, impressos em *Revista da Faculdade de Direito da Universidade de Lisboa*, 2011, pág. 76; JORGE MIRANDA, *Liberdade de reunião*, in *Scientia Juridica*, 1971, pág. 4 e *Inviolabilidade do domicílio*, in *Revista de Direito e de Estudos Sociais*, 1974, pág. 400. Antecedente político: projeto de revisão constitucional n.º 6/X, de 1970.

[365] Cfr. Constituições de Timor (art. 23.º), de Moçambique (art. 43.º), de São Tomé e Príncipe (art. 18.º, n.º 2) e de Angola (art. 28.º, n.ºˢ 1 e 2).

DIREITOS FUNDAMENTAIS

- A responsabilidade civil do Estado e das demais entidades públicas, em forma solidária com os titulares dos seus órgãos, funcionários ou agentes, por ações ou omissões praticadas no exercício das suas funções e por causa desse exercício, de que resulte violação dos direitos, liberdades e garantias ou prejuízo para outros (art. 22.º);
- A constitucionalização do *Ombudsman*, do Provedor de Justiça (art. 24.º, hoje 23.º) [366];
- A vedação absoluta da pena de morte (art. 25.º, n.º 2, hoje 24.º, n.º 2, retomando a Constituição de 1911 até 1916) [367] e consequente vedação da extradição quando essa pena exista no Estado requisitante (art. 22.º, n.º 3, hoje 33.º, n.º 6);
- O rigor posto nas garantias de Direito e de processo penal (arts. 27.º e segs.);
- A consagração do direito de asilo (art. 26.º, hoje 33.º, n.º 8);
- As garantias respeitantes à utilização da informática (art. 35.º);
- A igualdade de direitos na família (art. 36.º, n.ᵒˢ 3 e 4);
- A preocupação com o pluralismo na comunicação social (arts. 38.º e 39.º);
- A previsão de direito de antena na rádio e na televisão (art. 40.º);
- O sufrágio universal (art. 48.º, hoje 49.º);
- A segurança no emprego, sendo proibidos despedimentos sem justa causa ou por motivos políticos ou ideológicos (art. 52.º, hoje 53.º);
- Os direitos dos trabalhadores e das suas comissões e associações (arts. 55.º a 57.º, hoje 54.º a 56.º, e art. 60.º, hoje 59.º);
- O Serviço Nacional de Saúde (art. 64.º, n.º 2);
- O direito ao ambiente (art. 66.º) [368];
- Os direitos dos cidadãos portadores de deficiências (art. 71.º);
- A constitucionalização dos direitos dos administrados (art. 268.º, n.º 3, hoje 267.º, n.º 5 e art. 269.º, n.ᵒˢ 1 e 2, hoje 268.º, n.ᵒˢ 1 a 5);
- Os direitos fundamentais como limites materiais de revisão constitucional [art. 290.º, hoje 288.º, alíneas *d*), *e*), *i*) e *j*)].

V – Apesar de tudo, a Constituição, no início, não era imune a discrepâncias e desvios em face dos seus princípios:

---

[366] Cfr. Constituições de Cabo Verde (art. 253.º), de Timor (art. 27.º) e de Angola (art. 192.º).

[367] Cfr. Constituições de Cabo Verde (art. 27.º, n.º 2), da Guiné-Bissau (art. 36.º, nº 1), de Timor (art. 36.º, n.º 1), de Moçambique (art. 44.º, n.º 2), de São Tomé e Príncipe (art. 22.º, n.º 2) e de Angola (art. 59.º).

[368] Cfr. JORGE MIRANDA, *O meio ambiente e a Constituição*, in *Revista da Faculdade de Direito da Universidade do Porto*, 2013, págs. 181 e segs.

CAPÍTULO I - RELANCE COMPARATIVO

- Normas ideológico-proclamatórias – não muitas, não mais que 10 ou 15 – de sentido marxista, como o art. 1.º, n.º 1 (falando em "construção de uma sociedade sem classes"), o art. 2.º, n.º 3 e, sobretudo, o art. 50.º, considerando a apropriação coletiva dos principais meios de produção uma das "garantias e condições" de efetivação dos direitos económicos, sociais e culturais;
- Proibição de organizações de ideologia fascista (art. 46.º, n.º 4), contra o princípio pluralista (art. 2.º);
- Possibilidade de a lei determinar que as expropriações de latifundiários e de grandes proprietários e empresários ou acionistas não dessem lugar a qualquer indemnização (art. 82.º, n.º 2), contra o princípio da indemnização por expropriação (art. 62.º, n.º 2);
- Receção da Lei n.º 8/75, de 25 de julho, de incriminação e julgamento dos agentes e responsáveis da PIDE/DGS (art. 309.º, depois, 294.º, depois 292.º), contra o princípio da não retroatividade de lei penal incriminadora (art. 29.º, n.º 2).

Para alguns Autores, estas duas normas seriam normas constitucionais inconstitucionais[369].

Todavia, quanto às normas ideológico-proclamatórias sempre as considerámos secundárias no contexto da Constituição e sempre afirmámos a prevalência do conteúdo sobre a forma. Desapareceram todas nas revisões constitucionais de 1982 e 1989.

Quanto à proibição de organizações de ideologia fascista[370], também sempre entendemos que deveria ser delimitada cuidadosamente como norma restritiva do direito de associação[371]; nem ela teve alguma vez de ser aplicada.

Quanto à norma sobre expropriações, foi revogada logo na primeira revisão constitucional.

E, quanto à norma sobre os agentes e responsáveis da polícia política do anterior regime caducou há muito por esgotamento do seu âmbito de aplicação ou por prescrição do procedimento criminal (art. 118.º do Código Penal)[372].

VI – Se a Constituição era, originariamente, já a Constituição europeia com maior número de direitos fundamentais declarados e a que ia mais a fundo

---

[369] V. *Manual* ..., VI, 4.ª ed., Coimbra, 2013, págs. 16 e segs. Mas sempre rejeitámos em tese a inconstitucionalidade de normas constitucionais.

[370] Próxima da disposição transitória XII da Constituição italiana.

[371] *A Constituição de 1976* ..., cit., pág. 388.

[372] *Curso de Direito Constitucional*, I, 2, Lisboa, 2016, pág. 271.

DIREITOS FUNDAMENTAIS

na definição do respetivo regime, algumas das revisões constitucionais ainda precisariam melhor os preceitos e alargariam o catálogo.

Na primeira revisão constitucional, de 1982:

- Deverem as restrições de direitos, liberdades e garantias limitar-se ao necessário para salvaguardar outros direitos ou interesses constitucionalmente protegidos (art. 18.º, n.º 2);
- Não poder haver leis restritivas com efeito retroativa (art. 18.º, n.º 3);
- A constitucionalização do direito à imagem (art. 26.º, n.º 1);
- A explicitação do direito de criação de escolas particulares e cooperativas (art. 43.º, n.º 4);
- A regra do concurso no acesso à função pública (art. 43.º, n.º 2);
- A autonomização de um preceito sobre fruição cultural (art. 78.º).

Na segunda revisão, de 1989:

- A consagração do direito à palavra entre os direitos pessoais (art. 26.º, n.º 2);
- A necessária informação dos cidadãos privados de liberdade acerca dos seus direitos (art. 27.º, n.º 4);
- A referência à preservação dos direitos fundamentais pelas pessoas condenadas a penas ou a medidas de segurança privativas de liberdade, salvas as limitações inerentes ao sentido da condenação e às exigências próprias da respetiva execução (art. 30.º, n.º 5);
- A inserção dos direitos dos consumidores no âmbito dos direitos fundamentais, e não no da organização económica (art. 60.º);
- A garantia de que todo o tempo de trabalho contribui para o cálculo das pensões de velhice e invalidez, independentemente do setor em que tenha sido prestado (art. 63.º, n.º 5);
- A proibição do trabalho de menores em idade escolar (art. 69.º, n.º 3).

Na quarta revisão, de 1997:

- O direito de qualquer cidadão a fazer-se acompanhar por advogado perante qualquer autoridade (art. 20.º, n.º 2);
- A explicitação dos princípios do segredo de justiça (art. 20.º, n.º 3) e de processo equitativo e de decisão jurisdicional em prazo razoável (art. 20.º, n.º 4);
- A constitucionalização do direito ao desenvolvimento de personalidade (art. 26.º, n.º 1)[373];

---

[373] Cfr. art. 2.º da Constituição alemã, art. 48.º da Constituição paraguaia de 1967, art. 5.º da Constituição grega, art. 10.º, n.º 1 da Constituição espanhola, art. 16.º da Constituição

CAPÍTULO I - RELANCE COMPARATIVO

- Para defesa dos direitos, liberdades e garantias pessoais, a criação por lei de procedimentos judiciais caracterizados por prioridade e celeridade (art. 20.º, n.º 5);
- A constitucionalização do direito ao desenvolvimento da personalidade (art. 26.º, n.º 1);
- A garantia da identidade genética do ser humano (art. 26.º, n.º 3);
- A dependência do internamento terapêutico, por anomalia psíquica, de intervenção judicial [art. 27.º, n.º 3, alínea *h*)];
- A afirmação da natureza excecional da prisão preventiva (art. 28.º, n.º 2);
- A proibição de organizações racistas (art. 46.º, n.º 4);
- A referência à conciliação da atividade profissional com a vida familiar [art. 59.º, n.º 1, alínea *b*)] e a atribuição aos pais e às mães de direito de dispensa do trabalho por tempo adequado (art. 68.º, n.º 4);
- A constitucionalização de garantias especiais dos salários (art. 59.º, n.º 3).

VII – A jurisprudência constitucional tem, não menos, dado contributos muito positivos, tais como:

- A densificação do princípio da dignidade da pessoa humana (em matérias como o mínimo económico de existência e a punição do lenocínio);
- A densificação (embora com certa prudência) do princípio da igualdade e a aplicação do princípio a certas situações por meio das sentenças aditivas;
- A densificação do Estado de Direito, através dos princípios da proporcionalidade e da tutela da confiança;
- A explicitação do direito à identidade pessoal;
- A extensão ao ilícito de mera ordenação social e às sanções disciplinares, inclusive em Direito do Trabalho, de alguns dos princípios fundamentais de Direito penal e das garantias de defesa;
- O princípio de igualdade processual das partes;
- O princípio da publicidade dos atos;
- O entendimento dado ao ensino religioso nas escolas públicas;
- O entendimento dado a alguns direitos dos trabalhadores e à segurança social;
- O tratamento dos direitos dos estrangeiros.

colombiana, art. 19.º da Constituição estoniana, art. 1.º, n.º 3, da Constituição russa. Cfr. ROBERT ALEXY, *op. cit.*, págs. 331 e segs.

CAPÍTULO II
O ATUAL SISTEMA PORTUGUÊS
DE DIREITOS FUNDAMENTAIS

48. A Constituição e os direitos fundamentais

I – A parte I da Constituição de 1976 versa sobre «Direitos e deveres fundamentais», ao longo de sessenta e oito arts., por vezes bem extensos. Não esgota, no entanto, a matéria e nem sequer a enumeração dos direitos fundamentais [374].

---

[374] V. o parecer da 2.ª Comissão e as correspondentes declarações de voto, in *Diário*, n.ᵒˢ 30 e 31, de 13 e 14 de agosto de 1975, págs. 785 e segs. e 807 e segs. O texto seria aprovado na generalidade com 2 votos contra e 11 abstenções: v. *Diário*, n.º 33, de 20 de agosto de 1975, pág. 879. V. o parecer da 3.ª Comissão e as declarações de voto, in *Diário*, n.º 43, de 10 de Setembro de 1975, págs. 1213 e segs. O texto seria aprovado com 3 votos contra e 2 abstenções: v. *Diário*, n.º 46, de 13 de Setembro de 1975, pág. 1326.
Sobre o atual sistema constitucional de direitos fundamentais, v. JOÃO DE CASTRO MENDES, *Direitos, liberdades e garantias – alguns aspectos gerais*, cit., *loc. cit.*, I, págs. 93 e segs.; JORGE MIRANDA, *Art. 167.º, alínea c) (Competência legislativa sobre direitos, liberdades e garantias dos trabalhadores)*, ibidem, I, págs. 391 e segs., *A Constituição de 1976*, cit., págs. 303 e segs., *O regime dos direitos, liberdades e garantias*, in *Estudos...*, III, págs. 41 e segs., *Direito Constitucional – Direitos, Liberdades e Garantia*, policopiado, Lisboa, 1980, *Os direitos fundamentais na ordem constitucional portuguesa*, in *Revista Española de Derecho Constitucional*, 1986, págs. 107 e segs., e *Introduction à l'étude des droits fondamentaux*, in *La Justice Constitutionnelle au Portugal*, obra coletiva, Paris, 1989, págs. 161 e segs.; HEINRICH EWALD-HÖRSTER, *O imposto complementar e o Estado de Direito*, in *Revista de Direito e Economia*, 1977, págs. 59 e 92 e segs.; J. J. GOMES CANOTILHO e VITAL MOREIRA, *Constituição...*, cit., 1.ª ed., Coimbra, 1978, págs. 50 e segs., 2.ª ed., I, Coimbra, 1984, págs. 106 e segs., 3.ª ed., 1993, págs. 101 e segs., 4.ª ed., I, págs. 293 e segs., e *Fundamentos da Constituição*, Coimbra, 1991, págs. 93 e segs.; MARCELO REBELO DE SOUSA, *Direito Constitucional*, Braga, 1979, págs. 176 e segs.; J. J. GOMES CANOTILHO, *Ordem constitucional, direitos fundamentais e partidos políticos*,

DIREITOS FUNDAMENTAIS

Em primeiro lugar, porque – sem esquecer o Preâmbulo e os «Princípios fundamentais» – preceitos dispersos nas partes II, III e IV e nas disposições finais e transitórias, em conexão com outras matérias, preveem outros direitos ou interferem mais ou menos diretamente com o exercício dos direitos ali contemplados.

Em segundo lugar, porque o art. 16.º, n.º 2, mandando interpretar e integrar os preceitos constitucionais e legais respeitantes aos direitos fundamentais pela Declaração Universal dos Direitos do Homem, procede à sua receção formal como conjunto de princípios gerais de Direito internacional elevados a princípios de Direito constitucional português[375].

Em terceiro lugar, porque o art. 16.º, n.º 1, estatui que os direitos fundamentais consagrados na Constituição não excluem quaisquer outros constantes das leis e das regras aplicáveis de Direito internacional[376]. Nesse sentido vão também o art. 7.º, n.º 1, ao impor à República o respeito dos direitos do homem nas relações internacionais; o art. 26.º, n.º 1, ao consagrar o direito ao livre desenvolvimento da personalidade, quando seja visto como abrigando uma

in *Nação e Defesa*, n.º 10, abril-junho de 1979, págs. 83 e segs., e *Direito Constitucional*, cit., págs. 243 e segs. e 398 e segs.; ANDRÉ THOMASHAUSEN, *Basic Rights, Liberty, Their Protection under the New Portuguese Constitution of 1976*, in *Human Rights Law Journal*, vol. I, n.os 1-4, 1980, págs. 182 e segs.; BENITO DE CASTRO CID, *op. cit., loc. cit.*, pág. 150; JOÃO CAUPERS, *Os direitos fundamentais dos trabalhadores e a Constituição*, cit.; FRANCISCO LUCAS PIRES, *Teoria da Constituição de 1976 – A transição dualista*, Coimbra, 1988, págs. 341 e segs.; JOSÉ MANUEL CARDOSO DA COSTA, *A hierarquia das normas constitucionais...*, cit.; JOSÉ CASALTA NABAIS, *Os direitos fundamentais...*, cit.; PAULO OTERO, *O poder de substituição em Direito administrativo*, Coimbra, 1995, págs. 586 e segs.; PAULO FERREIRA DA CUNHA, *Teoria...*, II, cit., págs. 245 e segs.; RUI MEDEIROS, *O Estado de direitos fundamentais português: alcance, limites e desafios*, in *Anuário Português de Direito Constitucional*, II, 2002, págs. 23 e segs.; JOSÉ DE MELO ALEXANDRINO, *A estruturação...*, cit., 2 vols., Coimbra, 2006; JOSÉ CARLOS VIEIRA DE, ANDRADE, *Os direitos...*, cit., págs. 73 e segs.; JORGE BACELAR GOUVEIA, *op. cit.*, II, págs. 935 e segs.; MANUEL AFONSO VAZ *et alii*, *Direito constitucional – O sistema constitucional português*, 2.ª ed., Porto, 2015, págs. 197 e segs. Numa perspetiva de política constitucional, v. PEDRO SOARES MARTINEZ, *Comentários à Constituição Portuguesa de 1976*, Lisboa, 1978, págs. 27 e segs.; MANUEL DE LUCENA, *O Estado da Revolução – A Constituição de 1976*, Lisboa, 1978, págs. 105 e segs.; JORGE MIRANDA, *Um projeto de revisão constitucional*, Coimbra, 1980, págs. 24 e segs.; ANTÓNIO BARBOSA DE MELO, JOSÉ MANUEL CARDOSO DA COSTA e JOSÉ CARLOS VIEIRA DE ANDRADE, *op. cit.*, págs. 37 e segs.

[375] V. *Manual...*, II, cit., págs. 37 e segs.

[376] V. ainda uma referência a lei no primeiro texto do art. 17.º e no art. 230.º, alínea *a*) (suprimido em 1997).

CAPÍTULO II – O ATUAL SISTEMA PORTUGUÊSDE DIREITOS FUNDAMENTAIS

série de direitos de liberdade inominados [377]; o art. 32.º, n.º 1, sobre garantias de defesa dos arguidos; e o art. 48.º, n.º 1, sobre o direito de participação política dos cidadãos.

II – Direitos fundamentais em sentido formal não são apenas os constantes do catálogo da parte I do texto constitucional (arts. 12.º a 79.º) ou outros direitos como tais nominados (*v. g.*, os do art. 268.º). São todos aqueles que estejam consignados em quaisquer normas da Constituição formal, a qual abrange tanto a Constituição instrumental como a Declaração Universal: o lugar não infirma a natureza dos direitos, ainda que o alcance de direitos situados nas partes II, III ou IV ou nas «disposições finais e transitórias», possa ser afetado pela sua relativa acessoriedade relativamente a outros institutos. Da mesma maneira, há normas não inseridas no título I dessa parte que se projetam sobre o conteúdo (*v. g.*, o art. 295.º) ou sobre o regime de direitos fundamentais [*v. g.*, os arts. 161.º, alínea *i*), 165.º, n.º 1, alínea *b*), e 270.º].

Já os direitos fundamentais decorrentes da lei e de regras de Direito internacional são direitos fundamentais em sentido material (conforme dissemos já), e não em sentido formal. Embora no conjunto do ordenamento desempenhem uma função substantiva idêntica ou análoga, não beneficiam das garantias inerentes às normas constitucionais: a rigidez ligada à revisão constitucional e a fiscalização da constitucionalidade.

49. O tratamento sistemático dos direitos

I – A Constituição divide os direitos fundamentais em direitos, liberdades e garantias e em direitos económicos, sociais e culturais, a que correspondem o título II eo título III da sua parte I.

A designação complexa *direitos, liberdades e garantias* não é corrente no estrangeiro [378]. Ela traduz bem direitos que envolvem direitos de liberdade, garantias, direitos políticos [379] e os esforços em favor do alargamento e do

---

[377] PAULO MOTA PINTO, *O direito ao livre desenvolvimento da personalidade...*, cit., *loc. cit.*, pág. 207.
[378] Fala-se sobretudo em *liberdades públicas* ou em *direitos de liberdade*.
[379] No direito à vida, parece sobressair o elemento direito; contudo, igualmente aí aparece o elemento de garantia, o qual se traduz, nomeadamente, na proteção penal. Relativamente à liberdade de imprensa é o elemento liberdade que está mais presente, mas encontram-se

DIREITOS FUNDAMENTAIS

fortalecimento dos direitos fundamentais na revisão constitucional de 1971 e na Constituição de 1976 [380]. Quanto à designação *direitos económicos, sociais e culturais*, ela corresponde às categorias genéricas dos direitos sociais.

Seja como for, independentemente da terminologia, a bifurcação assim aberta dos direitos fundamentais encontra-se, duma maneira ou doutra, em quase todas as Constituições feitas após a primeira guerra mundial ou, pelo menos, na legislação ordinária de quase todos os países; e a nível internacional, está patente nos dois Pactos de 1966 – Pacto de Direitos Económicos, Sociais e Culturais e Pacto de Direitos Civis e Políticos – ou na Convenção Europeia dos Direitos do Homem e das Liberdades Fundamentais e na Carta Social Europeia.

Este dualismo oferece-se irrecusável. Todavia, coerentemente com o que escrevemos sobre direitos de liberdade e direitos sociais, sempre temos recusado fazer dele um contraste radical [381] e temos afirmado a unidade do sistema como pedra angular da Constituição.

II – Na versão inicial da Constituição, o critério subjacente à distinção era um critério misto, na confluência de elementos subjetivos, elementos objetivos e elementos estruturais, explicável por razões históricas bem conhecidas.

Os direitos, liberdades e garantias eram, antes de mais, pensados como direitos do homem e de todos os homens e, na perspetiva do Estado democrático, como direitos do cidadão e de todos os cidadãos. Abrangiam, depois, a totalidade dos direitos pessoais e os mais importantes dos direitos políticos, a que se

também direitos positivos e garantias. O direito de resistência é uma garantia, porque instrumental relativamente à defesa de outros direitos, mas não deixa de ser (sob certa ótica) um direito autónomo. O direito à greve é, simultaneamente, um direito, uma liberdade e uma garantia; começou por sobressair apenas como algo de lícito, depois como liberdade e hoje é um verdadeiro direito *stricto sensu*. Os direitos políticos, se, por um lado, têm um sentido de direitos, são também (como já dissemos) a garantia dos demais direitos, só têm sentido quando exercidos em liberdade (*maxime* o sufrágio) e alguns são mesmo configuráveis como liberdades (*v.g.*, a liberdade de formação de partidos políticos).
Cfr. JOÃO DE CASTRO MENDES, *op. cit.*, *loc. cit.*, pág. 109; A. MONTEIRO FERNANDES, *Reflexões sobre a natureza do direito à greve*, in *Estudos sobre a Constituição*, obra coletiva, II, págs. 321 e segs.; J. J. GOMES CANOTILHO e VITAL MOREIRA, *Constituição da República Portuguesa Anotada*, 3.ª ed., Coimbra, 1993, págs. 110 e segs.

[380] A expressão remonta, porém, à revisão constitucional de 1951, que alterou o corpo do art. 8.º da Constituição de 1933.

[381] *A Constituição...*, pág. 339.

CAPÍTULO II – O ATUAL SISTEMA PORTUGUÊSDE DIREITOS FUNDAMENTAIS

ajuntavam alguns direitos sociais não económicos. Tinham estrutura, uns de direitos de existência, outros de liberdade, outros de direitos de participação, outros ainda de garantias. O que os aproximava e os conglobava numa unidade parecia ser a ideia de liberdade, de liberdade civil e política.

E essa unidade – que se manifestava logo na não divisão em capítulos do título II, ao invés do que sucedia com o título III – significava que, para a Lei Fundamental, o homem e o cidadão surgiam identificados e dotados de todos esses direitos. Todo o homem era tomado como cidadão e todo o cidadão era pessoa.

Não menos heterogéneo era o grupo dos direitos económicos, sociais e culturais. Se aí se concentravam os direitos dos trabalhadores e, se em alguns dos outros direitos avultava uma perspetiva laboralista ou trabalhista [382], este desiderato só em parte se realizava. O título III abrangia direitos comuns e direitos particulares; no seu âmbito recaíam todos os direitos económicos, mas nem todos os direitos sociais e culturais; e podia ainda aí discernir-se, quanto à estrutura, direitos, liberdades e garantias dos cidadãos, direitos, liberdades e garantias dos trabalhadores, direitos sociais de todas as pessoas, direitos sociais de determinadas categorias de pessoas e direitos sociais dos trabalhadores [383].

A circunstância de Portugal se encaminhar tão tardiamente para um Estado social de Direito explicava a acentuação (à primeira vista, de cunho oitocentista) de dois núcleos de direitos – de liberdades e de direitos dos trabalhadores: o País emergia de um regime autoritário que tinha negado ou fortemente reduzido muitos destes e daqueles direitos. E as vicissitudes do processo revolucionário e constituinte justificavam uma especialíssima atenção aos direitos, liberdades e garantias: perante as ameaças e os perigos que corria a democracia pluralista, a Assembleia Constituinte procurou conferir-lhes um tratamento inequívoco, firme e seguro e, daí, quer o regime dos arts. 18.º e segs., quer, entre outros, o estatuto constitucional da liberdade de imprensa (arts. 37.º e segs.) ou da liberdade de associação sindical (art. 57.º, inicial; hoje 55.º).

O compromisso constituinte, manifestado na conjugação de elementos liberais e de elementos socialistas de diferentes matrizes e com direitos de variados tipos, não impedia, pois, o primado dos direitos, liberdades e garantias – um primado *ab origine* conexo com o primado da democracia (política) sobre todos os propósitos de modificação da ordem económica e social [384].

---

[382] Por exemplo, a segurança social: cfr. ANTÓNIO DA SILVA LEAL, *O direito à segurança social*, in *Estudos sobre a Constituição*, obra coletiva, II, Lisboa, 1978, págs. 359 e segs.

[383] Assim, JORGE MIRANDA, *A Constituição de 1976*, cit., págs. 334 e segs. Algo diferentemente, JOÃO DE CASTRO MENDES, *op. cit., loc. cit.*, págs. 103 e segs. (de novo).

[384] V. *A Constituição de 1976*, cit., págs. 379 e segs. e 538 e segs.

DIREITOS FUNDAMENTAIS

III – A primeira revisão constitucional (1982) foi realizada em época de maior serenidade, já de consolidação do regime, e em que foi também possível contar com os dados da jurisprudência dos órgãos de fiscalização da constitucionalidade [385].

Como se se tivesse finalmente concluído o processo histórico europeu de comunicação entre direitos de liberdade e direitos dos trabalhadores e entre direitos sociais e direitos de todos os homens (ou como se ele tivesse decorrido entre nós no breve período de 1976 a 1982), adotou-se agora um critério primacialmente estrutural de distinção, embora com resquícios de outros fatores.

Deslocaram-se, por conseguinte, para o título II quase todos os direitos, liberdades e garantias dos trabalhadores – segurança no emprego, criação de comissões de trabalhadores, liberdade sindical, direitos das comissões de trabalhadores e das associações sindicais, direito à greve e proibição do *lock-out*[386]; e também um indiscutível direito, liberdade e garantia de todos os cidadãos, a liberdade de escolha de profissão ou género de trabalho (novo art. 47.º, n.º 1; antes art. 51.º, n.º 3). Ao mesmo tempo, dividiu-se o título em três capítulos: de direitos, liberdades e garantias pessoais (arts. 24.º a 47.º), de direitos, liberdades e garantias de participação política (arts. 48.º a 52.º) e de direitos, liberdades e garantias dos trabalhadores (arts. 53.º a 58.º, hoje 57.º). Complementarmente, o, reforço assim prestado aos direitos dos trabalhadores foi compensado, no compromisso político-constitucional renovado através da revisão, com a explicitação da iniciativa privada como direito fundamental (art. 61.º, e não apenas art. 85.º).

O sentido da distinção ficou reforçado por, como já atrás se referiu, no art. 9.º se enunciarem como tarefas do Estado garantir os direitos e liberdades fundamentais [alínea *b*)] e promover a efetivação dos direitos económicos, sociais e culturais, mediante a transformação das estruturas económicas e sociais, designadamente a socialização dos principais meios de produção [alínea)] [387].

Por outro lado, as mais importantes disposições de cunho laboralista ou trabalhista (arts. 63.º, n.º 2, 73.º, n.º 3, 74.º, n.º 2, 76.º) viriam a ser suprimidas. Tal como deixou de se aludir a «exercício democrático do poder pelas classes trabalhadoras» [388] ou a «poder democrático das classes trabalhadoras» ou dos «trabalhadores» (como se fazia nos iniciais arts. 2.º, 55.º, n.º 1, 80.º e 90.º, n.º 2);

---

[385] V. JOSÉ DE MELO ALEXANDRINO, *A estruturação...*, I, cit., págs. 654 e segs.; JORGE MIRANDA, *Manual...*, I, 2, cit., págs. 230 e 231.

[386] Era o que tínhamos preconizado em *Art. 167.º...*, cit., *loc. cit.*, págs. 394 e 395, nota.

[387] O art. 9.º, alínea *d*), substituiu o primitivo art. 50.º.

[388] Sobre aquela expressão, v. *A Constituição de 1976*, cit., págs. 519 e segs.

CAPÍTULO II – O ATUAL SISTEMA PORTUGUÊS DE DIREITOS FUNDAMENTAIS

e passou a falar-se em «intervenção democrática dos trabalhadores» [art. 80.º, alínea *f*)] [389].

IV – Poderia perguntar-se se ainda subsiste a unidade precetiva fundamental do título II, em virtude do caráter de direitos particulares (ou classistas) dos direitos, liberdades e garantias dos trabalhadores ali aditados.

Admitimos que essa unidade possa parecer algo diminuída. Sem embargo, importa não esquecer que do título II antes de 1982 já constavam outros direitos particulares (como os dos cônjuges, os dos pais ou os dos jornalistas); que, dos direitos transpostos, alguns (os relativos às comissões de trabalhadores e às associações sindicais) são meras especificações dos direitos de associação e de participação; e que os direitos, liberdades e garantias dos trabalhadores em geral coenvolvem também uma ideia de liberdade – de liberdade, desalienação e subjetivação – em favor de determinada categoria ou determinado estado de pessoas aplicada a certas (numerosíssimas) pessoas.

De qualquer forma, a distribuição por sucessivos capítulos evita assimilações excessivas.

50. A abertura a novos direitos fundamentais

I – Como dissemos no início deste livro, o art. 16.º, n.º 1, da Constituição aponta para um sentido material de direitos fundamentais. Estes não são apenas os que as normas formalmente constitucionais enunciem; são ou podem ser também direitos provenientes de outras fontes, na perspetiva mais ampla da Constituição material.

Não se depara, pois, no texto constitucional um elenco taxativo de direitos fundamentais. Pelo contrário, a enumeração (embora sem ser, em rigor, exemplificativa) é uma enumeração aberta, sempre pronta a ser preenchida ou completada através de novos direitos ou de novas faculdades de direitos para lá daquelas que se encontrem definidas ou especificadas em cada momento. Daí poder apelidar-se o art. 16.º, n.º 1, de *cláusula aberta* ou de *não tipicidade* de direitos fundamentais.

Não é, de resto, o art. 16.º, n.º 1, a única cláusula aberta. Também o são, como se notou atrás, o art. 7.º, n.º 1, o art. 26.º, n.º 1, o art. 32.º, n.º 1 e o art. 48.º, n.º 1.

---

[389] Após a revisão de 1997, a alínea *f*) do art. 80.º passou a referir-se «a participação na definição das principais medidas económicas e sociais», por organizações representativas tanto dos trabalhadores como das organizações representativas das atividades económicas.

DIREITOS FUNDAMENTAIS

II – O atrás evocado 9.º Aditamento à Constituição dos Estados Unidos [390], ainda que com alcance discutido, tem sido habitualmente tido como iniciador ou precursor das cláusulas abertas e não deixa de ser significativo surgir em referência à primeira Constituição moderna, que é também o modelo historicamente mais conseguido de Constituição liberal [391].

Não são muitas as Leis Fundamentais que consagram fórmulas semelhantes [392]. Curiosamente, contudo, em Portugal, depois de introduzida pela Constituição de 1911 (art. 4.º), a cláusula aberta transitaria para a Constituição autoritária de 1933 (art. 8.º, § 1.º), antes de chegar à Constituição atual [393] [394] [395]

---

[390] Cfr. José Gomes André, *Razão e liberdade – O pensamento político de James Madison*, Lisboa, 2012, págs. 221 e 222.

[391] Na Europa, a primeira terá sido a Constituição espanhola de 1869 (art. 29.º).

[392] Cfr. art. 26.º da Carta Canadiana de Direitos e Liberdades; art. 28.º da Constituição da Guiné-Bissau; art. 5.º, § 2.º, da Constituição brasileira; art. 94.º da Constituição colombiana; art. 18.º, n.º 1, da Constituição santomense; art. 17.º, n.º 1, da Constituição cabo-verdiana; art. 11.º da Constituição ucraniana; art. 10.º da Constituição estoniana; art. 55.º da Constituição russa; art. 3.º da Constituição peruana (de 1993); art. 23.º, 1.ª parte, da Constituição timorense; art. 42.º da Constituição moçambicana; art. 26.º, n.º 1, da Constituição angolana. Menos claramente, art. 2.º da Constituição italiana.

[393] Sobre o art. 4.º da Constituição de 1911, v. Marnoco e Sousa, *op. cit.*, págs. 204 e 205; e para uma comparação deste preceito e dos preceitos das Constituições posteriores, v. Jorge Bacelar Gouveia, *Os direitos...*, cit., págs. 267 e segs., e Paulo Otero, *Direitos históricos...*, cit., *loc. cit.*, págs. 1069 e segs.

[394] Cfr. *Diário da Assembleia Constituinte*, n.º 35, de 22 de agosto de 1975, págs. 941 e segs. Fonte do art. 16.º, n.º 1: art. 14.º do projeto de Constituição do Partido Popular Democrático (v. também art. 24.º do projeto do Partido Comunista Português). A referência a normas internacionais veio do art. 20.º, n.º 2 do nosso projeto de Constituição de 1975.

[395] Sobre a cláusula aberta, v., além do já citado passo da *General Theory of Law and State* de Hans Kelsen, Carl Schmitt, *op. cit.*, págs. 203 e segs.; Piero Calamandrei, *op. cit., loc. cit.*, págs. xx-xxi; Floyd Abrahms, *What are the rights guarented by the Ninth Amendment?*, in *American Bar Association Journal*, n.º 53, novembro de 1967, págs. 1033 e segs.; Allan-Brewfr-Carias, *Les garanties constitutionnelles des droits de l'homme dans les pays de l'Amérique Latine (notamment en Venezuela)*, in *Revue internationale de droit comparé*, 1977, pág. 34; Robert Pelloux, *op. cit., loc. cit.*, págs. 55 e segs.; Louis Henkin, *Rights: here and there*, cit., *loc. cit.*, pág. 1587; William F. Harris ii, *Bonding World and Polity: the Logic of American Constitutionalism*, in *The American Political Science Review*, 1982, pág. 44; Enrique P. Haba, *op. cit., loc. cit.*, págs. 331-332; Tércio Sampaio Ferraz Júnior, *Constituinte – Assembleia, Processo, Poder*, 2.ª ed., São Paulo, 1986, págs. 13 e segs.; Ronald Dworkin, *Unemurated Rights: Whether and how Roe should be overruled*, in *The Bill of Rights in the Modern State*, obra coletiva, Chicago e Londres, 1992, págs. 381 e segs.; Peter Häberle, *I diritti...*, cit., págs. 113 e segs.; Giancarlo Rolla, *Le perspettive...*, cit., *loc. cit.*, págs. 212 e 213; Lawrence Tribe e Michael Dorf, *On Reading the Constitution*,

CAPÍTULO II - O ATUAL SISTEMA PORTUGUÊSDE DIREITOS FUNDAMENTAIS

e esse direito ao desenvolvimento da personalidade apenas ficaria inscrito em 1997 (art. 26.º, n.º 1) [396] [397].

Recorde-se ainda a proclamação do art. 2.º da Constituição de 1822 (e retomada pelo art. 145.º, § 1.º, da Carta Constitucional, pelo art. 9.º da Constituição de 1838 e pelo art. 3.º, n.º 1, da Constituição de 1911) segundo o qual a liberdade consistiria em ninguém ser obrigado «a fazer o que a lei não manda, nem deixar de fazer o que a lei não proíbe». Quase todas as Constituições do século XIX de outros países dispunham o mesmo.

trad. *Hermenêutica Constitucional,* Belo Horizonte, 2007, págs. 66 e segs.; PIERFRANCESCO GROSSI, *op. cit.,* págs. 403 e 404; INGO WOLFGANG SARLET, *A abertura material do catálogo dos direitos fundamentais e os tratados internacionais em matéria de direitos do homem,* in *Lições de Direito Constitucional em homenagem ao Professor Jorge Miranda* (obra coletiva coordenada por Maria Elizabeth Guimarães Teixeira Rocha e Samantha Ribeiro Meyer-Pflug), Rio de Janeiro, 2008, págs. 85 e segs.; MANOEL GONÇALVES FERREIRA FILHO, *Princípios fundamentais de Direito Constitucional,* São Paulo, 2009, págs. 100 e segs.; RYAN C. WILLIANS, *The Ninth Amendment as a Rule of Construction,* in *Columbia Law Review,* vol. 111, n.º 3, abril de 2011, págs. 498 e segs.

[396] E, entre nós, HENRIQUE MOTA, *Le principe de la «liste ouverte» en matière de droits fondamentaux,* in *La Justice Constitutionnelle au Portugal,* págs. 177 e segs.; JORGE BACELAR GOUVEIA, *Os direitos...,* cit., págs. 293 e segs.; e *Manual...,* II, págs. 1061 e segs.; ISABEL MOREIRA, *Para uma leitura fechada e integrada de cláusula aberta dos direitos fundamentais,* in *Estudos em homenagem do Professor Doutor Inocêncio Galvão Telles,* obra coletiva, V, Coimbra, 2003, págs. 115 e segs. e *A solução...,* cit., págs. 153 e segs.; JOÃO CARLOS LOUREIRO, *O procedimento...,* cit., págs. 212 e 213; RUI MEDEIROS, *O Estado...,* cit., *loc. cit.,* págs. 26 e segs.; J. J. GOMES CANOTILHO, *Direito...,* cit., págs. 403 e 404; JOSÉ DE MELO ALEXANDRINO, *op. cit.,* págs. 369 e segs.; DINAMENE DE FREITAS, *O acto...,* cit., págs. 67 e segs.; CRISTINA QUEIROZ, *op. cit.,* págs. 60 e segs. e 208 e segs.; PATRÍCIA JERÓNIMO, *Direito Público e Ciências Sociais – O contributo da Antropologia para uma densificação "culturalista" dos direitos fundamentais,* in *Scientia Juridica,* 2011, págs. 334 e segs.; BENJAMIM DA SILVA RODRIGUES, *Direito constitucional: o Tribunal Constitucional português na era da (des)formação dos direitos fundamentais,* Coimbra, 2011, págs. 113 e segs. V. *Diário da Assembleia da República,* VII legislatura, 2.ª sessão legislativa, 1.ª série, n.º 94, sessão de 15 de julho de 1997, págs. 3380 e 3995 e segs.

[397] Cfr., de vários prismas, nos últimos anos a favor: ORLANDO DE CARVALHO, *Os direitos do homem...,* cit., págs. 23 e segs., *maxime* 31 e 32; RABINDRANATH CAPELO DE SOUSA, *A Constituição...,* cit., *loc. cit.,* págs. 194-195, e *O direito geral...,* cit.; ANTUNES VARELA, *Alterações legislativas...,* cit., *loc. cit.,* n.º 3710, págs. 143 e 144; PAULO MOTA PINTO, *O direito à reserva...,* cit., *loc. cit.,* págs. 490 e segs., e *O direito ao livre desenvolvimento...,* cit., *loc. cit.,* págs. 149 e segs. (vendo no direito ao desenvolvimento de personalidade também uma liberdade geral de ação). Contra, PENHA GONÇALVES, *Direitos de personalidade e sua tutela,* Luanda, 1974, págs. 22 e 23; JOSÉ DE OLIVEIRA ASCENSÃO, *Direito Civil – Teoria Geral...,* I, cit., págs. 84 e segs.

DIREITOS FUNDAMENTAIS

Por outro lado, também nos Estados Unidos e noutros países, têm surgido, através da interpretação enunciativa [398] e não sem o contributo da jurisprudência, novas faculdades ou especificações de direitos para além daqueles que se encontram nas Constituições escritas: têm sido formulados direitos *fundamentais implícitos* [399] [400].

III – Não se trata só da complementação, interpretação [401] ou integração do catálogo inscrito no texto constitucional.

Trata-se de uma manifestação do princípio da *liberdade,* contraposto ao princípio da *competência* – liberdade das pessoas contraposta a prefixação normativa dos poderes do Estado e dos seus órgãos e, mais do que isso, como melhor se verá, de uma decorrência da ideia basilar da dignidade da pessoa humana (art. 1.º). A realização individual de cada homem ou mulher não se cinge a este ou àquele acervo de direitos declarados em certo momento [402].

E na medida em que as pessoas coletivas e entidades não personalizadas se entendam ao serviço, em última análise, das pessoas humanas que as integram, pode também conceber-se que recebam direitos fundamentais não formalmente constitucionais.

---

[398] Ou da interpretação evolutiva. Cfr. RAUL CANOSA USERA, *Interpretación evolutiva de los derechos fundamentales,* in *La Ciencia del Derecho Procesal Constitucional – Estudios en homenaje a Hector Fix-Zamudio,* obra coletiva, México, 2008, págs. 57 e segs.

[399] V., por exemplo, quanto aos Estados Unidos, JEFFREY REIMAN, *The Constitution, Rights and the Conditions of Legitimacy,* in *Constitutionalism – The Philosophical Dimension,* obra coletiva, Nova Iorque, 1988, págs. 127 e segs. e RYAN C. WILLIAMS, *The Ninth Amendment as a rule of Constitution,* in *Columbia Law Review,* abril de 2011, págs. 498 e segs.; quanto à Suíça, JÖRG PAUL MÜLLER, *op. cit.,* págs. 24 e segs.; quanto à Itália, MARIE-CLAIRE PONTHOREAU, *Le article 2 de la Constitution italienne et la concrétisation de droits non-écrits,* in *Annuaire International de Justice Constitutionelle,* 1989, págs. 97 e segs., ou ANTONIO RUGGERI, *«Nuovi» diritti fondamentali e techniche di positivazione,* in *Politica del Diritto,* 1993, págs. 183 e segs.; e quanto à França, ETIENNE PICARD, *L'émergence des droits fondamentaux en France,* in *L'Actualité Juridique – Droit Administratif,* 20 de julho, 20 de agosto de 1998, págs. 6 e segs.; JÉRÔME FAVRE e BORIS TARDIVEL, *Recherches sur la catégorie jurisprudentielle de "libertés et droits fondamentaux de valeur constitutionnelle",* in *Revue de droit public,* 2000, págs. 1411 e segs.

[400] Na terminologia, entre nós, proposta por RUI MEDEIROS (*O Estado...,* cit., *loc. cit.,* pág. 28).

[401] Como pretende JOSÉ DE MELO ALEXANDRINO, *A estruturação...,* II, págs. 386 e segs.

[402] Cfr., por todos, FRANCO MODUGNO, *I «nuovi diritti»,* cit., págs. 7-8 e 92.

CAPÍTULO II – O ATUAL SISTEMA PORTUGUÊSDE DIREITOS FUNDAMENTAIS

IV – Vale isto também no concernente aos direitos económicos, sociais e culturais [403]?

Poderia supor-se que não, por os direitos sociais inculcarem intervenções do Estado, compressivas ou potencialmente compressivas dos direitos de liberdade. Ora, apenas faria sentido aumentar a liberdade para além da Constituição (e da lei), não outros interesses e aspirações; só faria sentido procurar cada vez maior limitação do poder público, não estimular maior ação desse mesmo poder [404].

Não seguimos tal opinião. Em nosso entender, porque vivemos, não em Estado *liberal*, mas sim em Estado *social* de Direito, os direitos económicos, sociais e culturais (ou os direitos que neles se compreendam) podem e devem ser dilatados ou acrescentados para além dos que se encontrem declarados em certo momento histórico – precisamente à medida que a solidariedade, a pro-moção das pessoas, a consciência da necessidade de correção de desigualdades (como se queira) vão crescendo e penetrando na vida jurídica. E porque esses direitos (ou grande parte deles) emergem como instrumentais em relação aos direitos, liberdades e garantias, não há então que temer pela liberdade: desde que não se perca, em nenhum caso, o ponto firme representado pelos direitos, liberdades e garantias assegurados pela Constituição, quanto mais solidariedade mais segurança, e quanto mais condições de liberdade mais adesão à liberdade.

Dois exemplos bastam para o comprovar. O art. 74.º, n.º 2, alínea *a*), da Constituição incumbe o Estado de assegurar o ensino *básico* universal, *obrigatório* e gratuito; ora, não só a duração do ensino básico tem sido alargada

---

[403] O texto inicialmente aprovado pela Assembleia Constituinte só falava em direitos, liberdades e garantias (por ser um texto proveniente da comissão encarregada do tratamento destes direitos). Seria a comissão de redação, à semelhança do que sucedeu com o n.º 2, que iria adotar a referência geral a direitos fundamentais.

[404] Neste sentido, criticando o art. 16.º, n.º 1, Henrique Mota, *op. cit., loc. cit.*, págs. 197 e segs.; José Casalta Nabais, *Os direitos fundamentais na Constituição...*, cit., pág. 10, nota, e *O dever...*, cit., pág. 118, nota; Isabel Moreira, *Para uma leitura...*, cit., *loc. cit.*, págs. 131 e segs. Em favor da aplicação aos direitos económicas, sociais e culturais, J. J. Gomes Canotilho e Vital Moreira, *Fundamentos...*, cit., págs. 116-117; Jorge Bacelar Gouveia, *Os direitos...*, cit., págs. 362-363; Paulo Otero, *Direitos...*, cit., *loc. cit.*, pág. 1073. Admitindo direitos sociais vindos da lei, mas rejeitando "portas escancaradas", Rui Medeiros, *Direitos, liberdades e garantias – direitos sociais*, cit., *loc. cit.*, pág. 675.

DIREITOS FUNDAMENTAIS

ao longo da vigência da Constituição [405] como não poderia considerar-se inconstitucional a obrigatoriedade do ensino secundário ou da educação pré-escolar. E pense-se também no rendimento mínimo garantido criado pela Lei n.º 19-A/96, de 29 de junho (hoje, «rendimento social de inserção», segundo a Lei n.º 45/2005, de 29 de agosto) [406].

Aliás, a efetivação dos direitos económicos, sociais e culturais não depende apenas do Estado. Depende também de comunidades, grupos e associações, da capacidade de organização dos próprios interessados e do empenho participativo que ponham na ação. Pedir mais direitos não é o mesmo que reclamar mais interferência do Estado ou mais burocracia. Pelo contrário, pelo menos na lógica da Constituição portuguesa, pedir novos ou mais extensos direitos económicos, sociais e culturais equivale a pedir mais direitos de participação das pessoas e dos grupos setoriais dentro da sociedade civil.

51. A abertura a novos direitos fundamentais (cont.)

I – De todo o modo, o problema que assim fica aflorado é real: quando é criado ou atribuído um novo direito, tal nunca deixa de ter implicações nos direitos já existentes da mesma pessoa ou categoria de pessoas ou nos das outras pessoas; não podem ser previstos por lei ordinária tantos e tais direitos que briguem com os direitos constitucionalmente consagrados; não podem ser aditados novos direitos indefinidamente [407].

E este problema não se suscita apenas a propósito dos direitos económicos, sociais e culturais; suscita-se nas relações entre eles e os direitos, liberdades e garantias, assim como se suscita nas relações entre estes e aqueles direitos,

---

[405] Hoje é de doze anos (Lei n.º 85/2009, de 27 de agosto), abrangendo as crianças e os jovens entre os 6 e os 18 anos (arts. 2.º e 3.º). Quanto à educação pré-escolar, é universal a partir do ano em que a criança atinge os 5 anos (arts. 1.º e 4.º).

[406] Contra, JOSÉ DE MELO ALEXANDRINO, *A estruturação...*, cit., pág. 373, nota.

[407] Cfr. JOSÉ CARLOS VIEIRA DE ANDRADE, em *Estudo e projecto de revisão da Constituição*, cit., pág. 37; JOSÉ MARTINEZ DE PISÓN, *Derechos humanos...*, cit., págs. 52 e 252; ALESSANDRO PACE, *Costituzionalismo e metodi interpretativi dei diritti fondamentali*, in *Techniche di garanzia dei diritti fondamentali*, obra coletiva (org. de Giancarlo Rolla), Turim, 2001, págs. 36 e segs.; JOSÉ DE OLIVEIRA ASCENSÃO, *Direito Civil – Teoria Geral*, I, cit., pág. 76; RUI MEDEIROS, *O Estado...*, cit., *loc. cit.*, págs. 24 e segs.; PAULO OTERO, *Instituições...*, cit., I, págs. 527 e segs.; e, noutro plano, JOHN RAWLS, *Liberalismo político*, cit., pág. 282.

CAPÍTULO II – O ATUAL SISTEMA PORTUGUÊSDE DIREITOS FUNDAMENTAIS

liberdades e garantias. É um problema que se reconduz à temática geral da colisão de direitos, a prevenir ou a resolver, em todos os casos, de harmonia com os critérios gerais e tendo em conta, em última análise, que uma norma legal que institua um direito contrário ou, na prática, subversivo de um direito constante de uma norma constitucional não pode proceder e deve ser julgada inconstitucional pelos tribunais.

Uma coisa é a ilimitabilidade da personalidade humana [408], outra coisa seria a ilimitabilidade da lista de direitos em que se concretiza. Nenhum direito é absoluto ou ilimitadamente elástico e cada novo direito tem de coexistir com os demais direitos, podendo envolver restrições a algum ou a alguns destes. Todavia, a abertura a novos direitos é sempre dentro do sistema constitucional, por mais aberto que este seja perante as transformações sociais, culturais, científicas e técnicas do nosso tempo [409].

II – Como quer que seja, não podem, obviamente, ser considerados direitos fundamentais todos os direitos, individuais ou institucionais, negativos ou positivos, materiais ou procedimentais, provenientes de fontes internas e internacionais.

Os direitos fundamentais, ou os direitos fundamentais em sentido material (repetimos) assentam na Constituição material: decorrem dos seus princípios e, naturalmente, também eles – pelo seu elenco, pelo seu sistema e pelo seu regime – a integram e definem. Logo, a diferentes Constituições materiais, hão de corresponder variações de *jusfundamentalidade* para efeito de normas análogas à do art. 16.º, n.º 1. O sentido e o conteúdo efetivo dos direitos fundamentais não são os mesmos em democracia representativa e pluralista, em regime autoritário ou em regime islâmico.

Assim, à face da Constituição de 1976, apenas podem ser incorporados como direitos fundamentais os direitos, consignados em convenções internacionais ou em resoluções de entidades internacionais de que o Estado Português seja parte (art. 8.º) e em leis, que apareçam exigidos pelos valores e princípios dos seus arts. 1.º e 2.º, que apareçam exigidos pelo respeito da

---

[408] ORLANDO DE CARVALHO, *op. cit.*, pág. 23.
[409] Cfr., falando em subsidiariedade da cláusula aberta, RUI MEDEIROS, *O Estado...*, cit., *loc. cit.*, pág. 28.

DIREITOS FUNDAMENTAIS

dignidade da pessoa humana e pelos princípios e objetivos do Estado de Direito democrático. Jusfundamentalidade pressupõe a consonância e complementaridade de todos os direitos, dentro e fora da Constituição formal [410].

> JORGE BACELAR GOUVEIA fala, a respeito do art. 16.º, n.º 1, em direitos fundamentais *atípicos*. Mas não apenas consideramos inadequado o nome como não vislumbramos interesse na conceção adotada. Inadequado o nome, porque, sendo o tipo um conceito de ordem através do qual se descrevem realidades por meio dos seus elementos mais significativos [411], também os pretensos direitos atípicos correspondem a tipos – pois as fontes infraconstitucionais donde constem não deixam de os definir [412]. Sem interesse a conceção, porque nem tipologia equivale a tipicidade, nem fica clara a natureza desses direitos [413].

III – Nenhum obstáculo existe em admitir direitos fundamentais de natureza análoga aos direitos, liberdades e garantias apenas previstos na lei (ou em fontes de direito internacional): desde que sejam direitos fundamentais para efeito do art. 16.º, também o podem ser para efeito do art. 17.º [414]. Mas, como igualmente já adiantámos, não faria sentido aplicar a esses direitos o regime orgânico, nem (claro está) o dos limites materiais de revisão constitucional.

---

[410] Cfr. JOSÉ MANUEL CARDOSO DA COSTA, *op. cit.*, págs. 8 e 15; JOSÉ CASALTA NABAIS, *Algumas reflexões...*, cit., *loc. cit.*, págs. 980 e segs.; RUI MEDEIROS, *op. cit.*, *loc. cit.*, págs. 28-29; SÉRVULO CORREIA, *Direitos...*, cit., págs. 54 e 55; JOSÉ DE MELO ALEXANDRINO, *op. cit.*, II, págs. 167 e segs.; JOSÉ CARLOS VIEIRA DE ANDRADE, *Os direitos...*, cit., págs. 73 e segs.; J. J. GOMES CANOTILHO, *Dignidade e constitucionalização da pessoa humana*, in *Estudos em homenagem ao Prof. Doutor Jorge Miranda*, obra coletiva, I, págs. 291 e segs.; e *Para uma revisão da dogmática da jusfuncionalidade*, in *Estudos em Homenagem a António Barbosa de Melo*, obra coletiva, Coimbra, 2013, págs. 533 e segs. Cfr., em relação ao Brasil, INGO WOLFGANG SARLET, *A eficácia...*, cit., págs. 74 e segs.; PAULO GUSTAVO GONET BRANCO, *Teoria Geral dos Direitos Fundamentais*, in GILMAR FERREIRA MENDES, INOCÊNCIO MÁRTIRES COELHO e PAULO GUSTAVO GONET BRANCO, *Curso de Direito Constitucional*, 5.ª ed., São Paulo, 2010, págs. 311 e segs.

[411] *Os direitos...*, cit., págs. 56-57.

[412] Como, de resto, o autor reconhece, *ibidem*, pág. 75.

[413] Cfr. também págs. 306 e 316 e págs. 50 e 402 e segs.

[414] A supressão da referência a «lei» em 1982 foi, pois, irrelevante. Todavia, no projeto de revisão constitucional do Partido Social-Democrata de 1987 só se admitia extensão do regime dos direitos, liberdades e garantias a direitos de natureza análoga aos previstos na Constituição – o que seria diferente.

CAPÍTULO II – O ATUAL SISTEMA PORTUGUÊSDE DIREITOS FUNDAMENTAIS

E quanto ao regime material? Participam os direitos, liberdades e garantias criados por lei do estatuto, especialmente consistente, dos arts. 18.º, 19.º e 21.º da Constituição?

A resposta parece-nos dever ser moderadamente positiva.

Prima facie dir-se-ia que, se um direito é criado por lei, também por lei pode ser extinto [415]. Todavia, como se trata de direito *fundamental*, por refletir o sentido próprio da Constituição material, e como a sua formulação pode representar mais um passo na realização desta, suprimi-lo parece só ser compaginável com uma inflexão desse sentido.

Muito menos seria de admitir – em face do sistema de relações entre Direito internacional e Direito ordinário interno [416] – que um direito criado por tratado pudesse ser afetado por lei.

Como quer que seja, enquanto subsistir, não se vê por que motivo não se lhe deva estender – se de natureza análoga à dos direitos do título II da parte I da Constituição – o regime dos direitos, liberdades e garantias [417]. Por menos exigente que se encare a medida em que o regime constitucional é aplicável aos direitos análogos de origem legal, sempre restará como um mínimo irremissível a proibição de restrições injustificadas ou desproporcionadas [418].

IV – Questão distinta consiste em saber se pode haver regras – obviamente, apenas regras materiais – sobre direitos fundamentais constantes apenas da lei.

Sem dúvida, podem existir, contanto que, também elas, não contradigam as normas constitucionais. É o caso de algumas regras do estatuto do Provedor de Justiça (hoje, Lei n.º 9/91, de 9 de abril, e Lei n.º 30/96, de 14 de agosto)

---

[415] Assim, acórdãos n.ºs 109/85, 174/87 e 266/87 do Tribunal Constitucional, de 2 de julho, de 20 de maio, e de 8 de julho, in *Diário da República*, 2.ª série, de 10 de Setembro de 1985, de 14 de julho, e de 28 de agosto de 1987, respetivamente; Carlos Blanco de Morais, *Os direitos, liberdades e garantias na jurisprudência constitucional portuguesa: um apontamento*, in *O Direito*, 2000, págs. 363 e segs. No entanto, nota o primeiro daqueles acórdãos, tal medida sempre carecerá de motivação particularmente exigente, não podendo nunca ser uma medida arbitrária e desproporcionada em relação ao interesse público que a justifique.

[416] Cfr. *Curso...*, cit., pág. 182.

[417] Neste sentido, de certo modo, Albino de Azevedo Soares, *Lições de Direito Internacional Público*, 4.ª ed., Coimbra, 1988, pág. 101.

[418] Acórdão n.º 109/85, cit.

DIREITOS FUNDAMENTAIS

ou o caso da responsabilidade criminal dos titulares de cargos políticos por ofensa de direitos, liberdades e garantias (Lei n.º 34/87, de 16 de julho, de resto com base no art. 117.º da Constituição).

Quanto a regras constantes de normas internacionais, elas provêm do fenómeno da proteção internacional dos direitos do homem, e no momento próprio, enunciaremos as que respeitam aos direitos, liberdades e garantias, e aos direitos económicos, sociais e culturais consagrados em Portugal.

V – Lei, para efeito do art. 16.º, n.º 1 [419], refere-se a qualquer dos tipos constitucionais de atos legislativos do art. 112.º Só terá de ser lei da Assembleia da República quando a criação de um novo direito se repercutir, direta ou indiretamente, em algum dos direitos, liberdades e garantias do título II da parte I da Constituição.

Mas lei compreende também ato legislativo equiparável, seja qual for o nome, à sombra de leis constitucionais anteriores (*v. g.*, o Decreto-Lei n.º 47 344, de 25 de novembro de 1966, de aprovação do atual Código Civil) [420] – naturalmente desde que sem conteúdo desconforme com a Constituição de 1976 (art. 290.º).

Por regras de Direito internacional (a que não se referiam as Constituições de 1911 e de 1933) entendem-se normas jurídico-internacionais vinculativas do Estado português abrangidas pelo art. 8.º – Direito internacional geral ou comum, convencional e derivado de organizações internacionais e da União Europeia [421] [422].

Para PAULO OTERO [423], o art. 16.º, n.º 1, conteria também uma verdadeira cláusula de ampliação pretérita das fontes do sistema constitucional. Haveria que ter em conta a aplicação «pacífica» das respetivas normas e o paralelo com

---

[419] Fala-se aí em *leis* (no plural), sem que isso tenha qualquer significado particular.

[420] É algo de semelhante ao que se passa no art. 280.º, n.º 3, com o recurso obrigatório para o Tribunal Constitucional, quanto ao Ministério Público, de decisões de inconstitucionalidade sobre certas categorias de atos.

[421] Cfr. FAUSTO DE QUADROS, *A protecção da propriedade privada no Direito Internacional Público*, Lisboa, 1998, págs. 531 e segs. (aludindo, porém, a um princípio de harmonização da Constituição com o Direito internacional, o que só aceitamos em termos mitigados).

[422] Quanto ao Direito europeu, assim, por exemplo, MARIA LUÍSA DUARTE, *A liberdade de circulação de pessoas e a ordem pública no Direito Comunitário*, Lisboa, 1989, pág. 134.

[423] *Direitos históricos*, cit., *loc. cit.*, págs. 1065 e segs. e 1082 e segs.

CAPÍTULO II – O ATUAL SISTEMA PORTUGUÊSDE DIREITOS FUNDAMENTAIS

a salvaguarda dos efeitos jurídicos das normas de Direito ordinário contrárias à Constituição admitida no art. 282.º, n.ᵒˢ 3 e 4.

Não aceitamos este entendimento. Não vemos como no interior do mesmo país possam subsistir duas ideias de Direito diversas [424] – principalmente no caso português, em face da rutura ocorrida em 1974. Nem pode extrapolar-se das regras do art. 282.º, n.ᵒˢ 3 e 4 – regras corretivas e de âmbito bem circunscrito, senão excecional – para uma derrogação do art. 290.º, n.º 2, a título permanente [425].

Assim como há quem sustente que o art. 16.º, n.º 1, abrange quaisquer fontes infraconstitucionais [426], designadamente os regulamentos do Governo produzidos ao abrigo do art. 199.º, alínea *g)*, da Constituição [427].

Mas não descortinamos tão pouco como tal possa verificar-se em sistemas tão fortemente hierarquizados como os continentais. Se pode haver direitos objeto de regulamentos (*v. g.* universitários ou prisionais), eles não adquirem, por certo, natureza de direitos fundamentais.

Em contrapartida, não excluímos *a priori* a possibilidade de direitos fundamentais de origem consuetudinária – por coerência com a nossa posição de princípio favorável ao costume constitucional [428]. Simplesmente, a haver tais direitos (o que se afigura hipótese quase académica), eles não se alicerçarão no art. 16.º, n.º 2 [429]; tirarão a sua própria força dessa fonte.

VI – Tendo em conta a extensão do elenco de direitos fundamentais acolhido na nossa Constituição, não se oferecem muitos os direitos novos ou os mecanismos novos de proteção de direitos que se encontram em normas legais e jurídico-internacionais.

Assim, entre os provenientes da lei:

– O alargamento dos procedimentos judiciais previstos no art. 20.º, n.º 5, aos direitos, liberdades e garantias de participação política e aos

---

[424] Como sugere a pág. 1088.

[425] De resto, as três hipóteses aventadas são (ou eram) explicáveis sem necessidade de fazer apelo a quaisquer direitos «históricos».

[426] JORGE BACELAR GOUVEIA, *Os direitos...*, cit., pág. 354.

[427] PAULO OTERO, *Os direitos...*, cit., *loc. cit.*, págs. 1075 e segs.

[428] V. *Manual...*, II, cit., págs. 141 e segs.

[429] Neste sentido, JORGE BACELAR GOUVEIA, *op. cit.*, págs. 154 e 364-365. Diferentemente, PAULO OTERO, *op. cit.*, *loc. cit.*, págs. 1077 e segs.

DIREITOS FUNDAMENTAIS

direitos, liberdades e garantias dos trabalhadores (art. 109.º do Código do Processo nos Tribunais Administrativos).

– As garantias quanto a interdições por anomalia psíquica, surdez-mudez ou cegueira (arts. 138.º e segs. do Código Civil);

– As garantias do trabalhador em processo disciplinar do trabalho (arts. 329.º a 331.º do Código do Trabalho);

– O direito a indemnização por quem tenha sofrido detenção ou prisão preventiva manifestamente ilegal e de quem tenha sofrido prisão preventiva que, não sendo ilegal, venha a revelar-se injustificada, por erro grosseiro na apreciação dos pressupostos de facto, salvo se a pessoa tiver concorrido com dolo ou negligência para aquele erro (art. 225.º do Código de Processo Penal);

– O direito de iniciativa legislativa popular perante a Assembleia Legislativa Regional da Madeira (art. 44.º do Estatuto e Decreto legislativo regional n.º 23/2000/M, de 1 de setembro);

– O direito de constituição de comissões de trabalhadores na função pública (art. 41.º da Lei n.º 46/79, de 12 de setembro);

– Os direitos ligados aos conselhos de empresas (Lei n.º 92/2009, de 3 de setembro);

– O já referido direito ao rendimento mínimo garantido, hoje rendimento social de reinserção (Lei n.º 45/2005, de 29 de agosto);

– Os direitos das pessoas portadoras de anomalia psíquica em caso de internamento compulsivo (arts. 10.º, 11.º e 25.º a 31.º da Lei n.º 36/98, de 26 de julho);

– O direito ao reagrupamento familiar de estrangeiros (Lei n.º 23/2007, de 4 de agosto);

– Os direitos das associações de imigrantes (Lei n.º 115/99, de 3 de agosto) [430].

E, entre os provenientes de convenções internacionais:

– Os direitos relativos ao regime penitenciário (art. 10.º do Pacto Internacional de Direitos Civis e Políticos);

– O direito ao conhecimento da língua em processo penal [art. 14.º, n.º 3, alíneas *a*) e *b*), e arts. 5.º, n.º 2, e 6.º, n.º 3, alíneas *a*) e *e*)] da Convenção Europeia;

---

[430] Cfr. ANA RITA GIL, *Um caso de europeização do Direito constitucional português: a afirmação de um direito ao reagrupamento familiar*, in *Revista de Direito Público*, julho-dezembro de 2009, págs. 9 e segs.

CAPÍTULO II - O ATUAL SISTEMA PORTUGUÊSDE DIREITOS FUNDAMENTAIS

- A proibição de expulsões coletivas de estrangeiros (art. 4.º do Protocolo n.º 4 adicional à Convenção Europeia);
- Os direitos relativos à medicina e à biologia (art. 3.º da Convenção sobre os Direitos do Homem e a Biomedicina de 1997, Protocolo adicional de 1998 e art. 3.º da Carta dos Direitos Fundamentais da União Europeia) [431];
- O direito a decisão administrativa em prazo razoável (art. 41.º, n.º 1 da Carta de Direitos Fundamentais da União Europeia);
- O direito de uma pessoa se dirigir às instituições da União Europeia numa das línguas oficiais da União e de receber resposta nessa língua (art. 41.º, n.º 4 da Carta).

VII – Como direitos fundamentais implícitos:

- Do direito à integridade física decorre o direito a não sujeição a experiências médicas ou científicas sem consentimento do próprio (art. 7.º, 2.ª parte, do Pacto Internacional de Direitos Civis e Políticos);
- Do direito à identidade pessoal decorre o direito ao nome (art. 77.º do Código Civil), o direito ao conhecimento e ao estabelecimento da maternidade e da paternidade (entre outros, acórdãos n.ºs 694/95 e 486/2004 do Tribunal Constitucional) [432] e o direito à identidade informacional [433];
- Dos direitos ao desenvolvimento da personalidade e à reserva de intimidade da vida privada (art. 26.º, n.º 1) e da proibição de discriminação em função do sexo [art. 58.º, n.º 1, alínea b)] o direito da trabalhadora ou da candidata a emprego de não ter de realizar testes ou exames de gravidez (art. 19.º, n.º 2, do Código do Trabalho);
- Do direito ao desenvolvimento da personalidade a liberdade de consumo, com os deveres de proteção do Estado (art. 60.º, n.º 1);
- Do direito à reserva da intimidade da vida privada o direito ao sigilo bancário (acórdãos n.ºs 278/95 e 442/2007) [434];

---

[431] Antes de 1982, eram também direitos fundamentais advenientes da lei o direito à imagem (art. 79.º do Código Civil) e o direito de cogestão no setor empresarial do Estado (arts. 30.º e 31.º da Lei n.º 46/79, de 12 de Setembro); e antes de 1997, direito fundamental constante de regra internacional o direito a decisão em prazo razoável em processo civil (art. 6.º, n.º 1, da Convenção Europeia).

[432] De 5 de dezembro e 7 de julho, in *Diário da República*, 2.ª série, de 23 de abril de 1996 e 18 de fevereiro de 2005, respetivamente.

[433] Cfr. ALEXANDRE SOUSA PINHEIRO, *Privacy...*, cit., págs. 778 e segs.

[434] Respetivamente, de 31 de maio, in *Diário da República*, 2.ª série, de 28 de julho de 1995, e de 14 de agosto, *ibidem*, 1.ª série, de 11 de Setembro de 2007.

DIREITOS FUNDAMENTAIS

- Do direito à cidadania (art. 26.º, n.º 1) o direito à renúncia à cidadania (art. 8.º da Lei n.º 37/81, de 3 de outubro) e o direito dos estrangeiros, em certas condições, adquirirem a cidadania portuguesa (arts. 2.º a 5.º);
- Do direito à presunção de inocência (art. 32.º, n.º 2) o direito do arguido ao silêncio, à não auto-incriminação (acórdão n.º 155/2007) [435];
- Do direito de constituir família (art. 36.º, n.º 1) e de conciliar a atividade profissional com a vida familia [art. 59.º, n.º 1, alínea *b*) e 67.º, n.º 2, alínea *u*) o direito de livre convivência familiar;
- Do direito dos pais de educação dos filhos [arts. 36.º, n.º 3, e 67.º, n.º 2, alínea *c*)] e da liberdade de consciência e religião (art. 41.º) decorre o direito dos pais ou tutores de assegurar educação e ensino aos filhos ou pupilos de acordo com as suas convicções religiosas e filosóficas (art. 13.º, n.º 3 do Pacto Internacional dos Direitos Económicos, Sociais e Culturais, art. 2.º do Protocolo Adicional n.º 1 à Convenção Europeia dos Direitos do Homem e art. 11.º da Lei n.º 16/2001, de 22 de junho, e art. 14.º, n.º 3 da Carta dos Direitos Fundamentais da União Europeia) [436];
- Da liberdade de religião vários direitos individuais de religião (arts. 8.º e segs. da Lei n.º 16/2001), incluindo o direito dos reclusos a assistência moral e espiritual (arts. 89.º e segs. do Decreto-Lei n.º 265/79, de 1 de agosto) e o direito de assistência religiosa nos hospitais (art. 80.º do Estatuto Hospitalar aprovado pelo Decreto-Lei n.º 48 357, de 27 de abril de 1968);
- Da liberdade de trabalho e de profissão (art. 47.º) e do direito à segurança no emprego (art. 53.º) o direito dos trabalhadores ao desenvolvimento da carreira profissional (art. 29.º do Código do Trabalho);
- Dos direitos dos cidadãos portadores de deficiência (art. 71.º) o direito à acessibilidade em edifícios e locais públicos;
- Do direito ao trabalho (art. 58.º) direito a acesso gratuito aos serviços de emprego (art. 29.º da Carta dos Direitos Fundamentais da União Europeia);
- Do direito de transmissão de propriedade em vida ou por morte (art. 62.º), o direito de fundação (arts. 189.º e segs. do Código Civil) [437];

[435] De 2 de março, *ibidem*, 2.ª série, de 10 de abril de 2007.

[436] Cfr. também Acórdão n.º 423/87 do Tribunal Constitucional de 26 de novembro, *ibidem*, 1.ª série, n.º 273, de 26 de novembro de 1987.

[437] Cfr., não coincidentemente, Sérvulo Correia e Rui Medeiros, *O poder do Governo de alterar os estatutos das fundações de direito privado*, in *Revista da Ordem dos Advogados*, 2002, págs. 347 e segs., *maxime* 366 (estabelecendo a conexão entre o direito de fundação e a liberdade de associação); Domingo Farinho, *O direito fundamental de fundação*, in *Estudos em homenagem ao Prof. Doutor Sérvulo Correia*, obra coletiva, I, 2010, págs. 257 e segs.

CAPÍTULO II – O ATUAL SISTEMA PORTUGUÊSDE DIREITOS FUNDAMENTAIS

– Do direito dos pais e das mães e dos direitos das crianças (arts. 68.º e 69.º) o direito dos filhos de manterem regularmente relações diretas e contactos pessoais com ambos os pais, salvo se isso for contrário aos seus interesses (art. 24.º, n.º 3, da Carta dos Direitos Fundamentais da União Europeia);

– Do direito dos administrados de participação na formação de decisões e declarações que lhes digam respeito (art. 267.º, n.º 5) o direito de audiência prévia em procedimento administrativo (art. 100.º do Código do Procedimento Administrativo) [438].

VIII – Quer na Assembleia Constituinte em 1975 [439], quer na 1.ª, na 2.ª e na 4.ª revisões constitucionais [440], foi proposto, sem êxito, que no art. 16.º, n.º 1, da Constituição se fizesse expressa referência a direitos decorrentes da «inviolabilidade da pessoa humana» [441], com o que se pretendia, simultaneamente, obter uma cláusula geral de tutela da personalidade e um sistema aberto de declaração de direitos, alicerçado na pessoa como tal, no seu devir histórico [442].

Contra a iniciativa aduziram-se na Assembleia Constituinte argumentos de caráter primacialmente ideológico [443] e na Assembleia da República argumentos de caráter mais técnico [444]. A circunstância de ter sido rejeitada por quatro

---

[438] V. ainda exemplos de direitos implícitos tirados da jurisprudêncis constitucional em José de Melo Alexandrino, *A estruturação...*, cit., I, págs. 623 e segs.

[439] Art. 130.º do projeto de Constituição do Partido Popular Democrático, retomado na discussão do relatório da Comissão de Direitos, Liberdades e Garantias.

[440] Projetos de revisão constitucional n.os 2-II, 1 e 4/v e 5/VII.

[441] Um antecedente da proposta fora o projeto de revisão constitucional n.º 6/X apresentado em 1970 pelos Deputados Sá Carneiro e outros (*Diário das Sessões* da Assembleia Nacional, suplemento ao n.º 59, de 19 de dezembro de 1970, págs. 1236-2): no art. 8.º, § 1.º, da Constituição de 1933 mencionar-se-iam também direitos «derivados da natureza e da dignidade da pessoa».

[442] Cfr. José Carlos Vieira de Andrade (*Estudo e projecto...*, cit., págs. 38 e 45), associando a referência à inviolabilidade ao caráter pessoal (individual) dos direitos fundamentais.

[443] V. o debate em *Diário*, n.º 35, de 22 de agosto de 1975, págs. 941 e segs.

[444] Quanto à primeira revisão v. *Diário*, II legislatura, 1.ª sessão legislativa, 2.ª série, 5.º suplemento ao n.º 108, págs. 3332(105) e segs. A favor disse-se, nomeadamente, que se cuidava de reconhecer «a pessoa humana como matriz dinâmica, criadora de direitos» [Deputado Costa Andrade, pág. 3332(105)]. Contra, que poderia «criar-se por via interpretativa direitos ou alterar o estatuto dos direitos já existentes ou dar-lhes um conteúdo diverso daquele que eles hoje têm na nossa Constituição sem termos nenhum controlo sobre isso» [Deputado Nunes de Almeida, pág. 3332(109)].
Quanto à segunda revisão constitucional, v. *Diário*, v legislatura, 2.ª sessão legislativa, 1.ª série, n.º 64, reunião de 14 de abril de 1989, págs. 2205 e segs. A favor, frisou-se que a ideia de inviolabilidade teria uma conotação direta com o sentido pré e metaconstitucional de direitos fundamentais (Deputada Maria de Assunção Esteves, pág. 2205). Contra, que seria

DIREITOS FUNDAMENTAIS

vezes não permite extrair nenhuma ilação *a contrario sensu*, visto que, em rigor, objetivamente, a menção não traria nada que não estivesse já compreendido na proclamação da «dignidade da pessoa humana» pelo art. 1.º, na receção da Declaração Universal pelo art. 16.º, n.º 2, no direito e desenvolvimento da personalidade do agora art. 26.º, n.º 1, ou no regime dos direitos, liberdades e garantias [445].

A alusão a «inviolabilidade da pessoa humana» clarificaria talvez um pouco mais o sentido do próprio art. 16.º, n.º 1. Mas, ainda que fosse aprovada não poderia agir de per si; careceria sempre da mediação de lei, de tratado ou de jurisprudência.

52. Os deveres na Constituição

I – À larga cópia de direitos da Constituição de 1976 (que consideramos no texto atual, após as sucessivas revisões) corresponde uma extensão de deveres sem paralelo noutras Constituições europeias. Porém, apesar de a parte I ter por epígrafe *Direitos e Deveres Fundamentais*, é incidentalmente, aquando do tratamento de determinadas matérias, que se apresentam deveres e outras situações jurídicas passivas [446].

Na parte I encontram-se o dever de obediência às leis e às ordens das autoridades públicas (competentes) que não ofendam os direitos, liberdades e garantias (art. 21.º, 1.ª parte), os deveres dos cônjuges (art. 36.º, n.º 3), o dever dos pais de educação e manutenção dos filhos (art. 36.º, n.ºs 5 e 6), o dever de responder a inquérito para recolha de dados estatísticos não individualmente identificáveis sobre convicções e práticas religiosas (art. 41.º, n.º 3) [447], o dever cívico de sufrágio (art. 49.º, n.º 2), o dever de prestação, em caso de greve, de serviços mínimos indispensáveis à satisfação de necessidades sociais impreteríveis (art. 57.º, n.º 3), o dever de defender e promover a saúde (art. 64.º, n.º 1), o dever de defender o ambiente [art. 66.º, n.º 1 e n.º 2, alíneas *d*) e *g*), 2.ª parte], os deveres dos pais ou dos tutores para com as pessoas com deficiência

---

um conceito relativamente indeterminado e que poderia servir para justificar restrições (Deputado José Magalhães, pág. 2208).

[445] Mantemos no essencial o que escrevemos em *A Constituição de 1976*, pág. 483.

[446] Nem há um preceito de carácter geral sobre deveres, apesar de ter havido na Assembleia Constituinte debates sobre o assunto: v. *Diário*, n.ºs 33 e 36, de 20 e 23 de agosto de 1975, págs. 880 e segs., 900 e segs. e 947 e segs. e 974 e segs., respetivamente.

[447] O que parece implicar um dever genérico de responder no censo da população.

CAPÍTULO II – O ATUAL SISTEMA PORTUGUÊSDE DIREITOS FUNDAMENTAIS

(art. 71.º, n.º 2), o dever de escolaridade básica [art. 74.º, n.º 2, alínea *a*)], o dever de preservar, defender e valorizar o património cultural (art. 78.º, n.º 1) [448].

Na parte II, o dever de pagamento de impostos (art. 103.º).

Na parte III, o dever de recenseamento eleitoral (art. 113.º, n.º 2), o dever de colaboração com a administração eleitoral (art. 113.º, n.º 4), o dever de colaboração com as comissões parlamentares de inquérito (art. 168.º, n.º 5), o dever de obediência de funcionários e agentes (art. 271.º, n.os 2 e 3), o dever de isenção política dos elementos das Forças Armadas (art. 275.º, n.º 4), o dever fundamental de defesa da Pátria (art. 276.º, n.º 1), o dever de serviço militar ou cívico (art. 276.º, n.os 2 a 5), os demais deveres decorrentes da organização da defesa nacional [art. 164.º, alínea *d*)], entre os quais o de mobilização civil [art. 158.º, n.º 2, alínea *a*), *in fine*].

II – É possível proceder a algumas contraposições [449]:

a) Entre deveres autónomos ou autonomizados e deveres conexos ou inseparáveis de direitos (essencialmente, deveres de defesa – deveres de defesa da vida, deveres de defesa da integridade pessoal e direitos do art. 26.º; deveres de defesa da liberdade, deveres de defesa da saúde, deveres de defesa do ambiente);

b) Entre deveres que vinculam os cidadãos nas suas relações diretas com o Estado e deveres que se referem a relações de umas pessoas com as outras pessoas (assim, os deveres dos cônjuges entre si e os deveres dos pais para com os filhos);

c) Entre deveres cívico-políticos, deveres de cidadania (*v. g.*, o de recenseamento eleitoral ou o de imposto) e socioculturais e socioeconómicos, deveres de responsabilidade social (*v. g.*, o de escolaridade, o de proteção da saúde ou o de prestação de serviços mínimos em caso de greve);

---

[448] Algo estranhamente, na revisão constitucional de 1997 foi suprimido o preceito sobre o dever de trabalhar (art. 58.º, n.º 2) – um dever que, por estar ligado ao direito ao trabalho, ANTÓNIO MENEZES CORDEIRO (*Manual de Direito do Trabalho*, Coimbra, 1991, págs. 148-149) apelidava de *dever programático*.

[449] Cfr. JOSÉ CASALTA NABAIS, *O dever...*, cit., págs. 111 e segs.; J. J. GOMES CANOTILHO, *op. cit.*, pág. 533; JOSÉ CARLOS VIEIRA DE ANDRADE, *op. cit.*, pág. 151.

DIREITOS FUNDAMENTAIS

d) Entre deveres de âmbito genérico e de exigência contínua (*v. g.*, o de educação dos filhos ou de defesa da saúde) e deveres de âmbito específico (*v. g.*, o dever de responder a inquérito estatístico);

e) Entre deveres dependentes de lei (arts. 21.º, 42.º, n.º 3, 49.º, n.º 2, 57.º, n.º 3, 107.º, 113.º, n.º 2, 271.º, n.ᵒˢ 2 e 3 e 276.º, n.ᵒˢ 2 e 5) e deveres de vinculação imediata (todos os outros);

f) Entre deveres principais (como o de imposto e o de defesa da Pátria) e deveres acessórios de direitos (os dos pais em relação aos filhos, de sufrágio, de defesa da saúde, de defesa do ambiente e de preservação do património cultural) [450];

g) Entre deveres comuns e deveres em função do estado ou de condições particulares (como o dever de isenção partidária dos militares, bem como, pela natureza das funções, dos juízes, dos agentes do Ministério Público e dos diplomatas);

h) Entre deveres de prestação de coisa (tipicamente o dever de imposto), deveres de prestação de fato positivo (quase todos os restantes e quase todos então infungíveis e pessoalíssimos) e deveres de abstenção (predominante, mas não exclusivamente, o dever de isenção partidária).

III – Alguns destes deveres exigem uma brevíssima explicação.

O dever de obediência às leis e às ordens das autoridades públicas (competentes) que não ofendam os direitos, liberdades e garantias não pode divisar-se senão correlacionado com o direito de resistência [451]. O art. 348.º do Código Penal, ao cominar o crime de desobediência "a ordens ou a mandados legítimos, regularmente comunicados e emanados de autoridade ou funcionário competente" tem de ser interpretado a essa luz: quaisquer ordens ou mandados só são *legítimos* quando não ofendam esses direitos, liberdades e garantias – que são os enunciados no título II da parte I da Constituição e os direitos de natureza análoga (art. 17.º da Constituição).

A Constituição exalta a participação política dos cidadãos (art. 48.º), a participação direta e ativa de homens e mulheres na vida política como

---

[450] Tal como há direitos acessórios de deveres – como o de não pagar impostos inconstitucionais, o de recenseamento eleitoral e o de participar na defesa da Pátria. J. J. GOMES CANOTILHO e VITAL MOREIRA, *op. cit.*, I, pág. 321) falam aqui em *deveres-direitos*.
[451] Cfr. *infra*.

CAPÍTULO II – O ATUAL SISTEMA PORTUGUÊSDE DIREITOS FUNDAMENTAIS

condição e instrumento fundamental de consolidação do sistema democrático (art. 109.º). Daí não decorre um dever estrito de participação como aparece em algumas Constituições de regimes autoritários e totalitários atrás mencionadas. O princípio é de liberdade [452].

Assim se compreende que o exercício do sufrágio constitua um dever *cívico* (art. 49.º, n.º 2, 2.ª parte). Mas deveres cívicos são sempre deveres jurídicos (art. 49.º, n.º 2) [453]. O que o dever nunca poderia comportar seria atribuir à abstenção qualquer consequência que desrespeitasse o conteúdo essencial do direito de voto (18.º, n.º 3), ligando, por exemplo, a abstenção a voto neste ou naquele sentido (como sucedeu no plebiscito de 19 de março de 1933, em que as abstenções contaram como votos a favor do projeto de Constituição apresentado pelo Governo).

O dever de defesa do ambiente e o de preservação e valorização do património cultural desembocam num lato dever de solidariedade para com as gerações futuras [art. 66.º, n.º 2, alínea *d*), 2.ª parte]. Dever de solidariedade das gerações *presentes*, frise-se, de novo; não direito das gerações *futuras*.

IV – Quanto ao dever universal de respeito que recai sobre quaisquer cidadãos em face dos outros (art. 29.º, n.º 2, da Declaração Universal) – e que, em última análise, repousa nos valores de fraternidade (art. 1.º da Declaração Universal e preâmbulo da Constituição) e da solidariedade (art. 1.º da Constituição) – este dever de respeito dos direitos dos outros há de ser entendido em face das "justas exigências da moral, da ordem pública e do bem-estar numa sociedade democrática" (mesmo art. 29.º, n.º 2).

V – Os deveres constitucionais não esgotam os deveres e ónus a que estão ou podem estar adstritos os cidadãos nas relações com o Estado ou entre si, como é óbvio; e alguns até são menos gravosos do que deveres ou ónus derivados da lei.

---

[452] Neste sentido, JOSÉ CARLOS VIEIRA DE ANDRADE, *op. cit.*, pág. 153.

[453] Que fala em obrigações *ou* deveres cívicos, e não em obrigações *e* deveres cívicos. Cfr. JORGE MIRANDA, *O Direito eleitoral na Constituição*, in *Estudos sobre a Constituição*, obra coletiva, Lisboa, 1978, pág. 472, e parecer n.º 29/78 da Comissão Constitucional, de 7 de dezembro, in *Pareceres*, VII, págs. 64 e 65. Diferentemente, J. J. GOMES CANOTILHO e VITAL MOREIRA, *op. cit.*, I, págs. 671-672.

O dever de registo civil (art. 3.º, n.º 33, da Constituição de 1911 e art. 12.º, n.º 3, da Constituição de 1933) subsiste, apesar de não ter passado para a Constituição atual. Evidentemente, os deveres de colaboração na administração da justiça – como o de cooperação na descoberta da verdade e o de testemunhar (arts. 495.º e segs. do Código de Processo Civil e arts. 128.º e segs. do Código de Processo Penal) e o de desempenho do cargo de jurado (art. 16.º do Decreto-Lei n.º 387-A/87, de 29 de dezembro) – não poderiam deixar de se impor. E o mesmo se diga do dever de respeito dos símbolos nacionais e regionais (art. 332.º do Código Penal), de depoimento perante as comissões parlamentares de inquérito (arts. 16.º e 17.º da Lei n.º 5/93, de 1 de março), o dever de recenseamento militar (art. 8.º da Lei n.º 174/99, de 21 de setembro), o dever de identificação em lugar público, aberto ao público ou sujeito a vigilância policial, sempre que sobre a pessoa recaiam suspeitas de prática de crimes ou em casos similares (art. 1.º da Lei n.º 5/95, de 21 de fevereiro).

No entanto, porque falta uma disposição semelhante à do art. 16.º, n.º 1 [454] – e, se houvesse, seria contraditória com ele – tem de se inferir que não existe no Direito português um conceito material de deveres fundamentais paralelo ao de direitos fundamentais. Deveres fundamentais confinam-se aos que constam da Constituição [455]. Quando muito, poderia dizer-se que aos direitos, liberdades e garantias corresponderia um dever geral de respeito e que aos direitos económicos, sociais e culturais corresponderia um dever geral de solidariedade social.

De todo o jeito, independentemente de quaisquer qualificações, o art. 16.º, n.º 1, conjugado com o art. 18.º, envolve rigorosos limites quanto à fixação legislativa de deveres (trate-se da criação de novos deveres ou do desenvolvimento do conteúdo de deveres vindos da Constituição). Em Estado de Direito, se o princípio é o da liberdade, não pode o legislador receber competência livre ou discricionária em matéria de deveres [456].

---

[454] Não passou para a Constituição o art. 24.º do projeto de Constituição do Partido Comunista Português.

[455] Neste sentido, de óticas diversas, CARL SCHMITT, *op. cit.*, pág. 203; JOSÉ CASALTA NABAIS, *O dever...*, cit., págs. 87 e segs.; J. J. GOMES CANOTILHO, *Direito...*, cit., pág. 534.

[456] V. uma tentativa de fixação constitucional das regras nos arts. 16.º e 16.º-A propostos nos projetos de revisão constitucional n.ºs 3/II, 2/V e 4/VII (de 1996). Cfr. o debate em 1981, in *Diário da Assembleia da República*, II legislatura, 1.ª sessão legislativa, 2.ª série, 5.º suplemento ao n.º 108, págs. 3332(112)-3332(113).

CAPÍTULO II - O ATUAL SISTEMA PORTUGUÊSDE DIREITOS FUNDAMENTAIS

VI – Dos deveres distinguem-se outras figuras constantes da Constituição: as restrições, os limites e os condicionamentos, as proibições, as vedações de atividades, as medidas compulsivas.

Os deveres existem em si mesmos, com maior ou menor autonomia. As restrições, os limites e os condicionamentos situam-se no regime dos direitos – as restrições enquanto afetam o conteúdo deste (comprimindo-o ou reduzindo faculdades nele compreendidas *a priori*), os limites e os condicionamentos enquanto afetam o seu exercício. Porém, os deveres, para serem cumpridos, implicam ou podem implicar restrições a estes e àqueles direitos. E os condicionamentos podem deles aproximar-se, pela disciplina ou pelos ónus que comportam [457].

As proibições, essas revestem natureza objetiva. Embora tenham por destinatários também os cidadãos, não se inserem na sua esfera jurídica. Simplesmente, de fora impedem-nos de agir ou de adotar este ou aquele comportamento (*v. g.* a proibição de reuniões armadas do art. 45.º, n.º 1 da Constituição, a de estar inscrito, simultaneamente, em mais de um partido político do art. 51.º, n.º 2 ou a de *lock-out* do art. 57.º, n.º 4) [458].

Na margem das proibições estão as vedações de atividades como a de empresas privadas e de outras entidades da mesma natureza em setores básicos, a que a lei pode proceder (art. 86.º, n.º 3) [459].

---

[457] Cfr. *infra*.

[458] Outras proibições: a de obtenção e utilização abusivas, ou contrárias à dignidade humana, de informações relativas às pessoas e famílias (art. 26.º, n.º 2), a de utilização da informática para tratamento de dados referentes a convicções filosóficas ou políticas, filiação partidária ou sindical, fé religiosa ou vida privada, salvo com consentimento expresso dos titulares (art. 35.º, n.º 3), a de acesso a dados pessoais de terceiros, salvo em casos excecionais previstos na lei (art. 35.º, n.º 4), a de constituir associações que se destinem a promover a violência ou cujos fins sejam contrários à lei penal (art. 46.º, n.º 1), a de constituir associações armadas ou de tipo militar, militarizadas ou paramilitares (art. 46.º, n.º 4, 1.ª parte), a de constituir organizações racistas ou que perfilhem a ideologia fascista (art. 46.º, n.º 4), a de despedimentos sem justa causa ou por motivos políticos ou ideológicos (art. 53.º), a de publicidade oculta, indireta ou dolosa (art. 60.º, n.º 2), a de trabalho de menores em idade escolar (art. 69.º, n.º 4) ou a de acumulação de empregos ou cargos públicos, salvo nos casos expressamente previstos na lei. Tal como há proibições dirigidas ao legislador: a de atribuição de um número nacional único aos cidadãos (art. 35.º, n.º 5) e a dos regimes de aforamento e de colonia (art. 96.º, n.º 2, 1.ª parte).

[459] Cfr., por todos, J. J. Gomes Canotilho e Vital Moreira, *op. cit.*, I, págs. 1017 e 1018; e anotação de Rui Medeiros in Jorge Miranda e Rui Medeiros, *op. cit.*, I, págs. 111 e segs.

DIREITOS FUNDAMENTAIS

Por último, medidas compulsivas aparecem no art. 88.º: os meios de produção ao abandono podem ser expropriados em condições a fixar pela lei, que terá em devida conta a situação específica dos trabalhadores emigrantes (n.º 1); e, quando o abandono seja injustificado, eles podem ainda ser objeto de arrendamento ou de concessão de exploração compulsivas, em condições a fixar (n.º 2) [460].

VII – Observe-se que a imposição de deveres não tem como única contrapartida uma situação ativa ou de vantagem da parte do Estado ou de outra entidade pública. Tem ou pode ter também uma face passiva ou de obrigação. Tanto existem incumbências do Estado de organização e de procedimento por causa de direitos como por causa de deveres dos cidadãos.

Assim, o dever de imposto envolve a necessidade de organização e funcionamento de serviços administrativos especializados, os serviços tributários; o dever de serviço militar a criação de serviços de recrutamento, instrução e enquadramento; os deveres eleitorais a existência de uma administração eleitoral e a regularidade das operações; o dever de escolaridade a criação de escolas que satisfaçam as necessidades da população (art. 75.º, n.º 1, da Constituição). Mesmo deveres de estrutura constitucional tão *sui generis* como o dever de defender e promover a saúde e o de defender o ambiente conjugam-se com a obrigação, inerente às normas programáticas com que se relacionam, de o Estado assegurar condições, de vária ordem, para o seu cabal cumprimento.

VIII – Obviamente, de natureza de todo em todo diferente da do dever geral de respeito dos cidadãos uns para com os outros é a *tarefa* do Estado de proteção e efetivação dos direitos fundamentais [arts. 2.º, 2.ª parte e 9.º, alíneas *b*) e *d*)], com concretizações específicas em *incumbências* variadas quer no domínio dos direitos, liberdades e garantias (arts. 26.º, n.ºs 2 e 3, 38.º, n.ºs 3, 4 5, 40.º, 42.º, n.º 2, 52.º, n.º 2, 55.º, n.º 6, 2.ª parte, 56.º, n.º 4, 57.º, n.º 3 e 60.º, n.º 3 e 272.º, n.º 1) quer no domínio dos direitos sociais (arts. 58.º, n.º 2, 59.º, n.º 2, 60.º, n.º 1, 63.º, n.ºs 1 e 5, 64.º, n.ºs 2 e 3, 65.º, n.ºs 2, 3 e 4, 66.º, n.º 2, 67.º,

---

[460] Cfr. João Pacheco de Amorim, *Direito Administrativo da Economia*, I, Coimbra, 2014, págs. 549 e segs.

n.º 2, 68.º, n.ᵒˢ 1, 3 e 4, 69.º, n.ᵒˢ 1 e 2, 70.º, 71.º, n.ᵒˢ 2 e 3, 72.º, n.ᵒˢ 2 e 3, 74.º, n.º 2, 75.º, 76.º, n.º 1, 78.º, 79.º, n.º 2) [461].

A falta de proteção ou de efetivação envolve inconstitucionalidade por omissão, seja qual for a amplitude que se dê ao sistema de fiscalização do art. 283.º [462].

Em contrapartida, verdadeiros deveres do Estado são os de proteção diplomática (art. 14.º), de indemnização por ações ou omissões praticadas no exercício das suas funções e por causa desse exercício de que resulte violação dos direitos, liberdades e garantias ou prejuízo para outrem (arts. 22.º e 271.º, n.º 4), por privação de liberdade contra o disposto na Constituição e na lei (art. 27.º, n.º 5) e pelos danos sofridos por condenação criminal injusta (art. 29.º, n.º 6); e o dever de esclarecer objetivamente os cidadãos sobre os atos do Estado e das demais entidades públicas (art. 48.º, n.º 2)[463].

E deveres agora, não do Estado mas dos titulares dos seus órgãos só os que se enquadram em situações funcionais [464] e o dever geral de desempenho dos cargos com zelo e em cooperação com os demais titulares [465].

IX – Também na atividade dos órgãos de Estado e nas suas relações podem ser encontradas situações passivas vizinhas dos deveres, como o dever dos órgãos e agentes da Administração de cooperarem com o Provedor de Justiça (art. 23.º, n.º 4), o dever do Presidente da República de fundamentar o veto político (art. 136.º, n.ᵒˢ 1 e 4), o dever das entidades públicas de cooperarem com os Deputados no exercício das suas funções (art. 155.º, n.º 3), o dever do Governo de responder às perguntas dos Deputados sobre quaisquer atos dele ou da Administração pública e de lhes facultar os elementos, informações oficiais

---

[461] Sobre tarefas e incumbências, v. *Manual...*, V, 4.ª ed., Coimbra, 2010, págs. 8 e segs.

[462] Cfr., mais uma vez, JORGE PEREIRA DA SILVA, *Dever de legislar...*, cit., e *Deveres do Estado...*, cit.; JORGE MIRANDA, *Manual...*, VI, págs. 376 e 377.

[463] Porventura, ainda no âmbito do Direito internacional, o dever de dar asilo aos estrangeiros perseguidos ou gravemente ameçados de perseguição (art. 33.º, n.º 8). Cfr. JORGE MIRANDA, *Direito de asilo e refugiados na ordem jurídica portuguesa*, Lisboa, 2016.

[464] Cfr. *supra*. A que acrescem o dever de declaração acerca do património e dos rendimentos, no início e no termo do exercício dos cargos (Lei n.º 4/83, de 2 de abril, com alterações) e os deveres respeitantes a incompatibilidades e a impedimentos (Lei n.º 64/93, de 26 de agosto, também com várias alterações).

[465] Apesar de a Constituição só prever juramento quanto ao Presidente da República (art. 127.º, n.º 3).

DIREITOS FUNDAMENTAIS

e publicações oficiais por eles requeridos [art. 159.º, alíneas c) e d)], o dever de coadjuvação dos tribunais, no exercício das suas funções, pelas outras autoridades (arts. 202.º, n.º 3, e 205.º, n.º 3) e o dever dos tribunais de fundamentação de decisões que não sejam de mero expediente nas formas previstas na lei (art. 205.º, n.º 1), o dever de fundamentação dos atos administrativos que afetem direitos ou interesses legalmente protegidos (art. 268.º, n.º 3, 2.ª parte), o dever do Tribunal Constitucional de fundamentar as restrições de efeitos de declaração de inconstitucionalidade por razões de interesse público (art. 282.º, n.º 4).

Tal como não pode ser esquecido o dever do Governo de informar regular e diretamente sobre o andamento dos principais assuntos de interesse público os partidos políticos representados na Assembleia da República e que não façam parte do Governo, ao mesmo estando obrigados os Governos regionais e os executivos das autarquias locais nos respetivos âmbitos (art. 114, n.º 3).

X – Por fim, indiquem-se as competências de exercício obrigatório dos órgãos do Estado, entre as quais:

- No ato de dissolução de órgãos colegiais baseados no sufrágio direto tem de ser marcada a data de novas eleições, a realizar nos sessenta dias seguintes e pela lei eleitoral vigente ao tempo da dissolução, sob pena de inexistência jurídica do ato (art. 113.º, n.º 6);
- O Presidente da República submete a fiscalização preventiva da constitucionalidade e da legalidade as propostas de referendo (arts. 115.º, n.º 8, e 232.º, n.º 2);
- O Presidente da República marca, de harmonia com a lei eleitoral, o dia das eleições do Presidente da República, dos Deputados à Assembleia da República, ao Parlamento Europeu e às Assembleias Legislativas das regiões autónomas [art. 133.º, alínea b)];
- O Presidente da República nomeia o Primeiro-Ministro, ouvidos os partidos representados na Assembleia da República e tendo em conta os resultados eleitorais [arts. 133.º, alínea f), e 187.º, n.º 2];
- A Assembleia da República aprova as leis das grandes opções do plano e o Orçamento do Estado, sob proposta (obrigatória) do Governo [arts. 161.º, alínea g), e 106.º, n.º 2];
- A Assembleia da República aprecia o programa do Governo [arts. 163.º, alínea d) e 192.º];
- A Assembleia da República elege, por maioria de dois terços dos Deputados presentes, desde que superior à maioria absoluta dos Deputados em efetividade de funções dez juízes do Tribunal Constitucional, o Provedor de Justiça e os titulares de outros órgãos [art. 163.º, alínea h)];

CAPÍTULO II – O ATUAL SISTEMA PORTUGUÊSDE DIREITOS FUNDAMENTAIS

- O Governo apresenta à Assembleia da República as contas do Estado e das demais entidades públicas que a lei determinar [arts. 197.º, alínea *h)*, e 162.º, alínea *d)*];
- O Tribunal Constitucional verifica a morte e declara a impossibilidade física permanente do Presidente da República [art. 223.º, n.º 2, alínea *a)*].

53. A interpretação e a integração de harmonia com a Declaração Universal

I – Como se sabe, a *ratio* do art. 16.º, n.º 2, vem a ser tríplice. Através dele pretende-se clarificar e alargar o catálogo de direitos, reforçar a sua tutela e abrir para horizontes de universalismo.

Os direitos fundamentais ficam situados num contexto mais vasto e mais sólido que o da Constituição em sentido instrumental e ficam impregnados dos princípios e valores da Declaração, como parte essencial da ideia de Direito à luz da qual todas as normas constitucionais – e, por conseguinte, toda a ordem jurídica portuguesa – têm de ser pensadas e postas em prática [466].

Não se trata de mero alcance externo. Trata-se de um sentido normativo imediato, com incidência no conteúdo dos direitos formalmente constitucionais [467].

A própria evolução da interpretação dos princípios da Declaração, por efeito da transformação das ideias e das preocupações da comunidade

---

[466] Para maior desenvolvimento, v. JORGE MIRANDA, *A Declaração Universal e os Pactos Internacionais de Direitos do Homem*, Lisboa, 1977, *A Constituição de 1976*, cit., págs. 186 e segs., e *Manual...*, II, cit., págs. 37 e segs. E as várias perspetivas não coincidentes, e em alguns Autores opostas, de JOSÉ CARLOS VIEIRA DE ANDRADE, *Declaração Universal dos Direitos do Homem*, in *Polis*, II, 1984, págs. 11 e segs.; PAULO OTERO, *Declaração Universal dos Direitos do Homem e Constituição: a inconstitucionalidade de normas constitucionais*, in *O Direito*, 1990, págs. 603 e segs.; JORGE BACELAR GOUVEIA, *A Declaração Universal dos Direitos do Homem e a Constituição Portuguesa*, in *AB VNO AD OMNES*, obra coletiva, Coimbra, 1998, págs. 925 e segs.; JOSÉ DE MELO ALEXANDRINO, *op. cit.*, II, págs. 328 e segs.; CARLOS BLANCO DE MORAIS, *Justiça Constitucional*, I, 2.ª ed., Coimbra, 2006, pág. 70; J. J. GOMES CANOTILHO e VITAL MOREIRA, *Constituição...*, II, 4.ª ed., págs. 367 e segs.; BENJAMIM DA SILVA RODRIGUES, *op. cit.*, págs. 124 e segs.; J. J. GOMES CANOTILHO, *Para um enquadramento constitucional da garantia de proteção judicial em direito público (breves notas)*, in *Scientia Juridicaa*, maio-agosto de 2013, pág. 373 (falando em exemplo mais significativo de interjusfundamentalidade alargada).

[467] Como corrobora bem a epígrafe do art. 16.º adotada em 1982 – «âmbito e sentido dos direitos fundamentais».

DIREITOS FUNDAMENTAIS

internacional [468], não põe em causa esta finalidade de conformação e garantia, porque ocorre mais ou menos lentamente e sem deixar de atender ao sentimento jurídico da comunidade internacional de que Portugal participa.

São muitas as Constituições influenciadas pela Declaração [469], mas a primeira que a recebeu em bloco foi a portuguesa e, depois, através desta, também a receberiam a espanhola (art. 10.º, n.º 2), a santomense (art. 17.º, n.º 1), a cabo-verdiana (art. 16.º, n.º 3), a argentina após a reforma de 1994 (art. 75.º, n.º 22), a timorense (art. 23.º, 2.ª parte), a moçambicana (art. 43.º), a angolana de 2010 (art. 26.º, n.º 2).

II – O art. 16.º, n.º 2, manda interpretar os preceitos constitucionais e legais relativos aos direitos fundamentais de harmonia com a Declaração Universal [470]. Projeta-se, pois, a Declaração desde logo sobre as próprias normas constitucionais, moldando-as e emprestando-lhes um sentido que caiba dentro do sentido da Declaração ou que dele mais se aproxime.

Esta interpretação da Constituição conforme com a Declaração torna-se tanto mais fácil quanto é certo que ela foi uma das suas fontes, como se reconhece confrontando o teor de uma e de outra. Mas para lá de correspondências mais ou menos evidentes, deparam-se mesmo alguns artigos da Declaração, que, com utilidade, esclarecem normas constitucionais, evitam dúvidas, superam divergências de localização ou de formulação, propiciam perspetivas mais ricas do que, aparentemente, as perspetivas do texto emanado do Direito interno.

É o que sucede (ainda depois de todas as revisões constitucionais):
- com o art. 1.º da Declaração, ao ligar a dignidade da pessoa humana à razão e à consciência de que todos os homens são dotados;

---

[468] JORGE CAMPINOS, *Direito Internacional dos Direitos do Homem*, Coimbra, 1984, pág. 12; MARCELO CAVALOTI DE SOUSA CRUZ, anotação ao art. 29.º, in *Comentários à Declaração Universal dos Direitos Humanos*, obra coletiva, 2.ª ed., São Paulo, 2011, págs. 177 e segs.

[469] Cfr. (há mais de 30 anos) HENC VAN MARSEVEN e GER VAN DER TANG, *Written Constitutions – Computerized Comparative Study*, Nova Iorque e Alphen aan der Rijn, 1978, págs. 189 e segs.

[470] O texto inicialmente aprovado pelo Plenário da Assembleia Constituinte portuguesa apenas se referia aos direitos, liberdades e garantias (v. *Diário*, n.º 35, reunião de 21 de agosto de 1975, págs. 941 e segs.). Foi a Comissão de Redacção que o alargou a todos os direitos fundamentais.

CAPÍTULO II – O ATUAL SISTEMA PORTUGUÊSDE DIREITOS FUNDAMENTAIS

- com o art. 2.º, 1.ª parte, ao esclarecer que as causas de discriminação indicadas o são a título exemplificativo («nomeadamente») e não a título taxativo;
- com o art. 2.º, 2.ª parte, ao impor um tratamento por igual aos estrangeiros (completando os arts. 13.º, n.º 2, e 15.º, n.º 1, da Constituição);
- com o art. 9.º, ao estabelecer que ninguém pode ser arbitrariamente exilado (princípio subjacente ao art. 33.º da Constituição);
- com o art. 14.º, ao declarar que toda a pessoa sujeita a perseguição tem o direito de procurar e de beneficiar de asilo em outros paísea – toda a pessoa perseguida e não apenas por causas políticas do art. 38.º, n.º 8 da Constituição[471];
- com o art. 16.º, n.º 1, ao declarar que "a partir da idade núbil, o homem e a mulher têm o direito de casar" o que inculca a inadmissibilidade de casamento (embora não de qualquer outra forma de união civil) entre pessoas do mesmo sexo [472];
- com o art. 16.º, n.º 2, ao estipular que o casamento exige "o livre e pleno consentimento dos esposos" (o que só está implícito no art. 36.º, n.º 1);

---

[471] Cfr. JORGE MIRANDA, *Direitos de asilo e refugiados na ordem jurídica portuguesa*, Lisboa, 2016.

[472] No acórdão n.º 121/2010, de 8 de abril (*Diário da República*, 2.ª série, de 28 de abril de 2010), o Tribunal Constitucional não considerou, apesar disso, inconstitucional o casamento homossexual, por entender que o art. 16.º, n.º 2, da Constituição não funcionava quando conduzisse a uma solução menos favorável do que a resultante de interpretação endógena da Constituição, e isso em nome da preferência de normas de protecção mais elevada. Mas, salvo o devido respeito, sem razão.

Em primeiro lugar, faltaria saber, *in casu*, qual o nível de protecção mais elevado e quem deveria tê-lo. Tal nível não se alcança não diferenciando aquilo que é, em si mesmo, diferente e não dando mais protecção àqueles que, potencial ou efectivamente, assumem a responsabilidade de criar, educar e manter filhos.

Em segundo lugar, cotejem-se as fórmulas do artigo 36.º, n.º 1 da Constituição e do artigo 16.º, n.º 2, da Declaração Universal. Ali proclama-se que *todos* têm o direito de constituir família e de contrair casamento. Aqui fala-se em *homem e mulher*. E o sentido sistemático integrador dos dois artigos só pode ser este: *a)* que *todos*, homens e mulheres, têm o direito de casar, livremente e sem discriminação alguma (como qualquer das enunciadas no artigo 13.º, n.º 2); *b)* mas que só há casamento quando contraído entre homem e mulher; *c)* *todos* não significa casamento de homens com homens ou de mulheres com mulheres, significa casamento de homem com mulher.

Em terceiro lugar, na lógica do acórdão, o art. 29.º da Declaração Universal, sobre deveres, e o art. 30.º, sobre adstrições ao respeito da liberdade de outros ou não teriam sentido ou não estariam abrangidos pela receção operada pelo art. 18.º, n.º 2 da Constituição.

Cfr. em sentido próximo do nosso, IVO MIGUEL BARROSO, *Implicará o artigo 36.º, n.º 1, da Constituição de 1976 que o casamento seja heterossexual?*, in *Direito e Política*, n.º 7, maio-agosto de 2014, págs. 46 e segs.

DIREITOS FUNDAMENTAIS

- com o art. 18.º, ao distinguir liberdade de pensamento e liberdade de consciência;
- com o art. 22.º, 2.ª parte, ao fazer depender a realização dos direitos económicos, sociais e culturais do esforço nacional e da cooperação internacional, de harmonia com a organização e os recursos do país [473] (como está apenas pressuposto nos arts. 7.º, 9.º e 81.º) [474];
- com o art. 26.º, n.º 3, ao declarar que aos pais pertence a prioridade do direito de escolha do género de educação a dar aos filhos [o que reforça a garantia contida nos arts. 36.º, n.º 5, e 67.º, n.º 2, alínea c), e não é sem consequências sobre os arts. 43.º, 74.º e 75.º] [475 476];
- com o art. 28.º, ao estabelecer que toda a pessoa tem direito a que reine uma ordem capaz de tornar plenamente efetivos os direitos e as liberdades.

Quanto aos preceitos legais sobre os quais incide a Declaração vêm a ser não apenas os de regulamentação, concretização e proteção de direitos consignados em normas constitucionais mas também os que aditem novos direitos ou novas faculdades de direitos com base na cláusula aberta do art. 16.º, n.º 1.

III – Apesar de a Convenção Europeia dos Direitos do Homem não constar do art. 16.º, n.º 2 [477], é corrente ela ser invocada em recursos perante o Tribunal Constitucional. Mas este tem entendido, em orientação constante, tal não se

---

E sobre a jurisprudência, TERESA VIOLANTE, *Judicial Dialogue e casamento entre pessoas do mesmo sexo*, in *Tribunal Constitucional – 35.º aniversário da Constituição de 1976*, obra coletiva, Coimbra, 2012, págs. 211 esegs.

[473] Ou do desenvolvimento económico (art. 45.º da Constituição da GuinéBissau).

[474] O art. 22.º atenua (ou atenuava, principalmente, antes de 1982) as implicações da Constituição económica no domínio destes direitos. Cfr. AMÂNCIO FERREIRA, *A conquista dos direitos sociais*, cit., *loc. cit.*, pág. 100, nota.

[475] Antes de 1982, deveriam ainda ter-se em conta os arts. 14.º (direito de asilo), 15.º, n.º 2, 1.ª parte (garantia da cidadania), 16.º, n.º 3 (família), e 27.º, n.º 1 (fruição cultural). E, antes de 1997, o art. 7.º, 2.ª parte (direito a proteção igual contra qualquer discriminação) e o art. 10.º (processo equitativo).

[476] Cfr., ainda quanto ao art. 12.º da Declaração, em face do art. 26.º, n.º 1, da Constituição, o acórdão n.º 442/2007, de 14 de agosto, in *Diário da República*, 1.ª série, n.º 175, de 11 de Setembro de 2007.

[477] Na primeira revisão constitucional foi proposta, sem êxito, uma referência expressa à Convenção. V. *Diário da Assembleia da República*, II legislatura, 1.ª sessão legislativa, 2.ª série, 3.º suplemento ao n.º 108, págs. 3332(103) e segs.

CAPÍTULO II – O ATUAL SISTEMA PORTUGUÊS DE DIREITOS FUNDAMENTAIS

justificar, por a Constituição portuguesa – abrangendo todos os direitos que ali se encontram enumerados – a consumir [478].

Em contrapartida, mais de uma vez tem o Tribunal Constitucional trabalhado com a jurisprudência do Tribunal Europeu dos Direitos do Homem para densificar normas constitucionais sobre direitos fundamentais [479].

IV – E, se se desse contradição entre o disposto na Constituição e os princípios constantes da Declaração Universal – como acontecia enquanto vigoraram o art. 309.º (depois 298.º, depois 294.º, depois 292.º) e a Lei n.º 8/75, de 25 de julho [480]. Iria a interpretação em conformidade com a Declaração Universal ao ponto de se entender que as suas normas prevaleciam sobre as normas constitucionais?

Haveria que distinguir consoante a norma constitucional fosse originária ou proveniente de revisão e consoante o princípio da Declaração Universal fosse de *jus cogens* ou não.

No primeiro caso, nunca haveria inconstitucionalidade. Não é inconstitucionalidade a contradição com o *jus cogens* – por definição supraconstitucional [481]. E se o princípio não fosse de *jus cogens*, o que aconteceria então seria a retração do alcance da Declaração – a norma constitucional (a considerar especial ou excecional e a ser interpretada restritivamente) subtrairia ao domínio da Declaração determinada matéria ou zona de matéria entre todas que nela recaem [482].

Pelo contrário, na segunda hipótese, o fenómeno reconduzir-se-ia a inconstitucionalidade, porque o poder de revisão constitucional é um poder constituído, subordinado aos princípios fundamentais da Constituição.

---

[478] Cfr., entre outros, acórdão n.º 547/98, de 23 de Setembro, in *Diário da República*, 2.ª série, de 15 de março de 1999; acórdão n.º 75/99, de 3 de fevereiro, *ibidem*, 2.ª série, de 6 de abril de 1999; ou acórdão n.º 412/2000, de 4 de outubro, *ibidem*, de 21 de novembro de 2000.

[479] V., por exemplo, acórdão n.º 121/97, de 19 de fevereiro, *ibidem*, 2.ª série, n.º 100, de 30 de abril de 1997. Para uma visão mais ampla, com elementos comparativos e prospetivos, v. M. DAVID SZYMEZAK, *La Convention Européenne des Droits de l'Homme et le juge constitutionnel national*, Bruxelas, 2007; ou MARCELO NEVES, *Transconstitucionalismo*, São Paulo, 2009, págs. 196 e segs.

[480] V. a demonstração da não vigência atual, in *Manual...*, II, cit., pág. 45.

[481] V. *Manual...*, II, cit., pág. 137 e *Curso...*, cit., págs. 160-161.

[482] Sobre normas constitucionais inconstitucionais, v. *Manual...*, VI, cit., págs. 14 e segs., e autores citados.

DIREITOS FUNDAMENTAIS

Ora, indubitavelmente, à luz do art. 16.º, n.º 2, a Declaração Universal incorpora alguns desses princípios, verdadeiros limites materiais de revisão, mesmo para além das alíneas *d)* e *e)* do art. 288.º

V – O que significa a integração de preceitos constitucionais e legais pela Declaração Universal? Significa que se pode e deve completar os direitos ou, porventura, as restrições aos direitos constantes da Constituição com quaisquer direitos ou faculdades ou com restrições aos direitos que se encontrem na Declaração? Ou significa que, admitida a possibilidade de lacunas na Constituição em sentido formal, haverá lugar à integração somente quando se reconheça, dentro do próprio sistema da Constituição, que há lacunas em sentido estrito, que nela não estão enunciados direitos que derivam desse mesmo sistema?

A favor da segunda alternativa poderia invocar-se o nexo existente em Direito entre integração e lacuna (ou situação não prevista em preceito determinado, mas que tem de ser juridicamente regulada no espírito do sistema); e poderia lembrar-se a rejeição pela Assembleia Constituinte de uma proposta para que no art. 16.º, n.º 1, se acolhessem também direitos «decorrentes da inviolabilidade da pessoa humana» [483].

Parece mais plausível, no entanto, o primeiro significado do termo integração, embora menos rigoroso: primeiro, porque ele se coaduna melhor com a ideia de «âmbito» de direitos que inspira o art. 16.º; em segundo lugar, porque, se o art. 16.º, n.º 2, coloca a interpretação da Constituição no quadro da Declaração, então o sistema de tutela de direitos fundamentais abarca-a necessariamente e as lacunas da Constituição têm de ser recortadas nesse âmbito; finalmente, porque a referência ou não a «inviolabilidade da pessoa humana» não só não tem que ver com este problema como a sua falta é compensada largamente pela receção dos princípios gerais da Declaração.

A questão é, aliás, quase académica em face do texto da Constituição, o qual vai muito além tanto da Declaração Universal quanto dos Pactos internacionais

---

[483] Nesta linha, LEONOR BELEZA e MIGUEL TEIXEIRA DE SOUSA, *Direito de Associação e Associações*, in *Estudos sobre a Constituição*, obra coletiva, III, Lisboa, 1979, pág. 175. Cfr. JOSÉ DE OLIVEIRA ASCENSÃO, *Direito de autor e direitos fundamentais*, in *Perspectivas Constitucionais*, obra coletiva, II, 1997, pág. 189.
Contra a integração, JOSÉ DE MELO ALEXANDRINO, *A estruturação...*, cit., II, pág. 330.

de 1966. Com efeito, tirando princípios de civilização tão incontestáveis que seria escusado a Constituição proclamá-los (como os dos arts. 4.º e 6.º da Declaração) e um princípio específico de Direito internacional (como o do art. 15.º, n.º 1), poucas são as proposições que tenham um conteúdo mais preciso que o das normas constitucionais ou que nelas não tenham correspondência. São apenas os arts. 14.º (direito de asilo a todas as pessoas sujeitas a perseguição, e não apenas às constantes do aet. 33.º, n.º 8 da Constituição), 15.º, n.º 2, 2.ª parte (direito de mudar de cidadania), 17.º, n.º 2 (na medida em que a proibição de privações arbitrárias da propriedade deve abarcar quer a propriedade privada quer a propriedade comunitária e quaisquer outras que venham a existir), 24.º (direito de todas as pessoas, e não só dos trabalhadores, ao repouso e aos lazeres) e 29.º e 30.º (deveres e limites dos direitos).

O ponto só ganharia acuidade se, por hipótese, em revisão constitucional, se diminuísse o seu elenco de direitos, o que se não afigura conjeturável.

54. O art. 29.º, n.º 2, da Declaração Universal e os limites ao exercício de direitos

I – Não tem a Constituição de 1976 nenhuma cláusula geral sobre o exercício dos direitos – quer de todos e quaisquer direitos, quer de alguma categoria de direitos em particular. Uma razão histórica bem conhecida determinou sobretudo que assim fosse: o receio – comprovado pela experiência do § 1.º do art. 8.º da Constituição de 1933 e revivido intensamente em 1975 – de que tal cláusula pudesse frustrar a atribuição dos direitos, liberdades e garantias, abrindo caminho a que os detentores do poder viessem, na prática, a derrogar os preceitos constitucionais e a transformar o regime em autoritário ou totalitário [484].

Mas encontra-se uma cláusula geral no art. 29.º da Declaração Universal dos Direitos do Homem, onde não só se afirma que o indivíduo tem deveres para com a comunidade, «fora da qual não é possível o livre e pleno desenvolvimento da sua personalidade» (n.º 1, mais de uma vez já citado) como se prescreve que no gozo dos direitos e das liberdades «ninguém está sujeito

---

[484] Assim, a intervenção do Deputado Oliveira e Silva, presidente da 2.ª Comissão da Assembleia Constituinte, in *Diário*, n.º 30, de 13 de agosto de 1975, pág. 784.

DIREITOS FUNDAMENTAIS

senão às limitações estabelecidas pela lei com vista exclusivamente a promover o reconhecimento e o respeito dos direitos e liberdades dos outros e a fim de satisfazer as justas exigências da moral, da ordem pública e do bem-estar numa sociedade democrática» (n.º 2) e se acrescenta que, em caso algum, os direitos e liberdades poderão ser exercidos «contra os fins e os princípios das Nações Unidas» (n.º 3) [485].

Ora, na medida em que o art. 16.º, n.º 2, da Constituição portuguesa manda interpretar os preceitos constitucionais e legais relativos aos direitos fundamentais de harmonia com a Declaração Universal, não pode deixar de entender-se que tal regra vale inteiramente, hoje, no nosso ordenamento jurídico e se aplica não apenas aos direitos fundamentais como – por maioria de razão – a todos os demais direitos.

II – Contra a referência ao art. 29.º, n.º 2, poderia erguer-se duas dificuldades principais. Uma seria, desde logo, a não consagração de cláusula geral na Constituição. Resultaria outra da norma do art. 18.º, n.º 2, que veda restrições aos direitos fundamentais não constitucionalmente autorizadas [486]. Parece, no entanto, que estas dificuldades são suscetíveis de ser vencidas.

Em primeiro lugar, nada indica que o art. 16.º, n.º 2, da Lei Básica se reporte somente a preceitos atributivos de direitos, pode reportar-se também a preceitos limitativos; e o recurso à Declaração para efeito de integração corresponde exatamente à hipótese de não regulamentação como aqui se verifica. Regras sobre o exercício dos direitos fundamentais são sempre necessárias e, se não constarem da Constituição formal nuclear, esta terá de ser integrada pelos processos que previr, um dos quais é o do art. 16.º, n.º 2. Outra coisa, naturalmente, é o sentido ou o relevo sistemático conferido a essas regras.

---

[485] Sobre o art. 29.º, n.º 2, da Declaração Universal, v. RENÉ MARCIC, *Devoirs et limitations apportées aux droits*, in *Revue de la Commission Internationate des Juristes*, IX, n.º 1, 1968, págs. 73 e segs.; ANDRES OLLERO, *Para uma teoria...*, cit., *loc. cit.*, págs. 108-109; ALDO CORASANITI, *Note in tema di diritti fondamentali*, in *Diritto e società*, 1990, págs. 203 e segs.; *The Universal Declaration on Human Rights – A Commentary*, obra coletiva, Oslo, 1992, págs. 449 e segs.

[486] Diferentemente, MARIA LEONOR BELEZA e MIGUEL TEIXEIRA DE SOUSA, *op. cit.*, *loc. cit.*, pág. 175; JÓNATAS MACHADO, *O regime concordatário entre as «Libertas Ecclesiae» e a liberdade religiosa*, Coimbra, 1993, pág. 95, nota; EDUARDO CORREIA BAPTISTA, *Direito Internacional Público – Conceito e fontes*, I, Lisboa, 1998, págs. 431-432, nota; GOMES CANOTILHO e VITAL MOREIRA, *Constituição...*, I, cit., págs. 368 e 369; JORGE REIS NOVAIS, *As restrições...*, cit., págs. 520 e segs.

CAPÍTULO II – O ATUAL SISTEMA PORTUGUÊSDE DIREITOS FUNDAMENTAIS

Em segundo lugar, se perante uma Constituição positiva decretada pelo Estado pode revelar-se fundados os receios de interpretação extensiva e distorcida pelos órgãos do poder, já perante uma cláusula ínsita num documento como a Declaração Universal tais receios não devem prevalecer. O espírito do art. 29.º, n.º 2, não pode, na verdade, deixar de ser o mesmo que preside à consagração dos direitos fundamentais e é no contexto da Declaração das Nações Unidas que deverá ser entendido.

Em terceiro lugar, não se afigura que do art. 18.º, n.º 2, da Constituição se retire ou deixe de se retirar argumento decisivo quanto à aplicação do art. 29.º, n.º 2, da Declaração. E isso porque são de espécie diferente as restrições a que alude aquele preceito e os limites contemplados neste. O art. 18.º, n.º 2, diz respeito ao conteúdo dos direitos; o art. 29.º, n.º 2, contempla condições gerais que incidem sobre todos os direitos e que têm que ver com o seu exercício [487]. O art. 29.º, n.º 2, não é, pois, nova fonte de restrições de direitos, liberdades e garantias; situa-se, sim, ao nível da regulamentação (e daí a referência que nele se encontra a lei) [488].

III – Porque mesmo *in claris fit interpretatio* [489], a fórmula «justas exigências da moral, da ordem pública e do bem-estar numa sociedade democrática» requer a seguinte explicação:

a) Na alusão a «justas exigências» deve achar-se, antes de mais, o apelo a um conceito de justiça ou a uma ponderação ética avaliadora dos preceitos de Direito positivo que, em nome da moral, da ordem pública e do bem-estar, envolvam limites dos direitos, mormente dos direitos,

---

[487] Sobre a distinção, cfr. *infra*.

[488] No sentido da admissibilidade ou da relevância do art. 29.º, n.º 2, BERNARDO XAVIER, *Direito da Greve*, Lisboa, 1984, pág. 93; NUNO E SOUSA, *A liberdade de imprensa*, Coimbra, 1984, pág. 264; RUI MEDEIROS, *Ensaio...*, cit., pág. 342; JORGE BACELAR GOUVEIA, *Direitos...*, cit., pág. 451; LUÍS PEREIRA COUTINHO, *Sobre a justificação das restrições aos direitos fundamentais*, in *Estudos em homenagem ao Prof. Doutor Sérvulo Correia*, obra coletiva, I, Coimbra, 2010, págs. 564-565. E acórdãos n.ºs 166 e 173 da Comissão Constitucional, de 24 de julho e 18 de dezembro de 1979, in apêndice ao *Diário da República*, de 3 de julho de 1980; ou acórdão n.º 6/84 do Tribunal Constitucional, de 18 de janeiro, in *Diário da República*, 2.ª série, de 2 de maio de 1984.

[489] E porque fórmulas genéricas acarretam sempre riscos: cfr. GEORGE VLACHOS, *op. cit., loc. cit.*, págs. 347 e segs.

DIREITOS FUNDAMENTAIS

liberdades e garantias; deve achar-se aí, portanto, um limite absoluto aos limites.

b) Em tal alusão transparece, por outro lado, a ideia de *proporcionalidade* nas suas três vertentes – só são admissíveis os limites que sejam adequados, necessários e proporcionados em face dos princípios constantes da Declaração.

c) A «moral» tem de ser apercebida como moral social, como moral *pública* (para empregar a expressão do art. 206.º da própria Constituição, a propósito dos limites à publicidade das audiências dos tribunais) [490][491][492]; não se identifica com certa moral religiosa, embora, precisamente por se tratar de uma moral social, não possa desprender-se (ou desprender-se por completo) das influências religiosas e culturais presentes na sociedade [493]. A laicidade do Estado (art. 41.º, n.º 4, da Constituição) não poderia impedi-la sob pena de se cair em laicismo [494].

É nesta perspetiva e sobretudo na perspetiva da dignidade da pessoa humana (art. 1.º da Declaração e art. 1.º da Constituição) que cabem limites ao exercício dos direitos por causa do respeito pela integridade moral das pessoas (cfr. art. 25.º, n.º 1, da Constituição) ou da boa fé nas relações jurídicas públicas e privadas [495].

---

[490] Outros preceitos da Constituição em que, direta ou indiretamente, há afloramentos da moral são os arts. 13.º, n.º 2, 25.º, n.º 1, 26.º, n.ºs 1 e 2, 32.º, n.º 8, 41.º, n.º 6, 51.º, n.º 1, 1.ª parte, 60.º, n.º 2, 68.º, n.º 2, 73.º, n.º 2, 88.º, n.º 2, e 206.º.

[491] Neste sentido, acerca do art. 1093.º, n.º 1, alínea *c),* do Código Civil, o acórdão n.º 128/92 do Tribunal Constitucional, de 1 de abril, in *Diário da República,* 2.ª série, de 24 de julho de 1992; e a nossa anotação in *O Direito,* 1994, pág. 270.

[492] Cfr. ROBERTO CORTESE, *Moralità pubblica e buon costume,* in *Enciclopedia del Diritto,* XXVI, 1977, pág. 59: a remissão não recetícia operada pelo Direito à Moral cria um nexo entre um dado estático e um elemento dinâmico, através da referência a um parâmetro (a moralidade pública), que está sujeito a uma mutação contínua.

[493] Cfr., sobre o problema à face do art. 4.º da Constituição de 1933, JOSÉ H. SARAIVA, *Lições de Introdução ao Direito,* Lisboa, 1962-1963, págs. 410 e segs.; MÁRIO J. MARQUES MENDES, *A Moral Constitucional,* in *O Direito,* 1970, págs. 247 e segs.; MIGUEL GALVÃO TELES, *Direito Constitucional...,* cit., pág. 9; JORGE MIRANDA, *Ciência Política...,* II, cit., págs. 116 e segs. E à face da Constituição atual, JOSÉ LAMEGO, *op. cit.,* pág. 61, e JORGE REIS NOVAIS, *As restrições...,* cit., págs. 483 e 484.

[494] Cfr. JORGE MIRANDA, *Estado, liberdade religiosa e laicidade,* in *Revista da Faculdade de Direito da Universidade de Lisboa,* 2011, págs. 45 e segs.

[495] Cfr. ANTÓNIO MENEZES CORDEIRO, *Da boa fé...,* cit., II, págs. 1160 e segs.

CAPÍTULO II – O ATUAL SISTEMA PORTUGUÊS DE DIREITOS FUNDAMENTAIS

d) Não raro, na experiência histórica, a invocação da «ordem pública» tem sido feita como conceito ou preceito beligerante contra a liberdade. Mas a ordem pública – conjunto de condições externas necessárias ao regular funcionamento das instituições e ao pleno exercício dos direitos – tem caráter instrumental, não se justifica de per si, só vale na medida em que propicia a realização da *ordem* contemplada no art. 28.º, n.º 2, da Declaração ou da *ordem constitucional democrática* mencionada no art. 19.º, n.º 2, da Constituição [496] [497] [498].

e) Mais difícil de definir juridicamente se antolha o «bem-estar» [a que também apelam os arts. 9.º, alínea *d)*, e 81.º, alínea *a)*, da Constituição]. Parece indissociável da qualidade de vida, como estádio a que as pessoas têm direito e que poderá justificar, designadamente, limites à liberdade de manifestação e às liberdades económicas para garantia da preservação do ambiente, da higiene, da segurança e do repouso das pessoas [cfr. art. 59.º, n.º 1, alíneas *c)* e *d)*, da Constituição, de novo] ou da saúde [art. 65.º, n.º 2, alínea *b)*]. Não poderá servir, porém, para, em nome da efetivação dos direitos económicos, sociais e culturais, se sacrificarem *hoje* quaisquer liberdades públicas (voltamos a dizer).

f) Na referência a «sociedade democrática» – o outro elemento valorativo dos limites – chama-se à colação diretamente a unidade sistemática da Declaração. Não são quaisquer exigências da moral, da ordem pública e do bem-estar que contam, apenas contam aquelas que sejam

---

[496] Ou, como escrevemos noutro lugar (*Ordem pública*, in *Verbo*, XIV, pág. 735), só vale enquanto permite a realização do bem comum aferido pelo equilíbrio entre liberdade e autoridade que é fonte de paz.

[497] Cfr. LIVIO PALADIN, *Ordine pubblico*, in *Novissimo Digesto Italiano*, XII, 1957, págs. 130 e segs.; YVES MADIOT, *op. cit.*, págs. 128 e segs.; GUIDO CORSO, *Ordine pubblico*, in *Enciclopedia del Diritto*, XXX, 1980, págs. 1057 e segs.; GREGORIO PECES-BARBA, *op. cit.*, págs. 115 e segs.; BELLOUBET-FRIER *et alii*, *La dénaturation des libertés publiques*, in *Revue du droit public*, 1993, págs. 242 e segs.; MARIE CAROLINE VINCENT-LEGOUX, *L'ordre public. Étude de droit compare interne*, Paris, 2001; JOSÉ CARLOS DE BARTOLOMEU CLENZANO, *El orden público como limite al ejercicio de los derechos y libertades*, Madrid, 2004; JORGE REIS NOVAIS, *As restrições...*, cit., págs. 475 e segs. Cfr. os tipos de crimes contra a ordem e a tranquilidade pública dos arts. 295.º e segs. do Código Penal.

[498] A *segurança interna*, que com a defesa da legalidade democrática e dos direitos dos cidadãos, é uma das finalidades da polícia (art. 272.º, n.º 1), é, de certo modo, a locução que substitui *ordem pública* no texto constitucional.

DIREITOS FUNDAMENTAIS

peculiares a uma sociedade democrática, a uma sociedade fundada nos princípios da Declaração.

IV – Bem pode considerar-se, em virtude do postulado da unidade da Constituição, que os limites ao exercício de direitos, valem também como limites ao exercício dos seus poderes pelos titulares de cargos públicos [499].

V – Os limites aparecem, assim, funcionalizados em relação à sociedade democrática – os limites aos direitos, não os próprios direitos. E isto implica a impossibilidade de privação, restrição ou suspensão de direitos por exercício contrário à sociedade democrática ou às finalidades da Constituição, até porque, por outro lado, nenhuma disposição de Declaração (portanto, também o art. 29.º) pode ser interpretada «de maneira a envolver para qualquer Estado, agrupamento ou indivíduo o direito de se entregar a alguma atividade ou de praticar algum ato destinado a destruir os direitos e as liberdades enunciados» (art. 30.º).

Dito por outras palavras: «as justas exigências da moral, da ordem pública e do bem-estar numa sociedade democrática» não são apenas limites ao exercício dos direitos; são também, elas próprias, limites aos limites [500].

VI – Nos grandes instrumentos internacionais sobre direitos, liberdades e garantias vinculativos do Estado Português desde 1978, o Pacto de Direitos Civis e Políticos de 1966 e a Convenção Europeia dos Direitos do Homem, preveem-se limites ao exercício de direitos, embora não cláusulas gerais. Apontam-nos os arts. 12.º, n.º 3, 14.º, n.º 1, 18.º, n.º 3, 19.º, n.º 3, alínea b), 21.º e 22.º, n.º 2, do Pacto, os arts. 6.º, n.º 1, 8.º, n.º 2, 9.º, n.º 2, 10.º, n.º 2, e 11.º, n.º 2, da Convenção e o art. 2.º do seu 4.º Protocolo Adicional [501].

---

[499] Cfr. PAULO OTERO, *Ética constitucional: contributo para uma limitação do poder político*, in *Estudos em memória do Prof. Doutor J. L. Saldanha Sanches*, obra coletiva, I, Coimbra, 2011, pág. 586.
E projeções de moral nos comportamentos dos titulares do poder encontram-se nos arts. 113.º, n.º 2, alínea c), 113.º, n.º 3, alínea d), 127.º, n.º 3, 154.º, n.º 2, 160.º, n.º 1, alínea c), 188.º e 275.º, n.º 4.
[500] A maneira de ver de Luís PEREIRA COUTINHO (*Sobre a justificação...*, cit., *loc. cit.*) do art. 29.º, n.º 2, da Declaração não é, pois, muito diferente (ao contrário do que diz) da nossa maneira de ver.
[501] Sobre a ordem pública na Convenção Europeia, cfr. S. MARCUS HELMONS, *Les exigences du maintien de l'ordre et leurs limites*, in *Liceité en droit positif et références légales aux valeurs*, págs. 495 e

CAPÍTULO II – O ATUAL SISTEMA PORTUGUÊSDE DIREITOS FUNDAMENTAIS

Esses preceitos referem-se também, contudo, a «saúde pública» e a «segurança nacional» e, o art. 10.º, n.º 2, da Convenção, a «integridade territorial»; e terão de se conciliar com a Declaração Universal, porquanto não a podem contrariar, sob pena de inconstitucionalidade, em virtude do art. 16.º, n.º 2, da Constituição [502].

VII – O conceito de abuso do direito do art. 334.º do Código Civil, conexo com «limites impostos pela boa fé, pelos bons costumes ou pelo fim económico e social dos direitos», deve, outrossim, ser reinterpretado à luz do art. 29.º, n.º 2, da Declaração Universal [503].

55. A dignidade da pessoa humana, fundamento da República

I – Por circunstâncias históricas de vária índole, a ligação jurídico-positiva entre direitos fundamentais e dignidade da pessoa humana só começa com os grandes textos internacionais e as Constituições subsequentes à segunda guerra mundial.

Surge na Carta das Nações Unidas (no preâmbulo); na Declaração Universal, ao afirmar-se que «o desconhecimento e o desprezo dos direitos do homem» tinham conduzido «a atos de barbárie que revoltaram a consciência da Humanidade e que o reconhecimento da dignidade inerente a todos os membros da família humana e dos seus direitos iguais e inalienáveis constitui o fundamento da liberdade, da justiça e da paz no mundo» (preâmbulo); nos Pactos Internacionais de Direitos Económicos, Sociais e Culturais e dos Direitos Civis e Políticos (também nos preâmbulos); ou na Carta de Direitos Fundamentais da União Europeia (preâmbulo e art. 1.º).

Surge em resposta «aos regimes que tentaram sujeitar e degradar a pessoa humana» (preâmbulo da Constituição francesa de 1946) e quando se proclama

---

segs.; e sobre sociedade democrática, FRANÇOISE ELENS, *La notion de démocratie dans le cadre des limitations aux droits de l'homme*, in *Documentação e Direito Comparado*, 1998, n.º 9, págs. 165 e segs.

[502] No mesmo sentido, J. J. GOMES CANOTILHO, *Ordem constitucional...*, cit., *loc. cit.*, págs. 104-105.

[503] Sobre abuso de direito, v., por todos, ANTÓNIO CASTANHEIRA NEVES, *Questão de facto – questão de direito ou o problema metodológico da juridicidade*, Coimbra, 1967, págs. 513 e segs.; ou ANTÓNIO MENEZES CORDEIRO, *Da boa fé...*, cit., II, págs. 661 e segs. Cfr. ANTONIO ROVINA VIÑAS, *El abuso de los derechos fundamentales*, Barcelona, 1983.

DIREITOS FUNDAMENTAIS

que "a dignidade da pessoa humana é sagrada" (art. 1.º da Constituição alemã de 1949). E vai constar depois das Constituições mais recentes [504] [505].

[504] Constituições da Índia (preâmbulo), da Grécia (art. 2.º), da Espanha (art. 10.º, n.º 1), da Bélgica (art. 23.º, n.º 1), do Brasil (art. 1.º-III), da Namíbia (preâmbulo e art. 8.º), da Colômbia (art. 1.º), da Bulgária (preâmbulo), da Roménia (art. 1.º), de Cabo Verde (art. 1.º), da Lituânia (art. 21.º), do Peru (art. 1.º), da Rússia (art. 21.º), da África do Sul (arts. 1.º, 10.º e 39.º), da Polónia (art. 30.º), de Timor Leste (art. 1.º), de Angola (art. 1.º), da Hungria (art. II da parte sobre *liberdade e responsabilidade*). E, já antes, na Constituição da Irlanda (preâmbulo).

[505] Sem ser em obras gerais, cfr. INGO VON MÜNCH, *La dignidade del hombre en el Derecho Constitucional*, in *Revista Española de Derecho Constitucional*, ano 2, n.º 5, maio-agosto de 1982, págs. 9 e segs.; JESUS GONZÁLEZ PÉREZ, *La Dignidad de la Persona Humana*, Madrid 1986; FRANCO BARTOLOMEI, *La dignità umana come concetto e valore costituzionale*, Turim, 1987; ANTONIO RUGGERI e ANTONIO SPADARO, *Dignità dell' uomo e giurisprudenza costitutzionale*, in *Politica del Diritto*, 1991, págs. 343 e segs.; ERNST BENDA, *Dignidad humana y derecho de la personalidad*, in BENDA, MAIHOFER, VOGEL, HESSE e HEYDE, *Handbuch des Verfassungsrecht der Bundesrepublik Deutschland*, trad. *Manual de Derecho Constitucional*, Madrid, 1996, págs. 117 e segs.; FRANCK MODERNE, *La dignité de la personne humaine comme principe constitutionnel dans les Constitutions portugaise et française*, in *Perspectivas Constitucionais*, obra coletiva, I, 1996, págs. 197 e segs.; BIUTA LEWASZ KIEWICKZ-PETRY KOWSICA, *The principle of respect for human dignity*, in *Journal of Laws*, 16 de julho de 1997, págs. 15 e segs.; MARIE-LUCIE PAVIA, *La portée de la constitutionalisation du principe de dignité de la personne humaine*, in *La constitutionalisation du droit*, obra coletiva, Paris-Aix, 1998, págs. 133 e segs.; CARLOS SANTIAGO NINO, *La Autonomia Constitucional*, in *La Autonomia Personal*, obra coletiva, Madrid, 2002, págs. 303 e segs.; XAVIER BIOY, *Le concept de personne humaine en droit public*, Paris, 2004; GIANCARLO ROLLA, *El valor normativo del principio de la dignidad humana. Consideraciones en torno a las Constituciones iberoamericanas*, in *Anuário Iberoamericano de Derecho Constitucional*, 2002, págs. 463 e segs.; CÉSAR LANDA, *Dignidad de la persona humana*, in *Questiones constitucionales (Revista Mexicana de Derecho Constitucional)*, julho-dezembro de 2002, págs. 109 e segs.; XAVIER BIOY, *Le concept de personne humaine en droit public*, Paris, 2004; GIOVANNI BOGNETTI, *The concept of human dignity in European and US constitutionalism*, in *European and US constitutionalism*, obra coletiva, Cambridge, 2005, págs. 85 e segs.; JAMES Q. WHITMAN, *"Human dignity" in Europe and United States*, ibidem, págs. 108 e segs.; PETER HÄBERLE, *A dignidade humana como fundamento da comunidade estatal*, in *Dimensões da dignidade*, obra coletiva, Porto Alegre, 2005, págs. 89 e segs.; MIGUEL ÁNGEL MARTINEZ e OSCAR MAYO BENDAHAN, *Reconocimento constitucional de la dignidad individual y derechos de personalidad*, in *Revista de Derecho Politico*, n.º 66, 2006, págs. 181 e segs.; FRANCISCO FERNÁNDEZ SEGADO, *La dignité de la persone humaine en tant que valeur supérieur de l'ordre juridique espagnol et en tant que source de tous les droits*, in *Die Ordnung der Freiheit – Festschrift für Christian Starck*, obra coletiva, Mohr Siebeck, 2007, págs. 733 e segs.; RORY O'CONNELL, *The role of dignity in equity law: lessons from Canada and South Africa*, in *International Journal of Constitutional Law*, 2008, págs. 267 e segs.; CHRISTIAN STARCK, *La dignidad del hombre como garantia constitucional, en especial en el derecho aleman*, in *Dignidad de la persona, derechos fundamentales, justicia constitucional*, obra coletiva, Madrid, 2008, págs. 240 e segs.; JÖRG LUTHER, *Ragionevolezza e dignità umana*, *ibidem*, págs. 303 e segs.; PIERFRANCESCO GROSSI, *La dignità nella Costituzione italiana*, in *Diritto*

CAPÍTULO II - O ATUAL SISTEMA PORTUGUÊSDE DIREITOS FUNDAMENTAIS

e Società, 2008, págs. 33 e segs.; KRYSTIAN COMPLAK, *La experiencia legislativo-constitucional de la dignidad humana en Polonia, ibidem*, págs. 332 e segs.; ALBERZO OEHLING DE LOS REYS, *El concepto constitucional de dignidad de la persona: formas de comprensión y modelos predominantes de recepción en Europa continental*, in *Revista Española de Derecho Constitucional*, n.º 91, janeiro-abril de 2011, págs. 11 e segs.; ANTONIO M. GARCÍA CUADRADO, *Problemas constitucionales de la dignidade de la persona*, in *Persona y Derecho*, 2012, págs. 449 e segs.; PAOLO VERONESI, *La dignità umana tra teoria dell'interpretazione e topica costituzionale*, in *Quaderni Costituzionali*, 2014, págs. 315 e segs.; GIORGIO REPETTO, *La dignità umana e la sua dimensione sociale nel diritto costituzionale europeo*, in *Diritto Pubblico*, 2016, p'gs. 247 e segs.

Na doutrina brasileira: JOSÉ AFONSO DA SILVA, *A dignidade da pessoa humana como valor supremo da democracia*, in *Liber Amicorum Héctor Fix-Zamudio*, obra coletiva, I, S. José da Costa Rica, 1998, págs. 587 e segs.; FERNANDO FERREIRA DOS SANTOS, *Princípio constitucional da dignidade da pessoa humana*, Fortaleza, 1998; *O direito à vida digna*, obra coletiva (coord. por Cármen Lúcia Antunes Rocha), Belo Horizonte, 2004; CARLOS ALBERTO SIQUEIRA CASTRO, *Dignidade da pessoa humana – o princípio dos princípios constitucionais*, in *Revista Latino-Americana de Estudos Constitucionais*, n.º 5, janeiro-junho de 2005, págs. 249 e segs.; EMERSON GARCIA, *Dignidade da pessoa humana: referências metodológicas e regime jurídico*, in *DE JURE – Revista Jurídica do Ministério Público de Minas Gerais*, janeiro-junho de 2007, págs. 137 e segs.; INGO WOLFGANG SARLET, *Dignidade da pessoa humana e direitos fundamentais*, 6.ª ed., Porto Alegre, 2008; LUÍS ROBERTO BARROSO, *Dignidade da pessoa humana e direitos fundamentais*, 6.ª ed., Porto Alegre, 2008; MARCO AURÉLIO MELLO, *Liberdade de expressão, dignidade humana e Estado democrático de Direito*, in *Revista Latino-Americana de Estudos Constitucionais*, novembro de 2012, págs. 387 e segs.; LUNA MOREIRA, *O fundamento constitucional da dignidade da pessoa humana em movimento*, in *25 anos da Constituição Brasileira – Democracia e Direitos Fundamentais no Estado Democrático de Direito*, obra coletiva, São Paulo, 2013, págs. 397 e segs.; *Dimensões da dignidade*, obra coletiva (org. por INGO WOLFGANG SARLET), 2.ª ed., Porto Alegre, 2013; LUÍS ROBERTO BARROSO, *A dignidade da pessoa humana no Direito Constitucional contemporâneo*, in *Direito Constitucional e outros estudos em homenagem ao Prof. Zeno Veloso*, obra coletiva, São Paulo, 2014, págs. 951 e segs. V. também o *Tratado Luso-Brasileiro da Dignidade Humana*, São Paulo, 2009, cit.

Na doutrina portuguesa, JOSÉ MANUEL CARDOSO DA COSTA, *O princípio da dignidade humana na Constituição e na jurisprudência constitucional portuguesa*, in *Direito Constitucional – Estudos em homenagem a Manoel Gonçalves Ferreira Filho*, obra coletiva, São Paulo, 1999, págs. 191 e segs.; JOÃO CARLOS LOUREIRO, *Os genes do nosso (des)contentamento (Dignidade da pessoa humana e genética: notas de um roteiro)*, in *Boletim da Faculdade de Direito da Universidade de Coimbra*, 2001, 1, págs. 163 e segs., *maxime* 184 e segs.; BENEDITA MC CRORIE, *O recurso ao princípio da dignidade da pessoa humana na jurisprudência do Tribunal Constitucional*, in *Estudos em comemoração do décimo aniversário da licenciatura em Direito da Universidade do Minho*, obra coletiva, Coimbra, 2004, págs. 151 e segs.; MARIA LÚCIA AMARAL, *O princípio da dignidade da pessoa humana na jurisprudência constitucional*, in *Jurisprudência Constitucional*, n.º 13, janeiro-março de 2004, págs. 4 e segs.; VASCO DUARTE DE ALMEIDA, *Sobre o valor da dignidade da pessoa humana*, in *Revista da Faculdade de Direito da Universidade de Lisboa*, 2005, págs. 623 e segs.; JOSÉ DE MELO ALEXANDRINO, *A estruturação ...*, II, cit., págs. 279 e segs., 312 e segs. e 334 e segs. e *Perfil constitucional da dignidade da pessoa humana*, in *Estudos em honra do Prof. Doutor José de Oliveira Ascensão*, obra coletiva, I, Coimbra, 2008, págs. 481 e segs.; PAULO OTERO, *Disponibilidade*

DIREITOS FUNDAMENTAIS

II – Não foi, porém, nessa esteira das Constituições do segundo pós-guerra que a Constituição do regime autoritário de 1933 introduziu, na revisão constitucional de 1951, a expressão "dignidade humana" ao acrescentar ao art. 6.º, como uma das incumbências do Estado "zelar pela melhoria das condições das classes sociais mais desfavorecidas, procurando assegurar-lhes um nível de vida compatível com a *dignidade humana*" (n.º 3); e a revisão de 1945 iria consagrar a "dignidade das pessoas" como limite à liberdade dos cultos (art. 45.º). Apesar de representar um progresso, parecia prevalecer aí uma linha principalmente assistencialista e paternalista [506].

Bem diferente viria a ser a Constituição atual, ao declarar logo no art. 1.º, a República "*baseada na dignidade da pessoa humana*" [507]. Ao dizer que "todos os

---

do próprio corpo e dignidade da pessoa humana, in *Estudos em honra do Prof. Doutor José de Oliveira Ascensão*, obra coletiva, I, Coimbra, 2008, págs. 107 e segs.; JOSÉ DE OLIVEIRA ASCENSÃO, *A dignidade da pessoa humana e o fundamento dos direitos humanos*, in *Revista da Ordem dos Advogados*, 2008, págs. 97 e segs., e in *Estudos em homenagem ao Prof. Doutor Martim de Albuquerque*, obra coletiva, II, 2010, págs. 37 e segs.; LUÍS PEREIRA COUTINHO, *Do que a República é: uma República baseada na dignidade humana, ibidem*, págs. 179 e segs., *maxime* 196 e segs.; CATARINA SANTOS BOTELHO, *A tutela directa dos direitos fundamentais – Avanços e recuos na dinâmica garantística das justiças constitucional, administrativa e internacional*, Coimbra, 2010; INÊS LOBINHO RAPOSO, *A dignidade da pessoa humana na jurisprudência do Tribunal Constitucional, mormente em matéria de Direito penal e Direito processual penal*, in *Tratado Luso-Brasileiro da Dignidade Humana*, págs. 81 e segs.; J. J. GOMES CANOTILHO, *Dignidade e constitucionalização da pessoa humana*, cit., *loc. cit.*, págs. 283 e segs.; MÁRIO REIS MARQUES, *A dignidade humana:* minimum *invulnerável ou simples cláusula de estilo?*, in *Estudos em homenagem ao Prof. Doutor José Joaquim Gomes Canotilho*, obra coletiva, II, Coimbra, 2012, págs. 407 e segs.; MAFALDA MIRANDA BARBOSA, *Dignidade e autonomia a propósito do fim da vida*, in *O Direito*, 2016, págs. 233 e segs., *maxime* págs. 281 e 282; ANDRÉ SANTOS CAMPOS, *A antropologia implícita do constitucionalismo contemporâneo*, in *A prova do tempo – 40 anos da Constituição*, obra coletiva, Lisboa, 2016, págs. 79 e segs.; JORGE PEREIRA DA SILVA, *Deveres do Estado ...*, cit., págs,. 113 e segs. e 459 e segs.; JORGE REIS NOVAIS, *A dignidade da pessoa humana*, 2 vols., Coimbra, 2015 e 2016.

[506] Elucidativo é o parecer da Câmara Corporativa (tendo por relator Marcello Caetano), onde se lia: "Se a Câmara bem interpreta o sentido do preceito trata-se de uma forma de assegurar o *dever de assistência social* que incumbe ao Estado, em lugar de *direito à assistência pública* que a Constituição de 1911 inscrevera entre os direitos e garantias individuais". E perguntava: "Que conceito de dignidade humana se contém neste preceito? Qual o critério de compatibilidade entre o estilo de vida e essa dignidade? Dado que as necessidades humanas nos tempos presentes são ilimitadas e insaciáveis, onde acabará esta função do Estado como promotor do bem-estar individual?".

[507] Fonte: projeto de Constituição do Partido Popular Democrático (art. 1.º) e também projetos do Centro Democrático Social (art.1.º) e do Partido Socialista (art. 9.º). Diferentemente,

cidadãos têm a mesma *dignidade social* e são iguais perante a lei" e ao reiterá-lo no art. 26.º, n.º 2: "A lei estabelecerá garantias efetivas contra a utilização abusiva ou contrária à *dignidade humana*, de informações relativas às pessoas e famílias". No art. 26.º, n.º 3: "A lei garantirá a *dignidade pessoal* e a identidade genética do ser humano...". No art. 59.º, n.º 1, alínea *b*): "Todos os trabalhadores, sem distinção de idade, sexo, raça, cidadania, território de origem, religião, convicções políticas ou ideológicas, têm direito: (...) *b)* À organização do trabalho em *condições socialmente dignificantes*, de forma a facultar a realização pessoal e a permitir a conciliação da actividade profissional com a vida familiar". No art. 67.º, n.º 2, alínea *e*): "Incumbe, designadamente, ao Estado para pro-tecção da família: (...) *b)* Regulamentar a procriação assistida, em termos que salvaguardem a *dignidade da pessoa humana*". Ou no art. 206.º, ao admitir limites à audiência dos tribunais para *salvaguarda da dignidade das pessoas*.

III – A Constituição confere uma unidade de sentido, de valor e de concor-dância prática ao sistema de direitos fundamentais. E ela repousa na dignidade da pessoa humana, ou seja, na conceção que faz da pessoa fundamento e fim da sociedade e do Estado [508].

Pelo menos, de modo direto e evidente, os direitos, liberdades e garantias pessoais e os direitos económicos sociais e culturais comuns têm a sua fonte ética na dignidade da pessoa, de *todas as pessoas* [509]. No entanto, os demais direitos, ainda quando projetados em instituições, remontam também à ideia de proteção e desenvolvimento das pessoas. A copiosa extensão do elenco não deve fazer perder de vista esse referencial.

projetos do Movimento Democrático Português – Comissão Democrática Eleitoral (art. 1.º) e do Partido Comunista Português (art. 1.º).

[508] Jorge Miranda, *A Constituição de 1976 – Formação, estrutura, princípios fundamentais*, Lisboa, 1978, pág. 348. Cfr. Paulo Otero, *Legalidade e Administração Pública*, Coimbra, 2003, págs. 250 e segs. Diversamente, José de Melo Alexandrino, *op. cit.*, págs. 398 e segs.

[509] "Esta é também a razão – como observa J. J. Gomes Canotilho, *op. cit.*, *loc. cit.*, pág. 289 – para acolher a categoria do reconhecimento intersubjectivo radicado na dignidade como um *padrão de apreciação* e de *exercício crítico* para as instituições internas, um *padrão de aspiração* para a sua reforma e um *padrão de valoração* para as políticas e práticas das instituições económicas e políticas internacionais. Esta dimensão fundacional e paramétrica das liberdades revela-se de particular importância no *escrutínio de políticas públicas* referentes à conformação e efectivação de direitos económicos, sociais e culturais".

Por outro lado, o princípio da participação democrática na vida coletiva – quer enquanto subjetivado em direitos individuais, os direitos políticos (arts. 48.º e segs.), quer enquanto elevado a um dos objetivos da educação (art. 73.º, n.º 2), quer enquanto princípio estruturador da organização económica no tocante aos trabalhadores, aos empreendedores e aos consumidores [arts. 80.º, alínea *g*), e 60.º, n.º 3], quer, finalmente, enquanto condição do sistema democrático (art. 109.º) – alicerça-se no respeito e na garantia dos direitos e liberdades fundamentais (arts. 2.º e 9.º). Não se prevê a participação pela participação; prevê-se e promove-se como expoente da realização das pessoas.

Para além da unidade do sistema, o que conta é a unidade da pessoa [510]. A conjugação dos diferentes direitos e das normas constitucionais, legais e internacionais a eles atinentes torna-se mais clara a essa luz. O «homem situado» do mundo plural, conflitual e em acelerada mutação do nosso tempo encontra-se muitas vezes dividido por interesses, solidariedades e desafios discrepantes; só na consciência da sua dignidade pessoal retoma unidade de vida e de destino.

Enfim, jusfundamentalidade como critério para a admissibilidade de outros direitos afora os inseridos no texto constitucional pode distinguir-se ainda com a ideia de respeito pela dignidade da pessoa humana [511].

IV – O art. 1.º da Declaração Universal precisa e explicita a conceção de pessoa da Constituição, recolhendo as inspirações de diversas filosofias e, particularmente, de diversas correntes jusnaturalistas: «Todos os seres humanos nascem livres e iguais em dignidade e em direitos. Dotados de razão e de consciência devem agir uns para com os outros em espírito de fraternidade».

Dotados de razão e de consciência – eis o denominador comum a todos os homens em que consiste essa igualdade. *Dotados de razão e consciência* – eis o que, para além das diferenciações geográficas, económicas, culturais e sociais, justifica o reconhecimento, a garantia e a promoção dos direitos fundamentais.

---

[510] Cfr., já no século XIX, JOAQUIM MARIA RODRIGUES DE BRITO, *Filosofia do Direito*, Coimbra, 1871, págs. 214 e 223 e segs., falando em "direito de dignidade".

[511] Assim, INGO WOLFGANG SARLET, *Dignidade da pessoa humana e direitos humanos*, cit., págs. 1 e segs.

CAPÍTULO II – O ATUAL SISTEMA PORTUGUÊSDE DIREITOS FUNDAMENTAIS

Dotados de razão e de consciência – eis por que os direitos fundamentais, ou os que estão no seu cerne, não podem desprender-se da consciência jurídica dos homens e dos povos.

V – Característica essencial da pessoa – como sujeito, e não como objeto, coisa ou instrumento – a dignidade é um princípio que coenvolve todos os princípios relativos aos direitos e também aos deveres das pessoas e à posição do Estado perante elas. Princípio axiológico fundamental [512] e limite transcendente do poder constituinte [513], serve também de critério de interpretação e integração [514].

Não é um direito, mas o fundamento de todos os direitos – o que explica que não apareça no quadro dos limites materiais de revisão constitucional (art. 288.º).

Relativamente aberto como todos os princípios – até porque a sua concretização se faz histórico-culturalmente [515] – não deixa de encerrar um valor absoluto [516]. Pode haver ponderação da dignidade de uma pessoa com a dignidade de outra pessoa [517], não com qualquer outro princípio, valor ou interesse.

---

[512] *Manual...*, ii, cit., pág. 285.

[513] *Ibidem*, ii, cit., pág. 14.

[514] Cfr. Paulo Otero, *Instituições...*, I, cit., págs. 562 e 563.

[515] Assim, acórdão n.º 105/90 do Tribunal Constitucional, de 29 de março, in *Acórdãos do Tribunal Constitucional*, 15.º volume, pág. 367. E, na doutrina, por todos, Peter Häberle, *A dignidade...*, cit., *loc. cit.*, págs. 127 e 150, ou J. J. Gomes Canotilho, *Direito...*, cit., págs. 225--226.

[516] Vale a pena transcrever Peter Häberle: «Natureza e cultura devem ser pensadas conjuntamente na forma da dignidade humana e no âmbito do Estado constitucional. Ela é "inata" à existência humana e constitui "natureza" do ser humano. Ela constitui, todavia, também "cultura", atividade de muitas gerações e dos homens na sua totalidade (de "humanidade"), a "segunda criação". A partir dessa ação recíproca se constitui a dignidade do Homem». Neste sentido, por exemplo, João Carlos Loureiro, *O direito à identidade genética do ser humano*, in *Portugal-Brasil Ano 2000*, obra coletiva, Coimbra, 1999, págs. 263 e segs., *maxime* 279-280; ou Paulo Otero, *Instituições...*, cit., págs. 552 e segs.; Jorge Reis Novais, *A dignidade ...*, cit., II, págs. 157 e segs.

[517] Cfr. Ingo Sarlet, *op. cit.*, pág. 130. Diferentemente, Jorge Reis Novais, *A dignidade ...*, cit., II, págs. 162 e segs.

DIREITOS FUNDAMENTAIS

56. A dignidade da pessoa humana à face da Constituição

I – Como lembrámos já, devem-se ao Cristianismo a afirmação da dignidade da pessoa humana e sobretudo a KANT a sua transposição ou transfiguração na filosofia política. E, desde o século XIX são muitas as conceções de dignidade que têm sido propostas e, por isso, justifica-se um extremo cuidado na interpretação dos preceitos constitucionais que se lhe referem[518].

Num regime democrático, pluralista, liberal, há que procurar uma ideia de igualdade aberta a diferentes referências, embora com um núcleo comum irredutível correspondente ao adquirido após a segunda guerra mundial e plasmado na Declaração Universal. Mas tem de se reconhecer que, em casos limite, se deparam confrontos de visões do mundo e contrastes mais ou menos claros a decidir, muitas vezes, pelo voto democrático[519].

Nas dimensões ou implicações da dignidade da pessoa humana que, a seguir, vamos indicar situar-nos-emos no contexto de Constituição e em diálogo com a consciência jurídica geral[520], tal como as apreendemos.

---

[518] Da mesma maneira que não é o mesmo falar em *direitos do homem* e *direitos humanos,* não é exatamente o mesmo falar em *dignidade da pessoa humana* e em dignidade *humana* (repetimos). Aquela expressão dirige-se a *cada ser humano;* esta poderia reportar-se à humanidade, entendida esta ou como qualidade comum a todos os seres humanos ou como conjunto que os engloba, ultrapassa e até podem sacrificar algum ou alguns em benefício desse conjunto. Nenhum interesse coletivo ou público poderia justificar o banimento, a exclusão ou, no limite, a perda de vida de qualquer pessoa.

[519] Aproximamo-nos, se bem que não totalmente, do que escreve JORGE REIS NOVAIS (*A dignidade* ..., cit., I, págs. 25, 63 e 125 e segs. e II, págs. 41 e segs., 75 e segs. e 157 e segs.), apresentando um conteúdo abrangente, inclusivo, aberto, assente num consenso constitucional em que as várias correntes e conceções jurídicas próprias de um pluralismo razoável do nosso tempo se possam rever: mas reconhecendo que haverá sempre um desacordo natural e inevitável na decisão judicial de *casos difíceis* (II, pág. 77).

Já não, ou já não tanto, de J. J. GOMES CANOTILHO (*"Brancosas" e inconstitucionalidade,* 2.ª ed., Coimbra, 2012, pág. 181), dizendo que a dignidade da pessoa humana apela a uma referência cultural e social, mas que esta referência cultural deve ser relativizada em nome de uma dignidade humana na sociedade-mundo).

[520] Sobre consciência jurídica geral, cfr. A. CASTANHEIRA NEVES, *A unidade do sistema jurídico e o seu problema e o seu sentido,* in *Digesto – Escritos acerca do Direito, do pensamento jurídico, da sua metodologia e outros,* II, Coimbra, 1995, págs. 174 e segs.; PAULO OTERO, *Legalidade e Administração Pública – O sentido da vinculação administrativa à juridicidade,* Coimbra, 2003, págs. 411 e segs.; FERNANDO JOSÉ BRONZE, *op. cit.,* pág. 475 (falando em "objetivação histórico-cultural

CAPÍTULO II – O ATUAL SISTEMA PORTUGUÊSDE DIREITOS FUNDAMENTAIS

II – Assim:

a) A dignidade da pessoa humana é a dignidade da pessoa humana individual e concreta;

b) A dignidade da pessoa implica a dignidade da vida humana;

c) A dignidade da pessoa humana é tanto da pessoa já nascida como da pessoa desde a conceção;

d) A dignidade da pessoa não pode ser apreendida à margem da bioética;

e) A dignidade da pessoa é do homem e da mulher, em igualdade;

f) A dignidade da pessoa implica o respeito da orientação sexual, sem discriminação;

g) A dignidade de cada pessoa requer o respeito e a garantia da sua intimidade;

h) O respeito pela dignidade determina a garantia dos direiros de liberdade;

i) A dignidade de cada pessoa é independente da sua capacidade psicológica;

j) A dignidade de cada pessoa é incindível da das demais pessoas;

k) A dignidade da pessoa exige inclusão e participação na vida comunitária;

l) A dignidade de cada pessoa exige condições de vdia capazes de assegurar liberdade e bem-estar;

m) A dignidade da pessoa exige inclusão e participação na vida comunitária;

n) O respeito pela dignidade da pessoa impõe-se em caso de sujeição a pena criminal ou a medida de segurança;

o) A dignidade da pessoa reporta-se a todas as pessoas, sejam portguesa e não portuguesas.

---

da intersubjetividade partilhada compreensão do Direito neste tempo que é o nosso"); José Carlos Vieira de Andrade, *Os direitos* ..., cit., pág. 50.

DIREITOS FUNDAMENTAIS

57. Dimensões da dignidade

I – A dignidade da pessoa humana é da pessoa individual e concreta não de um ser ideal e abstrato. É o homem ou a mulher, tal como existe, que o ordenamento jurídico considera insubstituível e irrepetível[521].

Implica o desenvolvimento da personalidade de cada um e de cada uma[522]. Assim como justifica o princípio da culpa em Direito penal[523].

II – A dignidade da pessoa humana implica a dignidade de vida. Toda a vida humana tem um valor em si própria e toda a vida humana tem o mesmo valor[524].

A vida humana é inviolável (art. 24.º, n.º 1 da Constituição)[525].

---

[521] Releia-se o belo trecho literário de MIA COUTO (*Cada homem é uma raça*): "Inquirido sobre a sua raça respondeu: – A minha raça sou eu, João Passarinho. – Convidado a explicar-se, acrescentou: A minha raça sou eu mesmo. A pessoa é uma humanidade individual. Cada homem é uma raça, senhor político".

[522] Cfr. CARLOS SANTIAGO NIÑO, *Ética y Derecho Fundamentales*, cit., pág. 283; PAOLO RIDOLA, *op. cit.*, págs. 107 e segs.; RABINDRANATH CAPELO DE SOUSA, *O direito geral de personalidade*, cit., págs. 244-245. E, sobretudo, PAULO MOTA PINTO, *O direito ao livre desenvolvimento da personalidade*, cit., *loc. cit.*, págs. 171 e segs.: "A noção de desenvolvimento de personalidade é aberta, não podendo o Estado impor uma personalidade modelo, determinada por quaisquer concepções ideológicas ou estéticas". V. ainda JOSÉ DE MELO ALEXANDRINO, *A estruturação* ..., cit., II, págs. 402 e segs.

[523] Como se lê no acórdão n.º 426/91, de 6 de novembro (*Diário da República*, 2.ª série, de 2 de abril de 1992), o princípio da culpa deriva da essencial dignidade da pessoa humana, que não pode ser tomada como simples meio para a prossecução de fins preventivos. Assim também acórdão n.º 89/2000, de 10 de fevereiro (*ibidem*, 2.ª série, de 4 de outubro de 2000); ou acórdão n.º 102/2015, de 11 de fevereiro, *ibidem*, 2.ª série, de 7 de julho de 2015.

Ou, como escreve JORGE DE FIGUEIREDO DIAS (*Direito Penal – Parte Geral*, I, 2.ª ed., Coimbra, 2007, pág. 83): "A função de culpa é a de estabelecer o máximo de pena com as exigência de preservação da dignidade da pessoa e do livre desenvolvimento da sua personalidade nos quadros próprios de um Estado de Direito democrático".

Quanto ao princípio na responsabilidade contra-ordenacioml, v. acórdão n.º 201/2014, de 9 de fevereiro (*Diário da República*, 2.ª série, de 7 de abril de 2014).

[524] O art. 8.º, n.º 1 da Constituição de 1933 falava em "direito à vida".

[525] Fontes: art. 30.º do projeto de Constituição do Partido Comunista Português e art. 17.º do projeto de Constituição do Partido Popular Democrático.

CAPÍTULO II - O ATUAL SISTEMA PORTUGUÊSDE DIREITOS FUNDAMENTAIS

Donde, a inexistência, em caso algum, de pena de morte[526] [527] e, em coerência, não pode haver extradição por crimes a que corresponda, segundo o Direito do Estado requisitante, pena de morte ou outra de que resulte lesão irreversível da integridade física (art. 33.º, n.º 6).

Donde, a vedação da eutanásia e, naturalmente, da distanásia[528] [529].

Donde, a garantia da integridade pessoal contra a tortura e os maus tratos e as penas cruéis, desumanas e degradantes, incluindo em processo criminal (art. 32.º, n.º 6).

E, ainda, a impossibilidade de, em estado de sítio, em qualquer caso, da suspensão dos direitos à vida e à integridade pessoal (art. 19.º, n.º 6).

---

[526] A pena de morte em Portugal foi abolida nos crimes políticos em 1852, pelo 1.º Acto Adicional à Carta Constitucional; nos crimes comuns em 1867 por lei; nos crimes militares pela Constituição de 1911 (sendo restabelecida, quanto a estes, por revisão constitucional de 1916 e pela Constituição de 1933, mas só em caso de beligerância com país estrangeiro e para ser aplicada no teatro das operações); e definitivamente, para todos os crimes pela Constituição de 1976.

[527] Também todas as Constituições atuais dos Estados de língua portuguesa, todas posteriores a 1976, vedam a pena de morte: Constituição do Brasil (art. 5-XLVII), de Cabo Verde (art. 26.º, n.º 2), da Guiné-Bissau (art. 36.º, n.º 1), de Timor (art. 29.º, n.º 3), de São Tomé e Príncipe (art. 22.º, n.º 2), de Moçambique (art. 70.º, n.º 2) e de Angola (art. 53.º).

[528] Cfr. Rui Medeiros e Jorge Pereira da Silva, anotação em Jorge Miranda e Rui Medeiros, *Constituição Portuguesa Anotada*, I, 2ª ed., Lisboa, 2017, págs. 387.

[529] Cfr. Mafalda Miranda Barbosa, *Dignidade e autonomia*, cit., pág. 232: "A vontade não pode arvorar-se no valor superior à mercê do qual a própria pessoa claudica. Se a vontade (a alicerçar o pedido de morte), na sua subjetividade quantas vezes insindicável, fosse o vetor justificador do comportamento, então, deixaríamos de ter um critério de determinação de quais os pedidos que são ou não legítimos. Advogar a licitude da morte a pedido redundaria, afinal, na desconsideração da própria dignidade da pessoa, que passaria a ser disponível e contingente no seio do ordenamento jurídico. Tal posição corresponderia a elevar a (mal compreendida) autonomia a decisor absoluto, donde deixaria de haver qualquer limite para qualquer pretensa limitação voluntária dos direitos de personalidade (...). Se, ao invés, se tentar estabelecer critérios objetivos de determinação da licitude do pedido de aniquilação da vida, então, o fator determinativo não será, propriamente, a vontade, mas o reconhecimento de que há vidas que não são dignas de serem vividas". No mesmo sentido, Michel Renaud, *Acerca da eutanásia e da dignidade humana*, in *Brotéria*, julho de 2014, págs. 116 e segs., *maxime* 125 e 126. V. também Célia Barbosa Abreu e Heloísa Helena Barbosa, *Responsabilidade pela eutanásia na saúde pública*, in *Diálogos sobre Direitos Fundamentais*, obra coletiva, I, Rio de Janeiro, 2016, pág. 83; António Menezes Cordeiro, *op. cit.*, IV, págs. 163 e segs. Diversamente, Luísa Neto, *Novos Direitos*, Porto, 2010, págs. 37 e segs.; Ugo Adani, *Eutanasia e Diritto Costituzionale, Autorità e Liberta*, in *Giurisprudenza Costituzionale*, maio-junho de 2016, págs. 1253 e segs.

DIREITOS FUNDAMENTAIS

III – A dignidade da pessoa é tanto da pessoa já nascida como da pessoa desde a conceção – porque a vida humana é inviolável (art. 24.º, n.º 1, sempre) [530], porque a Constituição garante a dignidade pessoal e a identidade genética do *ser humano* (art. 26.º, n.º 1) e a procriação assistida é regulamen--tada em termos que salvaguardem a dignidade da pessoa humana [art. 67.º, n.º 2, alínea *e*)] e, porque, para lá da noção privatística (art. 66.º do Código Civil) [531], se oferece, assim, um conceito constitucional de pessoa, confortado,

---

[530] Muito significativo vem a ser o art. 6.º, n.º 5 do Pacto Internacional de Direitos Civis e Políticos, proibindo a aplicação da pena de morte a mulheres grávidas.

O que é mais que consagrar o direito à vida.

[531] Não faltam, de resto, Autores que sustentam ser irrecusável reconhecer personalidade (ou certa forma de personalidade jurídica) ao ser humano antes do nascimento: por exemplo, RABINDRANATH CAPELO DE SOUSA, *op. cit.*, págs. 156 e segs. e 361 e segs.; MÁRIO BIGOTTE CHORÃO, *Concepção realista da personalidade jurídica e estatuto do nascituro*, in *O Direito*, 1998, págs. 57 e segs., *maxime* 83 e segs.; PAULO OTERO, *Personalidade e identidade pessoal e genética: um perfil constitucional da bioética*, in Coimbra, 1999, págs. 31 e segs.; GABRIEL GONÇALVES, *Da personalidade jurídica do nascituro*, in *Revista da Faculdade de Direito da Universidade de Lisboa*, 2000, págs. 525 e segs.; DIOGO LEITE DE CAMPOS e STELLA BARBAS, *O início da pessoa humana e da pessoa jurídica*, in *Revista da Ordem dos Advogados*, 2001, págs. 1257 e segs; JOSÉ DE OLIVEIRA ASCENSÃO, *Direito Civil*, I, 2.ª ed., Coimbra, 2000, págs. 50 e segs.; MARIA GARCIA, *Limites da Ciência – A dignidade da pessoa. A Ética da responsabilidade*, São Paulo, 2004, págs. 184 e segs.; PEDRO PAIS DE VASCONCELOS, *Teoria Geral do Direito Civil*, 4.ª ed., Coimbra, 2007, págs. 72 e segs.; DIOGO LORENA BRITO, *A vida pré-natal na jurisprudência do Tribunal Constitucional*, Porto, 2007, págs. 110 e segs.; FRANCISCO AMARAL, *A condição jurídica do nascituro no Direito brasileiro*, in *Direito e Justiça*, número especial, 2008, págs. 118 e segs.; MANUEL CARNEIRO DA FRADA, *A protecção juscivil da vida pré-natal. Sobre o estatuto jurídico do embrião, ibidem*, págs. 140 e segs.; SALIMARA JUNY DE ABREU CHINELATO, *Estatuto jurídico do nascituro: o direito brasileiro, ibidem*, págs. 173 e segs.; LESLEI LESTER DOS ANJOS MAGALHÃES, *O princípio da dignidade da pessoa humana e o direito à vida*, São Paulo, 2012, pág. 155; JUAN JOSÉ RUIZ RUIZ, *Innovación y continuidad?: dignidad humana y protección de la vida desde el momento de la concepción en la nueva Ley Fundamental Húngara*, in *Revista de Derecho Politico* n.º 91, 2014, págs. 265 e segs.; STELA MARCOS DE ALMEIDA NUNES BARBAS, *Direito do Genoma Humano*, Coimbra, 2016, págs. 237 e segs. Também acentuando o direito à vida do nascituro, ANTÓNIO MENEZES CORDEIRO, *op. cit.*, IV, págs. 346 e segs.

Já frente ao Código Civil de 1867, JOSÉ TAVARES, *Os princípios fundamentais do Direito Civil*, II, Coimbra, 1928, págs. 21 e segs.

O Tribunal Constitucional poderia ter-se pronunciado sobre a questão da personalidade jurídica do nascituro no caso constante do acórdão n.º 357/2009, de 8 de julho (*Diário da República*, 2.ª série, de 17 de agosto de 2009), mas não o fez por não ter conhecido do recurso, com fundamento em este dizer respeito à inconstitucionalidade de uma decisão judicial, e não de uma norma jurídica. Cfr. JOÃO CURA MARIANO, *A indemnização por danos de morte de nascituro já concebido e os imperativos constitucionais de tutela do direito à vida*, in *Estudos em homenagem ao Prof. Doutor Jorge Miranda*, II, págs. 93 e segs.

CAPÍTULO II – O ATUAL SISTEMA PORTUGUÊSDE DIREITOS FUNDAMENTAIS

porventura, pelo direito de todo o *indivíduo* ao reconhecimento da sua per-sonalidade jurídica (art. 6.º da Declaração Universal).

Nem infirmam esta ideia o direito ao planeamento familiar – o qual, como é evidente, se situa antes da conceção – nem a despenalização, em certos casos, da interrupção voluntária da gravidez – pois, independentemente do debate acerca da sua constitucionalidade [532], não existe uma relação necessária entre constitucionalização e criminalização. O que não parece admissível é passar da *descriminalização* à *legalização*; e, mais do que isso, a uma incumbência do Estado, prestada gratuitamente, ainda que prevendo-se um período prévio de aconselhamento das medidas [533].

> J. J. Gomes Canotilho e Vital Moreira, mesmo sem reconhecerem um *direito ao aborto*, admitem refrações nesta sede do direito à vida, à saúde, ao livre desenvolvimento da personalidade, à autonomia pessoal e à proteção da intimidade da mulher grávida, bem como a uma maternidade consciente, competindo à lei estabelecer os limites (nomeadamente os de natureza temporal) da interrupção voluntária da gravidez [534].
>
> Mas a isso pode objetar-se, como fazem Rui Medeiros e Jorge Pereira da Silva, que, num sistema de aborto livre, não se vislumbra qualquer concordância prática entre bens jurídicos, quando as suas consequências reais conduzem à supressão irremediável de um dos bens em conflito, por sinal aquele que, em abstrato, se apresentaria como o mais valioso [535].

---

[532] Cfr. os cinco acórdãos do Tribunal Constitucional sobre a matéria e os votos de vencidos anexos: n.º 25/84, de 19 de março, in *Diário da República*, 2.ª série, de 4 de abril de 1984; n.º 85/95, de 29 de maio, *ibidem*, 2.ª série, de 25 de junho de 1985; n.º 288/98, de 17 de abril, *ibidem*, 1.ª série-A, de 18 de abril de 1998; e n.º 617/2006, de 15 de novembro, *ibidem*, 1.ª série, de 20 de novembro de 2006, e n.º 75/2010, de 23 de fevereiro, *ibidem*, 2.ª série, de 26 de março de 2010. Em todos os cinco acórdãos se reconheceu que a vida humana intra-uterina era bem constitucionalmente protegido, ainda que pudesse ceder quando em conflito com direitos fundamentais ou com outros valores constitucionalmente protegidos; e chegou a aludir-se à «dignidade da vida intra-uterina» (n.º 33 do acórdão n.º 617/2006).

[533] Como fez a Lei n.º 16/2007, de 17 de abril, criando um verdadeiro direito a uma prestação do Estado (como já antes havia salientado o Juiz Mário Torres em declaração de voto junta ao acórdão n.º 617/2006) – o direito a que o Estado propicie, através da lei e do exercício da função administrativa, os meios para que a interrupção voluntária da gravidez se efetue (em melhores condições para a mulher do que no aborto clandestino, mas sempre com o mesmo resultado para o feto).

[534] *Op. cit.*, I, pág. 449.

[535] Anotação in *Constituição Portuguesa Anotada*, pág. 371.

DIREITOS FUNDAMENTAIS

IV – Não basta proteger. É preciso efetivar. Daí, todas as incumbências do Estado no domínio do direito à proteção da saúde (art. 64.º), embora toda a intervenção em qualquer pessoa só possa ser efetuada com o seu consentimento livre e esclarecido e, quando a pessoa careça de capacidade para o prestar ela só possa ser efetuada em seu benefício direto (arts. 5.º e 6.º da Convenção sobre os Direitos do Homem e da Medicina) [536].

V – A dignidade da pessoa não pode ser apreendida sem consideração da bioética.

Daí dever a lei garantir a identidade genética do ser humano, nomeadamente na criação, no desenvolvimento e na utilização das tecnologias e na experimentação científica (art. 26.º, n.º 3, 2.ª parte) e dever regulamentar a procriação assistida em termos que salvaguardem a dignidade da pessoa humana [art. 67.º, n.º 2, alínea *e*), de novo) [537].

Como a Constituição fala em ser *humano*, deve entender-se que a preservação da identidade genética engloba tanto o ser humano vivo como bens da vida (embriões, fetos, células).

Refiram-se a propósito vários textos internacionais: a Declaração Universal sobre o Genoma e os Direitos Humanos [538], a Convenção Europeia sobre

---

[536] Cfr. MANUEL DA COSTA ANDRADE, *Um (novo) Direito penal para os (novos) direitos fundamentais*, in *Aspectos éticos da pessoa*, obra coletiva, Lisboa, 1998, págs. 29 e segs.; WALTER OSSWALD, *Os direitos dos doentes como desafio da modernidade*, in *Direitos Humanos – 50.º Aniversário da Declaração Universal*, obra coletiva, Lisboa, 2001, págs. 73 e segs.; HELENA PEREIRA DE MELO, *Os direitos da pessoa doente*, in *Sub-Judice*, 2007, págs. 63 e segs.; GONZALO ARRUEGO RODRÍGUEZ, *La naturaleza constitucional de la asistencia sanitaria non consentida y los denominados supuestos de urgencia vital*, in *Revista Española de Derecho Constitucional*, janeiro-abril de 2008, págs. 53 e segs.; INÊS FERREIRA LEITE, *Direito à saúde – Direito à informação médica – sigilo médico – interesse público*, in *Anatomia do Crime*, julho-dezembro de 2014, págs. 141 e segs.; ÁLVARO DE AZEVEDO GONZAGA e ROBERTO BEIJATO JÚNIOR, *Por um conceito de bioética: a dignidade humana como valor harmónico da vida*, in *Diálogos em Direito: uma abordagem sobre a transdisciplinaridade entre o Direito Constitucional e o Direito Civil*, obra coletiva, Curitiba, 2015, págs. 31 e segs.

[537] Sobre a problemática subjacente a estes preceitos, aditados em 1997, v. acórdão n.º 101/2009, do Tribunal Constitucional, de 3 de março, in *Diário da República*, 2.ª série, de 1 de abril de 2009 e, especialmente, a declaração de voto da juíza Maria Lúcia Amaral.

[538] Aprovada pela Organização das Nações Unidas para a Educação, a Ciência e a Cultura em 1997 e endossada pelas Nações Unidas em 1998.

os Direitos do Homem e a Biomedicina [539] e o seu Protocolo adicional [540] e a Carta de Direitos Fundamentais da União Europeia.

Daquela Declaração Universal importa conhecer, pelo menos, o art. 1.º: "O genoma humano tem subjacente a unidade fundamental de todos os membros da família humana, bem como o reconhecimento da sua inerente dignidade e diversidade. Em sentido simbólico, constitui o património da Humanidade".

E o art. 2.º: "*a)* Todas as pessoas têm direito ao respeito da sua dignidade e dos seus direitos, independentemente das respectivas características genéticas. *b)* Essa dignidade impõe que os indivíduos não sejam reduzidos às suas características genéticas e que se respeite o carácter único de cada um e a sua diversidade.

Da Convenção sobre os Direitos do Homem e da Medicina, os arts. 13.º, 14.º e 18.º:

Art. 13.º "Uma intervenção que tenha por objecto modificar o genoma humano não poderia ser levada a efeito senão por razões preventivas, de diagnóstico ou terapêuticas e somente se não tiver por finalidade introduzir uma modificação no genoma da descendência".

Art. 14.º: "Não é admitida a utilização de técnicas de procriação medicamente assistida para escolher o sexo da criança a nascer, salvo para evitar graves doenças hereditárias ligadas ao sexo".

Art. 18.º: "1 – Quando a pesquisa em embriões *in vitro* é admitida por lei, esta garantirá uma protecção adequada do embrião. 2 – A criação de embriões humanos com fins de investigação é proibida".

Por seu lado, o Protocolo Adicional à Convenção sobre os Direitos do Homem e da Medicina proíbe qualquer intervenção cuja finalidade seja criar um ser humano geneticamente idêntico a outro ser humano, vivo ou morto (art. 1.º).

Quanto à Carta de Direitos Fundamentais da União Europeia, além de igualmente proibir a clonagem reprodutiva dos seres humanos, proíbe as práticas eugénicas, nomeadamente das que tenham por finalidade a selecção das pessoas; e proíbe também transformação do corpo humano ou das suas partes, enquanto tais, numa fonte de lucro (art. 3.º, n.º 2) [541].

---

[539] De 1997.

[540] De 1998. A Convenção e o Protocolo foram, em Portugal, aprovados para ratificação pela Resolução n.º 1/2001 da Assembleia da República, de 3 de janeiro de 2001.

[541] Cfr. na doutrina portuguesa, GUILHERME DE OLIVEIRA, *Aspectos jurídicos da procriação assistida*, in *Revista da Ordem dos Advogados*, 1989, págs. 767 e segs. e *Duas mães há só uma – O contrato de gestação*, Coimbra, 1992; MÁRIO BIGOTTE CHORÃO, *O problema da natureza jurídica do embrião à luz de uma concepção realista e personalista*, in *O Direito*, 1991, págs. 571 e segs.; JOSÉ DE OLIVEIRA ASCENSÃO, *Direito e Bioética*, in *Direito da Saúde e Bioética*, obra coletiva, Lisboa, 1991, págs. 9

DIREITOS FUNDAMENTAIS

58. Dimensões da dignidade da pessoa humana (cont.)

I – A dignidade da pessoa é da pessoa em qualquer dos géneros, masculino e feminino. Em cada homem e em cada mulher estão presentes todas as faculdades da humanidade.

e segs., e *A Lei n.º 32/06 sobre procriação medicamente assistida*, in *Revista da Ordem dos Advogados*, 2007, págs. 977 e segs.; MÁRIO RAPOSO, *Procriação assistida, ibidem*, págs. 89 e segs.; ANTÓNIO CARVALHO MARTINS, *Bioética e diagnóstico pré-natal*, Coimbra, 1996; JOÃO CARLOS LOUREIRO, *Tomemos a sério os direitos do embrião e do feto*, in *Cadernos de Bioética*, abril-julho de 1997, págs. 3 e segs., *Poderes e limites da genética – Actas do IV Seminário do Conselho Nacional da Ética para as Ciências da Vida*, Lisboa, 1998 e *O direito à identidade genética do ser humano*, in *Portugal-Brasil Ano 2000*, obra coletiva, Coimbra, 1999, págs. 263 e segs.; *Os genes...*, cit.; ANA PAULA GUIMARÃES, *Alguns problemas jurídico-criminais da procriação medicamente assistida*, Coimbra, 1999; PAULO OTERO, *Personalidade e identidade pessoal...*, cit. e *Disponibilidade...*, cit., *loc. cit.*, págs. 120 e segs.; FERNANDO ARAÚJO, *A procriação assistida e o problema da santidade da vida*, Coimbra, 1999 e *Direito da Bioética*, in 2.º suplemento ao *Dicionário da Administração Pública*, 2001, págs. 193 e segs.; FRANCISCO AGUILAR, *O princípio da dignidade da pessoa humana e a determinação da filiação em procriação assistida*, in *Revista da Faculdade de Direito da Universidade de Lisboa*, 2000, págs. 655 e segs.; JOÃO NUNO ZENHA MARTINS, *O genoma humano e a contratação laboral*, Oeiras, 2002; LUÍSA NETO, *Novos direitos*, cit., págs. 51 e segs.; NUNO MANUEL PINTO OLIVEIRA, *O princípio da dignidade da pessoa humana e a regulação da bioética*, in *Bioética Lex Medicinae*, 2011, págs. 29 e segs.; MIGUEL NOGUEIRA DE BRITO, *O conceito constitucional de dignidade humana entre o obsoleto e a ponderação em caso de reprodução assistida*, in *Estudos em homenagem ao Prof. Doutor José Joaquim Gomes Canotilho*, obra coletiva, III, Coimbra, 2012, págs. 151 e segs.; HELENA PEREIRA DE MELO, *O genoma humano e o direito: determinismo vs liberdade, ibidem*, págs. 515 e segs.; VERA LÚCIA RAPOSO, *Biodireitos: the new kids on the judicial playground, ibidem*, págs. 811 e segs. e *O direito à inatalidade – o limite do direito reprodutivo mediante técnicas de reprodução assistida e a esfera jurídica do embrião*, Coimbra, 2014 (falando em dignidade humana do embrião, pág. 647). Cfr. ainda a obra coletiva do Conselho Nacional de Ética para as Ciências da Vida, *Bioética e Políticas Públicas*, Lisboa, 2014; STELA MARCOS EE ALMEIDA NEVES BARBAS, *Direito do Genoma Humano*, Coimbra, 2012. De um ângulo não jurídico, MIGUEL OLIVEIRA DA SILVA, *Eutanásia, suicídio ajudado, barrigas de aluguer*, Lisboa, 2017.
Na doutrina de outros países, por exemplo, FRANCO BARTOLOMEI, *La dignità umana come concetto e valore costituzionale*, cit., págs. 105 e segs.; ROBERTO ADORNO, *La bioétique et la dignité de la personne*, Paris, 1997; GERMANA MORAES e FRANCISCO DAVI FERNANDES PEIXOTO, *O Biodireito através do prisma da dignidade da pessoa humana e dos direitos fundamentais*, in *Estudos de Direito Constitucional em homenagem a César Asfor Rocha*, obra coletiva, Rio de Janeiro, 2009, págs. 2239 e segs.; LESLEI LESTER DOS ANJOS MAGALHÃES, *O princípio...*, cit., págs. 114 e segs.; AMANDA GUIMARÃES TORRES, *O direito à identidade genética na reprodução assistida*, in *Diálogo Ambiental, Constitucional e Internacional*, obra coletiva, vol. 3, tomo II, Rio de Janeiro, 2015, págs. 197 e segs. De ângulo não jurídico, MIGUEL OLIVEIRA DA SILVA, *Eutanásia, suicídio assistido, barrigas de aluguer*, Lisboa, 2017.

CAPÍTULO II - O ATUAL SISTEMA PORTUGUÊSDE DIREITOS FUNDAMENTAIS

Por isso e porque continua a haver desigualdades que atingem as mulheres, a Constituição não se circunscreve a declarar a igualdade em geral (art. 13.º), na família [arts. 36.º, n.ᵒˢ 3, 5 e 6, e 67.º, n.º 2, alínea *c*) e 68.º] e no trabalho [art. 58.º, n.º 2, alínea *b*)] – e a estabelecer a especial proteção das mulheres durante a gravidez e após o parto [arts. 59.º, n.º 2, alínea *c*), e 68.º, n.ᵒˢ 3 e 4]. Contém outrossim (após 1997) a incumbência do Estado de *promover* a igualdade entre homens e mulheres [art. 9.º, alínea *h*)], designadamente no exercício de direitos cívicos e políticos e no acesso a cargos políticos (art. 109.º) [542].

II – A dignidade implica o respeito da orientação sexual das pessoas, sem discriminação.

59. Dimensões da dignidade da pessoa (cont.)

I – O respeito e a garantia da intimidade das pessoas [543] traduzem-se nos direitos à imagem, à palavra e à reserva de intimidade da vida privada e familiar (art. 26.º, n.º 1, 2.ª parte); nas garantias contra a utilização abusiva de informações relativas às pessoas e famílias (art. 26.º, n.º 2); no direito dos cidadãos de acesso aos dados informatizados que lhes digam respeito, podendo exigir a sua retificação e atualização, e no direito de conhecer a finalidade a que se destinam, nos termos da lei (art. 35.º, n.º 1); na proteção desses dados, designadamente através de entidade administrativa independente (art. 35.º, n.º 2); em a informática não poder ser utilizada para tratamento de dados referentes a convicções filosóficas ou políticas, filiação partidária ou sindical, fé religiosa, vida privada e origem étnica, salvo mediante consentimento expresso do titular, autorização prevista por lei com garantias de não discriminação ou para processamento de dados estatísticos não individualmente identificáveis (art. 35.º, n.º 3); na proibição de acesso a dados pessoais de terceiros, salvo em casos excecionais previstos na lei (art. 35.º, n.º 4); em ninguém poder ser perguntado por qualquer autoridade acerca das suas convicções ou política religiosa, salvo para recolha de dados estatísticos não individualmente identificáveis, nem ser prejudicado por se recusar a responder (art. 41.º, n.º 3).

---

[542] Cfr. a obra coletiva *Direitos Humanos da Mulher*, Coimbra, 2005.

[543] Cfr., por exemplo, o acórdão n.º 607/2003, de 5 de dezembro, in *Diário da República*, 2.ª série, de 8 de abril de 2004.

DIREITOS FUNDAMENTAIS

Traduz-se também na inviolabilidade do domicílio e da correspondência (art. 34.º) e, noutra sede, no direito a habitação que preserve a intimidade pessoal e a privacidade familiar (art. 65.º, n.º 1).

Outrossim, em estado de sítio, em nenhum caso, podem ser afetados o direito e identidade pessoal, à capacidade civil e à cidadania (art. 19.º, n.º 6).

60. Dimensões da dignidade da pessoa (cont.)

I – A dignidade determina o respeito dos direitos de liberdade.

A força da autonomia patenteia-se sobretudo no direito ao desenvolvimento da personalidade (art. 26.º, n.º 1), na inviolabilidade da liberdade de consciência, de religião e de culto (art. 41.º, n.º 5), na liberdade de criação cultural [arts. 42.º e 78.º, n.º 2, alínea *b*)], na liberdade de aprender e de ensinar (art. 43.º), na liberdade de expressão e informação (art. 37.º), na liberdade de escolha de profissão (art. 47.º), no carácter pessoal do sufrágio (art. 49.º, n.º 2), bem como na liberdade individual perante o planeamento familiar em condições que respeitem a dignidade das pessoas [art. 67.º, n.º 2, alínea *d*)]. E no respeito da autonomia pessoal dos idosos (art. 72.º, n.º 1).

II – Porém, a dignidade não pressupõe capacidade psicológica de auto-determinação. Dela não estão privadas as crianças, as quais beneficiam de proteção da sociedade e do Estado (art. 69.º), nem os portadores de anomalia psíquica [art. 27.º, n.º 3, alínea *h*)].

61. Dimensões da dignidade da pessoa (cont.)

I – Cada pessoa tem, contudo, de ser compreendida em relação com as demais. A dignidade de cada pessoa é incindível da das demais pessoas [544].

---

[544] Nas palavras de MIGUEL REALE (*O Estado Democrático de Direito e o conflito das ideologias*, 3.ª ed., São Paulo, 2005, pág. 105): "A pessoa do outro não é apenas um elemento circunstancial constitutivo do meu eu, pois ambos, o *eu* e o *outro eu*, acham-se condicionados transcendentalmente por algo que os torna histórica e realmente possíveis: esse algo que põe a subjetividade como intersubjetividade é o valor da pessoa humana, o qual, como tal, pode ser considerado o valor-fonte de todos os valores e, por conseguinte, dos direitos humanos fundamentais". Cfr. também RONALD DWORKIN, *Justiça para ouriços* cit., pág. 31; ou JÜRGEN HABERMAS, *Essay zur Verfassung Europa*, trad. *Um ensaio sobre a Constituição da Europa*, Lisboa, 2012, pág. 35.

CAPÍTULO II – O ATUAL SISTEMA PORTUGUÊSDE DIREITOS FUNDAMENTAIS

Donde, em geral, a vinculação das entidades privadas aos direitos, liberdades e garantias (art. 18.º, n.º 1), assim como o direito de resposta e de retificação na imprensa (art. 37.º, n.º 4), a proibição de organizações racistas (art. 46.º, n.º 4), os direitos dos trabalhadores no trabalho (art. 59.º), os direitos dos consumidores (art. 60.º), os deveres de respeito e solidariedade para com os cidadãos portadores de deficiência (art. 71.º, n.º 2) ou o espírito de tolerância na educação (art. 73.º, n.º 2).

Donde, por exemplo, ainda a punição do lenocínio, porque, afirma o Tribunal Constitucional, uma ordem jurídica assente na dignidade da pessoa humana não deve ser mobilizada para garantir, enquanto expressão de liberdade de ação, situações e atividades, cujo "princípio" seja o de que uma pessoa, numa qualquer dimensão (seja a intelectual, seja a física, seja a sexual), possa ser utilizada como mero instrumento ou meio ao serviço de outra [545].

II – Mas o respeito pelos outros, se envolve solidariedade e responsabilidade, também implica respeito por si [546].

Donde, na mesma perspetiva, a recusa da escravização e de qualquer tipo de discriminação de trabalhos servis, de trabalhos sem condições de salubridade e de segurança ou de salários abaixo do minimamente justo, a recusa da excisão genital, a recusa de servir de correio de droga ou a recusa de comercialização do próprio corpo [547].

---

[545] Acórdão n.º 144/2004 do Tribunal Constitucional, de 10 de março (*Diário da República*, 2.ª série, de 19 de abril de 2004). Aqui o Tribunal aplicou diretamente o princípio da dignidade da pessoa humana.
Contra, invocando violação do princípio da proporcionalidade, PEDRO SOARES DE ALBERGARIA e PEDRO MENDES LIMA, *O crime de lenocínio entre o moralismo e o paternalismo jurídico*, in *Revista Portuguesa de Ciência Criminal*, 2012, págs. 201 e segs. Cfr. também JORGE DE FIGUEIREDO DIAS, *O "direito penal do bem jurídico" como princípio jurídico-constitucional implícito*, in *Revista de Legislação e de Jurisprudência*, maio-junho de 2016, págs. 259 e segs.
[546] Cfr. VICENTE DE PAULO BARRETO, *O fetiche* ..., cit., pág. 72.
[547] Como os espetáculos de anões lançados pelo ar de um lado para outro (cfr. JORGE REIS NOVAIS, *A dignidade* ..., cit., págs. 109 e segs.), a exposição pornográfica, o *strip-tease*, a prostituição. E, para acudir a situações de carência que possam conduzir a esses resultados, o Estado não pode deixar de intervir, não através de sanções criminais ou outras, mas sim através de instrumentos de solidariedade social, de cuidados médicos e de reabilitação educativa.

DIREITOS FUNDAMENTAIS

III – Cada pessoa tem de ser compreendida em relação com as demais [548]. Por isso, a Constituição completa a referência à dignidade da pessoa humana com a referência à «mesma dignidade social» que possuem todos os cidadãos e todos os trabalhadores [arts. 13.º, n.º 1, e 59.º, n.º 1, alínea b)], decorrente da inserção numa comunidade determinada [549] [550], fora da qual, como diz o art. 29.º, n.º 1, da Declaração Universal, «não é possível o livre e pleno desenvolvimento da sua personalidade». E aqui se fundam os deveres fundamentais (arts. 36.º, n.º 5, 49.º, n.º 2, 66.º, n.º 1, etc.).

Ao mesmo tempo, a Constituição contempla, como se viu, numerosos direitos particulares e especiais e comporta (sem afetar a unidade do povo, da comunidade política) certos elementos classistas e laboralistas [arts. 54.º, 63.º, n.º 2, 89.º, 93.º, alínea b), e 98.º] [551], aliás reduzidos após as revisões constitucionais. Nem por isso, entretanto, avulta menos o empenho na realização pessoal: assim, o direito dos trabalhadores à organização do trabalho em condições socialmente dignificantes, *de forma a facultar a realização pessoal* [art. 59.º, n.º 1, alínea b)], a proteção da família para *realização pessoal* dos seus

---

[548] Não tinha, pois, razão o Deputado António Reis quando, apesar de se afirmar de acordo com o conteúdo fundamental da expressão «dignidade da pessoa humana», dizia na Assembleia Constituinte que ela permitia introduzir uma dimensão extra-social, individual e, porventura, metafísica no texto da Constituição (*Diário*, n.º 25, pág. 624).

[549] Como já frisava JOAQUIM MARIA RODRIGUES DE BRITO (*op. cit.*, págs. 223-224), sendo idêntica em todos os homens a natureza humana, o homem não terá *direitos efetivos* se não for considerado pelos seus semelhantes digno de se associar com eles.

[550] A expressão «dignidade social» veio do projeto de Constituição do Partido Socialista, do art. 3.º da Constituição italiana e do nosso próprio projeto de Constituição (art. 18.º).

Na Assembleia Constituinte, chegou a ser proposta a eliminação da referência a dignidade social. Segundo o Deputado Vital Moreira, ela apontaria para um conceito sociológico, insuscetível de homogeneização através duma afirmação jurídica. Em contrapartida, o Deputado José Luís Nunes justificou-a, sustentando que, desde que, se aceitasse a expressão «cidadão», teria que se entender também «a mesma dignidade social». V. o debate, in *Diário*, n.º 44, págs. 908 e segs.

Pelo contrário, na segunda revisão constitucional, houve quem propusesse a supressão do adjetivo «social», por considerar que ele reduziria a dignidade da pessoa humana a um conceito de relação e diminuiria o seu sentido (assim, intervenções dos Deputados Nogueira de Brito, Maria da Assunção Esteves e Pedro Roseta, in *Diário*, v legislatura, 2.ª sessão legislativa, 1.ª série, n.º 64, reunião de 14 de abril de 1989, págs. 2191, 2192 e 2195). Foi, contudo, objetado que ali se realçava precisamente a dignidade do cidadão, do homem socialmente inserido (intervenção do Deputado António Vitorino, *ibidem*, pág. 2192).

[551] V. *Manual...*, III, 6.ª ed., Coimbra, 2010, pág. 92.

CAPÍTULO II – O ATUAL SISTEMA PORTUGUÊSDE DIREITOS FUNDAMENTAIS

membros (art. 67.º, n.º 1), a garantia da *realização profissional e da participação na vida cívica* do país por parte dos pais e das mães (art. 68.º, n.º 1); a finalidade de *desenvolvimento integral* das crianças (art. 69.º, n.º 1) e dos jovens (art. 70.º, n.º 2); as garantias de *realização pessoal* dos deficientes (art. 71.º) e dos idosos (art. 72.º).

Mas é a pessoa que é um fim em si, enquanto indivíduo singular e não enquanto membro de qualquer corpo ou entidade transpessoal [552].

IV – A dignidade das pessoas, que é também dignidade social (art. 13.º, n.º 1, insista-se), exige integração, participação na vida comunitária, inclusão.

Donde: a proteção legal contra quaisquer formas de discriminação (art. 26.º, n.º 1); a necessidade de intervenção judicial em caso de internamento por anomalia psíquica [art. 27.º, n.º 3, alínea *h*)]; a proibição de penas ou medidas de segurança privativas ou restritivas da liberdade de carácter perpétua ou de duração ilimitada ou indefinida (art. 30.º, n.º 1); os condenados a quem sejam aplicadas penas ou medidas de segurança privativas de liberdade mantêm a titularidade dos direitos fundamentais, salvas as limitações inerentes ao sentido da condenação e às exigências próprias da respetiva execução (art. 30.º, n.º 5, de novo); o direito de todos os cidadãos de tomar parte na vida política e na direção de assuntos públicos do país (art. 48.º, n.º 1); a participação direta e ativa de homens e mulheres na vida política constitui condição e instrumento fundamental de consolidação do sistema democrático, devendo a lei promover a igualdade no exercício dos direitos civis e políticos e não a discriminação em função do sexo no acesso a cargos políticos (art. 109.º, de novo) [553].

Donde, por outro lado: a igualdade de oportunidades na escolha de profissão ou género de trabalho e condições para que não seja vedado ou limitado, em função do sexo, o acesso a quaisquer cargos, trabalho ou categoria profissionais [art. 58.º, n.º 2, alínea *b*)]; a garantia de acesso a todos os cidadãos, independentemente da sua condição económica, aos cuidados da medicina

---

[552] JORGE REIS NOVAIS, *A dignidade* ..., cit., I, pág. 59.
[553] Cfr. *Democracia com mais cidadania*, obra coletiva, Lisboa, 1998, e *Manual...*, VII, Coimbra, 2007, págs. 2554 e segs.
A Lei n.º 3/2006, de 21 de agosto, veio dar cumprimento a esta norma prescrevendo que as listas de candidaturas para a Assembleia da República, para o Parlamento Europeu e para os órgãos das autarquias locais são compostas de modo a promover a paridade entre homens e mulheres, entendendo-se por paridade a representação mínima de 33,3% de cada um dos sexos nas suas listas (arts. 1.º e 2.º, n.º 1).

DIREITOS FUNDAMENTAIS

preventiva, curativa ou de reabilitação [art. 64.º, n.º 3, alínea *a*)]; o direito das crianças à proteção da sociedade e do Estado, com vista ao seu desenvolvimento integral, especialmente contra todas as formas de abandono, de discriminação e de opressão e contra o exercício abusivo de autoridade na família e nas demais instituições (art. 69.º, n.º 1); a política de juventude deverá ter, entre outros objetivos prioritários, a criação de condições para a sua efetiva integração na vida ativa (art. 70.º, n.º 2); os cidadãos portadores de deficiência física ou mental gozam plenamente dos direitos e estão sujeitos aos deveres consignados na Constituição, com ressalva do exercício ou do cumprimento daqueles para os quais se encontrem incapacitados (art. 71.º, n.º 1); as pessoas idosas têm direito à segurança económica [554] e a condições de habitação e convívio familiar e comunitário que evitem e superem o isolamento ou a marginalização social (art. 72.º, n.º 1); a política de terceira idade engloba medidas de carácter económico, social e cultural tendentes a proporcionar às pessoas idosas oportunidades de realização pessoal, através de uma participação ativa na vida da comunidade (art. 72.º, n.º 2); incumbe ao Estado promover o acesso das pessoas com deficiência ao ensino e proteger e valorizar a língua gestual portuguesa [art. 74.º, n.º 2, alíneas *g*) e *h*)].

62. Dimensões da dignidade da pessoa (cont.)

I – A dignidade da pessoa exige condições de vida capazes de assegurar liberdade e bem-estar (cfr., ainda, arts. 22.º, 23.º e 25.º da Declaração Universal).

Daí a retribuição do trabalho segundo a quantidade, a natureza e a qualidade, observando-se o princípio de a trabalho igual salário igual [art. 59.º, n.º 1, alínea *a*)]; a incumbência do Estado de estabelecer e atualizar o salário mínimo nacional [art. 59.º, n.º 2, alínea *a*)]; as garantias especiais do salário (art. 59.º, n.º 3); o direito dos trabalhadores a assistência material, quando, involuntariamente, se encontrem em situação de desemprego [art. 59.º, n.º 3, alínea *e*)].

---

[554] Todavia, o Tribunal Constitucional tem revelado posições algo oscilantes sobre medidas legislativas que atingem os idosos. Admitiu a "contribuição extraordinária de solidariedade" no acórdão n.º 187/2013, de 5 de abril (*Diário da República*, 1.ª série, de 22 de abril), mas já não a de redução de pensões a pretexto da convergência entre o sector público e o privado, no acórdão n.º 862/2013, de 19 de dezembro (*ibidem*, de 7 de janeiro), nem a "contribuição de sustentabilidade", no acórdão n.º 575/2014, de 14 de agosto (*ibidem*, de 3 de setembro). Cfr. *infra*.

CAPÍTULO II – O ATUAL SISTEMA PORTUGUÊSDE DIREITOS FUNDAMENTAIS

Daí caber ao sistema de segurança social proteger os cidadãos – e também os não cidadãos residentes, por força do princípio da equiparação (art. 15.º, n.º 1) – na doença, na velhice, na invalidez, na viuvez e na orfandade, no desemprego e em todos as outras situações de falta ou diminuição dos meios de subsistência ou de capacidade para o trabalho (art. 63.º, n.º 3). E, especificamente, os direitos das pessoas portadoras de deficiência (art. 71.º) e o direito das pessoas idosas à segurança económica (art. 72.º, n.º 1, 1.ª parte).

Daí também os direitos e garantias perante os impostos [arts. 103.º, 105.º e 165.º, n.º 2, alínea *i*)], evitando que estes onerem inigualitária e desproporcionadamente os cidadãos [555].

Daí, em suma, o direito das pessoas a uma existência condigna [art. 59.º, n.º 2, alínea *a*), *in fine*], o que implica [556], pelo menos, a garantia de subsistência, numa dupla dimensão: negativa – garantia de salário, impenhorabilidade do salário mínimo ou de parte do salário e da pensão que afete a subsistência, não sujeição a imposto sobre o rendimento pessoal de quem tenha rendimento mínimo [557]; e dimensão positiva – atribuição de prestações pecuniárias a

---

[555] Cfr. DIOGO LEITE DE CAMPOS, *O estatuto jurídico da pessoa (direitos de personalidade) e os impostos*, in *Revista da Ordem dos Advogados*, 2005, págs. 36 e segs., apontando como direitos fundamentais tributários das pessoas a isenção do necessário à manutenção de uma existência em condições económicas dignas, a proibição do confisco, a proibição do estrangulamento tributário, a liberdade (autonomia privada).

[556] A primeira fórmula do art. 6.º, n.º 3, da Constituição de 1933 dizia: «Incumbe ao Estado: – Zelar pela melhoria das condições das classes sociais mais desfavorecidas, obstando a que aquelas desçam abaixo do *mínimo de existência humanamente suficiente*».

[557] Cfr., entre tantos, acórdãos n.ᵒˢ 349/91 do Tribunal Constitucional, de 7 de março, in *Diário da República*, 2.ª série, de 2 dezembro de 1991; n.º 96/2004, de 11 de fevereiro, *ibidem*, de 11 de abril de 2004; n.º 306/2005, de 8 de junho, *ibidem*, de 5 de agosto de 2005; n.º 657/2006, de 28 de novembro, *ibidem*, de 16 de fevereiro de 2007; n.º 28/2007, de 17 de janeiro, *ibidem*, de 6 de março de 2007; n.º 141/2015, de 25 de fevereiro, in *Diário da República*, 1.ª série, de 16 de março de 2015; n.º 296/2015, de 25 de maio, *ibidem*, 1.ª série, de 15 de junho de 2015. Sobre estes dois últimos acórdãos, cfr. PEDRO FERNÁNDEZ SÁNCHEZ, *Breve nota sobre uma inovação na jurisprudência constitucioal portuguesa*, in *Revista da Faculdade de Direito da Universidade de Lisboa*, 2015, págs. 93 e segs.
Como se diz no primeiro destes acórdãos: «Perante o conflito entre o direito do pensionista a receber pensão condigna e o direito do credor, deve o legislador, para tutela do valor supremo da dignidade da pessoa humana, sacrificar o direito do credor na medida do necessário e, se tanto for preciso, totalmente. Toda a questão está em adotar um critério de proporcionalidade».

DIREITOS FUNDAMENTAIS

quem esteja abaixo do mínimo de subsistência[558][559][560]. Mas o que seja uma existência condigna não é a mesma coisa que o que se entendia há 50 ou 100 anos. As transformações sociais vão exigindo mais e melhor.

Só a solidariedade garante plenamente a dignidade de cada um, em quaisquer circunstâncias da vida [561]. E também por isso, a República está

Cfr. acórdão n.º 509/2002, de 19 de dezembro, *ibidem*, 1.ª série-A, n.º 36, de 12 de fevereiro de 2003 com comentários de JOSÉ CARLOS VIEIRA DE ANDRADE (O *"direito ao mínimo de existência condigna" como direito fundamental – Uma decisão singular do Tribunal Constitucional*, in *Jurisprudência Constitucional*, n.º 1, janeiro-março de 2004, págs. 21 e segs.), de JORGE MIRANDA, in *O Direito*, 2004, págs. 198 e segs. e de JORGE REIS NOVAIS (*Os princípios constitucionais estruturantes da República Portuguesa*, Coimbra, 2004, págs. 318 e segs.); CATARINA SANTOS BOTELHO, *Os direitos sociais ...*, cit., págs. 340 e segs.

[558] É neste sentido que a dignidade aparece como tarefa dos poderes estatais (INGO SARLET, *Dignidade...*, cit., págs. 114 e segs.). Ou como mandado constitucional (EMERSON GARCIA, *op. cit.*, págs. 149 e segs.). Cfr. também ANA PAULA DE BARCELLOS, *O mínimo existencial e algumas fundamentações*, in *Legitimações dos Direitos Humanos*, obra coletiva, Rio de Janeiro, 2002, págs. 11 e segs.; RICARDO LOBO TORRES, *A metamorfose dos direitos sociais em mínimo existencial*, in *Direitos Fundamentais Sociais*, obra coletiva, Rio de Janeiro, 2003, págs. 1 e segs.; PAULO GILBERTO LOGO LEIVAS, *Estrutura normativa dos direitos fundamentais sociais e o direito fundamental ao mínimo existencial*, in *Direitos Sociais – Fundamento, judicialização e direitos sociais em especial*, obra coletiva, Rio de Janeiro, 2010, págs. 279 e segs.; RICARDO LOBO TORRES, *O mínimo existencial como conteúdo essencial dos direitos fundamentais*, ibidem, págs. 313 e segs.; EURICO BITENCOURT NETO, *O direito ao mínimo para uma existência digna*, Porto Alegre, 2010; RÚBEN RAMIÃO, *Projeções jusfundamentais do direito à alimentação*, in *O Direito*, 2016, págs. 395 e segs.

[559] Quanto à Itália, v. FILIPPO PIZZOLATO, *Il mínimo vitale – Profili costituzionali e processi attuativi*, Milão, 2004; ou MARCO RUOTOLO, *La lotta alla povertà come dovere dei pubblici poteri. Alla ricerca dei fondamenti costituzionali del diritto a un'esistenza dignitosa*, in *Diritto Pubblico*, 2011, 2, págs. 391 e segs.

Na Alemanha, a Constituição federal não contempla o direito a um mínimo de subsistência ao contrário do que sucede nas Constituições estaduais da Renânia-Palatinado (art. 7.º, n.º 1), da Baviera (art. 151.º, n.º 1), de Hesse (art. 30.º, n.º 1) e da Saxónia (art. 7.º). Mas o Tribunal Constitucional tem entendido que, se o legislador omitir sem razão objetiva o dever de realizar o Estado social, o indivíduo poderá reclamá-lo através de um recurso de inconstitucionalidade – donde, um direito social fundamental tácito (ROBERT ALEXY, *Theorie...*, cit., págs. 423 e 414). Cfr. também ERNST BENDA, *op. cit., loc. cit.*, pág. 525.

[560] Outro era, obviamente, o contexto do art. 6.º, n.º 3 inicial da Constituição de 1933, incumbindo o Estado de "zelar pela melhoria das condições das classes sociais mais desfavorecidas, obstando a que aquelas desçam abaixo do *mínimo de existência humanamente suficiente"*.

[561] Cfr. SERIO GALEOTI, *Il valore della solidarità*, in *Diritto e Società*, 1996, págs. 1 e segs.; JOSÉ CASALTA NABAIS, *Algumas considerações sobre solidariedade e cidadania*, in *Boletim da Faculdade de Direito da Universidade de Coimbra*, 1991, págs. 145 e segs.; FRANCISCO FERNÁNDEZ SEGADO, *La solidariedad como principio constitucional*, in *Teoria y realidade constitucional*, 2012, págs. 139 e segs.; ADRIANA APOSTOLI, *La svalutazione del principio di solidarità*, Milão, 2012; BERNARDO

CAPÍTULO II – O ATUAL SISTEMA PORTUGUÊSDE DIREITOS FUNDAMENTAIS

empenhada na construção de uma sociedade livre, justa e *solidária* (art. 1.º, *in fine*) [562].

63. Dimensões da dignidade da pessoa (cont.)

I – De que não se trata de fazer ressurgir as noções oitocentistas comprovam-no exuberantemente o estatuto da propriedade e, em menor medida, o da iniciativa económica na Constituição.

Localizando a propriedade privada entre os direitos económicos, sociais e culturais, e não entre os direitos, liberdades e garantias do título II [563], a Lei Fundamental de 1976 vem salientar que os direitos, liberdades e garantias respeitam, primeiro que tudo, ao *ser* da pessoa e não ao *ter* [564]; que a liberdade prima sobre a propriedade; que a proteção que a pessoa como titular de bens possa merecer na vida económica se oferece secundária em face da proteção do seu *ser* [565]; e que pode a proteção do *ser* de todas as pessoas exigir a diminuição do *ter* de algumas das pessoas [daí a incumbência prioritária do Estado, no art. 80.º, alínea *b*), de «operar as necessárias correções das desigualdades na distribuição da riqueza e do rendimento»] [566].

GIORGIO MATTARELLA, *Solidarity, a Political Issue*, in *European Review of Public Law*, 1/2014, págs. 43 e segs.; F. PERALDI LAENGUE, *La solidarité; un concept juridique?*, *ibidem*, págs. 71 e segs.; JORGE MIRANDA, *La solidarité, un défi politique*, in *Long Cours – Mélanges en l'honneur de Pierre Bon*, obra coletiva, Paris, 2014, págs. 433 e segs.; SALLY J. SCHOLZ, *Solidarity as a Human Right*, in *Archiv des Völkerrechts*, 2014, págs. 49 e segs.

[562] Na fórmula de 1989, que substituiu a referência a «sociedade sem classes». Fonte: art. 3.º da Constituição brasileira.

[563] Nos projetos de revisão constitucional de 1987 e de 1996 do Partido Social-Democrata preconizou-se, porém, a transferência para o capítulo dos direitos, liberdades e garantias pessoais (novo art. 47.º-A). Foi rejeitado. V. o debate parlamentar, in *Diário da Assembleia da República*, v legislatura, 2.ª sessão legislativa, 1.ª série, n.º 75, reunião de 4 de maio de 1989, págs. 3585 e segs.

[564] Análoga atitude é adotada por alguns textos constitucionais e internacionais atuais.

[565] Cfr., em sentido próximo, LUÍS FILIPE COLAÇO ANTUNES, *O procedimento...*, cit., págs. 82-83.

[566] Para uma visão histórico-filosófica, v. ERICH FROMM, *To Have or To Be?*, 1976, trad. portuguesa *Ter ou Ser?*, Lisboa, 1999.

É legítimo, pois, associar a não inclusão da propriedade privada no título II da parte I tanto a imperativos socialistas quanto a imperativos personalistas não individualistas. Cfr., em relação à Constituição italiana, FRANCO MODUGNO, *I «nuovi diritti»...*, cit., pág. 11.

DIREITOS FUNDAMENTAIS

Por outro lado, com a epígrafe «direito à propriedade», a Constituição abre-se para a difusão da propriedade, e não apenas (ou não tanto) para a conservação da que existe; e, por isso, confere relevância específica à propriedade enquanto fruto ou consequência de aplicação de trabalho ou como instrumento de trabalho, conforme sucede nos preceitos sobre direitos de autor (art. 42.º, n.º 2), sobre acesso a habitação própria [art. 65.º, n.º 2, alínea *c)*] e sobre acesso à propriedade de terras daqueles trabalhadores que exploram a terra [arts. 93.º, n.º 1, alínea *b)*, e 94.º, n.º 2] [567].

Mas, da mesma maneira, logicamente, o direito de não pagar impostos inconstitucionais [568] aparece agora dentro do sistema fiscal (art. 103.º, n.º 3), e não, como sucedia nas Constituições de 1911 (art. 3.º, n.º 27) e de 1933 (art. 8.º, n.º 16), na enumeracão *ex professo* dos direitos, liberdades e garantias. Tendo em conta o reforço do princípio da legalidade tributária operado em 1976 e em 1997 e a reserva parlamentar reiterada [art. 165.º, n.º 1, alínea *i)*, em contraste com o regime anterior], não se subtraem por esse motivo quaisquer garantias, pelo contrário; a mudança dá-se a nível de valores enformadores do sistema.

Também a iniciativa económica privada (art. 61.º, n.º 1) – correspondente à liberdade de comércio e indústria anterior – não se situa a par dos direitos, liberdades e garantias do título II e, no texto inicial da Constituição, nem sequer constava da parte I vinha apenas na parte III.

Tudo isto sem prejuízo de, sendo o direito de propriedade e o direito de iniciativa económica privada reconduzíveis a liberdades no sentido atrás referido e, portanto, direitos de natureza análoga à dos direitos, liberdades e garantias do título II, se lhes aplicar o regime material destes direitos (art. 17.º).

II – O ser humano não pode ser desinserido das condições de vida que usufrui; e, na nossa época, anseia-se pela sua constante melhoria e, em caso de desníveis e disfunções, pela sua transformação.

---

[567] Cfr., recentemente, acórdão n.º 159/2007, de 6 de março, in *Diário da República*, 2.ª série, n.º 81, de 26 de abril de 2007.
[568] De resto, garantia não só da propriedade como da retribuição do trabalho [art. 59.º, n.º 1, alínea *a)*, e n.º 3].

CAPÍTULO II – O ATUAL SISTEMA PORTUGUÊSDE DIREITOS FUNDAMENTAIS

A Constituição alude, pois, repetidas vezes à «qualidade de vida» ligada à efetivação dos direitos económicos, sociais, culturais e ambientais [art. 9.º, alínea d)], à proteção dos consumidores (art. 60.º, n.º 1), à defesa do ambiente e da natureza (art. 66.º) [569], à incumbência prioritária do Estado de promoção do aumento do bem-estar social e económico, em especial das pessoas mais desfavorecidas [art. 81.º, alínea a)], aos objetivos dos planos de desenvolvimento económico e social (art. 91.º). Mas a qualidade de vida só pode fundar-se na dignidade da pessoa humana [570]; não é um valor em si mesmo; e muito menos se identifica com a propriedade ou com qualquer critério patrimonial [571].

E apela também a Constituição (após 1997) à solidariedade entre gerações, a propósito do aproveitamento racional dos recursos naturais [art. 66.º, n.º 2, alínea d)]. Mas esta solidariedade assenta ainda no valor da dignidade: é para que as gerações futuras, compostas por homens e mulheres com a mesma dignidade dos de hoje, possam igualmente desfrutar dos bens da natureza que importa salvaguardar a capacidade de renovação desses recursos e a estabilidade ecológica.

64. Dimensões da dignidade da pessoa (cont.)

I – O respeito da dignidade justifica, repetimos, a criminalização da ofensa dos bens jurídicos subjacentes aos direitos fundamentais, de acordo com a consciência jurídica geral e um princípio de proporcionalidade, e requer a proteção da vítima.

JORGE DE FIGUEIREDO DIAS fala numa relação de referência entre a ordem axiológica jurídico-constitucional e a ordem legal dos bens jurídicos que ao Direito penal cumpre tutelar [572].

---

[569] Cfr. J. J. GOMES CANOTILHO, *Procedimento Administrativo e Defesa do Ambiente*, in *Revista de Legislação e de Jurisprudência*, n.º 3802, págs. 9 e 10.

[570] Assim, ANTONIO RUGGIERI e ANTONIO SPADARO, *op. cit., loc. cit.*, pág. 357. Cfr. RAMÓN MARTIN MATEO, *La calidad de vida como valor jurídico*, in *Estudos sobre la Constitución Española – Homenaje al Profesor Eduardo Garcia de Enterría*, obra coletiva, Madrid, 1992, págs. 1437 e segs.

[571] Cfr. o art. 5.º, n.º 1, da Lei n.º 11/87, de 7 de abril (lei de bases do ambiente), definindo qualidade de vida por referência a «bem-estar físico, mental e social» e a «satisfação e afirmação culturais».

[572] *Op. cit.*, pág. 14.

DIREITOS FUNDAMENTAIS

Por seu turno, o ofendido tem o direito de intervir no processo nos termos da lei (art. 32.º, n.º 7) [573] e de obter adequadas medidas de proteção e segurança [574].

II – Mas a lei penal não pode ser retroativa (art. 29.º), os arguidos gozam de garantias de defesa (art. 32.º) e o estado de sítio ou de emergência não pode acarretar nunca a suspensão destes direitos (art. 19.º, n.º 6).

III – A dignidade da pessoa permanece, independentemente dos seus comportamentos, mesmo quando ilícitos e sancionados pela ordem jurídica.

Por isso, nenhuma pena envolve como efeito necessário a perda de quaisquer direitos civis, profissionais ou políticos (art. 30.º, n.º 4), nenhuma tem carácter infamante [575]; e os condenados a quem sejam aplicadas penas ou medidas de segurança privativas da liberdade mantêm a titularidade dos direitos fundamentais, salvas as limitações inerentes ao sentido da condenação e às exigências próprias da respetiva execução (art. 30.º, n.º 5, mais uma vez) [576].

IV – Por seu turno, o ofendido tem o direito de intervir no processo (art. 32.º, n.º 7) e de obter adequadas medidas de proteção e reparação.

---

[573] Cfr. J. J. GOMES CANOTILHO e VITAL MOREIRA, *Constituição...*, I, págs. 523-524; GERMANO MARQUES DA SLVA e HENRIQUE SALINAS, anotação in JORGE MIRANDA e RUI MEDEIROS, *Constituição...*, I, 2.ª ed., págs. 735 e 736.

[574] Cfr. CLÁUDIA CRUZ SANTOS, *Reflexões breves a propósito do reconhecimento da dignidade da vítima do crime no Brasil e em Portugal*, in *Tratado Luso-Brasileiro da Dignidade Humana*, págs. 75 e segs.; JOANA COSTA, *A proteção da vítima à luz da Constituição – Breve referência em torno do art. 219.º do Código de Processo Penal*, in *Tribunal Constitucional – 35.º aniversário da Constituição*, II, obra coletiva, Coimbra, 2012, págs. 111 e segs.

[575] Acórdão n.º 16/84 do Tribunal Constitucional, de 16 de fevereiro, in *Diário da República*, 2.ª série, de 12 de maio de 1984.

[576] Cfr. INGO WOLFGANG SARLET, *Constituição, proporcionalidade e direitos fundamentais: o Direito penal entre a proibição do excesso e a insuficiência*, in *Anuario Iberoamericano de Derecho Constitucional*, 2006, págs. 303 e segs.; AUGUSTO SILVA DIAS, *Os criminosos são pessoas? Eficácia e garantia no combate ao crime organizado*, in *Tratado Luso-Brasileiro de Dignidade Humana*, págs. 825 e segs. GAETANO SILVESTRI, *Le dignità umana dentro le mura del carcere*, in *Diritto Pubblico*, n.º 1, 2014, págs. 3 e segs.

65. Dimensões de dignidade (cont.)

Por definição, a dignidade da pessoa, sendo de todas as pessoas, refere-se quer a portugueses quer a não portugueses. E, se os preceitos sobre direitos fundamentais dos portugueses têm de ser interpretados e integrados de harmonia com a Declaração Universal (art. 16.º, n.º 2), por princípio devem poder valer para todas as pessoas, seja qual for a sua cidadania.

A perspetiva universalista da Constituição patenteia-se na assunção por Portugal do respeito dos direitos do homem como princípio geral das relações internacionais (art. 7.º, n.º 1), na regra da equiparação de direitos (arts. 15.º e 59.º), na previsão do direito de asilo e do estatuto de refugiado político (art. 33.º, n.ºs 7 e 8) e nas regras sobre expulsão e extradição (art. 33.º, n.ºs 2 a 7) [577].

66. O Estado de Direito

I – Não basta enumerar, definir, explicitar, assegurar só por si direitos fundamentais; é necessário que a organização do poder político e toda a organização constitucional estejam orientados para a sua garantia e a sua promoção. Assim como não basta afirmar o princípio democrático e procurar a coincidência entre a vontade política do Estado e a vontade popular em qualquer momento; é necessário estabelecer um quadro institucional em que esta vontade se forme em liberdade e em que cada cidadão tenha a segurança da previsibilidade do futuro.

Em suma: é necessário que se não verifique incompatibilidade entre o elemento subjetivo e o elemento objetivo da Constituição; que os direitos fundamentais tenham um quadro institucional de desenvolvimento [578]; que (na linha que, afinal, remonta a MONTESQUIEU) a garantia da liberdade

---

[577] Cf. MARIA JOSÉ RANGEL DE MESQUITA, *Os direitos fundamentais dos estrangeiros na ordem jurídica portuguesa*, Coimbra, 2012.

[578] Neste sentido, v., por todos, HERMANN HELLER, *Staatslehre*, trad. portuguesa *Teoria do Estado*, São Paulo, 1968, pág. 321; ou, entre tantos, MASSIMO LUCIANI, *La «Costituzione dei diritti» e la «Costituzione dei poteri». Noterelle brevi sur un modello interpretativo ricorrente*, in *Scritti in onore di Vezio Crisafulli*, obra coletiva, II, Pádua, 1985, págs. 497 e segs.

DIREITOS FUNDAMENTAIS

se faça através da divisão do poder. A síntese destes princípios, o modelo ou a ideia em que se traduzem vem a ser o Estado de Direito.

Estado de Direito não equivale a Estado sujeito ao Direito, porque não há Estado sem sujeição ao Direito no duplo sentido de Estado que age segundo processos jurídicos e que realiza uma ideia de Direito, seja ela qual for. Estado de Direito só existe quando esses processos se encontram diferenciados por diversos órgãos, de harmonia com um princípio de divisão do poder, e quando o Estado aceita a sua subordinação a critérios materiais que o transcendem; só existe quando se dá limitação material do poder político; e esta equivale a salvaguarda dos direitos fundamentais da pessoa humana [579] [580].

Transcrevendo de novo uma fórmula lapidar da Declaração Universal (do seu preâmbulo): «É essencial a proteção dos direitos do homem através de um *regime de direito* para que o homem não seja compelido, em supremo recurso, à revolta contra a tirania e a opressão» [581].

---

[579] Retomamos ou seguimos aqui o que escrevemos noutros lugares, nomeadamente em *Contributo...*, cit., págs. 70 e segs.; e em *A Constituição de 1976*, cit., págs. 473 e segs.

[580] Cfr. acórdão n.º 232/91 do Tribunal Constitucional, de 23 de maio (in *Diário da República*, 2.ª série, n.º 214, de 17 de Setembro de 1991, pág. 9310), em que se apela à vinculação dos poderes públicos ao «direito justo».

[581] Sobre a noção e os problemas gerais do Estado de Direito, v., entre tantos, ROCHA SARAIVA, *Construção jurídica do Estado*, Coimbra, 1912, págs. 65 e segs.; CARL SCHMITT, *op. cit.*, págs. 145 e segs.; LÉON DUGUIT, *Traité de Droit Constitutionnel*, III, 3.ª ed., 1930, págs. 589 e segs.; J. CARLOS MOREIRA, *O Princípio da Legalidade na Administração*, in *Boletim da Faculdade de Direito da Universidade de Coimbra*, 1949, págs. 390 e segs.; J. M. PÉRITCH, *La notion de «Rechtsstaat» et le principe de l'égalité*, *ibidem*, págs. 305 e segs.; LEGAZ Y LACAMBRA, *El Estado de Derecho*, *ibidem*, 1955, págs. 168 e segs.; ROGÉRIO SOARES, *Interesse Público, Legalidade e Mérito*, Coimbra, 1955, págs. 62 e segs.; GIUSEPPINO TREVES, *Considerazioni sullo Stato di Diritto*, in *Rivista Trimestrale di Diritto Pubblico*, 1959, págs. 399 e segs.; ANDRÉ GONÇALVES PEREIRA, *Erro e ilegalidade no acto administrativo*, Lisboa, 1962, págs. 19 e segs.; GUIDO FASSO, *Stato di Diritto e Stato di Giustizia*, in *Rivista Internazionale di Filosofia del Diritto*, 1963, págs. 83 e segs.; ELIAS DIAZ, *Estado de Derecho y sociedad democratica*, Madrid, 1966; *L'idée de Légitimité*, obra coletiva, Paris, 1967; CASTANHEIRA NEVES, *Questão-de-facto – Questão-de-direito*, Coimbra, 1967, págs. 539 e segs., *O instituto dos «assentos» e a função jurídica dos Supremos Tribunais*, Coimbra, 1983, págs. 429 e segs., e *Da «jurdição» no actual Estado-de-Direito*, in *AB VNO AD OMNES*, obra coletiva, págs. 177 e segs.; RUI MACHETE, *Contencioso administrativo*, in *Dicionário jurídico da Administração Pública*, II, 1972, págs. 689 e segs.; ERNST FORSTHOFF, *Stato di Diritto in trasformazione*, trad., Milão, 1973; MARCELLO CAETANO, *Direito Constitucional*, I, Rio de Janeiro, 1977, págs. 374 e segs.; WALTER LEISNER, *L'État de Droit: une contradiction?*, in *Recueil d'études en hommage à Charles Eisenmann*, obra coletiva, Paris, 1977, págs. 65 e segs.; VINCENZO ZANCARA, *Lo Stato di Diritto in evoluzione*, in *Diritto e Società*, 1983, págs. 193 e segs.; MICHEL FROMONT, *République Fédérale*

CASTANHEIRA NEVES afirma que o Direito, na autonomia do seu sentido e na globalidade da sua normatividade, terá de procurar se para além e fora da Constituição [582] Todavia, seja-nos permitido atalhar que não há Estado de Direito à margem da Constituição.

II – Há elementos inerentes ao Estado de Direito que antecedem a formulação da ideia e até o constitucionalismo moderno, porque são essenciais à civilização jurídica (ou a *qualquer* civilização jurídica); a publicidade das leis, a sujeição dos governantes às leis em vigor enquanto não sejam modificadas, a imparcialidade dos tribunais, a salvaguarda dos casos julgados.

Mas o art. 16.º da Declaração de Direitos do Homem e do Cidadão identificaria os direitos individuais e a separação dos poderes com o cerne da Constituição e seria a partir daí que se desenvolveria o Estado de Direito ao longo do século XIX: a segurança como base da Constituição a par da liberdade e da propriedade (assim, entre nós, logo o art. 1.º do texto de 1822), as garantias de liberdade e de segurança pessoal, a não retroatividade das leis,

---

de Droit, L'État de Droit, in *Revue du droit public,* 1984, págs. 1203 e segs.; WOLFGANG ABENDROTH, ERNST FORSTHOFF e KARL ODEHRING, *El Estado Social,* trad., Madrid, 1986; JORGE REIS NOVAIS, *Contributo para uma teoria do Estado de Direito,* Coimbra, 1987; JORGE VANOSSI, *El Estado de Derecho en el constitucionalismo social,* Buenos Aires, 1987; MANOEL GONÇALVES FERRREIRA FILHO, *Estado de Direito e Constituição,* São Paulo, 1988; GÜNTER PÜTTNER, *Lo Stato di Diritto informale,* in *Rivista Trimestrale di Diritto Public;* MARIE-JÖELLE REDIR, *De l'État légal à l'État de droit,* Paris, 1992; CLAUDE EMERI, *L'État de droit dans les systemes polyarchiques européens,* in *Revue française de droit constitutionnel,* n.º 3, 1992, págs. 27 e segs.; MANUEL AFONSO VAZ, *Lei e Reserva de Lei,* Porto, 1992, págs. 244 e segs.; KARL LARENZ, *Rechtiges Recht. Grundzüge Einer Rechtsethik,* trad. *Derecho Justo. Fundamentos de Etica Juridica,* Milão, 1993, págs. 151 e segs.; MARIA ROSARIA DONNA RUMMA, *Una tematica sempre attude: lo «Stato di Diritto»,* in *Diritto e Società,* 1994, págs. 89 e segs.; ERNST BENDA, *op. cit.,* págs. 479 e segs.; DIEGO VALADÉZ, *El Control del Poder,* México, 1998, págs. 174 e segs.; ANDRÉ BARILARI, *L'État de droit: réflexion sur les limites du juridisme,* Paris, 2000; *Figures de l'État de Droit,* obra coletiva sob a direção de OLIVIER JOUANJAN, Estrasburgo, 2001; *Lo Stato di diritto – Storia, teoria, critica,* obra coletiva, Milão, 2002; J. J. GOMES CANOTILHO, *Direito...,* cit., págs. 243 e segs.; LUC HEUSCHLIJG, *État de Droit, Rechtstaat, Rule of Law,* Paris, 2002; ALBRECH WEBER, *El principio del Estado de Derecho como principio constitucional común europeo,* in *Revista Española de Derecho Constitucional,* 84, Setembro-dezembro de 2008, págs. 27 e segs.; PAULO OTERO, *Direito Constitucional Português* – II, Coimbra, 2010, págs. 51 e segs.

[582] *O Direito interrogado pelo tempo presente na perspectiva do futuro,* in *Boletim da Faculdade de Direito da Universidade de Coimbra,* 2007, pág. 44.

DIREITOS FUNDAMENTAIS

ou, pelo menos, das leis penais incriminadoras, o primado da lei e o princípio da legalidade da Administração, a ressalva dos atos administrativos constitutivos de direitos, a independência dos tribunais.

A seguir à segunda guerra mundial surgiria aquilo a que se tem chamado *Estado de Direito material*, contraposto ao *Estado de Direito formal* do positivismo jurídico. Um Estado de direitos fundamentais e orientado para a justiça, em que avultam o princípio da constitucionalidade e a fiscalização jurisdicional da constitucionalidade dos atos do poder [583], a consideração dos direitos fundamentais nos termos da Constituição e não nos termos da lei, o caráter restritivo das restrições a direitos fundamentais, os princípios da proporcionalidade, da tutela da confiança e da tutela jurisdicional efetiva, a reserva (absoluta) de jurisdição dos tribunais, a obrigatoriedade de execução das sentenças dos tribunais administrativos, a responsabilidade civil do Estado por danos causados pelos seus órgãos e agentes.

Como as coordenadas do Estado de Direito se desenvolvem todas segundo a linha dos direitos fundamentais [584], ele agora desenvolve-se a par do Estado social. Já vimos de que forma.

III – No caso português, se muitos dos elementos acabados de indicar aparecem, sub feições e em graus variáveis, ao longo das sucessivas Constituições [585], certo é que, em nenhuma, elas ressaltam de uma forma tão clara e tão completa quanto na Constituição de 1976.

Para isso terão contribuído, por um lado, as deficiências e insuficiências manifestadas pela Constituição de 1933 [586] e, sobretudo, a denúncia das

---

[583] Cfr. *Contributo...*, cit., págs. 34 e segs. e 67 e segs.

[584] *Ibidem*, pág. 71.

[585] Cfr. MARIA DA GLÓRIA GARCIA, *Da Justiça...*, cit., págs. 347 e segs. e 588 e segs.

[586] Atendo-nos ao texto em vigor em 24 de abril de 1974 (e sem considerar as leis ordinárias conformes ou desconformes com ele), sem dúvida eram sensíveis diminuições do conteúdo do Estado de Direito:

a) O por demais conhecido § 2.º do art. 8.º, ao submeter as principais liberdades a leis especiais e a liberdade de expressão de pensamento a um regime preventivo, e o art. 20.º, ao incumbir o Estado de defender a opinião pública «de todos os fatores que a desorientem contra a verdade, a justiça, a boa administração e o bem comum»;

b) O art. 87.º, § único, que permitia ao Presidente da República prorrogar até seis meses o prazo para realização de eleições para a Assembleia Nacional, em caso de dissolução;

CAPÍTULO II – O ATUAL SISTEMA PORTUGUÊSDE DIREITOS FUNDAMENTAIS

perversões na sua aplicação prática, bem como, por outro lado, depois de 25 de abril de 1974, a resistência a graves desvios verificados em 1974 e 1975 e a necessidade de evitar a sua repetição. Terão concorrido ainda a convicção, que subsistiu sobretudo entre os advogados, dos princípios do Estado de Direito e, embora menos, o ensino e a investigação nas Universidades.

O texto inicial da Constituição procurou ser, pois, extremamente minucioso e cuidadoso no domínio dos direitos fundamentais e na organização do poder – não obstante só falar em Estado de Direito, em Estado de Direito democrático no preâmbulo [587] e encerrar algumas normas controversas à sua luz. A revisão constitucional de 1982, por seu turno, definiu o regime político como Estado de Direito democrático (art. 2.º) [588], alargou ainda mais o quadro dos direitos, liberdades e garantias e os mecanismos de fiscalização e criou um Tribunal Constitucional. Enfim, as revisões de 1989 e de 1997 persistiram nessa linha, com especial incidência nos direitos dos administrados [589].

c) O art. 109.º, § 6.º, introduzido na revisão constitucional de 1971, segundo o qual «ocorrendo atos subversivos graves em qualquer parte do território nacional, poderá o Governo, quando não se justifique a declaração de estado de sítio, adotar as providências necessárias para reprimir a subversão e prevenir a sua extensão, com a restrição das liberdades e garantias individuais que se mostrar indispensável; deve, todavia, a Assembleia Nacional, quando a situação se prolongue, pronunciar-se sobre a existência e gravidade dela»;

d) O art. 117.º que permitia a criação de tribunais especiais para julgamento de crimes fiscais, sociais ou contra a segurança do Estado;

e) O art. 123.º, § 2.º, que vedava aos tribunais o conhecimento da inconstitucionalidade orgânica ou formal das regras de direito constantes de diplomas promulgados pelo Presidente da República ou de normas constantes de tratados ou outros atos internacionais, o que impedia, nomeadamente, os tribunais de não aplicarem decretos-leis, feitos sem autorização legislativa, sobre as principais liberdades e garantias [art. 93.º, alíneas *d)* e *f)*].

Sobre alguns dos entorses legislativos ao Estado de Direito, v. *Contributo...*, cit., págs. 93 e segs., *maxime* 98-99, notas. V. *A Constituição de 1976*, cit., págs. 496 e segs.

[587] Mas o valor jurídico da menção, ainda antes da revisão constitucional de 1982, seria considerado, pelo menos, por parte da Comissão Constitucional no acórdão n.º 164, de 10 de julho de 1979 (in apêndice ao *Direito da República* de 31 de dezembro de 1979, pág. 81), no acórdão n.º 437, de 26 de janeiro de 1982 (*ibidem*, de 18 de janeiro de 1983, pág. 80), no parecer n.º 25/81, de 28 de julho (in *Pareceres*, 16.º, págs. 266 e segs. e no parecer n.º 14/82, de 22 de abril (*ibidem*, 19.º, pág. 193).

[588] Em correspondência com a Constituição, o Código Penal reconduz os crimes contra a segurança interna do Estado a «crimes contra a realização do Estado de Direito» (arts. 325.º e segs.).

[589] Aquando da revisão de 1989, foi proposta uma alteração verbal no art. 2.º: que, em vez de se dizer «Estado de Direito democrático, *baseado*», se dissesse «Estado de Direito democrático

DIREITOS FUNDAMENTAIS

À face do texto inicial da Constituição chegou a ser contestada a qualificação do Estado português como Estado de Direito, nomeadamente, por causa da atribuição ao Conselho da Revolução da competência para declarar a inconstitucionalidade de normas jurídicas com força obrigatória geral (art. 281.º), da subsistência da Lei n.º 8/75, de 25 de julho (art. 309.º), e da constitucionalização do Decreto-Lei n.º 621-B/74, de 15 de novembro (art. 308.º) [590].

Todavia, apesar de conter essas normas e de a aplicação retroativa de sanções criminais cominadas pela Lei n.º 8/75 ser, como sempre temos sustentado indiscutivelmente, violadora de princípios do Estado de Direito [591], tal não era suficiente, a nosso ver, para inquinar a qualificação. Não só as referidas normas apareciam com alcance e duração limitados como eram amplamente compensadas – se é lícito pensar em compensação nesta matéria – por importantíssimos avanços na consagração dos direitos fundamentais e no reforço dos meios jurisdicionais de garantia.

Entre os progressos no sentido do Estado de Direito (muitos deles desconhecidos da generalidade das Constituições e dos instrumentos internacionais de proteção dos direitos do homem) trazidos logo em 1976 avultavam (frisando, de novo, alguns pontos já aflorados atrás) os princípios sobre a força jurídica dos direitos, liberdades e garantias (art. 18.º) e o regime da sua suspensão (art. 19.º), os limites materiais e a jurisdicionalização da extradição (art. 23.º, n.º 4; hoje art. 33.º, n.ºs 3 a 6), as garantias de direito e processo penais (arts. 27.º e segs.), a definição do conteúdo do *habeas corpus* (art. 31.º), as garantias relativas à utilização da informática (art. 35.º), o direito à objeção de consciência (arts. 41.º, n.º 5, e 276.º, n.º 3), a interdição dos despedimentos sem justa causa ou por motivos políticos ou ideológicos [art. 52.º, alínea *b)*; hoje art. 53.º], a afirmação dos tribunais administrativos como verdadeiros tribunais (art. 212.º), valendo para eles os princípios gerais sobre a execução das sentenças (art. 210.º, n.º 2; hoje art. 205.º, n.º 3), a consagração do Conselho Superior da Magistratura como órgão constitucional (art. 223.º; hoje art. 218.º), o princípio da imparcialidade da Administração (arts. 267.º, n.º 2; hoje 266.º, n.º 2), os princípios e regras sobre polícia (art. 272.º), a inexistência de garantia administrativa (art. 271.º, n.º 1).

---

estruturado...». Não teve acolhimento. V. *Diário,* v legislatura, 2.ª sessão legislativa, 2.ª série, n.º 102-RC, ata n.º 100, pág. 2904.

[590] V., em termos radicais, MANUEL CAVALEIRO DE FERREIRA, *Direito de defesa – A jurisdição militar especial – Evolução da prisão preventiva (Alegações),* in *Scientia Juridica,* 1979, págs. 314 e segs.; e ainda A. CASTANHEIRA NEVES, *A Revolução...,* cit., pág. 7; AFONSO QUEIRÓ, *Lições...,* cit., págs. 251 e segs.; H. E. HÖRSTER, *op. cit., loc. cit.,* págs. 47 e segs.; RUI MOURA RAMOS, *Direito Internacional Privado e Constituição,* Coimbra, 1979, pág. 181, nota.

[591] Como sempre sustentámos: v. *A Constituição de 1976,* cit., págs. 481 e segs., e *Manual...,* VI, 4.ª ed., Coimbra, 2013, págs. 21-22.

CAPÍTULO II – O ATUAL SISTEMA PORTUGUÊSDE DIREITOS FUNDAMENTAIS

IV – Reportando-nos à Constituição, no articulado atual, firmam o Estado de Direito:

a) O caráter restritivo das restrições a direitos, liberdades e garantias (art. 18.º, n.ᵒˢ 2 e 3);

b) Os princípios da segurança jurídica (arts. 18.º, n.º 3, 32.º, n.º 9, 102.º, n.º 3, 266.º, n.º 2, 280.º, n.º 3, e 282.º, n.º 4), da proporcionalidade (arts. 18.º, n.º 2, 19.º, n.ᵒˢ 4 e 8, 30.º, n.º 5, 50.º, n.º 3, 65.º, n.º 4, 266.º, n.º 2, 267.º, n.º 4, 270.º e 272.º, n.º 2) e da tutela jurisdicional efetiva dos direitos (arts. 20.º e 268.º, n.ᵒˢ 4 e 5);

c) O princípio de separação e interdependência dos órgãos de poder [arts. 2.º, 112.º, n.º 1, e 288.º, alínea j)]; a distribuição de competências entre os órgãos governativos tendo em vista não apenas a prática de atos próprios mas também o exercício de funções de fiscalização recíproca (entre outros, arts. 133.º, 134.º, 135.º, 136.º, 161.º, 162.º, 195.º, 231.º e 233.º); a competência legislativa genérica da Assembleia da República [art. 161.º, alínea d)] e reservada, nomeadamente sobre direitos, liberdades e garantias, direito e processo penais, tribunais e magistratura (arts. 164.º e 165.º); a proibição de dissolução da Assembleia da República e de atos de revisão constitucional na vigência de estado de sítio ou de emergência (arts. 172.º, n.º 1, e 289.º) e a obediência das Forças Armadas aos órgãos competentes nos termos da Constituição e da lei (art. 275.º, n.º 3);

d) A reserva aos tribunais da função jurisdicional, visto que eles são «os órgãos de soberania com competência para administrar a justiça em nome do povo» (art. 202.º) [592], e, assim, cabe-lhes defender os direitos e interesses legalmente protegidos dos cidadãos, reprimir a violação da legalidade democrática e dirimir os conflitos de interesses públicos e privados (art. 202.º e ainda arts. 20.º, n.º 1, e 113.º, n.º 7); a independência dos tribunais [arts. 203.º e 288.º, alínea m)] e a obrigatoriedade das suas decisões para todas as entidades públicas e privadas (art. 205.º, n.º 2); e a competência reservada dos tribunais judiciais, salvo em tempo de

---

[592] Cfr. acórdão n.º 41 da Comissão Constitucional, de 9 de novembro de 1977, in apêndice ao *Diário da República* de 30 de dezembro de 1977.

DIREITOS FUNDAMENTAIS

guerra a dos tribunais militares, para aplicar a lei criminal (arts. 27.º, n.º 2, 28.º, n.ºs 1 e 3, 30.º, n.º 2, 31.º, n.º 1, e 212.º); a proibição de tribunais com competência exclusiva para o julgamento de certas categorias de crimes (art. 209.º, n.º 4); a inamovibilidade, a irresponsabilidade e as demais garantias dos juízes (arts. 216.º);

e) O exercício do poder político, a nível do Estado, das regiões autónomas e do poder local, com sujeição à Constituição [art. 3.º, n.º 2 – inicial 115.º – e arts. 10.º, n.º 1, 108.º, 110.º, n.º 2, 111.º, n.º 1, 114.º, n.º 2, 223.º, n.º 2, alínea *f)*, 225.º, n.º 3, 227.º, n.º 1, alíneas *a)* e *b)*, 234.º, n.º 1, e 241.º], dependendo a validade dos seus atos da conformidade com a Constituição (art. 3.º, n.º 3); o poder de apreciação pelos tribunais da existência de inconstitucionalidade nos feitos submetidos a julgamento (art. 204.º); a competência de declaração de inconstitucionalidade com força obrigatória geral pelo Tribunal Constitucional (art. 281.º); o direito de resistência a ordens que ofendam os direitos, liberdades e garantias (art. 21.º), o direito de não pagar impostos que não tenham sido criados nos termos da Constituição (art. 103.º, n.º 3) e o direito de petição para defesa da Constituição (art. 52.º, n.º 1); a fiscalização de inconstitucionalidade por ação ou por omissão de normas jurídicas como limite material da revisão constitucional [art. 288.º, alínea *l)*];

f) A subordinação dos órgãos e agentes administrativos à Constituição e à lei com respeito pelos princípios da igualdade, da proporcionalidade, da justiça, da imparcialidade e da boa fé (art. 266.º, n.º 2); os direitos e garantias dos administrados, designadamente a necessidade de fundamentação expressa dos atos que afetem direitos ou interesses legalmente protegidos (art. 268.º, n.º 3) e a garantia do acesso à justiça administrativa (art. 268.º, n.ºs 4 a 5); a observância das regras gerais sobre polícia e o respeito dos direitos, liberdades e garantias na prevenção dos crimes, incluindo a dos crimes contra a segurança do Estado (art. 272.º, n.º 3);

g) A responsabilidade civil do Estado e das demais entidades públicas, em forma solidária com os titulares dos seus órgãos, funcionários ou agentes, por ações ou omissões praticadas no exercício das suas funções e por causa desse exercício, de que resulte violação dos direitos, liberdades e garantias ou prejuízo para outrem (art. 22.º);

CAPÍTULO II – O ATUAL SISTEMA PORTUGUÊSDE DIREITOS FUNDAMENTAIS

em especial, o dever de indemnizar o lesado, em caso de privação de liberdade contra o disposto na Constituição e na lei (art. 27.º, n.º 5) e de condenação criminal injusta (art. 29.º, n.º 6); a responsabilidade civil e criminal dos titulares de cargos políticos (arts. 117.º, 130.º e 196.º); a responsabilidade civil, criminal e disciplinar dos funcionários e agentes pelas suas ações ou omissões de que resulte violação dos direitos ou de interesses legalmente protegidos dos cidadãos, não dependendo a ação ou procedimento, em qualquer fase, de autorização hierárquica (art. 271.º, n.º 1) [593].

V – Além destas regras a jurisprudência formulou outras, deduzidas da própria ideia ou do conteúdo do Estado de Direito, tais como:

–   A extensão ao ilícito de mera ordenação social e às sanções disciplinares, inclusive em Direito do trabalho, do princípio da proporcionalidade [594] e mesmo de alguns dos princípios fundamentais de Direito criminal (*v. g., nulla poena sine lege*) [595] e das garantias essenciais de defesa;
–   A aplicação judicial das medidas de reeducação privativas da liberdade [596];
–   Os princípios da igualdade processual das partes e do contraditório [597];
–   A proibição de lei retroativa – para lá de lei restritiva de direitos, liberda-des e garantias (art. 18.º, n.º 3), de lei penal incriminadora (art. 29.º, n.º 2) e de lei definidora de competência do tribunal (art. 32.º, n.º 9) – que viole

---

[593] Cfr. J. J. Gomes Canotilho, *Direito...*, cit., págs. 243 e segs.; Jorge Reis Novais, *Os princí-pios...*, cit., págs. 161 e segs.; Maria Lúcia Amaral, *op. cit.*, págs. 179 e segs.; Jorge Bacelar Gouveia, *Manual...*, cit., ii, págs. 791 e segs.

[594] Assim, acórdão n.º 282/86 do Tribunal Constitucional, de 21 de outubro, in *Diário da República*, 1.ª série, de 11 de novembro de 1986, págs. 3389-3390; acórdão n.º 186/90, de 7 de junho, *ibidem*, 2.ª série, de 17 de janeiro de 1991.

[595] Cfr., em termos discrepantes, parecer n.º 54/79 da Procuradoria-Geral da República, de 21 de maio, in *Boletim do Ministério da Justiça*, janeiro de 1980, págs. 148 e segs.; e parecer n.º 188/80, de 30 de abril de 1981, *ibidem*, n.º 310, novembro de 1981, págs. 120-121; e, claramente, acórdão n.º 666/94 do Tribunal Constitucional, de 14 de dezembro, in *Diário da República*, 2.ª série, n.º 17, de 24 de fevereiro de 1995.

[596] Assim, parecer n.º 2/77 da Comissão Constitucional, de 18 de janeiro, in *Pareceres*, i, págs. 62-63.

[597] Assim, acórdão n.º 16/90 do Tribunal Constitucional, de 18 de janeiro, in *Diário da Repú-blica*, 2.ª série, n.º 215, de 17 de Setembro de 1990; acórdão n.º 47/90, de 21 de fevereiro, *ibidem*, n.º 154, de 6 de julho de 1990; e acórdão n.º 62/91, de 13 de março, *ibidem*, 1.ª série, n.º 91, de 19 de abril de 1991.

DIREITOS FUNDAMENTAIS

de forma intolerável a segurança jurídica e a confiança das pessoas [598], designadamente de lei tributária retroativa nessas condições [599];

- A inadmissibilidade de privação retroativa do direito de interposição de recurso de decisões judiciais [600];
- O princípio da publicidade dos atos [601] [602].

67. O Estado de Direito democrático

I – Resta precisar o sentido da expressão «Estado de Direito democrático», e não apenas «Estado de Direito», que o legislador constituinte adotou [603].

Antes de mais, Estado de Direito democrático traduz a confluência de Estado de Direito e democracia. Se, historicamente, surgiram sob influências e em momentos diversos, hoje uma democracia representativa e pluralista não

---

[598] É a jurisprudência constante da Comissão Constitucional e do Tribunal Constitucional: v., entre outros, parecer n.º 25/79, de 10 de Setembro, in *Pareceres*, IX, pág. 115; parecer n.º 25/81, de 28 de julho, *ibidem*, XVI, págs. 266 e segs.; parecer n.º 14/82, de 22 de abril, *ibidem*, XIX, págs. 187 e segs.; acórdão n.º 437/82, de 26 de janeiro, in apêndice ao *Diário da República* de 18 de janeiro de 1983; acórdão n.º 3/84 do Tribunal Constitucional, de 11 de janeiro, in *Diário da República*, 2.ª série, de 27 de abril de 1984; acórdão n.º 17/84, de 22 de fevereiro, *ibidem*, 2.ª série, n.º 111, de 14 de maio de 1984; acórdão n.º 161/93, de 9 de fevereiro, *ibidem*, 2.ª série, n.º 84, de 10 de abril de 1993; acórdão n.º 559/98, de 27 de Setembro, *ibidem*, 2.ª série, n.º 262, de 12 de novembro de 1998.

[599] V., por todos, acórdão n.º 11/83 do Tribunal Constitucional, de 12 de outubro, in *Diário da República*, 1.ª série, n.º 242, de 20 de outubro de 1983; acórdão n.º 409/89, de 31 de maio, *ibidem*, 2.ª série, n.º 22, de 26 de janeiro de 1990; acórdão n.º 37/96, de 17 de janeiro, *ibidem*, 2.ª série, n.º 103, de 3 de maio de 1996. A revisão constitucional de 1997 acabaria por consagrar, como se sabe, a regra geral da não retroatividade da lei tributária (atual art. 103.º, n.º 3).

[600] Neste sentido, acórdão n.º 71/87, de 18 de fevereiro, in *Diário da República*, 2.ª série, de 2 de maio de 1987.

[601] V. acórdão n.º 234/97, de 12 de março, in *Diário da República*, 2.ª série, n.º 144, de 25 de junho de 1997.

[602] À face do texto inicial do art. 29.º da Constituição, também decorria dos princípios do Estado de Direito a aplicação judicial de todas as medidas de segurança, e não apenas das privativas da liberdade (assim, *A Constituição de 1976...*, cit., pág. 495).

[603] A Constituição federal alemã fala em «Estado de Direito republicano, democrático e social» (art. 28.º), a espanhola em «Estado social e democrático de Direito» (art. 1.º); a brasileira, a polaca e a angolana em «Estado democrático de Direito» (arts. 1.º e 2.º); a cabo-verdiana, a checa, a timorense, a santomense e a moçambicana também em «Estado de Direito democrático» (art. 6.º, art. 2.º, art. 1.º, art. 1.º, art. 6.º e art. 3.º, respetivamente), a búlgara e a romena em «Estado democrático, de Direito e social» (preâmbulo), a colombiana em «Estado social de Direito» (art. 1.º). As fórmulas, como se nota, são muitíssimo próximas.

CAPÍTULO II - O ATUAL SISTEMA PORTUGUÊS DE DIREITOS FUNDAMENTAIS

pode deixar de ser um Estado de Direito – por imperativo de racionalidade ou funcionalidade jurídica e de respeito dos direitos das pessoas. O poder político pertence ao povo e é exercido de acordo com a regra da maioria (arts. 2.º, 3.º, n.º 1, 10.º, n.º 1, 108.º, 114.º, n.º 1, 187.º, etc.), mas está subordinado – material e formalmente – à Constituição (citados arts. 3.º, n.º 2, 108.º, 110.º, n.º 2, 225.º, n.º 3, 266.º, 288.º, etc.), com a consequente fiscalização jurídica dos atos do poder (arts. 3.º, n.º 3, 204.º, 268.º, n.º 4, 278.º e segs.).

Há uma interação de dois princípios substantivos – o da soberania do povo e o dos direitos fundamentais – e a mediatização dos princípios adjetivos da constitucionalidade e da legalidade. Numa postura extrema de irrestrito domínio da maioria, o princípio democrático poderia acarretar a violação do conteúdo essencial de direitos fundamentais; assim como, levado aos últimos corolários, o princípio da liberdade poderia recusar qualquer decisão jurídica sobre a sua modelação. O equilíbrio (ou, se se preferir, a síntese, obtém-se através da harmonia sistemática de valores e princípios, bem como através de uma complexa articulação de órgãos políticos e jurisdicionais, com gradações conhecidas [604].

À luz desta conceção, justifica-se definir o constitucionalismo como a teoria segundo a qual a maioria deve ser restringida para proteção dos direitos individuais. Já não configurar os direitos como trunfos contra a maioria [605]. Nem os direitos fundamentais podem ser assegurados e efetivados plenamente fora da democracia representativa, nem esta se realiza senão através do exercício de direitos fundamentais [606]. E, se ocorrem tensões ou desvios, hão de ultrapassar-se no âmbito da Constituição e dos seus mecanismos de garantia.

---

[604] Para maior desenvolvimento, v. *Manual...*, VI, cit., págs. 142 e segs., 305 e segs. e 380 e segs. e VII, 2007, págs. 67 e segs.
No limite os regimes da pronúncia pela inconstitucionalidade na fiscalização preventiva (art. 279.º, n.os 2 e 4) e da verificação da existência de inconstitucionalidade por omissão (art. 283.º, n.º 2).
[605] Como fazem RONALD DWORKIN, *Taking Rights...*, cit., pág. XI; JORGE REIS NOVAIS, *Os direitos...*, cit., págs. 17 e segs. ou DIMITRI DIMOULIS, *Direitos fundamentais e democracia. Da tese da complementaridade à tese do conflito*, in *Revista Brasileira de Estudos Constitucionais*, n.º 1, janeiro-março de 2007, págs. 200 e segs., *maxime* 207.
[606] Em idêntico sentido, contra o dualismo de Direito e democracia, MIGUEL NOGUEIRA DE BRITO, *A Constituição constituinte*, Coimbra, 2000, pág. 371.

DIREITOS FUNDAMENTAIS

Como salienta Jürgen Habermas, princípio democrático e princípio do Estado de Direito são princípios co-originários. Um não é possível sem o outro, sem que, por isso, se imponham restrições ao outro. E pode-se exprimir esta intuição de "co-originariedade", dizendo que a autonomia privada e a autonomia pública se postulam uma à outra. São conceitos interdependentes e de implicação material. Para fazer um uso *apropriado* da sua autonomia pública, garantida por direito político, é preciso que os cidadãos sejam suficientemente independentes, graças a uma autonomia privada igualmente assegurada a todos. No mesmo sentido, os membros da sociedade não desfrutarão igualmente de uma igual autonomia privada – as liberdades de ação subjetiva não terão para eles o «mesmo valor» – senão na medida em que, como cidadãos, façam um uso apropriado da sua autonomia pública [607] [608].

II – Em segundo lugar, porém, Estado de Direito democrático parece querer significar um pouco mais. Pode significar Estado social de Direito.

Ele liga-se especificamente também à democracia económica, social e cultural, cuja realização é objetivo da democracia política (art. 2.º, 2.ª parte); reporta-se ao relevo assumido pelos direitos económicos, sociais e culturais e pelas condições da sua efetivação [art. 9.º, alínea *d*), e arts. 58.º e segs.] [609]; torna-se indissociável da vinculação das entidades privadas aos direitos, liberdades e garantias (art. 18.º, n.º 1, *in fine*) e da subordinação do poder económico ao poder político democrático [art. 80.º, alínea *a*), e art. 81.º, alínea *e*)]; pretende-se um modelo mais exigente (não necessariamente mais original) de Estado de Direito – no confronto do dos países da Europa ocidental – quer no tocante aos direitos sociais quer no que tange aos próprios direitos de liberdade [610] [611].

---

[607] *Le paradoxe de l'État de droit démocratique*, trad. in *Les Temps Modernes*, Setembro-outubro de 2000, pág. 78. V., em português, *Teoria Política*, trad., Lisboa, 2015, pág. 133.

[608] Cfr. João Baptista Machado, *Participação e descentralização. Democratização e neutralidade na Constituição de 1976*, Coimbra, 1982, págs. 65 e segs. e 73 e segs.

[609] Sobre a compatibilidade de Estado de Direito e Estado social, cfr. as posições contrastantes, entre outras, de Abendroth, Forsthoff e Döhering, in *El Estado social...*, cit.

[610] Neste sentido, declaração de voto sobre o preâmbulo da Constituição, in *Diário da Assembleia Constituinte*, n.º 130, de 1 de abril de 1976, pág. 4358; e *A Constituição de 1976*, cit., págs. 500 e 538 e segs. Contra: H. E. Hörster, *op. cit., loc. cit.*, págs. 70 e segs.

[611] Por isso, não poderia situar-se – nem sequer em 1976 – de maneira alguma, a meio caminho do Estado de Direito e do princípio da legalidade socialista (sobre este, v. *Manual...*, i, 1, 10.ª ed., Coimbra, 2014, págs. 210 e segs., e autores citados).

Afirmando a decisão de assegurar o primado do Estado de Direito democrático, a Constituição reitera do mesmo modo o primado do Direito – do Direito que justifica e organiza um Estado democrático e, concomitantemente, reflete e conforma uma sociedade que se aspira de pessoas livres e iguais. O Estado e a sociedade são, assim, qualificados pela sua integração pelo Direito e este é, por seu turno, posto perante a vivência dos fatores de vária ordem decorrentes daquela perspetiva.

Não é uma harmonia pré-estabelecida que se pretende conservar a todo o custo, é uma sociedade imperfeita que se pretende transformar no respeito de certas regras e com vista a certos objetivos. Não se negam os contrastes, os conflitos e os antagonismos de classes, de grupos, de gerações, de setores e de regiões; mas inserem-se tais contrastes numa visão dinâmica do processo social em que se espera a sua superação através de níveis crescentes de participação e desalienação – tudo dentro dum rigoroso quadro constitucional e na permanência dos valores que imprimem caráter e razão de ser à comunidade política [612] [613].

68. Estado de Direito e Estado de Justiça

Um Estado de Direito material, um Estado de direitos fundamentais não pode deixar de ser também um Estado de Justiça, e significativos são os artigos da Constituição que pressupõem um princípio de justiça ou que mesmo se lhe referem expressamente.

---

[612] *A Constituição de 1976...*, cit., pág. 502.

[613] Cfr., de outras óticas e com resultados diversos, ALBERTO MARTINS, *O Estado de Direito e a ordem política portuguesa*, in *Fronteira*, n.º 9, janeiro-março de 1980, págs. 10 e segs.; SALDANHA SANCHES, *A segurança jurídica no Estado social de Direito*, Lisboa, 1985; SÉRVULO CORREIA, *Legalidade...*, cit., págs. 190 e segs.; FRANCISCO LUCAS PIRES, *Teoria da Constituição de 1976*, cit., págs. 361 e segs.; GOMES CANOTILHO e VITAL MOREIRA, *Fundamentos...*, cit., págs. 82 e segs., e *Constituição...*, I, cit., págs. 204 e segs.; MANUEL AFONSO VAZ, *Lei...*, cit., págs. 244 e segs., e *O Direito e a Justiça na estrutura constitucional portuguesa*, in *Direito e Justiça*, 1997, págs. 63 e segs.; PAULO OTERO, *O poder de substituição...*, cit., págs. 551 e segs.; GOMES CANOTILHO, *Direito...*, cit., págs. 254 e segs.; PEDRO MACHETE, *Estado de Direito democrático e Administração paritária*, Coimbra, 2007, págs. 382 e segs.

DIREITOS FUNDAMENTAIS

Assim, pressupõem-no: o art. 20.º, n.ᵒˢ 4 e 5, sobre direito a decisão judicial em prazo razoável e mediante processo equitativo; o art. 22.º, sobre responsabilidade civil do Estado e das demais entidades públicas por ações ou omissões de que resulte prejuízo para outrem; o art. 30.º, n.ᵒˢ 2 e 3, sobre o princípio da culpa; o art. 32.º, n.º 5, sobre o princípio do contraditório em processo criminal; o art. 59.º, n.º 1, alínea *a)*, sobre o princípio de para trabalho igual salário igual.

O art. 23.º, n.º 1, confere ao Provedor de *Justiça* o poder de dirigir aos órgãos competentes as recomendações necessárias para prevenir ou reparar *injustiças*; o art. 29.º, n.º 6, estatui que os cidadãos *injustamente* condenados têm direito, nas condições que a lei determinar, à revisão da sentença e à indemnização pelos danos sofridos; o art. 53.º, veda os despedimentos sem *justa* causa; o art. 59.º, n.º 1, alínea *f)*, garante aos trabalhadores direito a *justa* reparação, quando vítimas de acidentes de trabalho ou de doença profissional; o art. 62.º, n.º 2, prescreve que a requisição e a expropriação por utilidade pública só podem ser efetuadas mediante o pagamento de *justa* indemnização; o art. 103.º, n.º 1, declara que o sistema fiscal, além de visar a satisfação das necessidades financeiras do Estado e de outras entidades públicas, visa uma repartição *justa* dos rendimentos e da riqueza; o art. 104.º, n.º 4 liga a tributação do consumo à *justiça social*; e, segundo o art. 282.º, n.º 4, o Tribunal Constitucional poderá fixar os efeitos de inconstitucionalidade e de ilegalidade por razões de *equidade*.

Não menos importante, o art. 266.º, n.º 2, declara o *princípio da justiça* um dos princípios que devem respeitar os órgãos e agentes da Administração, autonomizando-o em face dos princípios da igualdade e da proporcionalidade.

Como estes dois princípios, por seu turno, podem considerar-se eles próprios expressões da ideia de justiça, então no art. 266.º o princípio de justiça está tomado em sentido estrito, seja autónomo ou residual, de modo a cobrir situações que aqueles não possam abarcar ou conferindo-lhe uma projeção mais intensa na vida institucional e coletiva [614] [615].

---

[614] Cfr. o art. 8.º do novo Código do Procedimento Administrativo: «A Administração Pública deve tratar de forma justa todos aqueles que com ela entrem em relação, e rejeitar as soluções manifestamente desrazoáveis ou incompatíveis com a ideia de Direito, nomeadamente em matéria de interpretação das normas jurídicas e das valorações próprias do exercício da função administrativa.»

CAPÍTULO II - O ATUAL SISTEMA PORTUGUÊSDE DIREITOS FUNDAMENTAIS

Mas neste sentido estrito, o princípio da justiça não se esgota na função administrativa. Abarca igualmente a função jurisdicional – dir-se-ia por definição (art. 202.º) – e a função legislativa. Precisamente, algumas das normas constitucionais há pouco indicadas dirigem-se imediatamente ao legislador.

Isto tudo sem esquecer os objetivos programáticos de construção de um país *mais justo* ou de realização de uma sociedade *justa* (preâmbulo e art. 1.º), da incumbência prioritária do Estado de promover a *justiça* social, de assegurar a igualdade de oportunidades e de operar as necessárias correções dos rendimentos e da riqueza [art. 81.º, alínea *b)*, e art. 103.º, n.º 1] e, noutro contexto, de criação de uma ordem internacional capaz de assegurar a paz e a *justiça* nas relações entre os povos (art. 7.º, n.º 2).

Resta sublinhar que o princípio da justiça tem de ser captado também em diálogo com a «consciência jurídica geral».

---

[615] Cfr. MÁRIO ESTEVES DE OLIVEIRA, *Direito Administrativo*, Coimbra, 1980, págs. 335-336; DIOGO FREITAS DO AMARAL, *Direitos fundamentais dos administrados*, in *Nos dez anos da Constituição*, obra coletiva (coord. Jorge Miranda), Lisboa, 1978, pág. 20 e *Curso de Direito Admninistrativo*, II, 2.ª ed., Coimbra, 2011, págs. 151 e 152; FERNANDO ALVES CORREIA, *O plano urbanístico e o princípio da igualdade*, Coimbra, 1989, págs. 445 e segs., 447 e 448; J. J. GOMES CANOTILHO e VITAL MOREIRA, *Constituição...*, 3.ª ed., pág. 925; DAVID DUARTE, *Procedimentalização, participação e fundamentação*, Coimbra, 1996, págs. 329 e segs.; MARCELO REBELO DE SOUSA e ANDRÉ SALGADO DE MATOS, *Direito Administrativo Geral*, I, 2.ª ed., Lisboa, 2006, págs. 225 e segs.; MARIA DA GLÓRIA GARCIA e ANTÓNIO CORTÊS, anotação ao art. 266.º, in JORGE MIRANDA e RUI MEDEIROS, *Constituição...*, III, págs. 568 e 569); J. J. GOMES CANOTILHO e VITAL MOREIRA, *Constituição...*, II, 4.ª ed., pág. 802.

TÍTULO III
O REGIME DOS DIREITOS FUNDAMENTAIS

CAPÍTULO I
OS PRINCÍPIOS CONSTITUCIONAIS
SOBRE DIREITOS FUNDAMENTAIS

69. Os princípios

I – O Direito é ordenamento, implica coerência ou consistência; assenta em valores, assim como em interesses comunitariamente relevantes; e esses valores e interesses projetam-se ou traduzem-se em princípios.

Como a doutrina vem acentuando, os princípios não se contrapõem às normas; contrapõem-se apenas às regras determinantes do tratamento desta ou daquela situação – seja qual for o critério dogmático que se adote para os definir (maior generalidade, menor densidade, versatilidade, expansibilidade, abertura, suscetibilidade de harmonização recíproca, dimensão de peso, mandado de otimização, etc.) [616].

Se assim se afigura em geral, muito mais tem de ser em Direito Constitucional e ainda mais na seara dos direitos fundamentais, cerne da Constituição material [617] enquanto expressão significativa a compreender numa tríplice vertente histórica, filosófico-jurídica e sócio-ideológica.

---

[616] Cfr. Autores citados em *Manual...*, II, cit., págs. 275 e segs.

[617] Cfr. *Manual...*, II, cit., págs. 25 e segs.

DIREITOS FUNDAMENTAIS

II – O regime dos direitos fundamentais consiste, pois, num conjunto de princípios, complementados por algumas regras.

O postulado da unidade dos direitos fundamentais e do seu sistema não obsta, no entanto, a alguma diversificação de regime [618]. Em tempos, acentuámos esta diversidade [619], mas, em coerência com o que dissemos atrás, temos vindo, em sucessivos escritos, a atenuá la.

E sem deixarmos de conferir todo o relevo ao regime dos direitos, liberdades e garantias, temos considerado que os direitos sociais são suscetíveis de beneficiar, em parte, de formas de tutela próximas ou idênticas, como o respeito do conteúdo essencial, a possibilidade de aplicação direta e até a eficácia perante particulares. Bem como temos sustentado terem natureza análoga, para efeitos do art. 17.º, à dos direitos, liberdades e garantias, embora em zonas de fronteira, certos direitos habitualmente tidos como direitos sociais.

Descortinamos, assim, três níveis de regime: *a)* regime comum a todos os direitos fundamentais (e a todos os direitos previstos na ordem jurídica portuguesa); *b)* regime comum, mas com variações ou adaptações determinadas pela diversa estrutura dos direitos; *c)* regime específico dos direitos, liberdades e garantias, por uma banda, e regime específico dos direitos económicos, sociais e culturais, por outra banda. Mantemos esta posição [620].

III – Princípios comuns a todos os direitos são:

a) O *princípio da universalidade* (art. 12.º), com extensão de direitos aos portugueses no estrangeiro (art. 14.º) e aos estrangeiros em Portugal (art. 15.º);

b) O *princípio da igualdade* (art. 13.º).

---

[618] Diversamente, RUI MEDEIROS, *O Estado de direitos fundamentais*, in *Anuário Português de Direito Constitucional*, II, 2002, págs. 41 e segs.; ou ISABEL MOREIRA, *A solução...*, cit.

[619] Desde *O regime dos direitos, liberdades e garantias*, cit., *loc. cit.*, III, págs. 41 e segs.

[620] Contra a distinção, VASCO PEREIRA DA SILVA (*A cultura...*, cit., pág. 138): o denominado regime jurídico de direitos, liberdades e garantias, que integra regras destinadas a impedir agressões públicas (e privadas) é de aplicar a todos os direitos fundamentais na medida da sua vertente subjetiva, da mesma maneira que o denominado regime de direitos económicos, sociais e culturais, que corresponde à regulação da atuação dos poderes públicos, é de aplicar a todos os direitos fundamentais na medida da sua vertente objetiva.

CAPÍTULO I – OS PRINCÍPIOS CONSTITUCIONAIS SOBRE DIREITOS FUNDAMENTAIS

III – Princípios comuns com adaptações ou variações vêm a ser:

a) O *princípio da proporcionalidade* (arts. 2.º, 18.º, n.º 2, 19.º, n.ᵒˢ 4 e 8, 30.º, n.º 5, 50.º, n.º 3, 65.º, n.º 4, 266.º, n.º 2, 270.º e 272.º, n.º 2), com base no qual hão de ser resolvidas as colisões de direitos e entre direitos e deveres, apuradas as restrições constitucionalmente admissíveis a direitos fundamentais, ou a sua suspensão e (de certo modo) feitas as opções relativas à efetivação dos direitos económicos, sociais e culturais;

b) O *princípio da proteção da confiança* com toda a amplitude inerente ao Estado de Direito e conexo com o dever ou o princípio da boa fé na atuação do Estado e das demais entidades públicas (art. 266.º, n.º 2);

c) O *princípio da eficácia jurídica dos direitos fundamentais*, envolvendo a aplicação imediata dos direitos fundamentais, a vinculatividade das entidades públicas e a vinculatividade das entidades privadas (art. 18.º, n.º 1), bem como a limitação recíproca dos direitos com vista à sua otimização (art. 29.º, n.º 2, da Declaração Universal) e a garantia do seu conteúdo essencial (art. 19.º, n.º 3);

d) O *princípio da tutela jurídica*, através dos tribunais (arts. 20.º, 202.º, 268.º, n.ᵒˢ 4 e 5, e 280.º, n.ᵒˢ 1 e 2), do Provedor de Justiça (art. 23.º) e do exercício do direito de petição (art. 52.º, n.º 1);

e) O *princípio da responsabilidade civil* das entidades públicas e dos titulares dos seus órgãos, funcionários e agentes em caso de violação de direitos (arts. 22.º e 269.º, n.º 1).

Além disso, os direitos, liberdades e garantias, de forma explícita, e os direitos económicos, sociais e culturais, de forma implícita, entram nos *limites materiais de revisão constitucional* [621].

IV – Princípios específicos do regime dos direitos, liberdades e garantias são, por seu turno:

a) O *princípio de reserva de lei* (art. 18.º, n.ᵒˢ 2 e 3, designadamente);
b) O *princípio do caráter restritivo das restrições* (art. 18.º, n.ᵒˢ 2 e 3);

[621] Sobre limites materiais explícitos e implícitos, v. *Manual...*, II, cit., págs. 236 e segs.

DIREITOS FUNDAMENTAIS

c) O *princípio do caráter excecional da suspensão* (art. 11.º);

d) O *princípio da afetação individual apenas verificados os pressupostos e as garantias da Constituição e da lei* (arts. 27.º, n.ᵒˢ 2 e 3, 36.º, n.º 6, etc.);

e) O *princípio da autotutela através do direito de resistência* (arts. 21.º e 103.º, n.º 3);

f) O *princípio da responsabilidade criminal* em caso de violação pelos titulares dos órgãos do poder político e pelos funcionários e agentes do Estado e das demais entidades públicas (arts. 117.º, n.º 1, e 269.º).

Depois, os direitos, liberdades e garantias entram na reserva de competência da Assembleia da República, seja reserva legislativa absoluta [art. 164.º, alíneas *a)*, *e)*, *h)*, *i)*, *j)* e *p)*] e relativa [art. 165.º, n.º 1, alínea *b)*], seja reserva de aprovação de convenções internacionais [art. 161.º, alínea *i)*]; e sobre eles está vedado, em princípio, aos órgãos das regiões autónomas legislar [arts. 112.º, n.º 4, e 227.º, n.º 1, alínea *e)*].

V – Princípios específicos do regime dos direitos económicos, sociais e culturais são:

a) O *princípio da exigência de efetivação pública* [art. 9.º, alínea *d)*, etc.];

b) O *princípio da iniciativa social* [arts. 63.º, n.º 5, 64.º, n.º 3, alínea *d)*, 65.º, n.º 2, alínea *c)*, 67.º, n.º 2, alínea *c)*, 70.º, n.º 3, 73.º, 75.º, n.º 2, 81.º, alínea *c)*];

c) O *princípio da democracia participativa* [art. 2.º, *in fine*, 54.º, n.º 5, alínea *e)*, 59.º, n.º 2, alínea *d)*, 64.º, n.º 4, 65.º, n.º 2, alínea *d)*, 65.º, n.º 5, 66.º, n.º 2, 67.º, n.º 2, alínea *c)*, 70.º, n.º 3, 71.º, n.º 3, 73.º, n.º 3, 77.º, n.º 2, 78.º, n.º 2, 79.º, n.º 2, 97.º, n.º 2, alínea *d)*];

d) O *princípio da dependência da realidade constitucional* [art. 9.º, alínea *d)*, *in fine*];

e) O *princípio da relativa relevância das condições económicas dos titulares* [arts. 20.º, n.º 1, in fine, e 64.º, n.º 2, alínea *a)*].

Na reserva de competência legislativa da Assembleia da República entram apenas as bases do sistema de ensino, com reserva absoluta [art. 164.º, alínea *i)*]; e, com reserva relativa, as bases do sistema de segurança social, do serviço

CAPÍTULO I - OS PRINCÍPIOS CONSTITUCIONAIS SOBRE DIREITOS FUNDAMENTAIS

nacional de saúde, do sistema de proteção da natureza, do equilíbrio ecológico e do património cultural e do ordenamento do território e do urbanismo [art. 165.º, n.º 2, alíneas *f), g)* e *z)*].

VI – Diversas são, outrossim, as sedes constitucionais:

a) Quanto ao regime comum a todos os direitos, quanto ao regime comum com variações e quanto ao regime material dos direitos, liberdades e garantias, o título i da parte i [622];

b) Quanto ao regime orgânico, o capítulo ii do título iii da parte iii, sobre competência da Assembleia da República;

c) Quanto à revisão constitucional, o título ii da parte iv.

VII – Os princípios e regras enunciados têm diversas origens:

a) Remontam ao constitucionalismo liberal o princípio da universalidade, a extensão dos direitos aos portugueses no estrangeiro e aos estrangeiros em Portugal, o princípio da tutela graciosa, a limitação recíproca dos direitos, a autotutela através do direito de resistência, e a reserva de competência do Parlamento sobre direitos, liberdades e garantias;

b) Remonta ao constitucionalismo liberal, se bem que enriquecido e transformado pelo Estado social, o princípio da igualdade;

c) Traduzem progressos no sentido do aprofundamento do Estado de Direito os princípios da proporcionalidade e da proteção da confiança, os princípios do acesso ao direito e da tutela jurisdicional, o princípio

---

[622] Como o título i da parte i foi, originariamente, pensado a propósito dos direitos, liberdades e garantias (foi preparado na Assembleia Constituinte pela mesma comissão que se ocupou do titulo ii, sem antes terem sido definidos princípios mais amplos sobre direitos fundamentais), nele aparecem princípios de diferente âmbito. Apesar de a sua colocação à frente dos títulos ii e iii e de a sua rubrica («princípios gerais») poderem inculcar serem estes princípios comuns aos direitos, liberdades e garantias e aos direitos económicos, sociais e culturais, importa, pois, saber destrinçar.

Há, noutra perspetiva, uma lógica no título I, como princípios sobre titularidade dos direitos (arts. 12.º a 15.º), sobre sentido, âmbito e regime (arts. 16.º e 17.º), sobre força jurídica (art. 18.º) e sobre proteção (arts. 20.º a 22.º).

DIREITOS FUNDAMENTAIS

da responsabilidade civil do Estado e das demais entidades públicas, alguns aspetos da reserva de lei sobre direitos, liberdades e garantias e a restrição, a suspensão ou a privação de direitos, liberdades e garantias de qualquer pessoa apenas nos casos e com as garantias previstas na Constituição e na lei;

d) São recentes aquisições, nuns casos, ou explicitações e desenvolvimentos, noutros casos, do Estado de Direito, a aplicação imediata dos preceitos respeitantes aos direitos fundamentais, com vinculação das entidades públicas e privadas, o caráter restritivo das restrições dos direitos, liberdades e garantias e o serem os direitos fundamentais elevados a limite material de revisão constitucional;

e) São também recentes aquisições – agora do Estado social de Direito – os princípios sobre direitos económicos, sociais e culturais;

f) Revelam originalidade marcantes da Constituição portuguesa a insistência nas formas de participação ou de democracia participativa (art. 2.º) e a fiscalização da inconstitucionalidade por omissão (art. 283.º).

VIII – Em face da classificação de princípios que temos vindo a propor, diremos que:

a) São princípios axiológico-fundamentais, os princípios da universalidade, da igualdade, da proporcionalidade, da proteção da confiança, do carácter excecional da suspensão de direitos, liberdades e garantias, da afetação individual apenas verificados os pressupostos e as garantias da Constituição e da lei e da autotutela através do direito de resistência;

b) São princípios político-constitucionais todos os outros, exceto o da reserva de lei;

c) É princípio constitucional instrumental o princípio da reserva de lei.

IX – Assim como há um regime dos direitos fundamentais, há um regime dos deveres fundamentais, que pode decompor-se nos seguintes princípios:

1.º) Princípios da reserva de Constituição e da reserva de lei (como aliás se notou);

CAPÍTULO I - OS PRINCÍPIOS CONSTITUCIONAIS SOBRE DIREITOS FUNDAMENTAIS

2.º) Princípio da universalidade;

3.º) Princípio da igualdade;

4.º) Princípio da proporcionalidade;

5.º) Princípio da proteção da confiança [623].

70. Os princípios constitucionais como parâmetros de constitucionalidade

I – Como escrevemos no tomo II do *Manual de Direito Constitucional* [624], os princípios admitem ou postulam desenvolvimentos, concretizações, densificações, realizações variáveis. Nem por isso o operador jurídico pode deixar de os ter em conta, de os tomar como pontos firmes de referência, de os interpretar segundo os critérios próprios da hermenêutica e de, em consequência, lhes dar o devido cumprimento.

As próprias disposições constitucionais reconhecem essa ação imediata: entre nós, os arts. 207.º, hoje 204.º, e 277.º, n.º 1, da Constituição (na linha do art. 63.º da Constituição de 1911 e do art. 122.º, depois 123.º, da Constituição de 1933) [625], consideram inconstitucionais as normas que infrinjam a Constituição ou os *princípios nela consignados*; o art. 290.º, n.º 2, declara em vigor o direito anterior que não seja contrário à Constituição ou *aos princípios nela consignados*; e entre 1997 e 2004 consideravam-se também os *princípios fundamentais* das leis gerais da República [arts. 112.º, n.º 4, e 227.º, n.º 1, alínea *a*)] [626]. E também a Lei Orgânica do Tribunal Constitucional (arts. 75.º-A, n.º 2 e 79.º-C).

Ou apoiando-nos nas palavras de PAULO BONAVIDES:

«As Constituições fazem no século XX o que os Códigos fizeram no século XIX: uma espécie de positivação do Direito Natural, não pela via

---

[623] Chegou a haver, sem êxito, tentativas de fixação do regime dos deveres nos projetos de revisão constitucional n.ºˢ 3/II, 2/V e 4/VII. Cfr. o debate em 1981, in *Diário da Assembleia da República*, II legislatura, 1.ª sessão legislativa, 2.ª série, 5.º suplemento ao n.º 108, págs. 3332-(112)-3332-(113).

[624] Pág. 282.

[625] De realçar a referência aos princípios nas duas primeiras Constituições muito antes das recentes doutrinas principialistas.

[626] Sobre a função dos princípios no art. 277.º, n.º 1 da Constituição, v. as intervenções dos Deputados Mota Pinto e Jorge Miranda na Assembleia Constituinte, in *Diário*, n.º 116, págs. 3331 e 3332.

DIREITOS FUNDAMENTAIS

racionalizadora da lei, enquanto expressão da vontade geral, mas por meio dos princípios gerais, incorporados na ordem jurídica constitucional, onde logram valoração normativa suprema, ou seja, adquirem a qualidade de instância juspublicística primária, sede de toda a legitimidade do poder. Isto, por ser tal instância a mais consensual de todas as intermediações doutrinárias entre o Estado e a Sociedade.

«Os princípios baixaram primeiro das alturas montanhosas e metafísicas de suas primeiras formulações filosóficas para a planície normativa do Direito Civil. Transitando daí para as Constituições; noutro passo largo, subiram ao degrau mais alto da hierarquia normativa.

«Ocupam doravante, no Direito Positivo contemporâneo, um espaço tão vasto que já se admite até falar, como temos reiteradamente assinalado, em Estado *principial*, nova fase caracterizadora das transformações por que passa o Estado de Direito» [627].

II – Diversamente, em declaração de voto a um acórdão [628], a Juíza Maria Lúcia Amaral sustentou:

«Não se invalida uma norma editada pelo legislador democraticamente legitimado invocando para tal apenas a violação de um princípio (seja ele o da igualdade ou da proporcionalidade) se se não apresentarem como fundamento para o juízo razões que sustentem a evidência da violação. Além disso, o Tribunal, quando escrutina uma medida legislativa tendo como parâmetro apenas um princípio, não pode partir da assunção segundo a qual o legislador penetrou num domínio material que lhe não pertencia. Essa assunção só será legítima – e mesmo assim, necessitada, evidentemente, de posterior reexame crítico – quando a norma da lei ordinária que se tem que julgar "afetar", ou aparentar "afetar", no sentido lato do termo, um direito das pessoas que seja determinado e determinável a nível constitucional Aí, pode partir-se do ponto de vista segundo o qual, *prima facie*, o legislador terá penetrado numa área de competência que lhe não pertence, uma vez que lesado terá sido um direito das pessoas que se não encontrava à sua disposição. Mas para além destas hipóteses, em que se não considera portanto que o problema jurídico-constitucional que tem que resolver-se se consubstancia na afetação, por parte do legislador ordinário, de um direito fundamental, o Tribunal não pode nunca partir do princípio segundo o qual o legislador terá atuado para além da sua competência. Quer isto dizer que, nestas situações, o controlo do Tribunal, além de ser um

---

[627] *Curso...*, cit., pág. 303.
[628] Acórdão n.º 413/2014, de 30 de maio, in *Diário da República*, 1.ª série, n.º 121, de 26 de junho de 2014, pág. 3508.

CAPÍTULO I - OS PRINCÍPIOS CONSTITUCIONAIS SOBRE DIREITOS FUNDAMENTAIS

controlo de evidência, deverá ter sempre uma intensidade mínima. A conclusão não pode senão reforçar-se quando estão em causa interações complexas, com repercussões sistémicas imprevisíveis, nas quais não pode deixar de reconhecer-se ao legislador uma amplíssima margem de liberdade para efetuar juízos de prognose. (...)

«As normas constitucionais que têm a estrutura de um princípio são, por causa da indeterminação do seu conteúdo, normas de dificílima interpretação. A "descoberta" do sentido destas normas enquanto parâmetros autónomos de vinculação do legislador tem sido portanto feita, gradual e prudencialmente, tanto na Europa quanto na tradição mais antiga norte-americana, em trabalho conjunto da doutrina e da jurisprudência. A razão por que tal sucede é a de evitar saltos imprevisíveis na compreensão do conteúdo destes princípios.»

Não sufragamos este entendimento.

Reduzir a assunção dos princípios como parâmetros de constitucionalidade aos direitos determinados ou determináveis a nível constitucional acabaria por circunscrever a fiscalização aos direitos, liberdades e garantias, e nem a todos, e a poucos mais direitos.

Nem parece que os princípios se caracterizem por indeterminação do conteúdo. A sua amplitude, a sua generalidade, a sua versatilidade não podem obnubilar a sua maior proximidade dos valores identificadores do ordenamento jurídico, nem os contributos de concordância prática entre princípios que se complementam em necessária ponderação [629]. E os mais importantes encontram-se já hoje densificados ou a caminho de ser idensificados por virtude da jurisprudência dos Tribunais Constitucionais e do Tribunal Europeu dos Direitos do Homem.

Além disso, a evidência exigida, com um controlo de intensidade mínima, poderia incorrer em subjetivismos [630].

---

[629] Cfr., por exemplo, LUIS PRIETO SANCHIS, *Ley, principios, derechos*, cit., págs. 61 e segs.

[630] Cfr. JORGE PEREIRA DA SILVA, *Deveres do Estado de protecção de direitos fundamentais*, Lisboa, 2015, pág. 626. segundo o qual "erigir a evidência em critério de apreciação da constitucionalidade seja do que for equivale, em larguíssima medida, a renunciar à possibilidade de efectuar essa mesma apreciação em termos minimamente precisos e comprováveis intersubjectivamente. A evidência não é um critério de controlo, mas antes o reconhecimento da inexistência de um critério digno desse nome. Como precipitado dogmático da teoria da adequação funcional, a opção por um qualquer tipo de controlo de menor intensidade não faz sentido sem o seu contraponto – as situações que exigem um controlo intensificado do conteúdo das decisões legislativas – e, até, sem os seus pontos intermédios. Nem, muito menos, pode um tal controlo de baixa intensidade ser adoptado à margem de considerações de ordem material, ignorando por exemplo que certo dever de protecção se refere, não ao direito de propriedade, mas ao direito à vida, não à liberdade de iniciativa económica, mas à liberdade pessoal".

DIREITOS FUNDAMENTAIS

71. O art. 17.º e o regime dos direitos, liberdades e garantias

I – A separação dos direitos fundamentais em dois títulos não se apresenta radical. Deparam-se direitos identificáveis com direitos, liberdades e garantias no título III da parte I e noutros títulos e partes da Constituição.

Porque assim é e porque a direitos de estrutura análoga deveria caber um regime idêntico ou análogo, o art. 17.º original (de iniciativa da Comissão de Redacção da Assembleia Constituinte) veio estatuir que o regime dos direitos, liberdades e garantias se aplicaria aos direitos enunciados no título II, aos direitos fundamentais dos trabalhadores, às demais liberdades e ainda a direitos de natureza análoga, previstos na Constituição e na lei [631].

A expressão «direitos fundamentais dos trabalhadores» prestava-se a não poucas dúvidas. Por princípio, todos os direitos constitucionais (e legais equiparáveis) dos trabalhadores deviam ter-se por direitos fundamentais. Não parecia, porém, que todos eles, uns com estrutura de direitos, liberdades e garantias, outros com estrutura de direitos sociais, indiscriminadamente, pudessem caber na previsão do art. 17.º, porque, pela natureza das coisas, não era de aplicar a direitos sociais o regime concebido nos arts. 18.º e segs. exatamente para direitos da estrutura dos direitos, liberdades e garantias [632]. Ou seja: quanto a nós, para efeito do art. 17.º, «direitos fundamentais dos trabalhadores» eram apenas direitos, liberdades e garantias dos mesmos.

Houve quem contra-argumentasse alegando que também certos aspetos do regime constante dos arts. 18.º a 20.º seriam insuscetíveis de aplicação a alguns direitos do título II. Só que isso não impedia que gozassem desse regime, no seu

---

[631] Sobre o art. 17.º inicial, cfr. João de Castro Mendes, op. cit., loc. cit., págs. 106-107; E. H. Hörster, op. cit., loc. cit., págs. 94 e 105; Almeno de Sá, A revisão do Código Civil e a Constituição, in Revista de Direito e Economia, n.º 2, julho-dezembro de 1977, págs. 425 e segs.; José Carlos Vieira de Andrade, Direito Constitucional – Direitos Fundamentais, policopiado, cit., págs. 162-163 e 170-171; J. J. Gomes Canotilho e Vital Moreira, op. cit., 1.ª ed., págs. 61 e 74 e segs.; parecer n.º 18/78 da Comissão Constitucional, cit., loc. cit., págs. 17 e segs., e declarações de voto dos vogais Fernando Amâncio Ferreira e Luís Nunes de Almeida, ibidem, págs. 37 e segs. e 49 e segs.; parecer n.º 19/80, de 19 de junho, ibidem, XIII, págs. 3 e segs.; Jorge Miranda, Direito Constitucional – Direitos, Liberdades e Garantias, cit., págs. 316 e segs.; João Caupers, op. cit., págs. 118 e segs.; acórdão n.º 517/98 do Tribunal Constitucional, de 15 de julho, in Direito da República, 2.ª série-A, n.º 260, de 20 de novembro de 1998.

[632] De resto, havia outras disposições que falavam em direitos dos trabalhadores em sentidos algo diversos: o art. 53.º (hoje art. 60.º), sobre direitos laborais stricto sensu, e o art. 290.º, alínea e), já citado.

CAPÍTULO I – OS PRINCÍPIOS CONSTITUCIONAIS SOBRE DIREITOS FUNDAMENTAIS

conjunto ou na sua maior parte; pelo contrário, não se via – nem se vê – como direitos sociais tais como o direito à assistência material dos desempregados ou à higiene e à segurança no trabalho pudessem (ou possam) beneficiar do princípio da aplicação imediata (art. 18.º, n.º 1) ou do princípio da autotutela (art. 21.º).

Alegou-se ainda que a restrição dos direitos de natureza idêntica aos do título II traduzir-se-ia numa inutilização da referência aos «direitos fundamentais dos trabalhadores», que se tornaria supérflua no art. 17.º, uma vez que tais direitos viriam a estar incluídos nas «demais liberdades» e nos «direitos de natureza análoga»[633]. Não havia tal inutilização, porque, desde logo, essa referência – como a das «demais liberdades» que então também seria inútil à face de «direitos de natureza análoga» – servia de diretriz para o intérprete na procura dos direitos de natureza análoga. E, mais que isso, a especificação quer dos direitos fundamentais dos trabalhadores quer das liberdades justificava-se no quadro do projeto constitucional de garantia paralela de uns e outros[634].

A primeira revisão constitucional dissiparia as dúvidas acolhendo o entendimento que sustentávamos. Fê-lo quer transpondo, como vimos, para o título II apenas direitos, liberdades e garantias (e não direitos sociais) dos trabalhadores quer simplificando o próprio art. 17.º, que passou a falar unicamente em «direitos enunciados no título II» e «em direitos fundamentais de natureza análoga»[635].

II – A despeito disso, o recortar do que sejam direitos fundamentais de natureza análoga nem sempre se oferece fácil. A análise da estrutura dos direitos tem de ter em conta outrossim o seu significado no contexto constitucional[636].

Sem dúvida, são plenamente dessa natureza como direitos de agir ou de exigir com eficácia imediata: o direito ao uso da lingua portuguesa (arts. 9.º, alínea *f*), 11.º, n.º 3, e 78.º); o direito de acesso a tribunal (art. 20.º, n.º 1); o direito a fazer-se acompanhar por advogado perante qualquer autoridade (art. 20.º,

---

[633] J. J. GOMES CANOTILHO e VITAL MOREIRA, *op. cit.*, 1.ª ed., pág. 75.

[634] No sentido de os «direitos fundamentais dos trabalhadores» corresponderem aos direitos, liberdades e garantias dos trabalhadores, parecer n.º 10/78 da Comissão Constitucional, de 28 de março, in *Pareceres*, V, págs. 46 e segs.

[635] V. *Diário da Assembleia da República*, II legislatura, 2.ª sessão legislativa, 2.ª série, 2.º supl. ao n.º 80, pág. 1508(16); supl. ao n.º 98, pág. 1878(71); supl. ao n.º 109, págs. 2022(10) e segs.; e 2.º supl. ao n.º 111, pág. 2058(2); e 1.ª série, n.º 101, reunião de 11 de junho de 1982, págs. 4159-4160.

[636] Cfr., desenvolvidamente, JOSÉ DE MELO ALEXANDRINO, *op. cit.*, II, págs. 252 e segs.

DIREITOS FUNDAMENTAIS

n.º 2, 3.ª parte); o direito de resistência (art. 21.º); o direito a indemnização por prejuízos provocados por ações ou omissões de entidades públicas (art. 22.º); o direito de queixa ao Provedor de Justiça (art. 23.º); o direito dos consumidores à reparação de danos (art. 60.º, n.º 1, *in fine*); a iniciativa privada e cooperativa (arts. 61.º e 86.º); o direito de propriedade privada (arts. 62.º, n.º 1, e 98.º) [637]; o direito a justa indemnização em caso de requisição ou expropriação por utilidade pública (arts. 62.º, n.º 2, e 65.º, n.º 4) [638]; as garantias das crianças contra todas as formas de discriminação e de opressão e contra o exercício abusivo da autoridade na família e nas demais instituições (art. 69.º, n.º 2); o direito de não pagar impostos inconstitucionais (art. 103.º, n.º 3) [639]; o direito de inscrição no recenseamento eleitoral (art. 113.º, n.º 2); a liberdade de propaganda eleitoral [art. 113.º, n.º 3, alínea *a*)] [640]; o direito (ou direitos) de oposição democrática (art. 114.º, n.ºˢ 2 e 3); o direito de apresentação de candidaturas à Presidência da República (art. 124.º, n.º 1) e para os órgãos do poder local (art. 239.º, n.º 4); o direito dos cidadãos investidos em cargos políticos de renunciarem ao seu exercício (arts. 131.º e 160.º, n.º 2); o direito à fundamentação das decisões dos tribunais que não sejam de mero expediente (art. 205.º, n.º 1); o direito de assistir às audiências dos tribunais (art. 206.º); o direito de participar na administração da justiça (art. 207.º); o direito de participar nos plenários de cidadãos eleitores nas freguesias de população diminuta (art. 245.º, n.º 2); o direito de constituir e de participar em organizações de moradores e os direitos destas organizações (arts. 263.º, 264.º e 265.º); os direitos dos membros das associações públicas (art. 267.º, n.º 4); os direitos dos administrados à informação (art. 268.º, n.º 1), à fundamentação expressa dos atos administrativos que afetem os seus direitos ou interesses legalmente protegidos (art. 268.º, n.º 3) [641], de impugnação contenciosa e, em geral, de tutela jurisdicional efetiva dos seus direitos e interesses (art. 268.º, n.ºˢ 4 e 5); as garantias políticas e disciplinares dos funcionários

---

[637] No sentido de a propriedade ser direito de natureza análoga, v. na jurisprudência, designadamente, parecer n.º 32/82 da Comissão Constitucional, de 16 de Setembro, in *Pareceres*, XXI, pág. 73, ou acórdão n.º 236/86 do Tribunal Constitucional, de 9 de julho, in *Diário da República*, 2.ª série-A, n.º 261, de 2 de novembro de 1986.

[638] Assim, acórdão n.º 341/86 do Tribunal Constitucional, de 10 de dezembro, in *Diário da República*, 2.ª série, de 19 de março de 1987.

[639] Cfr., por todos, SOARES MARTINEZ, *Manual de Direito Fiscal, 7.ª ed.*, Coimbra, 1993, pág. 95.

[640] Sobretudo enquanto contenha faculdades não compreendidas nas liberdades de expressão, reunião e associação.

[641] Cfr., algo diferentemente, JOSÉ CARLOS VIEIRA DE ANDRADE, *O dever de fundamentação...*, cit., págs. 177 e segs., *maxime* 192 e segs. e 215; e MÁRIO AROSO DE ALMEIDA, *Os direitos fundamentais de administrados após a revisão constitucional de 1989*, in *Direito e Justiça*, 1992, págs. 287 e segs.

CAPÍTULO I - OS PRINCÍPIOS CONSTITUCIONAIS SOBRE DIREITOS FUNDAMENTAIS

(art. 269.º, n.ᵒˢ 2 e 3); o direito de desobediência do funcionário ou agente quando o cumprimento da ordem ou instrução implique a prática de um crime (art. 271.º, n.º 3); o direito de não ser prejudicado na sua colocação, nos seus benefícios sociais ou no seu emprego permanente por virtude do cumprimento do serviço militar ou do serviço cívico obrigatório (art. 276.º, n.º 7); e o direito de recorrer para o Tribunal Constitucional de decisão judicial que aplique norma cuja inconstitucionalidade ou ilegalidade haja sido suscitado no processo [art. 280.º, n.º 1, alínea *b)*, e n.º 2, alínea *d)*].

Em segundo lugar, são direitos fundamentais de natureza análoga, embora com limitações ou concretizações dependentes de princípios e institutos constitucionais conexos ou em zonas de fronteira com direitos económicos, sociais e culturais: o direito à informação jurídica (art. 20.º, n.º 2, 1.ª parte); o direito ao patrocínio judiciário (art. 20.º, n.º 2, 2.ª parte); o direito a retribuição do trabalho [art. 59.º, n.º 1, alínea *a)*, e n.º 3] [642]; o direito dos consumidores à informação (art. 60.º, n.º 1); os direitos de participação na proteção do consumidor (art. 60.º, n.º 3), na segurança social (art. 63.º, n.º 2), no planeamento urbanístico (art. 65.º, n.º 5), na política de família [art. 67.º, n.º 2, alínea *b)*], na política de ensino (art. 77.º, n.º 2), na política agrícola (art. 101.º) e na administração pública (art. 267.º, n.º 4); o direito de conservação do ambiente (art. 66.º); o direito de participação na gestão das escolas (art. 77.º, n.º 1); o direito a indemnização em caso de intervenção e apropriação coletiva de bens de produção (art. 83.º), de expropriação de meios de produção em abandono (art. 88.º, n.º 1) e de expropriação de unidades de exploração agrícola de dimensão excessiva (art. 94.º, n.º 1); o direito dos trabalhadores a participação efetiva na gestão das unidades de produção do setor público (art. 89.º); o direito de acesso aos arquivos e registos administrativos (art. 268.º, n.º 2).

Os direitos sociais podem ostentar também, como se disse, uma dimensão negativa de liberdade e de defesa. Mas isso não leva a considerá-los de direitos de estrutura análoga à dos direitos, liberdades e garantias, porque (repetimos) não é essa vertente que os caracteriza mais especificamente, e sim a vertente positiva [643].

---

[642] BERNARDO XAVIER (*Introdução ao estudo da retribuição no direito do trabalho português*, in *Revista de Direito e Estudos Sociais*, 1986, págs. 65 e segs., *maxime* 72) considera duvidoso que alguém possa exigir a um empregador concreto um salário compatível com uma «existência condigna» somente com fundamento na norma constitucional. Todavia, pelo menos, tem o trabalhador sempre o direito de exigir e obter o salário acordado no contrato de trabalho.

[643] Por isso, não procede o argumento contrário à extensão do regime orgânico aos direitos de natureza análogos à dos direitos, liberdades e garantias, aduzido por EDUARDO CORREIA

DIREITOS FUNDAMENTAIS

III – Quando o art. 17.º estipula que o regime dos direitos, liberdades e garantias se aplica aos enunciados no título II e aos direitos fundamentais de natureza análoga, reporta-se ao regime material e, por identidade de razão, aos limites materiais de revisão constitucional. E, quanto ao regime orgânico, às regras de competência legislativa?

Importa distinguir.

Aos direitos de natureza análoga constantes do título I da parte I (como os direitos de acesso a tribunal, de resistência, a indemnização do Estado e de queixa ao Provedor de Justiça), por eles serem incindíveis de princípios gerais com imediata projeção nos direitos, liberdades e garantias, aplicam-se todas as regras constitucionais pertinentes [644].

Já quanto aos demais direitos, temos por seguro que o art. 17.º não se reporta ao regime orgânico. Situado numa parte de Direito constitucional substantivo e a preceder imediatamente princípios dessa índole, não se vê como o art. 17.º pudesse cobrir também regras de competência com a sua função e a sua lógica próprias; o contrário equivaleria a um dilatar destas regras à margem da *ratio* de cada uma [645].

BAPTISTA (*op. cit.*, págs. 162, nota e 222 e segs.): sendo inadequado diferenciar as pretensões essenciais das que o não são, tal iria acabar por exigir lei formal para todos estes direitos.

[644] Cfr. o acórdão n.º 237/90 do Tribunal Constitucional, de 3 de julho, in *Diário da República*, 2.ª série-A, n.º 18, de 22 de janeiro de 1991.

[645] É a posição que defendemos já em *Art. 167.º...*, cit., *loc. cit.*, págs. 392-393, e acolhida por JOSÉ CASALTA NABAIS, *Os direitos...*, cit., págs. 15-16; PAULO OTERO, *Direitos históricos e não tipicidade pretérita de direitos fundamentais*, in *AB VNO AD OMNES*, págs. 1075 e segs.
Contra, J. J. GOMES CANOTILHO e VITAL MOREIRA, *Fundamentos da Constituição*, cit., pág. 126; JORGE BACELAR GOUVEIA, *Os direitos fundamentais atípicos*, cit., pág. 400; SÉRVULO CORREIA e JORGE BACELAR GOUVEIA, *Direito do Ordenamento do Território e Constituição*, Lisboa, 1998, págs. 133 e 134; LUÍS PEREIRA COUTINHO, *Regime orgânico de direitos, liberdades e garantias e determinação normativa. Reserva de Parlamento e reserva de acto legislativo*, in *Revista Jurídica*, n.º 24, abril de 2001, pág. 541; SÉRVULO CORREIA, *Direitos...*, cit., págs. 56 e segs.; ANDRÉ SALGADO DE MATOS, *op. cit.*, *loc. cit.*, pág. 494, nota.
Considerando hoje questionável a extensão do regime orgânico aos direitos de natureza análoga, J. J. GOMES CANOTILHO e VITAL MOREIRA, *Constituição...*, II, 4.ª ed. pág. 327; RUI MEDEIROS, anotação e JORGE MIRANDA e RUI MEDEIROS, *Constituição...*, I, cit., págs. 1258 e segs. (embora com matizações ou graduações); JOSÉ CARLOS VIEIRA DE ANDRADE, *Os direitos...*, cit., págs. 187 e 188.
A jurisprudência constitucional tem perfilhado a segunda posição, embora reportando a competência parlamentar ao núcleo essencial dos direitos, e não aos aspetos adjetivos

CAPÍTULO I – OS PRINCÍPIOS CONSTITUCIONAIS SOBRE DIREITOS FUNDAMENTAIS

De resto, se esses direitos estivessem compreendidos na reserva de competência legislativa do art. 165.º, n.º 1, alínea *b)*, não se compreenderia que no mesmo art. 165.º, n.º 1, se previssem o regime da requisição e da expropriação por utilidade pública, a vedação de setores básicos da economia a empresas privadas, meios e formas de intervenção, expropriação, nacionalização e privatização de meios de produção e solos, a fixação dos limites máximos e mínimos das unidades de exploração agrícola privadas, a participação das organizações de moradores no exercício do poder local, as associações públicas, as garantias dos administrados e a responsabilidade civil de Administração [alíneas *e), j), l), n), r)* e *s)*]. Seriam redundantes frente à cláusula geral.

Nem se alegue que há alíneas no art. 165.º que atribuem competência legislativa específica em matérias atinentes a direitos, liberdades e garantias *v. g.*, a alínea *a)* (estado e capacidades das pessoas), a alínea *c)* (definição dos crimes, penas e medidas de segurança e respetivos pressupostos, bem como processo criminal) e a alínea *d)* (regime geral de punição de infrações disciplinares, bem corno dos atos ilícitos de mera ordenação social) [646]. Afigura-se-nos evidente a diferença.

Nas alíneas que nós citamos estão em causa, diretamente, aspetos essenciais, com alcance restritivo, do regime de certos direitos – a requisição, a expropriação por utilidade pública, os limites às unidades de exploração agrícola privada, a vedação de setores à iniciativa económica privada – ou direitos verdadeiros e próprios – a participação de organizações de moradores no poder local e as garantias dos administrados. Ao invés, nas alíneas referidas em contra-argumentação à nossa posição são campos muito vastos e até ramos inteiros de Direito que se perfilam; o Direito civil, o Direito penal, o Direito processual penal, o Direito disciplinar e o das contra-ordenações.

(v., por exemplo, parecer n.º 32/82 da Comissão Constitucional, cit., *loc. cit.*, págs. 73 e 74; acórdão do Supremo Tribunal Administrativo, 1.ª secção, de 2 de dezembro de 1983, in *Boletim do Ministério da Justiça*, n.º 332, janeiro de 1984, págs. 361 e segs.; acórdão n.º 78/86 do Tribunal Constitucional, de 5 de março, in *Diário da República*, 2.ª série-A, n.º 134, de 14 de junho de 1986; acórdão n.º 373/91, de 17 de outubro, *ibidem*, 1.ª série-A, n.º 255, de 6 de novembro de 1991; acórdão n.º 447/93, de 15 de julho, *ibidem*, 2.ª série, de 23 de Setembro de 1993; acórdão n.º 132/2001, de 27 de março, *ibidem*, 2.ª série, de 25 de junho de 2001; acórdão n.º 62/2010, de 4 de fevereiro, *ibidem*, 2.ª série, de 8 de março de 2010).

[646] JORGE BACELAR GOUVEIA, *Os direitos...*, cit., pág. 440.

DIREITOS FUNDAMENTAIS

Finalmente, repare-se no que significaria, no plano prático, a extensão a todos os direitos e faculdades de direitos com analogia substancial com os direitos, liberdades e garantias do título II da reserva de competência legislativa e convencional da Assembleia da República. Basta recordar a lista muito larga desses direitos – desde os direitos das mães, dos pais e das crianças [arts. 59.º, n.º 2, alínea c), 68.º, n.º 3, e 69.º, n.º 1] às garantias dos funcionários públicos (art. 269.º, n.ºs 2 e 3) – ou pensar na dificuldade da qualificação de certos direitos dos trabalhadores (art. 59.º) e dos consumidores (art. 60.º) ou de certos direitos de participação de categorias e grupos sociais (arts. 63.º, n.º 2, 65.º, n.º 5, 77.º, n.º 2, 101.º, etc.).

Menos aceitável ainda seria admitir que direitos fundamentais criados por lei, de natureza análoga à dos direitos, liberdades e garantias, tivessem de ser regulados por lei da Assembleia da República, sendo certo que leis formais em Portugal hoje são também o decreto-lei e o decreto legislativo regional (art. 112.º).

IV – O regime dos direitos, liberdades e garantias só se aplica a verdadeiros direitos fundamentais ou aplica-se a todas as figuras contidas no título II da parte I, sejam direitos, garantias institucionais ou outras?

Aplica-se a todas as figuras [647], embora, naturalmente, com as variações decorrentes da sua estrutura (sem esquecer as resultantes da já aflorada diversidade de direitos, liberdades e garantias). Como, de resto, o art. 18.º, n.º 1, sugere aludindo a «preceitos constitucionais», para lá das situações previstas, são as regras e os princípios que se pretende garantir através de um regime específico e reforçado. Quando o art. 17.º, ou o art. 165.º, n.º 1, alínea b), ou o art. 288.º, alínea d), aludem a «direitos, liberdades e garantias» reportam-se a tudo quanto consta do título II.

Entender diferentemente [648] envolveria o risco do conceitualismo e, com ele, o da incerteza ligada a qualificações mais ou menos fluidas, mais ou menos árduas.

---

[647] Neste sentido, João de Castro Mendes, op. cit., loc. cit., pág. 109.
[648] Como fazem Jorge Reis Novais, As restrições aos direitos fundamentais não expressamente autorizadas pela Constituição, 2.ª ed., Coimbra, 2010, pág. 151 e José Carlos Vieira de Andrade, Os direitos..., cit., pág. 186.

CAPÍTULO II
PRINCÍPIOS COMUNS

§ 1.º
O princípio da universalidade

72. O princípio da universalidade

I – Logicamente, o primeiro princípio comum aos direitos fundamentais e também aos demais direitos existentes na ordem jurídica portuguesa é o da universalidade: todos quantos fazem parte da comunidade política fazem parte da comunidade jurídica, são titulares dos direitos e deveres aí consagrados; os direitos fundamentais têm ou podem ter por sujeitos todas as pessoas integradas na comunidade política, no povo [649].

Este princípio, embora inseparável do da igualdade, não se confunde com ele. *Todos têm todos os direitos e deveres* – princípio da universalidade; *todos* (ou, em certas condições ou situações, só alguns) *têm os mesmos direitos e deveres* – princípio de igualdade. O princípio da universalidade diz respeito

---

[649] Sobre o conceito de povo como conceito de universalidade de direitos, v. *Manual...*, III, cit., págs. 62 e segs.

Cfr. o acórdão do Supremo Tribunal Administrativo (pleno), de 11 de maio de 1989 (in *Acórdãos Doutrinais*, n.º 336, 1989, págs. 1555 e segs.): o princípio da universalidade impõe que todos os cidadãos portugueses sejam sujeitos constitucionais. Ou DAVID DUARTE (*A norma...*, cit., *loc. cit.*, pág. 421): a validade temporal do texto em que se apoia – a Constituição – e a validade territorial que dela decorre têm a consequência de a norma de universalidade agir como uma garantia de agregação dos membros da comunidade política, contribuindo para um reforço da segurança que o ordenamento jurídico confere.

DIREITOS FUNDAMENTAIS

aos destinatários das normas, o princípio da igualdade ao seu conteúdo. O princípio da universalidade apresenta-se essencialmente quantitativo, o da igualdade essencialmente qualitativo.

A Constituição portuguesa atual distingue-os nos arts. 12.º e 13.º (tal como a Declaração Universal nos arts. 2.º e 7.º). «Todos os cidadãos gozam dos direitos e estão sujeitos aos deveres consignados na Constituição», diz no art. 12.º, n.º 1 [650][651][652]. E reitera o princípio da universalidade no art. 71.º, n.º 1: «Os cidadãos portadores de deficiência física ou mental gozam plenamente dos direitos e estão sujeitos aos deveres consignados na Constituição, com ressalva do exercício ou do cumprimento daqueles para os quais se encontrem incapacitados». Por outro lado, «Todos os cidadãos... são iguais perante a lei», prescreve no art. 13.º, n.º 1.

> Não menos elucidativas são fórmulas como «A todos é assegurado...» (art. 20.º, n.º 1), «Todos têm direito...» (art. 27.º, n.º 1) ou «A todos os cidadãos...» (art. 44.º, n.º 1), assim como a definição como universal do sufrágio [arts. 10.º, n.º 1, e 288.º, alínea *h*)], do serviço nacional de saúde (art. 64.º, n.º 2) e do ensino básico [art. 74.º, n.º 2, alínea *a*)]. O sufrágio, aliás, é declarado simultaneamente universal e igual (até porque, como se sabe, nem sempre as duas características têm aparecido juntas).

II – É inerente à cidadania portuguesa, à qualidade de membro do povo português, o gozo de todos os direitos e a adstrição a todos os deveres constitucionais e legais contemplados no ordenamento jurídico português, onde quer que se encontrem.

Entre esses direitos, de resto, conta-se o de livremente sair do território nacional e de a ele regressar (art. 44.º, n.º 2).

III – O princípio, por isso, não é pensado apenas para os portugueses em Portugal. Aplica-se também aos portugueses no estrangeiro, com a ressalva

---

[650] Antecedentes: art. 21.º, 1.ª parte, da Constituição de 1822; art. 74.º da Constituição de 1911; art. 7.º da Constituição de 1933.

[651] Sobre o art. 12.º na Assembleia Constituinte, v. *Diário*, n.ᵒˢ 30 e 34, de 20 e 24 de agosto de 1975, págs. 880 e segs. e 900 e segs.

[652] Cfr., em Direito comparado, art. 15.º da Constituição romena, art. 20.º da Constituição cabo-verdiana, art. 35.º da Constituição moçambicana, art. 22.º da Constituição angolana.

CAPÍTULO II – PRINCÍPIOS COMUNS

dos direitos e deveres que sejam incompatíveis com a ausência do país (art. 14.º) e aos estrangeiros em Portugal quanto aos direitos e deveres não reservados pela Constituição e pela lei aos portugueses (art. 15.º).

A extensão dos direitos aos portugueses no estrangeiro e aos estrangeiros em Portugal acarreta várias distinções e levanta vários problemas, de que já tratámos noutra obra [653].

De qualquer forma, uma coisa é certa: o princípio abrange tanto direitos, liberdades e garantias quanto direitos sociais [654].

IV – Todavia, há direitos que não são de todas as pessoas, mas apenas de algumas categorias, demarcadas em razão de fatores diversos, sejam permanentes, sejam relativos a certas situações: direitos em razão da situação familiar (direitos dos cônjuges, dos pais, dos filhos), da situação económico-social (direitos dos trabalhadores, dos consumidores), das condições físicas ou mentais (direitos das pessoas com deficiência), da idade (direitos das crianças, dos jovens, dos idosos), do processo penal (direitos dos arguidos), do procedimento administrativo (direitos dos administrados) [655].

Por outro lado, em dois casos, quanto ao direito de sufrágio e quanto ao direito de ser eleito Presidente da República, é a própria Constituição a fixar a idade de que depende o conferir do direito (arts. 49.º, n.º 1, e 122.º); e há outros direitos que pressupõem uma idade mínima (o direito de casar, a liberdade religiosa, os restantes direitos políticos) [656].

Nem por isso deixa aqui de se manifestar o princípio. Ele vale a dois títulos: 1.º) na medida em que, dialeticamente, representa um limite à desagregação da comunidade política, à dispersão de tantos e tais direitos por tantas e tais categorias que se pusesse em causa o sentido de comunidade; 2.º) na medida

---

[653] No *Manual...*, III, 6.ª ed., Coimbra, 2010, págs. 132 e segs., e VII, Coimbra, 2007, págs. 126 e segs. Cfr. MARIA JOSÉ RANGEL DE MESQUITA, *Os direitos fundamentais de estrangeiros na ordem jurídica portuguesa: uma perspetiva constitucional*, Coimbra, 2013.

[654] Assim, quanto ao rendimento social de inserção, os acórdãos n.º 141 e 296/2015, já citados a propósito da dignidade da pessoa humana.

[655] Cfr. o acórdão do Supremo Tribunal de Justiça de 17 de dezembro de 1981, in *Boletim do Ministério da Justiça*, n.º 312, janeiro de 1982, págs. 175 e segs.

[656] Cfr. EKKEHART STEIN, *op. cit.*, págs. 253 e segs.; ou SERGIO P. PANUNZIO, *Premesse ad uno studio sui diritti costitituzionali e la capacità dei minori*, in *Scritti in onore di Vezio Crisafulli*, obra coletiva, II, Pádua, 1985, págs. 625 e segs.

DIREITOS FUNDAMENTAIS

em que no interior de cada uma das categorias ou em relação a cada uma das situações especiais previstas, os direitos têm de ser atribuídos a todos que lhe pertençam ou que aí se encontrem (é o que, por exemplo, mostra o art. 59.º).

V – A atribuição de direitos fundamentais envolve a correspondente atribuição de capacidade para o seu exercício. Não faria sentido em Direito constitucional a separação civilística entre capacidade de gozo e capacidade de exercício ou de agir, porque os direitos fundamentais são estabelecidos em face de certas qualidades prefixadas pelas normas constitucionais e, portanto, atribuídos a todos quantos as possuam.

Nos direitos fundamentais (sobretudo nos direitos, liberdades e garantias) o gozo dos direitos consiste na capacidade de exercício [657]. Os direitos de liberdade são pessoalíssimos e, por conseguinte, insuscetíveis tanto de ser transmitidos por qualquer forma como de ser exercidos por outrem [658]. E no acabado de transcrever art. 71.º, n.º 1, verifica-se justamente esse enlace entre titularidade e exercício: as pessoas portadoras de deficiência têm todos os direitos que possam exercer [659].

Não infirmam esta regra a expressa menção de que o exercício do sufrágio é *pessoal* (art. 49.º, n.º 2), o que implicaria a possibilidade de ser admitido algum tipo de representação – porque, justamente, qualquer desvio vulneraria os princípios [660]; ou a circunstância de os direitos patrimoniais (cuja *tête de chapitre* se encontra no art. 62.º) serem, muitas vezes, exercidos por via representativa (seja legal, seja voluntária) – porque, em rigor, o direito fundamental não é o direito de propriedade (ou qualquer outro direito real ou obrigacional) sobre

---

[657] J. J. Gomes Canotilho e Vital Moreira, *op. cit.*, i, pág. 331. Aliás, como nota J. J. Gomes Canotilho (*Direito...*, cit., pág. 425), a disjunção capacidade jurídica e capacidade de exercício poderia ser uma válvula para se restringirem inconstitucionalmente direitos fundamentais, a pretexto de a restrição incidir apenas sobre a capacidade de exercício, e não sobre a titularidade.

[658] Alessandro Pace, *op. cit.*, págs. 127-128, 129 e 139. V. também Pierfrancesco Grossi, *op. cit.*, pág. 285.

[659] Assim como, noutro plano, no art. 30.º, n.º 5, quanto aos condenados a penas ou a medidas de segurança privativas da liberdade.

[660] Não é forma de representação o voto por correspondência (não excluído pela Constituição a não ser na eleição do Presidente da República e dentro do território nacional, segundo o art. 121.º, n.º 3); ele contrapõe-se, sim, a voto *presencial* (em assembleia de voto), não a voto *pessoal*.

CAPÍTULO II – PRINCÍPIOS COMUNS

determinada coisa, mas antes o direito de propriedade em abstrato ou direito de apropriação de gozo e de disposição; ou, enfim, a verificação de que a mera atribuição formal de direitos não significa a sua efetivação ou a possibilidade do seu exercício efetivo em igualdade – porque aqui entra-se já num plano muito diverso do da capacidade jurídica.

73. Princípio da universalidade e pessoas coletivas

I – Os direitos fundamentais e, em geral, todos os direitos, são (repetimos) primordialmente direitos das pessoas singulares. No entanto, há também direitos institucionais e o art. 12.º, n.º 2, da Constituição acrescenta que as pessoas coletivas gozam dos direitos e estão sujeitas aos deveres «compatíveis com a sua natureza» [661].

Não se trata de uma equiparação. Pelo contrário, trata-se de uma limitação: as pessoas coletivas *só* têm os direitos compatíveis com a sua natureza, ao passo que as pessoas singulares têm *todos* os direitos, salvo os especificamente concedidos apenas a pessoas coletivas ou a instituições (*v. g.*, o direito de antena). E, como nota o Tribunal Constitucional, tem de reconhecer-se que, ainda quando certo direito fundamental seja compatível com essa natureza e, portanto, suscetível de titularidade «coletiva» (*hoc sensu*) daí não se segue que a sua aplicabilidade nesse domínio se vá operar exatamente nos mesmos termos e com a mesma amplitude com que decorre relativamente às pessoas singulares [662]. É caso a caso que se deve apurar se determinado direito pode ser exercido por pessoas coletivas [663].

Por outro lado, à luz dos valores básicos da ordem constitucional, o direito ao desenvolvimento da personalidade só se concebe como direito das

[661] Cfr. art. 19.º, n.º 3; art. 9.º da Constituição estoniana; ou art. 8.º, n.º 4, da Constituição sul-africana.

[662] Acórdão n.º 198/85, de 30 de outubro, in *Diário da República*, 2.ª série, de 15 de fevereiro de 1986; cfr. também acórdão n.º 539/97, de 24 de Setembro, *ibidem*, 2.ª série, de 2 de dezembro de 1997; acórdão n.º 569/98, de 7 de outubro, *ibidem*, de 26 de novembro de 1998; acórdão n.º 174/2000, de 22 de março, *ibidem*, de 26 de outubro de 2000; acórdão n.º 292/2008, de 29 de maio, *ibidem*, de 23 de julho de 2008; acórdão n.º 593/2008, de 10 de dezembro, *ibidem*, de 26 de janeiro de 2009.

[663] Acórdão n.º 292/2008, de 29 de maio, in *Diário da República*, 2.ª série, de 23 de julho de 2008.

DIREITOS FUNDAMENTAIS

pessoas singulares [664]; e as pessoas coletivas só podem usufruir de direitos que, na ótica dos seus princípios políticos, possam ou devam ser-lhes atribuídos (não, por exemplo, à face da Constituição de 1976, diferentemente da de 1933, do direito de sufrágio).

Finalmente, *cada* pessoa coletiva somente pode ter os direitos conducentes à prossecução dos fins para que exista, os direitos adequados à sua *especialidade* – é o princípio geral de Direito (art. 160.º, n.º 1, do Código Civil) e que a Constituição se dispensa de reproduzir [665].

II – Não são apenas as pessoas coletivas que podem ter direitos fundamentais. Também outras entidades, organizações e instituições os podem ter, embora não com base no art. 12.º, n.º 2. Mas não existe um princípio geral de capacidade de direitos fundamentais de organizações sem personalidade jurídica [666].

Não é o art. 12.º, n.º 2, que aponta para a virtualidade de as famílias, as comissões de trabalhadores ou as organizações de moradores beneficiarem de direitos fundamentais; são as disposições que, de modo direto e imediato, se lhes reportam. O art. 12.º, n.º 2, não surge como norma de síntese ou de pórtico em relação a essas figuras; surge como norma que visa garantir (ou garantir reforçadamente) às pessoas coletivas presentes no ordenamento jurídico português um conjunto de direitos de caráter geral ou comum, com as devidas adaptações – desde o direito de existência ao sigilo da correspondência e (como precisa o art. 37.º, n.º 4) ao direito de resposta, de retificação e de indemnização por danos sofridos por causa do exercício da liberdade de expressão e informação.

---

[664] Cfr., algo atenuadamente, PAULO MOTA PINTO, *O direito ao livre desenvolvimento*, cit., *loc. cit.*, pág. 221; e negativamente JOSÉ CARLOS VIEIRA DE ANDRADE, *Os direitos...*, cit., págs. 118 e segs., *maxime* 122.

[665] Cfr. a obra coletiva, *Les droits de homme des personnes morales*, Bruxelas, 1970; PEDRO CRUZ VILLALON, *Dos cuestiones de titularidad de derechos: los estranjeros; las personas juridicas*, in *Revista Española de Derecho Constitucional*, n.º 35, maio-agosto de 1992, págs. 73 e segs.; YVES GUYON, *Droits fondamentaux et personnes morales de droit privé*, in *L'Actualité Juridique – Droit Administratif*, julho-agosto de 1998, págs. 136 e segs. E sobre a tutela da personalidade das pessoas coletivas, RABINDRANATH CAPELO DE SOUSA, *O direito...*, cit., págs. 594 e segs.

[666] J. J. GOMES CANOTILHO e VITAL MOREIRA, *Constituição...*, I, cit., pág. 329.

CAPÍTULO II – PRINCÍPIOS COMUNS

Neste sentido, não custa admitir que pessoas coletivas estrangeiras e, até em certos termos, de Direito internacional venham, por seu turno, a ser titulares de direitos fundamentais; não custa admitir que o art. 15.º da Constituição se lhes estenda, interpretado em termos hábeis [667].

III – Os deveres fundamentais, mais ainda do que os direitos, são concebidos como individuais. Mas há deveres igualmente extensivos às pessoas coletivas, como os de defesa do ambiente, de preservação do património cultural e de pagar impostos.

---

[667] Contra: NUNO E SOUSA, *A liberdade de imprensa*, Coimbra, 1984, págs. 84 e segs.

§ 2.º
O princípio da igualdade

74. A igualdade em geral

I – O tema da igualdade aparece imbricado com os grandes temas da Ciência e da Filosofia do Direito e do Estado. Pensar em igualdade é pensar em justiça e em isonomia na linha da análise aristotélica [668], retomada pela Escolástica e, aceite ou não, por todas as correntes posteriores, de HOBBES e ROUSSEAU a

---

[668] Nada mais elucidativo do que transcrever o texto inicial do cap. III do livro V da *Ética a Nicómaco* de ARISTÓTELES (na 4.ª ed. da trad. portuguesa de António de Castro Caeiro, Lisboa, 2012, pág. 123):
"Uma vez que o injusto é iníquo e a injustiça iniquidade, é evidente que há um meio termo entre [os extremos da] iniquidade, a saber a igualdade. Em toda e qualquer espécie de ação há um mais e um menos; há também um igual. Ora se a injustiça é iniquidade, então a justiça é igualdade, coisa que é aceite por todos sem ser necessária demonstração. Ora, se a igualdade é um meio, a justiça será também um meio. Por outro lado, a igualdade implica pelo menos dois termos. É necessário, por conseguinte, que a justiça seja um meio e uma igualdade por relação com qualquer coisa, bem como relativamente a algumas pessoas. Em primeiro lugar, enquanto meio, encontra-se entre dois extremos (a saber, entre o mais e o menos); segundo, enquanto igual, é igual entre duas partes; por fim, enquanto justo, é justo para certas pessoas. É necessário, pois, que a justiça implique pelo menos quatro termos, a saber, duas pessoas, no mínimo, para quem é justo que algo aconteça e duas coisas enquanto partes partilhadas. E haverá uma e a mesma igualdade entre as pessoas e as partes nela implicadas, pois a relação que se estabelece entre as pessoas é proporcional à relação que se estabelece entre as duas coisas partilhadas. Porque se as pessoas não forem iguais não terão partes iguais, e é daqui que resultam muitos conflitos e queixas, como quando pessoas iguais têm e partilham partes desiguais ou pessoas desiguais têm e partilham partes iguais."

DIREITOS FUNDAMENTAIS

Marx, a Rawls [669] ou a Amartya Sen; é redefinir as relações entre pessoas [670] e entre normas jurídicas; é indagar da lei e da generalidade da lei [671].

Existe uma tensão inelutável entre liberdade e igualdade. Levado às últimas consequências, um princípio radical de liberdade oblitera a igualdade da condição humana e, em contrapartida, um princípio de igualdade igualitária esmaga a autonomia pessoal. Porém, em concreto, elas andam constantemente a par, uma implicando a outra – como demonstram, sobretudo, a problemática da liberdade religiosa e a da liberdade política.

Ao mesmo tempo vai-se tornando recorrente, nas sociedades contemporâneas – plurais, heterogéneas e, por vezes, multiculturais – tanto a procura de um equilíbrio entre bem comum e interesse de grupo como entre a igualdade e aquilo a que se vem chamando direito à diferença [672].

Não cabe aqui entrar no exame inesgotável destes e doutros pontos. Na economia do presente estudo, não podemos senão (embora sem nunca perder de vista o sentido dos valores) sumariar os dados básicos de Direito constitucional positivo e as linhas de aplicação do princípio [673].

---

[669] Vale a pena referir os dois princípios de igualdade democrática em John Rawls (*A Theory of Justice*, 1971, trad. *Uma Teoria da Justiça*, Brasília, 1981, pág. 67): 1.º) cada pessoa deve ter um igual direito à mais ampla liberdade compatível com idêntica liberdade dos outros; 2.º) as desigualdades sociais e económicas devem ser ajustadas de forma a corresponderem à expetativa de que trarão vantagens a todas as pessoas e ligadas a posições e a cargos abertos a todos.

[670] Sobre a pessoa como conceito de igualdade, cfr. Gustav Radbruch, *Filosofia do Direito*, cit., págs. 15 e segs.

[671] O tema irradia, mais amplamente, para a cultura geral. V. Camões, *Os Lusíadas*:
«Todos favoreci em seus ofícios».
«Segundo têm das vidas o talento» (X, CL).

[672] E já estava presente no pensamento, por exemplo, de Fernão Lopes (v. Luís de Sousa Rebelo, *A concepção do poder em Fernão Lopes*, Lisboa, 1983, pág. 27).
Na revisão constitucional portuguesa de 1989, o Deputado Pedro Roseta propôs que se incluísse no art. 26.º da Constituição «direito à diferença»: v. *Diário*, v legislatura, 2.ª sessão legislativa, 1.ª série, n.º 67, reunião de 20 de abril de 1989, págs. 3235 e segs.

[673] Sobre o princípio da igualdade sem ser em obras gerais, v., na doutrina portuguesa, João Martins Claro, *O princípio da igualdade*, in *Nos Dez Anos da Constituição*, obra coletiva, Lisboa, 1987, págs. 31 e segs. (extrato da dissertação ainda inédita *Introdução ao Estudo do Princípio da Igualdade em Direito Constitucional*, 1984); Martim de Albuquerque, *Da igualdade – Introdução à jurisprudência*, Coimbra, 1993; Maria da Glória Garcia, *Estudos sobre o princípio da igualdade*, Coimbra, 2005; Maria Lúcia Amaral, *O princípio da igualdade na Constituição portuguesa*, in *Estudos em homenagem ao Prof. Doutor Armando Marques Guedes*, obra coletiva, Coimbra, 2004,

CAPÍTULO II - PRINCÍPIOS COMUNS

págs. 35 e segs.; Joana Aguiar e Silva, *Igualdade ou equilíbrio hermenêutico de diferença*, in *Scientia Juridica*, 2013, págs. 505 e segs.

E ainda Jorge Miranda, *A igualdade de sufrágio político da mulher* (sep. de *Scientia Iuridica*), Braga, 1970; José Manuel Merea Pizarro Beleza, *O princípio da igualdade e a lei penal – O crime de estupro voluntário e a discriminação em razão do sexo*, Coimbra, 1982, *maxime* págs. 102 e segs.; Almeno de Sá, *Administração do Estado, Administração local e princípio da igualdade no âmbito do estatuto de funcionários*, Coimbra, 1985, págs. 69 e segs.; Afonso de Melo, *O princípio da igualdade em processo civil*, in *Tribuna da Justiça*, n.º 23, novembro de 1986, págs. 10 e segs.; Rui Pereira, *O princípio da igualdade em Direito penal*, in *O Direito*, 1988, págs. 109 e segs.; A. Ferrer Correia, *O Direito internacional privado português e o princípio da igualdade*, in *Temas de Direito Comercial e Direito Internacional Privado*, Coimbra, 1989, págs. 413 e segs.; Fernando Alves Correia, *O plano urbanístico e o princípio da igualdade*, Coimbra, 1989, págs. 393 e segs.; Augusto Lopes Cardoso, *O problema da discriminação nas medidas legislativas sobre a sida*, in *O Direito*, 1992, págs. 427 e segs.; Maria do Rosário Palma Ramalho, *Igualdade de tratamento entre trabalhadores e trabalhadoras em matéria remuneratória: a aplicação da Directiva n.º 75/117/CE em Portugal*, in *Revista da Ordem dos Advogados*, 1997, págs. 159 e segs.; Bernardo Xavier e Nunes de Carvalho, *Princípio da igualdade: a trabalho igual salário igual*, in *Revista de Direito e de Estudos Sociais*, 1997, págs. 401 e segs.; Jorge Bacelar Gouveia, *A inconstitucionalidade da discriminação remuneratória nas carreiras médicas prestadas em tempo completo*, in *O Direito*, 1998, págs. 133 e segs., e *A lei da anti-discriminação racial no novo Direito português da igualdade social*, in *Themis*, n.º 5, 2002, págs. 19 e segs.; Guilherme Machado Dray, *O princípio da igualdade no Direito do Trabalho*, Coimbra, 1999; Patrícia Jerónimo, *Notas sobre a discriminação racial e o seu lugar entre os crimes contra a humanidade*, in *Estudos em comemoração do décimo aniversário da licenciatura em Direito da Universidade do Minho*, obra coletiva, Coimbra, 2004, págs. 783 e segs.; Catarina dos Santos Botelho, *Algumas reflexões sobre o princípio da paridade retributiva*, in *Liberdade e Compromisso – Estudos dedicados ao Professor Mário Fernando Campos Pinto*, obra coletiva, II, Lisboa, 2007, págs. 79 e segs.; Helena de Melo Pereira e Teresa Pizarro Beleza, *A discriminação em razão da etnia e da cultura. O caso paradigmático da romafobia*, in *Estudos em memória do Prof. Doutor J. L. Saldanha Sanches*, obra coletiva, I, Coimbra, 2011, págs. 199 e segs.; José de Faria Costa, *O princípio da igualdade, o Direito penal e a Constituição*, in *Revista de Legislação e de Jurisprudência*, maio-junho de 2012; André Lamas Leite, *Direito penal e discriminação religiosa*, in *O Direito*, 2012, págs. 865 e segs.; Ravi Afonso Pereira, *Igualdade e proporcionalidade: um comentário às decisões do Tribunal Constitucional de Portugal sobre cortes salariais no sector público*, in *Revista Española de Derecho Constitucional*, 2013, págs. 317 e segs.; Bruno Mestre, *Sobre o conceito de discriminação – uma perspectiva contextual e comparada*, in *Estudos dedicados ao Professor Doutor Bernardo da Gama Lobo Xavier*, obra coletiva, I, Lisboa, 2015, págs. 379 e segs.; Vitalino Canas, *O Princípio ...*, cit., págs. 245 e segs. e 1085 e segs.

Na doutrina brasileira, Paulino Jacques, *Da igualdade perante a lei*, 2.ª ed., Rio de janeiro, 1957; Carlos Roberto de Siqueira Castro, *O princípio da isonomia e a igualdade da mulher no Direito Constitucional*, Rio de Janeiro, 1983; Celso António Bandeira de Melo, *O conteúdo jurídico do princípio da igualdade*, São Paulo, 1984; Carmen Lúcia Antunes Rocha, *O princípio constitucional da igualdade*, Belo Horizonte, 1990; Fernanda Lucas da Silva, *Princípio constitucional da igualdade*, Rio de Janeiro, 2001; Daniel Sarmento, *A igualdade étnico-racial no Direito Constitucional Brasileiro: discriminação "de fato", teoria do impacto desproporcional e ação afirmativa*,

in *Livres e Iguais*, Rio de Janeiro, 2006, págs. 139 e segs.; estudos vários em *Liberdade, igualdade e fraternidade: 25 anos da Constituição Brasileira*, obra coletiva, Belo Horizonte, 2013; *Diversos enfoques do princípio de igualdade*, obra coletiva, Belo Horizonte, 2014; TÉRCIO SAMPAIO FERRAZ, *Direito à diferença e direito à igualdade*, in *Democracia e Direitos Fundamentais – Uma homenagem aos 90 anos do Professor Paulo Bonavides*, obra coletiva, São Paulo, 2016, págs. 539 e segs.
Na doutrina de outros países das últimas décadas, v., entre muitos, CARLO ESPOSITO, *Eguaglianza e giustizia nell'art. 3 della Costituzione*, in *La Costituzione Italiana – Saggi*, Pádua, 1954, págs. 17 e segs.; CARLO CURCIO, *Eguaglianza (dottrine generali)*, in *Enciclopedia del Diritto*, XIV, 1965, págs. 510 e segs.; LIVIO PALADIN, *Il principio costituzionale d'eguaglianza*, Milão, 1965; CLAUDIO ROSSANO, *L'eguaglianza giuridica nell'ordinamento costituzionale*, Nápoles, 1965; JOHN REES, *Equality*, Londres, 1971; *L'Égalité*, obra coletiva, 9 vols., Bruxelas, 1971 a 1984; PHEDON VEGLERIS, *Le principe d'égalité dans la Déclaration Universelle et la Convention Européenne des Droits de l'Homme*, in *Miscellanea W. J. Ganshof van der Meersch*, obra coletiva, I, Bruxelas-Paris, 1972, págs. 565 e segs.; PETER PAWELKA, GERD MEYER e CLAUS D. KERNIG, *Igualdad*, in *Marxismo y Democracia-Politica*, obra coletiva, 4, Madrid, 1975, págs. 95 e segs.; *Constitutional Protection of Equality*, obra coletiva, Leida, 1975; FELIX E. OPPENHEIM, *Uguaglianza*, in *Dizionario di Politica*, obra coletiva, Turim, 1976, págs. 1059 e segs.; *Eguaglianza ed egualitarismo*, obra coletiva, Roma, 1978; VINIT HAKSAR, *Equality, Liberty and Perfectionism*, Nova Iorque, 1979; EDWARD B. MCLEAN, *Equality before the Law: the question of the form of decision*, in *Il Politico*, 1980, págs. 271 e segs.; ROBERT A. DAHL, *Political equality and political rights, ibidem*, págs. 557 e segs.; TIMOTHY J. O'NEILL, *The Language of Equality in a Constitutional Order*, in *The Americam Political Science Review*, vol. 75, n.º 3, setembro de 1981, págs. 626 e segs.; DOUGLAS ERA *et alii, Equalities*, obra coletiva, Cambridge (Massachussetts) e Londres, 1981; ENRIQUE ALONSO GARCIA, *El Principio de igualdad del articulo 14 de la Constitución española*, in *Revista de Administración Publica*, 1983, págs. 21 e segs.; JAVIER JIMENEZ CAMPO, *La igualdad juridica como limite material frente al legislador*, in *Revista Española de Derecho Constitucional*, setembro-dezembro de 1983, págs. 71 e segs.; MIGUEL RODRIGUEZ-PIÑERO e M. FERNANDA FERNANDEZ LOPES, *Igualdad y discriminación*, Madrid, 1984; GUY HAARSCHER, *The idea of equality*, in *L'Égalité*, IX, obra coletiva, Bruxelas, 1984, págs. 176 e segs.; CHRISTIAN STARCK, *L'applicazione del principio di uguaglianza*, in *Diritto e Società*, 1985, 2, págs. 237 e segs.; SIDNEY VERBA e GARRY R. ORREN, *The Meaning of Equality in America*, in *Political Science Quarterly*, 1985, págs. 369 e segs.; FRANÇOIS LUCHAIRE, *Un Janus constitutionnel: l'égalité*, in *Revue du droit public*, 1986, págs. 1229 e segs.; MASSIMO BENEDETTELLI, *Il giudizio di eguaglianza nell'ordinamento giuridico delle Comunità Europee*, Pádua, 1989; ANDRES OLLERO TASSARA, *Igualdad en la aplicación de la ley y precedente judicial*, Madrid, 1989; GIOVANNI SARTORI, *Eguaglianza*, in *Elementi di teoria politica...*, Bolonha, 1990, págs. 71 e segs.; OLIVIER JOUANJAN, *Le principe d'égalité devant la loi en droit allemand*, cit.; PAOLO BARILE, *Eguaglianza e tutela della diversità costituzionale*, in *Quaderni Costituzionali*, 1994, págs. 53 e segs.; FRANCISCO RUBIO LLORENTE, *Juez y ley desde el punto de vista del principio de igualdad*, in *La Forma del Poder – Estudios sobre la Constitución*, Madrid, 1997, págs. 633 e segs.; NICOLE BELLOUBEY-FRIER, *Le principe d'égalité*, in *L'Actualité Juridique – Droit Administratif*, julho-agosto de 1998, págs. 152 e segs.; o vol. 11, n.º 2, de 1999, da *Revue européenne de droit public*; LUIS PRIETO SANCHIS, *Los derechos sociales y el principio de igualdad sostancial*, cit., págs. 811 e segs.; JOAQUÍN MARTÍN CUBAS, *El concepto de igualdad en una democracia avanzada*, in *Revista Española de Derecho Constitucional*, maio-agosto de 1999, págs. 155 e segs.; RONALD DWORKIN, *Sovereign Virtue – The theory and*

II – Atenção particularíssima suscita a dicotomia igualdade jurídica-
-igualdade social ou igualdade perante a lei (como é mais frequente dizer) –
igualdade na sociedade.

Sem dúvida, merece ser acolhida se se toma a primeira como mera igual
dade jurídico-formal ou como igualdade liberal, inspirada numa conceção
jusracionalista, e a segunda como igualdade jurídico-material, ligada a uma
atitude crítica sobre a ordem social e económica existente e à consciência
da necessidade e da possibilidade de a modificar (seja qual for a orientação
política que se adote).

É válida ainda, enquanto se distinguem não tanto duas espécies de
princípios jurídicos quanto dois momentos ou planos: o da atribuição dos
direitos em igualdade e o da fixação das incumbências do Estado e da
sociedade organizada perante as condições concretas das pessoas. Os direitos
são os mesmos para todos; mas, como nem todos se acham em igualdade de
condições para os exercer, é preciso que essas condições sejam criadas ou
recriadas através da transformação da vida e das estruturas dentro das quais
as pessoas se movem.

Já não seria correta a contraposição, se se supusesse estar diante de dois
princípios estanques ou opostos: 1.º) porque a igualdade social como igualdade *efetiva, real, material, concreta, situada* (como quer que se designe) pode
ou deve considerar-se imposta pela própria noção de igualdade jurídica, pela
necessidade de lhe buscar um conteúdo pleno; 2.º) porque, mesmo quando
a igualdade social se traduza na concessão de certos direitos ou até de certas
vantagens especificamente a determinadas pessoas – as que se encontram em
situações de inferioridade, de carência, de menor proteção – a diferenciação

---

practice of equality, Cambridge (Massachussetts) e Londres, 2000; Markus González Beilfuss, *Tribunal Constitucional y reparación de la discriminación normativa*, Madrid, 2000; Patri-
zia Ferragano, *Le formule dell'eguaglianza – De Kelsen a Nagel*, Turim, 2004; Alexis Frank,
Les critères objectifs et rationnels dans le controle constitutionnel de l'égalité, in *Revue du droit public*,
2009, pág. 77; Morris Montalti, *L'eguaglianza come valore e nelle sue declinazioni normative*, in
Politica del Diritto, março de 2009, págs. 103 e segs.; José Maria Soberano Díaz, *La igualdad
entre la jurisprudencia*, in *Questiones Constitucionales*, n.º 29, julho-dezembro de 2013, págs. 313
e segs.; Christine Deliyanni-Dimitrakou, *Egalité multidimensionnelle et discriminations mul-
tiples en droit comparé*, in *Revue internationale de droit comparé*, 2013, págs. 681 e segs.; Fernando
Simón Yarza, *De la igualdad como limite a la igualdad com tarea del Estado – Evolución historica de
un principio*, in *Revista Española de Derecho Constitucional*, 2013. págs. 73 e segs.

DIREITOS FUNDAMENTAIS

ou a discriminação (positiva) tem em vista alcançar a igualdade e tais direitos ou vantagens configuram-se como instrumentais em face desses fins [674].

A afirmação (ou a sedimentação) da igualdade social vai-se fazendo em correspondência com a passagem da igualdade jurídica de programática a preceptiva em domínios crescentemente alargados [675].

> A igualdade jurídica é – como sublinha um autor, VITTORIO MATHIEU – condição preliminar da igualdade real. Até admitindo que uma igualdade real preexiste em virtude de qualquer causa, ela não subsistiria sem a garantia do *direito*. Não se forma uma sociedade de iguais se os seus membros não têm, antes de mais, o direito de ser iguais. Sem a garantia do direito, a igualdade ficaria privada de efeito... Mas a igualdade jurídica é também a condição para que a igualdade real seja *real*. É assim porque o Estado não pode desinteressar-se dos meios para produzir uma igualdade real. O Estado não pode limitar-se a garantir uma igualdade real derivada de outra fonte, porque não existe outra fonte. Deve produzi-la, ele mesmo, esta igualdade, se se quer que haja, pelo menos, um início de aplicação. Ora, o meio de que o Estado dispõe para exercer qualquer ação é a lei [676].
>
> Entretanto, salienta A. CASTANHEIRA NEVES, a definição de uma igualdade jurídica abstrata não pode considerar-se como fim último que a si se baste, mas tão só como um primeiro e relativo momento, como um instrumento e ponto de apoio para uma igualdade material que há de conseguir-se para além daquela através da complementar intervenção das outras duas dimensões. E desse modo o estatuto abstrato, sem pretender ser rígido e de determinação acabada, tem não só de aceitar os desenvolvimentos e a integração normativa de uma igualdade participada e constitutiva realização histórica do direito como terá ainda de sofrer as diferenciações e modificações concretas exigidas por uma material intenção de igualdade e justiça sociais. Com aqueles desenvolvimentos

---

[674] Cfr., dentro da sua perspetiva própria, a distinção de DWORKIN (*op. cit.*, pág. 227) entre direito *to equal treatment* e direito a *treatment as an equal*.

[675] Cfr. as três fases do desenvolvimento do princípio da igualdade jurídica, segundo LIVIO PALADIN (*op. cit.*, págs. 151-152): como programa de legislação, como norma de atividade de execução e como pressuposto justificativo das leis e atributo do sistema normativo.
Ou segundo MARIA DA GLÓRIA GARCIA (*op. cit.*, págs. 36 e segs.): como princípio de prevalência de lei (em correlação com generalidade); como limite externo de atuação do poder público, envolvendo proibição de arbítrio ou de discriminação; e como limite interno de atuação deste mesmo poder, envolvendo uma intencionalidade material no sentido da justiça. Cfr. CARMEN LÚCIA ANTUNES ROCHA, *op. cit.*, págs. 35 e segs.

[676] *L'Eguaglianza Giuridica*, in *Eguaglianza ed egualitarismo*, págs. 53 e 54.

CAPÍTULO II - PRINCÍPIOS COMUNS

e integrações, por um lado, e estas diferenciações, por outro lado – sendo certo que aqueles primeiros se virão, as mais das vezes, a traduzir nestas segundas – se atuará, corrigirá e controlará a intenção de igualdade definida abstratamente, em termos de ela ter de se mostrar sempre materialmente justificada e real [677].

III – A experiência histórica mostra:

a) Que são coisas diferentes a proclamação do princípio da igualdade e a sua aceitação e aplicação prática; ou a consagração constitucional e a realização legislativa – até porque o princípio (porque princípio) comporta manifestações diversas consoante os setores e os interesses em presença e sofre as refrações decorrentes do ambiente de cada país e de cada época;

b) Que, a par da construção jurídica a fazer e refazer constantemente, importa indagar da cultura cívica dominante na comunidade, das ideias preconcebidas e dos valores aí assentes, assim como da «Constituição viva» e da realidade constitucional;

c) Que a conquista da igualdade se tem conseguido sobretudo através da eliminação ou da redução de sucessivas desigualdades ou da extensão de novos benefícios; e tem sido fruto quer da difusão das ideias quer das lutas pela igualdade travadas por aqueles que se encontravam em situações de marginalização, opressão e exploração;

d) Que, embora a superação destas ou daquelas desigualdades nunca seja definitiva e, por vezes, até venha acompanhada do aparecimento de novas desigualdades e até de exclusões, o ideal de uma sociedade alicerçada na igualdade (ou na justiça) [678] é um dos ideais permanentes da vida humana e um elemento crítico de transformação não só dos sistemas jurídicos mas também das estruturas sociais e políticas [679].

---

[677] *O instituto dos assentos e a função jurídica dos Supremos Tribunais*, Coimbra, 1983, págs. 142-143. V. também *A unidade do sistema jurídico*, Coimbra, 1979, págs. 34 e segs., *maxime* 36.

[678] Cfr. o art. 1.º da Constituição portuguesa até 1989, falando (em homenagem conjuntural a uma fórmula ideologicamente marcada) em «sociedade sem classes».

[679] Sobre a dialética entre a igualdade essencial e as desigualdades existenciais dos homens, v. SERGIO COTTA, *Ni Giudeo, ni Greco, Ovvero della Possibilità dell'Ugnaglionza ed egualitarismo*, in *Rivista Internazionale di Filosofia del Diritto*, 1976, n.º 3, págs. 331 e segs.

DIREITOS FUNDAMENTAIS

75. O princípio da igualdade no Direito positivo português

I – Os marcos mais significativos do desenvolvimento do princípio da igualdade no constitucionalismo ocidental são os arts. 1.º e 6.º da Declaração de 1789, o art. 6.º da Constituição belga, o 14.º Aditamento à Constituição dos Estados Unidos, o art. 4.º da Constituição mexicana de 1917, o art. 109.º da Constituição de Weimar e o art. 3.º da Constituição italiana.

A Declaração dos Direitos do Homem e do Cidadão foi (sob este aspeto, como sob outros) a fonte das Constituições liberais portuguesas, de acordo com as quais «a lei é igual para todos, quer proteja, quer castigue» (art. 9.º da Constituição de 1822; art. 145.º, § 12.º, da Carta Constitucional; art. 10.º da Constituição de 1838; art. 3.º, n.º 2, da Constituição de 1911) [680], «são proibidos privilégios de foro, salvas as causas que, pela sua natureza, pertencem a juízos particulares» (art. 9.º, 2.ª parte, da Constituição de 1822; art. 145.º, § 16.º, da Carta Constitucional; art. 20.º, § único, da Constituição de 1838), «é garantido o acesso aos cargos públicos, sem outras distinções que não sejam as dos talentos e virtudes» (art. 12.º da Constituição de 1822; art. 145.º, § 13.º, da Carta Constitucional; art. 30.º da Constituição de 1838), «é assegurado direito de remuneração por serviços importantes ou em proporção do merecimento de cada um» (art. 15.º da Constituição de 1822; art. 145.º, § 12.º, da Carta; art. 3.º, n.º 3, da Constituição de 1911), «e ninguém fica isento de contribuição direta» (art. 225.º da Constituição de 1822; art. 145.º, § 14.º, da Carta; art. 24.º da Constituição de 1838).

A Constituição de 1911 reforçaria este caminho de uma igualdade basicamente jurídica, negando privilégios de nascimento e nobreza e extinguindo os títulos nobiliárquicos e de conselho e as ordens honoríficas [681] (art. 3.º, n.º 3). Seria também ela que consignaria a equiparação de direitos de portugueses e estrangeiros (corpo do art. 3.º), apontaria para a igualdade política e civil de todos os cultos (art. 3.º, n.º 5) e vedaria a privação de um direito ou a isenção de um dever por motivos de religião (art. 3.º, n.º 7).

Por seu turno, a Constituição de 1933 deslocaria a referência à igualdade para a própria definição do regime político, declarando Portugal uma república corporativa «baseada na igualdade dos cidadãos perante a lei, no livre acesso de todas as classes aos benefícios da civilização e na interferência de todos os elementos estruturais da Nação na vida administrativa e na feitura das leis»

---

[680] V. também art. 7.º do Código Civil de 1867.

[681] Estas seriam restabelecidas a partir da revisão operada pela Lei n.º 635, de 28 de Setembro de 1916.

292

CAPÍTULO II – PRINCÍPIOS COMUNS

(art. 5.º) [682]. E a igualdade perante a lei envolveria «o direito de ser provido nos cargos públicos conforme a capacidade e os serviços prestados» e a negação de quaisquer privilégios «salvas quanto à mulher as diferenças resultantes da sua natureza e do bem da família e, quanto aos encargos e vantagens dos cidadãos, os impostos pela diversidade das circunstâncias ou pela natureza das coisas» (§ único).

Era um texto constitucional não pouco ambíguo. O objetivo de acesso de todos aos benefícios da civilização, em conexão com a incumbência do Estado de «zelar pela melhoria das condições das classes sociais mais desfavorecidas» (art. 6.º, n.º 3), inculcava uma ideia de igualdade social. Em contrapartida, constitucionalizavam-se diferenças de tratamento da mulher, apesar de se garantir «a igualdade de direitos e deveres dos cônjuges quanto à sustentação e educação dos filhos» (art. 12.º, n.º 2).

Só na revisão constitucional de 1971 se viria a falar em «diferenças de tratamento quanto ao sexo» (e não já quanto à mulher) e apenas justificadas «pela natureza» (e não mais também pelo «bem da família») [683]; nem por isso, contudo, se terá sentido a necessidade de modificar o caráter muito inigualitário e conservador do Código Civil de 1966 [684].

---

[682] A Lei n.º 3/71, de 16 de agosto, introduziria algumas alterações a esta fórmula e transferiria o princípio para um § 1.º (novo).

[683] V. o relatório da proposta de lei de revisão constitucional [in *Diário das Sessões da Assembleia Nacional*, 1970, n.º 50, pág. 1048(15)] e os pareceres, algo discordantes, da Câmara Corporativa e da comissão eventual de revisão da Assembleia (in *Actas*, x legislatura, n.º 67, pág. 627, e in *Diário das Sessões*, 1971, n.º 101, pág. 2024).

[684] Sobre o estatuto da mulher à face do Código Civil e da legislação coeva, v. ELIANA GERSÃO, *A igualdade jurídica dos cônjuges – A propósito do Projeto de Código Civil*, in *Revista de Direito e Estudos Sociais*, 1966, págs. 25 e segs.; JORGE MIRANDA, *O poder paternal no Código de 1867 e o novo Código Civil*, in *Informação Social*, n.º 8, outubro-dezembro de 1967, págs. 75 e segs., e *A igualdade de sufrágio político da mulher*, cit., págs. 10-11; LAURA LOPES, *Alguns elementos sobre a situação jurídica da mulher em Portugal*, in *3.º Congresso da Oposição Democrática – Teses – Organização do Estado e Direitos do Homem*, Lisboa, 1973, págs. 175 e 176.
A despeito da revisão de 1971, pronunciavam-se no sentido da irrelevância da modificação sofrida pelo art. 5.º da Constituição: PAULO CUNHA, *Teoria Geral...*, cit., pág. 42; MANUEL GOMES DA SILVA, *Curso de Direito da Família – Parte II – Do Casamento*, policopiado, Lisboa, 1972, págs. 190 e segs.; JOÃO DE CASTRO MENDES, *Teoria Geral do Direito Civil*, policopiado, 1972-1973, I, págs. 247-248; MÁRIO BIGOTTE CHORÃO, *Teoria Geral do Direito Civil*, policopiado, Lisboa, 1972-1973, I, pág. 210. Contra: ORLANDO DE CARVALHO, *Os direitos do homem...*, cit., pág. 44; JORGE MIRANDA, *Ciência Política...*, cit., II, págs. 194 e segs.

DIREITOS FUNDAMENTAIS

Finalmente, na Constituição de 1976 é nítida a afirmação, com caráter geral, tanto da igualdade perante a lei (art. 13.º e art. 7.º da Declaração Universal) como da igualdade *real* entre os Portugueses, ligada à «transformação das estruturas económico-sociais» [685] [686] [art. 81.º, alínea *c*), situado dentro da organização económica, na versão inicial da Constituição, e, após 1982, art. 9.º, alínea *d*), a par das «tarefas fundamentais do Estado»] [687]. Entretanto, a própria Constituição deixa de cominar incapacidades dos cidadãos portugueses não originários [688] salvo no concernente à eleição do Presidente da República (art. 125.º, hoje 122.º); elimina a ineligibilidade para este cargo dos parentes até ao 6.º grau dos Reis de Portugal [art. 74.º da Constituição de 1933, tal como o art. 40.º, alínea *b*), da Constituição de 1911]; veda discriminações entre filhos nascidos dentro e fora do casamento (art. 36.º, n.º 4); estabelece a regra de a trabalho igual salário igual [art. 53.º, alínea *a*), art. 59.º, alínea *a*), depois de 1982]; vem abolir os crimes subjetivamente militares (art. 218.º, depois 215.º e 213.º); assegura aos funcionários e agentes do Estado a plenitude dos direitos políticos (art. 270.º, n.º 2, depois 269.º, n.º 2), sem prejuízo do princípio da imparcialidade da Administração; indicia a extensão a eles dos direitos laborais; e proíbe a garantia administrativa (art. 271.º, n.º 1, *in fine*). Todavia, entre 1976 e 1982, a Constituição consentia distinções em detrimento dos latifundiários e grandes proprietários e empresários ou acionistas no tocante a indemnização por expropriações (art. 82.º, n.º 2) e até ao termo da 1.ª legislatura previa certas «incapacidades cívicas» de pessoas de confiança política do antigo regime (art. 308.º).

---

[685] Sobre o art. 13.º na Assembleia Constituinte, v. *Diário*, n.º 34, de 20 de agosto de 1975, págs. 907 e segs. Cfr. o princípio nos projetos de Constituição: art. 13.º, n.º 1, no projeto do Centro Democrático Social; arts. 20.º e 22.º no projeto do Movimento Democrático Português – Comissão Democrática Eleitoral; arts. 25.º e 26.º no projeto do Partido Comunista Português; art. 9.º no projeto do Partido Socialista; art. 15.º no projeto do Partido Popular Democrático.

[686] V., a título comparativo, a incumbência de «remoção de obstáculos» que impedem a igualdade no art. 3.º da Constituição italiana e no art. 9.º da Constituição espanhola.

[687] Sobre a promoção da igualdade «real» como tarefa do Estado, v. as posições contrastantes dos Deputados Pedro Roseta e António Vitorino aquando da segunda revisão constitucional, in *Diário da Assembleia da República*, v legislatura, 2.ª sessão legislativa, 2.ª série, n.º 61-RC, ata n.º 59, págs. 1909 e 1910-1911, e n.º 62-RC, ata n.º 60, págs. 1926-1927.

[688] Como fazia o art. 7.º da Constituição anterior.

CAPÍTULO II – PRINCÍPIOS COMUNS

A Constituição, no texto inicial, não continha a explicitação da igualdade de direitos de homens e mulheres por tal se entender desnecessário [689]. Dela logo resultava inadmissível, na verdade, qualquer *capitis deminutio* das mulheres quer no âmbito da família (art. 36.º, n.ºˢ 3, 5 e 6), quer na vida política (arts. 48.º e segs.), quer no trabalho (arts. 58.º e 59.º). Mas em 1997, como já se noticiou, entendeu-se, algo diferentemente, que o Estado devia promover a igualdade entre homens e mulheres [art. 9.º, alínea *h*)], em particular no acesso a cargos políticos [690].

II – A Constituição não se circunscreve a declarar o princípio de igualdade. Aplica-o, desde logo, a zonas mais sensíveis ou mais importantes na perspetiva da sua ideia de Direito. E daí um sistema bastante complexo e talvez demasiado ambicioso, em que se deparam decorrências puras e simples da igualdade jurídica, preceitos de diferenciação em função de diferenças de circunstâncias, imposições derivadas da igualdade social e discriminações positivas.

   a) São corolários imediatos do princípio da igualdade: a regra do sufrágio igual (art. 10.º, n.º 1); a proibição da privação de direitos por motivos políticos (arts. 26.º, n.º 4, e 53.º); a aplicação, ainda que retroativa, da lei penal de conteúdo mais favorável (arts. 29.º, n.º 4, e 282.º, n.º 3); a igualdade entre os cônjuges (art. 36.º, n.º 3), entre os filhos (art. 36.º, n.º 4) e quanto ao direito de resposta e de retificação (art. 37.º, n.º 4); o apoio não discriminatório à imprensa (art. 38.º, n.º 4); a atribuição aos concorrentes a eleições de tempos de antena regulares e equitativos (art. 40.º, n.º 3); a não privação de direitos e a não isenção de obrigações ou deveres cívicos por causa das convicções ou práticas religiosas (art. 41.º, n.º 2); a igualdade no acesso à função pública, em regra por via de concurso (art. 47.º, n.º 2), e no acesso aos cargos públicos (art. 50.º, n.º 1); a não discriminação no exercício da liberdade sindical (art. 55.º, n.º 2); a igualdade no acesso a quaisquer cargos, trabalhos ou categorias profissionais [art. 58.º, n.º 3, alínea *b*)] e quanto aos direitos dos trabalhadores (art. 59.º); o princípio a trabalho igual salário igual [art. 59.º, n.º 1, alínea *a*)]; o princípio da plenitude de direitos e deveres das pessoas portadoras de deficiência

[689] Cfr. o debate na Assembleia Constituinte, in *Diário*, n.º 34, de 20 de agosto de 1975, pág. 908.
[690] V. *Diário da Assembleia da República*, VII legislatura, 2.ª sessão legislativa, 1.ª série, n.ºˢ 94 e 99, reuniões de 15 e de 22 de julho de 1997, págs. 3368, 3377 e 3378 e 3648 e segs., respetivamente.

DIREITOS FUNDAMENTAIS

(art. 71.º); a igualdade de oportunidades e de tratamento das diversas candidaturas [art. 116.º, n.º 3, alínea *b)*]; não poderem os funcionários e agentes do Estado e de outras entidades públicas ser prejudicados ou beneficiados em virtude do exercício de quaisquer direitos políticos, nomeadamente por opção partidária (art. 269.º, n.º 2).

b) A Constituição institui, concomitantemente, distinções corresponden-tes a diferenças de situações: a atribuição, fora dos períodos eleitorais, aos partidos políticos e às organizações sindicais, profissionais e repre-sentativas de atividades económicas, bem como a outras organizações sociais de âmbito nacional de tempos de antena de acordo com a sua representatividade (art. 40.º, n.ºs 1 e 2); a proteção adequada dos repre-sentantes eleitos dos trabalhadores (art. 55.º, n.º 6); a especial proteção do trabalho das mulheres durante a gravidez e após o parto, bem como do dos menores e do dos diminuídos e das atividades particularmente violentas ou em condições insalubres, tóxicas ou perigosas [arts. 59.º, n.º 2, alínea *c)*, e 68.º, n.º 3]; a proteção das condições de trabalho dos trabalhadores emigrantes e dos trabalhadores-estudantes [art. 59.º, n.º 2, alíneas *e)* e *f)*]; a consideração da situação específica da propriedade dos trabalhadores emigrantes (art. 88.º, n.º 1); a representatividade elei-toral dos partidos nos órgãos baseados no sufrágio universal e direto (art. 114.º, n.º 1).

c) São imposições de igualdade social: não poder a justiça ser denegada por insuficiência de meios económicos (art. 20.º, n.º 1, 2.ª parte); as in-cumbências do Estado de criar condições para que não seja vedado ou limitado em função do sexo o acesso a quaisquer cargos, trabalhos ou categorias profissionais [art. 58.º, n.º 3, alínea *b)*] [691], de assegurar um serviço nacional de saúde tendencialmente gratuito, tendo em conta as condições económicas e sociais dos cidadãos [art. 64.º, n.º 5, alínea *a)*], de garantir o acesso de todos os cidadãos, independentemente da sua condição económica, aos cuidados da medicina preventiva, curativa e de reabilitação [art. 64.º, n.º 3, alínea *a)*], de adotar uma política tendente a um sistema de renda compatível com o rendimento familiar e ao acesso à habitação própria (art. 65.º, n.º 3), de promover a independência social e económica dos agregados familiares [art. 67.º, n.º 2, alínea *a)*], de pro-mover a democratização da educação e da cultura (art. 73.º, n.ºs 2 e 3),

---

[691] Como se verifica, o art. 58.º, n.º 3, alínea *b)*, encerra, ao mesmo tempo, uma regra precetiva e uma regra programática: por um lado, proíbe já, atual e incondicionalmente, quaisquer discriminações em função do sexo; por outro lado, impõe ao Estado a criação de condições para que haja efetiva igualdade entre homens e mulheres quanto ao direito ao trabalho.

CAPÍTULO II - PRINCÍPIOS COMUNS

de garantir a igualdade de oportunidades de acesso ao ensino e de êxito escolar (arts. 74.º, n.ᵒˢ 1 e 2, e 76.º, n.º 1), de corrigir as assimetrias existentes no país no domínio da ação cultural [art. 78.º, n.º 2, alínea *a*)], de operar as necessárias correções das desigualdades na distribuição da riqueza e dos rendimentos, nomeadamente através da progressividade do imposto sobre o rendimento pessoal [arts. 81.º, alínea *b*), 103.º e 104.º, n.ᵒˢ 1 e 3], de orientar o desenvolvimento económico e social no sentido de um crescimento equilibrado de todos os setores e regiões e de eliminar progressivamente as diferenças económicas e sociais entre a cidade e o campo [art. 81.º, alínea *d*)]; dever o ensino contribuir para superação de desigualdades económicas, sociais e culturais (art. 73.º, n.º 2); terem os planos de desenvolvimento económico e social por objetivo promover o desenvolvimento harmonioso de setores e regiões e a justa repartição individual e regional do produto nacional (art. 90.º); a criação de condições necessárias para se atingir a igualdade efetiva dos que trabalham na agricultura com os demais trabalhadores e para se evitar que o setor agrícola seja desfavorecido nas relações de troca com os outros setores [art. 93.º, n.º 1, alínea *c*)]; a correção das desigualdades derivadas da insularidade (art. 229.º, n.º 1); a correção das desigualdades entre autarquias locais do mesmo grau (art. 238.º, n.º 2, 2.ª parte).

III – Vale a pena relembrar os passos significativos subsequentes a 1974 no rumo da igualdade jurídica:

- O acesso da mulher à magistratura (Decreto-Lei n.º 251/74, de 12 de junho); à carreira diplomática (Decreto-Lei n.º 308/74, de 6 de Julho); e a cargos e funções de autoridade na administração local (Decreto-Lei n.º 492/74, de 27 de setembro);
- A supressão da diferença de estatuto dos cônjuges casados canonicamente, com a atribuição também a eles, da faculdade civil de requererem o divórcio (Protocolo Adicional à Concordata entre Portugal e a Santa Sé, de 15 de fevereiro de 1975, e Decreto-Lei n.º 261/75, de 27 de maio);
- A revogação do requisito de idade não inferior a 35 anos para o acesso à função pública (Decreto-Lei n.º 232/76, de 2 de abril) [692];

---

[692] V. também as Resoluções n.ᵒˢ 221/81, 263/81 e 32/82 do Conselho da Revolução, respetivamente, de 24 de outubro, de 22 de dezembro e de 19 de janeiro, precedendo pareceres da Comissão Constitucional (n.ᵒˢ 28/81, 33/81 e 5/82, de 6 de outubro, de 17 de novembro e de 26 de janeiro, in *Pareceres*, XVII, págs. 25 e segs. e 139 e segs., e XVIII, págs. 175 e segs., respetivamente).

DIREITOS FUNDAMENTAIS

- A revogação de disposições penais consagradoras de desigualdades quanto ao sexo (Decretos-Leis n.º 262/75 e n.º 474/76, de 27 de maio e de 16 de junho, respetivamente);
- A pronúncia no sentido da inconstitucionalidade da figura de chefe de família (parecer n.º 12/77 da Comissão Constitucional, de 28 de abril de 1977) [693];
- As alterações ao Código Civil, que firmaram a igualdade de estatuto familiar dos cônjuges, com eliminação do poder marital, e a igualdade de direitos dos filhos (Decreto-Lei n.º 486/77, de 15 de novembro);
- A promoção da igualdade de homem e mulher no trabalho e no emprego (Decreto-Lei n.º 392/79, de 20 de setembro, Decreto-Lei n.º 426/88, de 18 de novembro, Decreto-Lei n.º 166/91, de 9 de maio, e Lei n.º 105/97, de 13 de setembro)[694];
- A declaração de inconstitucionalidade das normas restritivas de capacidade dos cidadãos não originários e dos que readquiram a cidadania portuguesa (Resoluções n.ºs 321/79 e 132/81 do Conselho da Revolução, respetivamente de 15 de novembro e 22 de junho) [695];
- A declaração de inconstitucionalidade das normas de polícia administrativa que, prevendo «uma severa vigilância sobre os ciganos», acarretavam restrições aos seus direitos e liberdades (Resolução n.º 179/80 do Conselho da Revolução, de 2 de junho) [696];
- A eliminação, no novo regime da cidadania, de quaisquer diferenciações em razão do sexo e da filiação (Lei n.º 37/81, de 3 de outubro);
- A não exigência de atestado de «bom comportamento moral e civil» como requisito de atribuição ou de exercício de quaisquer direitos ou regalias (Decreto-Lei n.º 468/82, de 14 de dezembro);
- A extensão às confissões não católicas do direito de ensino religioso nas escolas públicas (Portarias n.ºs 333/86, 831/87 e 344-A/88, respetivamente de 2 de julho, 18 de outubro e 31 de maio, Despacho Normativo n.º 104/89, de 16 de novembro, e Decreto-Lei n.º 329/98, de 2 de novembro) [697];

---

[693] *Pareceres*, II, págs. 25 e segs.

[694] Comissão para a Igualdade e para os Direitos da Mulher, *A igualdade de género em Portugal*, Lisboa, 2003.

[695] Precedendo pareceres da Comissão Constitucional (n.º 30/79, de 16 de outubro, e n.º 14/81, de 26 de maio, in *Pareceres*, X, págs. 37 e segs., e XV, págs. 121 e segs.).

[696] Precedendo parecer da Comissão Constitucional (n.º 14/80, de 15 de maio, in *Pareceres*, XII, págs. 163 e segs.).

[697] Tudo na sequência do acórdão n.º 423/87 do Tribunal Constitucional, de 26 de outubro, in *Diário da República*, 1.ª série, n.º 273, de 26 de novembro de 1987.

CAPÍTULO II – PRINCÍPIOS COMUNS

- A declaração de inconstitucionalidade da norma da alínea *b)* do n.º 1 da base XIX da Lei n.º 2127, de 3 de agosto de 1965, por estabelecer discriminações entre viúvos e viúvas (favorecendo estas), quando beneficiários legais de vítimas de acidentes de trabalho (entre outros, acórdão n.º 191/88 do Tribunal Constitucional, de 20 de setembro [698]);
- A consideração pelo Código das Expropriações (aprovado pelo Decreto-Lei n.º 438/91, de 9 de novembro), em seguimento de jurisprudência constitucional [699], para efeito de cálculo do valor da indemnização por expropriação por utilidade pública, de critérios adequados à efetiva restauração da situação patrimonial do expropriado, seja o solo destinado a construção ou a outros fins (arts. 25.º e 26.º);
- A explicitação do princípio da igualdade substancial das partes em processo civil (art. 3.º-A do Código aprovado pelo Decreto-Lei n.º 180/98, de 25 de setembro).
- A prevenção e a proibição de discriminação racial (Lei n.º 134/99, de 28 de agosto);
- A consagração da plena igualdade de direitos individuais e coletivos de liberdade religiosa (Lei n.º 16/2001, de 22 de junho);
- O estabelecimento de medidas contra a discriminação racial ou étnica (Lei n.º 18/2004, de 11 de maio);
- A referência à orientação sexual como um dos fatores explícitos de discriminação ou de privilégios proibidos no art. 13.º, n.º 2 (Lei Constitucional n.º 1/2004, de 24 de setembro);
- A proibição de discriminação em razão de deficiência e de riscos agravados de saúde (Lei n.º 42/2006, de 28 de agosto);
- A proibição de discriminação em função do sexo no acesso a bens e serviços (Lei n.º 14/2008, de 12 de março).

76. Sentido da igualdade

I – A análise do princípio da igualdade tem de assentar em três pontos firmes, acolhidos quase unanimemente pela doutrina e pela jurisprudência.

São eles:

---

[698] *Diário da República*, 1.ª série, n.º 231, de 6 de outubro de 1988. A Lei n.º 22/92, de 14 de agosto, alterou a Lei n.º 2127, na linha da jurisprudência constitucional.

[699] V., por exemplo, acórdão n.º 52/90, de 7 de março, in *Diário da República*, 1.ª série, n.º 75, de 30 de março de 1990.

DIREITOS FUNDAMENTAIS

a) Que igualdade não é identidade e igualdade jurídica não é igualdade natural ou naturalística;

b) Que igualdade significa intenção de racionalidade e, em último termo, intenção de justiça;

c) Que a igualdade não é uma «ilha», encontra-se conexa com outros princípios, tem de ser entendida – também ela – no plano global dos valores, critérios e opções da Constituição material[700].

II – O sentido primário do princípio é negativo: consiste na vedação de privilégios e de discriminações. «Ninguém pode ser privilegiado, beneficiado, prejudicado, privado de qualquer direito ou isento de qualquer dever...»[701].

Privilégios são situações de vantagem não fundadas e discriminações situações de desvantagem. Pressuposto, conexamente, o princípio da universalidade, privilegiadas são pessoas com direitos não atribuídos às demais pessoas ou às pessoas na mesma situação. Discriminadas são as pessoas a que não são conferidos os direitos atribuídos ao conjunto das pessoas ou a quem são impostos deveres, ónus, encargos não impostos às outras pessoas.

Não se trata, de resto, apenas de proibir discriminações. Trata-se também de proteger as pessoas contra discriminações (como diz o art. 26.º, n.º 1, *in fine*, introduzido em 1997 e que reproduz quase *ipsis verbis* o art. 7.º, 2.ª parte, da Declaração Universal); de as proteger contra o arbítrio, se necessário por via penal[702][703] e, eventualmente, com direito a reparação à face dos princípios gerais de responsabilidade.

III – O n.º 2 do art. 13.º da Constituição portuguesa (tal como o art. 5.º, *caput*, da Constituição brasileira) é uma cláusula aberta, embora não mera cláusula aberta absoluta.

---

[700] Um exemplo: a proibição de extradição quando ao crime corresponda pena de morte segundo o direito do Estado requisitante (como dispõe o art. 33.º, n.º 6) pode acarretar desigualdade; mas prevalece a finalidade de proteção da vida humana.

[701] O Código do Trabalho distingue discriminação direta e discriminação indireta (art. 23.º, n.º 1).

[702] Cfr. art. 240.º do Código Penal.

[703] Cfr., sobre a prática do racismo, o art. 5.º-XLII da Constituição brasileira.

CAPÍTULO II – PRINCÍPIOS COMUNS

Para além dos fatores de desigualdade enunciados – os mais flagrantemente recusado pela convivência jurídica geral [704] – há ou pode haver outros insuscetíveis de determinar privilégios e discriminações. Mas nem todas as diferenciações são vedadas. São legítimas diferenciações, sem serem discriminações, quando objetivamente escouradas em razões materiais [705] [*v. g.*, a exigência de grau elevado de robustez física para atividades particularmente violentas ou em condições insalubres, tóxicas ou perigosas a que se refere o art. 59.º, n.º 2, alínea *c*), 2.ª parte, ou a exigência de licenciatura em Direito para a inscrição na Ordem dos Advogados].

IV – Mais complexo vem a ser o sentido positivo:

a) Tratamento igual de situações iguais (ou tratamento semelhante de situações semelhantes);

b) Tratamento desigual de situações desiguais, mas substancial e objetivamente desiguais – «impostas pela diversidade das circunstâncias ou pela natureza das coisas» [706] – e não criadas ou mantidas artificialmente pelo legislador [707];

c) Tratamento em moldes de proporcionalidade de situações iguais ou desiguais [708] – ou seja, sem sacrifícios excessivos e sem satisfação excessiva de qualquer sujeito;

[704] Cfr. os elencos de fatores do art. 2.º da Declaração Universal, dos arts. 2.º dos Pacto Internacional de Direitos Económicos, Sociais e Culturais e dos Direitos Civis e Políticos, do art. 14.º da Convenção Europeia, do n.º 1 da Convenção Americana e do art. 21.º da Carta dos Direitos Fundamentais da União Europeia.

[705] Ou, como diz CELSO ANTÓNIO BANDEIRA DE MELO (*op. cit.*, pág. 24), quanto exista um vínculo de correlação lógica entre a peculiariedade diferencial acolhida, por residente no objeto, e a desigualdade de tratamento em face dela firmada, desde que tal correlação não seja incompatível com interesses protegidos na Constituição. Cfr. J. J. GOMES CANOTILHO e VITAL MOREIRA, *Constituição da República Portuguesa Anotada*, I, 4.ª ed., Coimbra, 2010, págs. 340 e 341.

[706] Art. 5.º da Constituição de 1933 (v. JOSÉ DE OLIVEIRA ASCENSÃO, *A violação da garantia constitucional da propriedade por disposição retroactiva*, Porto, 1974, pág. 34). Antecedentes: art. 9.º da Constituição de 1822 e art. 20.º, § único, da Constituição de 1838.

[707] O núcleo imperativo da igualdade de tratamento consubstancia-se no teste da universalizibilidade ou generalizabilidade da *ratio decidendi* (ANTÓNIO BARBOSA DE MELO, *Introdução às formas de concertação social*, Coimbra, 1984, pág. 52).

[708] Cfr. FERNANDO ALVES CORREIA, op. cit., págs. 441 e segs.; DAVID DUARTE, *Procedimentalização, participação e fundamentação: uma concretização do princípio da imparcialidade*

DIREITOS FUNDAMENTAIS

d) Tratamento das situações não apenas como existem mas também como *devem existir*, de harmonia com os padrões da Constituição material (acrescentando-se, assim, uma componente ativa ao princípio e fazendo da igualdade perante a lei uma verdadeira igualdade *através da lei*) [709].

V – Há quem entenda que o princípio se realiza como direito subjetivo específico e autónomo, seja de natureza defensiva, seja de natureza positiva ou ainda de natureza corretiva [710].

Não parece. Não se vislumbra como possa considerar-se tal direito desprendido dos direitos fundamentais em especial. O que está em causa sempre é o modo como o princípio vem a ser ou não respeitado aquando do tratamento dado a qualquer pessoa no tocante a este ou àquele direito.

O há pouco referido art. 26.º, n.º 1, *in fine*, consagrando o direito à proteção legal contra quaisquer formas de discriminação corrobora-o. Senão, não se teria necessidade de o acrescentar.

Seja este direito à proteção entendido como garantia ou como direito *stricto sensu*, ele possui uma dupla dimensão, positiva e negativa. Dimensão positiva: dever do Estado de editar providências legislativas, administrativas e jurisdicionais que impeçam diferenciações de tratamento das pessoas não fundadas constitucionalmente e que promovam tratamentos não discriminatórios. Dimensão negativa: vedação ou invalidade de normas que prevejam discriminações [711].

---

administrativa como critério decisório, Coimbra, 1996, pág. 321; J. J. GOMES CANOTILHO, Direito ..., cit., págs. 426 e segs. e 1298; MIGUEL NOGUEIRA DE BRITO, *op. cit.*, *loc. cit.*, págs. 120 e 131; CARLOS BLANCO DE MORAIS, *Curso* ..., II, cit., págs. 728 e segs.

[709] Assim, acórdão n.º 95 da Comissão Constitucional, de 6 de abril de 1978 (in *Boletim do Ministério da Justiça*, n.º 277, junho de 1978, págs. 97 e segs.).

[710] J. J. GOMES CANOTILHO e VITAL MOREIRA, *Constituição*..., I, cit., pág. 337. Também já LOPES PRAÇA (*Estudos sobre a Carta Constitucional e o Acto Adicional de 1852*, I, Coimbra, 1878, págs. 133 e segs.) autonomizava o "direito de igualdade". Cfr. a colocação do problema por VITALINO CANAS, *O Princípio* ..., CIT., PÁGS. 1128 E SEGS.

[711] Aqui concordamos com J. J. GOMES CANOTILHO e VITAL MOREIRA, *op. cit.*, I, págs. 46 e segs.; e com JORGE PEREIRA DA SILVA, *Deveres do Estado*..., cit., págs. 377 e segs. Cfr. a anotação de RUI MEDEIROS e ANTÓNIO CORTÊS, in *Constituição*..., I, pág. 630.

CAPÍTULO II – PRINCÍPIOS COMUNS

VI – A verificação, em qualquer caso, se existe tratamento igual ou desigual implica – como a jurisprudência e a doutrina reconhecem – um processo de comparação – entre as situações ou as categorias em presença em face de um *tertium comparationis*.[712] Tudo está em definir este com objetividade, à luz da Constituição.

Apenas tendo por referência a jurisprudência portuguesa, logo no seu primeiro parecer [713], a Comissão Constitucional afirmou que "a semelhança nas situações de vida nunca pode ser total: o que importa é distinguir quais os elementos de semelhança que têm de registar-se – para lá dos inevitáveis elementos diferenciadores – para que duas situações devam dizer-se semelhantes em termos de merecerem o mesmo tratamento jurídico. – Só que a solução deste problema já não poderá achar-se na base de critérios puramente formais".

O Tribunal Constitucional continuaria nessa linha, enriquecendo-a.

"O princípio da igualdade não só autoriza como pode exigir desigualdades de tratamento, sempre que, por motivo de situações diversas, um tratamento igual conduzisse a resultados desiguais" [714].

"A ausência de um critério de medida impõe ao intérprete um processo de reconstrução do conceito de igualdade inserido nos valores do ordenamento constitucional no seu conjunto. Processo esse que assenta na natureza relacional do próprio conceito, quer por força da perspetiva da sua evolução histórica, quer em virtude da diversidade das suas manifestações concretas" [715].

"Não basta a mera identificação de uma discriminação fundada num dos títulos especificamente referenciados no n.º 2 do art. 13.º da Constituição como vedando o estabelecimento de privilégios, benefícios ou prejuízos, para desde logo concluir pela ilegitimidade constitucional de tal discriminação. É que o princípio constitucional da igualdade não diz, ele próprio, o que é igual, apenas determina que o que é igual seja tratado igualmente, pelo que o que não é igual deva ser também tratado de forma desigual. Sendo, por isso, não tanto um princípio dotado de sentido absoluto, mas antes um conceito que carece de integração numa perspetiva histórica e relacional.

(...)

---

[712] Cfr. MARIA DA GLÓRIA GARCIA, *op. cit.*, págs. 15 e 16.

[713] Parecer n.º 1/76, de 14 de dezembro de 1976, in *Pareceres*, I, pág. 11.

[714] Acórdão n.º 126/84 do Tribunal Constitucional, de 12 de dezembro, in *Diário da República*, 2.ª série, de 11 de março de 1985, pág. 2304. Cfr., recentemente, acórdão n.º 69/2008, de 31 de janeiro, *ibidem*, 2.ª série, de 4 de julho de 2008.

[715] Acórdão n.º 400/91, de 30 de outubro, *ibidem*, 1.ª série-A, de 15 de novembro de 1991.

DIREITOS FUNDAMENTAIS

"Enquanto conceito relacional, a medida do que é igual e deva ser tratado como igual depende da matéria a tratar e do ponto de vista de quem estabelece a comparação, em termos de determinar quais são os elementos essenciais e os não essenciais num juízo acerca da admissibilidade ou inadmissibilidade de soluções jurídicas dissemelhantes e eventualmente mesmo discriminatórias. Ou seja, quando é que duas situações reais da vida são equiparáveis, quando as similitudes entre elas sobrelevam das diferenças e, por isso, o juízo de valor sobre a materialidade que lhes serve de suporte conduz à necessidade de um igual tratamento jurídico [716].

VII – Por certo, a igualdade não se reconduz a proporcionalidade [717]. Mas, como também a jurisprudência portuguesa tem assinalado desde há muito (e não apenas recentemente), tem de ser uma igualdade proporcional e valorativa e qualquer diferenciação tem de assentar numa fundamentação material, racional, objetiva.

Conforme se lê em acórdão da Comissão Constitucional [718]: "O princípio da igualdade não se reduz a uma pura dimensão *formal* – a uma mera igualdade «perante» a lei – traduzida na simples imparcialidade da aplicação desta, qualquer que seja o seu conteúdo: assume, bem mais do que isso, uma dimensão *material*, que se impõe ao próprio legislador, e exige assim uma verdadeira igualdade «da» lei... Entendido nestes termos, põe o princípio da igualdade o problema de saber o que em determinado tipo de situações ou para determinados efeitos deve ser considerado igual, ou seja, a prévia identificação dos elementos ou fatores que em cada caso devem ter-se como relevantes ou irrelevantes para esse juízo. (...) O índice ou sinal mais claro e decisivo do arbítrio que vem de referir-se haverá entretanto de estar «na *desproporção ou inadequação* da regulamentação legal à situação fática a que quer bastar-se com a simples consideração dos factos, porque leva pressuposto, enquanto apreciação valorativa que é, o recurso a determinados padrões normativos, indissociáveis, aliás, de uma certa carga histórica. É assim

---

[716] Acórdão n.º 231/94, de 9 de março, *ibidem*, 1.ª série-A, de 28 de abril de 1994, págs. 2056 e 2057. V., também, por exemplo, acórdão n.º 184/2008, de 12 de março, *ibidem*, 1.ª série, de 22 de abril de 2008.

[717] Cfr., por todos, VITALIANO CANAS, *Proporcionalidade (princípio da)*, in *Dicionário Jurídico da Administração Pública*, VI, 1990, págs. 603 e segs.; ou a declaração de voto da Juíza Maria de Fátima Mata Mouros, in acórdão n.º 413/2014, de 30 de maio, in *Diário da República*, 1.ª série, de 26 de junho de 2014, págs. 3486 e segs.

[718] Acórdão n.º 458, de 25 de novembro de 1982, in *Boletim do Ministério da Justiça*, n.º 325, abril de 1983, págs. 335 e 336.

CAPÍTULO II – PRINCÍPIOS COMUNS

que em tal juízo hão de confluir as conceções de justiça que integram a ideia de direito, a própria consciência jurídica comunitária, e ainda «a ordem dos valores jurídico-constitucionalmente protegidos» (ou seja, os valores – políticos e jurídicos – para além do valor, em si, da igualdade, que a Constituição ergue ao seu plano de ordenação fundamental e integradora da comunidade)".

Quanto ao Tribunal Constitucional:

"A igualdade não deve ser entendida apenas no sentido de tornar ilícitas as discriminações infundadas ou arbitrárias (interpretação esta que não pode adotar-se sem mais); a regra do art. 13.º tem de ser qualificada e «lida» através de (e à luz de) outras disposições constitucionais que seguramente estabelecem preferências em caso de conflitos de interesses ou que hierarquizam de certa maneira direitos e interesses" [719].

"A igualdade não é, porém, igualitarismo. É, antes, igualdade proporcional. Exige que se tratem por igual as situações substancialmente iguais e que, a situações substancialmente desiguais, se dê tratamento desigual, mas proporcionado: a justiça, como princípio objetivo, "reconduz-se na sua essência, a uma ideia de igualdade, no sentido de proporcionalidade" acentua Rui de Alarcão (*Introdução ao Estudo do Direito*, Coimbra, lições policopiadas de 1972, p. 29).

"O princípio da igualdade não proíbe, pois, que a lei estabeleça distinções. Proíbe, isso sim, o arbítrio; ou seja proíbe as diferenciações de tratamento sem fundamento material bastante, que o mesmo é dizer sem qualquer justificação razoável, segundo critérios de valor objetivo, constitucionalmente relevantes" [720].

"A ideia de proibição do arbítrio não esgota o sentido dirigente do princípio da igualdade, pois que dele também decorre que nem todas as discriminações, mesmo que dotadas de um «título habilitador», são, só por isso, admissíveis. Com efeito, se igualdade não corresponde a uniformidade, antes postulando o tratamento igual do que é igual e tratamento distinto de situações em si mesmas diversas, ela constitui um limite impostergável da própria medida de discriminação consentida, exigindo que haja uma razoável relação de adequação e proporcionalidade entre os fins prosseguidos pela norma e a concreta discriminação por ela introduzida" [721].

---

[719] Acórdão n.º 14/84 do Tribunal Constitucional, de 8 de fevereiro, in *Diário da República*, 2.ª série, de 10 de maio de 1984, pág. 4189.

[720] Acórdão n.º 39/88 do Tribunal Constitucional, de 9 de fevereiro (5.3.), *ibidem*, 1.ª série, de 3 de março de 1988, pág. 753.

[721] Acórdão n.º 806/93 do Tribunal Constitucional, de 30 de novembro, *ibidem*, 2.ª série, de 29 de janeiro de 1994, págs. 885 e 885-886. V. também, por exemplo, acórdão n.º 270/2009, de 27 de maio, *ibidem*, 2.ª série, de 7 de julho de 2009, pág. 26.448.

DIREITOS FUNDAMENTAIS

"Aferir da igualdade/desigualdade entre duas situações não passa apenas pela sua consideração isolada, antes é, sobretudo, um trabalho de ponderação dos valores que estão subjacentes à disciplina legal de cada uma delas e da sua harmonização. A igualdade desejada pela Constituição é, assim, uma igualdade proporcional e não uma igualdade matemática" [722].

"O princípio da igualdade (...) proíbe diferenciações de tratamento, salvo quando estas, ao serem objetivamente justificadas por valores constitucionalmente relevantes, se revelem racional e razoavelmente fundadas. Tal proibição não alcança assim as discriminações positivas, em que a diferenciação de tratamento se deve ter por materialmente fundada ao compensar desigualdades de oportunidades. Mas deve considerar-se que inclui ainda as chamadas «discriminações indiretas», em que, e sempre sem que tal se revele justificável de um ponto de vista objetivo, uma determinada medida, aparentemente não discriminatória, afete negativamente em maior medida, na prática, uma parte individualizável e distinta do universo de destinatários a que vai dirigida" [723].

"Nessa medida – e sempre que se não verifiquem os sinais indiciadores de existência de discriminações proibidas, previstas no n.º 2 do artigo 13.º da Constituição – o juiz só deve proferir juízos de inconstitucionalidade em caso de *inexistência de qualquer relação entre o fim prosseguido pela lei e as diferenças de regimes que, por causa desse fim, a própria lei estatui*, isto é, em caso de *ausência de qualquer elo de adequação objetiva e racionalmente comprovável entre a* ratio *das escolhas legislativas e as diferenças estabelecidas pelo legislador*. Do que se disse resulta que o legislador ordinário detém uma certa margem de liberdade de atuação, permitindo-lhe a Constituição efetuar diferenciações de tratamento, desde que estas sejam material e racionalmente fundadas" [724].

"A igualdade é uma igualdade proporcional, pelo que a desigualdade justificada pela diferença não está imune a um juízo de diferenciação. A dimensão da desigualdade de tratamento tem que ser proporcionada às razões que justificam esse tratamento desigual, não podendo revelar-se excessiva" [725].

---

[722] Acórdão n.º 367/99 do Tribunal Constitucional, de 16 de junho, *ibidem*, 2.ª série, de 9 de março de 2010, pág. 4650.

[723] Acórdão n.º 232/2003 do Tribunal Constitucional, de 13 de maio, in *Diário da República*, 1.ª série-A, de 17 de junho de 2003, pág. 3527.

[724] Acórdão n.º 184/2008 do Tribunal Constitucional, de 12 de março, *ibidem*, 1.ª série, de 22 de abril de 2008, págs. 2368 e 2369.

[725] Acórdão n.º 353/2012, de 12 de julho (n.º 5), *ibidem*, 1.ª série, de 20 de julho de 2012. Realçam também a necessidade, para a abertura de distinções, de um fundamento material bastante ou de uma justificação razoável e objetiva, designadamente os acórdãos n.os 202/99, de 6 de abril de 1999, *ibidem*, 2.ª série, de 6 de fevereiro de 2001; 187/2001, de 2 de março, *ibidem*,

CAPÍTULO II – PRINCÍPIOS COMUNS

VIII – Sujeitos ativos, interessados no princípio são todos os portadores de interesses próprios em relação.

Não obstante o art. 13.º da Constituição, retomando as fórmulas oitocentistas, falar em igualdade dos cidadãos, é óbvio que o princípio não pode deixar de se projetar sobre as pessoas coletivas e sobre os grupos não personalizados [726]. As regras sobre tempo de antena e sobre igualdade das candidaturas [arts. 40.º e 113.º, n.º 3, alínea b)] são disso mesmo afloramentos. E, inclusive, projeta-se nas relações entre entidades públicas e privadas [727].

Por outro lado, o princípio rege não apenas as relações dos cidadãos com o Estado ou no âmbito da comunidade política em geral mas também as relações das pessoas singulares no interior de quaisquer instituições, associações ou grupos. Não teria sentido que a igualdade – como os demais valores jurídicos – tivesse relevância frente ao Estado e não também frente a quaisquer sociedades menores ou a quaisquer grupos em que as pessoas se encontrem inseridas (sejam os sócios nas associações, os militantes nos partidos, os trabalhadores nas empresas ou nos sindicatos, etc.). O que poderá variar será o modo de garantir a sua observância ou o modo de a articular com outros princípios.

IX – O princípio da igualdade vale também para as entidades públicas. Não pode haver discriminações ou situações de vantagem não fundadas entre municípios, entre Universidades públicas, entre ordens profissionais, etc.

Tal como vale nas posições recíprocas de comunidades ou populações em face de interesses difusos (acesso à água, saneamento básico, transporte, etc.).

E como igualdade material encontra-se subjacente à correção de desigualdades derivadas de insularidade [arts. 9.º, alínea g) e 229.º, n.º 1] e à justa repartição dos recursos públicos pelo Estado e pelas autarquias locais

---

2.ª série, de 26 de julho de 2001; 406/2003, de 17 de setembro (n.º 26), *ibidem*, 1.ª série, de 24 de outubro de 2003; 486/2003, de 21 de outubro, *ibidem*, 2.ª série, de 28 de fevereiro de 2004; 96/2005, de 23 de fevereiro (n.º 6), *ibidem*, 2.ª série, de 31 de março de 2003; 360/2005, de 6 de julho, *ibidem*, 2.ª série, de 3 de novembro de 2005;187/2013, de 5 de abril, *ibidem*, 1.ª série, de 22 de abril de 2013; 413/2014, de 30 de maio (n.º 97), *ibidem*, 1.ª série, de 26 de julho de 2014; 574/2014, de 14 de agosto (14.3.), *ibidem*, 1.ª série, de 3 de setembro de 2014.

[726] A Constituição espanhola (art. 9.º) alude expressamente a igualdade dos indivíduos e dos *grupos*.

[727] Cfr. o acórdão n.º 241/97, de 12 de março, in *Diário da República*, 2.ª série, de 15 de maio de 1997.

DIREITOS FUNDAMENTAIS

e à necessária correção de desigualdades entre autarquias do mesmo grau (art. 238.º, n.º 2).

77. Igualdade e lei

I – Igualdade perante a lei não é igualdade exterior à lei. É, antes de tudo, igualdade *na* lei. Tem por destinatários, desde logo, os próprios órgãos de criação do Direito.

Esta lei pode ser lei de revisão constitucional. Ainda que o princípio da igualdade não conste (pelo menos, diretamente) do art. 288.º, tem de reputar-se bem mais definidor e estruturante do sistema jurídico-constitucional do que alguns dos princípios aí mencionados: ele é um limite material *implícito* da revisão constitucional e a sua preterição acarretaria uma derrogação ou quebra inadmissível [728].

Todavia, na prática, os problemas põem-se, sobretudo e constantemente, a propósito da legislação ordinária. Toda a lei ordinária deve obedecer ao princípio, tanto nas suas precipitações imediatas de igualização e diferenciação como no seu conteúdo geral. E a lei deve não tanto enquadrar-se silogisticamente nos comandos da Constituição quanto adstringir-se aos seus fins.

II – O princípio da igualdade aparece estruturalmente ligado à generalidade da lei.

Pode haver normas dirigidas a uma só pessoa – o titular de um órgão singular (Presidente da República, Provedor de Justiça, etc.) – e nem por isso são destituídos de generalidade, porque de aplicação a todos quantos, sucessivamente, venham a desempenhar essas funções.

III – Para se julgar da constitucionalidade das normas legais há que apurar, por conseguinte, quer os critérios da lei ordinária quer os da lei constitucional. O órgão de fiscalização da constitucionalidade terá de os procurar com rigor, utilizando todo o arsenal de interpretação e construção de que dispõe.

---

[728] V. *Manual...*, II, cit., págs. 251 e segs.

CAPÍTULO II – PRINCÍPIOS COMUNS

Por certo, haverá que respeitar a liberdade de conformação do legislador e que atender às transformações socioculturais e às precompreensões. Mas essa liberdade, além de variável consoante as normas constitucionais a que se reporta, não pode sobrepor-se, em caso algum, aos princípios constitucionais materiais. O desvio de poder legislativo tem um campo fértil nas infrações do princípio da igualdade [729].

O arbítrio, a desrazoabilidade da solução legislativa, a sua inadequação ou desproporção revelam (insista-se), de forma mais flagrante, a preterição. Não esgotam o objeto do juízo a cargo do órgão de controlo. Este terá ainda de, positivamente, verificar se a diferença de tratamento se conforma com os valores, as balizas e as metas constitucionais [730].

IV – Se houver duas normas ou duas leis a estabelecer tratamento desigual para duas situações iguais, qual das duas deverá considerar-se ferida de inconstitucionalidade? Parece haver que distinguir algumas hipóteses básicas:

a) Se até certa altura a lei não fizer aceção de situações ou de pessoas e, depois, vier nova lei abrir diferenciações não fundadas, esta lei será inconstitucional e continuará a aplicar-se a preexistente [731];

b) Se a lei originariamente estabelecer diferenciação de situações ou de pessoas, aplicar-se-á a todas as situações e pessoas a disposição mais favorável ou a que melhor se integrar no espírito do sistema jurídico-constitucional [732];

---

[729] Sobre desvio de poder legislativo, cfr. JORGE MIRANDA, *Fiscalização da constitucionalidade*, cit., págs. 44 e segs., e autores citados.

[730] Cfr. FERNANDO ALVES CORREIA, *op. cit.*, págs. 404 e segs.; J. J. GOMES CANOTILHO, *Direito...*, cit., págs. 428 e segs.; MARIA DA GLÓRIA GARCIA, *Estudos...*, cit., págs. 52 e segs. E, na doutrina doutros países, por todos, ANTONIO S. AGRÒ, comentário ao art. 3.º da Constituição italiana, in *Commentario alla Costituzione a cura di Giuseppe Branca – Principi Fondamentali*, Bolonha-Roma, 1975, págs. 3 e segs.; ou OLIVIER JOUANJAN, *op. cit.*, págs. 263 e segs.

[731] V., por exemplo, acórdão n.º 251/92 do Tribunal Constitucional, de 1 de julho, in *Diário da República*, 2.ª série, de 27 de outubro de 1992.

[732] Cfr. acórdãos n.ºs 449/87 e n.º 12/88 do Tribunal Constitucional, de 18 de novembro e de 12 de janeiro, *ibidem*, 2.ª série, de 19 de fevereiro de 1988, e 1.ª série, de 30 de janeiro de 1988, respetivamente.

DIREITOS FUNDAMENTAIS

c) Sem prejuízo da auto-revisibilidade do sistema legsialtivo, a mesma solução seguir-se-á, em princípio, quando, acaso, houver sucessão de leis com diferenciações também não fundadas [733].

Nas hipóteses b) e c) podem ser produzidas as chamadas sentenças aditivas, em que a inconstitucionalidade não reside tanto naquilo que a norma preceitua quanto naquilo que ela não preceitua, acha-se na norma (mais favorável) na medida em que *não contém tudo quanto deveria conter* para responder aos imperativos da Constituição; e em que o órgão de fiscalização acrescenta esse elemento que falta [734].

Este entendimento é criticado por RUI MEDEIROS, por implicar «decisões modificativas» do Tribunal Constitucional – vale dizer, decisões através das quais se transforma o significado da lei e não, simplesmente, se elimina uma das suas partes [735], Ora, a modificação da lei não seria vinculativa para o tribunal *a quo* (embora restringisse a sua liberdade), nem beneficiaria, em fiscalização abstrata sucessiva, de força obrigatória geral [736] (págs. 464 e segs.); e brigaria com os princípios democrático e da separação de poderes [737], podendo fazer do Tribunal uma espécie de «superpotência» [738] em detrimento dos tribunais e do legislador [739].

Embora reconhecendo a necessidade de divisas muito estreitas [740] e embora reconhecendo a sua, porventura, menor adequação aos direitos económicos, sociais e culturais, por causa dos condicionamentos a estes inerentes [741], não vemos, porém, como recusar esse tipo de decisões perante discriminações ou diferenciações infundadas, frente às quais a extensão do regime mais favorável se oferece, simultaneamente, como a decisão mais económica e a mais próxima dos valores constitucionais. Há imperativos materiais que se sobrepõem a considerações organico-funcionais.

---

[733] Cfr. o acórdão n.º 563/96, de 10 de abril, *ibidem*, 1.ª série-A, n.º 114, de 16 de maio de 1996.

[734] *Manual...*, VI, cit., pág. 92.

[735] *A decisão de inconstitucionalidade*, Lisboa, 1998, pág. 457.

[736] *Ibidem*, págs. 478 e segs.

[737] *Ibidem*, págs. 480 e segs.

[738] *Ibidem*, pág. 449.

[739] *Ibidem*, págs. 449 e segs.

[740] Como as sugeridas por VITALINO CANAS, *Introdução às decisões de provimento do Tribunal Constitucional*, 2.ª ed., Lisboa, 1994, págs. 95 e segs. e 104.

[741] Como, aliás, refere RUI MEDEIROS (*op. cit.*, págs. 505 e segs.).

CAPÍTULO II - PRINCÍPIOS COMUNS

O Tribunal Constitucional não se comporta aqui como legislador, pois que não age por iniciativa própria, nem segundo critérios políticos; age em processo instaurado por outrem e como órgão também comprometido com a realização da Lei Fundamental. E nem se invoque *a contrario* o art. 283.º [742] como sinal de preferência pelo legislador, porquanto este preceito se reporta a normas constitucionais não exequíveis por si mesmas ou programáticas e as «decisões modificativas» parecem pressupor normas exequíveis. Quanto a estas decisões terem apenas eficácia para o caso concreto, isso decorre do próprio sistema de fiscalização [743].

V – *d)* Em caso de omissão legislativa parcial (*v. g.*, por, quanto a uma norma não exequível por si mesma ou de proteção de direitos fundamentais, a lei só conferir exequibilidade ou proteção a certo direito relativamente a certa pessoa ou categoria de pessoas, e não relativamente a todas as abrangidas pela norma constitucional), tudo estará não em paralisar a concretização já alcançada, mas em procurar obter, por meio dos mecanismos de fiscalização da inconstitucionalidade por omissão, por ténues que sejam (art. 283.º), o suprimento da omissão; só, no limite, quando se tiverem criado verdadeiros privilégios ou discriminações arbitrários, deverá ser julgada inconstitucional a lei [744].

Nesta hipótese, como em quaisquer outras em que se encontrem privilégios ou discriminações, o legislador tem um verdadeiro dever de repor a igualdade [745].

RUI MEDEIROS critica também a opção pela inconstitucionalidade por omissão quando não sejam viáveis as decisões modificativas [746]. Ela seria mais gravosa para o princípio da constitucionalidade do que aquela que resultasse de uma declaração de inconstitucionalidade com força obrigatória geral, acompanhada de limitação de efeitos *in futuro* por um período mais ou menos curto, ou de

---

[742] RUI MEDEIROS, *ibidem*, págs. 497 e segs.

[743] Cfr. VITALINO CANAS, *op. cit.*, pág. 97.

[744] Sobre princípio de igualdade e omissões legislativas, cfr. já COSTANTINO MORTATI, *Appunti per uno studio sui rimedi giurisdizionali contro comportamenti ommissivi del legislatore*, in *Scritti*, III, Milão, 1972, págs. 979 e segs.

[745] Assim, JORGE PEREIRA DA SILVA, *Dever de legislar e protecção judicial contra omissões legislativas*, Lisboa, 2003, págs. 77 e segs.

[746] *A decisão...*, cit., págs. 511 e segs.

DIREITOS FUNDAMENTAIS

mera declaração de incompatibilidade [747], e acabaria por permitir perpetuar as desigualdades [748].

Sim, é patente a debilidade do instituto do controlo da inconstitucionalidade por omissão [749]; assim como não é de ignorar o perigo, enfatizado por JÓNATAS MACHADO [750], de os direitos de grupos minoritários ficarem à mercê de grupos maioritários. Mas a experiência não tem, felizmente, comprovado tais argumentos: por exemplo, na sequência do acórdão n.º 423/87, logo o poder político se empenhou em corrigir as desigualdades entre as confissões religiosas tudo culminando na lei de liberdade religiosa de 2001. Quanto aos direitos das minorias, tudo se reconduz, em qualquer situação, a se assumirem e se efetivarem os princípios democráticos da Constituição.

Justifica-se continuar a deslindar omissão legislativa parcial e violação do princípio da igualdade. E nem por não poder o Tribunal Constitucional descobrir logo norma concretizadora apta a abranger todas as situações e categorias de pessoas, cabe logo passar a uma decisão de inconstitucionalidade por ação. O princípio da igualdade não deve ser visto só pela negativa: se os direitos ou os benefícios em causa são legítimos (esse o ponto nuclear), tudo está em atribuí-los por igual, logo que verificada a desigualdade em certa circunstância.

De resto, para lá de eventuais efeitos perturbadores no tecido social da declaração de inconstitucionalidade, restaria perguntar se a restrição de efeitos para o futuro não viria, na prática, a pouco se distinguir da linha até agora adotada em Portugal e noutros países, sem satisfazer, de imediato, as aspirações das minorias. Talvez seja mais forte a pressão sobre o legislador no caso de declaração de inconstitucionalidade, mas nada garante à partida que um almejado breve período não se vá prolongando por meses e anos.

Fenómeno diferente vem a ser o da sucessão de lei especial e lei geral. Esta, de ordinário, não revoga aquela (art. 7.º, n.º 3, do Código Civil). Mas, se se considerar que, perante o novo regime, o regime da lei anterior comporta uma diferenciação ou discriminação infundada, a anterior ficará ferida de inconstitucionalidade – de inconstitucionalidade superveniente por aplicação do princípio da igualdade [751].

---

[747] *Ibidem*, págs. 513 e 522 e segs.

[748] *Ibidem*, pág. 520.

[749] V. *Manual...*, VI, págs. 380 e segs.

[750] *Liberdade religiosa numa comunidade constitucional inclusiva*, Coimbra, 1996, págs. 295 e 296.

[751] Cfr., em geral, sobre todos estes problema, MARKUS GONZALEZ BGILFUSS, *Tribunal Constitucional y reparación de la discriminación normativa*, Madrid, 2000.

CAPÍTULO II – PRINCÍPIOS COMUNS

VI – *Lei* no art. 13.º significa *ordem jurídica*: princípio da igualdade diz respeito a todas as funções do Estado e exige criação e aplicação igual da lei, da norma jurídica.

Os seus destinatários vêm a ser então, além dos órgãos políticos e legislativos (os quais podem interferir nessa aplicação ou ser até destinatários de leis ordinárias), os tribunais e os órgãos administrativos.

Entre os tribunais conta-se o Tribunal Constitucional, inclusive quando, por razões de equidade, de segurança jurídica ou de interesse público de excecional relevo, fixa os efeitos da inconstitucionalidade com efeito mais restritivo ao abrigo do art. 282.º, n.º 4 da Constituição.

78. Igualdade, administração e jurisdição

I – A Constituição prescreve expressamente o respeito do princípio da igualdade pelos órgãos e agentes administrativos, a par dos princípios da proporcionalidade, da justiça, da imparcialidade e da boa fé (art. 266.º, n.º 2).

Mais do que em qualquer outro setor ele deve ser aqui entendido em termos relativos e prudentes, tendo em conta a possibilidade de escolha de critérios de decisão pelos diversos órgãos da Administração direta, indireta e autónoma [752]. E, em caso algum, pode ele ser invocado contra o princípio da legalidade: um ato ilegal da Administração não atribui ao particular o direito de exigir a prática no futuro de ato de conteúdo idêntico em face de situações iguais [753].

Não obstante, a sua ideia de base – que é a necessária objetividade da atividade administrativa, mesmo em caso de exercício de poderes discricionários – não deixa de revestir alcance pleno [754].

---

[752] Cfr. o debate na Comissão de Revisão Constitucional (in *Diário*, v legislatura, 1.ª sessão legislativa, 2.ª série, n.º 54-RC, ata n.º 52, págs. 1716 e segs.) e, especialmente, as intervenções dos Deputados Miguel Galvão Teles e Rui Machete (págs. 1718 e 1719).

[753] Fernando Alves Correia, *op. cit.*, págs. 440-441. V. também Olivier Jouanjan, *op. cit.*, págs. 385 e segs.

[754] Cfr., na doutrina, por exemplo, Renato Alessi, *Sistema Istituzionale del Diritto Amministrativo Italiano*, 3.ª ed., Milão, 1960, pág. 217; Hans Klecatsky, *Réflexions sur la primauté du droit et le controle de la légalité de l'action administratitive*, in *Revue de la Commission Internationale de Juristes*, iii, n.º 2, 2.º semestre de 1963, pág. 231; Ernst Forsthoff, *Traité de Droit Administratif Allemand*, trad., Bruxelas, 1969, pág. 164; António Barbosa de Melo, *Introdução...*,

DIREITOS FUNDAMENTAIS

II – Com o princípio da igualdade assim encarado não se confunde o princípio da imparcialidade da Administração (arts. 266.º, n.º 2, de novo, e 113.º, n.º 3, e arts. 9.º e 69.º e segs. do Código do Procedimento Administrativo) [755] [756], se bem que estejam muito próximos.

A igualdade contende com os destinatários dos atos da Administração, a imparcialidade refere-se aos órgãos e agentes da Administração. A igualdade tem em vista os direitos e interesses particulares afetados, a imparcialidade a prossecução do interesse público. A igualdade admite ou impõe diferenciações de situações desiguais, a imparcialidade é um critério de atuação.

Nas relações entre a Administração e os particulares, o princípio da imparcialidade impõe que, quando estes estejam em concorrência (ou em conflito) atual ou potencial, a Administração não se comprometa com as suas pretensões e que não aprecie as suas qualidades a não ser a partir de elementos objetivos de caráter geral. Significa, pois, abstenção ou independência diante dos interesses privados em presença e desinteresse dos titulares dos órgãos ou agentes da atividade administrativa. Porque prossegue o interesse público, a Administração não apoia, não favorece, não auxilia nenhum interesse particular (assim como não tem de se lhe opor), por razões diversas do bem comum [757].

cit., págs. 45 e segs.; FERNANDO ALVES CORREIA, *op. cit.*, págs. 435 e segs.; DAVID DUARTE, *Procedimentalização...*, cit., págs. 312 e segs.; J. J. GOMES CANOTILHO e VITAL MOREIRA, *Constituição...*, I, cit., pág. 345; anotação de MARIA DA GLÓRIA GARCIA e ANTÓNIO CORTÊS, in JORGE MIRANDA e RUI MEDEIROS, *Constituição...*, III, 2007, págs. 569 e segs.

[755] Antecedente: art. 24.º da Constituição de 1933.

[756] O art. 113.º, n.º 3, separa bem os dois princípios, a propósito das campanhas eleitorais.

[757] Cfr. PAOLO CARETTI, *Il dovere di imparzialità della pubblica amministrazione*, in *Studi giuridici in memoria di Piero Calamandrei*, obra coletiva, IV, 1958, págs. 27 e segs.; AUGUSTO CERRI, *Imparzialità ed indirizzo politico nella Pubblica Amministrazione*, Pádua, 1973; JOSÉ CARLOS VIEIRA DE ANDRADE, *A imparcialidade da Administração como princípio constitucional*, in *Boletim da Faculdade de Direito da Universidade de Coimbra*, 1974, págs. 219 e segs., *maxime* 228 e segs.; MÁRIO ESTEVES DE OLIVEIRA, *Direito Administrativo*, I, Coimbra, 1980, págs. 330 e segs.; SÉRVULO CORREIA, *Noções de Direito Administrativo*, I, Lisboa, 1982, págs. 187-188 e 251 e segs.; JOÃO BAPTISTA MACHADO, *Introdução ao Direito e ao Discurso Legitimador*, Coimbra, 1983, págs. 148-149; DIOGO FREITAS DO AMARAL, *Direitos fundamentais dos administrados*, in *Nos Dez Anos da Constituição*, obra coletiva, págs. 18 e segs., e *Curso...*, II, cit., págs. 152 e segs.; MARIA TERESA RIBEIRO, *O princípio da imparcialidade da Administração Pública*, Coimbra, 1996, *maxime* págs. 206 e segs.; DAVID DUARTE, *op. cit.*, págs. 312 e segs.; MARCELO REBELO DE SOUSA e ANDRÉ SALGADO DE MATOS, *Direito Administrativo Geral*, I, 2.ª ed., Lisboa, 2006, págs. 213 e segs. Cfr., na jurisprudência, por exemplo, o acórdão do Supremo Tribunal Administrativo, 1.ª secção, de 7 de julho de 1988, in *Acórdãos Doutrinais*, n.º 334, 1989, págs. 1171 e segs.

CAPÍTULO II – PRINCÍPIOS COMUNS

III – Não é tanto o princípio da igualdade quanto o da segurança jurídica e exigências de economia judiciária que justificam os institutos de uniformização de jurisprudência [758].

Como disse o Tribunal Constitucional [759], "o princípio da igualdade (e também da certeza e segurança jurídicas) subjaz ao instituto da uniformização de jurisprudência, enquanto valor que especialmente informa este tipo de recursos dirigidos à revisão de decisões divergentes no mesmo quadro legal; e quanto à mesma questão de direito, o valor da uniformidade do direito aplicado não é um valor absoluto de que decorra sempre e necessariamente a eliminação da inelutável diferença que possa resultar da jurisprudência produzida pelos vários tribunais e a sua própria evolução, cabendo, em qualquer caso, aos tribunais a liberdade – e a consequente responsabilidade – de realizar a justiça em cada caso concreto em aplicação da lei (artigo 203.º da Constituição). Depois, aquele valor traz em si essencialmente uma preocupação sistémica – de harmonização e coerência do próprio sistema judicial – elemento que avulta em face da invocação de um direito subjetivo das partes à revisão das decisões judiciais no âmbito de um recurso extraordinário de uniformização de jurisprudência".

79. As discriminações positivas

I – Com a democracia representativa e o Estado social surgiram as discriminações positivas ou situações de vantagem fundadas, desigualdade de direito em consequência de desigualdade de facto e tendentes à superação ou, pelo menos, à atenuação destas. Como já assinalámos, aqui é a ideia de igualdade material que sobreleva [760].

---

[758] Quanto ao Tribunal Constitucional, art. 79.º-A da sua lei orgânica.

[759] Acórdão n.º 657/2013, de 8 de outubro, in *Diário da República*, 2.ª série, de 24 de fevereiro de 2014.

[760] Cfr. ROBERT ALEXY, *El concepto y la validez del derecho*, trad., Barcelona, 1964, págs. 82 e segs. e *Theorie der Grundrechte*, 1986, trad. *Teoria de los Derechos Fundamentales*, Madrid, 1993, págs. 402 e segs.; ROBERT PELLOUX, *Les nouveaux discours sur l'inégalité en Droit public français*, in *Revue du droit public*, 1982, págs. 909 e segs.; RONALD DWORKIN, *Taking Rights...*, cit., págs. 223 e segs. e *A matter of principle*, 1985, trad. francesa *Une question de principe*, Paris, 1996, págs. 367 e segs. e portuguesa, São Paulo, 2000, págs. 437 e segs.; LUIS PRIETO SANCHIS, *Los derechos sociales y el principio de igualdad substancial*, in *Revista del Centro de Estudios Constitucionales*, n.º 22, 1989,

DIREITOS FUNDAMENTAIS

Na Constituição portuguesa, são discriminações positivas a especial proteção do trabalho das mulheres durante a gravidez e após o parto [arts. 59.º, n.º 2, alínea *c*), 1.ª parte, e 68.º, n.ºˢ 3 e 4], a especial proteção do trabalho dos menores, das pessoas com deficiência e das que desempenham atividades particularmente violentas ou em condições insalubres, tóxicas ou perigosas [art. 59.º, n.º 2, alínea *c*), 2.ª parte], as garantias especiais dos salários (art. 59.º, n.º 3), a regulamentação dos impostos e dos benefícios sociais de harmonia

págs. 9 e segs.; MARIA JOSÉ MORAIS PIRES, *A «discriminação positiva» no Direito internacional e europeu dos direitos do homem*, in *Documentação e Direito Comparado*, n.º 63/64, 1995, págs. 9 e segs.; CYNTHIA VROOM, *L'égalité et «afirmative action» aux États-Unis*, in *Revue française de droit constitutionnel*, n.º 24, 1995, págs. 605 e segs.; CARMEN LÚCIA ANTUNES ROCHA, *Ação afirmativa. O conteúdo democrático do princípio da igualdade*, in *Génesis*, julho-setembro de 1996, págs. 649 e segs.; SOFIA ALVES, *Igualdade de tratamento entre homens e mulheres: discriminação positiva (sistema de quotas)*, in *Revista Jurídica*, n.º 20, novembro de 1996, págs. 179 e segs.; MÁRIO JOÃO FERNANDES e ALEXANDRE SOUSA PINHEIRO, *O art. 13.º da Constituição, um 11.º mandamento?*, *ibidem*, págs. 189 e segs.; *Annuaire Internationale de Justice Constitutionnelle*, 1997; VITAL MOREIRA, *O artigo 109.º da CRP e a igualdade de homens e mulheres no exercício de direitos cívicos e políticos*, in *Democracia com mais cidadania*, obra coletiva, cit., págs. 48 e segs.; GWENAËLE CALVÈS, *Affirmative actions dans la jurisprudence de la Cour Suprème des États-Unis*, Paris, 1998; MICHELE AINIS, *Cinque regole per le azioni positive*, in *Quaderni Costituzionali*, 1999, págs. 359 e segs.; LOUIS FAVOREU *et alii*, *op. cit.*, págs. 337 e segs.; RONALD DWORKIN, *The Sovereign Virtue*, cit., págs. 386 e segs.; JOAQUIM BARBOSA GOMES, *Acção afirmativa e princípio constitucional de igualdade*, Rio de Janeiro, 2001; ANTONIO D'ALOIA, *Eguaglianza sostanziale e diritto diseguale*, Pádua, 2002; THOMAS SOWELL, *Affirmative action around the world*, New Haven e Londres, 2004 MICHAEL J. SANDEL, *Liberalism and the Limits of Justice*, 2.ª ed., Cambridge, 1998, trad. *O liberalismo e os limites da Justiça*, Lisboa, 2005, págs. 183 e segs.; SÉBASTIEN BÉNETULLIÈRE, *Justice sociale et espace public: l'exemple de l'affirmative action*, in *Revue française de droit constitutionnelle*, 2007, págs. 57 e segs.; MARIA DA GLÓRIA GARCIA, *Estudos...*, cit., págs. 7 e segs.; LEDA DE OLIVEIRA PINHO, *A outra face da discriminação positiva*, in *Curso Modular de Direito Constitucional*, obra coletiva, São José (Santa Catarina), 2008, págs. 357 e segs.; DANIEL N. LIPSON, *Where's Justice? Affirmative Action's Severed Civil Rights Roots in the Age of Diversity*, in *American Political Science Association – Perspectives on Politics*, dezembro de 2008, págs. 691 e segs.; ROGÉRIO GESTA LEAL, *Parâmetros e perspectivas dos limites constitucionais das políticas públicas equalizadoras de igualdade racial no Brasil: um estudo de caso*, in *Interesse Público*, n.º 54, 2009, págs. 51 e segs.; RUI MARTINS RODRIGUES e CÂNDIDO BITTENCOURT ALBUQUERQUE, *Fundamentos e falências na ação afirmativa – As questões para a matrícula no ensino superior*, in *Revista latino-americana de estudos constitucionais*, n.º 11, novembro de 2010, págs. 315 e segs.; LUÍS CARLOS VILAS BOAS ANDRADE JÚNIOR, *Limites (da promoção) de igualdade*, in *Revista de Direito Constitucional e Internacional*, outubro-dezembro de 2011, págs. 207 e segs.; WALTER F. CARNOTA, *Las acciones de clase: desde los Estados Unidos a la Argentina*, in *Anuario Iberoamericano de Justicia Constitucional*, 2012, págs. 93 e segs.; CLÉMERSON MERLIN CLÈVE, *Ações afirmativas, justiça e igualdade*, in *Revista Latino-Americana de Estudos Constitucionais*, julho de 2015, págs. 209 e segs.

CAPÍTULO II – PRINCÍPIOS COMUNS

com os encargos familiares [art. 67.º, n.º 2, alínea *f*)]; a especial proteção das crianças órfãs, abandonadas ou privadas de ambiente familiar normal (art. 69.º, n.º 2); a política de reabilitação e integração dos cidadãos portadores de deficiência[761] e de apoio às suas famílias (art. 71.º, n.º 2), inclusive através do ensino especial [art. 74.º, n.º 2, alínea *g*)]; a política de terceira idade (art. 72.º, n.º 2)[762].

Noutro plano, a proteção e o apoio às pequenas e médias empresas e às iniciativas e empresas geradoras de emprego e fomentadoras de exportações ou de substituição de importações [arts. 86.º, n.º 1, 2.ª parte, e 100.º, alínea *d*)]; o apoio preferencial aos pequenos e médios agricultores, às cooperativas de trabalhadores agrícolas e a outras formas de exploração por trabalhadores (art. 97.º, n.º 1).

> Muito importante é, na legislação ordinária, a existência de quotas para pessoas com deficiência no emprego público, segundo o Decreto-Lei n.º 29/2009, de 3 de fevereiro, e a Lei n.º 12-A/2008, de 3 de fevereiro[763]. Tal como, cumprindo a incumbência do Estado de promover a igualdade entre homem e mulher [art. 9.º, alínea *g*)], designadamente no exercício dos direitos civis e políticos e no acesso a cargos políticos (art. 109.º), a Lei Orgânica n.º 3/2006, de 21 de agosto, estabelece a exigência de, em qualquer candidatura haver, pelo menos, 33,3% de cada um dos sexos. Ainda na legislação ordinária, refiram-se ainda, por exemplo, o crédito bonificado para jovens, os lugares reservados em transportes públicos para grávidas, o trabalho protegido e as rampas de acessibilidade em edifícios para pessoas portadoras de deficiência, os transportes públicos mais baratos para idosos ou o crédito bonificado para jovens.
>
> No Brasil, prescreveram-se quotas raciais para o acesso à Universidade, à semelhança de alguns dos Estados norte-americanos, o que, apesar da decisão de não inconstitucionalidade pelo Supremo Tribunal Federal, tem levantado controvérsia.

---

[761] Cfr. acórdão n.º 486/2003 do Tribunal Constitucional, já citado.

[762] Eram também discriminação positiva até 1989 o favor à entrada de trabalhadores e de filhos de trabalhadores na Universidade (art. 76.º, n.º 1) e até 1997 o acesso em especial de trabalhadores aos meios e instrumentos de ação cultural [art. 78.º, n.º 2, alínea *a*)].

[763] Cfr. RODRIGO GODINHO SANTOS, *O sistema de quotas para pessoas com deficiência no acesso ao emprego público: ontem, hoje... e amanhã*, in *Revista do Ministério Público*, outubro-dezembro de 2010, págs. 169 e segs.

DIREITOS FUNDAMENTAIS

II – Próximos das discriminações positivas são os especiais deveres de proteção das pessoas em situações de vulnerabilidade [764], alguns dos quais correspondentes a direitos fundamentais particulares no sentido atrás apontado.

80. A igualdade entre os particulares

I – O princípio da igualdade não vincula apenas o Estado e as demais entidades públicas nas relações com os particulares. Estende-se às relações entre particulares, embora seja necessário – tal como a respeito da sua vinculação aos direitos, liberdades e garantias (art. 18.º, n.º 1) e a direitos económicos, sociais e culturais – conjugá-lo com o princípio da autonomia da vontade, também ele consagrado constitucionalmente (arts. 26.º, n.º 1, 47.º, n.º 1, 56.º, n.º 4, 61.º, n.º 1, e 62.º) [765].

Reconhecem-se, hoje, simultaneamente, o significado dos direitos fundamentais na ordem jurídica global e a especificidade do Direito privado. As entidades públicas não são "donas" das relações privadas para transformar em concreto a "autonomia individual" num concentrado de deveres harmonizáveis [766]. Importa, pois, discernir, na diversidade das situações, as formas adequadas de concretização e otimização.

---

[764] JORGE PEREIRA DA SILVA, *Deveres do Estado...*, cit., págs. 544 e segs.

[765] Cfr. ANTÓNIO MENEZES CORDEIRO (*Da boa fé...*, cit., págs. 1275-1276): a igualdade aflora nos diversos institutos privados antes de apelar a vetores constitucionais.

[766] A expressão é de J. J. GOMES CANOTILHO, *op. cit.*, pág. 1289. V. também JOAQUIM DE SOUSA RIBEIRO, *Constitucionalização do Direito Civil*, in *Boletim da Faculdade de Direito da Universidade de Coimbra*, 1998, págs. 751 e segs.; CARLOS ALBERTO DA MOTA PINTO, *Teoria Geral do Direito Civil*, 4.ª ed., Coimbra, 2005, págs. 78 e 79; BENEDITA MAC CRORIE, *A vinculação dos particulares aos direitos fundamentais*, Coimbra, 2005, págs. 41 e segs.; PAULO MOTA PINTO, *Autonomia privada e discriminação – Algumas notas*, in *Estudos em homenagem ao Conselheiro José Manuel Cardoso da Costa*, obra coletiva, Coimbra, 2005, págs. 313 e segs.; J. J. GOMES CANOTILHO e VITAL MOREIRA, *op. cit.*, I, págs. 346 e segs.; LÍVIA MARIA SANTANA E SANT'ANA VAZ, *A igualdade racial no âmbito das relações jurídico-privadas: não discriminação e obrigação de contratar*, in *Direitos Fundamentais – Uma perspectiva de futuro*, obra coletiva, São Paulo, 2013, págs. 259 e segs. E ainda, JOÃO DE CASTRO MENDES, *Alterações ao livro V do Código Civil – Direito das Sucessões*, trad., 1981, págs. 16 e 17 e segs.; JOÃO CAUPERS, *Os direitos fundamentais dos trabalhadores*, Coimbra, 1985, págs. 171 e segs.; JORGE REIS NOVAIS, *Direitos fundamentais. Trunfos contra a maioria*, Coimbra, 2006, págs. 95 e segs.; PAULO OTERO, *Disponibilidade do próprio corpo e dignidade da pessoa humana*, in *Estudos en honra do Prof. Doutor José de Oliveira Ascensão*, obra coletiva, I, Coimbra, 2005,

CAPÍTULO II – PRINCÍPIOS COMUNS

II – Em primeiro lugar, as normas que estabelecem corolários ou manifestações do princípio com projeção direta nas relações entre particulares – arts. 36.º, n.ºˢ 3 e 4, 55.º, n.º 2, 58.º, n.º 2, alínea *b*), 59.º, n.º 1 [em especial alínea *a*), 2.ª parte], e 71.º, n.º 2 – são de aplicação imediata, sem qualsquer restrições.

Em segundo lugar, a vedação de privilégios e de discriminações do art. 13.º, n.º 2 é também de aplicação imediata, sem necessidade de lei interposta [767]. Ninguém pode ser desconsiderado por outros, nem tratado arbitrariamente ou afetado nos seus direitos e deveres por algum dos fatores ali previstos ou por qualquer outra causa de discriminação. É assim, perante bens sociais ou em atividades e locais privados de interesse público ou abertos ao público (sem dúvida, em escolas, hospitais, meios de transporte, hotéis, restaurantes, casas comerciais, etc., e, com ressalvas impostas pela proteção da juventude, em locais de diversão); e é assim em escolas ou empresas privadas, em condomínios ou em prédios com apartamentos arrendados.

Nem pode ser proibida a exibição de símbolos religiosos, políticos ou outros ou pode coarctada, a não ser por imperativos de convivência pacífica das pessoas (desde que não se proíba ou apenas admita um certo símbolo) [768].

Pelo contrário, não atinge o princípio, no campo do Direito sucessório, a livre disposição pelo testador da porção de bens da herança fora da legítima ou quota disponível (arts. 2156.º e segs. e 2179.º e segs. do Código Civil). São, porém, consideradas contrárias à lei a condição de residir ou não residir em certo prédio ou local, a de conviver ou de não conviver com certa pessoa, de

---

págs. 130 e segs.; Luís Carvalho Fernandes, *Teoria Geral do Direito Civil*, I, Coimbra, 2008, pág. 185; José Carlos Vieira de Andrade, *Os direitos...*, cit., págs. 258 e segs.

Na doutrina de outros países, cfr., por exemplo, Ugo Rescigno, *Sul cosidetto principio di eguaglianza nel diritto privato*, in *Foro Italiano*, 1960, I, págs. 664 e segs.; Giulio Pasetti, *Discriminazioni in diritto privato e precetto costituzionale di eguaglianza*, in *Studi in memoria di Carlo Esposito*, obra coletiva, IV, Pádua, 1974, págs. 2307 e segs.; Jacques Ghestin, *Le príncipe d'égalité des parties contragnants et son évolution en droit privé*, in *L'Égalité*, obra coletiva, VIII, 1982, págs. 30 e segs.; Claus Wilhelm Canaris, *Pensamento sistemático e conceito de sistema na Ciência do Direito*, trad., Lisboa, 1989, pág. 224; Juan Maria Bilbao Ubillos, *Proihibición de discriminación y relaciones entre particulares*, in *Teoria y Realidad Constitucional*, n.º 18, 2.º semestre de 2006, págs. 147 e segs.

[767] Mas há leis que expressamente contemplam afloramentos de igualdade nas relações entre particulares (assim, art. 2.º da Lei n.º 18/2004, de 11 de maio).

[768] Como decidiu o Tribunal Constitucional alemão num caso célebre.

DIREITOS FUNDAMENTAIS

fazer ou não fazer testamento, a de não transmitir a determinada pessoa os bens deixados ou de os não partilhar ou dividir, a de não requerer inventário, a de tomar ou deixar de tomar o estado eclesiástico ou determinada profissão e as cláusulas semelhantes (art. 2232.º) [769].

Em terceiro lugar, na sequência lógica do que atrás se disse, no interior de quaisquer pessoas coletivas ou grupos não personalizados, ninguém pode ser titular de mais ou menos direitos ou deveres devido à raça, ao sexo, à religião, às ideias políticas ou a qualquer outra razão. Os estatutos, os pactos sociais ou os atos constitutivos que disponham nesse sentido são inválidos. Já não parece suscitar problemas que se prescreva algum tempo desde a filiação para se ser elegível para cargos diretivos [770].

Outra coisa é uma diferenciação que resulte da natureza das coisas. Se se trata de um órgão de comunicação social de natureza doutrinária ou confessional ou de uma escola de certa confissão religiosa [arts. 38.º, n.º 2, alínea a), in fine e 41.º, n.º 5], compreendem-se restrições em razão da identificação ou não com essa doutrina ou confissão. Se se trata de uma associação de fiéis de certa religião, nascidos em certa localidade, de antigos alunos de uma Universidade ou de profissionais de certa área, obviamente só quem integre essa categoria – mas todos quantos a integrem – podem ser sócios; pelo contrário, se não existem elementos objetivos de distinção, a liberdade de as associações de prosseguirem livremente as suas atividades (art. 46.º, n.º 2) cede perante o direito positivo de associação (art. 46.º, n.º 1) [771].

Em quarto lugar, é certo que, no âmbito da lei, as partes num contrato gozam da faculdade de fixar livremente o seu conteúdo, de celebrar contratos diferentes dos previstos no Código Civil ou de incluir neles as cláusulas

---

[769] Tal como seria inadmissível constituir uma fundação ou uma empresa e afastar da sua administração descendentes ou parentes em razão do sexo ou de outro fator de diferenciação.

[770] Nem – por força do imperativo de tratar designadamente o que é desigual – poderia numa sociedade por quotas ou numa sociedade anónima, o número de votos na assembleia geral deixar de corresponder ao capital de cada sócio (arts. 250.º e 384.º do Código das Sociedades Comerciais). Cfr. por todos, José Engrácia Antunes, *A aquisição tendente ao domínio total – Da sua constitucionalidade*, Coimbra, 2004, págs. 127 e segs.

[771] Por exemplo: se, em determinada localidade, há somente uma ou um número limitado de associações de certo tipo (culturais, recreativas, desportivas, etc.) brigaria com os princípios reservar o ingresso a ser natural da terra ou da região (embora talvez já não a aí residentes).

CAPÍTULO II - PRINCÍPIOS COMUNS

que lhes aprouverem – diz, designadamente o Código (art. 405.º). Contudo, sempre que se verifiquem desigualdades de facto, torna-se necessária a intervenção do legislador para a proteção dos contraentes mais fracos contra abusos de poder [772] [773] [774] como se passa, tantas vezes, nas relações com os consumidores [775].

Para além disso e em geral, a autonomia da vontade nas relações entre os particulares não pode legitimar a prática de atos que, por si ou pelos comportamentos que envolvem ou permitem, sejam violadores da dignidade da pessoa humana [776]. Dignidade e igualdade são inseparáveis, seja entre as pessoas e o Estado, seja entre as pessoas como particulares.

[772] Quanto maior for a desigualdade de facto entre os sujeitos das relações maior será a margem de autonomia privada cujo sacrifício será admissível (João Caupers, *op. cit.*, pág. 177).

[773] V. o afloramento da ideia de garantia de uma igualdade real entre as partes e de proteção contra o contraente mais forte no regime das cláusulas contratuais gerais constante do Decreto-Lei n.º 446/85, de 25 de outubro (alterado pelos Decretos-Leis n.ºs 220/95, 249/99 e 323/2001, de 31 de agosto, 7 de julho e 17 de dezembro, respetivamente), *maxime* arts. 15.º e segs. Cfr. Joaquim de Sousa Ribeiro, *Cláusulas contratuais gerais e paradigma do contrato*, in *Boletim da Faculdade de Direito da Universidade de Coimbra*, suplemento ao vol. XXXV, 1992, págs. 1 e segs.; António Menezes Cordeiro, *Tratado...*, I, tomo I, cit., págs. 613 e segs.; Mário Júlio de Almeida Costa, *Manual de Direito das Obrigações*, 12.ª ed., Coimbra, 2009, págs. 243 e segs.

[774] Já não era esse o caso objeto do acórdão n.º 486/2008, de 7 de dezembro, in *Diário da República*, 2.ª série, de 11 de novembro de 2008, admitindo o sacrifício do direito de um credor à execução específica de um contrato-promessa para garantir a observância dos princípios que presidem a uma liquidação falimentar.

[775] Cfr. Jorge Miranda, anotação *in* Jorge Miranda e Rui Medeiros, *Constituição...*, I, cit., págs. 1171 e segs., e Autores citados.

[776] Paulo Otero, *Disponibilidade...*, cit., *loc. cit.*, pág. 130.

CAPÍTULO III
PRINCÍPIOS COMUNS COM ADAPTAÇÕES

§ 1.º
O princípio da proporcionalidade

81. O princípio da proporcionalidade

I – A ideia de proporcionalidade é conatural às relações entre as pessoas: a reação deve ser proporcional à ação e a distribuição das coisas deve fazer-se com justiça. E é, por conseguinte, conatural ao Direito e à justiça [777].

---

[777] Retomando o capítulo III do livro V da *Ética a Nicómaco*:

«A justiça é uma espécie de proporção. A proporção não existe apenas como relação peculiar entre a unidade numérica [formal], mas é própria da quantidade numérica em geral. Isto é, a proporção é uma equação entre relações e implica pelo menos quatro termos.

«Que a proporção descontínua implica quatro termos é evidente, mas assim também acontece com a proporção contínua. Neste caso utiliza-se um termo como se fossem dois repetidos, como quando a linha A se relaciona com a linha B e a linha B se relaciona com a linha C. A linha B é, assim, nomeada duas vezes, de tal sorte que é contada duas vezes. A proporção terá, portanto, quatro termos. A justiça implica, também, no mínimo quatro termos, e a razão que existe entre cada par de termos é a mesma. Ela é repartida de modo semelhante por pessoas e coisas. Assim tal como no primeiro par de termos, A se comporta com B, desse modo também, no segundo par de termos, C comporta-se com D, e, por alternância, tal como A se relaciona com C, do mesmo modo, então, B relaciona-se com D.

«Assim, um todo está em relação com o outro todo na mesma proporção. É isto precisamente o que a distribuição das partes faz combinar e quando elas são compostas deste modo, a combinação daí resultante é justa. O que forma o princípio de justiça na distribuição é, então, a conjugação do primeiro termo A de uma proporção com o terceiro C e do segundo termo B com o último D. Isto é, «justo» neste sentido, será, então, o meio entre os extremos

DIREITOS FUNDAMENTAIS

Mas tem sido, no campo publicístico que se tem ancorado mais expansiva e proveitosamente.

O Direito penal, conformado como subsidiário pelo iluminismo, elevou-a a princípio matriz. Assim, entre nós, logo a Constituição de 1822 prescrevia que nenhuma lei, e muito menos a penal, seria estabelecida sem absoluta necessidade (art. 10.º) e que toda a pena deveria ser proporcional ao delito (art. 11.º) [778].

No Direito administrativo aparece inseparável da problemática das medidas coativas e ablativas, como as de polícia e as de requisição e expropriação por utilidade pública. Como diz o art. 7.º do Código do Procedimento Administrativo, na prossecução do interesse público, a Administração Pública deve adotar os comportamentos adequados aos fins prosseguidos (n.º 1); e as decisões que colidam com direitos subjetivos ou interesses legalmente protegidos dos particulares só podem afetar essas posições na medida do necessário e em termos proporcionais aos objetivos a realizar (n.º 2) [779].

Chegou depois ao Direito Constitucional. Não sem diferenciação, umas vezes, e outras vezes não sem enlace com as conceções anglo-saxónicas da *reasonableness*, da *rational basis* e do *strict scrutiny*. E, na Europa afirmar-se-ia, após a segunda guerra mundial, fruto, antes de mais, da ciência jurídica alemã.

Com as revoluções e as transições constitucionais democráticas das últimas décadas difundir-se-ia, com mais ou menos variantes, como vector básico do Estado de Direito material. E a Constituição portuguesa seria uma das que

---

[desproporcionais], tal como o «injusto» neste sentido é o desproporcional. Assim, tal como a proporção é o meio, também o justo é o proporcional.»
Ou citando SÃO TOMÁS DE AQUINO [questão XLVI, art. Iº da *Summa Teologica*]: «Tudo o que é em vista a um fim, é necessário que seja proporcional a esse fim»

[778] Cfr., por todos, JOSÉ DE SOUSA BRITO, *op. cit.*, *loc. cit.*, págs. 218 e segs.; JORGE DE FIGUEI-REDO DIAS, *Direito Penal Português – As consequências jurídicas do crime*, Lisboa, 1993, págs. 237 e segs., e *Temas básicos de doutrina penal*, Coimbra, 2001, págs. 57 e segs.

[779] Cfr. MARCELLO CAETANO, *Manual de Direito Administrativo*, II, cit., págs. 1134-1135; LÚCIA MARIA DE FIGUEIREDO FERRAZ PEREIRA LEITE, *O princípio da proporcionalidade nas medidas de polícia*, in *Estudos de Direito de Polícia*, obra coletiva, I, Lisboa, 2003, págs. 361 e segs.; MARCELO REBELO DE SOUSA e ANDRÉ SALGADO DE MATOS, *Direito...*, I, cit., págs. 211 e segs.; MARIA DA GLÓRIA GARCIA e ANTÓNIO CORTÊS, anotação ao art. 266.º, in JORGE MIRANDA e RUI MEDEIROS, *Constituição...*, III, págs. 571 e segs.; DIOGO FREITAS DO AMARAL, *Curso...*, II, cit., págs. 139 e segs.

CAPÍTULO III – PRINCÍPIOS COMUNS COM ADAPTAÇÕES

iriam mais longe na sua explicitação como instrumento de limitação de poder e de realização do Estado de Direito.

Ao mesmo tempo, adquiriria projeção internacional, por a Declaração Universal fazer depender os limites aos direitos e às liberdades das «*justas exigências da moral, da ordem pública e do bem-estar numa sociedade democrática*» (art. 29.º, n.º 2, de novo); e por constar de alguns dos principais instrumentos de proteção dos direitos do homem, como a Convenção Europeia (arts. 15.º e 18.º), o Pacto Internacional de Direitos Civis e Políticos (art. 4.º), a Convenção Interamericana [art. 29.º, alínea *a*)] e a Carta de Direitos Fundamentais da União Europeia (art. 52.º, n.º 1).

II – O apelo à proporcionalidade surge quando há dois ou mais bens jurídicos carecidos de realização e sobre os quais, ocorra ou não conflito, tenha de procurar-se o equilíbrio, a harmonização, a ponderação, a concordância prática (para empregar a terminologia habitual, embora nem sempre usada nas mesmas aceções).

O juízo a emitir não se reconduz então a algo de meramente cogniscitivo. Trata-se, sim, de uma funcionalidade teleológica ou axiológica e não de qualquer funcionalidade lógica ou semântica. E tudo desemboca numa decisão.

III – Na linha da análise vinda da dogmática alemã, distinguem-se três subprincípios: idoneidade ou adequação, necessidade ou exigibilidade e racionalidade ou proporcionalidade *stricto sensu*.

Pressuposta a legitimidade do fim consignado na norma, a *idoneidade ou adequação* traduz-se na propositura de um meio adequado à sua prossecução. Perante um bem juridicamente protegido, a intervenção ou a providência a adotar pelo órgão competente tem de se achar em correspondência com ele.

A *necessidade ou exigibilidade* do meio significa que é ele, entre os que poderiam ser escolhidos *in abstracto* e sem colidirem com a Constituição, aquele que melhor satisfaz *in concreto* – com menos custos nuns casos e com mais benefícios noutros – a realização do fim; e, por isso, tal a providência, a decisão que deve ser tomada.

A *racionalidade* ou proporcionalidade *stricto sensu* equivale a justa medida. Implica que o órgão proceda a uma correta avaliação da providência em termos quantitativos, e não só qualitativos, de tal sorte que ela não fique aquém ou

DIREITOS FUNDAMENTAIS

além do que importa para se alcançar o resultado devido – nem mais, nem menos.

A relevância a atribuir a cada um dos subprincípios ou elementos depende do entendimento doutrinal ou jurisprudencial acolhido (havendo ainda quem acrescente a razoabilidade) e depende dos campos de aplicação, com as inerentes consequências na margem de apreciação do juiz perante o legislador [780] (2).

[780] Cfr., sem ser em obras gerais, FERNANDO ALVES CORREIA, O plano..., cit., págs. 441 e segs.; VITALINO CANAS, Proporcionalidade, cit., loc. cit., págs. 531 e segs., e O princípio da proibição do excesso na Constituição, in Perspectivas Constitucionais, II, obra coletiva, Coimbra, 1997, págs. 323 e segs. e O Princípio da Proibição do Excesso, Coimbra, 2017; MARIA DA CONCEIÇÃO FERREIRA DA CUNHA, A Constituição e o crime, Coimbra, 1995, págs. 211 e segs.; LUÍS FILIPE COLAÇO ANTUNES, Interesse público, proporcionalidade e mérito – relevância e autonomia processual do princípio da proporcionalidade, in Estudos em homenagem à Prof.ª Doutora Isabel de Magalhães Collaço, obra coletiva, II, Coimbra, 2002, págs. 539 e segs.; CARLOS LOPES DO REGO, Os princípios constitucionais de proibição da indefesa, da proporcionalidade dos ónus e cominações e o regime de citação em processo civil, in Estudos em homenagem ao Conselheiro José Manuel Cardoso da Costa, obra coletiva, Coimbra, 2003, págs. 835 e segs.; LÚCIA PEREIRA LEITE, O princípio da proporcionalidade nas medidas de polícia, in Estudos de Direito de Polícia, obra coletiva, I, Lisboa, 2003, págs. 361 e segs.; ANABELA LEÃO, Notas sobre o princípio da proporcionalidade ou da proibição do excesso, in Estudos em comemorações dos cinco anos (1995-2000) da Faculdade de Direito da Universidade do Porto, obra coletiva, Coimbra, 2007, págs. 999 e segs.; CARLA AMADO GOMES e DINAMENE DE FREITAS, En contredisant Machiavel: le principe de proportionnalité et la légitimation de l'action publique, in Annuaire International de Justice Constitutionnel, 2009, págs. 317 e segs.; JOÃO FÉLIX PINTO NOGUEIRA, O Direito fiscal europeu – O paradigma da proporcionalidade, Coimbra, 2010, págs. 39 e segs.; MARIANA MELO EGÍDIO, Análise da estrutura das normas atributivas de direitos fundamentais. A ponderação e a teoria ampla da previsão, in Estudos em homenagem ao Prof. Doutor Sérvulo Correia, obra coletiva, I, 2010, págs. 611 e segs., maxime 626 e segs.; JORGE PEREIRA DA SILVA, Interdição de proteção insuficiente, proporcionalidade e conteúdo essencial, in Estudos de homenagem ao Prof. Doutor Jorge Miranda, II, págs. 185 e segs.; SUZANA TAVARES DA SILVA, O tetralemma do controlo judicial da constitucionalidade, in Boletim da Faculdade de Direito da Universidade de Coimbra, 2012, págs. 639 e segs.; PORFÍRIO MOREIRA, A inadequação do princípio da proporcionalidade no direito à greve. Algumas notas de perspetiva do Direito português, in O Direito, 2014, págs. 145 e segs.; RÚBEN RAMIÃO, O princípio da proporcionalidade como instrumento de proteção jurisprudencial, ibidem, 2015, págs. 431 e segs.
Na doutrina brasileira, WILLIS SANTIAGO GUERRA FILHO, O princípio constitucional da proporcionalidade, in Ensaios de teoria constitucional, Fortaleza, 1989, págs. 69 e segs., Dignidade da pessoa humana, princípio da proporcionalidade e teoria dos direitos fundamentais, in Tratado Luso-Brasileiro de Dignidade da Pessoa Humana, obra coletiva, São Paulo, 2008, págs. 305 e segs., e Poder judiciário, hermenêutica constitucional e os princípios da proporcionalidade, in Estudos de homenagem ao Prof. Doutor Jorge Miranda, III, págs. 895 e segs.; RAQUEL DENISE STUMM, Princípio da proporcionalidade no Direito Constitucional, Porto Alegre, 1995; DANIEL SARMENTO, A ponderação de interesses na Constituição federal, Rio de Janeiro, 2000, maxime págs. 77 e segs.;

CAPÍTULO III - PRINCÍPIOS COMUNS COM ADAPTAÇÕES

Luís Virgílio Afonso da Silva, *O proporcional e o razoável*, in *Revista dos Tribunais*, 2002, págs. 23 e segs.; Gustavo Ferreira Santos, *O princípio da proporcionalidade na jurisprudência do Supremo Tribunal Federal*, Rio de Janeiro, 2014; Carlos Roberto Siqueira Castro, *O devido processo legal e os princípios da razoabilidade e da proporcionalidade*, 3.ª ed., Rio de Janeiro, 2005; Wilson Steinmetz, *Princípio da proporcionalidade e atos de autonomia privada restritiva de direitos fundamentais*, in *Interpretação constitucional*, obra coletiva, São Paulo, 2005, págs. 11 e segs.; Juarez Freitas, *Responsabilidade do Estado e princípio da proporcionalidade; vedações de excesso e omissões*, in *Revista Brasileira de Estudos Constitucionais*, julho-dezembro de 2005, págs. 145 e segs.; Ingo Sarlet, *Constituição, proporcionalidade e direitos fundamentais: o Direito penal entre a proibição do excesso e a insuficiência*, in *Anuario Iberoamericano de Derecho Constitucional*, 2006, págs. 303 e segs.; Jane Reis Gonçalves Pereira, *Os imperativos da razoabilidade e da proporcionalidade*, in *A reconstrução democrática do Direito Público no Brasil*, obra coletiva, Rio de Janeiro, 2007, págs. 153 e segs.; Paulo Gustavo Gonet Branco, *O juízo de proporcionalidade na jurisdição constitucional*, São Paulo, 2009; Hidemberg Alves da Frota, *O princípio tridimensional da proporcionalidade no Direito Administrativo*, Rio de Janeiro, 2009; Saulo Salvador Salomão, *A proporcionalidade em Alex: superando o positivismo ou coroando o decisionismo?*, in *Revista da Faculdade de Direito do Sul de Minas*, julho-dezembro de 2012; Fausto Santos de Morais e José Carlos Kraemer Bortoloti, *Políticas públicas e proporcionalidade; do controle à discricionariedade judicial*, in *A jurisdição constitucional e os desafios à concretização dos direitos fundamentais*, obra coletiva, Rio de Janeiro, 2016, págs. 113 e segs.

Na doutrina de outros países: Guy Braibant, *Le principe de la proportionnalité*, in *Mélanges offerts à Marcel Waline*, obra coletiva, II, Paris, 1974, págs. 297 e segs.; Francis Delperée, *Liberté, légalité et proportionnalité*, in *Licéité en droit positif et références légales aux valeurs*, obra coletiva, Bruxelas, 1982, págs. 475 e segs.; Marc-André Eissen, *Le principe de proportionnalité dans la jurisprudence de la Cour européenne des Droits de l'Homme*, in *Conseil d'État – Études et documents*, n.º 40, 1988, págs. 275 e segs.; Xavier Philippe, *Le contrôle de proportionnalité dans les jurisprudence constitutionelle el administrative françaises*, Paris, 1990; Valérie Goesel-le Bihan, *Réflexion iconoclaste sur le contrôle de proportionnalité exercé par le Conseil Constitutionnel*, in *Revue française de droit constitutionnel*, 1997, págs. 227 e segs.; Alberto Vespaziani, *Interpretazioni del bilanciamento dei diritti fondamentali*, Pádua, 2002; Carlos Bernal Pulido, *El principio de proporcionalidad y los derechos fundamentales*, 2.ª ed., Madrid, 2005, págs. 492 e segs.; Kai Müller, *Balancing and the structure of constitutional rights*, in *International Journal of Constitutional Law*, n.º 3, julho de 2007, págs. 453 e segs.; Rhita Bousta, *La "spécificité" du contrôle constitutionnel français de proportionnalité*, in *Revue internationale de droit comparé*, 2007, págs. 859 e segs.; Stauros Tsakyrakis, *Proportionality: An Assault on human rights?*, in *International Journal of Constitutional Law*, 2009, 7, n.º 3, 2009, págs. 468 e segs. (criticamente); Mathias Klatt e Moritz Meister, *The Constitutional Structure of Proportionality*, Oxónia, 2012; Rodrigo Diez Gargari, *Principio de proporcionalidad, collision de pricipios y el Nuevo discurso de la Suprema Corte*, in *Questiones Constitucionales* (México), janeiro-junho de 2012, págs. 65 e segs.; Georges Katrougalos e Daphné Akoumianaki, *L'application du príncipe de proportionalité dans le champ des droits sociaux*, in *Revue du droit public*, 2012, págs. 1381 e segs.; Manuel Medina Guerrero, *El principio de proporcionalidad como parametro de constitucionalidad de las leys reguladoras de derechos fundamentales*, in *Long Cours – Mélanges en l'honneur de Pierre Bon*, obra coletiva, Paris, 2014, págs. 419 e segs.; Gertrude Lübbe-Wolf, *The Principle of Proportionality in the Case-Law of the German Federal Constitutional Court*, in *Human*

DIREITOS FUNDAMENTAIS

82. Campos de aplicação [781]

I – A atenção tem estado centrada – até por causa da experiência histórica – nos direitos, liberdades e garantias, ou porque hoje haja uma colisão ou porque um direito tenha de ser afetado para salvaguarda de outro interesse relevante à luz do ordenamento como um todo. Como distingue o art. 18.º, n.º 2, as restrições devem limitar-se ao necessário para salvaguardar *outros direitos* ou *interesses constitucionalmente protegidos*.

Sem esquecer o que se disse acerca da dimensão diferenciadora no princípio da igualdade e deixando para outro momento os conflitos de direitos, refiram-se, para além das restrições assim genericamente apresentadas, como afetações de direitos, liberdades e garantias, submetidas ao crivo da proporcionalidade:

– O estado de sítio e o estado de emergência apenas podem ser decretados nos termos da Constituição e as providências de suspensão de direitos devem ser as *estritamente necessárias* ao pronto restabelecimento da normalidade constitucional (art. 19.º);

– A prisão preventiva, de natureza excecional, só pode ser admitida quando «outra *medida mais favorável*» não possa ser aplicada (art. 28.º, n.º 2);

– «Os condenados a quem sejam aplicadas pena ou medida de segurança privativas da liberdade mantêm a titularidade dos direitos fundamentais, *salvas as limitações inerentes ao sentido da condenação e às exigências próprias da respetiva execução*» (art. 30.º, n.º 5);

Rights Journal, agosto de 2014, págs. 4 e segs.; ROBERT ALEXY, *Direitos fundamentais e princípio da proporcionalidade*, trad., in *O Direito*, 2014, págs. 971 e segs.; GIORGIO PINO, *Proporzionalità, diritti, democrazia*, in *Diritto e Società*, 2014, págs. 597 e segs.

No volume de 2009 do *Annuaire International de Justice Constitutionnelle* há um conjunto de relatórios nacionais sobre a problemática.

[781] Sobre a distinção ou as conexões entre proporcionalidade e razoabilidade, cfr., por exemplo, VITALINO CANAS, *Proporcionalidade...*, cit., *loc. cit.*, págs. 645 e segs.; LUÍS VIRGÍLIO AFONSO DA SILVA, *O proporcional...*, cit., *loc. cit.*, págs. 33, 34 e 45; JORGE REIS NOVAIS, *Os princípios constitucionais estruturantes da República Portuguesa*, Coimbra, 2004, págs. 187 e segs.; SUZANA TAVARES DA SILVA, *op. cit.*, *loc. cit.*, págs. 677 e 678.

CAPÍTULO III – PRINCÍPIOS COMUNS COM ADAPTAÇÕES

– «Os filhos só podem ser separados dos pais quando estes não cumpram *os seus deveres fundamentais* para com eles e sempre mediante decisão judicial» (art. 36.º, n.º 6);

– «No acesso a cargos eletivos a lei só pode estabelecer as inelegibilidades necessárias para garantir a *liberdade de escolha* dos eleitores e a isenção e a *independência do exercício* dos respetivos cargos» (art. 50.º, n.º 3);

– O Estado, as regiões autónomas e as autarquias locais apenas podem proceder às expropriações dos solos que se revelem *necessárias* à satisfação de fins de utilidade pública urbanística» (art. 65.º, n.º 4);

– As restrições ao exercício dos direitos de expressão, reunião, manifestação, associação e petição coletiva e à capacidade eleitoral passiva por militares e agentes militarizados dos quadros permanentes em serviço efetivo, bem como por agentes dos serviços e forças de segurança só podem ser estabelecidas *na estrita medida das exigências próprias das respetivas funções* (art. 270.º);

– As medidas de polícia não devem ser utilizadas para além do *estritamente necessário* (art. 272.º, n.º 2).

II – No entanto, o princípio da proporcionalidade aplica-se, com mais ou menos adaptações, também aos direitos sociais. A benefício do que se há de considerar no lugar próprio, manifesta-se:

– No conflito com direitos de liberdade – por exemplo, do direito à fruição cultural com a liberdade de propaganda eleitoral [782];

– Na escolha da plena efetivação destes ou daqueles direitos em face da escassez de recursos, de exigências de sustentabilidade e de fatores institucionais envolventes da atuação do poder público;

– Na escolha da maior ou menor efetivação de direitos derivados a prestações – por exemplo, entre prestações de saúde e prestações de ensino;

– Na distribuição das prestações em razão das situações concretas das pessoas.

---

[782] Cfr. acórdão n.º 475/2013, de 29 de agosto, in *Diário da República*, 2.ª série, de 12 de setembro de 2013.

DIREITOS FUNDAMENTAIS

III – Há algumas zonas em que o princípio da proporcionalidade não menos deve ser tido em conta, por, pelo menos indiretamente, estarem em jogo direitos das pessoas.

O sistema fiscal visa a satisfação das necessidades financeiras do Estado e outras entidades públicas e uma repartição justa dos rendimentos e da riqueza (art. 103.º, n.º 1); o imposto sobre o rendimento pessoal tem em conta as necessidades e os rendimentos das famílias [arts. 104.º, n.º 1 e 67.º, n.º 2, alínea *e*)]; a tributação do património deve contribuir para a igualdade entre os cidadãos (art. 104.º, n.º 3); a tributação do consumo visa adaptar a estrutura do consumo às necessidades do desenvolvimento económico e de justiça social, devendo onerar os consumos de luxo (art. 104.º, n.º 4). Como entender o Direito tributário à margem de critérios de proporcionalidade?

Os órgãos e agentes administrativos devem atuar, no exercício das suas funções, com respeito pelo princípio da proporcionalidade (art. 266.º, n.º 2).

As associações públicas só podem ser constituídas para satisfação de necessidades específicas (art. 267.º, n.º 4).

Os atos administrativos carecem de fundamentação expressa e acessível quando afetem direitos ou interesses legalmente protegidos (art. 268.º, n.º 3, 2.ª parte).

Por último, no plano da garantia da Constituição, a restrição dos efeitos da declaração de inconstitucionalidade com força obrigatória geral pelo Tribunal Constitucional encontra-se ainda balizada pelo princípio da proporcionalidade [783] [784].

Pode considerar-se, pois, o princípio um princípio geral inerente ao Estado de Direito democrático.

---

[783] Cfr. Rui Medeiros, *A decisão...*, cit., págs. 702 e segs. e anotação in *Constituição...*, III, cit., págs. 848 e segs.; Jorge Miranda, *Manual...*, II, págs. 356 e 357 e acórdãos citados.

[784] E há ainda dois outros domínios a considerar, mesmo se fora da área dos direitos fundamentais.

Antes da apreciação do seu programa pela Assembleia da República ou após a sua demissão, o Governo limitar-se-á à prática dos atos *estritamente necessários* para assegurar a gestão dos negócios públicos (art. 186.º, n.º 5). Aqui os bens jurídicos a conjugar são a legitimidade democrática e o interesse público do exercício permanente de uma competência governamental. O regime das autarquias locais visará a *necessária* correção das desigualdades entre autarquias do mesmo grau (art. 238.º, n.º 2).

CAPÍTULO III – PRINCÍPIOS COMUNS COM ADAPTAÇÕES

83. Formas de violação

I – A mais corrente forma de violação do princípio consiste no excesso de interferência legislativa, afetando o conteúdo ou o exercício de um direito.

No entanto, os direitos, liberdades e garantias podem ser violados não só por excesso como por insuficiência ou incumprimento por parte do Estado de deveres de proteção.

Por exemplo, quando falte a devida proteção à vida ou à integridade física (arts. 24.º e 25.º), ou quando a lei não garanta a liberdade editorial da imprensa (art. 38.º), ou a proteção dos representantes dos trabalhadores nas empresas (art. 55.º, n.º 6) ou não estabeleça garantias de pagamento dos salários (art. 59.º, n.º 3) ou quando a Administração não assegure uma manifestação pacífica (art. 44.º, n.º 2), evitando contramanifestações ou motins.

Como se lê no acórdão n.º 166/2010, de 28 de abril [785]:

> "Basicamente, poderá considerar-se que existe um *déficit* inconstitucional de protecção (ou de prestação normativa), quando as entidades sobre as quais recai o *dever de proteger* adoptam medidas insuficientes para garantir a protecção adequada às posições jusfundamentais em causa, sendo que tal sucede sempre que se verificar um duplo teste: (i) sempre que se verificar que a protecção não satisfaz as exigências *mínimas* de eficiência que são requeridas pelas posições referidas; (ii) cumulativamente, sempre que se verificar que tal não é imposto por um relevante interesse público, constitucionalmente tutelado. (...).
>
> "Para que se saiba se a protecção adoptada satisfaz ou não as exigências mínimas de eficiência requeridas pelas posições jusfundamentais em causa necessário é que se tenha em conta a *intensidade do perigo ou do risco de lesão* que pode resultar, para as referidas posições, da medida legislativa sob juízo. Por seu turno, para que se saiba se tal *risco de lesão* é ou não justificado, em ponderação, por motivos constitucionais relevantes, necessário é que se identifiquem os bens jurídicos e interesses contrapostos às referidas posições, e se decida se, na escolha do legislador, foi ou não *sobreavaliado* o seu peso (...)".

---

[785] *Diário da República*, 2.ª série, de 28 de maio de 2010.

DIREITOS FUNDAMENTAIS

II – Pode ainda haver violações por excesso de proteção, quando o Estado conceda a certa categoria de pessoas ou de situações uma proteção descabida, desproporcionada em face dos interesses constitucionalmente protegidos e que se traduza em verdadeiro privilégio em relação a outra ou outras categorias [786].

Seria a hipótese de o Estado apoiar a concentração das empresas titulares de órgãos de comunicação social, em vez de a impedir (art. 38.º, n.º 4); de, em vez de dar apoio às pequenas e médias empresas e às iniciativas e empresas geradoras de emprego e fomentadoras de exportação ou de substituição de importação [arts. 86.º, n.º 1, e 100.º, alínea d)], o Estado favorecer grandes empresas não geradoras de emprego ou não fomentadoras de exportação; ou de dar apoio preferencial aos grandes, e não aos pequenos e médios agricultores (art. 97.º, n.º 1) ou favorecer certos acionistas de uma sociedade em detrimento de outros, quanto à presença na assembleia geral [787].

Como é óbvio, o excesso de proteção a uns redunda em insuficiência de proteção a outros.

IV – O arbítrio e a infração do subprincípio da proibição de excesso significam desproporcionalidade positiva, a insuficiência ou o défice de proteção desproporcionalidade negativa [788].

84. O juízo de proporcionalidade

I – Se todas as funções do Estado sofrem o influxo do princípio, é na função legislativa que ele assume maior melindre e no âmbito do qual se defrontam, por vezes, posições bem diferentes.

---

[786] Trata-se de um fenómeno aparentemente próximo da discriminação positiva, com a diferença de que esta é justificada, funda-se em fins assumidos pela Constituição e almeja alcançar uma igualdade de facto das pessoas [art. 9.º, alínea d)], ao passo que o excesso de proteção, pelo contrário, agrava as desigualdades de direito e de facto e revela-se incoerente no plano global do sistema.

[787] V. acórdão n.º 758/95, de 20 de dezembro, in *Diário da República*, 2.ª série, de 28 de março de 1996, falando em excesso legislativo, uma vez que a norma legal vai para lá do necessário, do adquirido e da «justa medida» em relação ao fim pretendido (pág. 822).

[788] Cfr. J. J. GOMES CANOTILHO, *Direito...*, cit., pág. 273; CARLOS GARCIA PULIDO, *op. cit.*, págs. 800 e segs.; INGO SARLET, *Constituição...*, cit., *loc. cit.*

CAPÍTULO III – PRINCÍPIOS COMUNS COM ADAPTAÇÕES

O ponto de partida parece-nos dever estar no postulado assim afirmado por ROBERT ALEXY: o princípio formal da competência decisória do legislador não contém por si mesmo suficiente força para prevalecer sobre um princípio jusfundamental material [789].

> Ou aproveitando palavras de EMERSON GARCÍA [790]:
>
> «É constantemente invocado o argumento de que a adoção do critério de proporcionalidade importaria no surgimento da "justiça do caso concreto", comprometendo a segurança jurídica que emana das normas *in abstracto* e desestabilizando o próprio princípio da separação dos poderes.
>
> «A crítica não é desarrazoada, sendo flagrante o risco de abusos por magistrados que resolvam se auto-investir na função de "legisladores (na verdadeira acepção da palavra) do caso concreto", o que bem demonstra a necessária prudência que deve nortear a sua utilização, sempre visando a conter sua desmesurada e irresponsável expansão. Apesar da aparente fluidez do princípio, sua aplicação, ainda que riscos de abuso existam, não pode ser descartada, pois entendimento contrário culminaria em deflagrar uma nítida involução para o positivismo clássico, retirando o respeito aos direitos fundamentais do ponto nuclear da ordem jurídica e relegando o respeito ao princípio da constitucionalidade, importante conquista da humanidade, a plano secundário.

II – Linha algo diversa foi expendida pelo Tribunal Constitucional em alguns acórdãos.

> Como consta do acórdão n.º 187/2001 (n.º 15) [791]:
>
> «Assim, enquanto a administração está vinculada à prossecução de finalidades estabelecidas, o legislador pode determinar, dentro do quadro constitucional, a finalidade visada com uma determinada medida. Por outro lado, é sabido que a determinação da relação entre uma determinada medida, ou as suas alternativas, e o grau de consecução de um determinado objetivo envolve, por vezes, avaliações *complexas*, no próprio plano empírico (social e económico). É de tal avaliação complexa que pode, porém, depender a resposta à questão de saber se uma medida é adequada a determinada finalidade.

---

[789] *Epílogo a la teoria de los derechos fundamentales*, trad., Madrid, 2009, pág. 106.
[790] *Conflito entre normas constitucionais – Esboço de uma teoria geral*, Rio de Janeiro, 2007, págs. 353 e 354.
[791] De 2 de maio, in *Diário da República*, 2.ª série, de 26 de julho de 2001.

E também a ponderação suposta pela exigibilidade ou necessidade pode não dispensar essa avaliação.

«Ora, não pode deixar de reconhecer-se ao legislador – diversamente da administração – legitimado para tomar as medidas em questão e determinar as suas finalidades, uma "prerrogativa de avaliação", como que um "crédito de confiança", na apreciação, por vezes difícil e complexa, das relações empíricas entre o estado que é criado através de uma determinada medida e aquele que dela resulta e que considera correspondente, em maior ou menor medida, à consecução dos objetivos visados com a medida (que, como se disse, dentro dos quadros constitucionais, ele próprio também pode definir). Tal prerrogativa da competência do legislador na definição dos objetivos e nessa avaliação (...) afigura-se importante sobretudo em casos duvidosos, ou em que a relação medida-objetivo é social ou economicamente complexa, e a objetividade dos juízos que se podem fazer (ou suas hipotéticas alternativas) difícil de estabelecer».

Mais recentemente, em acórdão emitidos sobre diplomas legislativos surgidos por causa da crise económico-financeira do País, o Tribunal tem adotado – não sem oscilações – juízos mais severos.

Foi o caso do acórdão n.º 353/2012, de 5 de julho, já citado, onde (n.º 5) se reitera que a desigualdade justificada pela diferenciação não está imune a um juízo de proporcionalidade.

E do acórdão n.º 187/2013, de 5 de abril (n.º 84 e segs.) [792]:

«Pretendendo o legislador reforçar o financiamento da segurança social e contrariar o défice resultante da diminuição de receitas contributivas e do aumento de despesa com as prestações sociais, dificilmente se poderá conceber como adequada uma medida que, sem qualquer ponderação valorativa, atinja aqueles beneficiários cujas prestações estão já reduzidas a um montante que o próprio legislador, nos termos do regime legal aplicável, considerou corresponder a um mínimo de sobrevivência para aquelas específicas situações de risco social.

«Por outro lado, uma tal opção legislativa é de todo desrazoável, quando é certo que ela atinge os beneficiários que se encontram em situação de maior vulnerabilidade por não disporem de condições para obterem rendimentos do trabalho para fazer face às necessidades vitais do seu agregado familiar, e abrange as prestações sociais que precisamente revestem uma função sucedânea da remuneração salarial de que o trabalhador se viu privado, e que era suposto

---

[792] *Ibidem*, 1.ª série, de 22 de abril de 2013.

CAPÍTULO III – PRINCÍPIOS COMUNS COM ADAPTAÇÕES

corresponderem, no limite, ao mínimo de assistência material que se encontrava já legalmente garantido. [793]».

Interessante, por outra banda (apesar de não ter concluído pela inconstitucionalidade) o que se diz no acórdão n.º 413/2014, de 30 de maio [794], sobre o princípio da razoabilidade (n.º 74):

«O princípio da razoabilidade surge relacionado com o princípio da proporcionalidade em sentido estrito, e orienta-se para a avaliação da razoabilidade da imposição na perspetiva das suas consequências na esfera pessoal daquele que é afetado. Nesse plano, a questão não se coloca na adequação da gravidade do sacrifício imposto em relação à importância ou premência da realização dos fins prosseguidos, mas na circunstância de ocorrer uma afetação inadmissível ou intolerável do ponto de vista de quem a sofre e por razões atinentes à sua subjetividade.» [795]

---

[793] Cfr. sobre esta jurisprudência, CRISTINA QUEIROZ, *O Tribunal Constitucional e os Direitos Sociais*, Coimbra, 2014, págs. 61 e segs., e CARLOS BLANCO DE MORAIS, *Curso...*, II, 2.º volume, cit., págs. 609 e segs.; e, em termos radicais, *O Tribunal Constitucional e a Crise*, obra coletiva (coord. de Gonçalo Almeida Ribeiro e Luís Pereira Coutinho), Coimbra, 2014, e a resposta de JORGE REIS NOVAIS, *Em defesa do Tribunal Constitucional*, Coimbra, 2014.

[794] *Diário da República*, 1.ª série, de 26 de junho de 2014.

[795] Cfr., entre tantos arestos, com atenção ao princípio da proporcionalidade, além dos acabados de indicar e do já citado acórdão n.º 166/2010, acórdão n.º 103/87, de 24 de março, *ibidem*, 1.ª série, de 6 de maio de 1987; acórdão n.º 634/93, de 4 de novembro, *ibidem*, 2.ª série, de 31 de março de 1994; acórdão n.º 451/95, de 6 de julho, *ibidem*, 1.ª série-A, de 3 de agosto de 1995; acórdão n.º 1182/96, de 20 de novembro, *ibidem*, 2.ª série, de 11 de fevereiro de 1997; acórdão n.º 288/98, de 17 de abril, *ibidem*, 1.ª série, de 18 de abril de 1998; acórdão n.º 484/2000, de 23 de novembro, *ibidem*, 2.ª série, de 4 de janeiro de 2001; acórdão n.º 200/2001, de 9 de maio, *ibidem*, 2.ª série, de 27 de julho de 2001; acórdão n.º 157/2008, de 14 de março, *ibidem*, 2.ª série, de 16 de abril de 2008; acórdão n.º 62/2008, de 23 de dezembro, *ibidem*, 1.ª série, de 9 de janeiro de 2009; acórdão n.º 296/2015, de 25 de maio, *ibidem*, de 15 de junho de 2015. V. uma resenha muito completa em *O Princípio da Proporcionalidade e da Razoabilidade na Jurisprudência Constitucional, também em relação com a Jurisprudência dos Tribunais Europeus*, relatório, elaborado pelo Juiz Pedro Machete e por Teresa Valente, à XV Conferência Trilateral dos Tribunais Constitucionais de Espanha, Itália e Portugal.

§ 2.º
O princípio da proteção da confiança

85. Segurança jurídica, proteção da confiança, boa fé

I – A segurança jurídica não é específica do Estado de Direito. Enquanto ambiente do Direito, enquanto conjunto de fatores de diversa natureza que, envolvendo-o, propiciam a efetividade das suas normas e a salvaguarda dos direitos dos seus destinatários, encontra-se, bem ou mal, em qualquer ordenamento e em qualquer regime político.

Todavia, apenas em Estado de Direito ela alcança a máxima realização até hoje conhecida, em conjugação com a justiça. Só em Estado de Direito, como atrás dissemos, os cidadãos obtêm a segurança da previsibilidade do seu futuro. E previsibilidade que exige, em simultâneo, publicidade, certeza, compreensibilidade, razoabilidade, estabilidade [796]:

- *Publicidade* dos atos do poder público e dos procedimentos da respetiva formação;
- *Certeza*, como conhecimento exato das normas aplicáveis, da sua vigência, das suas condições de aplicação e da fixação do comportamento dos destinatários;
- *Compreensibilidade*, como clareza das expressões verbais das normas e suscetibilidade de compreensão pelos seus destinatários médios;

---

[796] Recorde-se, mais uma vez, no dealbar do constitucionalismo moderno, a trilogia liberdade-segurança-propriedade (art. 1.º da Constituição de 1822).

DIREITOS FUNDAMENTAIS

- *Razoabilidade*, como não arbitrariedade, adequação às necessidades coletivas e coerência interna das normas [797];
- *Estabilidade*, como garantia de um mínimo de permanência das normas, por uma parte, e garantia dos atos e dos efeitos jurídicos produzidos, por outra parte [798].

II – A ideia de segurança jurídica tem estado patente em institutos ou princípios clássicos, de Direito privado e de Direito público, conexos ou não com o decurso do tempo como *pacta sunt servanda*, a ressalva dos efeitos produzidos pelas obrigações, a prescrição aquisitiva, a prescrição extintiva, a ressalva dos casos julgados, de certo modo a garantia do caso administrativo decidido, o princípio do juiz natural ou legal, a proibição de lei penal incrimi--nadora retroativa.

E, por força da Constituição de 1976 ainda:

- Na necessária abstração das leis restritivas de direitos, liberdades e garantias (art. 18.º, n.º 3, 1.ª parte);
- Na consequente proibição de leis restritivas de efeito retroativo (art. 18.º, n.º 3, 2.ª parte);
- Na sujeição de leis que estabeleçam condicionamentos a análogas prescrições;
- Na proibição de impostos de natureza retroativa (art. 103.º, n.º 3);
- Na necessária fundamentação das decisões dos tribunais que não sejam de mero expediente (art. 206.º, n.º 1) e dos atos administrativos que afetem direitos ou interesses legalmente protegidos (art. 268.º, n.º 3);
- Na fixação dos efeitos da declaração de inconstitucionalidade ou de ilegalidade pelo Tribunal Constitucional com força obrigatória geral por razões de segurança jurídica (art. 282.º, n.º 4).

III – Olhada no plano subjetivo, a segurança jurídica reconduz-se a *proteção da confiança*, tal como a jurisprudência e a doutrina constitucionais do Estado

---

[797] O que não equivale forçosamente à racionalidade dos iluministas.
[798] Ligando a estabilidade e a certeza à ideia de justiça, MANUEL DE ANDRADE, *Sentido e valor da jurisprudência*, in *Boletim da Faculdade de Direito da Universidade de Coimbra*, 1972, pág. 263.

CAPÍTULO III - PRINCÍPIOS COMUNS COM ADAPTAÇÕES

de Direito democrático a têm interpretado [799]. Os cidadãos têm direito à proteção da confiança, da confiança que podem pôr nos atos do poder político

[799] Cfr., na recente doutrina portuguesa, J. L. SALDANHA SANCHES, *A segurança jurídica no Estado social de Direito. Conceitos indeterminados, analogia e retroatividade no Direito Tributário*, Lisboa, 1985; LUÍS NUNES DE ALMEIDA, *Constitution et sécurité juridique*, in *Annuaire International de Justice Constitutionnelle*, 1999, págs. 249 e segs.; CARLOS BLANCO DE MORAIS, *Segurança jurídica e justiça constitucional*, in *Revista da Faculdade de Direito da Universidade de Lisboa*, 2000, 2, págs. 619 e segs., e *Curso...*, II, 2, págs. 482 e segs.; JOÃO MIRANDA, *A dinâmica jurídica do planeamento territorial*, Coimbra, 2002, págs. 71 e segs.; JOSÉ CASALTA NABAIS, *Direito Fiscal*, 2.ª ed., Coimbra, 2013, págs. 144 e segs.; J. J. GOMES CANOTILHO, *Direito...*, cit., págs. 257 e segs.; JORGE REIS NOVAIS, *Os princípios...*, cit., págs. 261 e segs., e *As restrições...*, cit., págs. 816 e segs.; MARIA LÚCIA AMARAL, *A forma...*, cit., págs. 177 e segs., e *A proteção da confiança*, in *e.book V Encontro dos Professores Portugueses de Direito Público* (org. Carla Amado Gomes), in *www.icjp. pt/publicacoes/1/3782*, págs. 21 e segs.; JOAQUIM FREITAS DA ROCHA, *Direito pós-moderno, patologias normativas e proteção da confiança*, in *Revista da Faculdade de Direito da Universidade do Porto*, VII especial, 2010, págs. 383 e segs.; PEDRO MACHETE, *O princípio da boa fé, ibidem*, págs. 475 e segs.; PAULO OTERO, *Direito...*, I, cit., págs. 87 e segs.; JOÃO CARLOS LOUREIRO, *Adeus ao Estado Social?*, cit., págs. 272 e segs.; JÓNATAS MACHADO e PAULO NOGUEIRA DA COSTA, *Curso de Direito Tributário*, Coimbra, 2012, págs. 68 e segs.; MANUEL AFONSO VAZ, *Teoria da Constituição*, Coimbra, 2012, pág. 167; PAULO MOTA PINTO, *A proteção da confiança na "Jurisprudência da Crise"*, in *O Tribunal Constitucional e a Crise. Ensaios críticos*, obra coletiva, págs. 135 e segs., *maxime* 163 e segs. Cfr. também LUÍS DE LIMA PINHEIRO, *Direito Internacional Privado*, 5.ª ed., Coimbra, 2014, págs. 334 e segs.

Na doutrina de outros países, ERNST BENDA, *op. cit., loc. cit.*, págs. 493 e segs. e 507 e segs.; OTTO PFERSMANN, *Regard externe sur la protection de la confiance légitime en droit constitutionnel allemand*, in *Revue française de droit constitutionnel*, 2000, págs. 235 e segs.; CONSTANCE GREWE, *L'État de Droit sous l'empire de la Loi Fondamentale*, in *Figures de l'État de Droit – Le Rechtsstaat dans l'histoire intélectuelle et constitutionnelle de l'Allemagne*, Estrasburgo, obra coletiva, 2001, pág. 390; LOUIS FAVOREU *et alii, op. cit.*, págs. 309 e segs.; NORBERT LÖSING, *Estado de Derecho, seguridad jurídica y desarrollo económico*, in *Anuario Iberoamericano de Justicia Constitucional*, 2002, págs. 273 e segs.; SOULAS DE SOUSEL e PHILIPPE RAMBAULT, *Nature et racines du principe de sécurité juridique: une mise au point*, in *Revue international de droit comparé*, 2003; *Constituição e segurança jurídica – Estudos em homenagem a José Paulo Sepúlveda Pertence*, obra coletiva, Belo Horizonte, 2004; FRANCK MODERNE, *Une communicabilité contestée – Le principe de sécurité juridique en droit constitutionnel français et espagnol*, in *Liber Amicorum Jean-Claude Escarras*, obra coletiva, Bruxelas, 2005, págs. 835 e segs.; TÉRCIO SAMPAIO FERRAZ, *Segurança jurídica, coisa julgada e justiça*, in *Revista do Instituto de Hermenêutica Jurídica* (Porto Alegre), 2005, págs. 263 e segs.; INGO WOLFGANG SARLET, *A eficácia do direito fundamental à segurança jurídica*, in *Revista Brasileira de Direito Comparado*, n.º 28, 2005, págs. 89 e segs.; JOSÉ BERMEJO, *El declive de la seguridad jurídica en el ordenamiento plural*, Madrid, 2005; JEAN-PIERRE COMBAY, *La sécurité juridique; une exigence juridictionnelle*, in *Revue du droit public*, 2006, págs. 1170 e segs.; WINEFRIED BRUGGER, *O bem como conceito de interpretação entre segurança jurídica, legitimidade e conveniência*, trad. in *Juris Plenum* (Caxias do Sul), n.º 25, 2009, págs. 81 e segs.; ROBERT ALEXY, *Certeza jurídica*

DIREITOS FUNDAMENTAIS

que contendam com as suas esferas jurídicas. E o Estado fica vinculado a um dever de *boa fé* (ou seja, de cumprimento substantivo, e não meramente formal, das normas e de lealdade e respeito pelos particulares) [800].

Não é apenas a Administração pública que lhe está sujeita (art. 260.º, n.º 2, da Constituição e 10.º do Código de Procedimento Administrativo) [801]. É o Estado e são quaisquer entidades públicas, em todas as suas atuações. Nem faria sentido que, ao agir, como legislador, como decisor político,

e correção, in *Boletim da Faculdade de Direito da Universidade de Coimbra*, 2012, II, págs. 481 e segs.; LILIAN DE OLIVEIRA ALMEIDA, *Direito adquirido: uma questão em aberto*, São Paulo, 2012; FABIEN GRECH, *Le principe de sécurité juridique dans l'ordre constitutionnel français*, in *Revue française de droit constitutionnel*, 2015, págs. 405 e segs., *maxime* 418 e segs.

No volume de 1999 do *Annuaire International de Justice Constitutionnelle* há estudos, relativamente a várias jurisprudências constitucionais, sobre o tema.

[800] A ideia tem antecedentes que remontam ao Direito romano, no qual, segundo SOULAS DE SOUSEZ e PHILIPPE RAMBAULT (*op. cit., loc. cit.*, págs. 96 e 97), se desdobraria nos subprincípios da *certitude* (os destinatários das normas deveriam conhecer os comportamentos a seguir) e da *securitas* (respeito concreto das normas, da jurisprudência e do contrato. Cfr. ANTÓNIO MENEZES CORDEIRO, *Da boa fé no Direito Civil*, cit. Daí passou para outros ramos de Direito. Cfr., noutra ótica, TERESA NEGREIROS, *Fundamentos para uma interpretação constitucional do princípio da boa fé*, Rio de Janeiro, 1998.

O que se diz da boa fé deve estender-se à confiança. Cfr. MANUEL CARNEIRO DA FRADA, *Teoria da confiança e responsabilidade civil*, Coimbra, 2004, *maxime* págs. 19 e segs., 346 e segs. e 431 e segs. Apesar de se situar em Direito privado, sustenta que a «produção da confiança» é um resultado inerente a qualquer estabelecimento de regras jurídicas e traduz uma função genérica do ordenamento na globalidade (pág. 346).

[801] Preceitua, por seu turno, o art. 10.º do Código do Procedimento Administrativo:

«1. No exercício da atividade administrativa e em todas as suas formas e fases, a Administração Pública e os particulares devem agir e relacionar-se segundo as regras da boa fé.

«2. No cumprimento do disposto no número anterior, devem ponderar-se os valores fundamentais do Direito, relevantes em face das situações consideradas, e, em especial; a confiança suscitada na contraparte pela atuação em causa e o objetivo a alcançar com a atuação empreendida».

Cfr. AFONSO QUEIRÓ, *Lições de Direito Administrativo*, Coimbra, 1976, pág. 525; MÁRIO ESTEVES DE OLIVEIRA, PEDRO CASTRO GONÇALVES e JOÃO PACHECO DE AMORIM, *Código do Procedimento Administrativo Anotado*, 2.ª ed., Coimbra, 1997, págs. 108 e segs.; MARCELO REBELO DE SOUSA e ANDRÉ SALGADO DE MATOS, *Direito Administrativo Geral*, I, 2.ª ed., Lisboa, 2006, págs. 217 e segs.; MARIA DA GLÓRIA GARCIA e ANTÓNIO CORTÊS, anotação, cit., *loc. cit.*, págs. 574 e segs.; LUÍS CABRAL DE MONCADA, *Boa fé e tutela da confiança no Direito administrativo*, in *Estudos em homenagem ao Prof. Doutor José Manuel Sérvulo Correia*, obra coletiva, II, Coimbra, 2010, págs. 573 e segs.; DIOGO FREITAS DO AMARAL, *Curso...*, II, cit., págs. 146 e segs. E na doutrina de outros países, por exemplo, JESÚS GONZÁLEZ PÉREZ, *El principio general de la buena fe en el Derecho Administrativo*, Madrid, 1999.

CAPÍTULO III – PRINCÍPIOS COMUNS COM ADAPTAÇÕES

na ordem interna [802] ou na ordem externa [803] ou como tribunal, o Estado pudesse deixar de o acatar.

E o princípio vale também como princípio de *jus cogens* internacional (art. 2.º, n.º 2 da Carta das Nações Unidas e arts. 33.º e 46.º da Convenção de Viena de Direito dos Tratados.

86. Função legislativa e princípio da proteção da confiança

I – Há muito se abandonou a precompreensão do poder legislativo como poder supremo do Estado e, ao invés, se afirmam (na lição, no fim de contas, de Montesquieu e dos *Founding Fathers* norte-americanos) a limitação recíproca e a interdependência de todos os poderes e órgãos do Estado. Não obstante, não menos certo é que cabe ao órgão legislativo (por princípio, o Parlamento) definir, em primeira linha, o interesse público [804], fazê-lo com liberdade de agir ou não agir (mesmo se a pré-iniciativa não está reservada aos seus membros) e fazê-lo à luz do entendimento que nele prevaleça.

Esta liberdade de conformação traduz-se em auto-revisibilidade do sistema legislativo (para empregar os termos consagrados na doutrina), bem diferente da sujeição ao princípio de pedido a que estão sujeitos os Tribunais Constitucionais, e fica reforçada, pelo pluralismo e pela alternância democrática. A maioria de certo momento não tem de manter em vigor a legislação correspondente às opções da maioria que a precedeu e é o povo, por via das eleições, que decide.

---

[802] A ideia tem, de resto, antecedentes que remontam ao Direito romano, no qual, segundo SOULAS DE SOUSEL e PHILIPPE RAMBAULT (*op. cit.*, *loc. cit.*, págs. 96-97), se desdobraria em dois subprincípios: da *certitudo* (os destinatários das normas deveriam conhecer os comportamentos a seguir) e a *securitas* (respeito concreto das normas, da jurisprudência e dos contratos).

[803] O princípio é também um princípio de *jus cogens* internacional: art. 2.º, n.º 2, das Carta das Nações Unidas e arts. 33.º e 46.º da Convenção de Viena de Direito dos Tratados. Cfr. ELISABETH ZOLLER, *La bonne foi en droit international public*, Paris, 1977.

[804] Expressões utilizadas pela própria Constituição em diversos arts.: 47.º, n.º 1, 61.º, n.º 1, 86.º, n.º 1, 266.º, n.º 1, 269.º, n.º 1, 282.º, n.º 4. E sem esquecer a presença do interesse público em muitos outros: arts. 19.º, 20.º, n.º 3, 34.º, n.ºs 2, 3 e 4, 38.º, n.º 5, 52.º, n.º 3, alíneas *b*), 57.º, n.º 2, 62.º, n.º 2, 66.º, n.º 2., 76.º, n.º 1, 80.º, alínea *a*), 81.º, alíneas *c*), *f*) e *g*), 86.º, n.ºs 1 e 3, 87.º, 88.º, 90.º, 93.º, n.º 1, alíneas *a*) e *d*), e n.º 2, 95.º, 99.º, alíneas *b*) e *d*), 100.º, alínea *a*), 101.º, 103.º, n.º 1, 267.º, n.º 2.

DIREITOS FUNDAMENTAIS

Tudo está em que seja respeitada a Constituição, porque o povo exerce o poder nas formas previstas na Constituição (arts. 3.º, n.º 1, 10.º, n.º 1 e 108.º). Tudo está ainda em que, apesar da instabilidade e da irrequietude legislativa que marcaram o século XX e se têm agravado no século XXI – fruto da rapidez das transformações sociais, dos constantes e acelerados desafios tecnológicos, da presença de novos atores políticos e de fatores económicos transnacionais [805] – se preservem os elementos do Direito estruturante da sociedade – o Direito civil, antes de mais – ou que as suas reformas não sejam bruscas, sob pena de se pôr em risco as bases dessa sociedade; nem que, irrefletidamente, se sucedam as alterações criando incerteza nos destinatários [806].

II – O legislador pode sempre emanar leis novas (leis absolutamente novas sobre certa matéria e leis sobre matérias novas), desde que voltadas apenas para o futuro; e elas devem ser leis gerais, em obediência ao princípio de igualdade. Assim como lhe está vedado emanar leis novas ou alterações de leis anteriores, de carácter retroativo, sobre restrições a direitos, liberdades e garantias (art. 18.º, n.º 3), sobre coimas, penas e medidas de segurança (art. 29.º, n.ºˢ 1, 3 e 4, 1.ª parte), sobre competência dos tribunais (art. 32.º, n.º 3), sobre impostos (art. 103.º, n.º 3) e, em geral, sobre contribuições financeiras para o Estado e outras entidades públicas [807].

Restam duas perguntas – e é aqui que entra o princípio da tutela da confiança: 1.º) pode qualquer lei afetar factos consumados e efeitos já produzidos na esfera jurídica das pessoas?; 2.º) pode haver leis que atinjam relações e situações vindas do passado e que se prolonguem na sua vigência (as chamadas leis retrospetivas)?

---

[805] V. *Manual...*, V, págs. 139 e segs. e Autores citados.

[806] Assim, JOSÉ LUIS PALMA FERNÁNDEZ, *La seguridad juridica ante la abundancia de normas*, Madrid, 1997; NORBERTO BOBBIO, *op. cit., loc. cit.*, págs. 286 e segs.; CARLOS BLANCO DE MORAIS, *Segurança...*, cit., pág. 622; JEAN-PIERRE CAMBAY, *op. cit., loc. cit.*, págs. 1170 e segs.

[807] Sobre sucessão de leis no tempo e retroatividade, v., na doutrina das últimas décadas, JOÃO BAPTISTA MACHADO, *Introdução ao Direito e ao Discurso Legitimador*, Coimbra, 1983, págs. 223 e segs.; INOCÊNCIO GALVÃO TELLES, *Introdução ao Estudo do Direito*, I, 11.ª ed., Coimbra, 1999, págs. 275 e segs.; J. J. GOMES CANOTILHO, *Direito...*, cit., págs. 261 e segs.; JOSÉ DE OLIVEIRA ASCENSÃO, *O Direito...*, cit., págs. 552 e segs.; FERNANDO JOSÉ BRONZE, *Lições de Introdução ao Direito*, 2.ª ed., Coimbra, 2006, págs. 833 e segs.; JÓNATAS MACHADO e PAULO NOGUEIRA DA COSTA, *Curso de Direito Tributário*, 2.ª ed., Coimbra, 2012, págs. 71 e segs.; MIGUEL TEIXEIRA DE SOUSA, *Introdução ao Direito*, Coimbra, 2012, págs. 288 e segs.

CAPÍTULO III – PRINCÍPIOS COMUNS COM ADAPTAÇÕES

A resposta é absolutamente negativa, quanto à primeira interrogação, salvo se a nova lei for de conteúdo mais favorável (art. 29.º, n.º 4, 2.ª parte). É positiva, condicionalmente, quanto à segunda.

III – Qualquer nova normação deve ser entendida, em teoria, como inspirada no interesse público considerado pelo legislador democraticamente legitimado (repete-se). Não pode, contudo, atingir de forma intolerável os interesses e as legítimas expectativas dos cidadãos assentes em normas constitucionais ou em normas legais delas regulamentadoras ou concretizadoras. É esse o cerne do Estado de Direito enquanto Estado de Direito democrático, aquele em que interagem o princípio da maioria e a garantia dos direitos fundamentais mediatizada pelo controlo da constitucionalidade.

Fala-se, por isso, correntemente em ponderação, em ponderação entre esses interesses *prima facie* contrastantes e justifica-se trabalhar com a metódica e os testes do princípio da proporcionalidade [808]. Donde:

- A intervenção legislativa, dependente de certa e determinada conjuntura política, económica e social, tem de prosseguir um fim assumido ou suscetível de ser assumido pela consciência jurídica geral;
- A medida ou a solução adotada deve ser adequada a esse fim;
- Ela deve ser a mais adequada possível, a necessária, excluindo outras alternativas [809];
- Não deve ser excessivamente gravosa no contexto do sistema e nunca vulnerando o conteúdo essencial de qualquer direito fundamental);

---

[808] Cfr. JORGE REIS NOVAIS, *Os princípios...*, cit., págs. 267 e segs.; MARIA LÚCIA AMARAL, *A protecção...*, cit., págs. 26 e 27; VITALINO CANAS, *Constituição* prima facie: *a igualdade, proporcionalidade, confiança (aplicadas ao corte de pensões)*, in *E-Publica – Revista Electrónica de Direito Público*, n.º 1, 2014, págs. 3 e segs.; PAULO MOTA PINTO, *A proteção da confiança...*, cit., *loc. cit.*, págs. 139 e 163 e segs.; CARLOS BLANCO DE MORAIS, *Curso...*, II, 2, págs. 486 e segs.

Isto não significa, porém, dissolver o princípio da proteção da confiança no princípio da proporcionalidade, embora se afigure exagerado contrapô-los (como faz MARIA LÚCIA AMARAL, *op. cit.*, *loc. cit.*, pág. 26), dizendo que aquele opera diacronicamente, ao passo que o princípio da proporcionalidade operaria sincronicamente.

[809] Cfr. JORGE REIS NOVAIS, *Os princípios...*, cit., pág. 268.

DIREITOS FUNDAMENTAIS

- Nem deve ser tal que razoavelmente os cidadãos não contassem que ela viesse a ser tomada [810]:
- A mudança de grandes diplomas legislativos deve fazer-se com um período de transição e uma dilação da entrada em vigor de novas normas [811].

Por outro lado, importa atender às pessoas que são afetadas pela medida legislativa e o maior ou menor peso ou custo que sobre elas recai. Este peso ou sacrifício são diferentes consoante se trate de adultos ativos ou idosos aposentados, trabalhadores com emprego ou desempregados, pessoas com ou sem deficiência, pessoas saudáveis ou inválidas, etc. A onerosidade e a desrazoabilidade são também função das condições das pessoas [812].

IV – A jurisprudência constitucional desde 1976 tem-se ocupado muitas vezes de questões atinentes ao princípio da proteção da confiança.

---

[810] CARLOS BLANCO DE MORAIS, *Curso...*, II, 2, pág. 488.

[811] Cfr. acórdão n.º 862/2013, de 19 de dezembro, in *Diário da República*, 1.ª série, de 7 de janeiro de 2014 (n.º 35).

[812] Em particular, quanto ao corte de pensões dos idosos e aposentados, pessoas de saúde mais frágil e com incapacidade de refazerem uma vida profissional, não procede a ideia de sustentabilidade. Como já se disse atrás, a solidariedade entre gerações implica uma cadeia não só de presente e futuro mas também de presente e passado; os aposentados também contribuíram, enquanto ativos, pelos seus impostos, para essa cadeia; e, em Portugal, muitos, talvez a grande maioria, são pessoas que só agora puderam aceder a patamares de libertação das carências em que haviam crescido.

Matéria muito diversa do montante das pensões vem a ser a da idade para posentação. Essa pode aumentar para futuro, atingindo os que estão no trabalho (o que não poderia, obviamente, seria aumentar retroativamente, atingindo os que já estão aposentados).

O Tribunal Constitucional, pelo acórdão n.º 187/2013, de 5 de abril (*Diário da República*, 1.ª série, de 22 de abril de 2013) não considerou inconstitucional a "contribuição extraordinária de solidariedade". Porém, pelo acórdão n.º 575/2014, de 14 de agosto (*ibidem*, de 3 de setembro) já considerou inconstitucional a "contribuição de sustentabilidade", pelo seu carácter de medida estrutural com redução definitiva do montante das pensões. Cfr. as declarações de voto de vencido no primeiro destes acórdãos dos juízes Pedro Machete e Maria José Rangel de Mesquita.

CAPÍTULO III – PRINCÍPIOS COMUNS COM ADAPTAÇÕES

Acórdão n.º 437 da Comissão Constitucional [813]:

«Um tal princípio [do Estado de Direito democrático] garante seguramente um mínimo de *certeza* nos direitos das pessoas e nas suas expectativas juridicamente criadas e, consequentemente, a *confiança dos cidadãos e da comunidade na tutela jurídica* (assim, muito justamente, a jurisprudência constitucional da Alemanha Federal...)

«O cidadão deve poder prever as intervenções que o Estado poderá levar a cabo sobre ele ou perante ele e preparar-se para se adequar a elas. Ele deve poder confiar em que a sua actuação de acordo com o direito seja reconhecida pela ordem jurídica e assim permaneça em todas as suas consequências juridicamente relevantes. Esta confiança é violada sempre que o legislador ligue a situações de facto constituídas e desenvolvidas no passado consequências jurídicas mais desfavoráveis do que aquelas com que o atingido podia e devia contar. Um tal procedimento legislativo não mais poderá cobrir-se com o principio do Estado de direito democrático.»

Acórdão n.º 287/90 do Tribunal Constitucional [814]:

«... a ideia geral de inadmissibilidade (de medidas legislativas), poderá ser aferida, nomeadamente, pelos dois seguintes critérios:

«*a)* A afetação de expetativas, em sentido desfavorável, será inadmissível, quando constitua uma mutação de ordem jurídica com que, razoavelmente, os destinatários das normas dele constantes não possam contar;

«*b)* Quando não for ditada pela necessidade de salvaguardar direitos ou interesses constitucionalmente protegidos que devam considerar-se prevalecentes, deve recorrer-se, aqui, ao princípio da proporcionalidade, explicitamente consagrado, a propósito dos direitos, liberdades e garantias, no n.º 2 do art. 18.º da Constituição, desde a 1.ª revisão.

«Pelo primeiro critério, a afetação de expetativas será extraordinariamente onerosa. Pelo segundo, que deve acrescer ao primeiro, essa onerosidade torna-se excessiva, inadmissível ou intolerável, porque injustificada ou arbitrária.

«Os dois critérios completam-se, como é, de resto, sugerido pelo regime dos n.ºs 2 e 3 do art. 18.º da Constituição. Para julgar da existência de excesso na "onerosidade", isto é, na frustração forçada de expetativas, é necessário averiguar se o interesse geral que presidia à mudança do regime legal deve prevalecer

---

[813] De 26 de janeiro de 1982, in apêndice ao *Diário da República*, 1.ª série, de 18 de janeiro de 1983.

[814] De 30 de outubro, in *Diário da República*, 1.ª série, de 20 de fevereiro de 1991.

DIREITOS FUNDAMENTAIS

sobre o interesse individual sacrificado, na hipótese reforçado pelo interesse na previsibilidade de vida jurídica, também necessariamente sacrificado pela mudança. Na falta de tal interesse do legislador ou da sua suficiente relevância segundo a Constituição, deve considerar-se arbitrário o sacrifício e excessiva a frustração de expetativas» [815].

[815] Cfr. ainda Parecer n.º 25/79 da Comissão Constitucional, de 10 de Setembro, in *Pareceres*, IX; parecer n.º 25/81, de 28 de julho, *ibidem*, XVI; parecer n.º 14/82, de 22 de abril, *ibidem*, XIX; acórdão n.º 3/84 do Tribunal Constitucional, de 11 de janeiro, in *Diário da República*, 2.ª série, de 27 de abril de 1984; acórdão n.º 17/84, de 22 de fevereiro, *ibidem*, de 14 de maio de 1984; acórdão n.º 233/91, de 23 de maio, *ibidem*, de 19 de Setembro de 1991; acórdão n.º 285/92, de 22 de julho, *ibidem*, 1.ª série-A, de 17 de agosto de 1992; acórdão n.º 237/98, de 4 de março, *ibidem*, 2.ª série, de 17 de junho de 1998; acórdão n.º 473/92, de 10 de dezembro, *ibidem*, 1.ª série, de 22 de janeiro de 2003; acórdão n.º 161/93, de 9 de fevereiro, *ibidem*, 2.ª série, de 10 de abril de 1993; acórdão n.º 468/96, de 14 de março, *ibidem*, de 13 de maio de 1996; acórdão n.º 559/98, de 27 de Setembro, *ibidem*, de 12 de novembro de 1998; acórdão n.º 625/98, de 3 de novembro, *ibidem*, 2.ª série, de 18 de março de 1999; acórdão n.º 580/99, de 20 de outubro, *ibidem*, de 21 de fevereiro de 2000; acórdão n.º 141/2002, de 9 de abril de 2002, *ibidem*, 1.ª série-A, n.º 107, de 9 de maio de 2002; acórdão n.º 449/2002, de 29 de outubro, *ibidem*, 2.ª série, de 12 de dezembro de 2002; acórdão n.º 11/2007, de 12 de janeiro, *ibidem*, de 6 de fevereiro de 2007; acórdão n.º 353/2007, de 12 de junho, *ibidem*, de 26 de julho; acórdão n.º 158/2008, de 4 de março, *ibidem*, de 16 de abril de 2008 acórdão n.º 128/2009, de 12 de março, *ibidem*, de 24 de abril; acórdão n.º 213/2012, de 24 de abril, *ibidem*, 2.ª série, de 23 de julho de 2012; acórdão n.º 402/2013, de 15 de julho, *ibidem*, 2.ª série, de 16 de outubro de 2013; acórdão n.º 474/2013, de 29 de agosto, *ibidem*, 1.ª série, de 17 de setembro de 2013; acórdão n.º 794/2013, de 21 de novembro, *ibidem*, 2.ª série, de 18 de dezembro de 2013; acórdão n.º 862/2013, de 19 de dezembro, *ibidem*, 1.ª série, de 7 de janeiro de 2014; acórdão n.º 136/2014, de 12 de fevereiro, *ibidem*, 2.ª série, de 18 de março de 2014; acórdão n.º 413/2014, de 30 de maio, *ibidem*, 1.ª série, de 26 de junho de 2014; acórdão n.º 241/2015, de 29 de abril, *ibidem*, 2.ª série, de 5 de junho de 2015; acórdão n.º 408/2015, de 23 de setembro, *ibidem*, 1.ª série, de 14 de outubro de 2015. Defendendo a coerência das soluções do Tribunal Constitucional, JOAQUIM DE SOUSA RIBEIRO, *Interesse público e tutela da confiança na jurisprudência constitucional em matéria de pensões*, in *Boletim de Ciências Económicas da Faculdade de Direito da Universidade de Coimbra*, 2014, III, págs. 307 e segs.
Cfr. a apreciação de CARLOS BLANCO DE MORAIS (*Curso...*, II, 2, cit., pág. 750):
«Temos que o Tribunal Constitucional português, antes e depois da jurisprudência da crise, *poderá ser merecedor de críticas, mais pela sua visão restritiva da convocação do princípio da proteção da confiança na esfera dos direitos sociais do que pela sua superabundância do mesmo princípio como fundamento de decisões de invalidade.* Na verdade, o Tribunal sempre exprimiu uma orientação favorável ao legislador no sentido da não inconstitucionalidade dos diplomas que afetavam, com efeitos retrospetivos, direitos já constituídos e em formação relativos à fixação do valor das pensões, tendo-o feito sempre em nome da *razão de Estado*, ligada à sustentabilidade do sistema.»

CAPÍTULO III – PRINCÍPIOS COMUNS COM ADAPTAÇÕES

Ou ainda declaração de voto da juíza MARIA LÚCIA AMARAL, anexa ao acórdão n.º 3/2016, de 13 de janeiro:

«A ponderação valorativa que a consideração da proteção da confiança exige – ponderação entre a tutela constitucional que merecem as expectativas dos destinatários das normas na não mutação da ordem vigente, e as razões de interesse público que levaram o legislador a instituir a mudança, com efeitos prejudiciais para direitos adquiridos ao abrigo do regime anterior – implica a aplicação, neste contexto, do terceiro teste do princípio da proporcionalidade. Não há, entre a proteção da confiança e a proporcionalidade, uma simbiose indiferenciada. Quando se avalia uma decisão legislativa à luz do primeiro princípio, não se acrescentam a todos os elementos que o compõem os três testes – a adequação, a necessidade, a proporcionalidade em sentido estrito – que compõem a proporcionalidade (se assim fosse, estreitar-se-ia de forma incontrolada o poder decisório do legislador). A comunicação que existe entre um e outro princípio está apenas na «ponderação» que se inclui no terceiro e último teste da proporcionalidade. Em ambos os casos, mede-se o peso relativo dos dois «lados» da questão que há que decidir: de um lado, a intensidade de proteção constitucional que merecem as posições jurídicas subjetivas dos cidadãos; de um outro lado, a intensidade de proteção constitucional que merecem as razões de interesse público que o legislador invoca para levar a cabo a mudança legislativa que instituiu.» (n.º 4) [816]

87. Revisão constitucional e proteção da confiança

O princípio da proteção da confiança incide, de certa sorte, na revisão constitucional.

Os limites materiais de revisão ou cláusulas pétreas também podem ser encarados desse prisma.

Mas, mesmo independentemente deles, violariam o princípio, por exemplo, uma revisão que reduzisse (ou que aumentasse desproporcionalmente) o tempo de mandato de titulares de cargos eleitos ou uma revisão que (consoante a norma constitucional em vigor à sua data) estabelecesse a reelegibilidade ou,

---

V. também, diversamente, RICARDO BRANCO, *Ou sofrem todos, ou há moralidade: breves notas sobre os fundamentos do Acórdão n.º 353/2012, de 5 de julho*, in *Estudos em homenagem a Miguel Galvão Teles*, I, Coimbra, 2012, págs. 329 e segs.; ou PAULO MOTA PINTO, *A proteção...*, cit., págs. 135 e segs.
[816] V. *Diário da República*, 1.ª série, de 2 de fevereiro de 2016.

DIREITOS FUNDAMENTAIS

ao invés, a não reelegibilidade do Presidente da República para o mandato subsequente e se aplicasse ao titular em exercício.

Aqui não seria só a confiança dos titulares ou do titular que seria frustrada mas também a dos próprios cidadãos eleitores cujo voto fora exercido em certo contexto e com certa expectativa relativamente aos candidatos submetidos a sufrágio.

§ 3.º
O princípio da eficácia jurídica
dos direitos fundamentais

88. A aplicação imediata

I – Os *preceitos constitucionais respeitantes aos direitos, liberdades e garantias são diretamente aplicáveis* – reza a 1.ª parte do art. 18.º Não são os únicos preceitos nessas condições, bem pelo contrário, pois, em Constituição *normativa* [817], é postulado geral que as suas normas sejam aplicáveis, ou suscetíveis de ser aplicáveis, diretamente nas situações da vida.

Já se tem observado que aplicáveis diretamente são, em rigor, os *direitos*, e não os *preceitos*. É verdade. Mas a enorme diferença entre a Constituição de 1976 (tal como a alemã de 1949), por um lado, e a Constituição de 1933 e as anteriores, por outro lado, está em que agora os direitos são imediatamente invocáveis por força das próprias normas constitucionais, sem reserva ou mediação de normas legais.

Nisto consiste aquilo a que pode chamar-se a revolução copernicana do Direito público europeu das últimas décadas, ligada à Constituição alemã

---

[817] Recordem-se KARL LOEWENSTEIN, *Verfassungslehre*, 1959, trad. *Teoria de la Constitución*, Barcelona, 1964, págs. 216 e segs.; ou KONRAD HESSE, *Die Normative kraft der Verfassung*, 1959, trad. *A força normativa da Constituição*, Porto Alegre, 1991.

DIREITOS FUNDAMENTAIS

de 1949 (art. 1.º, n.º 3) [818] e, entre nós, à de 1976 [819] [820] [821]. Enquanto que antes o exercício dos direitos dependia da sua regulamentação [822], hoje as normas constitucionais adstringem os comportamentos de todos os órgãos e agentes do poder e conformam as suas relações com os cidadãos sem necessidade de mediatização legislativa.

---

[818] Diferentemente, os Estados Unidos, logo em 1787, declararam a Constituição o Direito supremo do País, devendo-lhe obediência os juízes de todos os Estados (art. VI, n.º 2 da Constituição).

[819] Sobre o art. 18.º na Assembleia Constituinte, v. *Diário*, n.ºˢ 35, 36 e 131, reuniões de 21 e 22 de agosto de 1975 e de 1 de abril de 1976, págs. 947 e segs., 974 e segs. e 4371, respetivamente.

[820] Noutras Constituições: art. 53.º da Constituição espanhola; art. 5.º, § 1.º, da Constituição brasileira; art. 85.º da Constituição colombiana; art. 5.º, n.º 2, da Constituição búlgara; art. 17.º da Constituição caboverdiana; art. 6.º da Constituição lituana; art. 18.º, da Constituição russa; art. 8.º, n.º 1, da Constituição sul-africana; art. 8.º, n.º 3, da Constituição polaca.

[821] Sobre o art. 18.º, v. AFONSO QUEIRÓ, *Lições...*, cit., págs. 165 e 166; H. E. HÖRSTER, *Breve apontamento a propósito da elaboração do Decreto-Lei n.º 496/77, de 25 de novembro (reforma do Código Civil) e da vigência imediata do art. 36.º da Constituição*, in *Revista de Direito e Estudos Sociais*, 1976, págs. 63 e segs.; CASTRO MENDES, *Direitos...*, cit., *loc. cit.*, pág. 110; MÁRIO ESTEVES DE OLIVEIRA, *Direito Administrativo*, cit., págs. 254 e segs.; MANUEL AFONSO VAZ, *Lei...*, cit., págs. 300 e segs.; RUI MEDEIROS, *A decisão...*, cit., págs. 172 e segs.; PAULO OTERO, *O poder de substituição...*, cit., II, págs. 531 e segs.; MARIA LÚCIA AMARAL, *Responsabilidade...*, cit., págs. 433 e segs.; ANDRÉ SALGADO DE MATOS, *A fiscalização administrativa da constitucionalidade*, Coimbra, 2004, págs. 306 e segs.; JOSÉ DE MELO ALEXANDRINO, *A estruturação...*, II, cit., págs. 244 e segs.; J. J. GOMES CANOTILHO, *Métodos de protecção dos direitos, liberdades e garantias*, in *Direito Penal Especial, Processo Penal e Direitos Fundamentais – Visão luso-brasileira*, obra coletiva, São Paulo, 2006, pág. 134; ISABEL MOREIRA, *op. cit.*, págs. 82 e segs.; J. J. GOMES CANOTILHO e VITAL MOREIRA, *op. cit.*, págs. 379 e segs.; JORGE MIRANDA e JORGE PEREIRA DA SILVA, anotação in JORGE MIRANDA e RUI MEDEIROS, *Constituição...*, cit., I, págs. 310 e segs.; JOSÉ CARLOS VIEIRA DE ANDRADE, *Os direitos...*, cit., págs. 193 e segs.; CATARINA SANTOS BOTELHO, *Os direitos sociais ...*, cit., págs. 273 e segs.; PEDRO FERNÁNDEZ SÁNCHEZ, *Lei e sentença – Separação dos poderes legislativo e judicial na Constituição Portuguesa*, Lisboa, 2017, II, págs. 740 e segs.
V. também, por exemplo, parecer n.º 14/77 da Comissão Constitucional, de 10 de maio, in *Pareceres*, I, págs. 57-58, ou acórdão n.º 204/94, do Tribunal Constitucional, de 2 de março, in *Diário da República*, 2.ª série, de 19 de julho de 1994.
Sobre o art. 5.º, § 1.º, da Constituição brasileira, cfr., por exemplo, DIRLEY DA CUNHA JÚNIOR, *Controle judicial das omissões do poder público*, São Paulo, 2004, págs. 277 e segs.; INGO SARLET, *A eficácia...*, cit., págs. 261 e segs.; PAULO GUSTAVO GONET BRANCO, *Teoria Geral dos Direitos Fundamentais*, in GILMAR FERREIRA MENDES e PAULO GUSTAVO GONET BRANCO, *Direito Constitucional*, 10.ª ed., São Paulo, 2015, págs. 153 e segs.

[822] Assim, frente à Constituição de 1911, MARNOCO E SOUSA, *Constituição*, cit., págs. 44-45; e frente à de 1933, MARCELLO CAETANO, *Manual de Ciência Política...*, cit., II, pág. 523.

CAPÍTULO III – PRINCÍPIOS COMUNS COM ADAPTAÇÕES

Na expressão bem conhecida de HERBERT KRÜGER, não são os direitos fundamentais que agora se movem no âmbito da lei, mas a lei que deve mover-se no âmbito dos direitos fundamentais [823]. Ou, na fórmula de LOUIS FAVOREAU: no Estado legal, a constitucionalidade era uma componente de legalidade; no Estado de Direito, a legalidade é uma componente de constitucionalidade [824]. Ou, mais sinteticamente, segundo PAULO BONAVIDES: ontem os Códigos, hoje as Constituições [825].

Não é de subestimar a crítica de FORSTHOFF [826], dirigida ao art. 1.º, n.º 3, da Constituição de Bona: este dispositivo transformaria grande parte das disputas possíveis entre o Estado e o indivíduo em conflitos sobre a interpretação da Constituição. Segundo esse Autor, o art. 1.º, n.º 3, eliminaria as relações entre Legislativo e Executivo, colocando o Executivo na posição do Legislativo aí onde este não tivesse feito uso das suas competências; e com isso desapareceria a estrita separação, característica do Estado de Direito, entre a competência para estabelecer normas e a competência da execução, com o consequente fortalecimento da independência da Administração.

Contudo, não parece que FORSTHOFF tenha razão. A distinção que enaltece não deixa de existir com esse preceito da Constituição alemã federal ou com o art. 18.º, n.º 1, da Constituição portuguesa. Simplesmente, em vez de a norma a executar ser a legislativa (ou só a legislativa), passa a ser a constitucional (ou a legislativa, conjuntamente com a norma constitucional aplicável). Em algumas hipóteses, daí resultará mais complexidade, nunca a impossibilidade de apreciação dos atos da Administração na base de juízos de legalidade.

II – Nem todas as normas sobre direitos, liberdades e garantias são imediatamente exequíveis. Não o são, por exemplo, as relativas às garantias contra a utilização abusiva de informações pessoais (arts. 26.º, n.º 2, e 35.º), ao direito de antena (art. 40.º), à objeção de consciência (art. 41.º, n.º 6), e até ao próprio direito de sufrágio (art. 49.º). E deles se aproximam as normas sobre direitos económicos, sociais e culturais (arts. 58.º e segs.), essas quase todas programáticas.

---

[823] *Grundgesetz und Kartell Gesetzgebung*, Gotinga, 1950, pág. 12, *apud* PAULO BONAVIDES, *Curso de Direito Constitucional*, 8.ª ed., São Paulo, 1999, pág. 358.

[824] *Légalité et constitutionnalité*, in *Cahiers du Conseil Constitutionnal*, n.º 3, 1997, págs. 73 e segs.

[825] *Curso...*, cit., 26.ª ed., pág. 584.

[826] *Concepto y esencia del Estado social de Derecho*, in *El Estado social*, cit., págs. 89-90.

DIREITOS FUNDAMENTAIS

O legislador ordinário *regulamenta* simplesmente as normas constitucionais auto-exequíveis e *concretiza* as normas não exequíveis. Mas concretiza estas de modo diferente, consoante os direitos sejam direitos materiais ou procedimentais segundo a classificação atrás apresentada.

III – De todo o modo, tanto as normas precetivas não exequíveis como as programáticas são também, em certo sentido, diretamente aplicáveis:

a) Enquanto proíbem a emissão de normas legais contrárias ou a prática de comportamentos que tendam a impedir a produção de atos por elas impostos – como, por exemplo, a negação de objeção de consciência por parte dos médicos em caso de interrupção voluntária da gravidez (art. 44.º n.º 6), a abolição do limite máximo da jornada de trabalho [art. 59.º, n.º 1, alínea *d*)], a privação de retribuição e de regalias sociais da mulher trabalhadora durante a dispensa após o parto (art. 68.º, n.º 3) ou a não gratuitidade do ensino básico e secundário [art. 74.º, n.º 2, alínea *a*)];

b) Enquanto só por constarem da Constituição contam para a interpretação sistemática e, através da analogia, podem contribuir para a integração de lacunas;

c) Enquanto fixam critérios para o legislador nos domínios sobre que versam [827].

Não há, pois, que circunscrever o art. 18.º, n.º 1, aos direitos, liberdades e garantias, nem a violação das normas não exequíveis por si mesmas a inconstitucionalidade por omissão.

IV – Naturalmente, se as normas constitucionais forem exequíveis por si mesma, o sentido específico do art. 18.º, n.º 1, consistirá na possibilidade imediata de invocação dos direitos por força da Constituição, ainda que haja falta ou insuficiência da lei [828]. A regulamentação legislativa, se se der, nada acrescentará de essencial: apenas poderá ser útil (ou, porventura, necessária), pela certeza e segurança que criar quanto às condições de exercício dos

---

[827] Cfr. *Manual...*, II, cit., págs. 307 e segs.
[828] Neste sentido, o nosso estudo *Liberdade de reunião*, Braga, 1971, págs. 4-5.

CAPÍTULO III – PRINCÍPIOS COMUNS COM ADAPTAÇÕES

direitos ou quanto à delimitação frente a outros direitos ou quanto à definição de direitos implícitos [829].

V – Pelo contrário, se as normas não forem exequíveis por si mesmas os direitos apenas poderão ser tornados plenamente efetivos com as providências legislativas subsequentes e, no caso das normas programáticas, observados os condicionalismos económicos indispensáveis.

Também, por outro lado, é diversa a liberdade dispositiva consoante se trate de normas precetivas e de normas programáticas. Desde a entrada em vigor das normas precetivas não exequíveis ou, se for caso disso, desde o termo do prazo assinado pela Constituição para feitura da lei, o legislador encontra-se juridicamente obrigado a publicar normas legislativas. Já quanto às normas programáticas, poderá ter de se lhe reconhecer alguma margem de manobra sobre o tempo e as circunstâncias da legiferação.

Nada disto prejudica, porém, os direitos sociais na sua vertente negativa de liberdade e de exigência de proteção imediata [830].

---

[829] Cfr. GEORGES VLACHOS: regulamentar não é definir, mas pôr em prática, dar formulação jurídica e inserir na ordem do Direito positivo (*op. cit.*, *loc. cit.*, pág. 340; v. também págs. 334 e segs. e 347 e segs.).

Algo diferentemente, ANDRÉ OLLERO: qualquer regulamentação resulta limitativa da imprecisa ambiguidade em que as aspirações individuais se moveriam à margem de um ponto de referência heterónomo; mas ela é, ao mesmo tempo, potenciadora e asseguradora dessas aspirações, ao marcar um campo de expetativas com mais possibilidades de ficarem praticamente defendidas; o que os direitos perdem em vaga amplitude, ganham em *efetividade real* (*op. cit.*, *loc. cit.*, págs. 111 e segs.). Ou ainda, citando LEISNER, JORGE REIS NOVAIS: a subordinação aos direitos fundamentais não deve levar a concluir pela existência de uma supremacia linear, nem esquecer o fenómeno da irredutível *infiltração* da Constituição pela legislação ordinária, na medida em que, numa espécie de circularidade, se o legislador se encontra diretamente vinculado à observância dos direitos fundamentais, em contrapartida o acesso aos bens objeto da pretensão jusfundamental depende, muitas vezes e decisivamente, da atitude criadora e conformadora principalmente do legislador (*Direitos Sociais*, cit., págs. 159 e segs.). Mais: as disposições da lei ordinária integram constitutivamente os direitos fundamentais, são normas de direitos fundamentais (pág. 164); aquilo que os particulares podem reivindicar do Estado é o que resulta do conjunto Constituição-lei ordinária (pág. 165).

[830] Cfr. LÍVIA MARIA SANTANA E SANT'ANA VAZ, *Notas sobre a aplicabilidade e a eficácia das normas constitucionais dos direitos sociais*, in *O Direito Constitucional e a Independência dos Tribunais Brasileiros e Portugueses*, obra coletiva, Curitiba, 2011, pág. 109; CELSO ANTÓNIO BANDEIRA DE MELLO, *Eficácia das normas constitucionais e direitos sociais*, São Paulo, 2011.

DIREITOS FUNDAMENTAIS

VI – Mas o princípio da aplicação imediata não envolve apenas o dever de respeito.

Também, na linha do que foi dito oportunamente sobre direitos, liberdades e garantias e direitos de estrutura análoga, ele requer cumprimento imediato dos deveres de proteção do Estado. Não basta não interferir no gozo das liberdades; pode ser necessário atuar para criar a segurança em que venham a ser exercidas [831].

VII – Os preceitos constitucionais atinentes a deveres fundamentais não podem deixar de ser também diretamente aplicáveis, mas havendo que atender à distinção proposta em capítulo anterior entre deveres de âmbito ou alcance genérico e deveres de âmbito ou alcance específico.

Pertencem à primeira categoria os deveres dos pais em relação aos filhos (arts. 36.º, n.ºˢ 5 e 6) e dos pais ou dos tutores para com as pessoas com deficiência (art. 71.º, n.º 2), o dever de defender e promover a saúde (art. 64.º, n.º 1), o dever de defender o ambiente (art. 66.º, n.º 1), o dever de preservar e defender o património cultural (art. 78.º, n.º 1), o dever de defesa da Pátria (art. 276.º, n.º 1). Pertencem à segunda todos os demais. E ao passo que, para o cumprimento dos primeiros não é necessária lei – tudo depende do sentido de responsabilidade humana, cultural ou cívica das pessoas – os segundos – até porque muitos envolvem restrições a direitos – sem lei não podem ser exigíveis.

Donde, a natureza de normas exequíveis por si mesmas dos preceitos relativos aos deveres de âmbito genérico e a de normas não exequíveis dos preceitos relativos aos deveres de âmbito específico, com a consequente inconstitucionalidade por omissão (porque os deveres integram o sistema constitucional tanto quanto os direitos) na falta dessa lei regulamentadora [832].

---

[831] Cfr. J. J. GOMES CANOTILHO, *Para um enquadramento constitucional...*, cit., *loc. cit.*, págs. 328 e segs.; JORGE PEREIRA DA SILVA, *Deveres do Estado...*, cit., págs. 552 e segs.

[832] Cfr., diferentemente, SÉRVULO CORREIA, *Direitos...*, cit., págs. 115 e segs., para quem, em geral, os deveres fundamentais se caracterizam por inaplicabilidade imediata.

CAPÍTULO III - PRINCÍPIOS COMUNS COM ADAPTAÇÕES

89. A vinculação das entidades públicas

I – Em correlação com a aplicabilidade imediata dos preceitos respeitantes aos direitos, liberdades e garantias, a 2.ª parte do art. 18.º, n.º 1, da Constituição estabelece a quem se dirigem.

São destinatárias dessas normas, estão vinculadas aos direitos, liberdades e garantias, antes de mais, as entidades públicas [833] seja qual for a sua natureza e seja qual for a sua forma de atuação, e não apenas o Estado. E são destinatários todos os órgãos do poder, e não apenas os de um dos poderes do Estado, o poder legislativo [834].

A vinculação dos órgãos do poder pelas normas constitucionais torna-se patente em dois planos ou momentos:

a) Em relação a cada norma constitucional e a cada lei ou outro ato do Estado que com esse preceito venha a ser confrontado e que lhe deve ser conforme (art. 3.º, n.º 2, da Constituição);

b) Em relação ao conjunto dos preceitos constitucionais e ao conjunto dos atos jurídico-públicos, os quais devem tender a criar condições objetivas capazes de permitir aos cidadãos usufruírem efetivamente dos seus direitos no âmbito do Estado de Direito democrático.

---

[833] V. referências a entidades públicas e a pessoas coletivas públicas também nos arts. 22.º, n.º 1, 82.º, n.º 2, 156.º, alínea *e*), 197.º, n.º 1, alínea *h*), 199.º, alínea *e*), 205.º, n.º 2, 269.º, n.ºˢ 1 e 2, 271.º, n.º 1, e 276.º, n.º 6.

[834] Cfr. PHILIPPE BRAUD, *op. cit.*, págs. 243 e segs.; MICHEL FROMONT, *Les droits fondamentaux dans l'ordre juridique de la République Fédérale d'Allemagne*, in *Recueil d'Études en Hommage à Charles Eisenmann*, obra coletiva, Paris, 1977, págs. 50 e segs.; GARCIA DE ENTERRIA, *La signification de las libertades...*, cit., *loc. cit.*, págs. 115 e segs.; JOÃO CAUPERS, *op. cit.*, págs. 156 e 157; PEDRO VAZ PATTO, *A vinculação das entidades públicas pelos direitos, liberdades e garantias*, in *Documentação e Direito Comparado*, n.º 33/34, 1988 págs. 473 e segs.; HANS PETER SCHNEIDER, *Democracia y Constitución*, trad., Madrid, 1991, págs. 85 e segs. e 133 e segs.; PAULO OTERO, *Conceito e fundamento da hierarquia administrativa*, Coimbra, 1992, págs. 180 e 181, nota e *Instituições...*, I, cit., págs. 590 e segs.; KARL LARENZ, *op. cit.*, págs. 165 e segs.; INGO WOLFGANG SARLET, *op. cit.*, págs. 367 e segs.; JOSÉ CARLOS VIEIRA DE ANDRADE, *Os direitos...*, cit., págs. 205 e segs.

DIREITOS FUNDAMENTAIS

Em qualquer caso e em qualquer circunstância, qualquer ato de poder público deve tomá-las como fundamento e como referencial [835]; e deve tender a conferir-lhes (e aos princípios que lhes subjazem) a máxima eficácia possível.

II – Os órgãos da função política *stricto sensu* estão vinculados (e também, desde logo, pelo art. 7.º, n.º 1), na prática de atos dessa função, ao respeito e à promoção dos direitos, liberdades e garantias [836].

Assim, por exemplo, o Governo não deve negociar, a Assembleia da República não deve aprovar e o Presidente da República não deve ratificar um tratado que os ofenda – que ofenda os «direitos do homem» (art. 7.º, n.º 1); e, na falta de leis que confiram exequibilidade a normas constitucionais, deve o Presidente da República requerer ao Tribunal Constitucional a verificação da inconstitucionalidade por omissão. Nem o princípio é infirmado por nem sempre sobre estes comportamentos incidir uma fiscalização jurídica adequada.

III – A vinculação do legislador pela Constituição, no domínio dos direitos fundamentais, significa (naturalmente), por um lado, que a regulamentação legislativa deve ser conforme com as correspondentes normas constitucionais [837] e, por outro lado, que as normas constitucionais não exequíveis por si mesmas devem ser concretizadas nos termos por elas próprias previstas e, quanto aos direitos económicos, sociais e culturais, logo que reunidas as condições de efetivação.

Mesmo quando a Constituição parece devolver para a lei a regulamentação de certos direitos ou institutos, como na objeção de consciência (art. 41.º, n.º 6) ou na proteção dos representantes eleitos dos trabalhadores (art. 55.º, n.º 6), o legislador não é livre de lhe emprestar qualquer conteúdo; a norma legislativa

---

[835] Os direitos fundamentais não são somente um *limite negativo* às atuações dos entes públicos; são também *elemento integrador* de tais atuações (João CAUPERS, *op. cit.*, pág. 154).

[836] Cfr. JORGE MIRANDA, *Revisitando os atos de governo*, in *Estudos em homenagem ao Prof. Doutor José Joaquim Gomes Canotilho*, obra coletiva, I, Coimbra, 2012, págs. 491 e segs.; ou MARCO CALDEIRA, *Actos políticos, direitos fundamentais e Constituição*, Lisboa, 2014, págs. 123 e 130 e segs.

[837] Cfr. o acórdão n.º 226/94 do Tribunal Constitucional, de 8 de março, in *Diário da República*, 2.ª série, n.º 160, de 13 de julho de 1994, pág. 6987.

CAPÍTULO III – PRINCÍPIOS COMUNS COM ADAPTAÇÕES

(insistimos) tem, na perspetiva global da Constituição, de possuir um sentido que seja conforme com o sentido objetivo da norma constitucional [838].

Fórmulas como «nos termos da lei» (aliás, em número bastante reduzido na Constituição de 1976) ou equivalentes apenas podem indiciar que se trata de normas constitucionais não exequíveis por si mesmas.

IV – A vinculação dos órgãos legislativos aos direitos fundamentais não é apenas negativa, não consiste somente em eles não contrariarem o sentido das normas constitucionais. É também positiva e não consiste apenas no dever de regulamentar ou concretizar normas não exequíveis. Abrange ainda o dever de emitir normas ou outras providências de proteção dos direitos fundamentais [839].

Trata-se de um dever geral, que se reporta aos direitos, liberdades e garantias e, na sua vertente negativa, igualmente aos direitos económicos, sociais e culturais. Quanto a alguns direitos, ele consta mesmo de preceitos expressos, a alguns dos quais já aludimos a propósito do princípio da proporcionalidade [840].

Ainda por aplicação imediata, agora do princípio da igualdade, podem ser juridicamente obrigatórias intervenções legislativas destinadas a suprimir privilégios, discriminações e diferenciações infundadas ou a concretizar discriminações positivas. Também já o vimos.

Na escolha das providências, o legislador goza de variável margem de conformação em correspondência com os bens jurídicos subjacentes aos direitos.

---

[838] Neste sentido, já, o nosso *Inviolabilidade do domicílio*, in *Revista de Direito e Estudos Sociais*, 1974, págs. 414-415.

[839] Cfr. RUI MEDEIROS, *O Estado...*, cit., *loc. cit.*, pág. 32; SÉRVULO CORREIA, *Direitos...*, cit., págs. 96 e segs.; JORGE PEREIRA DA SILVA, *Dever...*, cit., págs. 21 e segs., e *Deveres do Estado...*, cit., págs. 558 e segs.; EMERSON GARCIA, *Conflitos entre direitos fundamentais*, Rio de Janeiro, 2008, págs. 306 e segs.; JOSÉ CARLOS VIEIRA DE ANDRADE, *Os direitos...*, cit., págs. 214 e 215.

[840] Cfr., além desses, o art. 14.º (sobre proteção diplomática); art. 20.º, n.º 5, sobre procedimentos judiciais, com prioridade e celeridade para proteção de direitos, liberdades e garantias; art. 26.º, n.º 3, sobre identidade genética; arts. 27.º, n.º 5, e 19.º, n.º 6, sobre o dever de indemnização em caso de privação inconstitucional ou ilegal de liberdade ou de sentença criminal injusta; art. 28.º, n.º 4, sobre fixação por lei dos prazos de prisão preventiva; art. 32.º, n.º 3, 2.ª parte, sobre assistência de advogado em processo penal; art. 42.º, n.º 2 (sobre direitos de autor); arts. 54.º, n.º 4, e 55.º, n.º 6, sobre proteção dos membros das comissões de trabalhadores e dos representantes sindicais; art. 60.º, n.º 1 (sobre proteção dos consumidores); art. 69.º (sobre proteção das crianças).

DIREITOS FUNDAMENTAIS

O grau máximo de proteção é a qualificação como crime da ação ou omissão ofensiva desses bens, observado o princípio da proporcionalidade [841].

V – Constitui atributo da função legislativa a liberdade de iniciativa e de conformação, pelo que o legislador de certo momento pode interpretar, modificar, suspender ou revogar a lei anterior. Porém, quando estejam em causa direitos fundamentais impõem-se limites a essa sua discricionariedade [842].

Em primeiro lugar, não parece de aceitar, como dissemos atrás, que um direito fundamental implícito ou um direito fundamental novo criado por lei anterior possa ser, pura e simplesmente, extinto por outra lei ordinária – pois, sendo dotado de fundamentalidade por se enxertar no sentido da Constituição material, ele fica fazendo corpo com os demais direitos fundamentais.

Em segundo lugar, se uma norma atributiva de um direito não é imediatamente exequível e se, depois, vem a receber exequibilidade através de uma norma legal, tão pouco esta poderá ser abrogada a ponto de se voltar à situação de inconstitucionalidade por omissão (art. 283.º), porque assim o reclama a realização da Constituição e o próprio funcionamento das instituições.

Pense-se só, a título de exemplo, no que seria o legislador revogar, sem mais, uma da leis eleitorais, tornando inviável a renovação, nos prazos constitucionais ou por virtude de dissolução, do órgão correspondente e até o exercício de poderes de outros órgãos [843]. Ou revogar, sem a substituir por outra, a legislação sobre *habeas corpus* ou sobre objeção de consciência [844]. Ou a legislação de segurança social. Seriam tão pesadas as consequências em qualquer dos casos que quase parecem inverosímeis as hipóteses.

Quanto a normas de direitos, liberdades e garantias, não se vê grande dificuldade em acolher este entendimento. O problema está todo nas normas de direitos sociais, por causa da sua dependência de fatores económicos, financeiros e administrativos e de, por isso, ser à volta deles e da sua

---

[841] Cfr. a tipologia das normas de proteção de JORGE PEREIRA DA SILVA, *Deveres do Estado...*, cit., págs. 635 e segs.

[842] Cfr. JORGE PEREIRA DA SILVA, *ibidem*, págs. 570 e segs.

[843] Uma situação de vazio semelhante ocorreu entre 1976 e 1979, por falta de lei eleitoral para o Parlamento, impeditiva de dissolução pelo Presidente da República. Só a Lei n.º 16/79, de 14 de maio, permitiu ultrapassar o problema.

[844] Assim, JORGE PEREIRA DA SILVA, *Dever...*, cit., págs. 262 e 282.

CAPÍTULO III – PRINCÍPIOS COMUNS COM ADAPTAÇÕES

concretização que se joga o contraditório político. Voltaremos ao assunto na altura própria.

VI – A subordinação da Administração à Constituição é afirmada como princípio geral no art. 266.º, n.º 2, e tem um afloramento de grande importância, no que tange aos direitos, liberdades e garantias, no art. 272.º, n.º 3 (o qual sublinha que a prevenção dos crimes contra a segurança do Estado só pode fazer-se com respeito pelos direitos, liberdades e garantias) [845].

Na Administração compreendem-se todas as suas modalidades, incluindo a Administração sob formas jurídico-privadas (como a de sociedade de capitais total ou maioritariamente públicos) [846], e também qualquer pessoa coletiva de direito privado quando nas suas relações com os particulares disponha de poderes públicos, de faculdades de *imperium* [847]. E atividade vinculada é não só a atividade de Direito público (regulamentos, instruções, atos, contratos administrativos) mas igualmente a atividade de Direito privado das pessoas coletivas públicas (ainda que, eventualmente, com graduações e especialidades) [848].

Em geral, a subordinação à Constituição significa o dever de conformação da atividade administrativa (tenha conteúdo normativo ou não) pelas normas constitucionais, procurando conferir a máxima efetividade possível aos direitos fundamentais [849].

Em especial, significa que, em caso de inércia do órgão competente para dar exequibilidade a uma norma sobre direitos fundamentais, é de admitir que tal omissão seja superada por outro órgão a título de substituição [850]; e que são nulos e não anuláveis (portanto, não sanáveis e impugnáveis a todo o tempo) os atos administrativos que ofendam o conteúdo essencial de um

---

[845] Cfr. PEDRO MACHETE, *Estado de Direito...*, cit., págs. 444 e segs. e anotação em JORGE MIRANDA e RUI MEDEIROS, *Constituição...*, cit., III, Coimbra, 2007, págs. 664 e 665.

[846] Cfr., por todos, MARIA JOÃO ESTORNINHO, *A fuga para o Direito privado*, Coimbra, 1996, págs. 233 e segs.

[847] Cfr., aliás, o art. 267.º, n.º 6, acrescentado em 1997.

[848] Numa linha de idêntica vinculatividade, MARIA JOÃO ESTORNINHO, *op. cit.*, págs. 239 e segs.; ou J. J. GOMES CANOTILHO e VITAL MOREIRA, *op. cit.*, I, pág. 384.

[849] Cfr. LUÍS PEREIRA COUTINHO, *op. cit., loc. cit.*, págs. 578 e segs.

[850] Cfr. PAULO OTERO, *O poder...*, cit., págs. 533 e 538.

DIREITOS FUNDAMENTAIS

direito fundamental [art. 161.º, n.º 2, alínea *d*), do Código do Procedimento Administrativo] [851] [852].

VII – Ora, se os atos administrativos ofensivos do conteúdo essencial de direitos, liberdades e garantias são nulos, quer isto dizer que a Administração pública pode (ou *deve*) não os praticar, mesmo se impostos pela lei? Ou seja: podem os órgãos e agentes administrativos recusar-se a aplicar normas legais contrárias a normas constitucionais atributivas de direitos, liberdades e garantias?

Não se afigura fácil responder [853].

Por um lado, os órgãos e agentes administrativos não se encontram em plano homólogo ao dos tribunais e o princípio da estrita legalidade administrativa é um dos esteios básicos do Estado de Direito. Em contrapartida, a Administração pública também está subordinada à Constituição (art. 266.º, n.º 2) e pode haver violações legais de direitos, liberdades e garantias de tal sorte graves ou manifestos que mal se compreenderia que os órgãos e agentes administrativos fossem obrigados a praticar atos destinados à sua execução para serem objeto, de seguida, de impugnação contenciosa ou até de resistência por parte dos cidadãos.

Mantemos a opinião adversa ao reconhecimento aos órgãos da Administração de qualquer faculdade de fiscalização da constitucionalidade pelas diferentes características da função jurisdicional e da função administrativa, pela necessidade de evitar a concentração de poder no Governo que daí adviria (pois o Governo é o órgão superior da Administração pública) e por imperativos de certeza e de segurança jurídica. Aos agentes administrativos é sempre possível a representação às entidades hierarquicamente superiores das

---

[851] É a tese que sustentamos desde há muito (v. *O regime dos direitos, liberdades e garantias...*, cit., *loc. cit.*, pág. 77). Cfr., não coincidentemente, MÁRIO ESTEVES DE OLIVEIRA, PEDRO COSTA GONÇALVES e JOÃO PACHECO DO AMORIM, *Código do Procedimento Administrativo*, 2.ª ed., Coimbra, 1997, págs. 646 e 647; JOÃO CARLOS LOUREIRO, *O procedimento...*, cit., págs. 223 e 224; MARCELO REBELO DE SOUSA e ANDRÉ SALGADO DE MATOS, *op. cit.*, III, pág. 214; DIOGO FREITAS DO AMARAL, *Curso...*, II, cit., págs. 450 e 451.

[852] Sobre o problema da execução prévia dos atos tributários, v. DIOGO LEITE DE CAMPOS, *A reforma dos tribunais fiscais*, in *Revista da Ordem dos Advogados*, 1985, págs. 61-62; ou MARIA MARGARIDA MESQUITA, *O direito de resistência e a ordem fiscal*, Coimbra, 1996, pág. 129.

[853] Para maior desenvolvimento, v. *Manual...*, VI, cit., págs. 227 e segs., e autores citados.

CAPÍTULO III – PRINCÍPIOS COMUNS COM ADAPTAÇÕES

consequências da aplicação das leis, mas até a uma possível decisão judicial de inconstitucionalidade permanecerão vinculados às leis e às ordens concretas de aplicação dos órgãos colocados em grau superior da hierarquia [854]; e não poderão então ser civilmente responsabilizados por violações de direitos, liberdades e garantias decorrentes dessa aplicação (a responsabilidade será apenas do Estado, de acordo com os arts. 22.º e 271.º, n.º 2).

Não adotamos, no entanto, uma visão fechada, porque reconhecemos depararem-se hipóteses – extremas ou muito especiais – em que os órgãos administrativos hão de gozar de um poder de recusa de aplicação.

Além de leis juridicamente inexistentes será assim, sem dúvida, quando estiverem em causa direitos insuscetíveis de suspensão mesmo em estado de sítio (art. 19.º, n.º 6) e cuja especial valorização constitucional (e não um poder autónomo de garantia da constitucionalidade) se vem projetar sobre a atuação dos órgãos e agentes administrativos; ou quando, sem revisão constitucional, seja reproduzida norma declarada inconstitucional com força obrigatória geral (art. 282.º).

Poderá ser assim, quando estejam em causa leis vetustas, muito anteriores à Constituição e, de todo em todo, desconformes com a sua ideia de Direito. Pelo contrário, é, no mínimo duvidoso, que também possa ser assim quando se trate de leis sobre as quais o Tribunal Constitucional se haja pronunciado no sentido de inconstitucionalidade em fiscalização preventiva, mas que, apesar disso, tenham sido confirmadas e promulgadas (art. 279.º, n.º 2).

VIII – Para além da necessária conformidade das suas decisões com as normas constitucionais, a vinculação dos tribunais aos preceitos constitucionais sobre direitos fundamentais [855] traduz-se:

a) Positivamente, na interpretação, na integração e na aplicação de modo a conferir-lhes a máxima eficácia possível, dentro do sistema jurídico (cfr. art. 202.º, n.º 2);

---

[854] J. J. GOMES CANOTILHO, *Direito...*, cit., págs. 443-444.
[855] Cfr. J. J. GOMES CANOTILHO, *Direito...*, cit., págs. 446 e 447; J. J. GOMES CANOTILHO e VITAL MOREIRA, *op. cit.*, I, pág. 383; JORGE MIRANDA e JORGE PEREIRA DA SILVA, *Anotação*, cit., *loc. cit.*, págs. 330 e 331.

DIREITOS FUNDAMENTAIS

b) Negativamente, na não aplicação dos preceitos legais que os não respeitem (art. 204.º), com os instrumentos e técnicas da apreciação da inconstitucionalidade material mais exigentes.

Os tribunais não podem tomar decisões contrárias a normas constitucionais (mormente as que a eles se dirigem, como as dos arts. 20.º e 202.º e segs.). Mas tudo se esgota no sistema de recursos de cada ordem de jurisdição, pois recursos para o Tribunal Constitucional apenas são admissíveis da decisão sobre normas, e não das decisões em si mesmas (art. 280.º) [856].

90. A vinculação das entidades privadas

I – O art. 18.º, n.º 1, estipula ainda a vinculação das entidades privadas aos preceitos constitucionais respeitantes aos direitos, liberdades e garantias [857]. E a legislação ordinária vai tirando daí as devidas consequências, conforme veremos.

Não estão em causa aqui direitos nas relações entre particulares, só elevados a direitos fundamentais por virtude da sua proximidade com certos princípios constitucionais ou por virtude dos cumulativos deveres de proteção dos correspondentes bens jurídicos pelo Estado – assim, os direitos dos cônjuges (art. 36.º, n.os 3 e 4), o direito de resposta e de retificação (art. 37.º, n.º 4), o direito de intervenção editorial dos jornalistas [art. 38.º, n.º 2, alínea *a*), 2.ª parte] [858] os direitos das comissões de trabalhadores [art. 54.º, n.º 2, alíneas *a*) e *c*)], o direito de tendência sindical [art. 55.º, n.º 2, alínea *e*)], a atividade sindical na empresa [art. 55.º, n.º 2, alínea *d*)], a proibição de *lock-out* (art. 57.º, n.º 4), os direitos dos trabalhadores (art. 59.º, n.º 1), os direitos dos

---

[856] Cfr. *Manual...*, VI, págs. 189 e segs. 240 e segs.

[857] Em trabalho de há mais de vinte anos (*Ensaio sobre o caso julgado inconstitucional*, Lisboa, 1993, págs. 63 e 64), PAULO OTERO pronunciou-se pela não aplicação pelos órgãos administrativos e pela não obediência pelos particulares a decisões judiciais violadoras de direitos, liberdades e garantias.

Julgamos que tal geraria insegurança jurídica. Só o admitimos quanto aos direitos do art. 19.º e segs.

[858] No texto inicial, marcado pela conjuntura de 1974-1975, os direitos de intervenção dos jornalistas eram garantidos expressamente em relação a outros trabalhadores.

CAPÍTULO III – PRINCÍPIOS COMUNS COM ADAPTAÇÕES

consumidores (art. 60.º) e as garantias de proteção das crianças na família e nas demais instituições [arts. 69.º, n.º 2 e 74.º, alínea *e*)].

Ou deveres entre particulares, como o dos pais de educação e manutenção dos filhos (art. 360.º, n.º 5); o dever dos empresários de respeitar a atividade sindical nas empresas [art. 55.º, n.º 2, alínea *d*)]; o dever de retribuição do trabalho [art. 59.º, n.º 1, alínea *a*)]; o de organização do trabalho em condições socialmente dignificantes, de forma a facultar a realização pessoal e a permitir a conciliação da atividade profissional com a vida familiar [art. 59.º, n.º 2, alínea *b*)]; e de organização do trabalho em condições de higiene e segurança [art. 59.º, n.º 2, alínea *c*)]; o dever de especial proteção do trabalho da mulher durante a gravidez e após o parto, bem como do trabalho dos menores, dos diminuídos e dos que desempenhem atividades particularmente violentas ou em condições insalubres, tóxicas e perigosas [art. 59.º, n.º 2, alínea *c*)].

Nem, ao invés, direitos que apenas possam ter por destinatário passivo o Estado, como as garantias de Direito e de processo penal, os direitos políticos e grande parte dos direitos sociais.

II – Trata-se, sim, no art. 18.º, n.º 1, de direitos que incidem ou podem incidir tanto nas relações com entidades públicas quanto nas relações com particulares – como os que resultam da reserva da intimidade da vida privada (art. 26.º, n.º 2), a proibição de acesso de terceiros aos ficheiros de dados pessoais (art. 35.º, n.º 4), o direito de retificação, de resposta e de indemnização por danos sofridos através da imprensa (art. 37.º, n.º 4), os direitos de autor (art. 42.º, n.º 2, *in fine*), a liberdade negativa de associação (art. 46.º, n.º 3), o direito de ação coletiva para defesa de interesses difusos (art. 52.º, n.º 3), a segurança no emprego (art. 53.º), a independência das associações sindicais (art. 55.º, n.º 4), a proteção dos representantes dos trabalhadores (art. 55.º, n.º 6), ou os direitos dos consumidores à informação, à proteção da saúde e dos seus interesses económicos e à reparação de danos (art. 60.º, n.º 1), o direito à segurança social (art. 63.º), os direitos à proteção da saúde (art. 64.º), à proteção das crianças (art. 69.º), à proteção dos jovens (art. 70.º), à proteção das pessoas com deficiência (art. 71.º) e à proteção dos idosos (art. 71.º); ou, noutro contexto, o direito ao ambiente (art. 66.º) e o direito à fruição cultural (art. 78.º).

E trata-se depois de direitos que, tendo surgido historicamente frente ao Estado, podem adquirir também sentido frente a particulares – como a

DIREITOS FUNDAMENTAIS

presunção de inocência dos arguidos (art. 32.º, n.º 2), o sigilo de correspondência (art. 34.º, n.º 1), a liberdade de consciência e de religião (art. 41.º), a liberdade de deslocação (art. 44.º), a liberdade de reunião (art. 45.º), a liberdade positiva de associação (art. 46.º, n.º 1), a liberdade de profissão (art. 47.º, n.º 1) ou a liberdade sindical (art. 55.º).

É sobretudo a propósito destes últimos direitos que se fala em eficácia *horizontal*, ou perante terceiros, dos direitos, liberdades e garantias (*Drittwirkung*) – em contraposição à mera eficácia *externa*, equivalente ao dever universal de respeito que recai sobre quaisquer cidadãos em face dos direitos dos outros. Enquanto que, na eficácia externa, tudo está em não interferir no exercício dos direitos de outros (por exemplo, o direito de sufrágio, o direito de petição, o direito à proteção da saúde), na eficácia horizontal há relações bilaterais sobre as quais se projetam ou em que podem ser afetados especificamente certos e determinados direitos [859].

Como se lê no art. 30.º da Declaração Universal, nenhum Estado, agrupamento ou indivíduo têm o direito de se entregar a alguma atividade ou de praticar algum ato destinado a destruir os direitos e liberdades nela enunciados.

III – Uma fórmula como a do nosso art. 18.º, n.º 1 [860], tem poucos paralelos noutras Constituições [861]. Nem por isso, na ausência de disposição constitucional expressa, a jurisprudência [862], a prática legislativa e a doutrina [863]

---

[859] Sobre eficácia externa das obrigações, v., por todos, MÁRIO JÚLIO DE ALMEIDA COSTA, *op. cit.*, págs. 92 e segs.

[860] Fonte (aliás, como de todo o art. 18.º, n.º 1): art. 10.º, n.º 1, do projeto de Constituição do Partido Popular Democrático; e, de certo modo ainda, art. 15.º, n.º 3, do projeto do Centro Democrático Social e art. 28.º, n.º 1, do projeto do Partido Comunista Português.

[861] Como as de Cabo Verde (art. 18.º), do Chile (art. 6.º), da África do Sul (art. 8.º), da Suíça (art. 35.º, § 3.º) ou a de Angola (art. 28.º, n.º 1).

[862] Na nossa jurisprudência constitucional, cfr. o acórdão n.º 198/85, de 30 de outubro, in *Diário da República*, 2.ª série, de 15 de fevereiro de 1986, sobre sigilo de correspondência; o acórdão n.º 201/85, de 4 de junho (*ibidem*, 2.ª série, de 25 de agosto), sobre exigência de autorização para ajuntamentos e ruído; e os acórdãos n.ºs 289/92, de 2 de Setembro, e 15/2005, de 18 de janeiro, *ibidem*, de 19 de Setembro de 1992 e 31 de março de 2005, respetivamente, sobre o direito à greve.

[863] Sobre o problema, v., na doutrina portuguesa, FRANCISCO LUCAS PIRES, *Uma Constituição*, cit., págs. 89 e segs.; ANA PRATA, *A tutela constitucional da autonomia privada*, Coimbra,

CAPÍTULO III – PRINCÍPIOS COMUNS COM ADAPTAÇÕES

2008; Rui Moura Ramos, *Direito Internacional Privado e Constituição*, cit., pág. 177; José Carlos Vieira de Andrade, *Os direitos fundamentais nas relações entre particulares*, Lisboa, 1981, e *Os direitos fundamentais...*, cit., págs. 245 e segs.; Antunes Varela, *Alterações legislativas do direito ao nome*, in *Revista de Legislação e de Jurisprudência*, n.º 3710, Setembro de 1983, pág. 143, nota; Vasco Pereira da Silva, *A vinculação das entidades privadas pelos direitos, liberdades e garantias*, in *Revista de Direito e Estudos Sociais*, 1987, págs. 259 e segs.; J. J. Gomes Canotilho, *Tópicos...*, cit., págs. 26 e segs., *O Provedor de Justiça e o efeito horizontal dos direitos, liberdades e garantias*, in *Provedor de Justiça – Sessão Comemorativa*, obra coletiva, Lisboa, 1996, págs. 59 e segs., e *Direito...*, cit., págs. 448 e segs. e 1285 e segs. e *Vinculação e aplicabilidade direta das normas de direitos fundamentais. Eficácia externa, matrizes comunicativas e espaço público*, in *Boletim de Ciências Económicas da Faculdade de Direito de Coimbra*, 2014, I, págs. 975 e segs.; José Lamego, *op. cit.*, págs. 61-62; José João Nunes Abrantes, *A vinculação das entidades privadas aos direitos fundamentais*, Lisboa, 1990; Heinrich Ewald Hörster, *A parte geral do Código Civil Português*, Coimbra, 1992, págs. 94 e segs.; Jorge Pereira da Silva *Deveres do Estado...*, cit., págs. 97 e segs., 328 e segs. e 712 e segs.; Armando Marques Guedes, *O Tribunal Constitucional português: os primeiros seis anos (1983-1989)*, in *O Direito*, 1993, págs. 32 e segs.; Jónatas Machado, *Liberdade...*, cit., págs. 255 e segs.; Joaquim de Sousa Ribeiro, *op. cit., loc. cit.*, págs. 741 e segs.; Paulo Mota Pinto, *O direito ao livre desenvolvimento...*, cit., *loc. cit.*, págs. 227 e segs.; João Loureiro, *O direito à identidade genética do ser humano*, ibidem, págs. 360, nota, e segs.; Guilherme Machado Dray, *op. cit.*, págs. 135 e segs.; Luís Carvalho Fernandes, *op. cit.*, I, págs. 35 e segs. e 81 e segs.; Maria do Rosário Palma Ramalho, *Direito do Trabalho*, Coimbra, 2005, págs. 152 e segs.; Benedita Mac Crorie, *A vinculação...*, cit.; Carlos Alberto da Mota Pinto, *op. cit.*, págs. 73 e segs.; António Menezes Cordeiro, *Tratado...*, I, tomo I, cit., págs. 374 e segs.; Jorge Reis Novais, *Os direitos fundamentais nas relações jurídicas entre particulares*, in *Os direitos fundamentais: trunfos contra a maioria*, Coimbra, 2006, págs. 69 e segs., *Direitos fundamentais...*, cit., págs. 69 e segs.; Eduardo Correia Baptista, *op. cit.*, págs. 115 e segs.; Milena Silva Rouxinol, *O direito fundamental ao ambiente nas relações jurídico-privadas*, in *Boletim da Faculdade de Direito da Universidade de Coimbra*, 2006, págs. 695 e segs., maxime 716 e segs.; Isabel Moreira, *op. cit.*, pág. 81; Paulo Otero, *Instituições...*, I, cit., págs. 592 e 593; Mafalda Carmona, *op. cit.*, págs. 190 e segs.; J. J. Gomes Canotilho e Vital Moreira, *op. cit.*, I, pág. 347; António Carlos de Sousa Soromenho-Pires, *Intimidade, personalidade e eficácia vertical e horizontal dos direitos fundamentais*, in *Revista Jurídica da Universidade Portucalense*, 2011, págs. 45 e segs.; José Manuel Cardoso da Costa, *À propos de la «constitutionnalisation» du Droit prive (une breve réflexion)*, in *Long-cours – Mélanges en l'honneur de Pierre Bon*, obra coletiva, Paris, 2014, págs. 83 e segs.; Manuel Afonso Vaz *et alii*, *Direito Constitucional*, cit., págs. 236 e segs.; Jorge Pereira da Silva, *Deveres de protecção ...*, cit., pág. 714, e *A eficácia dos direitos fundamentais nas relações entre privados. Um problema de geometria variável*, in *Fundamentos Constitucionais*, 9, Astúrias, 2016, págs. 103 e segs.; Fernando Alves Correia, *Direitos fundamentais e relações jurídicas privadas. Sinopse doutrinária e jurisprudencial*, in *Revista de Legislação e de Jurisprudência*, novembro/dezembro de 2016, págs. 88 e segs.

Na doutrina brasileira, Gilmar Ferreira Mendes, *Direitos fundamentais e controle de constitucionalidade*, São Paulo, 1998, págs. 214 e segs.; Ingo Sarlet, *Direitos fundamentais e Direito privado: algumas considerações em torno da vinculação dos particulares a direitos fundamentais*, in *A Constituição concretizada – Construindo pontes entre o público e o privado*, obra coletiva, Porto

Alegre, 2000, págs. 107 e segs.; *Constituição, direitos fundamentais e Direito privado*, obra coletiva (org. de INGO WOLFGANG SARLET), Porto Alegre, 2003; THIAGO LUÍS SANTOS SOMBRA, *A eficácia dos direitos fundamentais nas relações jurídico-privadas*, Porto Alegre, 2004; VIRGÍLIO AFONSO DA SILVA, *A constitucionalização do Direito – Os direitos fundamentais nas relações entre particulares*, São Paulo, 2005; WILSON SREINMETZ, *Direitos fundamentais e relações entre particulares: anotações sobre a teoria dos imperativos de tutela*, in *Revista Brasileira de Direito Constitucional*, janeiro-junho de 2005, págs. 205 e segs.; ANDRÉ RUFINO DO VALE, *Drittwirkung de direitos fundamentais e associações privadas, ibidem*, págs. 368 e segs.; DANIEL SARMENTO, *Direitos fundamentais e relações privadas*, 2.ª ed., Rio de Janeiro, 2006; JANE REIS GONÇALVES FERREIRA, *Interpretação constitucional – Direitos fundamentais*, Porto Alegre, 2006, págs. 431 e segs.; EMERSON GARCIA, *Conflitos entre normas constitucionais*, Rio de Janeiro, 2008, págs. 295 e segs. e 319 e segs. Cfr., numa visão mais larga, das relações entre Constituição e Direito Civil, OTÁVIO LUIZ RODRIGUES JÚNIOR, *Estatuto epistemológico do Direito civil contemporâneo na tradição do civil law em face do neoconstitucionalismo e dos princípios*, in *O Direito*, 2011, págs. 267 e segs.; GUSTAVO NORI TESTA, *A eficácia horizontal dos direitos fundamentais nos contratos privados*, in *Revista de Direito Constitucional e Internacional*, outubro-dezembro de 2011, págs. 293 e segs.; NIDEVAL CHIANCA JÚNIOR, *Uma leitura da vinculação dos particulares aos direitos fundamentais, compatível com a liberdade individual*, Rio de Janeiro, 2013; ANDRÉ RUFINO DO VALE, Drittwirkung *do direito fundamental de associação privada*, in *Controle da constitucionalidade – Direitos fundamentais, Estudos em homenagem ao Professor Gilmar Mendes*, obra coletiva, Rio de Janeiro, 2016, págs. 15 e segs.; OSVALDO FERREIRA DE CARVALHO, *Eficácia dos direitos fundamentais na esfera privada*, Curitiba, 2017.

E na doutrina de outros países, por exemplo, *René Cassin – Amicorum Discipulorumque Liber – III – La protection des droits de l'homme dans les rapports entre personnes privées*, obra coletiva, Paris, 1971; GIORGIO LOMBARDI, *Potere privato e diritti fondamentali*, Turim, 1971; ANTONIO LISERRE, *Tutele costituzionali della autonomia contrattuale*, 1971, págs. 21 e segs. e 109 e segs.; GEORGES VLACHOS, *op. cit., loc. cit.*, págs. 293 e segs.; E. STEIN, *op. cit.*, pág. 242; E. FORSTHOFF, *La trasformazione della legge costituzionale*, in *Stato di Diritto in trasformazione*, trad., Milão, 1973, págs. 211 e segs.; JEAN RIVERO, *Libertés Publiques*, cit., I, págs. 164 e segs.; ÉTIENNE GRISEL, *op. cit.*, pág. 137; HANS-PETER SCHNEIDER, *op. cit., loc. cit.*, págs. 21-22, e *Democracia y Constitucion*, cit., págs. 92-93 e 135; ANDREW DRZEMCZEWSKI, *La Conventon Européénne des Droits de l'Homme et les Rapports entre Particuliers*, in *Cahiers de Droit Européen*, 1980, págs. 3 e segs.; TOMÁS QUADRA-SALCEDO, *El recurso de amparo y los derechos fundamentales en las relaciones entre particulares*, Madrid, 1981, págs. 47 e segs.; SANTIAGO VARELA DIAZ, *op. cit., loc. cit.*, págs. 75 e segs.; JÖRG PAUL MÜLLER, *op. cit.*, págs. 7 e 82 e segs.; TRAN VAW WINH, *Droits de l'homme et pouvoirs privés*, in *Multinationales et droits de l'homme*, obra coletiva, Paris, 1984, págs. 97 e segs.; P. W. C. AKKERMANS, *La Costituzione olandese e e l'efficacia orizzontale dei diritti fondamentali*, in *Diritto e Società*, 1985, págs. 135 e segs.; JUAN FERNANDO LÓPEZ AGUILAR, *Derechos fundamentales y libertad negocial*, Madrid, 1990; KONRAD HESSE, *Verfassungsrecht und Privatrecht*, 1988, trad. espanhola *Derecho Constitucional y Derecho Privado*, Madrid, 1995, *maxime* págs. 59 e segs.; GERHARD WALTER, *L'influenza della Costituzione sul diritto civile nella Repubblica Federal Tedesca*, in *L'influenza dei valori costituzionali sui sistemi giuridici contemporanei*, obra coletiva, I, Milão, págs. 174 e segs.; ROBERT ALEXY, *Teoria...*, cit., págs. 506 e segs.; CHRISTIAN STARCK, *La jurisprudence...*, cit., *loc. cit.*, págs. 1282 e segs., e *Derechos fundamentals y Derecho Privado*, in *Revista Española de Derecho Constitucional*, setembro-dezembro de 2002, págs. 65 e segs.;

CAPÍTULO III – PRINCÍPIOS COMUNS COM ADAPTAÇÕES

têm deixado, nas últimas décadas, por toda a parte, de colocar o problema – subjacente ao estádio atual de intercomunicação de Estado e sociedade, de alargamento da Constituição material e de realçar da dimensão objetiva dos direitos fundamentais.

Não é, porém, um problema de equacionamento simples, por vários motivos:

1.ª) Porque se apresenta irredutível a diferença de posições e de modos de agir das entidades públicas e das entidades privadas;

2.ª) Porque é um dado da experiência, não é mero conceitualismo, recortar os direitos fundamentais como direitos essencialmente colocados frente ao Estado;

EVERT ALBERT ALKEMA, *The third part applicability or «Drittwirkung» of the European Convention on Human Rights*, in *Protecting Human Rights: the European Dimension – Studies in honour of Gérard J. Wiarda*, obra coletiva, Colónia, 1988, págs. 33 e segs.; JAVIER BALLARIN IRIBARREN, *Derechos fundamentales y relaciones entre particulares*, in *Revista Española de Derecho Constitucional*, Setembro-outubro de 1988, págs. 283 e segs.; JUAN FERNANDO LOPEZ AGUILAR, *Derechos fundamentales y liberdad negocial*, Madrid, 1990; PEDRO VEHA GARCIA, *Dificultades y problemas para la construcción de un constitucionalismo de la igualdad (el caso de la eficacia horizontal de los Derechos Fundamentales)*, in *Anuario de Derecho Constitucional y Parlamentario* (Universidade de Múrcia), 1994, págs. 41 e segs.; FRANCISCO FERNÁNDEZ SEGADO, *Dogmatica de los derechos fundamentales*, Lima, 1994, págs. 315 e segs.; DEAN SPIELMANN, *L'effet potentiel de a Convention européenne des droits de l'homme entre personnes privées*, Bruxelas, 1995; REINHARD ZIPPELIUS, *op. cit.*, págs. 438 e segs.; RAFAEL NAVARRO DE LA CRUZ, *Los limites de los derechos ..., cit.*; LOUIS FAVOREU *et alii, op. cit.*, págs. 132 e 133; CLAUS-WILHELM CANARIS, *Direitos fundamentais e Direito privado*, trad., Coimbra, 2003; XAVIER BIOY, *Le concept de personne humaine*, cit., págs. 815 e segs.; MARIA VENEGAS GRAU, *Derechos fundamentales y derecho privado – Los derechos fundamentales en las relaciones entre particulares y el principio de autonomia privada*, Madrid, 2005; *The Constitution in Private Relations: Expanding Constitutionalism*, obra coletiva, Utreque, 2005; BODO PIEROTH e BERNARD SCHLINK, *op. cit.*, págs. 53 e segs.; *Contrats et droits fondamentaux*, obra coletiva, Aix-en-Provence, 2011; GENEVIÈVE HELLIRINGER e KITERI GARCIA, *Le rayonnement des droits fondamentaux en droit privé*, in *Revue internationale de droit comparé*, 2014, págs. 283 e segs.; PAVEL ONDROJEK, *A Structural Approach to the Effects of Fundamental Rights on Legal Transactions in Private Law*, in *European Constitutional Review*, n.º 13, 2, 2017, págs. 281 e segs.
V. ainda MARCO DELL'VITRI, *Potere e democrazia nei gruppi privati*, Nápoles, 2000, e *Direitos fundamentais e Direito privado – Uma perspectiva de Direito privado*, obra coletiva (org. António Pinto Monteiro, Jörg Neuner e Ingo Sarlet), Coimbra, 2007; MIGUEL NOGUEIRA DE BRITO, *Sobre a distinção entre Direito Público e Direito Privado*, in *Estudos em homenagem ao Prof. Doutor Jorge Miranda*, VI, págs. 382 e segs.

DIREITOS FUNDAMENTAIS

3.º) Porque a dita eficácia horizontal dos direitos, liberdades e garantias se repercute necessariamente no terreno do Direito privado e exige uma análise interdisciplinar;

4.º) Porque, se o princípio da autonomia privada, fundamental nos sistemas jurídicos romanísticos (e também nos de *common law*) [864], pode e deve ser limitado, em contrapartida – sob pena de ser vulnerado no seu conteúdo essencial – vai condicionar em larga medida a aplicação dos direitos, liberdades e garantias nas relações privadas;

5.º) Porque, do mesmo passo, se importa garantir os direitos fundamentais das pessoas no interior de instituições e grupos privados, também importa preservar a autonomia dessas instituições perante o Estado [865].

IV – Afora uma atitude (dificilmente sustentável) a favor da irrelevância dos direitos, liberdades e garantias, são duas as teses de caráter geral que se deparam: a da relevância mediata e a da relevância imediata. Para a primeira, somente através da sua modelação ou transformação em normas de Direito civil podem os preceitos constitucionais sobre direitos, liberdades e garantias obrigar as pessoas nas suas vidas jurídico-privadas e só através da sua irradiação sobre os conceitos indeterminados ou sobre as cláusulas gerais privatísticas podem os correspondentes conceitos tornar-se operativos. Para a segunda tese, não há que fazer cisões na ordem jurídica e tudo se reconduz à dialética liberdade-poder: se, em vez de ser poder político, for um poder de grupo ou de uma entidade privada dominante, os direitos, liberdades e garantias deverão valer de modo absoluto, enquanto tais; nos restantes casos, poderá haver graus de vinculatividade.

---

[864] Cfr., entre tantos, ANA PRATA, *op. cit.*, págs. 141 e segs. e 197 e segs., FRANCISCO AMARAL NETO, *A autonomia privada como princípio fundamental da ordem jurídica*, Coimbra, 1988; KONRAD HESSE, *Derecho...*, cit., págs. 64 e 86 e segs.; CARLOS ALBERTO MOTA PINTO, *op. cit.*, págs. 102 e segs.; ANTÓNIO MENEZES CORDEIRO, *Tratado...*, cit., I, tomo I, págs. 391 e segs.; ROSALILE FIDALGO RIBEIRO, *Autonomia privada e Estado democrático de Direito*, in *Direitos humanos e democracia*, obra coletiva (coord. de CLÈMERSON MERLIN CLÈVE, INGO SARLET e ALEXANDRE COUTINHO PAGLIARINI), Rio de Janeiro, 2007, págs. 491 e segs.

[865] Observe-se ainda que os direitos fundamentais na sua efetivação traduzem, com frequência, um peso ou um sacrifício *para outrem*. Ora, tal peso deve ser distribuído *por toda a sociedade*, através do Estado, não podendo concentrar-se numa *única pessoa*: isso iria contra a própria igualdade (ANTÓNIO MENEZES CORDEIRO, *Tratado...*, cit., I, tomo I, pág. 380).

CAPÍTULO III – PRINCÍPIOS COMUNS COM ADAPTAÇÕES

Pressentem-se as marcas de diversas preocupações e de diferentes premissas de fundo. Contudo, em algumas variantes significativas mostram-se atenuadas as divergências e os resultados práticos, por imperativo até de senso comum, acabam por se aproximar.

Dentre os Autores que se têm debruçado sobre a problemática, cabe salientar Konrad Hesse e Claus-Wilhelm Canaris, em posturas algo diferentes.

Como escreve Konrad Hesse, a autonomia privada pressupõe uma situação jurídica e fáctica aproximadamente igual dos interessados. Onde falta tal pressuposto e a autonomia privada de um conduz à falta de liberdade do outro, desaparece todo o fundamento e se ultrapassa todo o limite, o necessário equilíbrio deve ser encontrado por outra via, a da regulação estatal, cuja eficácia requer frequentemente uma conexão dos preceitos de Direito público e de Direito privado. E aqui está a diferença relativamente à autonomia privada no século XIX, só liberdade formal [866].

E, por seu lado, Claus-Wilhelm Canaris:

1.º) Os direitos fundamentais devem ser aplicados a leis de Direito privado como direitos imediatamente vigentes, a vinculação do legislador de Direito privado aos direitos fundamentais é "imediata";
2.º) Os direitos fundamentais valem também para a aplicação e o desenvolvimento judiciais do Direito privado;
3.º) Todavia, os sujeitos de Direito privado e os seus comportamentos não estão, em princípio, sujeitos à vinculação imediata aos direitos fundamentais, ainda que estes desenvolvam a sua função nessa direção por intermédio da função de tutela;
4.º) Em qualquer caso, a Constituição proíbe que se desça abaixo de certo mínimo de proteção nas relações entre particulares [867].

V – Consoante atrás salientámos, não se compreenderiam uma sociedade e uma ordem jurídica em que o respeito da dignidade e da autonomia da pessoa fosse procurado apenas nas relações com o Estado e deixasse de o ser nas relações das pessoas entre si [868]. Não basta, pois, limitar o poder político

---

[866] *Op. cit.*, págs. 53 e segs., 78 e 79.
[867] *Op. cit.*, págs. 36e segs. e 129 e segs.
[868] Nem faria sentido que as normas de Direito privado não fossem, como as demais normas do ordenamento estatal, interpretadas em conformidade com a Constituição.

DIREITOS FUNDAMENTAIS

– o *imperium*; é preciso também limitar o *dominium* e assegurar o respeito das liberdades de cada pessoa pelas demais pessoas. Tudo está em saber de que maneira.

Embora com consciência de que muito falta aqui ainda aprofundar, julgamos possível e conveniente fixar os seguintes pontos:

a) Como *pressupostos* – o reconhecimento da qualidade de valores superiores da ordem jurídica dos direitos, liberdades e garantias, mas igualmente, o reconhecimento da necessidade de um mínimo de separação entre Estado e sociedade civil, bem como da distinção entre Direito público e Direito privado e entre inconstitucionalidade da lei e invalidade do contrato [869]. Donde, não tanto uma *adequação axiológica* quanto uma *adequação funcional* [870] na vinculação das entidades privadas; *mutatis mutandis* é o mesmo que se passa quando o art. 205.º, n.º 2, declara as decisões dos tribunais obrigatórias quer para as entidades públicas quer para as privadas;

b) Como *objetivos* – o equilíbrio, a concordância prática, se possível a realização simultânea dos *direitos, liberdades e garantias*, por um lado, e, por outro, da *autonomia privada* – esta regulada no Código Civil (art. 405.º), mas não na Constituição, embora aqui se induza, como garantia institucional, do direito ao desenvolvimento da personalidade e do direito à capacidade civil (art. 26.º, n.º 1), da liberdade de trabalho e profissão (art. 47.º, n.º 1), da contratação coletiva (art. 56.º, n.º 4), da iniciativa privada (art. 61.º, n.º 1) e da propriedade e da sua transmissão em vida ou por morte (art. 62.º) [871] – e da *autonomia associativa* [872] – inerente

---

[869] Um contrato civil violador de um direito, liberdade e garantia *é inválido*, não é nunca *inconstitucional*, com tudo quanto isto significa.

[870] As expressões são de ANTÓNIO MENEZES CORDEIRO, *Tratado...*, cit., I, págs. 380 e 381 (embora não lhes demos exatamente os mesmos sentidos).

[871] Cfr. VIRGÍLIO AFONSO DA SILVA, *A constitucionalização do Direito, cit.*, pág. 28: há um paralelo entre a competência decisória do legislador para tomar decisões em questões que envolvem direitos fundamentais e a autonomia privada, porque essa última, tanto quanto a primeira, funciona como uma espécie de suporte para competências. Sem esse suporte, os direitos fundamentais "dominariam" as relações privadas e eliminariam toda a flexibilidade imprescindível a elas.

[872] A expressão é de COSTANTINO MORTATI, *Note introdutive...*, cit., *loc. cit.*, págs. 1584 e segs.

CAPÍTULO III – PRINCÍPIOS COMUNS COM ADAPTAÇÕES

aos princípios pluralistas da Constituição e imposta pelo art. 46.º, n.º 2;

c) Como *linhas de solução* propostas:

1.º) A consideração de três tipos de situações e relações (na linha do que dissemos acerca do princípio da igualdade) – relações, dentro de grupos, associações, pessoas coletivas, entre os seus membros e os poderes instituídos; relações entre particulares e poderes sociais de facto (económicos, comunicacionais, confessionais, académicos); relações entre particulares em igualdade [873];

2.º) A aplicação das normas sobre direitos, liberdades e garantias por identidade de razão nas duas primeiras hipóteses [874] e por analogia na terceira;

3.º) A preservação sempre dos direitos insuscetíveis de suspensão em estado de sítio (art. 19.º, n.º 6), bem como do conteúdo essencial dos restantes direitos (art. 18.º, n.º 3);

4.º) O tratamento diferenciado (quase tópico) dos vários direitos e situações;

5.º) A consideração dos problemas em concreto como problemas de escolha entre vários bens pelos destinatários (ativos e passivos) das normas e como problemas de colisão de direitos;

6.º) A necessária intervenção protetora do Estado em situações de perigo de bens jurídicos constitucional ou legalmente protegidos[875]

7.º) A utilização, para efeitos de proteção judicial, dos meios específicos da justiça civil [876].

---

[873] Cfr. as cinco «constelações de eficácia horizontal dos direitos, liberdades e garantias» apontadas por J. J. GOMES CANOTILHO (*Direito...*, cit., págs. 1290 e segs.).

[874] Cfr. ROBERT ALEXY, *op. cit.*, pág. 522: é fácil refutar a objeção segundo a qual todo o efeito imediato para com terceiros conduz a uma eliminação ou limitação indevida da autonomia privada; a própria autonomia privada é objeto de garantia jusfundamental e, portanto, de efeito para com terceiros.

[875] Cfr. os exemplos dados por JORGE PEREIRA DA SILVA, *Deveres do Estado de protecção de direitos fundamentais* cit., , págs. 716 e segs.

[876] Designadamente, por meio da providência do art. 70.º, n.º 2, do Código Civil e do processo de jurisdição voluntária do art. 1474.º do Código de Processo Civil.

DIREITOS FUNDAMENTAIS

VI – Complementar da vinculação das entidades privadas a direitos, liberdades e garantias é a sua participação na proteção desses direitos. O caso paradigmático encontra-se no *habeas corpus* contra prisão ou detenção legal, que pode ser requerido pelo próprio ou por qualquer cidadão no gozo dos seus direitos políticos (art. 31.º, n.º 2).

E, em geral, não é de excluir, se bem que circunscritamente, a existência de verdadeiros deveres [877].

VII – As normas provenientes de entidades privadas, como as constantes de estatutos de associações ou de regulamentos de empresas, podem ser in-constitucionais e não devem ser aplicadas pelos tribunais (arts. 204.º e 277.º, n.º 1), embora tudo se esgote no interior do sistema dos tribunais comuns [878].

Entretanto, quando infrinjam o conteúdo essencial de direitos fundamen-tais, não poderá entender-se, à face do art. 18.º, n.º 1, que dessas decisões [879] caberá recurso para ou até o Tribunal Constitucional? Eis uma hipótese a encarar seriamente.

VIII – Em plano diferente, fica a eficácia de direitos económicos, sociais e culturais em relação aos particulares, na medida em que os adstringem a de-terminadas prestações ou a certos encargos ou em que comprimem direitos [880].

Além da vertente negativa e dos deveres há pouco mencionados, recor-de-se que o direito à segurança social fundamenta contribuições obrigató-rias das entidades patronais em favor dos trabalhadores assalariados [881]; que da Constituição decorrem períodos de dispensa de trabalho a que têm di-reito os dirigentes sindicais, os trabalhadores estudantes, as mães e os pais

---

[877] Cfr. JORGE PEREIRA DA SILVA, *Deveres do Estado*, cit., págs. 714 e segs., que a fundamenta no princípio da solidariedade (pág. 721).

[878] *Manual ...*, VI, cit., págs. 11 e 12.

[879] À semelhança das decisões sobre compromissos arbitrais e sobre convenções coletivas de trabalho, estas na sua «juridicidade heterónoma». Avançamos aqui um pouco mais ao que escrevemos em *Manual ...*, VI, cit., págs. 263 e segs.

[880] Cfr. J. J. GOMES CANOTILHO, *Direito...*, cit., págs. 483 e 484, ou INGO WOLFGANG SARLET, *Mínimo existencial e Direito privado: apontamentos sobre algumas dimensões da eficácia dos direitos fundamentais sociais no âmbito das relações jurídico-privadas*, in *A constitucionalização do Direito – Fundamentos, teorias e aplicações específicas*, obra coletiva, Rio de Janeiro, 2007, págs. 321 e segs.

[881] Cfr. MANLIO MAZZIOTTI, *op. cit., loc. cit.*, págs. 806-807; JOSÉ LUÍS CASCAJO CASTRO, *op. cit.*, pág. 68; JOSÉ CASALTA NABAIS, *op. cit.*, pág. 13; J. J. GOMES CANOTILHO, *Direito...*, cit., pág. 441.

CAPÍTULO III - PRINCÍPIOS COMUNS COM ADAPTAÇÕES

[arts. 55.º, n.º 6, 59.º, n.º 2, alínea *b*), e 68.º, n.º 2] [882]; e que ela consagra deveres de solidariedade – do Estado e da sociedade civil – para com as crianças (art. 69.º), os jovens (art. 70.º), os cidadãos portadores de deficiência (art. 71.º) e os idosos (art. 72.º).

Com carácter geral, lembrem-se também os deveres fundamentais conexos com direitos e com interesses difusos: os de defesa da saúde (art. 64.º, n.º 1), do ambiente (art. 66.º, n.º 1) e do património cultural (art. 78.º, n.º 1).

91. A preservação do conteúdo essencial

I – *Conteúdo essencial* de um direito vem a ser a faculdade ou o acervo de faculdades atribuídas em razão de um bem jurídico relevante, quer dizer, uma realidade antropológica que, no sistema constitucional de valores, merece garantia e proteção frente ao poder político e a qualquer outra manifestação de poder [883].

PETER HÄBERLE define o art. 19.º, n.º 2 da Constituição alemã (fonte do nosso art. 18.º, n.º 3) como meramente declarativo, porque diz simplesmente o que resulta de uma interpretação adequada do direito fundamental afetado. Mas acrescenta que esse preceito não deixa de impedir uma lesão desse direito por inobservância dos princípios imanentes da Constituição. É uma garantia irrenunciável do direito fundamental, no interesse da segurança; e uma garantia de liberdade [884] [885].

---

[882] Cfr. acórdão n.º 73/99 do Tribunal Constitucional, de 3 de fevereiro, in *Diário da República*, 2.ª série, n.º 80, de 6 de abril de 1999.

[883] Cfr., entre outras, as noções de ANA PAULA DE BARCELLOS, *Ponderação, racionalidade e atividade jurisdicional*, Rio de Janeiro, 2005, págs. 139 e segs.; VIRGÍLIO AFONSO DA SILVA, *Direitos Fundamentais*, cit., págs. 185 e segs.; JORGE PEREIRA DA SILVA, *Deveres do Estado*, cit., pág. 345.

[884] *La garantia del contenudo esencial de los derechos fundamentales*, trad., Madrid, 2003, págs. 219 e segs. No entanto, noutra obra (*Le Libertà* ..., cit., págs. 79 e segs. e 244 e segs.), PETER HÄBERLE divisa na prescrição do conteúdo essencial, a par de uma função *defensiva*, uma função *ofensiva*, propiciadora do enriquecimento dos direitos fundamentais com novos elementos.

[885] Para além da alemã e da portuguesa, indiquem-se como Constituições que mencionam o conteúdo essencial dos direitos fundamentais a espanhola (art. 53.º, n.º 1), a cabo-verdiana (art. 53.º, n.º 1) e a suíça (art. 36.º, n.º 4). Também se lhe refere a Carta de Direitos Fundamentais da União Europeia (art. 52.º, n.º 1).

DIREITOS FUNDAMENTAIS

II – Quanto a alguns direitos, a Constituição recorta logo, por fórmula negativa, de garantia, qual deva ser o seu conteúdo essencial, ou algo a ele inerente; assim, a proibição de tratos ou penas cruéis, desumanas ou degradantes, quanto ao direito à integridade pessoal (art. 25.º), a proibição da censura quanto à liberdade de expressão e informação (art. 37.º, n.º 2) ou a não sujeição das associações a autorização (art. 46.º) [886].

Todavia, em geral, é preciso levar a cabo um trabalho interpretativo aparentemente dos mais árduos e melindrosos para estabelecer o que seja o conteúdo essencial dos preceitos constitucionais (ou dos direitos neles consignados) [887].

---

[886] Cfr., também, negativamente, em face do art. 2.º da Lei n.º 44/86, de 30 de Setembro (lei do estado de sítio e do estado de emergência), a fixação de residência quanto à liberdade de deslocação (art. 44.º, n.º 1) ou a supressão e a apreensão de publicações quanto à liberdade de imprensa (arts. 37.º e 38.º).

[887] Cfr., na doutrina portuguesa, AFONSO QUEIRÓ e BARBOSA DE MELO, *A liberdade de empresa e a Constituição*, in *Revista de Direito e Estudos Sociais*, 1967, págs. 226 e segs.; FRANCISCO LUCAS PIRES, *Uma Constituição...*, cit., págs. 86 e 87; JORGE MIRANDA, *O regime dos direitos...*, cit., *loc. cit.*, pág. 84; MANUEL AFONSO VAZ, *Lei...*, cit., págs. 327 e segs.; GOMES CANOTILHO, *Direito...*, cit., págs. 458 e segs.; ISABEL MOREIRA, *op. cit.*, págs. 91 e segs.; JORGE REIS NOVAIS, *As restrições...*, cit., págs. 779 e segs. e *Os princípios constitucionais...*, cit., págs. 305 e 306; SÉRVULO CORREIA, *O direito de manifestação – âmbito de protecção e restrições*, Coimbra, 2006, págs. 31 e segs.; J. J. GOMES CANOTILHO e VITAL MOREIRA, *op. cit.*, I, págs. 394 e 395; JORGE MIRANDA e JORGE PEREIRA DA SILVA, anotação em *Constituição...*, I, cit., págs. 396 e segs.; CRISTINA QUEIROZ, *op. cit.*, págs. 269 e segs.; JORGE PEREIRA DA SILVA, *Interdição de protecção insuficiente, proporcionalidade e conteúdo essencial*, in *Estudos em homenagem ao Prof. Doutor Jorge Miranda*, obra coletiva, II, Coimbra, 2012, págs. 201 e segs. e *Deveres do Estado...*, cit., págs. 605 e segs.; VITALINO CANAS, *O princípio da proibição do excesso* ..., cit., págs. 495 e segs.

E, na doutrina de outros países, GEORGES VLACHOS, *op. cit., loc. cit.*, págs. 329 e 330; PIERFRANCESCO GROSSI, *Introduzione ad uno studio sui diritti inviolabili nella Costituzione italiana*, Pádua, 1972, págs. 149 e segs.; ROBERT ALEXY, *op. cit.*, págs. 286 e segs.; OTTO Y PARDO, *op. cit., loc. cit.*, págs. 125 e segs.; *Le noyau intangible des droits de l'Homme*, obra coletiva, Friburgo, 1991, *maxime* págs. 56 e segs.; FRANCO MODUGNO, *I "nuovi diritti"* cit., pág. 94; JUAN CARLOS GAVARA, *Derechos fundamentales y desarrollo legislativo*, Madrid, 1994, *maxime* págs. 213 e segs.; MANUEL MEDINA GUERRERO, *La vinculación negativa a los derechos fundamentales*, Madrid, 1996, págs. 10 e segs. e 145 e segs.; ANTONIO LUIZ MARTINEZ-PUJALTE, *La garantia del contenido esencial de los derechos fundamentales*, Madrid, 1997; ILENIA MASSA PINTO, *Contenuto minimo essenziale dei diritti costituzionale e concezione espansiva della Costituzione*, in *Diritto Pubblico*, 2001, págs. 1095 e segs.; ANA MARIA D'ÁVILA LOPES, *A garantia do conteúdo essencial dos direitos fundamentais*, in *Revista de Informação Legislativa*, n.º 164, outubro-dezembro de 2004, págs. 7 e segs.; CLÁUDIA PERETO BIAGI, *A garantia do conteúdo essencial dos direitos fundamentais na jurisprudência constitucional brasileira*, Porto Alegre, 2005; PAULO GUSTAVO GONET BRANCO, *op. cit.*, págs. 268 e segs.

CAPÍTULO III - PRINCÍPIOS COMUNS COM ADAPTAÇÕES

Torna-se claro que, para funcionar como barreira última e efetiva contra o abuso do poder, como barreira que o legislador, seja qual for o interesse (permanente ou conjuntural) que prossiga, não deve romper, o conteúdo essencial tem de ser entendido como um limite absoluto correspondente à finalidade ou ao valor que justifica o direito. As teses relativistas são de rejeitar, porque confundem proporcionalidade (art. 18.º, n.º 2) e conteúdo essencial (art. 18.º, n.º 3) [888].

Como quer que se pense, para além de discussões teóricas, o que importará, acima de tudo, será ir fixando o percurso dos direitos, através do conhecimento da sua formação histórica, do cotejo comparativo, da jurisprudência, do desenvolvimento de cultura cívica e constitucional, do ressaltar de novos direitos implícitos, da proteção penal; e, depois, subir até a um sentido rigoroso na arquitetura da Constituição.

Pode, acaso, a lei não retirar toda a utilidade ao direito e, não obstante, afetar o seu conteúdo essencial, por subverter ou inverter o bem jurídico protegido [889]. O conteúdo essencial tem de se radicar na Constituição e não na lei – porque (mais uma vez) é a lei que deve ser interpretada de acordo com a Constituição, e não a Constituição de acordo com a lei [890] [891].

---

[888] Cfr., entre outros, acórdãos n.º 13/95, de 25 de janeiro (*Diário da República*, 2.ª série, de 9 de Fevereiro), sobre direito de resposta na comunicação social; n.º 254/99, de 4 de maio (*ibidem*, de 15 de junho de 1999), sobre entrada de medicamentos no mercado; n.º 491/02, de 26 de novembro (*ibidem*, de 22 de janeiro de 2003), sobre direito de propriedade; ou n.º 230/08, de 21 de abril, sobre reserva de intimidade da vida privada.

[889] Recorde-se o que constava do projeto de revisão n.º 6/X para o § 2.º do art. 8.º da Constituição de 1933 (cit., *loc. cit.*): a garantia contra limitações aos direitos «que redundem na sua supressão prática, sob a responsabilidade cominada na lei». E o que constava do nosso projeto de Constituição de 1975, proibindo a lei de «diminuir o conteúdo precetivo da atribuição dos direitos fundamentais» (art. 22.º, n.º 2).
Mais: o esforço para captar nas circunstâncias práticas, históricas e concretas o «conteúdo essencial» dos direitos converte toda a atividade jurídica numa tarefa positivamente «utópica» ao encaminhá-la na busca do melhor direito possível (ANDRÈS OLLERO, *op. cit., loc. cit.*, págs. 117-118).

[890] JORGE MIRANDA, *Inviolabilidade do domicílio*, cit., *loc. cit.*, pág. 401.

[891] Criticamente, diz JORGE REIS NOVAIS, *As restrições...*, cit., pág. 792, que a garantia do conteúdo essencial não constitui qualquer privilégio das normas constitucionais de direitos fundamentais e, muito menos, dos direitos, liberdades e garantias. Não são apenas os preceitos constitucionais relativos a direitos fundamentais que não podem ver o seu conteúdo essencial afetado, mas o mesmo acontece com toda e qualquer norma constitucional por força da sua superioridade formal relativamente aos atos dos poderes constituídos. No limite, a conceção

DIREITOS FUNDAMENTAIS

III – Reproduzindo parte da anotação ao art. 18.º que subscrevemos com
JORGE PEREIRA DA SILVA [892]:

> «*A parte final do n.º 3 do art. 18.º há de conter uma barreira absoluta, estática e
> intransponível contra as intervenções agressivas do legislador, sob pena de se dissolver por
> completo o limite da intangibilidade do conteúdo essencial do direito no limite decorrente
> do princípio da proporcionalidade ...*

> «... Bem pelo contrário, a intangibilidade do conteúdo essencial, além
> de ser um instrumento conceitual de proteção do *último reduto do direito
> respetivo em face do legislador,* representa também *uma barreira contra o próprio
> princípio da proporcionalidade* e as suas operações de balanceamento entre bens
> jusfundamentais. Tendo em conta que este princípio é falível no plano substantivo
> e apresenta alguns ângulos mortos em matéria de controlo jurisdicional, foi
> entendimento do legislador constituinte que toda a ponderação de direitos e
> interesses constitucionais que, no final, autorize o aniquilamento de um direito
> fundamental não pode ser havida como constitucionalmente válida. Por mais
> fortes que pareçam ser no caso concreto as razões constitucionais do legislador,
> não pode este deter nas suas mãos o poder de apagar por completo da face da
> ordem jurídica verdadeiros direitos fundamentais. (...)

> «... Sob pena de redundância do n.º 3 do art. 18.º relativamente ao artigo 1.º, e
> sob pena de desvalorização da própria normatividade do catálogo constitucional
> de direitos fundamentais, o conteúdo essencial de um direito há de compreen-
> der, para além da proibição de absoluta instrumentalização do ser humano,
> *algo de específico ou de tipicamente seu, que permita reconhecê-lo como pertencendo a um
> tipo constitucional e distingui-lo dos outros direitos.* Algo que permita *afirmar* com
> segurança que estão presentes aquelas *faculdades do direito que são indispensáveis
> para que o bem jurídico que o anima ainda esteja efetivamente protegido.* Ele é menos
> do que o conjunto das faculdades compreendidas no conteúdo efetivamente
> protegido do direito, mas tem de ser mais do que aqueles faculdades elementares

---

absoluta do conteúdo essencial redundaria até em relativização e enfraquecimento das normas
de direitos fundamentais quando em comparação com as outras normas constitucionais.
É que enquanto estas últimas, sob pena de inconstitucionalidade, não podem ser contrariadas
pelas normas ordinárias, seja muito ou pouco, já as normas de direitos fundamentais poderiam
sê-lo marginalmente desde que não se afetasse o tal núcleo intocável.
Não parece, porém, que o argumento proceda, porque a garantia do conteúdo essencial é
uma garantia no domínio das restrições. Fora das restrições, é *todo* o conteúdo das normas
de direitos fundamentais que tem de ser respeitada.

[892] *Op. cit., loc. cit.,* págs. 396 e segs. De JORGE PEREIRA DA SILVA, v. também *Deveres do Estado...,*
cit., págs. 605 e segs.

CAPÍTULO III – PRINCÍPIOS COMUNS COM ADAPTAÇÕES

sem as quais a pessoa humana se volve em objeto do agir estatal ou em meio ao serviço de um fim alheio».

IV – Quanto aos direitos sociais, JOSÉ CARLOS VIEIRA DE ANDRADE entende que o seu conteúdo é determinado pela Constituição apenas num *mínimo* e que não pode ser-lhe imputado um conteúdo normativo mais vasto pela via de uma interpretação judicial "atualista": esse conteúdo depende de opções próprias do *legislador* ordinário, ao qual se deve entender que foi delegado, por razões técnicas ou políticas, um poder de *conformação* autónoma, nessa medida sujeito a um controlo *atenuado* pelos tribunais [893]. E, muito próximo, JOSÉ DE MELO ALEXANDRINO alude a uma presunção favorável ao princípio formal da competência de decisão do legislador [894] [895].

Como dissemos noutro capítulo, o conteúdo dos direitos sociais pode encontrar-se a partir das correspondentes incumbências do Estado. Assim, por exemplo, é conteúdo essencial dos direitos dos trabalhadores a assistência e justa reparação quando vítimas de acidente de trabalho ou de doença profissional [art. 59.º, n.º 1, alínea *f)*]; do direito à segurança social contribuir o tempo de trabalho para o cálculo das pensões de velhice e invalidez, independentemente do setor de atividade em que tenha sido prestado (art. 63.º, n.º 4); do direito à proteção da saúde a existência de um serviço nacional de saúde universal, geral e, tendo em conta as condições económicas e sociais dos cidadãos, tendencialmente gratuito [art. 64.º, n.º 2, alínea *a)*]; do direito à habitação o estabelecimento de um sistema compatível com o rendimento familiar [arts. 65.º, n.º 3, e 67.º, n.º 2, alínea *a)*]; do direito à educação o ensino básico e secundário universal, obrigatório e gratuito [art. 74.º, n.º 2, alínea *a)*]. Mas reconhecemos, com ANDREA GIORGIS, que o conteúdo essencial de um

---

[893] *Os direitos...*, cit., pág. 364. Nem sequer admitindo esse conteúdo mínimo, MANUEL AFONSO VAZ, *Lei...*, cit., págs. 383 e 384.

[894] *A estruturação* ..., cit., II, págs. 246 e segs., *maxime* 251-252.

[895] Mais ou menos diferentemente, J. J. GOMES CANOTILHO, *Direito...*, cit., págs. 480 e segs. e *"Bypass" social e o número essencial de prestações sociais*, in *Estudos sobre direitos fundamentais*, 2.ª ed., Coimbra, 2008, págs. 243 e segs.; RUI MEDEIROS, anotação in JORGE MIRANDA e RUI MEDEIROS, *Constituição...*, I, cit., pág. 1288; ANA CAROLINA LOPES OLSEN, *Direitos fundamentais sociais. Efetividade frente à reserva do possível*, Curitiba, 2011, págs. 149 e segs.; MARCOS SAMPAIO, *O conteúdo essencial dos direitos sociais*, São Paulo, 2013; JORGE SILVA SAMPAIO, *O controlo...*, cit., págs. 232 e segs.

DIREITOS FUNDAMENTAIS

direito social não é algo que possa ser determinado em si, e por si, abstratamente, uma vez por todas[896]. Não podem ser ignoradas as condições económicas e políticas em que aquelas incumbências se realizam.

Por outro lado, há que contar com a vertente negativa dos direitos, a
qual implica, também por exemplo, a garantia contra discriminações ou
impedimentos físicos no acesso ao centro de emprego, ao local de trabalho, às
instituições de solidariedade social ou ao hospital, ou a garantia de frequência
das aulas ou das visitas a museus e monumentos.

V – A Constituição parece relacionar a salvaguarda do conteúdo essencial
às restrições de direitos, liberdades e garantias (art. 18.º, n.º 3). No entanto, a
sua problemática não se esgota aí. Abrange as limitações recíprocas, em certa
medida a suspensão em estado de sítio ou de emergência e os limites materiais
de revisão constitucional [897].

VI – Nota muito importante: a inconstitucionalidade por violação de um
direito fundamental não ocorre apenas quando se atinge o seu conteúdo
essencial. Dá-se sempre que se afeta uma faculdade nele compreendida ou
uma incumbência por ele imposta, sem que se verifiquem os pressipostos
constitucionais para só ter de ser preservado o conteúdo essencial. É o que
melhor veremos de seguida.

92. Limites imanentes e restrições

I – Precisamente por o conteúdo essencial ser incindível de um determinado
bem jurídico objetivo, ele envolve, pela negativa, aquilo a que se tem chamado
limites imanentes, intrínsecos, de conteúdo ou *de objeto* [898].

O direito à vida não compreende o direito ao suicídio; o direito à integridade física o direito à automutilação; o direito de liberdade e o direito ao trabalho

---

[896] *La Costituzionalizzione ...*, cit., págs. 167 e segs.

[897] Cfr. *Manual...*, II, cit., págs. 307 e segs.

[898] Cfr. PETER HÄBERLE, *La garantia...*, cit., págs. 52 e segs. e *Le libertà...*, cit., págs. 80 e segs.
E também parecer da Procuradoria-Geral da República, de 6 de fevereiro de 1985, in *Boletim
do Ministério da Justiça*, outubro de 1985, págs. 190 e segs.; JOSÉ CASALTA NABAIS, *Os direitos fundamentais na Constituição...*, cit., pág. 14, nota; MANUEL AFONSO VAZ, *Lei...*, cit., págs. 271 e segs.

CAPÍTULO III – PRINCÍPIOS COMUNS COM ADAPTAÇÕES

não compreendem o direito à sujeição à escravidão; o direito de casar o direito ao casamento entre irmão e irmã ou o direito à poligamia ou à poliandria; a liberdade de expressão o direito à pornografia ou ao incitamento ao crime, a liberdade religiosa o direito a fazer sacrifícios humanos; o direito de escolha de profissão (como já se disse); o direito ao lenocínio, etc.

Os limites imanentes encontram-se, por interpretação sistemática (que abrange, insistimos, a Declaração Universal dos Direitos do Homem em virtude do art. 16.º, n.º 2) e em que deve ou pode ser tida em conta (pelo menos, como elemento coadjuvante) a consciência jurídica geral[899][900].

II – Os limites imanentes como que demarcam, por via negativa, o conteúdo natural ou *potencial* do direito; tudo quanto este ou aquele direito poderia compreender se existisse sozinho, à margem dos demais direitos e de outras realidades normativas.

Mas esse não equivale ao seu conteúdo *real ou atual*, o conteúdo que assume na vida prática. Situado no contexto de ordem constitucional, qualquer direito sofre o influxo dos valores e interesses que esta prossegue, dos deveres que consagra e dos princípios institucionais que objetiva[901].

---

[899] Ao contrário de José Carlos Vieira de Andrade (*op. cit.*, pág. 272) não encontramos limites imanentes *explícitos* (e os que aponta correspondem, em nosso entender, a *limites ao exercício* de direitos). Mas estendemos a todos os limites imanentes o que ele escreve acerca do que chama limites implícitos: apenas existem limites imanentes quando se possa afirmar, com segurança e em termos absolutos, que não é possível, em *caso algum*, que a Constituição, ao proteger especificamente certo bem através da concessão e garantia de um direito, possa estar a dar cobertura a determinadas situações ou formas do seu exercício, sempre que, pelo contrário, deva concluir-se que a Constituição os exclui sem condições nem reservas.
Respondemos assim à crítica de Ana Paula de Barcellos (*op. cit.*, pág. 69), segundo a qual a teoria dos limites imanentes não propõe qualquer método que seja possível apurar e que se encontre fora desses limites. E à de Vitalino Canas (*O Princípio da Proibição de Excesso* ..., cit., págs. 472 e 473), dizendo que o conceito de limites imanentes é altamente indeterminado e sem assento ou definição constitucional.

[900] Também em Direito civil há quem fale em limites intrínsecos e em limites extrínsecos dos direitos subjetivos, sendo aqueles os atinentes ao objeto e ao conteúdo: João de Castro Mendes, *Direito Civil – Teoria Geral*, Lisboa, 1977, págs. 67 e segs.

[901] Como diz José de Melo Alexandrino (*A greve dos juízes – segundo a Constituição e a dogmática constitucional*, in *Estudos em Homenagem ao Professor Doutor Marcello Caetano, no centenário do seu nascimento*, obra coletiva, Coimbra, 2006, pág. 781), os direitos limitam-se por não se resumirem a si próprios.

Ora, desses deveres e desses princípios podem derivar *restrições*, ou sejam, amputações ou compressões de faculdades em maior ou menor escala, embora sempre – prescreve o art. 18.º, n.º 3 – sem atingirem aquelas que compõem o núcleo ou conteúdo *essencial*. Importa, pois, distinguir estas três noções, que podem ser representadas por três círculos concêntricos:

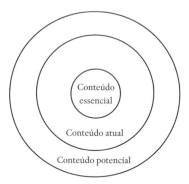

III – As restrições não se confundem com outras realidades normativas como o limite ou limite de exercício, o dever, a autorutura e, noutro plano, com a regulamentação, a concretização e a suspensão de direitos [902] [903].

---

[902] V., na doutrina portuguesa, AFONSO QUEIRÓ e BARBOSA DE MELO, *op. cit., loc. cit.*, págs. 226 e segs.; MIGUEL GALVÃO TELES, *Direito Constitucional...*, cit., pág. 110; FRANCISCO LUCAS PIRES, *Uma Constituição...*, cit., págs. 86-87 e 89; MARCELO REBELO DE SOUSA, *Direito Constitucional*, cit., págs. 180 e 256; ROGÉRIO SOARES, *Princípio da legalidade e Administração Constitutiva*, in *Boletim da Faculdade de Direito da Universidade de Coimbra*, 1981, págs. 179 e segs.; NUNO E SOUSA, *op. cit.*, págs. 255 e segs.; RUI MEDEIROS, *Ensaio...*, cit., págs. 340 e segs.; MANUEL AFONSO VAZ, *Lei...*, cit., págs. 311 e segs.; GOMES CANOTILHO, *Dogmática de direitos fundamentais e Direito privado*, in *Estudos em homenagem ao Professor Doutor Inocêncio Galvão Telles*, obra coletiva, v, Coimbra, 2003, págs. 66 e segs., e *Direito...*, cit., págs. 448 e segs. e 1264 e segs.; MARIA DA CONCEIÇÃO FERREIRA DA CUNHA, *op. cit.*, págs. 200 e segs.; ALEXANDRE SOUSA PINHEIRO, *Restrições de direitos, liberdades e garantias*, in *Dicionário Jurídico da Administração Pública*, VII, págs. 280 e segs.; JORGE BACELAR GOUVEIA, *O estado de excepção*, cit., págs. 1356 e segs.; ANABELA LEÃO, *op. cit., loc. cit.*, págs. 1021 e segs.; ANDRÉ SALGADO DE MATOS, *Recurso hierárquico necessário e regime material dos direitos, liberdades e garantias*, in *Scientia Iuridica*, janeiro-abril de 2001, págs. 77 e segs.; J. J. GOMES CANOTILHO, *Direito...*, cit., págs. 450 e 1274 e segs., e *Sobre restringibilidade e restrições de direitos fundsmentais*, in *Direito Civil, Constitucional e outros estudos em homenagem ao Prof. Zeno Veloso*, obra coletiva, São Paulo, 2014, págs. 901 e segs.; JORGE PEREIRA DA SILVA, *Deveres do Estado...*, cit., págs. 131 e 267; JORGE REIS NOVAIS, *As restrições...*, cit., *maxime* págs. 155 e segs.; JOSÉ DE MELO ALEXANDRINO, *op. cit.*, II, págs. 426 e segs.; EDUARDO CORREIA BAPTISTA, *op. cit.*, págs. 167 e segs.; JORGE REIS NOVAIS, *As restrições...*, cit., *maxime* págs. 155 e segs.; LUÍS PEREIRA COUTINHO, *Sobre a justificação...*,

CAPÍTULO III - PRINCÍPIOS COMUNS COM ADAPTAÇÕES

A restrição tem que ver com o direito em si, com a sua extensão objetiva; o *limite* ao exercício de direitos contende com a sua manifestação, com o modo de se exteriorizar através da prática do seu titular. A restrição afeta certo direito (em geral ou quanto a certa categoria de pessoas ou situações), envolvendo a sua compressão ou, doutro prisma, a amputação de faculdades que *a priori* estariam nele compreendidas; o limite reporta-se a quaisquer direitos. A restrição funda-se em razões específicas; o limite decorre de razões ou

cit., *loc. cit.*, págs. 557 e segs.; JORGE MIRANDA e JORGE PEREIRA DA SILVA, anotação in JORGE MIRANDA e RUI MEDEIROS, *Constituição...*, I, cit., págs. 346 e segs.; CRISTINA QUEIROZ, *op. cit.*, págs. 252 e segs.; JOSÉ CARLOS VIEIRA DE ANDRADE, *Os direitos...*, cit., págs. 277 e segs.; VITALINO CANAS, *O Princípio da Proibição de Excesso ...*, cit., págs. 450 e segs.
E na doutrina doutros países, por exemplo, ERICA-IRENE A. DAES, *Restrictions and limitations on Human Rights*, in *René Cassin – Amicorum Discipulorumque Liber –* III, págs. 79 e segs.; PIERFRANCESCO GROSSI, *Introduzione...*, cit., págs. 149 e segs.; GEORGES VLACHOS, *op. cit., loc. cit.*, págs. 336 e segs.; JEAN RIVERO, *Les Libertés Publiques*, cit., págs. 166 e segs.; E. STEIN, *op. cit.*, págs. 245 e segs.; CARMELO GÓMEZ TORRES, *El abuso de los derechos fundamentales*, in *Los Derechos Humanos*, Sevilha, 1979, págs. 301 e segs.; LUCIANO PAREJO ALFONSO, *El contenido esencial de los derechos fundamentales en la jurisprudencia constitucional*, in *Revista Española de Derecho Constitucional*, Setembro-dezembro de 1981, págs. 169 e segs.; JÖRG PAUL MÜLLER, *op. cit.*, págs. 107 e segs.; C. S. NINO, *Etica...*, cit., págs. 187 e segs.; GEORGE E. PANICHAS, *The Structure...*, cit., *loc. cit.*, págs. 367 e segs. e 370 e segs.; MARIANO F. GRONDONA, *La reglamentación de los derechos constitucionales*, Buenos Aires, 1986; ROBERT ALEXY, *op. cit.*, págs. 267 e segs.; IGNACIO DE OTTO Y PARDO, *La regulación dei ejercicio de los derechos y libertades. La garantia de su contenido esencial en el articulo 53, 1 de la Constitución*, in LORENZO MARTIN-RETORTILLO e IGNACIO DE OTTO Y PARDO, *Derechos fundamentales y Constitución*, Madrid, 1988, págs. 95 e segs.; MANUEL MEDINA GUERRERO, *La vinculación...*, cit., págs. 46 e segs.; JOAQUÍN BRAGE CAMAZANO, *Los limites a los derechos fundamentales*, Madrid, 2004; GUILHERME SOARES, *Restrições aos direitos fundamentais: a ponderação é indispensável?*, in *Estudos em homenagem ao Prof. Doutor Joaquim Moreira da Silva Cunha*, obra coletiva, Coimbra, 2005, págs. 329 e segs.; JANE REIS GONÇALVES PEREIRA, *op. cit.*, págs. 131 e segs.; DANIEL SARMENTO, *Livres e iguais – Estudos de Direito Constitucional*, Rio de Janeiro, 2006, págs. 69 e segs.; MARTIN BOROWSKI, *Las restricciones de los derechos fundamentales*, in *Revista Española de Derecho Constitucional*, n.º 59, maio-agosto de 2000, págs. 29 e segs.; JAIRO SCHÄFER, *Direitos fundamentais – Protecção e restrições*, Porto Alegre, 2001, págs. 61 e segs.; EDUARDO ROCHA DIAS, *Notas sobre as restrições a direitos fundamentais na Constituição de 1988 – Em especial, o caso da publicidade de produtos perigosos*, in *Revista de Direito Público Económico* (Belo Horizonte); INGO WOLFGANG SARLET, *A eficácia...*, cit., págs. 433 e segs.; GILMAR FERREIRA MENDES, *Limitações dos direitos fundamentais*, in GILMAR FERREIRA MENDES e PAULO GUSTAVO GUNOT BRANCO, *op. cit.*, págs. 219 e segs.; VIRGILIO AFONSO DA SILVA, *op. cit.*, págs. 126 e segs.; MICHEL FROMONT, *Justice Constitutionnelle Comparée*, Paris, 2013, págs. 319 e segs.
[903] Ou, mais amplamante, com a interferência legislativa, com qualquer intervenção legislativa que sacrifique, suprima, reduza ou, em geral, afete desvantajosamente bens, interesses ou valores (VITALINO CANAS, *O Princípio da Proibição de Excesso ...*, cit., pág. 448).

DIREITOS FUNDAMENTAIS

condições de caráter geral, válidas para quaisquer direitos (a moral, a ordem pública e o bem-estar numa sociedade democrática, para recordar, de novo, o art. 29.º da Declaração Universal).

O limite pode ser *absoluto* (vedação de certo fim ou de certo modo de exercício de um direito) ou *relativo*. Neste caso, desemboca em *condicionamento*, ou seja, num requisito de natureza cautelar de que se faz depender o exercício de algum direito, como a prescrição de um prazo para o seu exercício (*v. g.*, para a propositura de uma ação judicial ou para a interposição de um recurso), ou de participação prévia (*v. g.*, para realização de manifestações), ou a exigência de escritura pública para a constituição de uma associação, ou de conjugação com outros cidadãos num número mínimo (para a constituição de partidos), ou de posse de documentos (por exemplo, passaportes para a ida ao estrangeiro), ou de autorização vinculada [904] (para a criação de escolas particulares e cooperativas). O condicionamento não reduz o âmbito do direito, apenas implica, uma vezes, uma disciplina ou uma limitação da margem de liberdade do seu exercício, outras vezes um ónus [905].

A restrição distingue-se do *dever*, pela sua completa falta de autonomia, por se situar no plano do conteúdo de certo direito e só fazer sentido por referência a ele. O dever, como se disse na altura própria, é uma situação jurídica passiva, traduzido na imposição a alguém de agir ou não agir de alguma maneira; já a restrição se prende ao perfil específico de alguns direitos, ao modo como se apresentam na vida jurídica e à proteção que, assim, vêm a receber. O dever (quando não fundamental) pode não constar da Constituição; a restrição tem sempre de nela se estear, imediata ou mediatamente [906].

Um *quid* é a *auto-rutura material* ou edição de preceito constitucional geral e concreto ou, em certos casos, individual e concreto; outro a restrição,

---

[904] A autorização discricionária seria já uma restrição por atingir o conteúdo essencial de liberdade do direito.
Sobre o conceito de autorização, cfr., por exemplo, Marcello Caetano, *Manual de Direito Administrativo*, cit., I, pág. 459; Pierre Livet, *L'autorisation administrative préalable et les libertés publiques*, Paris, 1974; Diogo Freitas de Amaral, *Direito Administrativo*, III, cit., pág. 129; Marcelo Rebelo de Sousa e André Salgado de Matos, *op. cit.*, III, pág. 99.

[905] Cfr. acórdão n.º 99/88 do Tribunal Constitucional, de 28 de abril, in *Diário da República*, 2.ª série, de 22 de agosto de 1988.

[906] Cfr. *Diário da Assembleia Constituinte*, n.ºs 35 e 36, de 22 e 23 de agosto de 1975, págs. 953 e segs. e 974 e segs., respetivamente.

CAPÍTULO III – PRINCÍPIOS COMUNS COM ADAPTAÇÕES

necessariamente contida em norma geral e abstrata. A auto-rutura é uma exceção a um princípio ou uma regra constitucional geral (assim, a proibição de organizações de ideologia fascista do art. 46.º, n.º 4, e a incriminação retroativa dos agentes e responsáveis da polícia política do já caducado art. 294.º); a restrição uma decorrência de certo princípio em face de outro. E, no domínio dos direitos, liberdades e garantias, a auto-rutura ou quebra da Constituição apenas pode ocorrer, como se sabe, por força de normas constitucionais originárias, nunca por força de revisão constitucional.

Uma coisa é a *regulamentação* ou preenchimento ou desenvolvimento legislativo (ou, porventura, convencional) do conteúdo do direito; outra coisa a *restrição* ou diminuição ou compressão desse conteúdo. Uma coisa é regulamentar, por (como já se disse) razões de certeza jurídica, de clarificação ou de delimitação de direitos; outra coisa é restringir com vista a certos e determinados objetivos constitucionais. A regulamentação pode conduzir à ampliação dos direitos na base da cláusula aberta do art. 16.º, n.º 1; nunca pode reverter, sob pena de desvio de poder legislativo, em restrição.

Muito menos se confunde a restrição com a *concretização legislativa*, destinada a conferir, total ou parcialmente, exequibilidade a normas constitucionais não exequíveis por si mesmas [907]. Ao contrário da restrição, esta prende-se, repetimos, à liberdade, maior ou menor, de conformação do legislador (sempre exigida, quando se trate de normas programáticas, pela abertura da Constituição a diferentes alternativas políticas, em regime democrático pluralista).

Finalmente, são diversos os conceitos de restrição e de *suspensão*. A restrição atinge um direito a título permanente, e sempre apenas parcialmente [908]; a suspensão, provocada por situações de necessidade, atinge um direito a título transitório, equivale a um eclipse. A restrição apaga uma parcela potencial do direito; a suspensão paralisa ou impede, durante algum tempo, o seu exercício, no todo ou em parte (e, só neste caso acaba, porventura, por corresponder a uma restrição).

---

[907] Cfr., por todos, J. J. GOMES CANOTILHO, *Constituição Dirigente*, cit., págs. 321 e segs.
[908] Por isso, o direito à vida não pode sofrer restrições, ao contrário do que pareceu vir a admitir o Tribunal Constitucional a propósito da interrupção voluntária da gravidez (v., logo, acórdão n.º 25/84, cit., *loc. cit.*, págs. 2989-2990).

DIREITOS FUNDAMENTAIS

IV – As restrições podem ser de diversos tipos: diretamente descritas na Constituição ou por ela simplesmente autorizadas; comuns ou particulares; gerais ou especiais; explícitas ou implícitas.

Tratá-las-emos a propósito do regime dos direitos, liberdades e garantias, onde melhor podem ser apercebidas.

93. A limitação recíproca dos direitos

I – Porque as pessoas convivem na mesma comunidade e têm igual dignidade, e ainda porque os direitos pertencem ao mesmo sistema, os direitos de cada pessoa têm por limites os direitos das demais pessoas (de novo, art. 29.º, n.º 2, da Declaração Universal) e o conteúdo (ou o conteúdo potencial) de cada direito tem por fronteiras o conteúdo de outros direitos [909].

---

[909] Cfr., entre nós, José Manuel Cardoso da Costa, *A hierarquia...*, cit., págs. 17 e segs.; Manuel Afonso Vaz, *Lei...*, cit., págs. 319 e segs.; Jorge Bacelar Gouveia, *Os direitos...*, cit., págs. 448 e segs.; Rabindranath Capelo de Sousa, *Conflitos entre a liberdade de imprensa e a vida privada*, in *Ab Uno Ad Omnes...*, obra coletiva, págs. 1123 e segs.; Rui Medeiros, *O Estado...*, cit., *loc. cit.*, págs. 38 e segs.; J. J. Gomes Canotilho, *Direito...*, cit., págs. 1268 e segs.; Miguel Galvão Teles, *Espaços marítimos, delimitação e colisão de direitos*, in *Estudos em homenagem ao Prof. Doutor Armando Marques Guedes*, obra coletiva, Coimbra, 2004, págs. 630 e segs.; José Carlos Vieira de Andrade, *Os direitos...*, cit., págs. 298 e segs.; Vitalino Canas, *O Princípio da Proibição de Excesso ...*, cit., págs. 531 e segs.

E, em perspetiva civilística, António Menezes Cordeiro, *Tratado...*, I, tomo IV, Coimbra, 2005, págs. 379 e segs.; Pedro Pais de Vasconcelos, *Teoria Geral do Direito Civil*, 4.ª ed., Coimbra, 2007, págs. 265 e segs. e 291 e segs.

Na doutrina de outros países, cfr., por exemplo, Jean-Marie Denquin, *Sur les conflits de libertés*, in *Services publics et libertés – Mélanges offerts au Professeur Robert-Édouard Charlier*, obra coletiva, Paris, 1981, págs. 545 e segs.; Enrique Bacigalupo, *Colisión de derechos fundamentales y justificación en delito de injuria*, in *Revista Española de Derecho Constitucional*, maio-agosto de 1987, págs. 83 e segs.; François Rigaux, *La conception occidentale des droits fondamentaux face à l'Islam*, in *Revue Trimestrielle des Droits de l'Homme*, 1990, págs. 116 e segs.; Aldo Corasaniti, *op. cit.*, *loc. cit.*, págs. 210 e segs.; Edilson Pereira de Farias, *Colisão de direitos*, Porto Alegre, 1996; Ana Aba Catoiro, *La limitación de los derechos en la jurisprudencia del Tribunal Constitucionl Español*, Valência, 1999; *Constituição, Direitos Fundamentais e Direito Privado*, obra coletiva, Porto Alegre, 2003; Jorge Reis Gonçalves Pereira, *op. cit.*, págs. 271 e segs.; Daniel Sarmento, *Direitos Fundamentais e Relações Privadas*, 2.ª ed., Rio de Janeiro, 2006; Luiz Guilherme Arcaro Cunci, *Colisões de direitos fundamentais nas relações jurídicas travadas entre particulares e a regra da proporcionalidade*, in *Lições de Direito Constitucional em homenagem ao Professor Jorge Miranda*, obra coletiva, Rio de Janeiro., 2008, págs. 17 e segs.; Emerson Garcia, *Conflitos entre normas...*,

CAPÍTULO III – PRINCÍPIOS COMUNS COM ADAPTAÇÕES

O dever de respeito entre as pessoas não impede, todavia, em concreto, colisões de direitos e também elas surgem no domínio dos direitos fundamentais: entre a reserva da intimidade da vida privada (art. 26.º, n.º 1) ou a presunção de inocência (art. 32.º, n.º 2) e a liberdade de informação (art. 37.º); entre a liberdade de expressão (art. 37.º) e a liberdade de religião (art. 41.º); entre os direitos de autor (art. 42.º, n.º 2) e o direito à fruição cultural (art. 78.º); entre o controlo de gestão nas empresas [art. 54.º, n.º 5, alínea *b*)] e o direito de iniciativa económica (art. 61.º); entre o direito de propriedade (art. 62.º) e o direito à habitação (arts. 64.º e 72.º) [910] [911].

Estes são conflitos de *direitos diferentes* de pessoas *diferentes*. Mas, a seu lado, pode haver conflitos entre *direitos iguais de diferentes* pessoas (donde, a proibição de contra-manifestações como garantia do direito de manifestação) [912]. Ou a necessidade de tratamento adequado das várias candidaturas (*v. g.* repartição de espaço jornalístico e de salas de espetáculos em períodos eleitorais) [913].

Assim como pode haver conflitos de *direitos da mesma pessoa*: é o caso típico do conflito entre o direito à vida (art. 24.º) e o direito à proteção da saúde (art. 64.º), por um lado, e a objeção de consciência, por motivos religiosos (art. 41.º, n.º 6), por outro lado.

---

cit., págs. 289 e segs.; Lívia Maria Santana e Sant'ana Vaz, *Direito à diferença: liberdade de imprensa e intolerância religiosa, in O Direito, 2017, págs. 197 e segs.*

[910] Cfr., por exemplo, acórdão n.º 147/2007, do Tribunal Constitucional, de 28 de fevereiro, in *Diário da República*, 2.ª série, de 9 de abril de 2007. Há uma jurisprudência muito vasta sobre colisões. Ou, sobre conflitos de direitos de personalidade, António Menezes Cordeiro, *op. cit.*, pág. 1311.

[911] Não são de excluir ainda colisões entre direitos fundamentais formais, consagrados no texto constitucional, e direitos fundamentais só materiais, vindos da lei ou do Direito internacional.

[912] O art. 7.º da lei da liberdade religiosa, Lei n.º 16/2001, de 22 de junho, fala em *conflitos* entre a liberdade de consciência, de religião e de culto de uma pessoa e a de outra ou outras, dizendo que há de resolver-se com *tolerância*, de modo a respeitar quanto possível a liberdade de cada uma. Mas, em rigor, não se trata aqui de conflitos. Trata-se de uma obrigação de respeito mútuo.

[913] Em caso de conflitos de direitos diferentes pode falar-se em conflitos de normas; não em caso de conflitos de direitos iguais. Cfr. Miguel Galvão Teles, *Espaço...*, cit., *loc. cit.*, pág. 635.

DIREITOS FUNDAMENTAIS

E ainda conflitos entre direitos e interesses difusos: entre o direito de iniciativa económica (art. 61.º) e a proteção do ambiente; ou entre o direito de propaganda eleitoral e a preservação do património cultural (art. 78.º) [914]

II – Não há soluções *a priori*. Apenas cabe indicar estes pontos de partida:

1.º) Discernir os bens jurídicos subjacentes à luz do princípio da dignidade da pessoa humana;
2.º) Aproveitar todas as virtualidades hermenêuticas de harmonização de regras, de princípios [915];
3.º) Atender às circunstâncias do caso para aí proceder à concordância prática ou à ponderação [916] [917];
4.º) Considerar os efeitos da solução quer no âmbito dos factos quer no do sistema jurídico em geral.

---

[914] Cfr. o acórdão n.º 475/2013, de 20 de agosto, in *Diário da República*, 2.ª série, de 12 de setembro de 2013.

[915] Cfr. ROBERT ALEXY, *Teoria...*, cit., págs. 42 e 135 e segs. e *Constitucionalismo discursivo*, trad., 3.ª ed., Porto Alegre, 2011, págs. 55 e segs.; SÉRVULO CORREIA, *Direitos...*, cit., pág. 78; DAVID WILSON DE ABREU PARDO, *Os direitos fundamentais e a aplicação judicial do Direito*, Rio de Janeiro, 2003, págs. 82 e segs.; EDUARDO CORREIA BAPTISTA, *op. cit.*, pág. 188. Cfr., ainda, do prisma da proibição do excesso, VITALINO CANAS, *O princípio ...*, cit., págs. 537 e segs.

[916] Cfr. DANIEL SARMENTO, *A ponderação...*, cit., págs. 97 e segs.; ROBERT ALEXY, *Epílogo a la teoria de los derechos fundamentales*, Madrid, 2004, págs. 49 e segs.; J. J. GOMES CANOTILHO, *Direito...*, cit., págs. 1273 e 1274; ANA PAULA DE BARCELLOS, *op. cit., págs. 23 e segs. e 165 e segs.*; JORGE REIS NOVAIS, *As restrições...*, cit., págs. 639 e segs.; CRISTINA QUEIROZ, *op. cit.*, págs. 321 e segs.

[917] Cfr. MANUEL CARNEIRO DA FRADA (*Relativismo...*, cit., *loc. cit.*, pág. 689) alertando para que o critério de concordância prática, que manda compatibilizar leis, posições ou interesses conflituantes, tenha de ser especificado, sob pena de constituir um cheque em branco a um decisionismo judicial irrefletido ou de constituir um arrimo puramente pragmático-utilitarista.

CAPÍTULO III - PRINCÍPIOS COMUNS COM ADAPTAÇÕES

Não se encontra na Constituição (nem na Declaração Universal) nenhuma diretriz de solução. Mas as diretrizes provenientes do Código Civil de 1867 (arts. 14.º e 15.º) [918] e do Código Civil de 1966 (art. 335.º) [919] podem ser úteis.

Em certas circunstâncias, será irrecusável atender à diferença de bens jurídicos protegidos, subjacentes aos direitos. A hierarquia valorativa constitucional não poderá ser obliterada, se bem que não funcione de per si ou automaticamente, como já advertimos.

---

[918] Art. 14.º do Código Civil de 1867: «Quem, exercendo o próprio direito, procura interesses deve, em colisão e na falta de providência especial, ceder a quem pretende evitar prejuízos». Art. 15.º: «Em caso de direitos iguais ou da mesma espécie, devem os interessados ceder reciprocamente o necessário para que esses direitos produzam os seus efeitos, sem maior detrimento de uma quer de outra parte».

[919] Art. 335.º do Código de 1966: «1. Havendo colisão de direitos iguais ou da mesma espécie, devem os titulares ceder na medida do necessário para que todos produzam igualmente os seus efeitos, sem maior detrimento para qualquer das partes. 2. Se os direitos forem desiguais ou de espécie diferente, prevalece o que deva considerar-se superior».

§ 4.º
O princípio da tutela jurídica

94. Tutela jurídica e acesso ao direito

I – Como se costuma dizer, a primeira forma de defesa dos direitos é a que consiste no seu conhecimento. Só quem tem consciência dos seus direitos consegue usufruir os bens a que eles correspondem e sabe avaliar as desvantagens e os prejuízos que sofre quando não os pode exercer ou efetivar ou quando eles são violados ou restringidos.

Por isso, a Declaração dos Direitos do Homem e do Cidadão proclamou que «a ignorância, o esquecimento ou o desprezo dos direitos do homem» eram «as únicas causas das desgraças públicas e da corrupção dos governos». E o mesmo se reconheceria, por exemplo, no preâmbulo da Constituição de 1822 e no da Declaração Universal.

Por isso, o art. 20.º da Constituição de 1976 (após 1982) assegura a todos «o acesso ao direito» (n.º 1, 1.ª parte) e «nos termos da lei», «a informação e a consulta jurídica» (n.º 2, 1.ª parte) [920] – devendo, naturalmente, entender-se, até pelo lugar, que se trata, antes de mais, dos direitos, dos interesses

---

[920] V. o debate in *Diário da Assembleia da República*, ɪɪ legislatura, 1.ª sessão legislativa, 2.ª série, 5.º suplemento ao n.º 108, págs. 3332(120) e segs., 2.ª sessão legislativa, 2.º suplemento ao n.º 80, pág. 1508(18), e suplemento ao n.º 98, págs. 1878(7)-1878(8). Na revisão constitucional de 1989 alterou-se a disposição das normas no interior do artigo e na de 1997 aditaram-se três novos números.

DIREITOS FUNDAMENTAIS

legalmente protegidos e de outras situações ativas das pessoas (bem como dos deveres e de outras vinculações que sobre elas impendam) [921].

Promover o *direito aos direitos* [922] ou a *democratização do direito* [923] torna-se imperativo ainda mais urgente na conjuntura atual da lei e perante a sociedade da informação.

II – As normas atinentes ao acesso ao direito e à informação e à consulta jurídicas devem reputar-se normas precetivas, imediatamente invocáveis. Qualquer cidadão pode pretender conhecer os seus direitos, sejam estes quais forem, em quaisquer situações da vida em que se encontre, sem necessidade de *interpositio legislatoris*.

Do mesmo passo, o direito dos cidadãos de acesso aos dados informatizados que lhes digam respeito e de conhecer a finalidade a que se destinam (art. 35.º, n.º 1) [924], bem como os direitos de informação das comissões de trabalhadores [art. 54.º, n.º 5, alínea *a)*] e os direitos de informação dos consumidores (art. 60.º, n.º 1) e dos administrados (art. 268.º, n.º 1) aparecem, o mais das vezes, nas suas manifestações práticas, inafastáveis do conhecimento e da defesa de outros direitos.

No entanto, há meios de dar concretização ao art. 20.º que requerem prestações positivas da parte do Estado. De harmonia com a Lei n.º 34/2004, de 29 de julho, incumbe-lhe realizar, de modo permanente e planeado, ações tendentes a tomar conhecido o Direito, através de publicações e outras formas de comunicação (art. 4.º). Serão criados serviços de acolhimento nos tribunais e serviços judiciários (art. 5.º); e compete à Ordem dos Advogados, com a colaboração do Ministério da Justiça, prestar a informação jurídica, no âmbito da proteção jurídica, nas modalidades de consulta jurídica e apoio judiciário (art. 5.º, n.º 2) [925].

---

[921] Sobre o art. 20.º em geral, v. J. J. GOMES CANOTILHO e VITAL MOREIRA, *Constituição...*, cit., págs. 408 e segs.; RUI MEDEIROS, anotação em JORGE MIRANDA e RUI MEDEIROS, *Constituição...*, I, cit., págs. 423 e segs.

[922] MÁRIO RAPOSO, *O acesso ao Direito e a Ordem dos Advogados*, in *Revista da Ordem dos Advogados*, 1977, pág. 392, e *Nota sumária sobre o art. 20.º da Constituição, ibidem*, págs. 324 e segs.

[923] J. J. GOMES CANOTILHO e VITAL MOREIRA, *op. cit.*, 3.ª ed., Coimbra, 1993, pág. 162.

[924] Cfr. o *habeas data* da Constituição brasileira (art. 5.º-LXXII).

[925] A consulta jurídica abrange a apreciação liminar da inexistência de fundamento legal da pretensão, para efeito de nomeação de patrono oficioso, e pode compreender a realização de diligências extra-judiciais ou comportar mecanismos informais de mediação e conciliação (art. 14.º, n.os 1 e 2).

CAPÍTULO III – PRINCÍPIOS COMUNS COM ADAPTAÇÕES

Não pouco importantes podem ser, em nível mais complexo, as contri
-buições diversas da informática jurídica, da codificação (apesar de tudo,
sempre necessária) e da moderníssima Ciência da Legislação ou Legística.

Por outro lado, os cidadãos têm o direito de se fazer acompanhar de advogado perante qualquer autoridade (art. 20.º, n.º 2, *in fine*); em processo penal,
os arguidos têm o direito de escolher defensor e de ser por ele assistidos em
todas as fases do processo, especificando a lei os casos e as fases em que essa
assistência é obrigatória (art. 32.º, n.º 3); e a lei assegura aos advogados as
imunidades necessárias ao exercício do mandato (art. 208.º) [926].

> No exercício da sua atividade, os advogados gozam de discricionariedade
> técnica e encontram-se apenas vinculados a critérios de legalidade e às regras
> deontológicas próprias da profissão (art. 6.º, n.º 2, da Lei n.º 3/99, de 13 de
> janeiro, lei de organização e funcionamento dos tribunais judiciais). E a Ordem
> dos Advogados tem, entre as suas atribuições, defender o Estado de Direito e
> os direitos, liberdades e garantias dos cidadãos, colaborar na administração da
> justiça e assegurar o acesso ao conhecimento e a aplicação do Direito [art. 3.º,
> alíneas *a)* e *b)*, do estatuto constante da Lei n.º 15/2005, de 26 de janeiro].

Finalmente, quando a alguém é comunicado que, a partir de certo
momento, deve considerar-se arguido em processo penal, são-lhe indicados
e, se necessário, explicados, os direitos processuais que, por essa razão, lhe
cabem (art. 58.º, n.º 2, do Código de Processo Penal).

95. A tutela jurisdicional dos direitos fundamentais

I – O eficaz funcionamento e o constante aperfeiçoamento da tutela
jurisdicional dos direitos das pessoas são sinais de civilização jurídica.

Porém, o Estado de Direito acrescenta algo mais, como já dissemos: 1.º) a
reserva de jurisdição dos tribunais, órgãos independentes e imparciais, com

---

[926] Em cooperação com a Ordem dos Advogados e as autarquias locais interessadas, o Ministério da Justiça garante a existência de gabinetes de consulta jurídica, com vista à gradual
cobertura territorial do País (art. 15.º, n.º 1).
Os preceitos do art. 20.º, n.º 2, *in fine*, e do art. 208.º foram introduzidos em 1997. No texto
anterior não havia nenhuma referência a advocacia, embora na Assembleia Constituinte
tivesse sido proposta uma norma a ela pertinente (v. *Diário*, n.º 100, reunião de 6 de janeiro
de 1976, págs. 3248 e segs.).

DIREITOS FUNDAMENTAIS

igualdade entre as partes, e que decidem segundo critérios jurídicos; 2.º) a possibilidade de os cidadãos se dirigirem a tribunal para a declaração e a efetivação dos seus direitos não só perante outros particulares mas também perante o Estado e quaisquer entidades públicas.

Por definição, os direitos fundamentais têm de receber, em Estado de Direito, proteção jurisdicional. Só assim valerão inteiramente como direitos, ainda que em termos e graus diversos consoante sejam direitos, liberdades e garantias ou direitos económicos, sociais e culturais [927].

II – Nenhuma das Constituições portuguesas anteriores havia consignado *ex professo* o princípio. O único afloramento surgiria na Constituição de 1933, aquando da revisão de 1971, com a garantia de recurso contencioso dos atos administrativos definitivos e executórios arguidos de ilegalidade (art. 8.º, n.º 21) [928].

Essas Constituições apenas cuidavam da organização dos tribunais, com um ou outro reflexo no domínio dos direitos fundamentais: proibição de privilégios de foro e de comissões especiais em causas cíveis e de avocação de causas

---

[927] Cfr., em Direito comparado, MARC-ANDRÉ EISSEN, Le «droit *à un tribunal» dans la jurisprudence de la Commission (article 6, § 1, de la Convention Européenne des Droits de l'Homme)*, in *Miscellanea W. J. Ganshof Van Der Meersch,* obra coletiva, I, Bruxelas, 1972, págs. 455 e segs.; EDUARDO GARCIA DE ENTERRÍA, *La lucha contra las imunidades del Poder,* 2.ª ed., Madrid, 1979; *Access to justice and the Welfare State,* obra coletiva ed. por Mauro Cappelletti, Florença, 1981; HECTOR FIX ZAMUDIO, *La proteccion juridica y procesal de los derechos humanos ante las jurisdiciones nacionales,* México, 1982; ANTONIO CANA MATA, *El derecho a la tutela judicial efectiva en la doctrina del Tribunal Constitucional,* Madrid, 1984; JESUS GONZÁLEZ PÉREZ, *El derecho a la tutela jurisdicional,* Madrid, 1984; LUIZ RODRIGUES WAMBIER, *Tutela jurisdicional das liberdades públicas,* Curitiba, 1991; VITTORIO ANGIOLINI, *Riserva di giurisdizione e libertà costituzionali,* Pádua, 1992; *As garantias do cidadão na justiça,* obra coletiva, São Paulo, 1993; JAVIER BARNÉS VÁSQUEZ, *La tutela judicial efectiva en la Constitución alemana,* in *La Protección jurídica del Ciudadano – Estúdios en homenaje al Professor Jesus González Perez,* obra coletiva, I, Madrid, 1993, págs. 429 e segs.; FRANCISCO FERNÁNDEZ SEGADO, *Los sistemas de garantias jurisdiccionales de los derechos,* in *Manuel Fraga – Homenaje Academico,* obra coletiva, Madrid, 1997, págs. 463 e segs.; MARCELA ANDRADE CATTONI DE OLIVEIRA, *Prestação jurisdicional e Estado Democrático de Direito,* in *Revista Brasileira de Estudos Políticos,* n.º 85, julho de 1997, págs. 103 e segs.; *Le droit au juge dans l'Union Européenne,* obra coletiva, Paris, 1998. Cfr. também *O perfil do juiz na tradição ocidental,* obra coletiva (coord. de António Pedro Barbas Homem *et alii*), Coimbra, 2007.

Numa visão *de jure condendo* (voltada sobretudo para o Brasil), BOAVENTURA DE SOUSA SANTOS, *Para uma reforma democrática da justiça,* Coimbra, 2014.

[928] V. AFONSO QUEIRÓ, *Revisão Constitucional 1971 – Pareceres da Câmara Corporativa,* Coimbra, 1972, págs. 54 e segs.; ANDRÉ GONÇALVES PEREIRA, *A garantia do recurso contencioso no texto constitucional de 1971,* in *Estudos de Direito Público em honra do Professor Marcello Caetano,* obra coletiva, Lisboa, 1973, págs. 241 e segs.

CAPÍTULO III – PRINCÍPIOS COMUNS COM ADAPTAÇÕES

pendentes ou de reabertura de causas findas (respetivamente, arts. 9.º, 1.ª parte, e 176.º, 2.ª parte, da Constituição de 1822; art. 145.º, §§ 10.º e 11.º, da Carta Constitucional; e arts. 20.º, § único, e 19.º da Constituição de 1838); proibição de dispensa das formas de processo (art. 176.º, 2.ª parte, da Constituição de 1822); garantia do juiz natural (art. 19.º da Constituição de 1838 e art. 3.º, n.º 21, da Constituição de 1911); e executoriedade das decisões (art. 62.º da Constituição de 1911 e art. 121.º da Constituição de 1933).

III – A sede básica da matéria entre nós hoje é também o art. 20.º [929], conjugado com o art. 202.º, o qual precisa que aos tribunais compete «assegurar a defesa dos direitos e interesses legalmente protegidos dos cidadãos» e – o que importa salientar, porque a função judicial assume igualmente uma finalidade objetiva – «reprimir a violação da legalidade democrática», além de «dirimir os conflitos de interesses públicos e privados» [930].

O art. 10.º da Declaração Universal propicia o enlace entre ambos os preceitos ao estabelecer que «toda a pessoa tem direito, em plena igualdade, a que o seu caso seja julgado, equitativa e publicamente, por um tribunal independente e imparcial que decida dos seus direitos e obrigações». Completam-no o art. 6.º da Convenção Europeia dos Direitos do Homem e o art. 14.º do Pacto Internacional de Direitos Civis e políticos e o art. 47.º da Carta de Direitos Fundamentais da União Europeia [931].

[929] Cfr. art. 132.º da Constituição austríaca; art. 113.º da Constituição italiana; art. 19.º, n.º 2, da Constituição alemã.

[930] V.: JOÃO DE CASTRO MENDES, *Art. 206.º (Função jurisdicional)*, in *Estudos sobre a Constituição*, obra coletiva, I, págs. 395 e 396; JOSÉ DE OLIVEIRA ASCENSÃO, *A reserva constitucional de jurisdição*, in *O Direito*, 1991, págs. 465 e segs.; MARCELO REBELO DE SOUSA, *Orgânica Judicial, Responsabilidade dos Juízes e Tribunal Constitucional*, Lisboa, 1992, págs. 8 e 9; PAULO DE CASTRO RANGEL, *Reserva de jurisdição – sentido dogmático e sentido jurisprudencial*, Porto, 1997; JORGE MIRANDA, *Tribunais, juízes e Constituição*, in *Revista da Ordem dos Advogados*, 1999, págs. 5 e segs.; RUI MEDEIROS e MARIA JOÃO FERNANDES, anotação ao art. 202.º, in JORGE MIRANDA e RUI MEDEIROS, *Constituição...*, III, 2007, cit., págs. 13 e segs.; J. J. GOMES CANOTILHO e VITAL MOREIRA, *Constituição...*, II, cit., págs. 506 e segs.

[931] Cfr. ADÉLIO PEREIRA ANDRÉ, *Defesa dos direitos e acesso aos tribunais*, Lisboa, 1980; CARDOSO DA COSTA, *A tutela dos direitos fundamentais*, Coimbra, 1980; GUILHERME DA FONSECA, *A defesa dos direitos (princípio da tutela jurisdicional dos direitos fundamentais)*, Lisboa, 1985; GOMES CANOTILHO, *Constituição e défice procedimental*, in *Estado e Direito*, n.º 2, 2.º semestre de 1988, págs. 33 e segs., e *Direito Constitucional...*, cit., págs. 275 e segs. e 491 e segs.; LUÍS SOUSA DA FÁBRICA, *A acção para o reconhecimento de um direito ou interesse legalmente protegido*, Lisboa, 1989, págs. 66 e segs.; JORGE MIRANDA, *Constituição e Processo Civil*, in *Direito e Justiça*, 1994, n.º 2,

DIREITOS FUNDAMENTAIS

IV – Um relance pelo texto constitucional permite apreender o conteúdo diversificado que nele adquire a tutela jurisdicional: como se desdobra em subprincípios ou princípios autónomos; como se reflete em novos direitos fundamentais (o que é exemplo frisante da multidimensionalidade enfatizada pela doutrina); e como se repercute em múltiplas áreas em especial.

Não significa isto, porém, que o sistema não possa e não deva ser aperfeiçoado, designadamente através de recurso para o Tribunal Constitucional de decisões judiciais que não admitam recurso ordinário quando arguidas de violação de direitos, liberdades e garantias ou de direitos de natureza análoga[932]. O que parece excessivo é falar em desequilíbrio entre os mecanismos de tutela e as estruturas do sistema[933].

V – Assim, no plano objetivo, o princípio da tutela jurisdicional envolve:

- O princípio do contraditório (art. 32.º, n.º 5, *in fine,* formulado a propósito do processo penal, embora extensivo, por paridade de razão, a todas as demais formas de processo);
- O princípio do juiz natural ou legal – nenhuma causa pode ser subtraída ao tribunal cuja competência esteja fixada em lei anterior (art. 32.º,

---

págs. 5 e segs.; MÁRIO DE BRITO, *Acesso ao Direito e aos tribunais,* in *O Direito,* 1995, págs. 351 e segs.; MARIA FERNANDA DOS SANTOS MAÇÃS, *A suspensão judicial da eficácia dos actos administrativos e a garantia constitucional da tutela judicial efectiva,* Coimbra, 1996, págs. 271 e segs.; BOAVENTURA DE SOUSA SANTOS, *O acesso ao direito e à justiça: um direito fundamental em questão,* Coimbra, 2002; FERNANDO ALVES CORREIA, *Os direitos fundamentais e a sua protecção jurisdicional efectiva,* in *Boletim da Faculdade de Direito da Universidade de Coimbra,* 2003, págs. 63 e segs.; RONNIE PREUSS DUARTE, *Garantia de acesso à justiça,* cit.; JOSÉ LEBRE DE FREITAS e CRISTINA MÁXIMO DOS SANTOS, *O processo civil na Constituição,* Coimbra, 2008 (seguindo a jurisprudência do Tribunal Constitucional); MIGUEL TEIXEIRA DE SOUSA, *A jurisprudência constitucional portuguesa e o direito processual civil,* in *XXV Anos de Jurisprudência Constitucional Portuguesa,* obra coletiva, Lisboa, 2009, págs. 69 e segs; PAULO OTERO, *Direito...,* I, cit., págs. 94 e segs.; J. J. GOMES CANOTILHO, *Para um enquadramento...,* cit., *loc. cit.,* págs. 330 e segs.; CATARINA SANTOS BOTELHO, *A tutela...,* cit., *maxime* págs. 113 e segs.; CARLOS BLANCO DE MORAIS, *Curso...,* II, 2, cit., págs. 414 e segs.; RUI MEDEIROS, anotação ao art. 20.º, in JORGE MIRANDA e RUI MEDEIROS, *Constituição...,* II, cit., págs. 423 e segs.; FRANCISCO PEREIRA COUTINHO, *Os tribunais nacionais na ordem jurídica da União Europeia,* Coimbra, 2013.

[932] *Manual...,* VI, cit., págs. 294 e 295.

[933] JOSÉ DE MELO ALEXANDRINO, *A estruturação...,* II, cit., págs. 482 e segs.

CAPÍTULO III – PRINCÍPIOS COMUNS COM ADAPTAÇÕES

n.º 9), o que envolve, mais amplamente, a reserva de decisão de qualquer juiz quanto aos atos da sua competência [934];

- O princípio da independência dos tribunais e dos juízes (arts. 203.º e 216.º) [935];
- O princípio da fundamentação das decisões que não sejam de mero expediente (art. 205.º, n.º 1, e ainda art. 282.º, n.º 4);
- A obrigatoriedade e a executoriedade das decisões e a sua prevalência sobre as de quaisquer outras autoridades (art. 205.º, n.ºs 2 e 3);
- A consagração de medidas cautelares adequadas (art. 268.º, n.º 4, *in fine*), como garantia de tutela jurisdicional efetiva [936];
- O respeito pelo caso julgado (art. 282.º, n.º 3).

E também envolve:

- A adequada proteção do segredo de justiça (art. 20.º, n.º 3);
- A publicidade das audiências dos tribunais (art. 206.º).

Em especial, quanto à fundamentação, observe-se que ela surge como inerente à própria função jurisdicional: *jurisdictio*, dizer o Direito, declarar a norma aplicável ao caso, determinar o porquê da norma e estabelecer a sua relação com o caso; que constitui garantia do direito de recurso para grau superior (quando este exista); e que serve de contrapartida da irresponsabilidade dos juízes pelos seus atos.

---

[934] Cfr. J. J. GOMES CANOTILHO e VITAL MOREIRA, *Constituição...*, I, cit., pág. 525.

[935] V. JORGE DE FIGUEIREDO DIAS, A *"pretensão"* a um juiz independente como expressão do relacionamento democrático entre o Cidadão e a Justiça, in *Sub Júdice*, n.º 14, 1999, págs. 27 e segs.

[936] Cfr. já a declaração de voto do juiz Luís Nunes de Almeida anexa ao acórdão n.º 187/88 do Tribunal Constitucional, de 17 de agosto, in *Diário da República*, 2.ª série, de 5 de Setembro de 1988.

DIREITOS FUNDAMENTAIS

VI – Como verdadeiros direitos, liberdades e garantias refiram-se:

- O direito de acesso a tribunal para defesa dos direitos e interesses legalmente protegidos (art. 20.º, n.º 1, 2.ª parte) – ou seja, o direito de ação [937] – a outra face do princípio;
- O direito ao juiz natural (art. 32.º, n.º 9, de novo);
- O direito ao patrocínio judiciário (art. 20.º, n.º 2, 2.ª parte, e art. 32.º, n.º 3, 1.ª parte) [938];
- O direito a um processo equitativo (art. 20.º, n.º 4, 2.ª parte) [939];
- O direito a decisões em prazo razoável (art. 20.º, n.º 4, 1.ª parte) [940], com especialíssima acuidade em processo penal (art. 32.º, n.º 2, *in fine*) [941];
- O direito à fundamentação das decisões que não sejam de mero expediente (art. 205.º, n.º 1);
- O direito a recurso das decisões condenatórias como expressão das garantias de processo criminal (art. 32.º, n.º 1) e devendo esse direito estender-se a qualquer processo sancionatório – mas não tendo de abranger o processo civil [942];

[937] Art. 2.º, n.º 2, do Código de Processo Civil: «A todo o direito... corresponde a ação adequada a fazê-lo reconhecer em juízo, a prevenir ou reparar a violação dele e a realizá-lo coercivamente, bem como os procedimentos necessários para acautelar o efeito útil da ação».

[938] O direito ao patrocínio judiciário não equivale, tendo em conta as funções cometidas ao Ministério Público (art. 219.º, n.º 1), ao direito a ter advogado. Mas compreende, por certo, o direito a escolher, quando seja caso disso, entre a representação por advogado ou pelo Ministério Público, não podendo a lei impô-la só por este: cfr. (com base no princípio da igualdade, porém) o acórdão n.º 190/92 do Tribunal Constitucional, de 21 de maio, in *Diário da República*, 2.ª série, de 18 de agosto de 1992.

[939] Cfr. acórdãos n.ᵒˢ 167/99, do Tribunal Constitucional, de 10 de março, in *Diário da República*, 2.ª série, de 17 de fevereiro de 2000; ou n.º 82/2007, de 6 de fevereiro, *ibidem*, 2.ª série, de 13 de março de 2007; e, por todos, JOSÉ LEBRE DE FREITAS *Introdução ao Processo Civil*, 2.ª ed., Coimbra, 2006, págs. 113 e segs.; J. J. GOMES CANOTILHO e VITAL MOREIRA, *Constituição...*, I, cit., págs. 415 e 416; RUI MEDEIROS, anotação cit., *loc. cit.*, págs. 441 e segs.

[940] Cfr. ISABEL FONSECA, *Processo temporalmente justo e urgência*, Coimbra, 2009, págs. 209 e segs. e *A propósito do direito à prolação de sentença em prazo razoável: a (ausência de) posição do Tribunal Constitucional*, in *Revista do Ministério Público*, n.º 2, julho-dezembro de 2009, págs. 63 e segs.

[941] Sem esquecer os processos urgentes como os do art. 20.º, n.º 5, o da prisão preventiva (art. 28.º, n.º 4) e o do *habeas corpus* (art. 31.º, n.º 3).

[942] Já muito duvidoso é que, em processo penal, se considere que a garantia de recurso não tem de abranger todos os atos do processo: acórdão n.º 163/90, de 23 de maio, in *Diário da República*, 2.ª série, de 18 de outubro de 1991.

CAPÍTULO III – PRINCÍPIOS COMUNS COM ADAPTAÇÕES

- O direito a recurso das decisões que imponham restrições a direitos, liberdades e garantias e a direitos fundamentais de natureza análoga[943];
- O direito à execução das decisões (art. 205.º, n.º 3, também de novo)[944], mesmo contra o Estado[945];
- O direito dos advogados às imunidades necessárias ao exercício do mandato (art. 208.º)[946].

Como direito social, por outra parte, o direito a que a justiça não seja denegada por insuficiência de meios económicos (art. 20.º, n.º 1, 3.ª parte).

VII – Manifestações especiais de tutela jurisdicional são:

- O procedimento judiciário com prioridade e celeridade para defesa dos direitos, liberdades e garantias pessoais (art. 20.º, n.º 5), a que voltaremos a aludir adiante;
- A revisão de sentenças criminais injustas (art. 29.º, n.º 6);
- O *habeas corpus* contra o abuso do poder, por virtude de prisão ou detenção ilegal (art. 31.º);
- A tutela jurisdicional de interesses difusos [art. 52.º, n.º 3, alínea *a)*, mencionado já em capítulo anterior];
- A jurisdicionalidade da apreciação da validade e da regularidade dos atos dos procedimentos eleitorais [arts. 113.º, n.º 7, e 223.º, n.º 2, alínea *g)*];
- As ações de impugnação de eleições e deliberações de órgãos de partidos políticos [art. 223.º, n.º 2, alínea *h)*];
- A tutela jurisdicional dos direitos ou interesses legalmente protegidos dos administrados (art. 268.º, n.º 4);

---

[943] Rui Medeiros, anotação ao art. 20.º, cit., *loc. cit.*, pág. 329. Cfr. acórdãos n.º 60/2014, de 21 de janeiro, e n.º 280/2015, de 20 de maio, in *Diário da República*, 2.ª série, de 7 de abril de 2014 e de 16 de junho de 2015, respetivamente.

[944] Cfr. acórdãos n.ºs 440/94 e 473/94, de 7 e 28 de junho, in *Diário da República*, 2.ª série, n.ºs 202 e 257, de 1 de Setembro e de 7 de novembro de 1994, respetivamente.

[945] Cfr. Diogo Freitas do Amaral, *A execução das sentenças dos tribunais administrativos*, 2.ª ed., Coimbra, 1997.

[946] Cfr., mais vincadamente, a Constituição brasileira (art. 133.º).

DIREITOS FUNDAMENTAIS

- O direito dos cidadãos de impugnar as normas administrativas com eficácia externa lesivas dos seus direitos ou interesses legalmente protegidos (art. 268.º, n.º 5);
- A garantia do recurso de inconstitucionalidade e de ilegalidade de normas jurídicas (art. 280.º).

VIII – Tutela *jurisdicional* não significa o mesmo que tutela *judicial*. No nosso ordenamento, há diferentes categorias de tribunais ou de ordens de jurisdição: além do Tribunal Constitucional, há tribunais judiciais, tribunais administrativos e tributários e o Tribunal de Contas (art. 209.º, n.º 1); em estado de guerra são constituídos tribunais militares (art. 213.º); e podem existir tribunais marítimos, tribunais arbitrais e julgados de paz (art. 209.º, n.º 2).

Nas Constituições liberais, a contraposição entre os tribunais judiciais e os restantes tribunais era fortíssima: só os primeiros pertenciam ao «Poder Judicial», um dos Poderes do Estado. A Constituição de 1933 adotou o conceito de «função judicial», exercida por tribunais «ordinários» e «especiais», e atenuou a separação, estendendo aos tribunais não judiciais algumas das regras originariamente relativa aos tribunais judiciais [947]. Por último, a Constituição de 1976 tende a assimilar quer o estatuto dos tribunais quer o dos juízes e a diferença depende sobretudo da competência: os tribunais judiciais são os tribunais comuns em matéria cível e criminal e exercem jurisdição em todas as áreas não atribuídas a outras ordens jurisdicionais (art. 211.º, n.º 1) [948]; mas subsiste a separação de magistraturas ou de corpos (art. 215.º, n.º 1).

Hoje, a despeito da deficientíssima sistematização dos títulos v e vi da parte III do texto constitucional (agravada em 1989), dominam as normas aplicáveis a todos os tribunais: arts. 203.º a 208.º e 216.º, bem como art. 165.º, n.º 1, alínea *p)*. E mesmo as normas aparentemente exclusivas dos tribunais judiciais (arts. 215.º, 217.º, n.º 1, e 218.º) têm equivalentes em relação à magistratura dos outros tribunais (art. 217.º, n.ºˢ 2 e 3). É natural que isto aconteça.

---

[947] V. o nosso estudo *A Revolução de 25 de Abril e o Direito Constitucional*, Lisboa, 1975, págs. 88 e segs.

[948] No preceito, incorretamente, diz-se «ordens judiciais».

CAPÍTULO III – PRINCÍPIOS COMUNS COM ADAPTAÇÕES

IX – A existência de tribunais arbitrais [949] – sejam voluntários ou necessários – acarreta uma interpretação extensiva ou restritiva (consoante os prismas de análise) do art. 202.º, n.º 1. Mas, se ao Direito constitucional português é estranho um princípio de «monopólio estadual da função jurisdicional» ou da exclusividade da «justiça pública» [950] [951], não menos certo é que esses tribunais seguem o regime dos tribunais judiciais, a ponto de se poder sustentar «uma verdadeira assimilação material» entre uns e outros [952].

Por outro lado, a lei poderá institucionalizar instrumentos e formas de composição não jurisdicional de conflitos (art. 202.º, n.º 4) [953].

Em nenhuma destas hipóteses fica diminuído o postulado da tutela jurisdicional dos direitos fundamentais. Nem os tribunais arbitrais, nem esses instrumentos de composição de litígios podem, de qualquer sorte, atingir a definição de direitos fundamentais em concreto, sob pena de violação do art. 20.º

X – Em contrapartida, o art. 20.º não exige intervenção ou intervenção imediata de um tribunal quando se tenha que dispor sobre as relações e as situações recíprocas do Estado e dos cidadãos. Num sistema administrativo de tipo francês como, não obstante as reformas dos últimos anos, parece

---

[949] Por sinal, previstos já na Constituição de 1822 (art. 194.º), na Carta de 1826 (art. 127.º) e na Constituição de 1838 (art. 123.º, § 3.º).

[950] Acórdão n.º 86/87 do Tribunal Constitucional, de 25 de fevereiro (in *Diário da República*, 2.ª série, de 16 de abril de 1987, pág. 4932). Como aí se diz ainda: tendo em conta que os tribunais arbitrais «voluntários» sempre poderiam ligar-se a uma composição «privada» e «consensual» de interesses e resolução de litígios, a expressa referência a «tribunais arbitrais» no novo texto constitucional só se justificaria, em boa verdade, para dissipar quaisquer dúvidas acerca da admissibilidade de tais instâncias na sua modalidade «necessária».

[951] No entanto, na medida em que a prescrição de tribunais arbitrais necessários envolva uma subtração da jurisdição dos tribunais do Estado, ela cabe na reserva de competência legislativa sobre tribunais [art. 165.º, n.º 1, alínea *p*)]. Neste sentido, o mesmo acórdão n.º 86/87 e toda a jurisprudência do Tribunal Constitucional.

[952] PAULO DE ALBUQUERQUE, anotação ao art. 209.º, in JORGE MIRANDA e RUI MEDEIROS, *Constituição...*, III, cit., pág. 117. No mesmo sentido, MIGUEL GALVÃO TELES, *Recurso para o Tribunal Constitucional das decisões dos tribunais arbitrais*, in *Estudos em homenagem ao Prof. Doutor Sérvulo Correia*, obra coletiva, I, Coimbra, 2010, págs. 637 e segs., *maxime* 646 e 647.

[953] Cfr. PAULA COSTA E SILVA, *A nova face da Justiça – Os meios extrajudiciais de resolução de controvérsias*, Lisboa, 2009.

DIREITOS FUNDAMENTAIS

continuar a ser o nosso, a Administração pública tem a faculdade de praticar atos que, em nome do interesse público, afetem interesses dos particulares [954].

Tão pouco é vedada a aplicação de sanções não criminais ou não privativas de direitos, liberdades e garantias por órgãos administrativos, designadamente quando relacionadas com a prática dos denominados atos ilícitos de mera ordenação social; e isso porque parece possível admitir que a aplicação dessas sanções se enquadra no exercício da atividade administrativa, por visar mais a prevenção da efetiva lesão de certos interesses juridicamente protegidos que a repressão da violação da legalidade [955].

Necessário é, porém, que cada ato administrativo possa ser submetido à apreciação de um tribunal e que este, pelo menos, detenha o poder de o anular quando ilegal ou contrário aos direitos dos administrados. Necessário é que, nas contra-ordenações, esteja assegurada a impugnabilidade em tribunal [956]. Necessário é que, quando seja afetado um direito, a última palavra caiba aos tribunais [957].

96. A tutela jurisdicional dos direitos sociais, em particular

I – Os direitos fundamentais sociais são também, como não poderia deixar de ser, suscetíveis de tutela através dos tribunais, conquanto em moldes mais circunscritos (já se sabe) do que os direitos de liberdade [958].

---

[954] Diferentemente, quando não esteja em causa um interesse público (ou um interesse público imediato): se se trata de dirimir litígios entre particulares, não é admissível qualquer decisão administrativa (acórdão n.º 41 da Comissão Constitucional, de 20 de outubro de 1977, in apêndice ao *Diário da República*, de 30 de dezembro de 1977, págs. 82 e segs., e parecer n.º 24/80, de 24 de julho, in *Pareceres*, XIII, págs. 135 e segs.).

[955] Assim, por exemplo, acórdão n.º 159 da Comissão Constitucional, de 19 de junho de 1979, in apêndice ao *Diário da República*, de 5 de maio de 1980, págs. 2 e 3.

[956] Conforme prevê o diploma de regime geral, o Decreto-Lei n.º 433/82, de 27 de outubro. Quanto a saber qual o tribunal competente *de jure constituendo*, cfr. MARIA FERNANDA PALMA e PAULO OTERO, *Revisão do Regime Legal do Ilícito de Mera Ordenação Social*, in *Revista da Faculdade de Direito da Universidade de Lisboa*, 1995, págs. 579 e segs.

[957] Cfr. JOSÉ CARLOS VIEIRA DE ANDRADE, parecer inédito *apud* PAULO DE CASTRO RANGEL, *op. cit.*, págs. 62 e segs.: na reserva absoluta de jurisdição, o tribunal diz a primeira e a última palavras; na reserva relativa, só a última.

[958] Cfr. JORGE REIS NOVAIS, *As restrições...*, cit., págs. 101 e segs., e *Direitos sociais*, cit., págs. 26 e segs., 117 e 120 e segs.; J. J. GOMES CANOTILHO, *Direito...*, cit., págs. 518 e segs.; JOSÉ CARLOS VIEIRA DE ANDRADE, *Os direitos...*, cit., págs. 383 e segs. ; JORGE SILVA SAMPAIO, *O controlo*

CAPÍTULO III – PRINCÍPIOS COMUNS COM ADAPTAÇÕES

As normas que os consagram entram quase todas na categoria das normas programáticas, cuja violação mais característica vem a ser a inconstitucionalidade por omissão [959]. Só se se instituísse um qualquer mecanismo de controlo concreto, como temos preconizado [960], mesmo se não tão avançado como o mandado de injunção brasileiro, poder-se-ia ultrapassar o regime modesto e quase sem prática do art. 283.º da Constituição [961].

Inconstitucionalidade por ação regista-se na hipótese de normas legais contrárias, mormente por desvio de poder legislativo e por preterição do

jurisdicional das políticas públicas de direitos sociais, Coimbra, 2014, págs. 413 e segs.; CATARINA SANTOS BOTELHO, Os direitos sociais ..., cit., págs. 485 e segs.; FERNANDO ALVES CORREIA, Justiça Constitucional, Coimbra, 2016, págs. 55 e segs.

Na doutrina de outros países, ROBERT ALEXY, op. cit., págs. 494 e segs.; ALAN BRUDNER, op. cit., págs. 165 e segs.; os artigos de VICTOR ABRAMOVICH e CHRISTIAN CURTIS e de LENIO LUIZ STRECK em Direitos Fundamentais Sociais: Estudos de Direito Constitucional, Interno e Comparado, obra coletiva, Rio de Janeiro, 2003, págs. 135 e 169 e segs.; ROSALINDA DIXON, Creative dialogue about socioeconomic rights: strong-form versus wrak-form judicial review revisited, in International Journal of Constitutional Law, vol. 5, n.º 3, julho de 2007, págs. 391 e segs.; ANA CRISTINA MONTEIRO DE ANDRADE SILVA, O poder judiciário como efetivador dos direitos fundamentais, in Curso Modular de Direito Constitucional, obra coletiva, São José (Santa Catarina), 2008, págs. 57 e segs.; VIRGÍLIO AFONSO DA SILVA, op. cit., págs. 242 e segs.; os artigos de CHRISTINA COURTIS, CLÁUDIO PEREIRA DE SOUZA NETO, DANIEL SARMENTO, VIRGÍLIO AFONSO DA SILVA, ERIC C. CHRISTIANSEN e LUÍS ROBERTO BARROSO, in Direitos Sociais – Fundamentos, judicialização e Direitos Sociais em especial, obra coletiva, cit., págs. 487 e segs., 515 e segs., 553 e segs., 587 e segs., 641 e segs. e 875 e segs.; KATHERINE G. YOUNG, A tipology of economic and social rights adjudication: exploring the catalytic function of judicial review, in International Jornal of Constitutional Law, julho de 2010, págs. 385 e segs., e Constituting economic and social rights, Nova Iorque, 2012, págs. 133 e segs.; NIRTON YADEU REIS CAMPOS SILVEIRA, O direito à saúde mental: aspectos históricos da tutela jurisdicional no Brasil e em Portugal, in Revista da Faculdade de Direito da Universidade de Lisboa, 2014, págs. 215 e segs.; SUSANA HENRIQUES DA COSTA, Controle jurisdicional de políticas públicas, in Revista do Ministério Público do Estado do Rio de Janeiro, julho setembro de 2015, págs. 207 e segs.

[959] Cfr. parecer n.º 11/81 da Comissão Constitucional, de 12 de maio, in Pareceres, XV, págs. 71 e segs.; ou acórdão n.º 47/2002 do Tribunal Constitucional, de 19 de novembro, in Diário da República, 1.ª série-A, de 18 de dezembro de 2002.

[960] Manual..., VI, cit., págs. 394 e segs. Cfr. infra.

[961] Sobre o Brasil, v. JOSÉ AFONSO DA SILVA, Aplicabilidade das normas constitucionais, in Tratado de Direito Constitucional, obra coletiva (coord. de Ives Gandra da Silva Martins, Gilmar Ferreira Mendes e Carlos Valder do Nascimento), São Paulo, 2010, pág. 181; e CARLOS BLANCO DE MORAIS, O controle da inconstitucionalidade por omissão no ordenamento brasileiro e a tutela dos direitos sociais, in Revista de Direito Constitucional e Internacional, janeiro-março de 2012, págs. 153 e segs.; ÁLVARO LUÍS DE A. S. CIARLINI, Direito à saúde – Paradigmas procedimentais e substanciais na Constituição, São Paulo, 2013, págs. 89 e segs.

DIREITOS FUNDAMENTAIS

princípio de igualdade, tendo o Tribunal Constitucional já emitido diversas sentenças aditivas [962] [963]. Assim como na hipótese de revogação (não, logicamente, por declaração de inconstitucionalidade) de normas legais destinadas a conferir exequibilidade às normas constitucionais sem que elas tenham sido substituídas por outras (quando possa admitir-se o não retorno de concretização).

Por outro lado, na medida em que se divise em qualquer dos direitos sociais uma vertente negativa similar ou conexa com estrutura de direitos, liberdades e garantias e com suficiente determinação, também aí eles podem ser violados por ação. E, nesse caso, uma forma de os cidadãos reagirem poderá ser, verificados os respetivos pressupostos, a intimação para proteção de direitos, liberdades e garantias do art. 109.º do Código de Processos nos Tribunais Administrativos, de que vamos aludir em breve [964].

II – Entretanto, SÉRVULO CORREIA observa que o âmbito da pronúncia jurisdicional encontra-se limitado pela reserva de conformação política do legislador, não cumprindo ao julgador extrair diretamente dos enunciados constitucionais

---

[962] Cfr., em controlo concreto, acórdãos n.os 181/87, de 20 de maio, e n.º 449/87, de 18 de novembro (sobre desigualdade de pensões), in *Diário da República*, 2.ª série, de 5 de agosto de 1987 e de 19 de fevereiro de 1987.

Em controlo abstrato, no sentido do aditamento de norma ou segmento de norma: acórdãos n.os 12/88, de 12 de janeiro, e n.º 191/88, de 20 de setembro (sobre pensões por acidente de trabalho), *ibidem*, 1.ª série, de 30 de janeiro e de 20 de setembro de 1988; acórdão n.º 231/94, de 9 de março (sobre pensões de sobrevivência), *ibidem*, 1.ª série-A, de 28 de abril de 1994.

Decisões no sentido do alargamento de certo regime jurídico, com consequente queda da discriminação ou exclusão: acórdãos n.os 203/86, de 4 de maio, e 12/88, de 12 de janeiro (atualização de pensões), *ibidem*, de 26 de agosto de 1986 e 30 de janeiro de 1988; acórdão n.º 359/91, de 9 de julho (sobre transmissão do arrendamento a filhos menores de pais em uniões de facto), *ibidem*, 1.ª série-A, de 15 de outubro de 1991; acórdão n.º 411/93, de 29 de junho (pensões por acidente de trabalho), *ibidem*, 2.ª série, de 19 de janeiro de 1994.

[963] Sobre os efeitos e limites das sentenças aditivas sobre direitos sociais, cfr. RICARDO BRANCO, *O efeito...*, cit., págs. 321 e segs.; PAULO OTERO, *Direitos Económicos e Sociais na Constituição de 1976*, in *Tribunal Constitucional – 35.º aniversário da Constituição*, obra coletiva, I, 2012, págs. 54 e 55.

[964] Cfr. o acórdão do Tribunal Central Administrativo Sul de 6 de junho de 2007 (caso de funcionária com doença grave que pretendia a constituição de junta médica para obter a aposentação, in *Cadernos de Justiça Administrativa*, n.º 73, janeiro-fevereiro de 2010, págs. 44 e segs.), com anotação de JORGE REIS NOVAIS. Deste Autor, v., em geral, *Direitos Sociais...*, cit., págs. 350 e segs.; e na mesma esteira, CATARINA DOS SANTOS BOTELHO, *A intimação para protecção de direitos, liberdades e garantias* – Quid novum?, in *O Direito*, 2011, págs. 33 e segs.

CAPÍTULO III – PRINCÍPIOS COMUNS COM ADAPTAÇÕES

conteúdos justiciáveis; o juiz possui, no entanto, competência excecional para, julgando segundo a equidade, corrigir os efeitos mais nocivos da inação do legislador, ou seja, as situações de necessidade excecional ou de injustiça extrema possibilitadas pela inação legislativa, condenando as entidades públicas com atribuições na matéria em prestações de conteúdo mínimo suscetíveis – à luz das circunstâncias do caso concreto – a reparar ofensas intoleráveis à dignidade da pessoa humana» [965].

Por seu turno, Cláudio Pereira de Souza Neto, indica parâmetros materiais e processuais para a efetivação judiciária dos direitos sociais. Entre os primeiros, a possibilidade de universalização da medida, a consideração do sistema de direitos sociais na unidade e a variação de acordo com os níveis de investimento em políticas sociais. Entre os segundos, a prioridade para as ações coletivas e ações individuais apenas nas hipóteses de danos irreversíveis e inobservância de direitos conferidos em lei ou programa já instituído [966].

Enfim, Jorge Reis Novais faz um duplo alerta. O desvio forçado de verbas não negligenciáveis para atender às imposições judiciais concretas pode pôr em causa e forçar mesmo a inflexões significativas ou retrocesso na política de saúde globalmente programada em direção a uma melhoria das condições de setores mais desfavorecidos. Quem, na prática, beneficia das estratégias maximalistas de realização dos direitos sociais no plano jurídico não é a grande massa de excluídos, a qual não vem ao sistema, não recorre aos tribunais, porque não tem condições para tanto [967].

III – Em plano distinto fica o problema do controlo das políticas públicas [968].

---

[965] *Interrelação entre os regimes constitucionais do direitos, liberdades e garantias e dos direitos económicos, sociais e culturais e o sistema constitucional de autonomia do legislador e de separação e interdependência de poderes*, in *Estudos em homenagem ao Prof. Doutor Armando Marques Guedes*, obra coletiva (coord. de Jorge Miranda), Coimbra, 2004, pág. 970.

[966] *Constitucionalismo democrático e governo das razões*, Rio de Janeiro, 2011, págs. 221 e segs.

[967] *Direitos Sociais*, cit., pág. 27. V. também no Brasil, Luís Roberto Barroso, *Da falta de efetividade à judicialização excessiva; direito à saúde, fornecimento gratuito de medicamentos e parâmetros para a atuação judicial*, in *Interesse Público*, 2007, n.º 46, págs. 31 e segs.; a obra coletiva *Direitos Sociais – Fundamento, Judicialização e Direitos Sociais em Espécie*, cit., págs. 487 e segs.

[968] Cfr., de diferentes quadrantes, J. J. Gomes Canotilho, *Tribunal Constitucional, jurisprudência e políticas públicas*, in *Anuário Português de Direito Constitucional*, ii, 2003, págs. 77 e segs.; Ana Paula de Barcellos, *Constitucionalização das políticas públicas em matéria de direitos fundamentais: o controlo político-social e o controlo jurisdicional na experiência democrática*, in *A concretização do Direito – Fundamentos, teorias e aplicações específicas*, obra coletiva, Rio de Janeiro, 2007, págs. 599 e segs.; Maria da Glória Garcia, *Direito das Políticas Públicas*, Coimbra, 2009; José de Melo Alexandrino, *O controlo jurisdicional das políticas públicas*, in *Revista da Faculdade de*

DIREITOS FUNDAMENTAIS

97. Atos jurídico-públicos e meios jurisdicionais

I – Aos diferentes tipos de atos jurídico-públicos e à sua diferente articulação com a Constituição – podendo envolver, nuns casos, inconstitucionalidade (que é só a inconstitucionalidade direta) e, noutros, ilegalidade – correspondem diversos modos de reação e de organização da tutela jurisdicional.

Não vamos, porém, aqui proceder ao estudo desses meios, pois ele cabe em parte no âmbito específico da fiscalização da constitucionalidade e, em parte, no âmbito do Direito administrativo. Importa somente recortar o quadro geral, considerando as grandes categorias de atos normativos e de atos não normativos.

II – Não existe em Portugal, como se sabe, nada de semelhante ao *amparo* de países hispânicos ou à *Verfassungsbeschwerde* de países germânicos [969]. Existe, sim, controlo difuso, concreto e incidental da constitucionalidade, da conformidade de normas legislativas internas com tratados internacionais e da legalidade por referência a leis de valor reforçado.

Os cidadãos podem suscitar a inconstitucionalidade – ou aquela desconformidade ou ilegalidade – em qualquer tribunal de qualquer ordem de jurisdição, nos feitos submetidos a julgamento (art. 204.º). Podem-na arguir, seja por via de exceção, seja por via de ação de simples apreciação (invocando aqui um direito seu e fundando a sua pretensão numa norma constitucional que pretendam violada por norma legal); e, verificados determinados pressupostos, podem ainda recorrer para o Tribunal Constitucional (art. 280.º e art. 70.º da Lei n.º 28/82, de 15 de novembro, na alteração da Lei n.º 85/89, de 7 de setembro) [970].

Direito da Universidade do Porto, VII especial, 2010, págs. 147 e segs.; JUAREZ FREITAS, *Políticas públicas e controle judicial de prioridades constitucionais*, in *Revista da Magistratura do Tribunal Federal Regional da 4.ª Região*, 2014, págs. 141 e segs.; JORGE SILVA SAMPAIO, *O controlo jurisdicional...*, cit., *maxime* págs. 145 e segs. e 313 e segs.

[969] Embora uma ação constitucional de defesa tenha sido proposta, mais de uma vez, em revisões constitucionais e defendida por mais de um autor: v. *Manual...*, VI, 3.ª ed., Coimbra, 2008, págs. 157, 160 e 242 e segs.

[970] Cfr. CARLOS BLANCO DE MORAIS, *Fiscalização da constitucionalidade e garantia dos directos fundamentais: apontamentos sobre os passos de uma interpretação subjectivista*, in *Estudos em homenagem ao Prof. Doctor Inocêncio Galvão Telles*, V, obra coletiva, Coimbra, 2003, págs. 85 e segs.; JORGE MIRANDA, *Manual...*, VI, cit., págs. 209 e segs.

CAPÍTULO III – PRINCÍPIOS COMUNS COM ADAPTAÇÕES

III – Pelo contrário, quanto às normas administrativas com eficácia externa (ou sejam, no essencial, as normas regulamentares), a Constituição, desde 1997, prevê a sua impugnabilidade quando elas sejam lesivas dos direitos ou interesses legalmente protegidos dos cidadãos (art. 268.º, n.º 5) – e a fórmula é suficientemente clara para que se deva entender que se trata de impugnabilidade direta e sem margem para liberdade de conformação pelo legislador. Desapareceu, pois, aqui a antiga separação entre os regulamentos da Administração central e os demais regulamentos [971].

Para além disso, as normas regulamentares podem ser objeto de apreciação de inconstitucionalidade pelos tribunais e pelo Tribunal Constitucional nos termos gerais (arts. 204.º e 280.º), com possibilidade de declaração com força obrigatória geral (art. 281.º); podem ser também objeto de controlo concreto e de declaração de ilegalidade com força obrigatória geral pelo Tribunal Constitucional, quando ofensivas de estatutos político-administrativos regionais e provenientes ou de órgãos das regiões autónomas ou de órgãos de soberania [arts. 280.º, n.º 2, alíneas b), c) e d), e 281.º, n.º 1, alíneas c) e d)]; e podem ainda, nos restantes casos, ser objeto de declaração de ilegalidade com força obrigatória geral pelos tribunais administrativos (arts. 72.º e segs. do Código de Processo nos Tribunais Administrativos) [972].

IV – Consignada também em 1976 a impugnabilidade dos atos administrativos (citado art. 268.º) [973], ela iria sendo crescentemente aperfeiçoada e alargada nas sucessivas revisões constitucionais:

- em 1982, clarificando-se a sujeição a «recurso» de quaisquer atos administrativos «independentemente da sua forma» [974] e introduzindo-se

---

[971] Sobre a situação anterior, v. JORGE MIRANDA, Regulamento, in Polis, V, Lisboa, 1987, págs. 274 e segs.

[972] A declaração de ilegalidade pode ser pedida em geral pelo Ministério Público e, quanto aos regulamentos auto-exequíveis, por quem seja prejudicado pela aplicação da norma ou venha a sê-lo presumivelmente em momento próximo; e é pedida obrigatoriamente pelo Ministério Público, quando este tenha conhecimento de três decisões de quaisquer tribunais, transitadas em julgado, que tenham recusado a aplicação da norma com fundamento em ilegalidade (art. 73.º do Código).

[973] V. Diário da Assembleia Constituinte, n.º 112, reunião de 11 de fevereiro de 1976, págs. 3689 e 3690.

[974] V. Diário da Assembleia da República, II legislatura, 2.ª sessão legislativa, suplemento ao n.º 64, págs. 1232(21) e segs.; 3.º suplemento ao n.º 106, págs. 1998(66) e segs.; e 1.ª série, n.º 123, reunião de 23 de julho de 1982, págs. 5268-5269.

DIREITOS FUNDAMENTAIS

um «recurso» para o reconhecimento de um direito ou interesse legalmente protegidos;

– em 1989, eliminando-se a necessidade de os atos a atacar serem «definitivos e executórios», consagrando-se como causa de pedir a lesão de direitos ou interesses legalmente protegidos e passando a falar-se ainda em «acesso à justiça administrativa» para tutela de direitos ou interesses legalmente protegidos [975];

– em 1997, adotando-se uma cláusula geral de tutela jurisdicional efetiva, na qual entram, designadamente, o reconhecimento de um direito ou interesse legalmente protegido, a impugnação de quaisquer atos administrativos que os lesem independentemente da sua forma, a determinação da prática de atos administrativos legalmente devidos e a adoção de medidas cautelares adequadas [976].

A evolução foi, como resulta da leitura destas fórmulas, em sentido subjetivista, bem desenvolvida depois pelo Código aprovado pela Lei n.º 15/2002, de 22 de fevereiro «já com alterações». O contencioso administrativo – confiado a verdadeiros tribunais, embora de uma ordem de jurisdição especializada [977] – visa essencialmente dirimir os litígios emergentes das relações jurídico-administrativas; e, em rigor, o que o dinamiza é uma verdadeira ação, paralela ou semelhante à ação civil, e não um qualquer recurso contencioso (a que ainda alude o art. 212.º, n.º 3) [978]; mas não deixa de manter uma função objetivista de defesa da legalidade em si mesma [979].

---

[975] *Ibidem,* v legislatura, 1.ª sessão legislativa, 2.ª série, n.º 55-RC, ata n.º 53, págs. 1739 e segs., e n.º 94-RC; ata n.º 92, págs. 2738 e segs.; e 1.ª série, n.º 85, reunião de 22 de maio de 1989, págs. 4184-4185 e 4187, e n.º 89, reunião de 30 de maio de 1989, págs. 4423-4424.

[976] *Ibidem,* vii legislatura, 2.ª sessão legislativa, 1.ª série, n.º 104, sessão de 30 de julho de 1997, págs. 3954 e segs.

[977] No texto inicial da Constituição, os tribunais administrativos eram de existência facultativa. Só a partir de 1989 passaram a ser de existência necessária.

[978] Neste sentido, sobretudo, VASCO PEREIRA DA SILVA, *O recurso directo de anulação – uma acção chamada recurso,* Lisboa, 1987, *Para um Contencioso Administrativo dos Particulares,* Coimbra, 1989, e *Em busca...,* cit., págs. 573 e segs.

[979] Cfr., por todos, SÉRVULO CORREIA, *Direito do Contencioso Administrativo,* Lisboa, 2005, págs. 691 e segs.

CAPÍTULO III - PRINCÍPIOS COMUNS COM ADAPTAÇÕES

V – Uma atenção maior mereceria o contencioso eleitoral, instrumento de garantia do direito de sufrágio (art. 49.º) e do direito de ser eleito (art. 50.º) e da regularidade e validade dos atos eleitorais (art. 113.º, n.º 7). Dele tratámos no tomo VII do *Manual de Direito Constitucional*.

VI – Relativamente aos atos jurisdicionais ofensivos de direitos das pessoas, a impugnação faz-se, em princípio, por via de recurso ou de reclamação, observadas as disposições processuais pertinentes.

A Constituição pressupõe a recorribilidade das decisões dos tribunais ao aludir a instâncias (arts. 210.º, n.ºs 3, 4 e 5, e 211.º, n.º 2); organiza, ela própria, um sistema de recursos para o Tribunal Constitucional das decisões dos tribunais sobre inconstitucionalidade ou ilegalidade de normas jurídicas (art. 280.º); garante o direito de recurso em processo penal (art. 32.º, n.º 1, *in fine*) [980], tanto em matéria de direito como de facto [981]; e análoga garantia pode também dela extrair-se relativamente a decisões restritivas ou ablativas de direitos, liberdades e garantias de qualquer pessoa [982].

Afora isto, o que se pode retirar das disposições conjugadas dos arts. 20.º e 210.º da Constituição é que existe um genérico direito de recorrer dos atos jurisdicionais, cujo preciso conteúdo pode ser traçado pelo legislador ordinário, com maior ou menor amplitude. Ao legislador ordinário estará vedado, exclusivamente, abolir o sistema de recursos *in toto* ou afetá-lo substancialmente [983] [984].

---

[980] Embora só em 1997 tenha sido feita essa explicitação, tal já era a jurisprudência do Tribunal Constitucional: assim, logo, acórdão n.º 65/88, de 25 de março, in *Diário da República*, 2.ª série, de 20 de agosto de 1988.

[981] Assim, acórdão n.º 340/90, de 19 de dezembro, *ibidem*, 2.ª série, n.º 65, de 19 de março de 1991.

[982] Neste sentido, declaração de voto do juiz VITAL MOREIRA anexa ao acórdão n.º 65/88, cit., *loc. cit.*, pág. 7594; SÉRVULO CORREIA e TERESA SERRA, anotação ao acórdão n.º 695/98 do Tribunal Constitucional, in *Revista da Ordem dos Advogados*, 1998, págs. 904 e segs.; J. J. GOMES CANOTILHO e VITAL MOREIRA, *Constituição...*, I, cit., pág. 418; RUI MEDEIROS, anotação ao art. 20.º, in JORGE MIRANDA e RUI MEDEIROS, *Constituição...*, I, cit., pág. 450; acórdão n.º 40/2008, de 23 de janeiro, in *Diário da República*, 2.ª série, de 28 de fevereiro de 2008, pág. 8130.

[983] Acórdão n.º 287/90, de 30 de outubro, *ibidem*, 2.ª série, de 20 de fevereiro de 1991, pág. 1945; cfr. acórdão n.º 305/94, de 24 de março, *ibidem*, 2.ª série, n.º 198, de 27 de agosto de 1994; acórdão n.º 565/2007, de 13 de novembro, *ibidem*, 2.ª série, de 3 de janeiro de 2008. Neste sentido também, ARMINDO RIBEIRO MENDES, *Recursos em Processo Civil*, Lisboa, 1992, págs. 99 e segs.

DIREITOS FUNDAMENTAIS

VII – Por último, quanto aos outros atos não normativos do Estado, os atos políticos ou de governo, serão escassíssimas as probabilidades de colidirem com direitos fundamentais.

Será o caso de não apreciação pelo plenário da Assembleia da República de petições nas quais se verifiquem os requisitos legais para tal (art. 52.º, n.º 2) ou o caso de não participação de cidadãos residentes no estrangeiro em referendos nacionais que recaiam sobre matérias que lhes digam também respeito (art. 115.º, n.º 2). Já não o caso de declaração de estado de sítio ou de emergência com vícios de inconstitucionalidade ou de ilegalidade [arts. 19.º, 138.º, 161.º, alínea l), 193.º, n.º 3, alínea f), e 197.º, n.º 1, alínea f)] por aqui se tratar de atos normativos afins de atos legislativos [985].

Diversamente, poderão atos políticos ou de governo afetar situações funcionais ativas, pelo menos nas previsões dos arts. 130.º, 157.º, 160.º e 196.º Mas, afora a inexistência jurídica – por incompetência absoluta dos órgãos donde dimanarem ou por grave vício de forma (v. g. falta de maioria de aprovação) – a única via de tutela jurisdicional hoje existente vem a ser o recurso para o Tribunal Constitucional relativo à perda de mandato dos Deputados à Assembleia da República e às Assembleias Legislativas regionais, introduzido em 1997 [art. 223.º, n.º 2, alínea g), e arts. 91.º-A e 91.º-B da Lei n.º 28/82, de 15 de novembro, aditados pela Lei n.º 13-A/98, de 26 de fevereiro] [986].

98. Os procedimentos judiciais do art. 20.º, n.º 5 da Constituição

I – O art. 20.º, n.º 5, da Constituição, aditado em 1997, prescreve que, para tutela efetiva e em tempo útil contra ameaças ou violações de direitos, liberdades e garantias pessoais – os contemplados nos arts. 24.º a 47.º e direitos

---

[984] Ou aplicar leis eliminatórias de recurso a processos pendentes, sob pena de se frustrarem expetativas dos cidadãos: assim, declaração de voto do juiz Luís Nunes de Almeida no acórdão n.º 575/98 do Tribunal Constitucional, de 14 de outubro (in *Diário da República*, 2.ª série, de 26 de fevereiro de 1999), o qual decidiu em sentido contrário em certo caso.

[985] Cfr. *Manual...*, v, cit., pág. 204.

[986] *De jure condendo* deveria haver recurso análogo aquando do levantamento de imunidades dos Deputados.

CAPÍTULO III – PRINCÍPIOS COMUNS COM ADAPTAÇÕES

fundamentais de natureza análoga – a lei assegura procedimentos judiciais caracterizados pela prioridade e pela celeridade [987].

Norma não exequível por si mesma, o art. 20.º, n.º 5, deixa ao legislador uma larga margem de escolha. Os procedimentos tanto poderão ser de tipo semelhante aos de apreciação da prisão preventiva (art. 28.º) e à providência do *habeas corpus* (art. 31.º) ou ao mandado de segurança brasileiro quanto aproximar-se do recurso de amparo espanhol ou da «ação constitucional de defesa» que tem aparecido em alguns dos projetos de revisão constitucional e tem sido preconizada por parte da doutrina.

Na primeira linha de concretização, tudo se passa no âmbito de procedimentos, ou melhor, processos que decorrem em quaisquer tribunais (pois o termo *procedimentos judiciais* não os pode circunscrever aos tribunais judiciais).

A segunda via, mais ambiciosa, implicaria já uma competência qualificada do Tribunal Constitucional para apreciar tanto atos da Administração quanto decisões dos tribunais insuscetíveis de recurso. A Constituição não a contempla, mas o seu art. 223.º, n.º 3, permite, como se sabe, à lei aditar novas funções ao Tribunal Constitucional [988].

II – Logo a seguir à revisão de 1997, na reforma da lei do Tribunal Constitucional (Lei n.º 28/82, de 15 de novembro) operada pela Lei n.º 13-A/98, de 26 de fevereiro, acrescentaram-se duas disposições processuais cuja *ratio* corresponde à nova norma da Constituição:

- Obrigatoriedade de o presidente do Tribunal dar prioridade, na tabela para julgamento, aos recursos em que estejam em causa direitos, liberdades e garantias pessoais [art. 39.º, n.º 1, alínea *h), in fine*];
- Redução para metade de prazos para julgamento de recursos em que estejam em causa direitos, liberdades e garantias pessoais, devendo os relatores conferir prioridade a tais processos (art. 79.º-B, n.º 3).

---

[987] Cfr. J. J. Gomes Canotilho e Vital Moreira *Constituição...*, i, pág. 419; Rui Medeiros, anotação, cit., *loc. cit.*, págs. 453 e segs.

[988] Em sentido próximo, José Alexandrino, *A estruturação...*, cit., ii, pág. 486, nota. Contra, J. J. Gomes Canotilho, *Direito...*, cit., pág. 506; J. J. Gomes Canotilho e Vital Moreira, *Constituição...*, i, pág. 419; e Rui Medeiros, anotação ao art. 20.º, in Jorge Miranda e Rui Medeiros, *Constituição...*, i, cit., pág. 454.

III – Depois, o Código de Processo nos Tribunais Administrativos (com as alterações do Decreto-Lei n.º 214-G/2015, de 2 de outubro) – e com base também no art. 268.º, n.º 4 [989], iria configurar uma *intimação* para proteção de direitos, liberdades e garantias (arts. 109.º e segs.) e – no uso da faculdade conferida; pelo art. 16.º, n.º 1, da Constituição, não a confinando aos direitos, liberdades e garantias pessoais.

Apesar de o art. 20.º, n.º 5 se referir a direitos, liberdades e garantias pessoais, tal não significa que só possam ser *individuais*. Também podem ser direitos, liberdades e garantias *institucionais* ou de pessoas coletivas [990], alguns destes, de resto previstos num capítulo com essa epígrafe. Tanto se há de conseguir uma intimação para efeito de retificação ou de atualização de dados informatizados referentes a alguém (art. 33.º, n.º 1), de obtenção de um passaporte (art. 41.º, n.º 2) ou para inscrição no recenseamento eleitoral (arts. 49.º e 113.º, n.º 2) como para efeito de uma confissão religiosa dispor de um meio de comunicação social própria (art. 41.º, n.º 5), de um grupo qualquer promover uma manifestação (art. 44.º, n.º 2) ou de uma associação sindical participar na gestão de instituições de segurança social [art. 56.º, n.º 2, alínea *b*)].

Inclusive direitos sociais (ou melhor, direitos conexos com direitos sociais ou deles decorrentes) podem ser abrangidos pela *ratio* do preceito constitucional [991].

A intimação pode ainda ser dirigida contra particulares [992], nomeadamente para suprir a omissão por parte da Administração de providências adequadas a prevenir ou a suprimir condutas lesivas dos direitos, liberdades e garantias do interessado (art. 109.º, n.º 2 do Código).

---

[989] Que, no âmbito da tutela jurisdicional efetiva de direitos e interesses legalmente protegidos, inclui a determinação da prática de atos administrativos legalmente previstos.

[990] Diferentemente, RUI MEDEIROS, anotação in JORGE MIRANDA e RUI MEDEIROS, *Constituição Portuguesa Anotada*, cit., pág. 332.

[991] Assim o caso do acórdão do Tribunal Central Administrativo Sul de 6 de junho de 2007, com anotação de JORGE REIS NOVAIS, *Direito, liberdade ou garantia: uma noção imprestável na justiça administrativa?*, in *Cadernos de Justiça Administrativa*, n.º 73, janeiro-fevereiro de 2009, págs. 44 e segs. Estava em causa o direito à aposentação de uma funcionária doente, que só poderia ser efetivado através da constituição e da decisão de uma junta médica.

[992] Designadamente, concessionários.

CAPÍTULO III – PRINCÍPIOS COMUNS COM ADAPTAÇÕES

IV – A intimação para proteção de direitos, liberdades e garantias pode ser requerida quando a célere emissão de uma decisão de mérito que imponha à Administração a adoção de uma conduta positiva ou negativa se revele indispensável para assegurar o exercício, em tempo útil, de um direito, liberdade e garantia, por não ser possível ou suficiente, na circunstância do caso, o decretamento provisório de uma providência cautelar (art. 109.º, n.º 1).

E quando o interessado pretenda a emissão de um ato administrativo estritamente vinculado, designadamente de execução de um ato administrativo já praticado, o tribunal emite sentença que produza os efeitos do ato devido (art. 109.º, n.º 3).

V – Urgência, indispensabilidade e subsidiariedade constituem os pressupostos do instituto.

Como sintetizou o Tribunal Constitucional, o critério de determinação da subsidiariedade da intimação para proteção de direitos, liberdades e garantias face aos meios cautelares – isto é: saber quando, perante uma ameaça séria de lesão do exercício de um direito, liberdade ou garantia, se deve lançar mão de uma solução urgente de mérito (através da intimação) ou de uma tutela provisória (através da antecipação de uma providência cautelar) – radica essencialmente na adequação, para a situação concreta, de uma sentença de mérito definitiva [993].

VI – Mesmo na hipótese de o ato da Administração se basear uma norma legislativa, o tribunal não poderá deixar de emitir a intimação, ainda que tenha de considerar o eventual problema de inconstitucionalidade e sem que fique afetado o recurso da decisão sobre este para o Tribunal Constitucional, obrigatório para o Ministério Público [art. 280.º, n.º 1, alínea *a*), e n.º 3], mas recurso com efeito necessariamente devolutivo [art. 143.º, n.º 2, alínea *a*) do Código] [994].

---

[993] Acórdão n.º 5/2006, de 3 de janeiro, in *Diário da República*, 2.ª série, de 15 de fevereiro de 2006. V. também acórdão n.º 198/2007, de 14 de março, *ibidem*, 2.ª série, de 18 de maio de 2007.
[994] Cfr. CARLA AMADO GOMES, *Pretexto, contexto e texto* ..., cit., *loc. cit.*, págs. 561 e 575.
Aplica-se aqui o que escrevem MÁRIO AROSO DE ALMEIDA e CARLOS CADILHA, em anotação ao art. 143.º do Código, embora os processos de intimação não se reconduzam a providências cautelares (*Comentário* ..., cit., pág. 942): "No que respeita às providências que concedem as

DIREITOS FUNDAMENTAIS

VII – Os tribunais competentes são os tribunais administrativos de círculo (art. 44.º, n.º 1, 1.ª parte do Estatuto dos Tribunais Administrativos e Fiscais constante da Lei n.º 13/2002, de 19 de fevereiro).

Os processos de intimação são processos urgentes [art. 36.º, n.º 1, alínea *e*) do Código] e correm em férias, com dispensa de vistos prévios, mesmo em fase de recurso jurisdicional, e os atos de secretaria são praticados no próprio dia, com precedência sobre quaisquer outros (art. 36.º, n.º 2).

O juiz decide o processo no prazo necessário para assegurar o efeito útil da decisão, o qual não pode ser superior a cinco dias após a realização das diligências que se mostrem necessários à tomada de decisões (art. 111.º, n.º 2).

Na decisão, o juiz determina o cumprimento concreto a que o destinatário é intimado e, sendo caso disso, o prazo para o cumprimento e o responsável pelo mesmo (art. 112.º, n.º 4).

O incumprimento da intimação sujeita o particular ou o titular do órgão ao pagamento de sanção pecuniária compulsória, a fixar pelo juiz na decisão de intimação ou em despacho posterior, sem prejuízo do apuramento da responsabilidade civil, disciplinar e criminal a que haja lugar (111.º, n.º 5).

As decisões de improcedência do pedido são sempre recorríveis, seja qual for o valor da causa [art. 142.º, n.º 3, alínea *a*)] e os recursos têm efeito suspensivo (art. 143.º, n.º 1).

99. A igualdade perante a tutela jurisdicional

I – No exercício da função jurisdicional, problemas de igualdade podem suscitar-se em diversos momentos e domínios, designadamente:

a) No acesso aos tribunais;
b) Na utilização dos meios de iniciativa processual;
c) Nos prazos;
d) Na prática dos atos próprios das diversas fases do processo;
e) No exercício do contraditório;
f) No conhecimento e na execução das decisões;

providências, o efeito devolutivo justifica-se pela mesma ordem de considerações que está subjacente à tutela cautelar – a de evitar o *periculum in mora*. Se um juiz, em primeira instância, considerar ser de proteger a posição do requerente contra a morosidade do processo, concedendo a providência, a atribuição, em regra, do efeito suspensivo ao recurso jurisdicional inutilizaria o objetivo da tutela cautelar, prolongando no tempo a manutenção de uma situação desvantajosa para o requerente ...".

CAPÍTULO III – PRINCÍPIOS COMUNS COM ADAPTAÇÕES

g) Nos recursos, nas reclamações e noutras formas de impugnação ou de aclaração [995];

h) Nos meios de efetivação dos direitos declarados por decisões com trânsito em julgado.

Para lá da igualdade jurídico-formal *stricto sensu* surgem problemas de correção de desigualdades económicas e sociais e de remoção de obstáculos físicos ou psíquicos [996]. E os direitos e deveres invocáveis apresentam-se de diferente natureza, uns, ainda, substantivos, outros (a maior parte) adjetivos ou processuais; e o princípio projeta-se aqui tanto por si mesmo como enquanto elemento de valorização ou de reforço de outras normas constitucionais.

II – As partes que pedem justiça devem ser postas no processo em absoluta paridade de condições [997]; e isso manifesta-se sobretudo no princípio do contraditório *(audiatur et altera pars)*, na repartição do ónus de prova, nas normas que garantem a defesa e a comunicação recíproca dos documentos, no princípio da aquisição processual [998].

O princípio da igualdade na lei em relação ao processo devido sugere que os direitos ou os encargos processuais se estabeleçam com generalidade, sem exceção de pessoas ou circunstâncias. Não pode haver desigualdade sem fundamento razoável [999]. As partes são iguais em direitos, deveres, poderes e ónus [1000].

---

[995] Se a lei abrir o acesso a mais de um grau de jurisdição, tem de fazê-lo igualmente com respeito a todas as partes sem discriminação. Não se admitem aí regimes arbitrários ou sem fundamento material. Assim, por exemplo, acórdão n.º 202/99, de 6 de abril, in *Diário da República*, 2.ª série, de 6 de fevereiro de 2011; ou acórdão n.º 69/2014, cit.

[996] Cfr. MANUEL DE ANDRADE, *Noções Elementares de Processo Civil*, Coimbra, reimpressão de 1993, págs. 380 e 381; MICHELE TARUFFO, *Problemi in tema di eguaglianza delle armi nel processo civile: l'acesso alle corti e la funzione del giudice*, in *Studi Parmensi – L'Eguaglianza delle Armi nel Processo Civile*, obra coletiva, Milão, 1977, págs. 341 e segs., *maxime* 346; FERNANDO LUSO SOARES, *Processo Civil de Declaração*, Lisboa, 1985, págs. 478 e 479.

[997] GIUSEPPE CHIOVENDA, *Istituzioni di Diritto Processuale Civile*, I, Nápoles, 1933, págs. 91-92; ou MANUEL DE ANDRADE, *op. cit.*, págs. 380-381.

[998] GIUSEPPE CHIOVENDA, *ibidem*.

[999] SANCHEZ-CRUZAT, *El principio constitucional al proceso debido y el Tribunal Constitucional*, Madrid, 1992, págs. 215 e segs., *maxime* 217. V. também págs. 341 e segs.

[1000] MIGUEL TEIXEIRA DE SOUSA, *Introdução ao Processo Civil*, Lisboa, 1993, págs. 40-41.

DIREITOS FUNDAMENTAIS

A igualdade dos cidadãos importa, no âmbito jurisdicional, quer a *igualdade de acesso aos tribunais,* quer a *igualdade perante os tribunais* – igualdade de armas ou *igualdade processual*[1001]. Ou seja: exige a identidade de faculdades e meios de defesa processuais das partes e a sua sujeição a ónus e cominações idênticos, sempre que a sua posição perante o processo seja equiparável[1002 1003].

Por seu turno, o *princípio do contraditório* serve de garantia da igualdade e compreende, pelo menos, dois elementos: dever e direito de o juiz ouvir as razões das partes em relação a assuntos sobre os quais tenha de proferir uma decisão; direito de audiência de todos os sujeitos processuais que possam vir a ser afetados pela decisão, de forma a garantir-lhes uma influência efetiva no desenvolvimento do processo[1004]. Simultaneamente, a audição da parte contra a qual é alegado um facto assegura-lhe a possibilidade de defesa contra as pretendidas consequências daquele[1005 1006].

Saber se há ou não processo equitativo depende do conjunto do processo: trata-se de uma noção «mediana», que visa conduzir a um julgamento à luz de todos os elementos de facto. É preciso que, da perspetiva dos meios oferecidos, a igualdade entre as partes seja assegurada e que não haja desequilíbrio na apresentação das respetivas teses; e este tanto pode resultar de disposições legais como de atos do processo[1007].

[1001] Acórdão n.º 497/96 do Tribunal Constitucional, de 20 de março, in *Diário da República,* 2.ª série, de 17 de julho de 1996, pág. 9764. V. também acórdão n.º 611/94, de 22 de novembro, *ibidem,* de 5 de janeiro de 1996.

[1002] José Lebre de Freitas, *Introdução...*, cit., pág. 119.

[1003] Cfr., porém, um entendimento menos exigente do princípio no acórdão n.º 752/2014, de 12 de novembro (*Diário da República,* 2.ª série, de 8 de janeiro de 2015), onde se lê (n.º 17): «Se o processo não necessita de ser estruturado segundo uma relação dialética ou se os interessados não se encontram jurídica e facticamente ao mesmo nível, quer quanto ao modo de exporem as suas razões, quer quanto às consequências que se podem extrair do modo como são expostas, torna-se desnecessário conformar o processo com idênticos meios de intervenção processual. Uma concreta conformação processual só violará o princípio da igualdade se os meios processuais atribuídos a intervenientes colocados numa posição jurídica equiparável causarem um desequilíbrio arbitrário, irrazoável ou infundado.»

[1004] J. J. Gomes Canotilho e Vital Moreira, *op. cit.,* i, pág. 523.

[1005] Miguel Teixeira de Sousa, *Sobre a teoria do processo declarativo,* Coimbra, 1980, págs. 49-50.

[1006] V. a jurisprudência referida na anotação de Rui Medeiros ao art. 20.º, cit., *loc. cit.,* págs. 195 e segs.

[1007] Michele Salvia, *Procès équitable et égalité des armes dans le cadre des contestations portant sur des droits et obligations de caractère civile dans la jurisprudence de la Commission Européenne des Droits de l'Homme,* in *Studi Parmensi...,* Milão, 1977, pág. 47.

CAPÍTULO III - PRINCÍPIOS COMUNS COM ADAPTAÇÕES

Processo equitativo segundo o art. 6.º da Convenção Europeia é um processo em que nenhuma das partes tenha mais direitos do que a outra e em que ambas estejam em pé de igualdade quer quanto ao modo de exporem as suas razões, quer quanto às consequências que se tirarão do modo como são expostas [1008].

III – A Constituição não veda apenas restrições de índole jurídica ao acesso a tribunal. Veda também discriminações e restrições económicas, por força do art. 20.º, n.º 1, quer atinjam o direito de ação quer o de recurso, quando admitido [1009].

Mais do que isso, para que a justiça não possa ser denegada «por insuficiência de meios económicos», ela impõe outrossim ao Estado *positivamente* que crie condições para que todas as pessoas singulares e coletivas tenham possibilidade efetiva de defender os seus direitos e interesses em tribunal [1010] (embora aqui a Constituição, ao invés do que acontece com outros direitos económicos, sociais e culturais, não predisponha incumbências específicas com vista à sua concretização) [1011].

Não obstante, o art. 20.º, n.º 1, 2.ª parte, não exige a gratuitidade da justiça [1012], nem a ausência de custas judiciais: um sistema de custas mostra-se admissível, contanto que não seja de tal modo gravoso que torne insuportável o acesso a tribunais [1013]. O sentido do preceito será, antes, o de garantir uma

---

[1008] Aragão Seia, *Privilégios do Ministério Público no Direito Processual Civil Revogados pela Convenção Europeia dos Direitos do Homem*, in *Colectânea de Jurisprudência*, 1984, n.º 15.

[1009] Assim, parecer n.º 8/78 da Comissão Constitucional, de 23 de fevereiro, in *Pareceres*, v, pág. 13; acórdão n.º 269/87 do Tribunal Constitucional, de 10 de julho, in *Diário da República*, 2.ª série, de 3 de Setembro de 1987; acórdão n.º 163/90, de 23 de maio, *ibidem*, 2.ª série, de 18 de outubro de 1991.

[1010] Cfr. Guilherme da Fonseca, *op. cit.*, págs. 75 e segs.; Rui Medeiros, anotação ao art. 20.º, cit., *loc. cit.*, págs. 180 e segs.; J. J. Gomes Canotilho e Vital Moreira, *op. cit.*, i, pág. 411; Rui Medeiros, anotação ao art. 20.º, in Jorge Miranda e Rui Medeiros, *Constituição...*, i, cit., págs. 427 e segs.

[1011] Apesar de tal ter sido proposto quer na primeira, quer na segunda revisão constitucional (v. projeto de revisão n.º 1/ii, art. 67.º da Constituição alvitrado, e projeto de revisão n.º 3/V, art. 20.º, n.º 2, 2.ª parte).

[1012] Parecer n.º 8/78 da Comissão Constitucional, cit., *loc. cit.*, pág. 12.

[1013] Acórdão n.º 160/90 do Tribunal Constitucional, de 22 de maio, *ibidem*, de 11 de Setembro de 1990; acórdão n.º 495/96, de 20 de março, *ibidem*, 2.ª série, de 17 de julho de 1996; acórdão n.º 646/98, de 17 de novembro, *ibidem*, 2.ª série, n.º 52, de 3 de março de 1999; acórdão n.º 182/2007, de 8 de março, *ibidem*, de 3 de maio de 2007; acórdão n.º 238/2014, de 6 de março, *ibidem*, 2.ª série, de 8 de abril de 2014; acórdão n.º 538/2014, de 9 de julho, *ibidem*,

DIREITOS FUNDAMENTAIS

igualdade de oportunidades no acesso à justiça, independentemente da situação económica dos interessados. E tal igualdade pode assegurar-se por diferentes vias, que variarão consoante o condicionalismo jurídico-económico definido para o acesso aos tribunais [1014].

IV – Na sequência de legislação anterior, a Lei n.º 34/2004 ocupa-se também desta matéria, distinguindo, no âmbito daquilo a que chama «proteção jurídica», entre «consulta jurídica» e «apoio judiciário» (arts. 6.º e segs.).

Têm direito a proteção jurídica os cidadãos portugueses e dos Estados membros da União Europeia, bem como os estrangeiros e os apátridas com título de residência, na medida em que o direito a proteção jurídica seja também atribuído aos portugueses pelas leis dos respetivos Estados (art. 7.º, n.º 2). As pessoas coletivas apenas gozam de apoio judiciário (art. 7.º, n.º 3).

O apoio judiciário compreende as seguintes modalidades: *a)* dispensa parcial ou total de taxa de justiça e demais encargos com o processo; *b)* nomeação e pagamento de honorários do patrono; *c)* pagamento faseado de taxa de justiça e demais encargos com o processo, de honorários do patrono nomeado e de remuneração do solicitador de execução designado; *d)* pagamento de honorários do defensor oficioso (art. 16.º, n.º 1).

Aplica-se também, com as devidas adaptações, aos processos de contra-ordenações e aos processos de divórcio por mútuo consentimento, cujos termos corram nas conservatórias do registo civil (art. 17.º, n.º 2).

---

de 22 de setembro de 2014; acórdão n.º 22/2015, de 15 de janeiro, *ibidem*, 2.ª série, de 7 de julho de 2015.

[1014] Cfr. acórdão n.º 467/91, de 18 de dezembro, *ibidem*, 2.ª série, de 2 de abril de 1992, pág. 312(52): as taxas de justiça são a «contrapartida» da prestação de um serviço público vinculado à garantia fundamental de acesso aos tribunais; a inexistência de um princípio geral de gratuitidade da justiça vai ligada aos limites objetivos da dimensão prestacional da garantia consagrada no art. 20.º, n.º 1, da Constituição e à ideia de equivalência de encargos que prescreve a transferência da responsabilidade individual dos sujeitos processuais para a comunidade.

CAPÍTULO III – PRINCÍPIOS COMUNS COM ADAPTAÇÕES

É concedido independentemente da posição processual que o requerente ocupe na causa e do facto de ter sido já concedido à parte contrária (art. 18.º, n.º 1) [1015] [1016].

100. A tutela graciosa ou não contenciosa dos direitos fundamentais

I – Além da tutela a cargo dos tribunais, ligada a meios contenciosos e que tem o seu remate em decisões com a força de caso julgado, existe outra forma de proteção jurídica a ela contraposta, a tutela graciosa.

Assinalam-na a grande variedade e a elasticidade das suas manifestações e, portanto, das suas fundamentações e dos seus resultados, a plasticidade também de formas e a interpenetração com elementos da oportunidade e de mérito.

Ela tanto pode realizar-se através de órgãos administrativos como através de órgãos políticos e tanto pode traduzir-se numa nova intervenção do órgão que antes se tenha pronunciado sobre a matéria como na intervenção de órgão diferente. Umas vezes corresponde a uma espécie de autocontrolo dentro de certo aparelho orgânico, outras vezes a uma fiscalização por outro ou outros órgãos. Umas vezes visa a prática de certo ato ou a adoção de certa providência, outras vezes dirige-se contra ato já praticado, visando a sua reconsideração por razões jurídicas ou extrajurídicas.

Por mais apurada que seja a tutela jurisdicional num Estado de Direito avançado, nunca esta consegue cobrir todas as situações, pelo que à tutela graciosa – de exercício, porventura, mais célere e mais moldável às circunstâncias – resta um largo campo de desenvolvimento.

[1015] Cfr. acórdão n.º 433/87 do Tribunal Constitucional, de 4 de novembro, in *Diário da República*, 2.ª série, de 12 de fevereiro de 1988; acórdão n.º 24/88, de 20 de janeiro, *ibidem*, 2.ª série, de 13 de abril de 1988; acórdão n.º 395/89, de 18 de maio, *ibidem*, 2.ª série, de 14 de Setembro de 1989; acórdão n.º 450/89, de 21 de junho, *ibidem*, 2.ª série, de 29 de janeiro de 1990; acórdão n.º 46/2008, de 23 de janeiro, *ibidem*, 2.ª série, de 4 de março de 2008.

[1016] Para uma visão comparativa, cfr., por exemplo, *Aide Judiciaire et Accès à la Justice en Europe*, obra coletiva, Pádua, 1989; Miguel Cid Cebrian, *La justicia gratuita. Realidades y perspectivas de un derecho constitucional*, Pamplona, 1995; e para uma análise sociológica, Boaventura de Sousa Santos, Maria Manuel Leitão Marques, João Pedroso e Pedro Lopes Pereira, *Os tribunais nas sociedades contemporâneas – O caso português*, Porto, 1996, págs. 483 e segs.

DIREITOS FUNDAMENTAIS

II – A tutela graciosa ou não contenciosa pode assumir duas configurações: a de garantias petitórias e a de garantias impugnatórias [1017].

As garantias petitórias consistem no direito de solicitar a atenção dos órgãos competentes para situações ou atos ilegais ou injustos que afetem as pessoas, pedindo uma correção ou reparação. Nelas entram a petição *stricto sensu* e a queixa.

As garantias impugnatórias vão mais longe. São meios de reação contra atos administrativos, através dos quais os administrados, por eles lesados, visam a sua revogação e anulação (arts. 165.º e segs. do Código do Procedimento Administrativo).

A Lei n.º 43/90, de 10 de agosto (com as alterações feitas pelas Leis n.ᵒˢ 6/93, de 1 de março, e 15/2003, de 4 de junho), regulamentadora do direito de petição, define *queixa* como a denúncia de qualquer inconstitucionalidade ou ilegalidade, bem como do funcionamento anómalo de qualquer serviço, com vista à adoção de medidas contra os responsáveis (art. 2.º, n.º 4) e *reclamação* como a impugnação de um ato perante o órgão, funcionário ou agente que o praticou, ou perante o seu superior hierárquico (art. 2.º, n.º 3).

III – O direito de petição enquanto instrumento de defesa de direitos fundamentais pode considerar-se de Direito natural. Remontando a muito antes do liberalismo [1018] foi, em Portugal, retomado por todas as Constituições dentro dos títulos ou capítulos de direitos fundamentais.

> Na Constituição de 1822, havia dois preceitos sobre direito de petição: o art. 16.º, conferindo a todos os portugueses o direito de apresentar, por escrito, às Cortes reclamações, queixas e petições, as quais deveriam ser examinadas; e o art. 17.º, relativo às infrações à Constituição.
> Na Carta Constitucional, como que se juntavam os dois preceitos e fazia-se menção quer do Poder Legislativo quer do Executivo (art. 145.º, § 28.º).
> A Constituição de 1838, aparentemente alargando o âmbito da figura, falava em «objeto do interesse público ou particular» (art. 15.º).

[1017] Assim, DIOGO FREITAS DO AMARAL, *Conceito e natureza do recurso hierárquico*, Coimbra, 1981, págs. 85 e segs., e *Curso...*, II, cit., págs. 756 e segs. Cfr. MARCELLO CAETANO, *Manual de Direito Administrativo*, II, 9.ª ed., Lisboa, 1972, págs. 1240 e segs.

[1018] Cfr. MARIA DA GLÓRIA GARCIA, *Da justiça*, cit., págs. 107-108 e 225. Havia petições relativas à solução de litígios e petições tendentes à obtenção de uma graça ou mercê.

CAPÍTULO III – PRINCÍPIOS COMUNS COM ADAPTAÇÕES

A Constituição de 1911 retomava a linha da Carta e passava a aludir a «poderes do Estado» (art. 3.º, n.º 30).

A Constituição de 1933 adotava a fórmula mais sintética de «direito de representação ou petição, de reclamação ou queixa perante os órgãos de soberania ou qualquer autoridade em defesa dos seus direitos ou do interesse geral» (art. 8.º, n.º 18).

Finalmente, a Constituição de 1976, apesar de seguir de perto a antecedente, acrescentar-lhe-ia dois novos aspetos: o reconhecimento do exercício tanto individual quanto coletivo e a referência à defesa da Constituição e das leis (art. 59.º, n.º 1, inicial; art. 52.º, n.º 1, após 1982). E um terceiro aspeto surgiria com a revisão de 1997: a garantia aos peticionários do direito de serem informados, em prazo razoável, sobre o resultado da apreciação das suas petições (art. 52.º, n.º 1, 2.ª parte).

Na revisão constitucional de 1989 passaria também a prever-se que a lei fixaria as condições em que as petições apresentadas coletivamente à Assembleia da República seriam apreciadas pelo Plenário (art. 52.º, n.º 2).

A Constituição engloba num mesmo artigo – situado no capítulo dos direitos, liberdades e garantias de participação política, por atribuir maior importância a esta vertente – as garantias petitórias, a reclamação e o direito de petição política, assim como o direito de ação popular (art. 52.º, n.º 3) [1019]. Mas algo de parecido sucede nas Constituições doutros países [1020]. Não custa discernir [1021].

[1019] Sobre estes, v. *Manual...*, VII, cit., págs. 111 e segs.

[1020] V. Declaração de Direito inglesa de 1689, I, n.º 5; 1.º Aditamento à Constituição dos Estados Unidos; art. 57.º da Constituição suíça; art. 16.º da Constituição japonesa; art. 50.º da Constituição italiana; art. 17.º da Constituição alemã; art. 29.º da Constituição espanhola; art. 41.º da Constituição chinesa; art. 5.º do Constituição holandesa; art. 5.º-XXXIV da Constituição brasileira; art. 59.º da Constituição santomense; art. 45.º da Constituição búlgara; art. 57.º da Constituição cabo-verdiana; art. 33.º da Constituição lituana; art. 48.º da Constituição timorense; art. 79.º da Constituição moçambicana.

[1021] Cfr., na doutrina, LOPES PRAÇA, *Estudos...*, cit., III, págs. 118 e segs.; MARNOCO E SOUSA, *Comentário...*, cit., págs. 182 e segs.; PAOLO STANCATI, *Petizione*, in *Enciclopedia del Diritto*, XXIII, 1983, págs. 596 e segs.; ISAAC IBAÑEZ GARCIA, *Derecho de petición y derecho de queja*, Madrid, 1993; ILÍDIO CRUZ, *Direito de petição e as comissões de petições nos países de expressão portuguesa – a experiência particular de Cabo Verde*, in *Direito e Cidadania*, 1998, págs. 103 e segs.; ARTUR CORTEZ BONIFÁCIO, *Direito de petição – Garantia constitucional*, São Paulo, 2004; MARIA LUÍSA DUARTE, *O direito de petição – Cidadania, participação e decisão*, Coimbra, 2008; JORGE MIRANDA, *Notas sobre o direito de petição*, in *Estudos em honra do Prof. Doutor José de Oliveira Ascensão*, obra coletiva, I, Coimbra, 2008, págs. 465 e segs.; TIAGO TIBÚRCIO, *O direito de petição perante a Assembleia da República*, Coimbra, 2010.

DIREITOS FUNDAMENTAIS

O direito de petição-queixa é atribuído também a estrangeiros e a pessoas coletivas (art. 4.º da Lei n.º 43/90). E o seu exercício é sempre garantido (art. 5.º) e não sujeito a qualquer forma ou a processo específico (art. 9.º, n.º 1), embora o seu conteúdo tenha de ser reduzido a escrito (assinado pelos titulares ou por outros a seu rogo, se aqueles não souberem escrever), podendo ser em linguagem *Braille* (art. 9.º, n.º 2).

> Ninguém pode ser prejudicado, privilegiado ou privado de qualquer direito em virtude do exercício deste direito, sem prejuízo de responsabilidade criminal, disciplinar ou civil do peticionário se do seu exercício resultar ofensa ilegítima de interesse legalmente protegido (art. 7.º).
>
> O exercício do direito de petição obriga a entidade destinatária a receber e examinar as petições, representações ou queixas, bem como a comunicar as decisões que forem tomadas (art. 8.º, n.º 1).
>
> A petição é liminarmente indeferida quando for manifesto que a pretensão deduzida é ilegal, visar a reapreciação de decisões dos tribunais ou de atos administrativos insuscetíveis de recurso; visar a reapreciação pela mesma entidade de casos já anterionnente apreciados na sequência do exercício de direito de petição, salvo se forem invocados ou tiverem ocorrido novos elementos de apreciação; não for possível identificar a pessoa ou as pessoas, de quem provém; ou quando carecer de fundamento (art. 12.º).
>
> A entidade que recebe a petição, não havendo indeferimento liminar, decide sobre o seu conteúdo com a máxima brevidade compatível com a complexidade do assunto (art. 13.º, n.º 1).

IV – Casos particulares de direito de petição são os de queixas apresentadas perante autoridades administrativas independentes:

- perante a Comissão Nacional de Eleições (Lei n.º 71/78, de 27 de dezembro);
- perante a Comissão Nacional de Protecção de Dados (art. 17.º da Lei n.º 43/2004, de 18 de agosto);
- perante a Entidade Reguladora da Comunicação Social (arts. 55.º e segs, do estatuto aprovado pela Lei n.º 53/2005, de 8 de novembro);
- perante a Comissão de Acesso aos Documentos Administrativos (art. 15.º da Lei n.º 46/2007, de 24 de agosto).

E perante o Provedor de Justiça (art. 23.º da Constituição).

CAPÍTULO III – PRINCÍPIOS COMUNS COM ADAPTAÇÕES

101. O Provedor de Justiça

I – A instituição do Provedor de Justiça tem por fonte imediata a figura do *Ombudsman*, nascida na Suécia e difundida, sob diversas designações e conformações, na Dinamarca, na Nova Zelândia e, nas últimas décadas, em muitíssimos outros países. Introduzida em Portugal pelo Decreto-Lei n.º 212/75, de 21 de abril [1022], foi constitucionalizada pelo art. 24.º (hoje 23.º) da Constituição de 1976 [1023] [1024] e o seu estatuto consta agora da Lei n.º 9/91, de 9 de abril (alterada pela Lei n.º 90/96, de 14 de agosto), e da Lei n.º 19/95, de 13 de junho.

Subjaz-lhe um tríplice intuito: de defesa e efetivação de direitos dos cidadãos através de meios informais (ou menos formais que os ritos de processo em tribunal), de atuação à margem dos mecanismos tradicionais dos controlos administrativos (embora com respeito pelo princípio do contraditório) e (sem embargo de uma necessária independência) de uma relação privilegiada com o Parlamento [1025].

[1022] De acordo com o «plano de ação» do Ministénio da Justiça aprovado em 20 de Setembro de 1974 (v. a separata do *Boletim do Ministério da Justiça*, n.º 240, pág. 18).

[1023] V. *Diário da Assembleia Constituinte*, n.ºs 36 e 37, de 23 e 27 de agosto de 1975, págs. 990 e segs. e 1005 e segs., respetivamente.

[1024] Outras Constituições que contemplam o *Ombudsman* são a espanhola (art. 54.º), a romena (arts. 55.º a 57.º), a caboverdiana (art. 253.º), a polaca (arts. 208.º e segs.), a timorense (art. 275.º) ou a angolana (art. 292.º).

[1025] Cfr. André Legrand, *Une institution universelle: l'ombudsman?*, in *Revue du droit public*, 1973, págs. 851 e segs.; Robert Pierot, *Le médiateur: rival ou allié du juge administratif?*, in *Mélanges offerts à Marcel Waline*, obra coletiva, II, Paris, 1974, págs. 683 e segs.; *L'Ombudsman (Il defensore civico)*, obra coletiva, Turim, 1974; Antonio la Pergola, *Ombudsman y Defensor del Pueblo. Apuntes para una investigación*, in *Revista de Estudios Políticos*, janeiro-fevereiro de 1979, págs. 69 e segs.; Giuseppe de Vergottini, *Ombudsman*, in *Enciclopedia del Diritto*, XXIX, 1979, págs. 879 e segs.; Alvaro Gil Robles y Gil Delgado, *El control parlamentario de la Administración (El Ombudsman)*, 2.ª ed., Madrid, 1983; Marc Verdussen, *Le médiateur parlementaire: données comparatives*, in *Le médiateur*, obra coletiva, Bruxelas, 1995, págs. 11 e segs.; Olivier Dord, *Le Défenseur des droits ou la garantie rationalisée des droits et libertés*, in *AJDA – L'Actualité Juridique. Droit Administratif*, n.º 17, 2011, págs. 958 e segs.; Dimitri Löhrer, *La protection non juridictionnelle des droits fondamentaux en droit constitutionnel comparé – L'exemple de l'Ombudsman spécialisé portugais, espagnol et français*, Nanterre, 2014.

Em Portugal, Fernando Alves Correia, *Do Ombudsman ao Provedor de Justiça*, Coimbra, 1979; Luís Silveira, *O Provedor de Justiça*, in *Portugal – O sistema político e constitucional – 1974-1987*, págs. 701 e segs.; José Menéres Pimentel, *Provedor de Justiça*, in *Dicionário Jurídico da Administração Pública*, VI, págs. 653 e segs.; *Provedor de Justiça – 20 anos*, obra coletiva, Lisboa, 1996; *O cidadão, o Provedor de Justiça e as entidades administrativas independentes*, obra coletiva,

DIREITOS FUNDAMENTAIS

II – O Provedor é um órgão independente, sendo o seu titular designado pela Assembleia da República (art. 23.º, n.º 3, da Constituição) e tendo assento no Conselho de Estado [art. 142.º, alínea d)]. É um órgão *constitucional* independente, não uma entidade *administrativa* independente (art. 267.º, n.º 3) [1026].

Eleito por maioria de dois terços dos Deputados presentes, desde que superior à maioria absoluta de Deputados presentes [art. 163.º, alínea i), da Constituição], o seu mandato é de quatro anos, com possibilidade de recondução por igual período somente uma vez (art. 6.º da Lei n.º 9/91). Inamovível (art. 7.º), goza de imunidades e incompatibilidades.

Anualmente, o Provedor envia um relatório à Assembleia da República (art. 23.º, n.º 1, da Lei n.º 9/91), que esta aprecia nos termos do seu Regimento; e, a fim de tratar de assuntos da sua competência, pode tomar parte nos trabalhos das comissões parlamentares, quando o julgar conveniente e sempre que estas solicitem a sua presença (art. 23.º, n.º 2).

III – O Provedor de Justiça age, antes de mais, em consequência de queixas dos cidadãos (art. 23.º, n.º 1, da Constituição), individuais ou coletivas, e recebidas na Provedoria ou através da Assembleia da República (art. 26.º da Lei n.º 9/91), as quais não dependem de interesse direto, pessoal e legítimo,

---

Lisboa, 2002; *A Provedoria de Justiça na salvaguarda dos direitos do homem*, obra coletiva (coord. de José Meneres Pimentel), Lisboa, 1998; ANA FERNANDA NEVES, *O Provedor de Justiça e a Administração Pública*, in *Estudos em homenagem ao Prof. Doutor Joaquim Moreira da Silva Cunha*, obra coletiva, Coimbra, 2005, págs. 51 e segs.; MANUEL MEIRINHO ANTUNES e JORGE DE SÁ, *O exercício do directo de queixa como forma de participação política*, Lisboa, 205; *O Provedor de Justiça – Estudos*, obra coletiva, Coimbra, 2006; CATARINA VENTURA, *Direitos humanos e Ombudsman – Paradigma de uma instituição secular*, Lisboa, 2007; MARIA EDUARDA FERRAZ, *O Provedor de Justiça e a defesa a Constituição*, Lisboa, 2008; *O Provedor de Justiça – Novos Estudos*, obra coletiva, Lisboa, 2008; SANDRA LOPES LUÍS, *As recomendações do Provedor de Justiça: uma abordagem jurídico-constitucional*, in *Revista de Direito Público*, 2012, págs. 129 e segs.; JOSÉ LUCAS CARDOSO, *A posição institucional do Provedor de Justiça: o Ombudsman entre a Assembleia Parlamentar, a Administração Pública e o cidadão*, Coimbra, 2012.

V. ainda o parecer n.º 8/84 da Procuradoria-Geral da República, de 27 de abril, in *Boletim do Ministério da Justiça*, n.º 341, dezembro de 1984, págs. 59 e segs., e o relatório e parecer da Comissão de Assuntos Constitucionais, Direitos, Liberdades e Garantias sobre um projeto de lei de modificações do estatuto do Provedor de Justiça, in *Diário da Assembleia da República*, v legislatura, 1.ª sessão legislativa, 2.ª série, n.º 51, págs. 1010 e segs.

[1026] Sobre as entidades ou órgãos independentes da Administração, v. *Manual...*, V, págs. 39 e 40, e Autores citados.

CAPÍTULO III – PRINCÍPIOS COMUNS COM ADAPTAÇÕES

nem de quaisquer prazos (art. 24.º, n.º 2, da Lei n.º 9/91). E atua igualmente por iniciativa própria quanto a fatos que, por qualquer outro modo, cheguem ao seu conhecimento (arts. 4.º e 24.º).

Em qualquer caso, a sua atividade é independente dos meios graciosos e contenciosos previstos na Constituição e na lei (art. 23.º, n.º 2, da Constituição) e os órgãos e agentes da Administração cooperam com ele na realização da sua missão (art. 23.º, n.º 4).

O Provedor não tem poder decisório. Não pode anular, revogar ou modificar os atos dos poderes públicos e a sua intervenção não suspende o decurso de quaisquer prazos, designadamente os de recurso hierárquico ou contencioso (art. 22.º, n.º 1, da Lei n.º 9/91). Só pode dirigir recomendações, destinadas a prevenir ou reparar injustiças (art. 23.º, n.º 1, 2.ª parte, da Constituição) – o que, em compensação, lhe confere um alcance mais largo que o da mera correção de ilegalidades – ou destinadas a melhorar os serviços da Administração [art. 20.º, n.º 1, alínea *a*), 2.ª parte, da Lei n.º 9/91]. E os seus atos são insuscetíveis de recurso (art. 36.º).

> Os órgãos e agentes das entidades públicas, civis e militares, têm o dever de prestar todos os esclarecimentos e informações que lhes sejam solicitados pelo Provedor de Justiça (art. 29.º, n.º 1, da Lei n.º 9/91), o qual pode fixar, por escrito, prazo não inferior a 15 dias para satisfação do pedido que formule com nota de urgência (art. 29.º, n.º 4).
>
> O Provedor pode também determinar a presença na Provedoria ou noutro local de qualquer titular de órgão sujeito ao seu controlo ou de qualquer agente de entidade pública (art. 29.º da Lei n.º 9/91), efetuar, com ou sem aviso, visitas de inspeção a serviços administrativos, designadamente serviços públicos e estabelecimentos prisionais, pedindo as informações e a exibição de documentos que reputar convenientes [art. 21.º, n.º 1, alínea *a*)]; proceder às investigações e aos inquéritos que considere necessários ou convenientes, adotando, quanto à recolha e produção de prova, os procedimentos razoáveis que não colidam com os direitos e interesses legítimos dos cidadãos [art. 21.º, n.º 1, alínea *b*)].
>
> O Provedor pode ainda solicitar a qualquer cidadão depoimentos ou informações sempre que os julgue necessários para apuramento de factos (art. 30.º, n.º 1) e deve sempre ouvir os órgãos ou agentes postos em causa, permitindo-lhes que prestem todos os esclarecimentos necessários, antes de formular conclusões (art. 34.º).
>
> Qualquer órgão destinatário de recomendação do Provedor de Justiça deve, no prazo de 60 dias a contar da sua receção, comunicar ao Provedor de Justiça a posição que quanto a ela assume (art. 38.º, n.º 2).

DIREITOS FUNDAMENTAIS

Se a Administração não atuar de acordo com as suas recomendações ou se se recusar a prestar a colaboração pedida, o Provedor poderá dirigir-se à Assembleia da República, expondo os motivos da sua tomada de posição (art. 38.º, n.º 6) ou, tratando-se de autarquia local, à respetiva assembleia (art. 38.º, n.º 5).

IV – Nem a função política, nem a função jurisdicional estão sujeitas ao controlo do Provedor de Justiça, mas está-lhe sujeita a atividade de natureza administrativa que os órgãos próprios dessas funções possam exercer (art. 23.º, n.º 4, da Constituição ainda, e art. 22.º, n.ºˢ 2 e 3, da Lei n.º 9/91).

V – A atuação do Provedor pode incidir nas relações entre particulares que impliquem uma especial relação de domínio, no âmbito da proteção de direitos, liberdades e garantias (art. 2.º, n.º 2, da Lei n.º 9/91, após 1996) – o que se prende com o princípio constitucional de vinculação das entidades privadas aos direitos, liberdades e garantias [1027].

VI – O Provedor de Justiça é um dos órgãos com poder de pedir ao Tribunal Constitucional a apreciação e a declaração de inconstitucionalidade ou de ilegalidade com força obrigatória geral (art. 281.º, n.º 2, da Constituição) e a verificação da existência de inconstitucionalidade por omissão (art. 283.º, n.º 1).

Ora, na medida em que o exerça na sequência de petições dos cidadãos – no exercício agora de petição-representação, do direito político de petição – essa atividade pode considerar-se até certo ponto análoga à atividade de filtragem dos recursos de amparo efetuada no Tribunal Constitucional espanhol. E, na prática, tem sido efetivamente, o Provedor de Justiça, dentre todos os órgãos com poder de iniciativa de fiscalização (arts. 281.º e 283.º), o que com mais frequência tem exercido esse poder.

Noutro plano, compete-lhe assinalar as deficiências da legislação, formulando recomendações ou sugestões; emitir parecer, a solicitação da Assembleia da República, sobre matérias relacionadas com a sua atividade; promover a divulgação do conteúdo e do significado de cada um dos direitos e liberdades fundamentais; e intervir, nos termos da lei aplicável, na tutela dos interesses

---

[1027] Cfr. Jorge Reis Novais, *A intervenção do Provedor de Justiça nas relações entre privados*, in *O Provedor de Justiça – Novos Estudos*, obra coletiva, Lisboa, 2008, págs. 229 e segs.

CAPÍTULO III – PRINCÍPIOS COMUNS COM ADAPTAÇÕES

coletivos ou difusos, quando estiverem em causa entidades públicas (art. 20.º, n.º 1, da Lei n.º 9/91) [1028].

VII – A Constituição só prevê – e, portanto, só admite – um Provedor de Justiça [1029].

Apesar disso tem havido mais de uma tentativa de criação de Provedores setoriais, a última das quais a de criação, na Região Autónoma dos Açores, de um Provedor da Criança Acolhida pelo Decreto Legislativo Regional n.º 2/2004/A, de 23 de janeiro.

[1028] O Decreto-Lei n.º 446/85, de 25 de outubro (sobre cláusulas contratuais gerais), atribui ao Provedor o poder de «indicar» ao Ministério Público a propositura de ações para obter a condenação na abstenção do uso ou da recomendação de cláusulas contratuais gerais [art. 26.º, n.º 1, alínea c)].

[1029] V. a demonstração em JORGE MIRANDA, A unicidade do Provedor de Justiça, in O Direito, 2004, págs. 215 e segs.

§ 5.º
O princípio da responsabilidade civil do Estado

102. Evolução constitucional e legislativa

I – As Constituições do século XIX consagraram quer a responsabilidade dos empregados públicos por «erros de ofício e abusos de poder» (arts. 14.º e 17.º da Constituição de 1822), «abusos e omissões que praticarem no exercício das suas funções» (art. 145.º, §§ 27.º e 28.º, da Carta) ou «abuso ou omissão pessoal» (arts. 15.º e 26.º da Constituição de 1838), quer mesmo a dos juízes por «abusos de poder e erros» (art. 196.º da Constituição de 1822) ou «abuso de poder e prevaricações» e «suborno, peita, peculato e concussão» (arts. 123.º e 124.º da Carta) [1030]. Não se tratava, porém, propriamente, de responsabilidade do Estado enquanto tal.

Com a exceção notável da responsabilidade por erro judiciário (art. 2403.º do Código Civil de 1867) [1031], só tardiamente, tal como noutros países, viria a responsabilidade civil extracontratual das entidades públicas a surgir, acompanhando os progressos da doutrina, da jurisprudência e das leis [1032].

[1030] V. ainda art. 30, n.º 30, da Constituição de 1911.

[1031] Cfr. DIOGO DE GOES LARA D'ANDRADE, *Da responsabilidade e das garantias dos agentes do poder em geral*, Lisboa, 1842; JOSÉ DIAS FERREIRA, *Código Civil Português Anotado*, 2.ª ed., IV, Coimbra, 1905, págs. 308 e 309; MARIA DA GLÓRIA GARCIA, *A responsabilidade civil do Estado e demais pessoas colectivas públicas*, Lisboa, 1997, págs. 23 e segs.

[1032] Para uma visão histórico-comparativa, v., por exemplo, J. J. GOMES CANOTILHO, *O problema da responsabilidade do Estado por actos lícitos*, Coimbra, 1974, págs. 27 e segs.; PETER BADURA, *Fondamenti e sistema della responsabilità dello Stato e del risarcimento pubblico nella Repubblica Federale di Germania*, in *Rivista Trimestrale di Diritto Pubblico*, 1988, págs. 399 e segs.; GEORGES VEDEL e

DIREITOS FUNDAMENTAIS

Surgiria, primeiro, com a reforma do Código Civil feita em 1930 (donde, o novo art. 2399.º) e com o Código Administrativo de 1936 (arts. 366.º e 367.º). E viria a ter uma expressão regulamentadora *ex professo*, quanto à Administração pública, no Decreto-Lei n.º 48 051, de 21 de novembro de 1967, ao mesmo tempo que o Código Civil de 1966 reiterava a responsabilidade por atos de gestão privada (art. 501.º).

A Constituição de 1933 contemplava, entre os direitos dos cidadãos, o «de reparação de toda a lesão efetiva conforme dispuser a lei» (art. 8.º, n.º 17), mas, sempre ou quase sempre, ele foi tomado – ao contrário do direito a indemnização em caso de revisão de sentença criminal injusta (art. 8.º, n.º 20) – como dirigindo-se contra os particulares, e não contra o Estado[1033].

Seria com a Constituição de 1976 que o princípio conseguiria ser estabelecido com toda a amplitude[1034]. Mas o Decreto-Lei n.º 48 051 iria vigorar – embora não sem levantar alguns problemas de inconstitucionalidade superveniente[1035] – até à Lei n.º 67/2007, de 31 de dezembro, fruto de um atribulado percurso e, apesar de recentíssima, já alterada pela Lei n.º 31/2008, de 17 de julho[1036].

II – Entretanto, o Estatuto dos Tribunais Administrativos e Fiscais, aprovado pela Lei n.º 13/2002, de 19 de fevereiro, iria atribuir aos tribunais de

PIERRE DELVOLVÉ, *Droit Administratf*, 10.ª ed., Paris, 1988, págs. 446 e segs.; EDUARDO GARCIA DE ENTERRÍA e TOMAS-RAMÓN FERNANDEZ, *Curso de Derecho Administrativo*, II, 4.ª ed., Madrid, 1993, págs. 357 e segs.; MARIA DA GLÓRIA GARCIA, *A responsabilidade...*, cit., págs. 10 e segs.; MARIA LÚCIA AMARAL, *Responsabilidade do Estado e dever de indemnizar do legislador*, cit., págs. 35 e segs.; LUÍS GUILHERME CATARINO, *A responsabilidade do Estado pela administração da justiça*, Coimbra, 1999, págs. 33 e segs.; *Responsabilidade civil do Estado – Desafios contemporâneos*, obra coletiva, São Paulo, 2010; DIOGO FREITAS DO AMARAL, *Curso...*, II, págs. 687 e segs.; TIAGO SERRÃO, *O direito de regresso na responsabilidade administrativa*, Coimbra, 2015, págs. 21 e segs. e 151 e segs.

[1033] Cfr. J. J. GOMES CANOTILHO, *O problema...*, cit., págs. 139-140.

[1034] V. *Diário da Assembleia Constituinte*, n.os 36 e 42, de 23 de agosto e de 4 de Setembro de 1975, págs. 980 e 1196 e segs. Cfr. o nosso *Um projecto de Constituição*, Braga, 1975, art. 23.º; e os projetos de Constituição do Centro Democrático Social, art. 13.º, n.º 31, e do Partido Comunista Português, art. 60.º, n.º 1.

[1035] Cfr., por exemplo, o acórdão n.º 154/2007 do Tribunal Constitucional, de 2 de março, in *Diário da República*, 2.ª série, de 4 de maio de 2007.

[1036] Cfr., anteriormente, por, no caso, se tratar de gestão privada, recusando aplicar o art. 22.º e, ao invés, a norma sobre proteção dos consumidores, acórdão n.º 153/90, de 3 de maio, in *Diário da República*, 2.ª série, de 7 de Setembro de 1990.

CAPÍTULO III – PRINCÍPIOS COMUNS COM ADAPTAÇÕES

jurisdição administrativa a apreciação dos litígios respeitantes à responsabilidade civil extracontratual das pessoas coletivas públicas, incluindo por danos decorrentes do exercício da função política e legislativa e da função jurisdicional, e sem distinguir, quanto à Administração, entre gestão pública e gestão privada [art. 4.º, alíneas *g)* e *h)*].

103. O art. 22.º da Constituição

I – O art. 22.º é o art. 21.º, inicial [1037], e apesar das dúvidas que tem inspirado, ele tem permanecido sem alterações até agora [1038] [1039]. Eis como pode ser analisado:

[1037] Origem: o parecer da 2.ª Comissão da Assembleia Constituinte: v. *Diário*, n.º 30, de 13 de agosto de 1975, pág. 784; e n.º 42, de 24 de setembro de 1975, págs. 1196 e segs. Remotamente, o art. 24.º do nosso *Um projecto de Constituição*, Braga, 1975.

[1038] Nos projetos de revisão constitucional n.º 2/V e n.ºs 2, 3 e 4/VII propuseram-se – sem êxito – aditamentos, embora não alterações. V., quanto à revisão de 1989, *Diário da Assembleia da República*, v legislatura, 2.ª sessão legislativa, 1.ª série, n.º 66, reunião de 19 de abril de 1989, págs. 2303 e segs.

[1039] Sobre o art. 22.º, v. JOÃO DE CASTRO MENDES, *Direitos...*, cit., *loc. cit.*, pág. 111; JORGE MIRANDA, *O regime dos direitos, liberdades e garantias, ibidem*, pág. 65 e *A Constituição e a responsabilidade civil do Estado*, in *Estudos em homenagem ao Prof. Doutor Rogério Soares*, obra coletiva, Coimbra, 2001, págs. 927 e segs.; MANUEL AFONSO VAZ, *A responsabilidade civil do Estado*, Porto, 1995; ARCELO REBELO DE SOUSA, *Responsabilidade dos estabelecimentos públicos de saúde: culpa do agente ou culpa da organização?*, in *Direito da Saúde e Bioética*, obra coletiva, Lisboa, 1996, pág. 162; DIMAS DE LACERDA, *Responsabilidade civil extracontratual do Estado – Alguns aspectos*, in *Contencioso Administrativo*, obra coletiva, Braga, 1986, págs. 254 e segs.; ANTÓNIO BARBOSA DE MELO, *Responsabilidade civil extracontratual – não cobrança de derrama pelo Estado*, in *Colectânea de Jurisprudência*, ano XI, tomo 4, 1986, pág. 36; FAUSTO DE QUADROS, *Omissões legislativas sobre direitos fundamentais*, in *Nos Dez Anos da Constituição*, obra coletiva, págs. 60-61; J. J. GOMES CANOTILHO, anotação ao acórdão do Supremo Tribunal Administrativo de 9 de outubro de 1990, in *Revista de Legislação e de Jurisprudência*, n.º 3804, julho de 1991, págs. 84 e segs.; RUI MEDEIROS, *Ensaio sobre a responsabilidade do Estado por actos da função legislativa*, Coimbra, 1992, págs. 83 e segs., e anotação ao art. 22.º, in JORGE MIRANDA e RUI MEDEIROS, *Constituição...*, I, págs. 468 e segs., e III, 2007, págs. 632 e segs.; MARIA JOSÉ RANGEL DE MESQUITA, *Da responsabilidade civil extracontratual da Administração pública no ordenamento jurídico-constitucional vigente*, in *Responsabilidade civil extracontratual da Administração pública*, obra coletiva, Coimbra, 1995, págs. 101 e segs.; MANUEL AFONSO VAZ, *A responsabilidade civil do Estado – Considerações breves sobre o seu estatuto constitucional*, Porto, 1995; MARIA LUÍSA DUARTE, *O art. 22.º da Constituição Portuguesa e a necessária concretização dos pressupostos da responsabilidade extracontratual do legislador*, in *Legislação*, n.º 17, outubro-dezembro de 1996, págs. 16 e 17; MARIA DA GLÓRIA GARCIA, *A responsabilidade...*, cit., págs. 53 e segs.; MARIA LÚCIA AMARAL, *Responsabilidade do Estado...*, cit., págs. 397 e segs.; JOSÉ GABRIEL QUEIRÓ, *La responsabilité de l'État par violation*

DIREITOS FUNDAMENTAIS

a) Conforme decorre do seu lugar sistemático, do confronto com as fórmulas precursoras das Constituições anteriores e com as raras fórmulas paralelas de Constituições de outros países [1040], bem como da ligação íntima com outros artigos, ele incorpora um princípio geral. Não apenas todos os direitos devem receber tutela jurisdicional como, se lesados por qualquer modo, à atuação do Estado há de corresponder uma contrapartida de responsabilidade civil [1041].

b) Não são apenas os direitos, liberdades e garantias, também os direitos sociais na vertente negativa e em caso de inconstitucionalidade por omissão.

c) E são quaisquer direitos, e não apenas os direitos fundamentais; e não somente direitos mas também interesses legalmente protegidos dos cidadãos e, para lá dos cidadãos, de pessoas coletivas.

d) Os danos tanto podem ser danos patrimoniais como não patrimoniais, tanto danos presentes como futuros e tanto danos emergentes como lucros cessantes.

e) Tem-se em vista todas as funções do Estado – a administrativa, a jurisdicional, a legislativa e a política *stricto sensu* ou governativa [1042].

de l'article 30 du Traité de Rome, en droit portugais, in *Direito e Justiça*, 1998, n.º 2, págs. 97 e 98; Luís Guilherme Catarino, *op. cit.*, págs. 151 e segs.; João Caupers, *Os malefícios do tabaco* (notação ao acórdão do Tribunal Constitucional n.º 23/04), in *Cadernos de Justiça Administrativa*, n.º 46, págs. 16 e segs.; J. J. Gomes Canotilho e Vital Moreira, *op. cit.*, i, págs. 425 e segs.; Diogo Freitas do Amaral, *Curso...*, ii, cit., págs. 696 e segs.; Maria d'Oliveira Martins, *Caracterização do artigo 22.º da Constituição...*, cit., *loc. cit.*, págs. 573 e segs.; Tiago Serrão, *op. cit.*, págs. 63 e segs.; José Carlos Vieira de Andrade, *Os direitos...*, cit., págs. 352 e 353; J. J. Gomes Canotilho, *Para um enquadramento...*, cit., *loc. cit.*, págs. 364 e segs.; Guilherme da Fonseca e Miguel Bettencourt da Câmara, *A responsabilidade civil dos poderes públicos*, Coimbra, 2012; Miguel Bettencourt da Câmara, *A responsabilidade civil dos poderes públicos: algumas ponderações do legislador*, Lisboa, 2017.

[1040] Art. 17.º da Constituição japonesa; art. 20.º da Constituição equatoriana; art. 48.º da Constituição romena; art. 26.º da Constituição eslovena; art. 15.º da Constituição cabo-verdiana; art. 77.º, n.º 1, da Constituição polaca; art. 58.º, n.º 2, da Constituição moçambicana. Já não, por mais restritos, art. 28.º da Constituição italiana e art. 34.º da Constituição alemã.

[1041] Como se sabe, o art. 22.º foi elaborado pela comissão da Assembleia Constituinte que se ocupou dos títulos i e ii da parte i, e daí mencionarem-se somente os direitos, liberdades e garantias.

[1042] Nem isso é infirmado por, na reserva de competência legislativa da Assembleia da República, se falar em responsabilidade civil da Administração [art. 165.º, n.º 1, alínea *s*)].

Deve, de resto, entender-se, por maioria de razão e por o direito consagrado no art. 22.º beneficiar de todo o regime dos direitos, liberdades e garantias, que aquela reserva de competência

CAPÍTULO III – PRINCÍPIOS COMUNS COM ADAPTAÇÕES

f) Tem-se em vista quer o Estado quer qualquer outra entidade pública, assim como qualquer entidade privada enquanto participante no exercício da função administrativa, por qualquer forma [1043].

g) Afloramentos particularmente sensíveis vêm a ser o art. 27.º, n.º 5, sobre privação da liberdade pessoal contra o disposto na Constituição e na lei; o art. 29.º, n.º 6, sobre condenação penal injusta; o art. 52.º, n.º 3, sobre danos contra a saúde pública e o ambiente, quando provenientes de entidades públicas; e o art. 62.º, n.º 2, sobre expropriação e requisição por utilidade pública.

h) O princípio pode estender-se ainda às relações entre entidades públicas, não sendo de excluir, por exemplo, responsabilidade do Estado perante municípios ou universidades públicas [1044].

i) O princípio não deixa de se projetar outrossim no domínio da responsabilidade emergente de contratos.

j) O art. 22.º é complementado pelo art. 117.º, n.º 1, sobre responsabilidade dos titulares de cargos políticos, pelos arts. 216.º, n.º 2, e 222.º, n.º 5, sobre responsabilidade dos juízes, e pelo art. 271.º, sobre responsabilidade dos funcionários e agentes da Administração [1045].

k) A restrição de efeitos da declaração de inconstitucionalidade (art. 282.º, n.º 4) não afeta o princípio da responsabilidade nos moldes a referir adiante.

l) O art. 22.º tem ainda de ser conjugado com os princípios do Direito das Gentes quanto à responsabilidade do Estado por ações ou omissões relevantes jurídico-internacionalmente praticadas antes ou depois da

---

abrange também a responsabilidade por atos da função jurisdicional, da legislativa e da governativa ou política *stricto sensu*.

[1043] Noutro âmbito encontra-se a reparação de danos nas relações entre particulares. Apesar dos afloramentos constantes dos arts. 52.º, n.º 3 e 60.º, n.º 1, aí está um princípio geral de Direito para além do art. 22.º.

[1044] Assim, J. J. GOMES CANOTILHO e VITAL MOREIRA, *op. cit.*, I, pág. 426. Cfr. o acórdão n.º 134/2010 do Tribunal Constitucional, de 14 de abril (*Diário da República*, 2.ª série, de 2 de junho de 2010) relativo à condenação do Estado a pagar ao município de Santo Tirso determinada indemnização pelos prejuízos causados pelo seu desmembramento com a criação do município da Trofa pela Lei n.º 89/98, de 14 de dezembro, sem observância de algumas das normas da lei-quadro de criação de municípios, a Lei n.º 14/85, de 18 de novembro.

[1045] Não, porém, pelo art. 214.º, n.º 1, alínea *c)*, sobre responsabilidade financeira, a qual se traduz especificamente na obrigação de reintegrar fundos, valores e dinheiros públicos.

DIREITOS FUNDAMENTAIS

entrada em vigor da Constituição de 1976 [1046] e com os princípios de Direito da União Europeia de responsabilidade da União por ações ou omissões dos seus órgãos e de responsabilidade dos Estados membros por violação do Direito da União [1047].

II – Se ninguém contesta a responsabilidade da Administração [1048] – por regulamentos e atos administrativos, e noutro plano, por contratos – e se se aceita em maior ou menor medida, a responsabilidade do Estado pelo exercício

---

[1046] Sobre responsabilidade internacional do Estado, v., por todos, GIOVANNI PAU, *Responsabilità internazionale*, in *Enciclopedia del Diritto*, XXXIX, 1988, págs. 1432 e segs.; ou JORGE MIRANDA, *Curso...*, cit., págs. 325 e segs. e Autores citados.

[1047] Cfr., por todos, MARIA LUÍSA DUARTE, *O Tratado da União Europeia e a garantia da Constituição*, in *Estudos em memória do Professor Doutor João de Castro Mendes*, obra coletiva, Lisboa, 1993, pág. 674, nota; MARTA CHANTAL MACHADO, *Da responsabilidade do Estado por violação do Direito Comunitário*, Coimbra, 1996; JOÃO MOTA DE CAMPOS e JOÃO LUIZ MOTA DE CAMPOS, *Contencioso comunitário*, Lisboa, 2002, págs. 459 e segs.; MARIA JOSÉ RANGEL DE MESQUITA, *Responsabilidade do Estado por incumprimento do Direito da União Europeia: um princípio com futuro* (anotação), in *Cadernos de Justiça Administrativa*, n.º 60, novembro-dezembro de 2006, págs. 60 e segs. e *Responsabilidade por incumprimento do Direito da União Europeia imputável à função legislativa: o passado e o futuro, ibidem*, n.º 72, novembro-dezembro de 2008, págs. 10 e segs.; e FAUSTO DE QUADROS e ANA MARIA MARTINS, *Contencioso da União Europeia*, 2.ª ed., Coimbra, 2007, págs. 266 e segs.; JÓNATAS MACHADO, *A responsabilidade dos Estados membros da União Europeia por atos ou omissões do Poder Judicial*, in *Revista de Legislação e de Jurisprudência*, n.º 3991, março-abril de 2015, págs. 246 e segs.

[1048] Cfr., designadamente, MARCELLO CAETANO, *Manual de Direito Administrativo*, II, cit., 1972, págs. 1195 e segs.; DIOGO FREITAS DO AMARAL, *A responsabilidade da Administração no Direito português*, Lisboa, 1973 e *Direito Administrativo*, policopiado III, Lisboa, 1989, págs. 471 e segs.; JOSÉ CARLOS VIEIRA DE ANDRADE, *Panorama geral do direito da responsabilidade «civil» da Administração Pública em Portugal*, in *La Responsabilidad patrimonial de los poderes publicos*, obra coletiva, Madrid, 1999, págs. 39 e segs. e *A responsabilidade indemnizatória dos poderes públicos em 3D. Estado de Direito, Estado fiscal e Estado social*, in *Revista de Legislação e de Jurisprudência*, n.º 3969, julho-agosto de 2011, págs. 345 e segs.; RUI MEDEIROS, *Brevíssimos tópicos para uma reforma do contencioso da responsabilidade civil*, in *Justiça Administrativa*, n.º 16, julho-agosto de 1999, págs. 33 e segs.; *Responsabilidade civil extracontratual da Administração pública*, obra coletiva (coord. de Fausto de Quadros), 2.ª ed., Coimbra, 2004; MARCELO REBELO DE SOUSA e ANDRÉ SALGADO DE MATOS, *Direito Administrativo Geral*, III, Lisboa, 2007, págs. 408 e segs.; SÉRVULO CORREIA, *Contrato administrativo e responsabilidade democrática da Administração*, in *Estudos em memória do Prof. Doutor J. L. Saldanha Sanches*, obra coletiva, Coimbra, 2011, págs. 595 e segs.; MARIA JOSÉ RANGEL DE MESQUITA, *Direito Administrativo – III – Responsabilidade civil extracontratual decorrente do exercício de funções administrativas*, Coimbra, 2012.

CAPÍTULO III – PRINCÍPIOS COMUNS COM ADAPTAÇÕES

da função jurisdicional[1049], algumas reticências têm persistido acerca do alcance razoável da responsabilidade pelo exercício da função legislativa e sobre o modo de a concretizar.

Também não é de excluir responsabilidade por atos políticos *stricto sensu*: assim, por declaração de estado de sítio ou de estado de emergência, à margem das normas constitucionais e legais (art. 19.º)[1050]; ou por inquéritos parlamentares ou por convenções internacionais que ofendam direitos fundamentais[1051].

Finalmente, pode haver responsabilidade do Estado por causa de leis de revisão constitucional? Poderá haver por preterição de limites materiais [arts. 288.º, alíneas *c)*, *d)* e *e)*], mormente em caso de derrogação[1052].

[1049] Cfr., entre tantos, J. J. GOMES CANOTILHO, *O problema...*, cit., págs. 209 e segs., e *Direito...*, cit., págs. 608-509; ALESSANDRO GIULIANI e NICOLA PICARDI, *I modelli stranieri della responsabiità del giudice*, in *Studi in onore di Enrico Tullio Liebman*, obra coletiva, I, Milão, 1979, págs. 527 e segs.; J. M. REYES MONTERREAL, *La responsabilidad del Estado por error y anormal funcionamento de la administración de la justicia*, Madrid, 1987; FERNANDO LUSO SOARES, *A responsabilidade processual civil*, Coimbra, 1987, págs. 259 e segs.; MAURO CAPPELLETTI, *Giudici irresponsabili?*, Milão, 1988; MARCELO REBELO DE SOUSA, *Orgânica judicial...*, cit., págs. 19 e segs.; RUI MEDEIROS, *Ensaio...*, cit., págs. 123 e segs.; FLÁVIO DE QUEIROZ CAVALCANTI, *Responsabilidade do Estado pelo mau funcionamento da justiça*, in *Revista de Informação Legislativa*, n.º 116, outubro-dezembro de 1992, págs. 107 e segs.; PAULO OTERO, *Ensaio sobre o caso julgado inconstitucional*, Lisboa, 1993, págs. 133 e segs.; A. B. COTRIM NETO, *Da responsabilidade do Estado por acto do juiz em face da Constituição de 1988*, in *Revista Trimestral de Direito Público* (São Paulo), 1993, págs. 31 e segs.; FERNÃO FERNANDES THOMAZ, *Da irresponsabilidade à responsabilização dos juízes*, in *Revista da Ordem dos Advogados*, 1994, págs. 489 e segs.; DANIEL LUDET, *Quelle responsabilité des magistrats?*, in *Pouvoirs*, 1995, págs. 119 e segs.; MARIA DA GLÓRIA GARCIA, *A responsabilidade...*, cit., págs. 54 e segs.; VERA LÚCIA JUCOWSKY, *Responsabilidade civil do Estado pela demora na prestação jurisdicional*, São Paulo, 1999; LUÍS GUILHERME CATARINO, *op. cit., maxime* págs. 233 e segs.; JOÃO AVELINO PEREIRA, *A responsabilidade civil por actos jurisdicionais*, Coimbra, 2001; NÉLIA DANIEL DIAS, *A responsabilidade civil do juiz*, Lisboa, 2003; PAULA RIBEIRO DE FARIA, anotação in JORGE MIRANDA e RUI MEDEIROS, *Constituição...*, III, cit., págs. 180 e segs. E, por outro lado, o acórdão n.º 363/2015, de 9 de junho, in *Diário da República*, 2.ª série, de 23 de setembro de 2015.

[1050] Cfr. *infra*.

[1051] Caso diferente vem a ser a responsabilidade internacional do Estado por desrespeito de convenções internacionais ou de outros atos de Direito internacional.

[1052] V. *Manual...*, II, cit., págs. 176 e 247 e segs.Cfr. FRANÇOIS-CHARLES BOUSQUET, *La responsabilité de l'État du fait des dispositions constitutionnelles*, in *Revue de droit public*, 2007, págs. 937 e segs.

DIREITOS FUNDAMENTAIS

De todo o modo, quando uma lei formal materialmente incorpore um ato administrativo [1053], estará, sem dúvida, sujeita ao regime de responsabilidade da Administração [1054].

III – A par do sentido institucional, objetivo e organizatório, avulta, no art. 22.º, à semelhança do que sucede no art. 20.º, a dimensão subjetiva:

a) Os cidadãos (e, por extensão, os estrangeiros e as pessoas coletivas) têm um verdadeiro e próprio direito à reparação dos danos causados pelo Estado e pelas demais entidades públicas [1055];

b) Estes danos podem ser causados tanto por ação quanto por omissão, designadamente por incumprimento de deveres de proteção;

c) Trata-se de um direito de natureza análoga à dos direitos, liberdades e garantias do título I desta parte I da Constituição;

d) A norma é diretamente aplicável e invocável mesmo na falta de lei, o que não significa que o legislador não deva proceder a uma tarefa de determinação e densificação, quer no tocante ao regime substantivo, quer no respeitante à ação de responsabilidade [1056].

IV – *Prima facie* dir-se-ia estar só considerada no art. 22.º a responsabilidade por factos ilícitos, em virtude de se prever a solidariedade de titulares de órgãos, funcionários e agentes, a qual só faz sentido, evidentemente, quanto a factos ilícitos.

[1053] V. *Manual...*, V, cit., págs. 160 e segs.

[1054] JORGE PEREIRA DA SILVA, *Artigo 15.º*, in *Comentário ao Regime da Responsabilidade Civil Extracontratual do Estado e demais Entidades Públicas*, obra coletiva, Faculdade de Direito da Universidade Católica Portuguesa, 2013, pág. 387.

[1055] No sentido somente de garantia institucional, MARIA LÚCIA AMARAL, *Responsabilidade do Estado...*, cit., págs. 424 e segs.; MARIA D'OLIVEIRA MARTINS, *Caracterização do artigo 22.º da Constituição como garantia institucional e algumas notas sobre o regime das garantias institucionais*, in *Estudos dedicados ao Professor Doutor Luís Alberto Carvalho Fernandes*, II, Lisboa, 2011, págs. 573 e segs.; José CARLOS VIEIRA DE ANDRADE, *Os direitos...*, cit., pág. 136.

[1056] Assim também J. J. GOMES CANOTILHO e VITAL MOREIRA, *Constituição...*, I, cit., pág. 429; RUI MEDEIROS, anotação, *loc. cit.*, pág. 213; MANUEL AFONSO VAZ e CATARINA SANTOS BOTELHO, *Comentários às disposições introdutórias da Lei n.º 67/2007, de 31 de dezembro*, in *Comentário...*, cit., págs. 40 e segs. Cfr. ainda, por exemplo, o acórdão n.º 45/99 do Tribunal Constitucional, de 19 de janeiro, in *Diário da República*, 2.ª série, n.º 72, de 26 de março de 1999.

CAPÍTULO III – PRINCÍPIOS COMUNS COM ADAPTAÇÕES

Não é de arredar, entretanto, a responsabilidade por factos lícitos e objetiva, por força dos princípios do Estado de Direito, para se conferir ao art. 22.º o máximo efeito útil e porque, a par dos direitos patrimoniais salvaguardados pelos arts. 62.º, n.º 2, 83.º e 94.º, n.º 1, poder haver direitos de outra natureza passíveis de ser afetados por ações lícitas do Estado (*v. g.* em estado de sítio ou de emergência, em estado de necessidade administrativa ou em caso de inexecução lícita de sentença de tribunal administrativo) e relativamente aos quais não menos se justifica um dever de indemnizar [1057].

Nem se compreenderia que um princípio geral sito na Constituição de 1976 fosse menos abrangente que o regime do Decreto-Lei n.º 48 051, nascido ainda no tempo da Constituição de 1933 – o qual contemplava responsabilidade por factos ilícitos culposos (arts. 2.º e 3.º) e, em moldes de princípio geral, responsabilidade pelo risco ou por factos casuais (art. 8.º) e responsabilidade por atos lícitos da Administração que provocassem danos especiais e anormais (art. 9.º).

Embora de bem menor importância, algum suporte literal acha-se no próprio art. 22.º, com base na destrinça entre *violação* e *prejuízo* – com a referência a *violação* (de direitos, liberdades e garantias ou, como se diz no art. 271.º, n.º 1, de «direitos ou interesses legalmente protegidos dos cidadãos») está-se contemplando a responsabilidade por factos ilícitos; com a referência a *prejuízo* a responsabilidade por factos lícitos [1058].

V – Também no art. 22.º cabe a responsabilidade pelo «risco social» ou, como refere José Carlos Vieira de Andrade, a responsabilidade associada à garantia colectiva da segurança e da qualidade de vida dos cidadãos num

---

[1057] Neste sentido, Maria José Rangel de Mesquita, *Da responsabilidade...*, cit., *loc. cit.*, págs. 111 e 112 (chamando também à colação o art. 266.º, n.º 1, 2.ª parte, que obriga a Administração a respeitar os direitos e interesses legalmente protegidos dos cidadãos); ou J. J. Gomes Canotilho e Vital Moreira, *op. cit.*, I, cit., págs. 431 e 432.

[1058] Cfr., diferentemente, Marcelo Rebelo de Sousa, *Responsabilidade dos estabelecimentos...*, cit., *loc. cit.*, pág. 162: a expressão «prejuízo para outrem» visa englobar todos os casos de ilicitude que não se reconduzam a violação de direitos, liberdades e garantias – violação de outros direitos e interesses legalmente protegidos.

Ou, em termos menos plausíveis, Rui Medeiros, *Ensaio...*, cit., págs. 110 e segs.: verificando-se violação de direitos, liberdades e garantias haveria lugar a indemnização tanto de danos patrimoniais como de danos morais, ao passo que, relativamente a outros direitos e interesses, só estaria garantida a indemnização por danos patrimoniais.

DIREITOS FUNDAMENTAIS

contexto de solidariedade perante danos originados por factos naturais ou ocorridos no desenvolvimento natural da cada vez mais complexa e arriscada vida em sociedade [1059].

VI – O art. 271.º especifica o princípio em relação aos funcionários e agentes da Administração pública, nestes termos:

a) Não dependência da ação ou do procedimento, em qualquer fase, de autorização hierárquica [1060];
b) Exclusão de responsabilidade de funcionário ou agente no caso de cumprimento de ordens ou instruções do superior hierárquico e em matérias de serviço, se, previamente, tiver delas reclamado ou tiver exigido a sua transmissão ou confirmação por escrito;
c) Cessação do dever de obediência sempre que o cumprimento das ordens ou instruções implique a prática de qualquer crime.

VII – Por outro lado, o subprincípio de solidariedade – aplicável também aos servidores públicos – deve ser tomado numa perspetiva global da Constituição e a par de outros subprincípios ou princípios e de outras regras:

– Irresponsabilidade dos Deputados pelos votos e opiniões no exercício das suas funções (art. 157.º, n.º 1) [1061];
– Caráter de exceção da responsabilidade dos juízes (art. 216.º, n.º 2);
– Preservação da eficácia da Administração (art. 267.º, n.º 2) e, em geral, dos demais poderes públicos, valorando a maior ou menor diligência e o maior ou menor zelo postos pelos titulares dos órgãos, funcionários e agentes no exercício das suas funções;
– Princípio do acesso democrático aos cargos públicos (art. 50.º) e à função pública (art. 47.º, n.º 2), garantindo aos titulares dos órgãos e

---

[1059] *A responsabilidade...*, cit., *loc. cit.*, págs. 361 e segs.
[1060] Quer dizer: inexistência de garantia administrativa, abolida em 1974.
[1061] V. JORGE MIRANDA, *Direito Constitucional III – Direito Eleitoral e Direito Parlamentar*, Lisboa, 2003, págs. 252 e segs.

CAPÍTULO III - PRINCÍPIOS COMUNS COM ADAPTAÇÕES

aos funcionários e agentes a segurança e a tranquilidade económica para a livre tomada de decisões e de prática de atos [1062].

Por outro lado, como salientava já a Comissão Constitucional, não é absolutamente necessário ver aí a adoção do estrito esquema das «obrigações solidárias» do Direito civil; antes será porventura possível entender que a responsabilidade, sem deixar de ser solidária, possa depender de diferentes pressupostos, consoante ela se afira em relação ao Estado ou aos seus agentes [1063]. Ou, como disse o Tribunal Constitucional, o legislador pode modular as condições de responsabilidade dos funcionários e agentes [1064].

104. A responsabilidade por atos e omissões na função legislativa

I – As transformações da lei [1065] – no duplo sentido de alargamento e complexificação dos seus modos de intervenção, por um lado, e (até por causa disso) de sujeição a formas crescentes de controlo, por outro lado – não poderiam deixar de se refletir no domínio da responsabilidade. Assim como se vai afirmando cada vez mais a fiscalização, concreta ou abstrata, da constitucionalidade, também se vai chamando para plena luz o problema da responsabilidade no exercício de funções legislativas [1066] [1067].

[1062] Assim, JORGE MIRANDA, *Art. 22.º da Constituição e demandas contra titulares de órgãos, funcionários e agentes*, in *O Direito*, 2001, págs. 1003 e segs.; JOÃO CAUPERS, *op. cit.*, *loc. cit.*, pág. 20; TIAGO SERRÃO, *op. cit.*, pág. 69. Algo diferentemente, RUI MEDEIROS, anotação..., cit., *loc. cit.*, págs. 481 e segs.

[1063] Parecer n.º 22/79, de 7 de agosto, in *Pareceres*, IX, pág. 52.

[1064] Acórdão n.º 5/2005, de 5 de janeiro, in *Diário da República*, 2.ª série, n.º 75, de 18 de abril de 2005.

[1065] Cfr. *Manual...*, V, cit., págs. 139 e segs., e autores citados.

[1066] Apenas atos legislativos de eficácia interna, como as leis de autorização legislativa, nunca poderão acarretar responsabilidade.

[1067] Cfr., na doutrina portuguesa, SILVESTRE PINHEIRO FERREIRA, *Manual do Cidadão em um governo representativo*, 1834, reimpressão, Brasília, 1998, pág. 174; MARTINHO NOBRE DE MELO, *Teoria geral da responsabilidade do Estado*, Lisboa, 1914, pág. 114; FÉZAS VITAL, *Da responsabilidade do Estado no exercício da função legislativa*, in *Boletim da Faculdade de Direito da Universidade de Coimbra*, ano II, 1916, págs. 267 e 513 e segs.; AFONSO QUEIRÓ, *Teoria dos Actos do Governo*, Coimbra, 1948, págs. 217-218, nota; MANUEL DE ANDRADE, *Capacidade das pessoas colectivas*, in *Revista de Legislação e de Jurisprudência*, ano 83, pág. 259, nota; GOMES CANOTILHO, *O problema...*, cit., págs. 143 e segs., *Direito...*, cit., pág. 510, e *Responsabilidade do Estado por danos*

DIREITOS FUNDAMENTAIS

A generalidade da lei não obsta à subjetivação de eventuais prejuízos; e, desde que a Administração é obrigada a executar normas inconstitucionais, a obrigação de indemnizar recai unicamente sobre o Estado legislador. Subordinados à Constituição, os atos legislativos também podem envolver responsabilidade quando a infrinjam ou quando, mesmo não a infringindo, afetem direitos constitucionalmente garantidos.

Em contrapartida, há quem alerte para a necessidade de não transmutar o Estado em *Big Brother*, responsável de forma global, integral e providencial

decorrentes do não exercício culposo da função legislativa, in *Revista de Legislação e de Jurisprudência*, n.ᵒˢ 3927 e 3928, outubro-novembro de 2001, págs. 202 e segs.; RUI MEDEIROS, *Ensaio...*, cit., e *A responsabilidade civil pelo ilícito legislativo no quadro da reforma do Decreto-Lei n.º 48 051*, in *Cadernos de Justiça Administrativa*, n.º 27, maio-junho de 2001, págs. 20 e segs.; MARIA LUÍSA DUARTE, *A cidadania da União e a responsabilidade do Estado por violação do Direito comunitário*, Lisboa, 1994, págs. 75 e segs., e *O art. 22.º*, cit., *loc. cit.*, págs. 5 e segs.; MARIA DA GLÓRIA GARCIA, *A responsabilidade...*, cit., págs. 62 e segs.; MARIA LÚCIA AMARAL, *Responsabilidade...*, cit.; DIOGO FREITAS DO AMARAL e RUI MEDEIROS, *Responsabilidade civil do Estado por omissão de medidas legislativas – o caso Aquaparque*, in *Revista de Direito e Estudos Sociais*, agosto-dezembro de 2000, págs. 299 e segs.; JOÃO CAUPERS, *Responsabilidade do Estado por actos legislativos e judiciais*, in *La Responsabilidade patrimonial...*, obra coletiva, págs. 79 e segs.; JORGE PEREIRA DA SILVA, *Artigo 15.º*, cit., *loc. cit.*, pág. 379. ; SOPHIE PEREZ FERNANDEZ, *O juiz nacional da responsabilidade civil do legislador*, in *Estudos em homenagem ao Professor Doutor Heinrich Ewald Hörster*, obra coletiva, Coimbra, 2013, págs. 1105 e segs.
Na doutrina de outros países, cfr. JUAN ALFONSO SANTAMARIA PASTOR, *La teoria de la responsabilidad del Estado legislador*, in *Revista de Administración Publica*, 1972, págs. 57 e segs.; GARCIA DE ENTERRÍA e TOMAS-RAMÓN FERNANDEZ, *op. cit.*, II, págs. 212 e segs. e 380 e segs.; RENÉ CHAPUS, *Droit Administratf Général*, I, 7.ª ed., Paris, 1993, págs. 1091 e segs.; ALMIRO DO COUTO E SILVA, *A responsabilidade extracontratual do Estado no Direito brasileiro*, in *Revista de Direito Administrativo*, outubro-dezembro de 1995, págs. 36 e segs.; MARISA HELENA D'ARBO ALVES DE FREITAS, *O Estado legislador responsável*, in *Revista de Informação Legislativa*, n.º 128, outubro-dezembro de 1995, págs. 85 e segs.; JUAREZ FREITAS, *Responsabilidade civil do Estado, a omissão inconstitucional e o princípio da proporcionalidade*, in *Responsabilidade civil do Estado – Desafios contemporâneos* (coord. de Alexandra Darthan de Mello Guerra, Luís Manuel Fonseca Pires e Marcelo Benachiel), São Paulo, 2001, págs. 51 e segs.; MARKUS GONZALEZ BEILFUSS, *Tribunal Constitucional y reparación de la discriminación normativa*, cit.; EDUARDO GARCIA DE ENTERRÍA, *El principio de la «responsabilidad de los poderes públicos» según el art. 9-3 de la Constitución y la responsabilidad patrimonial del Estado legislador*, in *Revista Española de Derecho Constitucional*, n.º 67, janeiro-abril de 2003, págs. 15 e segs.; ALESSANDRO PIZZORUSSO, *La responsabilité de l'État du fait des actes législatifs en Italie*, in *Mouvement du droit public – Mélanges en l'honneur de Franck Moderne*, obra coletiva, Paris, 2004, págs. 913 e segs.; CLAUDIO PANZERA, *La responsabilità del legislatore e la caduta dei miti*, in *Politica del Diritto*, 2007, págs. 347 e segs.; ANDRÉ PUCINELLI, *A omissão legislativa e a responsabilidade do Estado legislador*, São Paulo, 2007.

CAPÍTULO III - PRINCÍPIOS COMUNS COM ADAPTAÇÕES

por todas as ações e omissões dos seus órgãos [1068]. A aceitação generalizada e sem limites de uma obrigação de indemnizar poderia constituir um encargo financeiro muito pesado e atingir a liberdade de conformação do legislador, obrigando-o a renunciar à satisfação de necessidades sociais porventura mais prementes e a consignar parte importante das suas receitas ao pagamento de indemnizações [1069].

II - Comportamento ilícito do legislador - seja por ação, seja por omissão - é aquele que se traduz na contradição com normas a que esteja sujeito (normas constitucionais, internacionais, da União Europeia ou de leis de valor reforçado) ou com decisão referendária (arts. 115.º e 240.º), da qual resulte ofensa de direitos dos cidadãos.

A inconstitucionalidade tanto pode ser originária quanto, raramente, superveniente.

Por outro lado, pode ocorrer simultaneamente responsabilidade por atos de função legislativa e por atos de função administrativa e responsabilidade por atos de função jurisdicional, como regista JORGE PEREIRA DA SILVA [1070].

[1068] J. J. GOMES CANOTILHO, anotação ao acórdão da Relação de Lisboa de 7 de maio de 2002, in *Revista de Legislação e de Jurisprudência*, n.ᵒˢ 3927 e 3928, outubro-novembro de 2001, págs. 220 e segs.

[1069] DIOGO FREITAS DO AMARAL e RUI MEDEIROS, *op. cit., loc. cit.*, pág. 341.
Por sinal, estes Autores escrevem em parecer destinado a sustentar o direito a indemnização no *caso Aquaparque*, ao passo que J. J. GOMES CANOTILHO é muito crítico do acórdão que o resolveu em sentido favorável à indemnização. E igualmente é muito crítica MARIA LÚCIA AMARAL, *Dever de legislar e dever de indemnizar. A propósito do caso "Aquaparque do Restelo"*, in *Themis*, ano I, n.º 2, 2000, págs. 67 e segs.

[1070] Escreve este Autor (*Artigo 15.º*, cit., pág. 399): «Não deverá excluir-se a hipótese de o problema passar a ser de pluralidade de responsáveis e de repartição, entre eles, em função das respetivas culpas, da obrigação de indemnização. A uma lei deficiente pode juntar-se uma execução defeituosa».
E depois (págs. 399-400): «Situação típica de concausalidade entre função legislativa (por ação) e função jurisdicional (pore omissão)... verifica-se quando a aplicação de lei ilícita não é impedida pelos tribunais em sede de fiscalização concreta.
«A decisão jurisdicional de não inconstitucionalidade (e, consequentemente, de aplicação da norma legal) pode representar o ato concretizador da lei e, portanto, o facto diretamente lesivo dos direitos ou interesses legalmente tutelados dos particulares. Embora possa também ser apenas o ato através do qual é sindicada a validade de um prévio ato de execução da lei, provindo da Administração ou até de sujeitos privados - caso em que a decisão jurisdicional, não se apresentando *a se* como causadora imediata de danos, também não impede a

DIREITOS FUNDAMENTAIS

III – O conceito de culpa, tal como consta do art. 487.º do Código Civil e constava do art. 2.º do Decreto-Lei n.º 48 051, não parece que possa transpor-se sem mais, por mal se conjugar com a liberdade de conformação inerente à função política [1071] e com o contraditório inerente ao pluralismo parlamentar. A falar-se em culpa terá de ser, numa aceção objetivada [1072] e imbricada com o princípio da responsabilidade política (que tem um duplo alcance, pessoal e institucional) [1073].

Culpa grave ou dolo [1074] registar-se-á, sim, em certas hipóteses: reaprovação de norma declarada inconstitucional ou ilegal com força obrigatória geral pelo Tribunal Constitucional (art. 282.º), sem que haja sido mudada a norma parâmetro; aprovação de ato legislativo contrário ao resultado do referendo sobre questão a ele concernente (art. 115.º); decreto-lei ou decreto legislati-vo regional publicado na mesma sessão legislativa em que a sua cessação de vigência tenha sido aprovada pela Assembleia da República (art. 169.º, n.º 4); persistência de omissão legislativa a despeito de o Tribunal Constitucional ter verificado a inconstitucionalidade e de ter feito ciente dela o órgão legislativo (art. 283.º, n.º 2).

Nem é de excluir culpa grave em caso de lei violadora dos direitos insus-cetíveis de suspensão em estado de sítio (art. 19.º, n.º 6).

IV – Atos legislativos lícitos (conformes ao Direito) e até por vezes impostos por normas constitucionais, que provoquem responsabilidade podem vir a ser leis de nacionalizações ou de apropriação coletiva (ou, inversamente, de privatização), declarações de estado de sítio ou de estado de emergência ou leis-medida que lesem direitos ou interesses legalmente protegidos [1075].

---

continuação para o futuro da produção desses mesmos prejuízos (nem procura proceder à remoção para o passado).»

Cfr. já, quanto à responsabilidade da Administração, MARIANA MELO EGÍDIO, *Responsabilidade civil extracontratual do Estado por (des)aplicação de leis inconstitucionais*, in *Estudos em homenagem ao Prof. Doutor Jorge Miranda*, II, págs. 744 e segs., *maxime* 748 e segs.

[1071] Cfr. MARIA LÚCIA AMARAL, *Responsabilidade do Estado...*, cit., págs. 16 e segs.

[1072] A tendência, aliás, mesmo em Direito civil, vai no sentido de certa objetivação da culpa.

[1073] Cfr. JORGE MIRANDA, *Manual...*, VII, cit., págs. 78 e segs.

[1074] Cfr. o conceito de culpa do legislador em RUI MEDEIROS, *Ensaio...*, cit., págs. 188 e segs.; há culpa do legislador quando ele podia e devia evitar a aprovação de lei inconstitucional.

[1075] Por exemplo, a extinção de empresa pública sem se acautelarem os interesses dos tra-balhadores. Cfr. BERNARDO XAVIER e ANTÓNIO NUNES DE CARVALHO, *Um caso especial de*

CAPÍTULO III – PRINCÍPIOS COMUNS COM ADAPTAÇÕES

Maria Lúcia Amaral sustentou, na sua dissertação de doutoramento, a inexistência de responsabilidade civil do Estado por prejuízos causados por atos da função legislativa, lícitos ou ilícitos [1076].

O problema só se colocaria face a danos sofridos por particulares por efeito da vigência de leis inconstitucionais lesivas de direitos fundamentais, e ocorridos durante o período de tempo compreendido entre o momento da entrada em vigor da lei e o momento da declaração da inconstitucionalidade. No estado atual de desenvolvimento do Direito constitucional português, tais prejuízos não seriam indemnizáveis, porque a inconstitucionalidade se não configuraria ainda e por si só como uma forma de ilicitude civil.

Em contrapartida, existiria entre nós um dever de indemnizar do legislador, que se constituiria à margem de todos os mecanismos da responsabilidade civil, e que se formaria na esfera jurídica estadual no momento mesmo em que os poderes públicos decidissem impor ao património dos privados, por intermédio de lei, sacrifícios graves e especiais em nome da prossecução do bem comum. As leis que impusessem tais sacrifícios, ou que autorizassem a sua imposição, seriam leis expropriatórias que só se tornariam conformes à Constituição se incluíssem uma cláusula indemnizatória conjunta destinada a compensar o sacrifício imposto.

Nos termos do art. 62.º, n.º 2, em leitura conjugada com os princípios dos arts. 2.º, 13.º, 18.º e 266.º, n.º 2, seriam inconstitucionais as leis expropriatórias que omitissem a cláusula de concessão conjunta de indemnização, ou que previnem nela compensação insuficiente. No momento da formulação do juízo relativo à inconstitucionalidade de tais leis, o Tribunal Constitucional poderia ainda vir a arbitrar o pagamento de compensações indemnizatórias aos particulares afetados apenas em dois casos: (i) na hipótese de impossibilidade de declaração de inconstitucionalidade da lei, pelo facto de a omissão ou insuficiência da «Junktim-Klausel» se ter ficado a dever a erro de prognose do legislador; (ii) na hipótese de a declaração de inconstitucionalidade, embora fundamentada, se não mostrasse capaz de assegurar, só por intermédio dos seus efeitos, a eliminação de todo o sacrifício que tivesse sido efetivamente imposto ao património privado em consequência da vigência da lei inconstitucional. Os fundamentos desta competência do Tribunal Constitucional encontrar-se-iam consagrados nos arts. 221.º e 282.º, n.º 4, da Constituição [1077].

---

caducidade de empresa pública. Indemnização aos trabalhadores, in *Revista de Direito e Estudos Sociais*, 1992, págs. 81 e segs., *maxime* 86 e 104 e segs.

[1076] *Responsabilidade...*, cit. V. a crítica que lhe fazemos a respeito dos atos ilícitos na 3.ª ed. deste tomo, págs. 298 e 299.

[1077] *Ibidem*, págs. 709-710.

DIREITOS FUNDAMENTAIS

Por outro lado, a inconstitucionalidade da lei não se configuraria como expressão de um ilícito civil, capaz de fazer nascer na esfera jurídica estadual uma obrigação de ressarcir que decorresse do facto da contrariedade do ato legislativo à norma fundamental [1078]. Prevaleceria uma orientação objetiva do princípio da constitucionalidade, porque a vinculação do legislador aos direitos fundamentais não acarretaria a degradação da função legislativa em atividade de mera execução [1079]; e a Constituição de 1976 recusaria o princípio do acesso direto dos cidadãos ao controlo [1080].

Quanto a nós, admitimos (sem conceder) o entendimento – também sufragado, na doutrina portuguesa, por MANUEL AFONSO VAZ [1081] – relativo às leis expropriatórias. A priori o art. 62.º, n.º 2, tanto pode ser encarado em conexão com o art. 22.º (conforme defendemos) como tomado à sua margem – como também faz RUI MEDEIROS [1082]. E, por certo, são diferentes as ideias de justiça subjacentes: de justiça comutativa na responsabilidade por factos ilícitos e de justiça distributiva na responsabilidade por factos lícitos [1083].

Apesar de tudo, entretanto, há que distinguir. Se a lei expropriatória negar ou vedar a indemnização ou se se mostrar discriminatória, evidentemente, dar-se-á inconstitucionalidade por ação. Porém, se a não previr, deverá aplicar-se diretamente o art. 22.º (ou, no caso de direitos patrimoniais, o art. 62.º, n.º 2, ou o art. 94.º, n.º 1 [1084] [1085]), cabendo à Administração ou aos tribunais determinar o seu montante e evitando-se afetar soluções materiais não necessariamente inconstitucionais [1086].

[1078] *Ibidem,* pág. 689.

[1079] *Ibidem,* pág. 699.

[1080] *Ibidem,* pág. 700.

[1081] *Ibidem,* págs. 12 e 13: a indemnização não é uma consequência da ilicitude, mas um pressuposto da admissibilidade constitucional da restrição de um direito.

[1082] Embora este Autor considere que a responsabilidade do Estado constitucionalmente prevista abrange quer atos ilícitos quer atos lícitos, só funda aquela no art. 22.º (*Ensaio...,* cit., págs. 92 e segs.); a segunda funda-se na garantia da propriedade privada ou, para além disso, nos princípios do Estado de Direito (págs. 235 e segs.).

[1083] Assim, MARIA LÚCIA AMARAL, *op. cit.,* pág. 414.

[1084] Cfr. acórdão n.º 254/99 do Tribunal Constitucional, de 4 de maio, in *Diário da República,* 2.ª série, n.º 137, de 15 de junho de 1999.

[1085] No caso do art. 83.º (que alude a "critérios de indemnização"), a situação será diferente: será de inconstitucionalidade por omissão, implicando a ineficácia (não a invalidade) da lei.

[1086] Defender a inconstitucionalidade por ação neste caso seria tão radical como defendê-la a propósito da preterição do princípio da igualdade.

CAPÍTULO III – PRINCÍPIOS COMUNS COM ADAPTAÇÕES

V – Será aplicável a norma da solidariedade à responsabilidade por atos legislativos ilícitos?

Ela acha-se afastada quanto aos Deputados à Assembleia da República (citado art. 157.º, n.º 1) e, por analogia, quanto aos Deputados à Assembleias Legislativas regionais.

Não já quanto aos Membros do Governo, por ser um órgão com estrutura e com procedimentos bem diferentes. Nem se perceberia, como muito bem nota Jorge Pereira da Silva, por que motivo os membros do Governo haviam de estar sujeitos a diferentes regimes de responsabilidade: civilmente responsáveis pela prática de um ato administrativo e pela emanação de um decreto regulamentar (geral e abstrato), mas irresponsáveis pela emanação de um decreto-lei, ainda que este seja uma simples lei medida [1087].

VI – Outro problema difícil provém da faculdade do Tribunal Constitucional de restringir os efeitos da inconstitucionalidade ou da ilegalidade com fundamento em segurança jurídica, equidade ou interesse público de excecional relevo (art. 282.º, n.º 4) [1088].

Pode admitir-se uma correlativa e consequente redução da indemnização, mas não tal ou tanto que vulnere o conteúdo essencial do direito constante do art. 22.º

105. O regime da Lei n.º 67/2007

I – Os pontos principais da Lei n.º 67/2007 [1089] são os seguintes:

[1087] *Artigo 15.º*, cit., *loc. cit.*, pág. 422.

[1088] Cfr. Rui Medeiros, *Ensaio...*, cit., págs. 156 e segs., *maxime* 160; Manuel Afonso Vaz, *A responsabilidade...*, cit., págs. 15-16.

[1089] Cfr. Luís S. Cabral de Moncada, *Responsabilidade civil extracontratual do Estado*, Lisboa, 2008; Carla Amado Gomes, *Três textos sobre o novo regime de responsabilidade civil extracontratual do Estado e demais entidades públicas*, Lisboa, 2008; Miguel Assis Raimundo, *A efectivação da responsabilidade civil do Estado e demais entidades públicas*, in *Estudos em homenagem ao Prof. Doutor Paulo de Pitta e Cunha*, obra coletiva, III, Coimbra, 2010, págs. 587 e segs.; Carlos Alberto Fernandes Cadilha, *Regime da responsabilidade civil extracontratual do Estado e demais entidades públicas anotado*, Coimbra, 2011; *Comentário ao Regime da Responsabilidade Civil Extracontratual do Estado e demais entidades públicas*, cit.; Fernando Alves Correia, *Justiça constitucional*, cit., págs. 269 e segs.

DIREITOS FUNDAMENTAIS

a) Especificação da responsabilidade por ações ou omissões no exercício não apenas da função administrativa mas também da função jurisdicional e da função legislativa, embora, naturalmente, com regimes diferenciados (arts. 1.º, 7.º e segs., 12.º e segs. e 15.º e segs.);

b) Consagração da responsabilidade pelo risco (art. 11.º) e por encargos ou danos especiais ou anormais (art. 16.º), sendo especiais os que incidam sobre uma pessoa ou um grupo sem afetarem a generalidade das pessoas, e anormais os que, ultrapassando os custos próprios da vida em sociedade, mereçam, pela sua gravidade, a tutela do direito (art. 2.º);

c) Responsabilidade por danos patrimoniais e não patrimoniais, assim como por danos produzidos e danos futuros (art. 3.º, n.º 3);

d) Especificação da solidariedade relativamente à função administrativa e à jurisdicional, na base da distinção entre culpa leve e dolo ou culpa grave (arts. 8.º e 14.º);

e) Não tratamento da responsabilidade eventualmente ligada a preterição de decisão referendária (art. 115.º), a atos de Governo ou atos políticos *stricto sensu* e a omissões legislativas para além das previstas no art. 283.º da Constituição;

f) No plano textual, transcrições parciais de artigos do Código Civil perturbadoras de uma correta interpretação do regime jurídico;

g) Tratamento autónomo de indemnização pelo sacrifício, devendo para o seu cálculo atender-se, designadamente, ao grau de afetação do conteúdo substancial do direito ou interesse violado ou sacrificado (art. 16.º) [1090].

II – No tocante à função administrativa, registem-se:

a) Não distinção, para efeito de efetivação de responsabilidade, entre as tradicionais gestão pública e gestão privada;

b) Aplicação à responsabilidade civil das pessoas coletivas de direito privado por ações ou omissões no exercício de prerrogativas de poder

---

[1090] Cfr. PEDRO MACHETE, Artigo 16.º, in *Comentário...*, págs. 425 e segs.; GUILHERME DA FONSECA, *A responsabilidade civil extracontratual dos poderes públicos e a indemnização pelo sacrifício*, in *Scientia Jurídica*, janeiro de 2014, págs. 43 e segs.

CAPÍTULO III – PRINCÍPIOS COMUNS COM ADAPTAÇÕES

público ou que sejam reguladas por normas de direito administrativo (art. 1.º, n.º 5);

c) Consideração como ilicitude também a ofensa de direitos ou interesses legalmente protegidos resultantes do funcionamento anormal do serviço (arts. 7.º, n.º 3, e 9.º, n.º 2) [1091].

III – No tocante à função jurisdicional:

a) Previsão como causas de responsabilidade, para lá dos casos de sentença condenatória injusta e da privação injustificada de liberdade (previstas, como já se viu, desde logo nos arts. 27.º, n.º 5, e 29.º, n.º 6, da Constituição), designadamente a violação de direito a uma decisão judicial em prazo razoável (art. 12.º) e os danos decorrentes de decisões manifestamente inconstitucionais ou ilegais ou com erro grosseiro na apreciação dos respetivos pressupostos de facto (art. 13.º, n.º 1);

b) Consideração como erro judiciário das decisões manifestamente inconstitucionais ou ilegais ou injustificadas por erro grosseiro na apreciação dos respetivos pressupostos de facto (art. 13.º, n.ºs 1 e 2);

c) Necessidade, porém, de o pedido de indemnização se fundar na prévia revogação da decisão danosa pela jurisdição competente (art. 13.º, n.º 2) [1092];

[1091] Cfr. MARCELO REBELO DE SOUSA e ANDRÉ SALGADO DE MATOS, *Responsabilidade civil administrativa*, Lisboa, 2008; JOSÉ CARLOS VIEIRA DE ANDRADE, *A responsabilidade por danos decorrentes do exercício de função administrativa na nova lei da responsabilidade civil extracontratual do Estado e demais entidades públicas*, in *Revista de Legislação e de Jurisprudência*, n.º 3951, págs. 360 e segs.; CARLA AMADO GOMES, *A responsabilidade civil do Estado por actos materialmente administrativos no âmbito de função jurisdicional, no quadro da Lei n.º 67/2007, de 31 de dezembro*, in *O Direito*, 2009, págs. 801 e segs.

[1092] Pode aceitar-se a solução legal no tocante ao erro judiciário em sentido restrito). Não quanto às decisões *manifestamente* inconstitucionais ou ilegais. Ressalvam-se as sentenças condenatórias injustas e de privação injustificada da liberdade; e estas são também, desde logo, decisões manifestamente inconstitucionais (cfr. arts. 449.º e segs. e 225.º e segs. do Código de Processo Civil). Não são, ou podem não ser, as únicas: por exemplo, decisões respeitantes a expulsão ou a extradição (artigo 33.º, n.ºs 2 e 7), a liberdade de associação (artigo 46.º, n.º 2), a despedimentos (artigo 53.º) ou a fundamentação de decisões dos próprios tribunais) (artigo 205.º, n.º 1).
Ter-se-á de esperar aqui pela revogação dessas decisões pelo tribunal competente da respetiva ordem de jurisdição? Ou não deveria entender-se, antes, que a questão de inconstitucionalidade

d) Dependência do exercício de direito de regresso sobre os magistrados de decisão de órgãos competentes para o exercício do poder disciplinar, a título oficioso ou por iniciativa do Ministro da Justiça (art. 14.º, n.º 2) – portanto, do Conselho Superior da Magistratura e do Conselho Superior dos Tribunais Administrativos e Fiscais (art. 217.º da Constituição) [1093].

IV – No tocante à função legislativa:

a) Responsabilidade ligada à desconformidade (tanto material como orgânica e formal) com a Constituição, o Direito internacional, o Direito da União Europeia ou normas legislativas de valor reforçado (art. 15.º, n.º 1) [1094];

b) Responsabilidade, porém, apenas por danos *anormais* (art. 15.º, n.º 1);

c) Existência e extensão da responsabilidade determinadas atendendo às circunstâncias concretas de cada caso e, designadamente, ao grau de clareza e precisão de norma violada, ao tipo de inconstitucionalidade e ao facto de terem sido adotadas ou omitidas diligências suscetíveis de evitar a situação de ilicitude (art. 15.º, n.º 4) [1095];

poderia ser suscitada perante os tribunais administrativos e, perante uma eventual decisão de inconstitucionalidade do tribunal administrativo, por que não encarar a hipótese de recurso obrigatório pelo Tribunal Constitucional?

Insistir-se-ia, porventura, no grave inconveniente de tal decisão sobre decisão de um tribunal superior da ordem judicial ou da ordem administrativa e, sobretudo, em que a fiscalização de constitucionalidade apenas tem por objeto normas jurídicas (artigos 204.º e 277.º e segs. da Constituição). Mas, quanto à primeira objeção, tudo estaria em que, nesse caso deveria ser o Supremo Tribunal Administrativo a julgar. E, quanto à segunda, o sistema de fiscalização da constitucionalidade teria de se compatibilizar com o princípio geral do arti. 22.º.

Diferentemente, acórdão n.º 363/2015 do Tribunal Constitucional, de 9 de julho, in *Diário da República*, 2.ª série, de 23 de setembro de 2015.

[1093] Cfr. José Manuel Cardoso da Costa, *Sobre o novo regime da responsabilidade civil extracontratual do Estado por actos da função judicial*, in *Revista de Legislação e de Jurisprudência*, n.º 3954, janeiro-fevereiro de 2009, págs. 156 e segs.; Carla Amado Gomes, *ABC da (ir)responsabilidade dos juízes no quadro da Lei n.º 67/2007, de 31 de dezembro*, in *Estudos em homenagem ao Prof. Doutor J. L. Saldanha Sanches*, obra coletiva, I, Coimbra, 2011, págs. 77 e segs.

[1094] Cfr. o acórdão n.º 134/2010, de 14 de abril, do *Diário da República*, de 8 de junho de 2010, e a declaração de voto da Juíza Maria Lúcia Amaral.

[1095] No sentido de assim se dar relevância ao grau de culpa do autor da norma, Carlos Alberto Fernandes Cadilha, *op. cit.*, pág. 345; Vieira de Andrade, *A responsabilidade...*, cit., *loc. cit.*, págs. 350 a 351.

CAPÍTULO III – PRINCÍPIOS COMUNS COM ADAPTAÇÕES

d) Dependência da efetivação da responsabilidade de decisão sobre a inconstitucionalidade, a desconformidade com o Direito internacional ou da União Europeia ou a ilegalidade (art. 15.º, n.º 2)

e) Fixação de indemnização equitativamente em montante inferior ao que corresponderia à reparação integral dos danos causados, quando os lesados forem em tal número que, por razões de interesse público de excecional relevo, se justifique a limitação do âmbito da obrigação de indemnização (art. 15.º, n.º 6) – o que é lugar paralelo da há pouco referida restrição dos efeitos de declaração de inconstitucionalidade ou de ilegalidade com força obrigatória geral [1096].

V – A efetivação da responsabilidade por ato legislativo aparece na Lei n.º 67/2007 situada no âmbito da fiscalização difusa, concreta e incidental. Com a diferença, não irrelevante, de que a ação só pode ser proposta em tribunal administrativo. E tudo se passa como se esta ação levasse no bojo uma ação de inconstitucionalidade – o que não tem de nada de estranho, porque a fiscalização incidental não se reduz a fiscalização por via de exceção [1097].

Mas o tribunal não decide a questão de inconstitucionalidade para aplicar ou não aplicar a norma a um caso concreto. Decide-a apenas como pressuposto da obrigação de indemnizar ou não por parte do Estado (ou de região autónoma, quando seja decreto legislativo regional).

Desta decisão cabe recurso para o Tribunal Constitucional (art. 280.º), obrigatório para o Ministério Público, em caso de desaplicação de norma constante de convenção internacional, ato legislativo ou decreto regulamentar (art. 280.º, n.º 3); e só depois do acórdão do Tribunal poderá ser decidida a questão de responsabilidade.

Como os recursos de inconstitucionalidade ou de ilegalidade são restritos a questões de inconstitucionalidade ou de ilegalidade (art. 280.º, n.º 6 da Constituição), ao Tribunal Constitucional não cabe indagar sobre se tal basta para estabelecer os demais pressupostos de responsabilidade, designadamente

---

[1096] Cfr. MARIA LÚCIA AMARAL, *Responsabilidade por danos decorrentes de função política e legislativa*, in *Cadernos de Justiça Administrativa*, n.º 40, julho-dezembro de 2003, págs. 35 e segs.; MÁRIO AROSO DE ALMEIDA, *A responsabilidade do Estado legislador no âmbito do artigo 15.º do novo regime introduzido pela Lei n.º 67/2007, de 31 de dezembro*, in *Julgar*, n.º 5, 2008, págs. 39 e segs.
[1097] Cfr. *Manual...*, VI, cit., págs. 57 e segs.

DIREITOS FUNDAMENTAIS

a ilicitude relevante e o nexo de causalidade entre o facto ilícito e o prejuízo reclamado [1098].

VI – Hipótese diversa – embora não contemplada na Lei n.º 67/2007 – vem a ser a de ter havido já declaração de inconstitucionalidade com efeitos obrigatórios gerais. Neste caso, a ação de responsabilidade corre os seus termos com toda a autonomia [1099].

VII – O regime relativo à inconstitucionalidade por omissão do n.º 5 está inquinado pela ausência de fiscalização concreta e pela inércia quase total dos órgãos de iniciativa (desde 1982 apenas houve um requerimento para esse efeito), bem como pela interpretação literalista do art. 283.º da Constituição fechando-o nas normas constitucionais não exequíveis por si mesmas, em vez de se adotar uma visão assente no *não cumprimento da Constituição*, designadamente através da desproteção de direitos fundamentais[1100].

O dever de indemnizar pelo Estado funda-se no princípio da responsabilidade civil do art. 22.º e no princípio da vinculação das entidades públicas do art. 18.º. Pois, se estes princípios não forem cumpridos e daí resultarem danos para as pessoas, elas hão de ter o direito de se dirigir ao tribunal para obter o ressarcimento do prejuízo. Se é assim em caso de lesão da saúde pública, dos direitos dos consumidores ou do ambiente (art. 52.º, n.º 3), muito menos poderia deixar de ser assim perante os demais direitos e interesses constitucionalmente relevantes[1101].

[1098] CARLOS ALBERTO FERNANDES CADILHA, *Regime...*, cit., pág. 338.

[1099] Para MARIA LÚCIA AMARAL seria só neste caso que deveria ser admitida a interposição de ações de responsabilidade (*Responsabilidade...*, cit., *loc. cit.*, pág. 45). Mas isso porque parte de uma separação radical entre a questão de inconstitucionalidade e a questão da qualificação jurídica dos factos pressupostos de responsabilidade e porque não valoriza o papel de todos os juízes como verdadeiros juízes constitucionais.

[1100] Cfr. JORGE PEREIRA DA SILVA, *Dever de legislar e protecção jurisdicional contra omissões legislativas*, Lisboa, 2003, e *Artigo 15.º*, cit., *loc. cit.*, págs. 420 e segs.; e JORGE MIRANDA, *Manual ...*, VI, 4.ª ed., Coimbra, 2013, pág. 377.

[1101] No mesmo sentido, DIOGO FREITAS DO AMARAL e RUI MEDEIROS, *op. cit.*, págs. 299 e segs., *maxime* 351 e segs.; J. J. GOMES CANOTILHO e VITAL MOREIRA, *Omissões normativas e dever de protecção*, in *Estudos em homenagem a Cunha Rodrigues*, obra coletiva, II, 2001, págs. 111 e segs. E também acórdão n.º 238/97, de 12 de março, in *Diário da República*, 2.ª série, n.º 111, de 14 de maio de 1997.

CAPÍTULO III – PRINCÍPIOS COMUNS COM ADAPTAÇÕES

A dificuldade apenas pode ser ultrapassada a partir do art. 22.º, vendo-o como diretamente aplicável[1102] e, em face dele, considerado inconstitucional o art. 15.º, n.º 5 da Lei n.º 67/2012[1103], o que bem podem fazer os tribunais administrativos. Donde, a possibilidade de uma ação de responsabilidade por omissão homóloga à da responsabilidade por ato legislativo (art. 15.º, n.º 2).

VIII – O que se diz aqui vale também para atos afins de atos com força de lei como a declaração de estado de sítio ou de estado de emergência e a correspondente autorização ou confirmação pela Assembleia da República[1104]. Quando houver direitos, liberdades e garantias atingidos por aquela declaração sem se verificarem os pressupostos do art. 19.º, n.º 2 da Constituição ou, ao invés, por ela não ter ocorrido e se verificarem esses pressupostos, o cidadão deverá ter direito a uma indemnização.

[1102] Como dissemos atrás.

[1103] Assim, RUI MEDEIROS, anotação ao art. 283.º, in JORGE MIRANDA e RUI MEDEIROS, *Constituição Portuguesa Anotada*, III, págs. 868 e 869; MIGUEL BETTENCOURT DA CÂMARA, *A acção de responsabilidade civil por omissão legislativa e a norma do n.º 5 do art. 15.º da Lei n.º 67/2007*, Coimbra, 2011; JORGE PEREIRA DA SILVA, Artigo 15.º, cit., *loc. cit.*, págs. 381 e 382.

[1104] Cfr. *Manual ...*, V, pág. 224.

§ 6.º
Os direitos fundamentais
como limite material da revisão constitucional

106. Os limites materiais do art. 288.º

I – A temática dos limites materiais de revisão constitucional consta do tomo II do nosso *Manual de Direito Constitucional* [1105]. Para aí remetemos quanto ao significado que atribuímos em geral ao art. 288.º da Constituição.

Entre esses limites materiais aparecem os direitos, liberdades e garantias dos cidadãos [alínea *d)*] e os direitos dos trabalhadores, das comissões de trabalhadores e de associações sindicais [alínea *e)*], assim como a separação das Igrejas do Estado [alínea *c)*], o sufrágio universal, direto, secreto e periódico [alínea *h)*] e o pluralismo de expressão e organização políticas, incluindo partidos políticos, e o direito de oposição democrática [alínea *i)*].

Não se contemplam, explicitamente, direitos institucionais, salvo os das organizações de trabalhadores. Mas não se vê como possam não estar também abrangidos, pelos seus estreitos liames, direitos como os das confissões religiosas (art. 41.º, n.ᵒˢ 4 e 5) ou os das associações em geral (art. 46.º, n.º 2). Mais duvidoso é se abrangem ainda as garantias institucionais conexas com direitos, liberdades e garantias.

Nem se preveem os direitos económicos, sociais e culturais. Todavia, além dos limites explícitos, sabe-se que existem limites materiais implícitos [1106] e não faria sentido que, numa Constituição que aponta para a democracia

---

[1105] Na 7.ª ed., Coimbra, 2013, págs. 221 e segs.
[1106] V. *Manual...*, II, cit., pág. 236.

DIREITOS FUNDAMENTAIS

económica, social e cultural como objetivo e tarefa fundamental [arts. 2.º e 9.º, alínea *d*)], eles não fossem também limite de revisão [1107] [1108].

II – Assim, essas alíneas do art. 288.º significam:

a) As leis de revisão têm de respeitar (ou seja, manter e preservar) os direitos, liberdades e garantias e os direitos sociais que correspondam a limites transcendentes ao Direito estatal [1109] ou, doutro ângulo, pelo menos, os direitos, liberdades e garantias que, mesmo em estado de necessidade, não podem ser suspensos (art. 19.º, n.º 6);

b) As leis de revisão têm de respeitar os direitos, liberdades e garantias que correspondam a limites imanentes à legitimidade democrática da Constituição [1110], como o direito de sufrágio e o direito de associação política;

c) As leis de revisão têm de respeitar o conteúdo essencial dos demais direitos, liberdades e garantias e dos direitos económicos, sociais e culturais (ou, porventura, numa visão mais mitigada, o conteúdo essencial do sistema desses direitos, podendo então vir a diminuir o seu elenco ou a afetar o conteúdo essencial de qualquer deles, desde que não fique prejudicado o sistema global);

d) As leis de revisão têm de respeitar o regime dos direitos fundamentais – tanto os regimes comuns como os regimes específicos;

[1107] No mesmo sentido, J. J. GOMES CANOTILHO, *Direito...*, cit., pág. 338; JOÃO CARLOS LOUREIRO, *Adeus...*, cit., pág. 108. Contra, JOSÉ DE MELO ALEXANDRINO, *A estruturação...*, cit., II, págs. 358 e segs.

[1108] Cfr., quanto ao Brasil, FAYGA SILVEIRA BEDE, *Sísifo nos limites do imponderável ou os direitos sociais como limites ao poder reformador*, in *Constituição e democracia – Estudos em homenagem ao Prof. Doutor J. J. Gomes Canotilho*, obra coletiva, São Paulo, 2006, págs. 89 e segs.; INGO WOLFGANG SARLET, *A eficácia...*, cit., págs. 422 e segs.; RODRIGO BRANDÃO, *São os direitos sociais cláusulas pétreas? Em que medida?*, in *Direitos Sociais – Fundamentação, judicialização e direitos sociais em espécie*, obra coletiva (coord. por Cláudio Pereira de Souza Neto e Daniel Sarmento), Rio de Janeiro, 2010, págs. 451 e segs., *maxime* 460 e segs., ou, quanto à França e à Alemanha, THOMAS MEINDL, *La Notion ...*, cit., págs. 461 e segs.

[1109] *Manual...*, II, cit., págs. 142 e 143.

[1110] *Ibidem*, pág. 144.

CAPÍTULO III - PRINCÍPIOS COMUNS COM ADAPTAÇÕES

e) As leis de revisão não podem estabelecer derrogações a normas de direitos, liberdades e garantias, mormente derrogações ou ruturas materiais de sentido restritivo;

f) As leis de revisão têm de respeitar o princípio do art. 16.º, n.º 2, e a Declaração Universal dos Direitos do Homem [1111].

III – Não se trata de impedir qualquer modificação textual ou até de sentido dos preceitos a que se referem as alíneas do art. 288.º Trata-se, sim, de respeitar os princípios a eles subjacentes: os princípios de salvaguarda da vida humana, de liberdade de imprensa, de sufrágio universal, de liberdade sindical, do direito ao trabalho, do direito ao ensino, etc.

A garantia trazida pelas cláusulas de limites materiais é de princípios, e não de preceitos [1112].

[1111] Cfr. João de Castro Mendes, *Direitos...*, cit., *loc. cit.*, pág. 111; Afonso d'Oliveira Martins, *La revision constitucional y el ordenamiento português*, Madrid, 1995, págs. 416 e segs.; Jorge Bacelar Gouveia, *O Estado...*, cit., i, págs. 599 e segs.; Sérvulo Correia, *Direito...*, cit., pág. 49; Gomes Canotilho, *Métodos de protecção dos direitos, liberdades e garantias*, in *Direito Penal, Processual Penal e Direitos Fundamentais – Visão luso-brasileira*, obra coletiva, São Paulo, 2006, págs. 131 e segs., e *Direito...*, cit., págs. 1062-1063; José de Melo Alexandrino, *A estruturação...*, cit., ii, págs. 334 e segs.; Rui Medeiros, anotação ao art. 288.º, in Jorge Miranda e Rui Medeiros, *Constituição...*, iii, cit., págs. 399 e segs.; Paulo Otero, *Instituições...*, i, cit., págs. 595 e 597; Vieira de Andrade, *Os direitos...*, cit., págs. 318 e segs.; Jorge Reis Novais, *As restrições...*, cit., págs. 575 e segs., nota; Gomes Canotilho e Vital Moreira, *Constituição...*, ii, cit., págs. 1016-1017.

[1112] V. *Manual...*, ii, cit., págs. 26 e 249 e segs.

§ 7.º
O referendo sobre direitos fundamentais

107. O referendo político nacional

Não propriamente princípio, mas regra comum aos direitos, liberdades e garantias e aos direitos sociais vem a ser a possibilidade de sujeição de questões relativas a opções de regulamentação (e, eventualmente, de restrição) a referendo político nacional, nos termos e com os limites do art. 115.º da Constituição [1113].

[1113] V. *Manual...*, VII, cit., págs. 306 e segs.

CAPÍTULO IV
O REGIME ESPECÍFICO DOS DIREITOS, LIBERDADES E GARANTIAS

§ 1.º
O princípio da reserva de lei

108. Liberdade e lei

I – A estreita relação entre liberdade e lei (ou a colocação da lei ao serviço da liberdade) remonta ao constitucionalismo liberal. A Lei Fundamental de 1976 não reproduz a fórmula «ninguém pode ser obrigado a fazer ou a deixar de fazer alguma coisa senão em virtude da lei», mas acolhe, com toda a nitidez, o correspondente princípio.

Acolhe-o em geral, embora indiretamente a respeito das restrições e das medidas de polícia, nos arts. 18.º, n.os 2 e 3, e 272.º, n.º 2; implicitamente, no art. 165.º, n.º 1, alínea *b*); e através do art. 16.º, n.º 2, no art. 29.º, n.º 2, da Declaração Universal.

Acolhe-o em especial, em numerosíssimas disposições avulsas, a propósito de muitos direitos, liberdades e garantias ou de direitos de natureza análoga (assim como a propósito de outras matérias): arts. 20.º, n.º 2; 26.º, n.os 2 e 3; 27.º, n.os 2, 3 e 5; 28.º, n.os 2 e 4; 29.º, n.os 1, 2, 3, 4 e 5; 32.º, n.os 3, 4, 5 e 7; 33.º, n.º 6; 34.º, n.os 2 e 4; 35.º, n.os 2, 4 e 6; 36.º, n.os 2, 4 e 7; 38.º, n.os 2, alínea *b*), 3 e 7; 39.º, n.os 4 e 5; 40.º, n.os 1 e 2; 41.º, n.º 6; 46.º, n.os 1 e 2; 47.º, n.º 1; 49.º, n.º 1; 50.º, n.º 3; 52.º, n.º 2; 54.º, n.os 4 e 5, alínea *f*); 55.º, n.os 4 e 6; 56.º, n.os 3 e 4; 57.º, n.º 2; 60.º, n.os 2 e 3; 61.º, n.os 1 e 4; 62.º, n.º 2; 103.º, n.º 3; 267.º, n.º 5; 268.º, n.os 2, 3 e 6; 270.º

DIREITOS FUNDAMENTAIS

II – A figura constitucional da reserva de lei – seja absoluta ou relativa – é estudada noutra obra [1114] [1115].

Por agora, importa apenas sublinhar, tendo em conta as considerações já expostas e outras ainda a fazer, que a intervenção do legislador assim prescrita no domínio dos direitos, liberdades e garantias pode ser de diferente alcance. Pode ser:

a) Declarativa regulamentadora – corresponde à regra geral [*v. g.*, art. 38.º, n.º 2, alínea *b*)];

b) Concretizadora – corresponde a normas não exequíveis por si mesmas (*v. g.*, art. 41.º, n.º 6);

c) Protetiva (*v. g.*, art. 26.º, n.º 2);

d) Restritiva – nos casos previstos na Constituição ou com fundamento direto nesta (*v. g.*, art. 270.º);

e) Aditiva – por referência à cláusula aberta do art. 16.º [1116].

[1114] *Manual...*, v, cit., págs. 213 e segs.

[1115] Cfr. a visão crítica de VIRGÍLIO AFONSO DA SILVA, *Os direitos fundamentais e a lei: a Constituição brasileira tem um sistema de reserva legal?*, in *Vinte Anos da Constituição Federal*, obra coletiva (coord. de Cláudio Pereira de Souza Neto e Gustavo Binemboym), Rio de Janeiro, 2009, págs. 205 e segs.

[1116] Cfr. JOSÉ CARLOS VIEIRA DE ANDRADE, *Os direitos...*, cit., págs. 208 e segs., enunciando, além das leis restritas, leis ordenadoras, condicionadoras, interpretativas (delimitadoras ou concretizadoras), constitutivas (ou conformadoras), protetoras e ampliativas.

§ 2.º
O princípio da caráter restritivo das restrições

109. A complexidade das restrições

I – Os direitos, liberdades e garantias referem-se tanto a formas de realização e de defesa das pessoas como a padrões objetivos da ordem jurídica. Não subsistindo, isolados, têm de ser apercebidos também na sua conexão com interesses, princípios e valores ali ínsitos e que sobre eles, verificados determinados pressupostos e balizas, prevalecem. Donde, as restrições enquanto reduções de conteúdo e de âmbito de proteção desses direitos.

O art. 18.º, n.º 2, liga as restrições à *«salvaguarda de outros direitos ou interesse legalmente protegidos»*. Deve ser, porém, interpretado no sentido de o segmento respeitante aos direitos se reconduzir a limites de exercício na perspetiva do art. 29.º, n.º 2, da Declaração Universal [1117] e de apenas o segmento dos

---

[1117] Não são, pois, restrições, mas, pelo contrário, limites específicos relativos a certos direitos:
– os limites à utilização de informações relativas a pessoas e famílias, em especial através de informática (arts. 26.º, n.º 2, e 35.º, n.os 3 e 7);
– os limites à utilização das tecnologias e da experimentação no campo da genética (art. 26.º, n.º 3);
– a proibição de acesso a dados pessoais de terceiros, salvo em casos excecionais previstos na lei (art. 35.º, n.º 4);
– a necessidade de as reuniões serem pacíficas e sem armas (art. 45.º, n.º 1);
– a proibição de associações destinadas a promover a violência ou com fins contrários à lei penal (art. 46.º, n.º 1);
– a proibição de associações armadas, de tipo militar, militarizadas ou paramilitares (art. 46.º, n.º 4, 1.ª parte);
– a proibição de organizações racistas (art. 46.º, n.º 4, 2.ª parte);

DIREITOS FUNDAMENTAIS

"interesses constitucionalmente protegidos" aqui importar. Já sabemos que limites de exercício se não identificam com restrições.

Podem ser enunciadas, a essa luz, as seguintes restrições previstas no articulado constitucional:

- As restrições aos condenados a penas ou a medidas de segurança privativas de liberdade (art. 30.º, n.º 5);
- Os casos admitidos de extradição de cidadãos portugueses (art. 33.º, n.ᵒˢ 3 e 5);
- As restrições à capacidade civil (art. 36.º, n.º 4);
- As regras sobre empresas jornalísticas, com vista à sua independência perante o poder político e o poder económico (art. 38.º, n.º 4);
- A imposição, nos períodos eleitorais, de tempo de antena nas estações privadas de rádio e de televisão de âmbito nacional e regional (art. 40.º, n.º 3);
- As restrições impostas à liberdade de escolha (e de exercício) de profissão (art. 47.º, n.º 1);
- As inelegibilidades (arts. 50.º, n.º 3, e 123.º);
- A proibição de denominações de partidos com expressões diretamente relacionadas com quaisquer religiões ou igrejas e de emblemas confundíveis com símbolos nacionais ou religiosos (art. 51.º, n.º 3);
- A proibição de partidos de índole ou âmbito regional (art. 51.º, n.º 4);
- As restrições à propriedade (art. 62.º, n.º 2);
- As restrições à iniciativa económica privada tendo em conta o interesse geral [arts. 61.º, n.º 1, e 81.º, alínea f)], a intervenção do Estado na gestão das empresas (art. 86.º, n.º 2) e a vedação de acesso a setores básicos (art. 86.º, n.º 3);
- A proibição dos regimes de aforamento e colonia (art. 96.º, n.º 2);
- Os limites à renovação sucessiva de mandatos de titulares de cargos políticos executivos (art. 118.º, n.º 2);

– a proibição de inscrição simultânea em mais de um partido (art. 51.º, n.º 2, 1.ª parte).
E, noutro âmbito:
– a imposição aos partidos dos princípios de organização democrática (art. 51.º, n.º 5);
– a imposição às empresas da organização do trabalho em condições socialmente dignificantes e de higiene, segurança e saúde [art. 59.º, n.º 1, alíneas b) e c)].

CAPÍTULO IV – O REGIME ESPECÍFICO DOS DIREITOS, LIBERDADES E GARANTIAS

- As restrições ao acesso dos cidadãos aos arquivos e documentos administrativos (art. 268.º, n.º 2);
- A não acumulação de empregos ou cargos públicos (art. 269.º, n.º 4) e as incompatibilidades entre o exercício de empregos ou cargos públicos e outras atividades (art. 269.º, n.º 3);
- As restrições ao exercício de certos direitos por militares e agentes militarizados dos quadros permanentes, bem como por agentes dos serviços e de forças de segurança, uns e outros em serviço efetivo (art. 270.º) [1118] – também ligado ao seu dever de isenção política (art. 275.º, n.º 4).

Acrescentem-se como restrições mais ligadas a deveres fundamentais:

- A prestação, durante a greve, dos serviços necessários à segurança e à manutenção dos equipamentos e instalações, bem como de serviços mínimos indispensáveis para a satisfação de necessidades sociais impreteríveis (art. 57.º, n.º 3);
- A proteção de direitos das crianças e a proibição de trabalho de menores em idade escolar (art. 69.º).

Podem ainda provocar restrições:

- A proteção do segredo de justiça (art. 20.º, n.º 3);
- A fiscalização de empresas que prossigam atividades de interesse económico geral (art. 56.º, n.º 1);
- A disciplina das atividades e dos investimentos estrangeiros (art. 87.º).

II – Algumas das restrições constam de normas imediatamente exequíveis, ainda que possam ser regulamentadas por normas legais – as constantes dos arts. 51.º, n.ºs 3 e 4, 57.º, n.º 3, 1.ª parte, 69.º, n.º 3, 96.º, n.º 2, e 123.º Todas as demais constam de normas não exequíveis por si mesmas e, portanto, carecidas da *interpositio legislatoris*. E, dentre estas, há ainda as que são simplesmente

---

[1118] Mas o art. 270.º não abrange civis que trabalhem para as Forças Armadas (assim, EDUARDO CORREIA BAPTISTA, *Os direitos de reunião e de manifestação*, Coimbra, 2006, pág. 290.

DIREITOS FUNDAMENTAIS

permitidas, e não obrigatoriamente estipuladas – as dos arts. 86.º, n.ºs 2 e 3, e 118.º, n.º 2 [1119]; sendo então restrições *imediatas* as impostas pela Constituição e *mediatas* as que o não são.

III – Tomando como paralelo as classificações de direitos, pode falar-se depois em restrições *comuns* a todas as pessoas; e em restrições *particulares* ou restrições que só afetam direitos em relação a certas categorias de pessoas (é o caso dos arts. 269.º, n.º 4, e 270.º), bem como em restrições *especiais* ou restrições respeitantes aos direitos de pessoas que se encontrem em certas situações (é o caso do art. 30.º, n.ºs 2 e 4).

Nas restrições particulares, sobressaem as que se prendem com os chamados *estatutos* – mas não propriamente *relações especiais de poder* – ou situações jurídicas mais ou menos duradouras das pessoas integradas no âmbito de certas instituições públicas, como as Forças Armadas [1120]. Esses estatutos não correspondem a ordens normativas separadas da ordem constitucional, nem geram quaisquer dependências de tipo pessoal, ainda quando impliquem estruturas hierarquizadas e disciplinares específicas; têm, sim, caráter meramente funcional ou institucional e acham-se subordinados aos fins que as justificam [1121].

[1119] À primeira vista, dir-se-iam também de existência não obrigatória, por causa das fórmulas do texto constitucional, as restrições dos arts. 50.º, n.º 3, 88.º e 270.º Mas seria incongruente que o fossem, em face de razões que as determinam: respetivamente, a liberdade de escolha e a independência no exercício dos cargos eletivos, o aproveitamento de todos os meios de produção e a isenção política e a disciplina das Forças Armadas.

[1120] Sobre a formação do art. 270.º, v. *Diário da Assembleia da República*, II legislatura, 2.ª sessão legislativa, 2.ª série, suplemento ao n.º 64, págs. 1232(29) e 1232(30); 4.º suplemento ao n.º 64, págs. 1232 (211) e segs.; 3.º suplemento ao n.º 106, págs. 1998(69) e segs.; e 2.º suplemento ao n.º 114, pág. 2076(14). E 1.ª série, n.º 130, de 30 de julho de 1982, pág. 5484, e n.º 125, de 23 de julho de 1982, pág. 5280.

[1121] Cfr. MÁRIO ESTEVES DE OLIVEIRA, *op. cit.*, págs. 119 e segs.; ROGÉRIO SOARES, *Princípio da legalidade*, cit., *loc. cit.*, págs. 174 e 185 e segs.; JORGE COUTINHO DE ABREU, *Sobre os regulamentos administrativos e o princípio da legalidade*, Lisboa, 1987, págs. 111 e segs.; MARIA JOÃO ESTORNINHO, *Requiem pelo contrato administrativo*, Coimbra, 1990, págs. 162 e segs.; ERNST-WOLFGANG BÖCKENFÖRDE, *op. cit.*, págs. 110 e 111; MARIANO LOPEZ BENÍTEZ, *Les relations spéciales de sujétion dans la doctrine et la jurisprudence espagnoles*, in *Revue européenne de droit public*, 1996, págs. 1117 e segs.; LUÍS S. CABRAL DE MONCADA, *As relações especiais de poder no direito prtuguês*, in *Revista da Universidade Moderna*, 1, 1998, págs. 181 e segs.; ANA ABA CATOIRA, *La limitación de los derechos fundamentales por razones del sujeto*, Madrid, 2001; JORGE REIS NOVAIS, *As restrições...*, cit.,

CAPÍTULO IV – O REGIME ESPECÍFICO DOS DIREITOS, LIBERDADES E GARANTIAS

IV – Não esgotam, porém, estas as restrições possíveis e necessárias. Eis o que resulta, quase à vista desarmada, da fluidez das formulações presentes no texto constitucional, da multiplicidade de situações ali não previstas e da relevância de bens jurídicos e princípios que nestas se projetam.

Pense-se só, por exemplo, no direito à greve [1122]. Seria admissível uma greve de juízes, titulares de órgãos de soberania (art. 110.º)[1123]?

Seria admissível, antes de 1997, uma greve do pessoal de saúde que impedisse o tratamento de doentes ou sinistrados em perigo de vida ou uma greve por tempo indefinido dos controladores aéreos? Ou uma greve dos militares (quando nem sequer os agentes dos serviços e das forças de segurança a podem fazer, por força do art. 270.º)? Ou manifestações em frente a aquartelamentos de militares, pondo em causa a sua isenção política (art. 275.º)[1124]? Ou pense-se nos direitos vindos de lei ou de tratado internacional e considerados fundamentais à luz do art. 16.º, n.º 1: não previstos na Constituição, também esta não poderia prever eventuais restrições; mas poderiam estar-lhes imunes [1125]?

---

págs. 510 e segs.; J. J. Gomes Canotilho, *Direito...*, cit., págs. 466 e 467. Quanto aos militares e aos agentes militarizados, cfr., por exemplo, Jacques Robert, *Libertés publiques et défense*, in *Revue du droit public*, 1977, págs. 935 e segs.; Armando Marques Guedes, *A segurança, a defesa nacional, as Forças Armadas e os cidadãos numa perspectiva constitucional*, in *Nacão e Defesa*, n.º 19, julho-Setembro de 1981, pág. 57; J. J. Gomes Canotilho, *Fidelidade à República ou fidelidade à NATO?*, Coimbra, 1987, págs. 38 e segs.; Francisco Liberal Fernandes, *As Forças Armadas e a P.S.P. perante a liberdade sindical*, Coimbra, 1990; Iñaki Lasagabaster Herrarte, *Las relaciones de sujecion especial*, Madrid, 1994; Ana Aba Catoira. *La limitación negativa de los derechos fundamentales por razón del sujeto*, Madrid, 2001, págs. 157 e segs.; Joaquín Brage Camazino, *Los limites a los derechos fundamentales*, Madrid, 2004; José de Melo Alexandrino, *A greve dos juízes...*, cit., loc. cit., págs. 771 e segs.; Luís Pimentel; *As restrições de direitos aos militares das Forças Armadas*, Lisboa, 2008; José Carlos Vieira de Andrade, *op. cit.*, págs. 293 e segs.

[1122] Cfr. Bernardo Xavier, *op. cit.*, págs. 91 e segs.; Gomes Canotilho, *Direito Constitucional*, 5.ª ed., Coimbra, 1991, pág. 616; acórdão n.º 289/92 do Tribunal Constitucional, de 19 de Setembro, in *Diário da República*, 2.ª série, de 19 de Setembro de 1992.

[1123] Cfr. Jorge Miranda, *Os juízes têm direito à greve?*, in *Homenagem ao Prof. Doutor André Gonçalves Pereira*, obra coletiva, Coimbra, 2006, págs. 287 e segs.; José Melo Alexandrino, *A greve dos juízes – segundo a Constituição e a dogmática constitucional*, in *Estudos em homenagem ao Professor Doutor Marcello Caetano no centenário do seu nascimento*, obra coletiva, Coimbra, 2006, i, págs. 747 e segs.

[1124] Art. 13.º do Decreto-Lei n.º 406/74, de 29 de agosto. Porém, já se afigura inconstitucional a proibição de manifestação frente às sedes de órgãos de soberania ou instalações militares ou a representações diplomáticas.

[1125] Sob pena de ficarem com uma proteção privilegiada relativamente aos direitos fundamentais formais: Jorge Reis Novais, *As restrições...*, cit., págs. 48, nota, e 549.

DIREITOS FUNDAMENTAIS

Ou olhe-se ao art. 65.º, n.º 4, sobre solos urbanos. Não há um *numerus clausus* aí das medidas necessárias à satisfação do fim de utilidade pública urbanística, afora a expropriação; pode haver outros que determinem restrições à propriedade – porque, como disse o Tribunal Constitucional, a autorização constitucional para restringir se não identifica com a necessidade de referência textual explícita certa e determinada [1126].

O art. 270.º, de resto, é incompleto, porque os militares em serviço ativo não podem deixar de ter restrições quanto ao direito de deslocação e de emigração (art. 44.º) e quanto à liberdade sindical (art. 55.º) [1127]. E a regra também deve abranger os militares em regime de contrato e de voluntariado.

Nem existe preceito análogo [1128] acerca dos juízes, dos magistrados do Ministério Público, dos diplomatas e dos dirigentes superiores da Administração Pública, cujas funções respetivamente de administração ou de participação na administração da justiça, de representação externa do Estado e de prossecução do interesse público na imediata dependência do Governo exigem dedicação exclusiva de serviço e, no mínimo, uma total isenção político-partidária [1129]. E, no fundo, aqui, como no hemisfério dos militares, tudo está em que se trata de funções essenciais do Estado, de serviços da República no sentido estrito do termo.

> Conforme se lê noutro acórdão do Tribunal Constitucional, quando a Constituição consagra um limite expresso, isso não implica que nenhum outro limite tenha sido desejado. «Este argumento, obviamente, não procede. Ele subentende que o limite expresso, ou a reserva de lei, é uma exceção e que existe uma regra que proíbe a existência de outras restrições além das expressas. A primeira premissa não é verdadeira. A reserva de lei do n.º 2 é uma remissão da Constituição para a lei e não uma exceção constitucional a normas constitucionais» [1130].

[1126] Acórdão n.º 421/2009, de 13 de agosto, in *Diário da República*, 2.ª série, de 22 de Setembro.
[1127] Cfr. anotação ao art. 270.º, in JORGE MIRANDA e RUI MEDEIROS, *Constituição...*, III, cit., pág. 268.
[1128] Ao contrário do que consta da Constituição da Espanha (art. 127º), de Cabo Verde (art. 238.º) e, quanto aos dirigentes da função pública, da Constituição italiana (art. 98.º).
[1129] Os juízes em exercício não podem exercer funções em partidos políticos ou desenvolver atividades político-partidárias de caráter público (art. 28.º da lei orgânica do Tribunal Constitucional e art. 11.º do estatuto dos magistrados judiciais, respetivamente Leis n.ºs 28/82, de 15 de novembro, e 21/85, de 30 de junho).
[1130] Acórdão n.º 254/99, de 4 de maio, in *Diário da República*, 2.ª série, de 15 de junho de 1999. Há abundante jurisprudência (não uniforme); cfr., entre outros, acórdão n.º 7/87, de 9 de janeiro, *ibidem*, 1.ª série, de 9 de fevereiro.

CAPÍTULO IV – O REGIME ESPECÍFICO DOS DIREITOS, LIBERDADES E GARANTIAS

V – Forçoso e natural é, pois, aceitar a existência de restrições *implícitas*[1131], derivadas outrossim da necessidade de salvaguardar outros "interesses constitucionalmente protegidos", e fundadas não em preceitos avulsos, mas sim em princípios constitucionais paralelos aos que alicerçam as restrições expressas[1132].

Restrições implícitas derivadas de tais princípios, e não do art. 29.º, n.º 2, da Declaração Universal – porque este se completa e, de certo, envolve o art. 18.º, n.º 2, da Constituição, se reporta, como dissemos atrás, a limites ao exercício de direitos, e não a restrições.

Mas importa, em qualquer caso, enfatizar que todas as restrições – sejam explícitas ou, por maioria de razão, implícitas – apenas podem ser desenhadas a partir de uma correta interpretação objetiva e sistemática da Constituição; pressupõem *reserva de Constituição*; e é dentro dela, e não fora dela, que têm de se legitimar [1133] [1134].

Quanto aos dirigentes da Administração pública, a Convenção n.º 151 da Organização Internacional do Trabalho (aprovada para ratificação pela Lei n.º 17/80, de 15 de julho) admite tratamento adequado dos trabalhadores da função pública com funções «normalmente consideradas de formulação de políticas ou de direção» ou cujas responsabilidades «tenham um caráter altamente confidencial» (arts. 1.º, n.º 2, e 9.º).
Se não se admitissem restrições implícitas, estas normas seriam inconstitucionais.

[1131] Como já sustentávamos em *O regime dos direitos, liberdades e garantias*, in *Estudos sobre a Constituição*, obra coletiva, III, Lisboa, 1979, págs. 83-84.

[1132] Cfr. ANDRÉ SALGADO DE MATOS, *Recurso hierárquico necessário e regime material dos direitos, liberdades e garantias*, in *Scientia Juridica*, janeiro-abril de 2001, pág. 89: a proibição constitucional de leis restritivas de direitos, liberdades e garantias fora os «casos expressamente previstos na Constituição» deve ser objeto de interpretação restritiva no sentido de que as restrições *devem ter um fundamento normativo constitucional*.

[1133] Cfr. as intervenções dos Deputados Costa Andrade e Maria da Assunção Esteves, aquando da segunda revisão constitucional, alertando para o risco de referentes de legitimação material das restrições sem limites que poderiam conduzir à inversão da própria linguagem dos direitos (*Diário da Assembleia da República*, 5.ª legislatura, 2.ª sessão legislativa, 1.ª série, n.º 66, reunião de 19 de abril de 1989, págs. 2269 e segs.).

[1134] Por isso, porque o art. 34.º, n.º 4 da Constituição não admite ingerência das autoridades públicas na correspondência, nas telecomunicações e nos demais meios de comunicação, salvo nos casos previstos em matéria de processo criminal, decidiu o Tribunal Constitucional, e bem (embora baseado sobetudo no art. 18.º, n.º 2) que era inconstitucional a autorização de o Serviço de Informações aceder a dados de tráfego das telecomunicações: acórdão n.º 403/2015, de 27 de agosto, in *Diário da República*, 1.ª série, de 17 de setembro de 2015.

DIREITOS FUNDAMENTAIS

VI – JORGE REIS NOVAIS, na principal monografia em língua portuguesa sobre esta problemática, explica as restrições implícitas a partir da natureza estrutural complexa dos direitos fundamentais que, sob pena de desvirtuamento dos princípios do Estado de Direito, o próprio legislador constitucional tem de reconhecer. E essa natureza manifesta-se, de um lado, no caráter dos direitos fundamentais como *trunfos* (DWORKIN) ou *armaduras* (SCHAUER) contra a decisão das maiorias políticas que garante aos bens jusfundamentalmente tutelados uma proteção qualificada e privilegiada, e traduz-se também, de outro lado, no condicionamento dos direitos fundamentais por uma reserva geral de ponderação ou de compatibilização com todos os bens que mereçam, em Estado de Direito, proteção jurídica [1135].

«No fundo, os *direitos e interesses constitucionalmente potegidos* (como diz o art. 18.º, n.º 2) para fins de justificar uma restrição a direitos fundamentais são os que, segundo o art. 29.º, n.º 2 da *Declaração*, decorrem das exigências de proteção dos direitos e liberdades dos outros, da moral, da ordem pública e do bem-estar numa sociedade democrática (...). E, assim, um direito fundamental constitucionalmente consagrado sem reservas pode ser restringido por força da necessidade de prossecução de outros bens que, em função daqueles valores, são igualmente dignos de proteção jurídica. Aquilo que é determinante deve ser o conteúdo material do bem em causa e não a sua inscrição formal num plano constitucional ou infra-constitucional [1136]. (...) A estrutura *aberta* de grande parte das normas de direitos fundamentais, a sua natureza de *princípios* e a sua dimensão objetiva enquanto valores que se impõem vinculativamente à observância de todos os poderes constituídos e irradiando, enquanto tal, a toda a ordem jurídica colocam, por definição, a metodologia da ponderação de bens no *coração* da dogmática dos direitos fundamentais.

«A partir do momento em que a Constituição, no que se refere aos direitos fundamentais consagrados sem reservas, não dá quaisquer indicações sobre a preferência relativa a conferir a cada um dos bens em colisão nem sobre a medida admissível da sua eventual cedência recíproca, a conclusão essencial é a de que, no que se refere a estes direitos, aquela decisão de prevalência é remetida para um juízo de ponderação de responsabilidade praticamente exclusivo dos poderes constituídos» [1137]

(...)

«Tratar-se-á, sempre, e independentemente da questão de saber a quem incumbe o controlo e com que alcance, de verificar se o método utilizado e

---

[1135] *As restrições...*, cit., págs. 569 e segs., 602 e segs. e 626 e segs.

[1136] *Ibidem*, pág. 620.

[1137] *Ibidem*, págs. 626-627.

CAPÍTULO IV – O REGIME ESPECÍFICO DOS DIREITOS, LIBERDADES E GARANTIAS

a solução encontrada são ou não conformes ao Direito, se atendem ou não à natureza privilegiada da proteção conferida pelos direitos fundamentais, a sua natureza de *trunfo*, e, finalmente, se observam as garantias constitucionais aplicáveis.»

Quanto a nós, este raciocínio, talvez não adiante muito quanto à necessária inserção dos direitos fundamentais na globalidade da Constituição e quanto à sua dependência de outros bens jurídicos; mas tem, sobretudo, o mérito de realçar os momentos de ponderação e controlo inelimináveis no recortar das restrições – a ponderação que deve processar-se com todas as garantias de previsibilidade, estabilidade e igualdade.

Em contrapartida, parece-nos algo vago falar-se em "reserva geral imanente de ponderação". É necessário fazer assentar cada restrição em certo e determinado interesse constitucionalmente protegido ou, em certo e determinado princípio institucional; e, de resto, é isso que melhor se compadece com a natureza objetiva que os direitos fundamentais também comportam. Tão pouco atribuiríamos aqui aos poderes do Estado, ao contrário daquele Autor, uma função constitutiva, e não declarativa [1138].

Diverso parece ser o entendimento de Vitalino Canas, ao falar num «consenso tácito alargado de reiterada desaplicação» do art. 18.º, n.º 2 que, «em última análise se traduz na sua caducidade[1139], embora, por outro lado, aduza que o conceito de intervenção (ou norma) legislativa restritiva, com sentido amplo, além de abranger o que se considera pacificamente restrições (expressa ou implicitamente permitidas) abrange o que a doutrina e a jurisprudência nacionais têm epigrafado de (i) normas identificadoras de limites implícitos não evidentes; (ii) normas densificadoras de limites sustentadas em interpretações restritivas de âmbito de proteção ideal de direitos; (iii) normas harmonizadoras de colisões ou conflitos de direitos; (iv) normas que regulamentam ou estabelecem limites ao exercício do direito, designadamente as condicionadoras[1140].

[1138] Cfr. a diferente maneira de ver de José Melo Alexandrino (*A estruturação...*, cit., págs. 478-479), considerando que a restringibilidade dos direitos decorre talvez antes *da rede de relações e projecções de sentido estabelecida* – por força da Constituição, por força da natureza das coisas, por força da interdependência entre as diversas dimensões da liberdade, por força da inevitável interacção das diversas esferas jurídicas e dos diversos interesses (particulares e da comunidade) na esfera social, por força da necessidade de cooperação social, por força do papel de garante a desempenhar pelo Estado (*Staat als Garant*), enfim, por referência ao valor supremo da Justiça – *entre as diversas "normas de garantia"* (ou seja, entre os direitos e entre os direitos e outros bens e interesses.

[1139] *O Princípio da Proibição do Excesso ...*, cit., págs. 454 e 467.

[1140] *Ibidem*, págs. 482 e 483.

DIREITOS FUNDAMENTAIS

VII – As restrições constituem algo de exterior aos direitos, algo que se lhes justapõe ou impõe de fora, reduzindo o seu conteúdo e o seu âmbito, ou algo que, diversamente, faz parte logo do seu conteúdo, conformando-o de certa maneira? Cada direito, liberdade e garantia existe em si e a restrição vem-lhe subtrair uma sua parcela, ou, pelo contrário, o direito só existe com o conteúdo traçado a partir da restrição? E fala-se ali em teoria *externa* e aqui em teoria *interna*.

Em coerência com o que escrevemos acerca do conteúdo dos direitos, continuamos a aderir à teoria externa, até porque a temos por mais adequada ao princípio da liberdade e mais propícia a formas efetivas de controlo perante intervenções abusivas do legislador à margem dos princípios consignados no art. 18.º, n.ºs 2 e 3. A teoria interna, levando as suas premissas lógicas até ao fim, poderia negar o verdadeiro alcance destes princípios [1141].

Siga-se esta ou aquela teoria, o essencial há de consistir sempre em tomar as restrições no contexto da ordem constitucional e não *ad hoc* e em dilucidá-las e aplicá-las à luz do princípio da proporcionalidade [1142].

110. As restrições das restrições

I – *Odiosa sunt restringenda* – eis um postulado bem antigo. Mas, se da ideia de Estado de Direito deveria emergir diretamente o caráter restritivo das restrições, a sua formulação e até a sua conscientização mostram-se algo tardias, por ele só ganhar sentido à luz da plena força normativa da Constituição. Não é por acaso que só surge no Direito português com o art. 18.º atual [1143] [1144].

[1141] Cfr., por todos, ROBERT ALEXY, *op. cit.*, págs. 267 e segs.; JORGE REIS NOVAIS, *As restrições...*, cit., págs. 292 e segs.; J. J. GOMES CANOTILHO, *Cláusulas de rigor e Direito constitucional*, in *Revista de Legislação e de Jurisprudência*, novembro dezembro de 2011, pág. 91.

[1142] O peso de um direito (pressupondo que não é absoluto) é o poder para suportar a competição com outros direitos (DWORKIN, *Taking...*, pág. 92). A proporcionalidade, neste contexto, significa uma relação entre duas grandezas variáveis, e concretamente aquela que melhor corresponda a uma tarefa de otimização, não uma relação entre um «objetivo» constante e um ou mais meios variáveis (K. HESSE, *Escritos...*, cit., pág. 49).

[1143] As referências restritivas a restrições do art. 3.º, n.º 38, da Constituição de 1911 e do art. 10.º da Constituição de 1933 deveriam, antes, ligar-se à suspensão.

[1144] Cfr., com maior ou menor precisão ou quanto a alguns dos corolários, art. 1.º da Constituição mexicana, art. 19.º da Constituição alemã, arts. 9.º, n.º 3, e 53.º da Constituição espanhola, art. 1.º da Carta Canadiana de Direitos e Liberdades de 1982, art. 8.º, n.º 3, da Constituição

CAPÍTULO IV – O REGIME ESPECÍFICO DOS DIREITOS, LIBERDADES E GARANTIAS

Este preceito dir-se-ia essencialmente declarativo, sem acrescentar nada ao conteúdo de cada direito [1145]. Na realidade, vai para além disso. Nem é só uma norma de garantia; é também (como se diz na sua epígrafe) uma norma qualificativa e atributiva de força jurídica, pois o que distingue uma Constituição de outra não vem a ser tanto o elenco de direitos quanto o alcance que possuam no seu plano normativo.

II – As várias decorrências deste princípio do caráter restritivo das restrições aplicam-se também aos limites de conteúdo e aos limites de exercício dos direitos, liberdades e garantias, *maxime* das liberdades [1146] [1147], e, por maioria de razão, às auto-ruturas como a do art. 46.º, n.º 4. Ou, para não haver dúvidas, a quaisquer afetações desses direitos.

Doutro modo, a pretexto de distinção de conceitos – que não é pacífica na doutrina, nem tem sido objeto de jurisprudência consolidada do Tribunal Constitucional [1148] – poder-se-ia atingir o alcance protetivo inerente ao Estado de Direito.

III – O caráter restritivo desdobra-se em:

a) Nenhuma restrição pode deixar de se fundar na Constituição; pode deixar de fundar-se em regras ou princípios constitucionais; pode deixar de se destinar, insista-se, à salvaguarda de interesses constitucionalmente protegidos (art. 18.º, n.º 2) [1149];

---

húngara após 1989, art. 11.º da Constituição estoniana, art. 17.º, n.os 4 e 5, da Constituição de Cabo Verde, art. 31.º, n.º 3, da Constituição polaca, art. 36.º da Constituição suíça, e ainda art. 18.º da Convenção Europeia dos Direitos do Homem, art. 30.º da Convenção Interamericana e art. 52.º, n.º 1, da Carta de Direitos Fundamentais da União Europeia.

[1145] Cfr. OTTO Y PARDO, *op. cit., loc. cit.*, pág. 127.

[1146] Quanto aos condicionamentos, v. acórdão n.º 486/2004 (prazos para investigação de paternidade) já citado.

[1147] Assim como as leis que pretendessem, porventura, regular colisões de direitos. Diferentemente, EDUARDO CORREIA BAPTISTA, *op. cit.*, pág. 174.

[1148] Sobre o «ecletismo» e a «inconstância dogmática» desta jurisprudência, v. JORGE REIS NOVAIS, *As restrições...*, cit., págs. 189 e segs., e, em especial, quanto a limites imanentes, a análise crítica a págs. 437 e segs.

[1149] V. acórdão n.º 244/85 do Tribunal Constitucional, de 22 de novembro, in *Diário da República*, 2.ª série, de 7 de fevereiro de 1986; acórdão n.º 458/93, de 12 de agosto, *ibidem*, 1.ª série-A,

DIREITOS FUNDAMENTAIS

b) Como corolário, as leis restritivas devem designar expressamente os direitos em causa e indicar os preceitos ou princípios da Constituição em que repousam [1150];

c) Nenhuma restrição pode ser definida ou concretizada a não ser por lei (art. 18.º, n.º 3) [1151]; não há regulamentos restritivos de direitos, liberdades e garantias; a Administração não pode agir para esse efeito senão com fundamento na lei e no exercício de um poder vinculado – é um princípio de reserva absoluta de lei, a acrescer ao acenado princípio de reserva da Constituição [1152];

d) Todavia, havendo conflito de direitos fundamentais e sem norma legal habilitante para o resolver e sendo manifesta a necessidade de proteção de um bem jurídico superior a outro, pode admitir-se, no limite, que a Administração o decida, por um cuidadoso exercício de ponderação e sempre com atinência à Constituição[1153];

e) O grau de exigência e determinabilidade da lei há de ser tal que se garanta aos destinatários da normação um conhecimento preciso, exato e tempestivo dos critérios legais [1154];

f) As restrições devem limitar-se ao necessário para salvaguardar outros direitos ou interesses constitucionalmente protegidos (art. 18.º, n.º 2, 2.ª parte, após 1982, de novo) [1155];

---

de 17 de Setembro de 1993; acórdão n.º 155/2007, de 2 de março, *ibidem*, 2.ª série, de 10 de abril de 2007.

[1150] Cfr. art. 19.º, n.º 1, *in fine*, da Constituição alemã.

[1151] Cfr. já o art. 368.º do Código Civil de 1867: «Os direitos originários são inalienáveis e *só podem ser limitados por lei formal e expressa*»; e o art. 1305.º, *in fine*, do Código de 1966.

[1152] Cfr. RUI MACHETE, *Conceitos indeterminados e restrições de direitos fundamentais por via regulamentar*, in *Estudos em homenagem ao Prof. Doutor Joaquim Moreira da Silva Cunha*, obra coletiva, Coimbra, 2005, págs. 719 e segs.; MARCELO REBELO DE SOUSA e ANDRÉ SALGADO DE MATOS, *op. cit.*, I, págs. 167 e 168; MIGUEL GALVÃO TELES, *Direito Constitucional – Sumários Desenvolvidos*, cit., *loc. cit.*, 2011, pág. 76.

[1153] Cfr. sobre o problema JORGE REIS NOVAIS, *As restrições* ..., págs. 823 e segs., *maxime* 861 e segs.; RUI MEDEIROS, *A tutela administrativa e jurisdicional dos direitos nas relações poligonais não reguladas normativamente*, in *Estudos em homenagem ao Prof. Doutor Jorge Miranda*, obra coletiva, IV, págs. 825 e segs.

[1154] Cfr. SÉRVULO CORREIA, *O direito de manifestação...*, cit., pág. 64; JORGE REIS NOVAIS, *As restrições...*, cit., págs. 769 e segs.

[1155] Esta 2.ª parte do art. 18.º, n.º 2 foi introduzida na revisão constitucional de 1982. Cfr. *Diário da República*, 2.ª série, 4.º suplemento ao n.º 108, de 8 de outubro de 1981, págs. 3332-(114) e 3332-(115); e 1.ª série, n.º 101, de 11 de junho de 1982, pág. 4161.

CAPÍTULO IV – O REGIME ESPECÍFICO DOS DIREITOS, LIBERDADES E GARANTIAS

g) As leis restritivas têm de revestir caráter geral e abstrato (art. 18.º, n.º 3, 1.ª parte) [1156], ficando vedadas não apenas leis individuais mas também leis gerais e concretas (leis-medida, *Massnahmengesetze, leggi-provedimento*) [1157] no domínio dos direitos, liberdades e garantias [1158] – e esta proibição deve, de resto, valer igualmente para a regulamentação; Leis restritivas gerais e concretas, leis *ad hoc*, para esta ou aquela circunstância, atingiriam o normal exercício de direitos e as livres opções a eles subjacentes (coisa diversa é a declaração de estado de sítio ou de emergência, necessariamente estribada em pressupostos típicos). E leis individuais e abstratas redundariam num *jus singulare*, propício ao arbítrio e à discriminação.

Todo o cuidado é, porém, pouco na dilucidação do que sejam leis gerais e leis individuais, porquanto, como a experiência mostra, há leis aparentemente individuais que, por inspiradas em princípios gerais, se reconduzem a leis gerais, assim como há leis aparentemente gerais que acabam por possuir o conteúdo de leis individuais [1159].

h) As leis restritivas, apresentem-se como inovadoras ou como interpretativas, não podem ter efeito retroativo (art. 18.º, n.º 3, após 1982) [1160] – porque leis retroativas envolveriam pessoas e atos determinados ou determináveis e, por conseguinte, não revestiriam caráter geral e abstrato [1161] e ofenderiam a confiança dos cidadãos [1162];

[1156] O preceito geral reconhece-se, não tanto pela forma em que se encontra redigido quanto pela circunstância de não ser objetivamente possível, em face da tipicidade da hipótese, individualizar no momento da sua emanação todas as pessoas às quais a respetiva estatuição se irá aplicar: AFONSO QUEIRÓ e BARBOSA DE MELO, *op. cit., loc. cit.*, págs. 236-237.

[1157] Sobre leis-medida, v., em síntese, JORGE MIRANDA, *Manual...*, v, cit., págs. 139 e segs., e autores citados.

[1158] Cfr. o atrás citado parecer n.º 3/78 da Comissão Constitucional.

[1159] *Manual...*, v, cit., págs. 147 e 148, nota, e autores citados. Cfr., defendendo alguma relativização do art. 18.º, n.º 3, em face de casos difíceis ligados a razões de justiça e igualdade material, JORGE REIS NOVAIS, *As restrições...*, cit., págs. 801 e segs.

[1160] V. *Diário da Assembleia da República*, 4.º suplemento ao n.º 108, de 8 de outubro de 1981, págs. 3332-(114) e segs.

[1161] V. acórdão n.º 156 da Comissão Constitucional, de 29 de maio de 1979, in apêndice ao *Diário da República*, de 31 de dezembro de 1979, págs. 57 e segs.

[1162] Cidadãos a proteger, embora em graus variáveis, tanto nas relações materiais como nas processuais: acórdão n.º 287/90 do Tribunal Constitucional, de 30 de outubro, in *Diário da República*, 2.ª série, de 20 de fevereiro de 1991, pág. 1946.

DIREITOS FUNDAMENTAIS

i) Não pode haver não só leis restritivas totalmente retroativas (ou seja: que se apliquem a situações e relações já esgotadas) [1163] mas também leis restritivas de retroatividade imprópria ou retrospetivas (quer dizer: que se apliquem a situações vindas do passado e ainda não terminadas) [1164] [1165].

IV – *j)* As leis restritivas não podem diminuir a extensão e o alcance do conteúdo essencial dos direitos, liberdades e garantias (art. 18.º, n.º 3, 2.ª parte) [1166];

k) As restrições devem ater-se aos fins em nome dos quais são estabelecidas ou permitidas (como dizem o art. 18.º da Convenção Europeia dos Direitos do Homem e o art. 30.º da Convenção Interamericana); e só deverão ser adotadas se esses fins não puderem ser alcançados por meio de medidas menos gravosas [1167];

l) As restrições devem corresponder à medida exigida por esses fins; não devem ultrapassar as suas justas exigências (*a fortiori* art. 29.º, n.º 2, da Declaração Universal); devem limitar-se ao necessário para salvaguardar outros interesses constitucionalmente protegidos (art. 18.º, n.º 2, 2.ª parte, da Constituição), conter-se na estrita medida das exigências

---

[1163] E, obviamente, que atinjam caso julgado: assim acórdão n.º 87 da Comissão Constitucional, de 16 de fevereiro de 1979, in apêndice ao *Diário da República*, de 31 de dezembro de 1977, págs. 24 e segs.

[1164] Assim, declarações de voto dos juízes Mário de Brito e Ribeiro Mendes no acórdão n.º 256/90 do Tribunal Constitucional, de 26 de julho, in *Diário da República*, 2.ª série, de 10 de agosto de 1990, págs. 9026(4) e 9026(8); acórdão n.º 287/90, cit., *loc. cit.*, pág. 1947 (considerando inadmissível o afetar de expetativas, quando tal seja extraordinariamente oneroso ou excessivo, injustificado e arbitrário). Atenuadamente, v. Jorge Reis Novais, *As restrições...*, cit., pág. 819.

[1165] Sobre o acórdão n.º 256/90, v. a nossa anotação, in *O Direito*, 1992, págs. 261 e segs. Para um exemplo de lei restritiva retroativa julgada inconstitucional, v. acórdão n.º 759/95, de 20 de fevereiro, in *Diário da República*, 2.ª série, de 28 de maio de 1996.

[1166] Ou, como dizia Miguel Galvão Teles já em 1970-1971 e ainda à face da Constituição de 1933: o regime que o legislador estabeleça não pode direta ou indiretamente, subverter as normas constitucionais, transformando aquilo que é exceção – o limite do direito ou a ilegitimidade do seu exercício – em regra (*op. cit.*, *loc. cit.*, pág. 76).

[1167] Assim, declaração de voto do juiz Vital Moreira junta ao acórdão n.º 8/84 do Tribunal Constitucional, de 25 de janeiro, in *Diário da República*, 2.ª série, de 3 de maio de 1984 (estava em causa uma incompatibilidade em vez de uma inelegibilidade).

CAPÍTULO IV – O REGIME ESPECÍFICO DOS DIREITOS, LIBERDADES E GARANTIAS

destes (art. 270.º), não ser utilizadas para além do estritamente necessário (art. 272.º, n.º 2) – de novo, o princípio da proporcionalidade como proibição do excesso [1168];

m) Na dúvida, os direitos devem prevalecer sempre sobre as restrições (*in dubio pro libertate*); e as leis restritivas devem ser interpretadas, senão restritivamente, pelo menos sem recurso à interpretação extensiva e à analogia;

n) É sempre garantido recurso de decisões judiciais restritivas de direitos, liberdades e garantias, como já se disse.

V – Não há decisões aditivas de inconstitucionalidade no domínio de leis restritivas de direitos, liberdades e garantias [1169]

111. A afetação individual de direitos apenas verificados os pressupostos e com as garantias da Constituição e da lei

I – Em face de certas circunstâncias ou ocorrências, verificados os pressupostos constantes da Constituição e da lei, os cidadãos podem sofrer restrição, suspensão ou mesmo privação de algum ou alguns dos seus direitos, liberdades e garantias. Na maior parte das vezes, trata-se de medidas conexas com comportamentos ilícitos; outras vezes, de medidas de proteção; outras, ainda, de medidas ditadas pelo interesse público.

Como medidas conexas com comportamentos ilícitos, a Constituição prescreve:
- Privação de liberdade em consequência de sentença judicial condenatória pela prática de ato punido por lei com pena de prisão ou aplicação judicial de medida de segurança (art. 27.º, n.º 2);
- Detenção em frequente delito ou por forte indícios da prática do crime doloso a que corresponda pena de prisão cujo limite máximo seja superior a três anos (art. 27.º, n.º 3, alíneas *a)* e *b)*);

[1168] V. o acórdão n.º 363/91 do Tribunal Constitucional, de 30 de julho, in *Diário da República*, 1.ª série-A, de 3 de Setembro de 1991, pág. 4645; ou o acórdão n.º 456/93, de 12 de agosto, *ibidem*, 1.ª série-A, de 9 de Setembro de 1993.
[1169] RICARDO BRANCO, *O efeito aditivo...*, cit., pág. 364; *Manual...*, VI, pág. 97.

DIREITOS FUNDAMENTAIS

- Privação de liberdade noutros casos pelo tempo e nas condições que a lei prescrever [art. 27.º, n.º 3, alíneas *c*), *d*), *f*) e *g*)];
- Expulsão de estrangeiros (art. 33.º, n.º 2);
- Extradição (art. 33.º, n.ᵒˢ 3 a 6);
- Entrada no domicílio dos cidadãos (art. 34.º, n.ᵒˢ 2 e 3);
- Ingerência na correspondência, nas telecomunicações e nos demais meios de comunicação (art. 34.º, n.º 4);
- Separação dos filhos dos pais (art. 36.º, n.º 6);
- Dissolução e suspensão de associações (art. 46.º, n.º 2);
- Expropriação, arrendamento ou concessão de exploração compulsiva de meios de produção em abandono (art. 88.º);
- Não conservação de emprego do Estado ou de outra entidade pública por quem deixe de cumprir os seus deveres militares ou de serviço civil, quando obrigatório (art. 276.º, n.º 7).

Como medidas de proteção:
- Sujeição de menores a medidas de proteção, assistência ou educação em estabelecimento adequado [art. 27.º, n.º 3, alínea *e*)];
- Internamento de portador de anomalia psíquica em estabelecimento terapêutico adequado [art. 27.º, n.º 3, alínea *h*)].

Outras providências, enfim, vêm a ser:
- Requisição ou expropriação por entidade pública (arts. 62.º, n.º 2, 65.º, n.º 4, 88.º, n.º 1, 94.º e 95.º, *in fine*);
- Intervenção transitória na gestão das empresas privadas (art. 86.º, n.º 2).

Estas situações [1170] – ou, doutra perspetiva, estes eventos – tratados, mais recentemente, com o nome de *intervenções restritivas* [1171] – distinguem-se bem das restrições. Em primeiro lugar, porque, embora necessariamente previstas em normas gerais e abstratas, atingem apenas certas e determinadas pessoas e por causas que, individualmente, lhes respeitam. E, em segundo lugar, porque, acrescendo às restrições, afetam ou podem afetar direitos, liberdades e

---

[1170] Que já considerávamos em *O regime dos direitos, liberdades e garantias, op. cit., loc. cit.*, págs. 85 e 86.

[1171] Cfr. Gomes Canotilho, *Direito...*, cit., págs. 1265-1266; Carlos Blanco de Morais, *Direito Constitucional – II*, Lisboa, 2004, pág. 83; Eduardo Correia Baptista, *op. cit.*, págs. 180 e segs.; José de Melo Alexandrino, *Direitos fundamentais...*, cit., págs. 115-116; Jorge Reis Novais, *As restrições...*, cit., págs. 205 e segs. e *Direitos Sociais*, cit., págs. 192 e segs. e 247 e segs.

CAPÍTULO IV – O REGIME ESPECÍFICO DOS DIREITOS, LIBERDADES E GARANTIAS

garantias muito para lá do conteúdo essencial ou determinam até a ablação de direitos deles derivados.

Delas podem aproximar-se, para o que aqui interessa, as incapacidades cominadas pelo Direito privado, como as interdições e as inabilitações (arts. 138.º e segs. e 152.º e segs do Código Civil) [1172].

II – Ora, um Estado que se pretenda de Direito tem de estabelecer adequados meios de proteção não só para salvaguarda da constitucionalidade, mas, sobretudo, para salvaguarda da verdade e das pessoas contra quaisquer formas de arbítrio de poder.

Mais de uma vez nos temos referido a esta exigência. Importa apenas agora sumariar as garantias fundamentais que postula:

a) Em caso algum, pode alguém perder ou ser privado, definitiva ou temporariamente, de todos os seus direitos, liberdades e garantias [1173];

b) Em caso algum, pode haver restrição, suspensão ou privação individual de, pelo menos, os direitos insuscetíveis de suspensão em estado de sítio (art. 19.º, n.º 6, de novo);

c) Tão pouco é admissível a privação com caráter perpétuo ou com duração ilimitada ou indefinida de qualquer direito, liberdade e, garantia (cfr. art. 30.º, n.º 1, quanto à liberdade física);

d) Não pode haver restrição ou privação de nenhum direito senão em consequência ou da prática de atos declarados ilícitos por lei geral ou de incapacidades, nunca a título preventivo (arts. 27.º, n.º 2, 36.º, n.º 6, e 37.º, n.º 3);

e) As incapacidades e medidas análogas que atinjam os direitos, liberdades e garantias ou a capacidade civil têm de ser as constantes da lei geral, não admitem analogia [1174] e não podem ser aplicadas retroativamente (arts. 13.º, n.º 2, 18.º, n.º 3, 26.º, n.º 4, e 29.º, n.º 2);

[1172] Cfr., por todos, ANTÓNIO MENEZES CORDEIRO, *Tratado...*, I, III, cit., págs. 457 e segs.

[1173] Cfr. já o art. 1.º, secções IX, n.º 3, e X, n.º 1, da Constituição dos Estados Unidos. Diversamente, embora com garantias, art. 18.º da Constituição alemã e art. 55.º, n.º 2 da Constituição espanhola.

[1174] V. acórdão n.º 9/86 do Tribunal Constitucional, de 18 de janeiro, in *Diário da República*, 2.ª série, n.º 92, de 21 de abril de 1986.

DIREITOS FUNDAMENTAIS

f) Essas medidas estão sujeitas ao princípio da proporcionalidade (art. 18.º, n.º 2);

g) Em estado de necessidade administrativa, qualquer ato ou operação material que afete um direito, liberdade e garantia não só envolve direito a indemnização (ainda art. 3.º, n.º 2, do Código do Procedimento Administrativo) como está sujeito a controlo jurisdicional;

h) Aos tribunais judiciais compete não apenas a aplicação das reações criminais (arts. 29.º, n.ºˢ 1 e 5, e 202.º, n.º 2) – salvo a jurisdição própria dos tribunais militares em tempo de guerra (art. 213.º) – como a aplicação de quaisquer outras sanções ou a decretação de incapacidades ou intervenções significativas que atinjam os direitos, liberdades e garantias (arts. 27.º, n.ºˢ 2 e 3; 28.º, n.ºˢ 1 e 3; 29.º, n.ºˢ 1 e 5; 30.º, n.º 2; 32.º, n.ºˢ 2, 4, 5 e 7; 33.º, n.ºˢ 2 e 7; 34.º, n.º 2; 36.º, n.º 6; 37.º, n.º 3; 46.º, n.º 2; 86.º, n.º 2) [1175] [1176] e a providência de *habeas corpus* contra prisão ou detenção ilegal é interposta perante o tribunal judicial (art. 31.º, n.º 1);

i) Enfim, como já se disse, em caso de decisão judicial que afete direitos, liberdades e garantias, cabe sempre direito a um segundo grau de jurisdição.

Em perspetiva diferente, conquanto não pouco importante, assinale-se que:

j) Não pode haver privação de cidadania com fundamento em motivos políticos (art. 26.º, n.º 4);

k) Não pode haver despedimento por motivos políticos ou ideológicos (art. 53.º).

III – Natureza preventiva possuem as *medidas de polícia*, sejam tomadas com um alcance abrangente de quaisquer atuações policiais, sejam tomadas

---

[1175] Neste sentido, parecer n.º 20/82 da Comissão Constitucional, de 8 de junho (in *Pareceres*, xx, págs. 79 e segs.); ou acórdão n.º 155/2007, de 2 de março, in *Diário da República*, 2.ª série, de 10 de abril de 2007.

[1176] Após 1997, admite-se, contudo a sujeição de infrações cometidas no exercício da liberdade de expressão e de informação também ao ilícito de mera ordenação social, com possível competência de entidade administrativa independente (art. 37.º, n.º 3).

CAPÍTULO IV – O REGIME ESPECÍFICO DOS DIREITOS, LIBERDADES E GARANTIAS

só como ações de conteúdo individual e concreto, limitativas ou "agressivas" da liberdade individual [1177] [1178].

Justificadas pela defesa da legalidade democrática, da segurança interna e dos direitos dos cidadãos, elas são as previstas na lei [1179] e não podem ser utilizadas para além do estritamente necessário (art. 272.º, n.º 2). Sobre elas impendem, pois, os imperativos de tipicidade legal e de proporcionalidade.

Nenhuma medida de polícia pode afetar o conteúdo dos direitos, liberdades e garantias a não ser em estado de sítio ou em estado de emergência (art. 2.º, n.º 2, da Lei n.º 44/86, de 30 de setembro); apenas pode traduzir-se em condicionamentos de alguns deles (art. 16.º, n.º 2, da Lei n.º 20/87, de 12 de junho, lei de segurança interna) ou em medida provisória, sujeita a apreciação e a validação judicial (art. 16.º, n.ºs 3 e 4, da Lei n.º 20/87, e art. 4.º, n.º 2, da Lei n.º 5/99, de 27 de janeiro, lei orgânica da Polícia de Segurança Pública).

IV – Realidade diferente vem a ser a das medidas cautelares de polícia, em processo penal, destinadas a acautelar a obtenção de meios de prova tais como as revistas a pessoas, as buscas domiciliárias, as apreensões de correspondência e de documentos, as escutas telefónicas (art. 191.º do Código de Processo Penal) [1180]. Não se confundem com as medidas de coação e de garantia patrimonial (arts. 171.º e segs.) [1181].

[1177] Exemplos: identificação de pessoas suspeitas em certos lugares, interdição temporária de acesso e circulação de pessoas, evacuação de locais ou de meios de transporte, etc.

[1178] Cfr. J. J. Gomes Canotilho e Vital Moreira, *Constituição...*, 3.ª ed., pág. 956; Sérvulo Correia, *Polícia*, in *Dicionário Jurídico da Administração Pública*, vi, 1994, págs. 393 e segs.; Pedro Lomba, *Sobre a teoria das medidas de polícia*, in *Estudos de Direito da Polícia*, obra coletiva, Lisboa, 2003, págs. 177 e segs.; João Raposo, *O regime jurídico das medidas de polícia*, in *Estudos em homenagem ao Professor Doutor Marcello Caetano no centenário do seu nascimento*, obra coletiva, i, Coimbra, 2006, págs. 693 e segs.; Pedro Machete, anotação *in* Jorge Miranda e Rui Medeiros, *Constituição...*, cit., págs. 649 e segs., *maxime* 665 e segs.

[1179] Cfr. art. 4.º da Lei n.º 5/99.

[1180] Cfr. acórdão n.º 450/2007, de 18 de Setembro, in *Diário da República*, 2.ª série, de 24 de outubro de 2007.

[1181] Cfr., por todos, Paulo Pinto de Albuquerque, *Comentário ao Código de Processo Penal*, 4.ª ed., Lisboa, 2011, págs. 476 e segs.

DIREITOS FUNDAMENTAIS

112. Auto-restrição e auto-suspensão de direitos

I – Os direitos fundamentais, direitos constitucionalmente estabelecidos e definidores da posição básica das pessoas frente ao poder público, são in-disponíveis e irrenunciáveis. Ninguém pode, por qualquer forma, ceder ou abdicar da sua titularidade [1182].

Mas isso não significa que o seu exercício seja obrigatório, nem que, em certas circunstâncias e para fins também constitucionalmente relevantes ou, pelo menos, não contrários aos princípios do Estado de Direito democrático, os seus titulares não possam ou não devam aceitar a sua restrição; ou que não possam, por sua vontade, suspender o exercício de alguns desses direitos.

Formas de auto-restrição são, em face do direito à integridade física (art. 25.º) a amputação de um órgão ou de um membro em intervenção ci-rúrgica e o transplante de um órgão ou tecido para salvar a vida de outrem [1183]; e, em face do direito à reserva da intimidade da vida privada (art. 26.º), forne-cer a companhias de seguros ou bancos dados pessoais para efeito de obtenção de um empréstimo.

Auto-restrição é, noutro plano, o que se verifica com a integração em es-tatutos especiais como os dos militares e dos agentes das forças de segurança (art. 270.º) ou em estatutos como os dos juízes, dos magistrados do Ministé-rio Público, dos diplomatas ou dos dirigentes superiores da Administração

---

[1182] Cfr. JORGE REIS NOVAIS, *Renúncia a direitos fundamentais*, in *Perspectivas Constitucionais*, obra coletiva, I, 1996, págs. 265 e segs.; LUIS MARÍA DIEZ-PICAZO, *Nota sobre la renuncia a los derechos fundamentales*, in *Persona y Derecho*, n.º 45, 2001, págs. 133 e segs.; PHILIPPE FRUMER, *La renonciation aux droits et libertés*, Bruxelas, 2001; PAULO MOTA PINTO, *A limitação voluntária do direito à reserva da intimidade da vida privada*, in *Revista de Direito Brasileiro de Direito Comparado*, n.º 21, 2002, págs. 21 e segs.; FRANÇOIS OST, *La responsabilité...*, cit., *loc. cit.*, págs. 123 e segs.; J. J. GOMES CANOTILHO, *Direito...*, cit., págs. 463 e segs.; LUÍSA NETO, *O direito fundamental à disposição sobre o próprio corpo*, Coimbra, 2004; DIAS COIMBRA, *Trégua sindical e alteração anormal das circunstâncias*, in *Revista de Direito e Estudos Sociais*, 2007, págs. 27 e segs.; PAULO OTERO, *Disponibilidade...*, cit., *loc. cit.*, I, págs. 107 e segs.; CRISTINA QUEIROZ, *op. cit.*, págs. 366 e segs.; RICARDO BERNARDES, *A auto-suspensão de direitos fundamentais*, in *Revista da Faculdade de Direito da Universidade de Lisboa*, 2010, págs. 455 e segs.; JOSÉ DE MELO ALEXANDRINO, *Direitos, liberdades e garantias na relação desportiva*, in *O discurso dos Direitos*, Coimbra, 2011, págs. 346 e 347; JOSÉ CARLOS VIEIRA DE ANDRADE, *Os direitos...*, cit., págs. 306 e segs.; BENEDITA MAC CRORIE, *Os limites da renúncia a direitos fundamentais nas relações entre particulares*, Coimbra, 2013; JORGE PEREIRA DA SILVA, *Deveres do Estado...*, cit., págs. 337 e segs., 442 e segs., 459 e segs. e 473 e segs.

[1183] Cfr. JOÃO CARLOS LOUREIRO, *Transplantações: um olhar constitucional*, Coimbra, 1995.

CAPÍTULO IV – O REGIME ESPECÍFICO DOS DIREITOS, LIBERDADES E GARANTIAS

pública. Pretendendo fazer parte de determinadas instituições, com as contrapartidas de serviço público e de autoridade, os cidadãos, necessariamente, aceitam subordinar-se às exigências próprias do seu funcionamento. De todo o modo, como as restrições provêm da Constituição, em rigor não se trata senão de uma auto-restrição indireta ou consequencial.

II – Diversas são as hipóteses de auto-suspensão ou de auto-suspensão aparente do exercício de direitos, como prescindir de advogado durante uma diligência judicial (art. 20.º, n.º 2, 2.ª parte); solicitar a entrada da polícia no seu domicílio (art. 34.º); comprometer-se, enquanto membro de uma associação, a não se pronunciar sobre ela fora da assembleia geral (art. 37.º); concordar em não exercer determinada profissão (art. 47.º) ou em não residir em certos lugares ou regiões (art. 44.º) [1184]; não exercer direito de greve durante a vigência de certa convenção coletiva de trabalho (art. 57.º) [1185]; não exigir o pagamento de pensões de segurança social (art. 63.º); aceitar, sendo professor ou aluno, não participar na gestão da sua escola (art. 77.º); pedir a intervenção do Estado na sua empresa (art. 86.º); etc. [1186].

Não parece que estas situações sejam vedadas pela Constituição, desde que: 1.º) sejam livremente decididas ou consentidas (e nisto se distinguindo das intervenções restritivas); 2.º) se encontrem reguladas por lei, quando envolvam algum poder conexo da Administração; 3.º) sejam limitadas no tempo; 4.º) sejam livremente revogáveis (pressupondo que, pela natureza das coisas, o possam ser) [1187]. E não deixa de sobressair alguma parecença com a suspensão de direitos em estado de sítio ou de emergência.

[1184] Cfr., mas como injunção e regra de conduta, art. 281.º, n.º 2, alínea *d)* do Código de Processo Penal.

[1185] Cfr. art. 542.º, n.º 1, do Código do Trabalho.

[1186] Sobre se a arbitragem voluntária se convola em renúncia ao exercício do direito de acesso aos tribunais ou é, antes, um modo do seu exercício, v. MIGUEL GALVÃO TELLES, *A independência e a imparcialidade dos árbitros como imposição constitucional*, in *Estudos em homenagem ao Professor Doutor Carlos Ferreira de Almeida*, obra coletiva, III, Coimbra, 2011, págs. 265 e segs.

[1187] JORGE REIS NOVAIS (*Renúncia...*, cit., *loc. cit.*) fala em *renúncia*, mas o modo como recorta o conceito mostra que, realmente, não há renúncia: o particular vincula-se juridicamente a não invocar o seu direito fundamental perante as entidades públicas, nomeadamente, compromete-se, em geral, a *não exercer*, temporária ou pontualmente, algumas das pretensões, faculdades ou poderes incorporados no seu direito (pág. 273). Também BENEDITA MAC CRORIE insiste em *renúncia*, uma vez que os conceitos de Direito Constitucional não têm de coincidir com

DIREITOS FUNDAMENTAIS

É ainda no princípio geral de liberdade que se vem ancorar qualquer manifestação *negativa* de exercício de certos direitos, como, por exemplo, não exercer direito de resposta (art. 37.º, n.º 4), não invocar objeção de consciência (art. 41.º, n.º 6), não participar numa reunião (art. 45.º), não aderir a um partido político (art. 51.º) ou a uma associação sindical (art. 58.º) ou não impugnar um ato administrativo (art. 268.º).

Pelo contrário, não podem ser admitidas situações que afetem a dignidade da pessoa humana, que briguem com os direitos insuscetíveis de suspensão em estado de sítio (art. 19.º, n.º 6), que ofendam bens que, sendo pessoais, são simultaneamente ou estão intimamente associados a valores comunitários[1188]; em suma (para convocar, de novo, o art. 29.º, n.º 2, da Declaração Universal), que colidam com a moral, a ordem pública e o bem-estar numa sociedade democrática. Fica vedado, assim, aceitar condições discriminatórias em geral e, em especial, no trabalho (arts. 13.º e 59.º), ou em razão de deficiência (art. 71.º), submeter-se a experiências científicas de que resultem malformações ou, com toda a probabilidade, a morte (art. 24.º), fazer comércio de órgãos ou tecidos do seu corpo (art. 25.º), não intervir, sendo arguido, no processo (art. 32.º, n.º 7), aceitar não exercer o culto público da sua religião ou o direito de objeção de consciência (art. 41.º), etc.

III – Problema homólogo ao dos direitos fundamentais surge no campo dos direitos de personalidade[1189].

O Código Civil prevê a limitação voluntária do exercício destes direitos, declarando-a, porém, nula se contrária aos princípios da ordem pública; e considera-a sempre revogável, ainda que com obrigação de indemnizar os prejuízos causados às legítimas expetativas da outra parte (art. 81.º). Serão casos de negociabilidade limitada[1190] – algo que, evidentemente não fará sentido no plano das relações entre o Estado e os cidadãos.

---

os de Direito civil, mas reconhece que se trata apenas de enfraquecimento de um direito ou de uma diminuição da sua proteção (*op. cit.*, págs. 25 e 26).

[1188] José Carlos Vieira de Andrade, *Os direitos...*, cit., pág. 309.

[1189] Mas não já no domínio do consentimento do ofendido como causa de exclusão de ilicitude (art. 38.º do Código Penal).

[1190] Cfr. José de Oliveira Ascensão, *Direito...*, cit., i, págs. 93 e segs.; Mota Pinto, *op. cit.*, págs. 215 e segs.; António Menezes Cordeiro, *Tratado...*, i, tomo iv, Coimbra, 2005, págs. 455 e segs.; Pedro Pais de Vasconcelos, *Direito de Personalidade*, Coimbra, 2006, págs. 165 e segs.

§ 3.º
O caráter excecional da suspensão

113. As situações de necessidade constitucional

I – Em todas as épocas e em quaisquer Estados ocorrem situações de exceção ou de necessidade, resultantes de perturbações de maior ou menor vulto, de origem interna ou externa. Em tais circunstâncias têm de ser adotadas formas de organização e providências também de caráter excecional; e a história e a comparação mostram uma grande variedade de soluções, desde a ditadura romana ao *Riot Act* inglês de 1714, ao *état de siège* da Revolução francesa, ao *Notrecht* do art. 48.º da Constituição de Weimar, aos poderes extraordinários do art. 16.º da Constituição francesa de 1958, etc. [1191].

[1191] Cfr., entre tantos, RUI BARBOSA, *O Estado de Sítio*, Rio de Janeiro, 1892; MARNOCO E SOUSA, *Comentário...*, cit., págs. 435 e segs.; JOSEPH BARTHÉLEMY, *Le droit public en temps de guerre*, in *Revue du droit public*, 1915, págs. 574 e segs.; C. SCHMITT, *Die Diktatur*, 3.ª ed., 1964, trad. castelhana *La Dictadura*, Madrid, 1968; CLINTON ROSSITER, *Constitutionel Dictatorship*, 1948, 6.ª reimpressão, Woshington, 2009; C. J. FRIEDRICH, *La Démocratie Constitutionnelle*, 3.ª ed., 1964, trad., Paris, 1958, págs. 387 e segs., e *Dictadura*, in *Marxismo y Democracia-Política*, 2, obra coletiva, trad., Madrid, 1975, págs. 106 e segs.; GENEVIÈVE CAMUS, *L'état de nécessité en démocratie*, Paris, 1965; GERARDO MORELLI, *La sospensione dei diritti fondamentali nello Stato moderno*, Milão, 1966; PIETRO GIUSEPPE GRASSO, *Necessità (diritto pubblico)*, in *Enciclopedia del Diritto*, XXVII, 1977, págs. 866 e segs.; OLIVIER A. ÉCHAPPÉ, *Tableau comparé des systèmes d'exception*, in *Pouvoirs*, n.º 10, págs. 115 e segs.; MARCELO REBELO DE SOUSA, *Direito Constitucional*, cit., págs. 174 e segs.; FRANCISCO FERNANDO SEGADO, *El estado de excepción en el Derecho Constitucional Español*, Madrid, 1978; PEDRO CRUZ VILLALÓN, *El Estado de Sitio...*, cit., *maxime* págs. 179 e segs. e 302 e segs.; OSCAR DIAS CORREA, *A defesa do Estado de Direito e a emergência constitucional*, Rio de Janeiro, 1980; K. HESSE, *op. cit.*, págs. 82 e segs.; T. DE LA QUADRA-SALIEDO, *La Naturaleza de la Suspensión de Derechos Fundamentales*, in *Anuario de Derechos Humanos*, 1983,

DIREITOS FUNDAMENTAIS

À luz da experiência hístórico-comparativa e da teoria constitucional, não custa fazer algumas verificações:

1.º) As formas de organização e as providências para tempo de exceção e de crise decorrem diretamente da Constituição, escrita ou não, não ficam à sua margem; não existem senão na medida em que dela decorrem; são meios de garantia, não de rutura.

2.º) Tais formas de organização e tais providências são solidárias com a ideia de Direito vertida em cada Constituição, a dois títulos – por um lado, por terem de ser coerentes com essa ideia, com o modo como aí se estrutura o poder, com as demais instituições políticas, e, por outro lado, por, em última análise, se destinarem a preservar não só o Estado mas também o regime político vigente [1192].

---

págs. 429 e segs.; Carlos Blanco de Morais, *O estado de excepção*, Lisboa, 1984; George J. Alexander, *The illusory protection of human rights by national courts during periods of emergency*, in *Human Rights Law journal*, vol. 5, 1984; Giovanni Motzo, *Carl Schmitt e lo stato di eccezione*, in *Quaderni Costituzionali*, 1986, págs. 525 e segs.; Vittorio Angiolini, *Necessità ed emergenza nel Diritto Pubblico*, Pádua, 1986; Carlos Roberto Pellegrino, *Emergências constitucionais*, in *Boletim do Ministério da Justiça*, n.º 361, dezembro de 1986, págs. 5 e segs.; Nuno Rogeiro, *Estado de emergência*, in *Verbo*, xxi, págs. 501 e segs., e *Estado de sítio, ibidem*, págs. 507 e segs.; António Damasceno Correia, *Estado de sítio e de emergência em democracia*, Lisboa, 1989; Jacques Robert, *Les situations d'urgence en droit constitutionnel*, in *Revue internationale de droit comparé*, 1990, págs. 751 e segs.; Fernando Suordem, *Os estados de excepção constitucional – problemática e regime jurídico*, in *Scientia Iuridica*, 1999, págs. 245 e segs.; Jorge Bacelar Gouveia, *O estado de excepção*, cit.; François Saint-Bonnet, *L'état de l'exception*, Paris, 2001; J. J. Gomes Canotilho, *Direito...*, cit., págs. 1085 e segs.; Manoel Gonçalves Ferreira Pinto, *Curso de Direito Constitucional*, 34.ª ed., São Paulo, 2008, págs. 333 e segs.; Gilberto Bercovici, *Soberania e Constituição – Para uma crítica do constitucionalismo*, São Paulo, 2008, págs. 216 e segs. e 307 e segs.; Cristina Queiroz, *Direito Constitucional*, Coimbra, 2009, págs. 207 e segs.; Olavo Augusto Vianna Alves Ferreira, *Sistema constitucional das crises: restrições a direitos fundamentais*, São Paulo, 2009; Giorgio Agamben, *Estado de Excepção*, trad., Lisboa, 2010; Carlos Bastide Horbach, *O poder executivo na democracia contemporânea: liberdade em tempo de crise*, in *Direito Constitucional, Estado de Direito e Democracia – Homenagem ao Prof. Manoel Gonçalves Ferreira Filho*, obra coletiva, São Paulo, 2011, págs. 121 e ss.; José Manuel de Carvalho Roque, *Para uma teoria política do estado de exceção*, in *Revista Portuguesa de Ciência Política*, 2011, págs. 31 e segs.

[1192] E, assim, correspondem, nas expressões de C. Schmitt, a formas de ditadura *comissarial*, e não de ditadura *soberana* (*La dictadura*, cit., *maxime* págs. 33 e segs. e 189 e segs.).

CAPÍTULO IV – O REGIME ESPECÍFICO DOS DIREITOS, LIBERDADES E GARANTIAS

3.º) *Salus populi suprema lex* – todavia, sempre de acordo com certo princípio de legitimidade, sempre utilizando determinadas formas jurídicas e sempre tendo em vista o restabelecimento da normalidade [1193].

4.º) Não há, em cada Estado, duas Constituições aparelhadas – uma Constituição da normalidade e uma Constituição da necessidade; há uma só Constituição, assente nos mesmos princípios e valores, embora com regras adequadas à diversidade de situações [1194].

5.º) A chamada suspensão da Constituição em estado de necessidade apenas pode ser parcial [1195], traduzindo-se na aplicação – na medida das exigências desse estado – das normas previstas para o efeito, em vez das normas previstas para tempo de normalidade; para lá de uma vicissitude constitucional, trata-se de um específico fenómeno de aplicação de normas em circunstâncias diversas.

6.º) No Estado constitucional, representativo ou de Direito, a extensão e a intensificação da normatividade acompanham-se da extensão e da intensificação das regras sobre situações de necessidade; o alargamento e o rigor do estatuto jurídico do Estado envolvem o rigor e o alargamento do estatuto jurídico das situações de necessidade.

7.º) Uma Constituição normativa acentua o carácter excepcional das situações de necessidade, mas, ao mesmo tempo, assume-as plenamente, sujeita-as ao seu império, ajusta os mecanismos de controlo do poder a essas circunstâncias.

8.º) Num regime político baseado no respeito dos direitos e liberdades fundamentais, o estatuto das situações de necessidade centra-se na

---

[1193] Cfr. a perspetiva de Niklas Luhmann, *Macht*, 1975, *Poder*, trad., Brasília, 1985, pág. 72: técnica de crise significa a diferenciação temporal do risco do poder pela absorção de crises, numa espécie de planejamento do poder.
Recorde-se Kant (*A Paz Perpétua*, na trad. de António Morão, Lisboa, 1988, pág. 84): «A proposição *salus populi suprema civitatis lex* conserva intacto o seu valor, mas a salvação pública que, *antes de mais,* importa ter em conta é justamente a constituição legal que garante a cada um a sua liberdade mediante leis».

[1194] Poderá, pois, falar-se, em face de circunstâncias extraordinárias, em «legalidade alternativa» (assim, Paulo Otero, *Lições de Introdução ao Estudo do Direito,* ii, 2.º tomo, Lisboa, 1999, págs. 347 e segs.), mas não em «legitimidade alternativa».

[1195] Até porque, como se sabe, uma suspensão total acaba por se reconduzir a revolução e a substituição, duma maneira ou doutra, da Constituição por uma nova Lei Fundamental. Cfr. *Manual...,* ii, cit., pág. 173.

DIREITOS FUNDAMENTAIS

salvaguarda desses mesmos direitos e liberdades – se não pode deixar de admitir a sua suspensão, fá-lo na observância de precisos formalismos e com acrescidas garantias; pelo contrário, um regime totalitário ou autoritário não carecerá de recorrer a providências de suspensão, salvo no limite (porque aí já em época de normalidade se vive em permanente compressão das liberdades)[1196].

II – Em Portugal, todas as seis Constituições até agora vigentes não deixaram de contemplar as situações de necessidade, mas não da mesma maneira, pois bastante têm variado os graus de estruturação dos institutos e as competências e as garantias a eles atinentes.

As Constituições monárquicas previram, sucessivamente, a suspensão de algumas das «formalidades relativas à prisão de delinquentes» (art. 211.º da Constituição de 1822); a dispensa de algumas das «formalidades que garantem a liberdade individual» (art. 145.º, § 34.º, da Carta); e a suspensão das garantias individuais (art. 32.º da Constituição de 1838).

A figura do estado de sítio apareceu na Lei Fundamental de 1911 (art. 26.º, n.º 16)[1197][1198] – donde passaria para as Constituições de 1933 (art. 91.º, n.º 8)[1199] e de 1976 (art. 19.º, sobretudo); também seria prevista na lei constitucional provisória de 1974 (art. 7.º, n.º 12, da Lei n.º 3/74, de 14 de maio)[1200].

A revisão constitucional de 1971 criou providências restritivas das liberdades e garantias individuais em situação de subversão (novo art. 109.º, § 6.º, da Constituição de 1933)[1201] e a Constituição atual um estado de emergência

[1196] As leis de salvação pública convenientemente aplicadas são a própria condição da existência das instituições livres. Se o antigo regime não conheceu o estado de sítio, é porque ele não conheceu o estado de liberdade (MARNOCO E SOUSA, *Comentário*, cit., pág. 438).

[1197] O não se ter, na vigência da Constituição de 1933, feito uso da declaração de estado de sítio mostra que de facto as garantias individuais se acham à mercê do Governo (MARCELLO CAETANO, *Manual de Ciência Política e Direito Constitucional*, 5.ª ed., Lisboa, 1967, pág. 482, nota). Fonte: o art. 34.º, n.º 21, da Constituição brasileira de 1891.

[1198] V. MARNOCO E SOUSA, *Comentário*, cit., págs. 202 e segs. e 435 e segs.; e ainda, doutra ótica, FEZAS VITAL, jurisprudência crítica, in *Boletim da Faculdade de Direito da Universidade de Coimbra*, ano VI, págs. 540 e segs.

[1199] V. MARCELLO CAETANO, *Manual de Ciência Política*, 6.ª ed., II, 1972, págs. 524 e segs.

[1200] Ao abrigo da qual em 25 de novembro de 1975 seria decretado o estado de sítio parcial na região militar de Lisboa.

[1201] V. parecer da Câmara Corporativa, in *Actas...*, X legislatura, n.º 67, 1971, págs. 659 e 660.

CAPÍTULO IV – O REGIME ESPECÍFICO DOS DIREITOS, LIBERDADES E GARANTIAS

com regime idêntico ao do estado de sítio (mesmo art. 19.º). Além disso, esta Constituição acrescentou às situações de necessidade relevantes a calamidade pública [1202][1203].

Nas Constituições de 1826, 1838, 1911 e 1933 (após 1971), competia ao Parlamento declarar as situações de exceção, admitindo-se que o Poder Executivo se lhe substituísse em caso de urgência quando ele não estivesse reunido. Nas Constituições de 1822 e de 1933 (até 1971), a competência era exclusiva da assembleia representativa; ao invés, as providências contra a subversão previstas a partir de 1971 eram tomadas pelo Governo, devendo a Assembleia Nacional só pronunciar-se quando a situação se prolongasse. Finalmente, na Constituição de 1976 [1204], a declaração ficaria a caber ao Presidente da República, autorizado pelo Conselho da Revolução (até 1982) e pela Assembleia da República, ou pela sua Comissão Permanente (após 1982), e estabelecendo-se ainda a dependência de ratificação da Assembleia, em certos casos (em moldes aliás diferentes, antes e depois de 1982).

III – As situações de exceção e de necessidade têm implicações em quase todas as zonas da Constituição: nos direitos fundamentais, no funcionamento dos órgãos de soberania, nas relações das autoridades civis e das autoridades militares, nas Forças Armadas, nos tribunais, inclusive na organização económica e nas eleições. Por isso e por causa das especialidades do processo

---

[1202] V. a elaboração do art. 19.º, in *Diário da Assembleia Constituinte*, n.º 36, de 23 de agosto de 1975, págs. 979-980. E a sua reformulação em 1982 e em 1989 (aqui com graves deficiências), in *Diário da Assembleia da República*, 2.ª série, II legislatura, 1.ª sessão legislativa, 5.º suplemento ao n.º 108, pág. 3332(117); 2.ª sessão legislativa, 2.º suplemento ao n.º 25, págs. 540(48) e segs.; 2.º suplemento ao n.º 80, págs. 1508(17) e 1508(18); suplemento ao n.º 87, pág. 1618(13); 2.º suplemento ao n.º 106, págs. 1998(23) e 1998(24); e 1.ª série, n.º 101, reunião de 11 de junho de 1982, págs. 4162 e segs.; e v legislatura, 1.ª sessão legislativa, 2.ª série, n.º 6-RC, ata n.º 4, págs. 116 e segs., e n.º 9-RC, ata n.º 7, págs. 221-222; 2.ª sessão legislativa, n.º 66-RC, ata n.º 64, págs. 2022 e segs., e n.º 71-RC, ata n.º 69, págs. 2129 e segs.; e 1.ª série, n.ºˢ 66 e 67, reuniões de 19 e 20 de abril de 1989, págs. 2273 e segs. e 3261 e 3262, respetivamente.

[1203] Sobre o estado de necessidade na Constituição atual, v. JORGE MIRANDA, *A ratificação no Direito constitucional português*, in *Estudos sobre a Constituição*, obra coletiva, III, págs. 602 e 605 e segs.; CARLOS BLANCO DE MORAIS, *O estado...*, cit., págs. 61 e segs.; ANTÓNIO DAMASCENO CORREIA, *op. cit.*, págs. 111 e segs.; MANUEL AFONSO VAZ, *Lei...*, cit., págs. 333 e segs.; JORGE BACELAR GOUVEIA, *O estado de excepção*, cit., I, págs. 751 e segs., e II, págs. 781 e segs.; J. J. GOMES CANOTILHO, *Direito...*, cit., págs. 1104 e segs.; J. J. GOMES CANOTILHO e VITAL MOREIRA, *op. cit.*, I, págs. 399 e segs.

[1204] Tal como na Lei n.º 3/74.

DIREITOS FUNDAMENTAIS

de declaração, poderia justificar-se receberem tratamento em capítulo ou divisão à parte [1205].

A Constituição de 1976, na trilha da Carta Constitucional e da Constituição de 1838 [1206], toma por sede básica dessas situações, porém, a parte dos direitos fundamentais – o que se exibe bem elucidativo da relação existente entre a garantia dos direitos e a regulamentação da necessidade constitucional e, portanto, do empenho em que esta regulamentação não os ponha em causa. Na revisão de 1989 aditaram-se ao art. 19.º, incongruentemente com a sua localização, normas sobre os órgãos de soberania e das regiões autónomas.

Mas o regime da declaração consta do art. 138.º, hoje (no título sobre o Presidente da República), a norma sobre a apreciação da aplicação da declaração do art. 162.º (no título sobre o Parlamento); e há, outrossim, regras importantes acerca da dissolução da Assembleia (art. 172.º), das Forças Armadas (art. 275.º, n.º 7) e da revisão constitucional (art. 289.º).

IV – A Constituição prevê, depois, uma lei regulamentadora, incluída na reserva absoluta de competência da Assembleia da República [art. 164.º, alínea e)], sujeita, ao regime procedimental das «leis orgânicas» (art. 166.º, n.º 2) e que, sem dúvida, ao contrário de outras «leis orgânicas», deve ter-se por lei de valor reforçado, porque lhe estão vinculadas as declarações de estado de sítio ou de estado de emergência e a autorização e a confirmação parlamentar (atos materialmente legislativos ou, pelo menos atos com força afim da força da lei).

Por seu lado, o Regimento da Assembleia cuida dos processos parlamentares pertinentes à autorização e à confirmação da declaração (arts. 171.º e 175.º) e à apreciação da sua aplicação (art. 180.º) e alguma das normas que contém não são meramente internas.

[1205] Como propusemos em 1975 no nosso projeto de Constituição, sob a rubrica de *Conservação da Constituição*, da fiscalização da constitucionalidade, das situações de necessidade e da revisão constitucional (arts. 308.º e segs.).

[1206] Na Constituição de 1822, era o título sobre tribunais e, nas Constituições de 1911 e 1933, o título sobre o Parlamento (sem embargo do princípio relativo à suspensão dos direitos dos seus arts. 3.º, n.º 38, e 10.º, respetivamente).

CAPÍTULO IV – O REGIME ESPECÍFICO DOS DIREITOS, LIBERDADES E GARANTIAS

É, por conseguinte, na Constituição, na Lei n.º 44/86, de 30 de setembro (lei do regime do estado de sítio e do estado de emergência) [1207], e no Regimento da Assembleia da República que se encontra neste momento, a disciplina do instituto. Para o que interessa no presente tomo apenas se considerarão, contudo, os aspetos que diretamente dizem respeito à suspensão de direitos.

V – O estado de sítio e o estado de emergência são as modalidades mais intensas do estado de necessidade em Direito constitucional. Não são as únicas. Basta pensar no processo legislativo parlamentar de urgência (art. 179.º, n.º 2), em certas vicissitudes que afetam os órgãos de soberania [1208] ou, nos países em que tal é admitido, na legislação governamental de urgência [1209].

E também o Direito administrativo conhece estado de necessidade, em múltiplas situações que podem contender não só com o exercício de competências ou com os formalismos procedimentais mas ainda com direitos das pessoas. Em certos casos de perigo iminente para o interesse público ou para a vida ou a integridade de outras pessoas, pode a intervenção imediata da Administração, mesmo sem aparente autorização legal, revelar-se o único meio adequado de o ultrapassar (arts. 3.º, n.º 2, e 89.º, n.º 1 do Código do Procedimento Administrativo) [1210] [1211].

[1207] Sobre a feitura desta lei, v. *Diário da Assembleia da República*, IV legislatura, 1.ª sessão legislativa, 1.ª série, n.ºˢ 77, 78 e 101, reuniões de 4 de junho, 11 de junho e 23 de julho de 1986, págs. 2912 e segs., 2968 e 3894 e segs., respetivamente.

[1208] V. *Manual...*, V, cit., págs. 91 e segs.

[1209] *Ibidem*, págs. 166 e segs.

[1210] Por exemplo, a requisição de certos serviços, a ocupação temporária de um bem ou até a simples passagem pela casa de um vizinho para penetrar na casa de alguém atingido por um incêndio ou por outra calamidade.

[1211] Cfr. SÉRVULO CORREIA, *Legalidade e autonomia contratual nos contratos administrativos*, Lisboa, 1987, págs. 282 e 283 e *Revisitando o estado de necessidade*, in *Em homenagem ao Professor Doutor Diogo Freitas do Amaral*, obra coletiva, Coimbra, 2010, págs. 720 e segs.; PAULO OTERO, *O poder de substituição*, cit., págs. 392 e segs., e *Legalidade e Administração Pública*, cit., págs. 996 e segs.; MÁRIO ESTEVES DE OLIVEIRA *et alii, Código*, cit., págs. 92 e segs.; JORGE BACELAR GOUVEIA, *O estado de excepção*, cit., págs. 63 e 64; DIOGO FREITAS DO AMARAL e MARIA DA GLÓRIA GARCIA, *O estado de necessidade e a urgência em Direito Administrativo*, in *Revista da Ordem dos Advogados*, 1999, págs. 493 e segs.; MARCELO REBELO DE SOUSA e ANDRÉ SALGADO DE MATOS, *Direito...*, III, cit., págs. 419-420 e 438; JULIANA GOMES MIRANDA, *Teoria da excepcionalidade administrativa*, Belo Horizonte, 2010; JOSÉ CARLOS VIEIRA DE ANDRADE, *Os direitos...*, cit., pág. 226.

DIREITOS FUNDAMENTAIS

A Lei n.º 27/2006, de 3 de julho, regula a proteção civil, a qual tem por finalidade prevenir riscos coletivos inerentes a situações de acidente grave ou catástrofe, atenuar os seus efeitos e proteger e socorrer as pessoas e os bens em perigo (art. 1.º, n.º 1). E os órgãos competentes podem, consoante a natureza dos acontecimentos a prevenir ou a enfrentar e a gravidade e a extensão dos seus efeitos, atuais ou potenciais, declarar a situação de alerta, a situação de contingência ou a situação de calamidade (arts. 8.º e segs.).

Em caso de calamidade preveem-se o livre acesso dos agentes de proteção civil à propriedade privada na área abrangida, bem como a utilização de recursos naturais ou energéticos privados, na medida do estritamente necessário (art. 23.º) e a requisição temporária de bens e serviços (art. 24.º). Mas se o acesso à propriedade privada envolver entrada no domicílio, contra a vontade do cidadão, será exigida autorização judicial (art. 34.º da Constituição).

VI – À semelhança do que sucede em Direito interno, também os tratados de direitos do homem admitem a suspensão de direitos em estado de necessidade: assim, o Pacto Internacional de Direitos Civis e Políticos (art. 4.º), a Convenção Europeia dos Direitos do Homem (art. 15.º), a Convenção Interamericana (art. 27.º), sob o nome de "derrogação" [1212].

114. O regime da suspensão

I – Os órgãos de soberania não podem, conjunta ou separadamente, suspender o exercício dos direitos, liberdades e garantias, salvo em caso de estado de sítio ou de estado de emergência, declarados na forma da Constituição (art. 19.º, n.º 1).

Todo o regime da suspensão vem conformado por este princípio do caráter excecional e limitado da suspensão. E daí os seguintes corolários:

a) Tipicidade dos pressupostos ou das causas das situações de necessidade – que são somente a agressão efetiva ou iminente por forças estrangeiras, a grave ameaça ou perturbação da ordem constitucional democrática e a calamidade pública [1213] [art. 19.º, n.º 2; inicialmente

---

[1212] *Curso...*, cit., págs. 329 e 330, e Autores citados.

[1213] Que tanto pode ser natural como tecnológica. Sobre a primeira, cfr., mas algo diferentemente, PEDRO PORTUGAL GASPAR, *O estado de emergência ambiental*, Coimbra, 2005, págs. 134 e segs. e 153 e segs.

CAPÍTULO IV – O REGIME ESPECÍFICO DOS DIREITOS, LIBERDADES E GARANTIAS

137.º, n.º 1, alínea *c*)] – e devendo qualquer dos pressupostos significar «perigo público» ou «emergência pública» «que ameace a existência da nação» (para empregar expressões contidas no art. 15.º, n.º 1, da Convenção Europeia e no art. 4.º, n.º 1, do Pacto de Direitos Civis e Políticos).

b) Necessidade de declaração ou de proclamação na forma prevista na Constituição (art. 19.º, n.º 1, *in fine*, e art. 4.º do Pacto de Direitos Civis e Políticos) – não basta a ocorrência dos factos, é necessário (por uma elementar razão de segurança e certeza jurídica) o seu reconhecimento e anúncio oficial salvo inconstitucionalidade por omissão; a não ser assim, correr-se-ia o risco de uma espécie de golpe de Estado *deslizante* [1214].

c) Obrigação de declaração em caso de ocorrência das situações de necessidade (até porque a não declaração poderia significar o seu aproveitamento para fins anticonstitucionais pelos detentores do poder ou redundar numa espécie de golpe de Estado por omissão inconstitucional).

d) Declaração *adequadamente* fundamentada [1215] (art. 19.º, n.º 5, 1.ª parte) – não basta a menção de qualquer dos pressupostos das situações de necessidade, é necessária a apresentação das suas consequências, já verificadas ou previsíveis, no plano da alteração da normalidade constitucional (art. 14.º, n.º 2, da Lei n.º 44/86).

II – *e)* Declaração pelos órgãos e segundo o procedimento previsto pela Constituição, em moldes de interdependência dos órgãos políticos de soberania – Presidente, Assembleia da República e Governo [arts. 134.º, alínea *d)*, 138.º, 140.º, 161.º, alínea *l)*, 179.º, n.º 3, alínea *f)*, e n.º 4, e 199.º, n.º 1, alínea *f)*].

A declaração do estado de sítio ou do estado de emergência compete ao Presidente da República e depende de audição do Governo e de autorização da Assembleia da República ou da respetiva Comissão Permanente, tendo, neste caso, de ser confirmada pelo Plenário, logo

---

[1214] Diferentemente, PAULO OTERO, *Legalidade...*, cit., pág. 995.

[1215] No texto inicial, dizia-se *suficientemente* e, entre 1982 e 1989, *devidamente* fundamentada.

DIREITOS FUNDAMENTAIS

que seja possível reuni-lo [1216]. O decreto de declaração carece de referenda ministerial, sob pena de inexistência.

Os órgãos das regiões autónomas não têm de ser ouvidos pelo Presidente da República, mesmo que a declaração se refira apenas a uma dessas regiões, pois, como disse o Tribunal Constitucional, a declaração de estado de sítio ou de estado de emergência envolve o exercício de uma função de soberania [1217].

Cabendo a iniciativa do processo parlamentar ao Presidente da República, em mensagem fundamentada (art. 24.º da Lei n.º 44/86), poderá a Assembleia alterar o conteúdo ou o âmbito do pedido, alargando-o ou diminuindo-o? Parece duvidoso, a não ser que se verifique, entretanto, modificação de circunstâncias.

f) Declaração conexa, no caso de agressão efetiva ou iminente por forças estrangeiras, com a declaração de guerra – a qual compete ao Presidente da República em moldes também de interdependência [arts. 135.º, alínea *c)*, 161.º, alínea *m)*, 179.º, n.º 3, alínea *f)*, e n.º 4, e 198.º, n.º 1, alínea *g)*].

g) Declaração com efeitos temporalmente limitados, não podendo prolongar-se por mais de quinze dias sem prejuízo de eventual renovação por períodos de igual limite, nem prolongar-se para além do estado de guerra declarada (art. 19.º, n.º 5, 3.ª parte); e a renovação exige procedimento idêntico ao da declaração originária.

A revisão de 1989, e bem, incluiu uma referência à declaração de guerra (mesmo art. 19.º, n.º 5), a qual, objetivamente, torna desnecessário, inconveniente e até, em certas circunstâncias, impossível a renovação da declaração de estado de sítio. Todavia, além de poder suscitar alguns

---

[1216] Sem prazo de caducidade. Mas a recusa de confirmação não envolve invalidação dos atos praticados ao abrigo da declaração (art. 26.º, n.º 3, da Lei n.º 44/86).

[1217] Acórdão n.º 402/2008, de 29 de julho, in *Diário da República*, 1.ª série, de 18 de agosto de 2008. Mas o acórdão não contesta a audição a cargo da Assembleia da República (art. 25.º, n.º 4, da Lei n.º 44/86).

Em sentido diferente, mas na condição de as circunstâncias o permitirem, nos pronunciámos em *Sobre a audição dos órgãos das regiões autónomas pelos órgãos de soberania*, in *Estudos em homenagem à Professora Doutora Isabel de Magalhães Collaço*, obra coletiva (org. de Rui Manuel de Moura Ramos *et alii*), II, Coimbra, 2002, pág. 785.

CAPÍTULO IV – O REGIME ESPECÍFICO DOS DIREITOS, LIBERDADES E GARANTIAS

equívocos [1218], a fórmula empregada não é feliz, pois que não fez sentido falar em «duração fixada por *lei* em consequência de declaração de guerra»: pela natureza das coisas, nunca a declaração de guerra poderia fixar a sua duração...

h) Uma eventual renovação requer um procedimento idêntico ao da declaração (art. 27.º, n.º 1, da Lei n.º 44/86), com intervenção da Comissão Permanente da Assembleia da República caso esta esteja dissolvida (art. 172.º, n.º 3 da Constituição).

III – *i)* Suspensão apenas na medida do necessário, de acordo com o princípio da proporcionalidade – a declaração do estado de sítio ou de emergência confere às autoridades competência para tomarem as providências *necessárias e adequadas* ao pronto restabelecimento da normalidade constitucional (art. 19.º, n.ºs 4 e 8). Daí que:

1.º) A declaração possa ser em todo ou em parte do território (art. 19.º, n.º 2);

2.º) A distinção entre estado de sítio e estado de emergência seja de grau (art. 19.º, n.º 3, 1.ª parte) [1219];

3.º) A suspensão de direitos possa ser total ou parcial, nunca se admitindo suspensão total em estado de emergência (art. 19.º, n.º 3, 2.ª parte) e sendo parcial quer a suspensão de apenas alguns dos direitos quer a suspensão de parte, mas não da totalidade, de certos direitos [1220];

[1218] Embora possa haver sobreposição, trata-se de figuras bem distintas e sempre carecidas de declaração autónomas. O estado de guerra só coincide com estado de sítio em caso de guerra no território nacional por agressão efetiva ou iminente por forças estrangeiras.

[1219] O estado de sítio é declarado quando se verifiquem ou estejam iminentes atos de força ou insurreição que ponham em causa a soberania, a independência, a integridade territorial ou a ordem constitucional democrática e não possam ser eliminados pelos meios normais previstos na Constituição e na lei (art. 8.º, n.º 1, da Lei n.º 44/86). O estado de emergência é declarado quando se verifiquem situações de menor gravidade, nomeadamente quando se verifiquem ou ameacem verificar-se casos de calamidade pública (art. 9.º, n.º 1).

[1220] Sobre a suspensão de direitos em concreto, v. JORGE BACELAR GOUVEIA, *O estado de excepção*, cit., págs. 836 e segs.

DIREITOS FUNDAMENTAIS

4.º) A declaração deva conter a especificação dos direitos, liberdades e garantias cujo exercício fica suspenso (art. 19.º, n.º 5, 2.ª parte);

5.º) Haja limitações quanto à extensão e aos meios utilizados (art. 19.º, n.º 4);

6.º) Em caso de alteração das circunstâncias, haja a possibilidade de as providências constantes da declaração serem objeto de adequada extensão ou redução segundo os trâmites previstos para a declaração inicial, não sendo necessária a autorização da Assembleia da República quando se trate de redução (arts. 12.º e 27.º, n.º 2, da Lei n.º 44/86);

7.º) Em caso de cessação das circunstâncias determinantes da declaração, tenha de haver imediata revogação por decreto do Presidente da República (art. 13.º).

j) Existência de limites absolutos da suspensão [1221]: 1.º) os direitos enunciados no art. 19.º, n.º 6 [1222]; 2.º) os princípios da universalidade, de igualdade e da tutela jurídica; 3.º) o caráter geral, abstrato e não retroativo da declaração (até por maioria de razão, à face do art. 18.º, n.º 3).

No texto inicial, contemplavam-se somente o direito à vida e o direito à integridade penal. Contudo, por força do art. 8.º, n.º 2, da Constituição e tendo em conta o art. 4.º, n.º 2, do Pacto de Direitos Civis e Políticos, devia já entender-se que a proibição de suspensão abrangia também a não retroatividade da lei penal incriminadora e a liberdade de consciência e de religião [1223][1224]. E, nessa linha, a revisão constitucional de

---

[1221] Antecedentes: o art. 59.º-A da Constituição de 1911, introduzido pela Lei n.º 635, de 28 de Setembro de 1916, proibindo pena de morte e penas corporais perpétuas ou de duração ilimitadas em estado de sítio com suspensão total das garantias constitucionais; e a base XXXI, n.º 3, da Lei n.º 2084, de 16 de agosto de 1956, que impunha às autoridades, em estado de sítio, a observância dos «ditames da justiça natural».

[1222] Cfr. art. 55.º da Constituição espanhola; art. 8.º, n.º 4, da Constituição húngara; art. 41.º da Constituição albanesa; art. 37.º da Constituição sul-africana.

[1223] Assim, JORGE MIRANDA, *A Constituição de 1976*, cit., pág. 356.

[1224] Cfr., do prisma do Direito Internacional, *Le noyau intangible des droits de l'homme*, obra coletiva, Friburgo, 1991; LUDOVIC HENNEBEL, *Les droits intangibles*, in *Classer les droits de l'homme*, obra coletiva (sob a direção de Emmanuelle Bribosia e Ludovic Hennebel), Bruxelas, 2004, págs. 195 e segs.

CAPÍTULO IV - O REGIME ESPECÍFICO DOS DIREITOS, LIBERDADES E GARANTIAS

1982 acrescentaria os direitos à identidade pessoal, à capacidade civil e á cidadania e os direitos de defesa do arguido.

Por seu turno, o art. 2.º da Lei n.º 44/86, além de explicitar o princípio da igualdade e o do acesso aos tribunais (incluindo a *habeas corpus*), viria vedar a censura prévia a comunicação social (embora admitindo a suspensão de publicações e de emissões de rádio e televisão) e viria garantir o direito de reunião de órgãos estatutários dos partidos políticos e de associações sindicais e profissionais.

Mas, mais importante do que isso (e não tanto por o art. 19.º, n.º 6, não remeter para certos preceitos específicos quanto pela lógica da sua consagração e do seu alcance), os direitos nele mencionados não podem deixar de ser lidos com a amplitude correspondente à expansão natural e à garantia de que carecem.

Assim o direito à vida e o direito à integridade pessoal postulam quer a proibição de pena de morte, da tortura e de tratos ou penas cruéis, degradantes e desumanos (arts. 24.º, n.º 2, e 25.º, n.º 2) quer a proibição de extradição quando tais penas constem do Direito do Estado requisitante (art. 33.º, n.º 6); os direitos à identidade pessoal, à cidadania e à capacidade civil implicam os direitos pessoais conexos (art. 26.º); a liberdade de consciência e de religião abrange a objeção de consciência (art. 41.º, n.º 6) e não se compadece com o tratamento de dados referentes as convicções filosoficas e a fé religiosa (art. 35.º, n.º 3); e a não retroatividade da lei criminal, porque fundada na ideia de segurança jurídica, implica a aplicação da lei mais favorável ao arguido, ainda que retroativamente (art. 29.º, n.º 4) [1225] [1226].

k) Estrita sujeição de todas as providências que alterem a normalidade constitucional aos princípios da constitucionalidade e da legalidade (art. 19.º, n.º 7, 1.ª parte).

[1225] Cfr. JORGE MIRANDA, *Os princípios constitucionais da legalidade e da aplicação da lei mais favorável em matéria criminal*, in *O Direito*, 1989, págs. 696 e segs., e autores citados.

[1226] Cfr. JOSÉ MELO ALEXANDRINO, *Estatuto...*, cit., págs. 93-94; JORGE BACELAR GOUVEIA, *O estado de excepção*, cit., págs. 888 e segs.; GOMES CANOTILHO e VITAL MOREIRA, *op. cit.*, I, pág. 402.

DIREITOS FUNDAMENTAIS

IV – *l*) Para além das que condicionam a declaração, prescrição de garantias fundamentais de organização política exigidas pelo Estado de Direito democrático:

1) Proibição de prática de atos de revisão constitucional na vigência de estado de sítio ou de estado de emergência (art. 289.º);

2) Proibição, sob pena de inexistência, de dissolução da Assembleia da República (art. 172.º, n.ᵒˢ 1 e 2) [1227];

3) Na mesma lógica, proibição de declaração de estado de sítio ou de estado de emergência estando dissolvida a Assembleia da República; ou, pelo menos, reunião da Assembleia ou da sua Comissão Permanente para a autorizar, porque o mandato dos Deputados subsiste até à primeira reunião da Assembleia subsequente a eleição (art. 172.º, n.º 3);

4) Proibição de atos relativos á convocação ou á realização do referendo nacional (art. 9.º, n.º 1, da Lei n.º 15-A/98, de 3 de abril) e de atos eleitorais – apesar de nem o art. 115.º, nem o art. 113.º da Constituição o preverem – por paridade de razão [1228];

5) Em geral, não poder ser afetada a aplicação das regras constitucionais relativas aos órgãos de soberania e de governo próprio das regiões autónomas ou aos direitos e imunidades dos respetivos titulares (art. 19.º, n.º 7, 2.ª parte).

m) Apreciação pela Assembleia da República da aplicação da declaração de estado de sítio ou de estado de emergência [art. 162.º, alínea *b*)], com base em relatório pormenorizado e tanto quanto possível

---

[1227] O art. 1.º, § 7.º, da Lei n.º 981, de 22 de Setembro de 1919, de revisão da Constituição de 1911, ia mais longe, porquanto vedava ao Poder Executivo declarar o estado de sítio entre a dissolução de Câmaras e a primeira reunião das que viessem a ser eleitas, salvo tratando-se de guerra com país estrangeiro.

[1228] *Manual...*, VII, cit., págs. 266-267, 272 e 313. E já arts. 324.º e 325.º do projeto de Constituição de 1975 e *Um anteprojecto de proposta de lei de regime do referendo*, in *Revista da Faculdade de Direito da Universidade de Lisboa*, 1991, pág. 531. Cfr. LUÍS BARBOSA RODRIGUES, *O referendo português a nível nacional*, Coimbra, 1994, pág. 221; MARIA BENEDITA URBANO, *O referendo*, Coimbra, 1998, págs. 210 e 211; JORGE BACELAR GOUVEIA, *O estado de excepção*, cit., págs. 642 e segs.

CAPÍTULO IV – O REGIME ESPECÍFICO DOS DIREITOS, LIBERDADES E GARANTIAS

documentado a enviar pelo Governo até quinze dias após a cessação desse estado (art. 29.º da Lei n.º 44/86 e art. 188.º do Regimento).

n) Sujeição a fiscalização de constitucionalidade e de legalidade (porque se trata de atos normativos), mas só sucessiva [1229], tanto abstrata como concreta e tanto do decreto de declaração do Presidente da República [arts. 134.º, alínea *d)*, 138.º, 140.º e 119.º, n.º 1, alínea *d)*] como da resolução de autorização ou da lei de confirmação da Assembleia da República [arts. 161.º, alínea *l)*, e 166.º, n.ᵒˢ 3 e 5] – e efeitos *ex tunc* da eventual declaração de inconstitucionalidade ou de ilegalidade decidida pelo Tribunal Constitucional (art. 282.º, n.º 1).

o) Possibilidade de exercício do direito de petição e do direito de resistência pelos cidadãos [1230].

p) Responsabilidade civil do Estado (art. 22.º da Constituição e art. 2.º, n.º 3, da Lei n.º 44/86) e responsabilidade criminal dos titulares dos órgãos políticos (art. 9.º da Lei n.º 34/87, de 16 de julho) em caso de desrespeito das regras constitucionais e legais.

V – *q)* Quanto aos direitos constantes do Pacto de Direitos Civis e Políticos e da Convenção Europeia, informação internacional [1231] acerca da suspensão (ou «derrogação») e dos seus fundamentos, bem como do seu termo (art. 4.º, n.º 3, do Pacto e art. 15.º, n.º 3, da Convenção).

[1229] Pela natureza das coisas, a fiscalização preventiva não faria sentido e o art. 278.º da Constituição não contempla o decreto do Presidente.
Já poderia fazer sentido a fiscalização de inconstitucionalidade por omissão, quando, verificados os pressupostos do art. 19.º, n.º 2, não houvesse declaração de estado de sítio ou de estado de emergência.

[1230] Cfr. JORGE BACELAR GOUVEIA, *O estado de excepção*, cit., págs. 1179 e segs.; GOMES CANOTILHO e VITAL MOREIRA, *op. cit.*, I, pág. 422 (o direito de resistência como contrapeso da suspensão inconstitucional de direitos, liberdades e garantias).

[1231] Dos Estados partes no Pacto, através do secretário-geral das Nações Unidas, e do secretário-geral do Conselho da Europa, respetivamente.

§ 4.º
Outros princípios e regras

115. A autotutela mediante o direito de resistência

I – A ideia de resistência frente ao poder político tem, como se sabe, uma longa história na cultura do Ocidente. Com formas múltiplas – resistência individual e coletiva, passiva e ativa, defensiva e agressiva, e as suas combinações possíveis – e com funções também variadas – ora mais objetivistas, ora mais subjetivistas – exibe diversa importância consoante as épocas e os lugares [1232].

[1232] Cfr., entre tantos, LOPES PRAÇA, *op. cit.*, I, págs. 124 e segs.; LÉON DUGUIT, *op. cit.*, III, págs. 790 e segs.; SANTI ROMANO, *Diritto Costituzionale Generale*, 2.ª ed., Milão, 1947, págs. 123-124; GEORGES BURDEAU, *Traité...*, 2.ª ed., IV, Paris, 1969, págs. 495 e segs.; PHILIPPE BRAUD, *op. cit.*, págs. 286 e segs.; LESLIE J. MACFARLANE, *Political Disobedience*, Londres, 1971; JOHN RAWLS, *Uma teoria...*, cit., págs. 273 e segs.; PIERANGELO CATALANO, *op., cit.*, págs. 2004 e segs.; GERARDO MORELLI, *Il diritto naturale nelle Costituzioni moderne*, Milão, 1974, págs. 334 e segs.; NORBERTO BOBBIO, *Disobbedienza civile*, in *Dizionário di Politica,* obra coletiva, Turim, 1976, págs. 324 e segs., e *L'età...*, cit., págs. 159 e segs.; MARCELLO CAETANO, *Direito Constitucional,* I, cit., págs. 381 e segs.; A. MACHADO PAUPÉRIO, *O direito político de resistência*, 2.ª ed., Rio de Janeiro, 1978; LUIGI VENTURA, *Le Sanzioni Costituzionali,* Milão, 1981, págs. 169 e segs.; CHRISTIAN STARCK, *Pace e disobbedienza civile*, in *Diritto e Società,* 1986, págs. 450 e segs.; NUNO ROGEIRO, *Resistência (direito de)*, in *Polis*, V, págs. 450 e segs.; FRANCESCO DE SANCTIS, *Resistenza (diritto di)*, in *Enciclopedia del Diritto,* XXXIX, 1988, págs. 994 e segs.; MARIA DE ASSUNÇÃO ESTEVES, *A constitucionalização do direito de resistência*, cit.; PATRICIO CARVAJAL, *Derecho de resistencia, derecho a la revolución, desobediencia civil*, in *Revista de Estudos Políticos,* abril-junho de 1992, págs. 63 e segs.; JOSÉ ANTÓNIO ESTEVEZ ARAUJO, *La Constitución como processo y la desobediencia civil*, Madrid, 1994, págs. 13 e segs. e 139 e segs.; PEDRO SOARES MARTINEZ, *Filosofia do Direito*, 2.ª ed., Coimbra, 1995, págs. 194 e segs.; MARIA MARGARIDA CORDEIRO MESQUITA, *Direito de resistência e ordem fiscal*, Coimbra, 1990; ALBERTO RODRÍGUEZ VARELA e JORGE R. VANOSSI, *El derecho de resistência*, Buenos Aires, 1997; MARIO TURCHETTI, *Tyranie et*

DIREITOS FUNDAMENTAIS

Reiterada na Idade Média na perspetiva cristã da reação contra a lei injusta, ressurge nas crises de legitimidade que acompanham a formação do Estado moderno e as convulsões político-religiosas dos séculos XVI e XVII. A Declaração de Direitos de Virgínia proclama que, sempre que um governo se mostra inadequado ou contrário ao bem comum e à proteção e à segurança do povo, a maioria da comunidade possui o direito incontestável, inalienável e irrevogável de o reformar, modificar ou abolir (secção III). E a Declaração dos Direitos do Homem e do Cidadão considera a resistência à opressão um dos direitos naturais e imprescritíveis do homem (art. 2.º).

À medida que o Estado constitucional, representativo ou de Direito se consolida e progride, através do sufrágio universal e dos institutos de tutela jurisdicional, o direito de resistência vai-se, porém, tornando cada vez mais residual[1233], embora sem desaparecer ou ficar meramente subsidiário – porque é uma salvaguarda contra o abuso e o arbítrio (que tendem a manifestar-se por toda a parte, nas ocorrências da vida, tanto nos escalões mais elevados como nos mais baixos de exercício da autoridade pública). Não são muitas as Constituições que consignam *expressis verbis* o direito de resistência[1234]; nem por isso ele deixa de estar latente ou subjacente aos ordenamentos baseados num princípio de liberdade.

---

tyrannicide de l'Antichité à nos jours, Paris, 2001, págs. 935 e segs.; CLÁUDIA DE REZENDE MACHADO DE ARAÚJO, *O direito constitucional de resistência*, Porto Alegre, 2002; SOPHIE GROSBORN, *La justicialité problématique des droits de résistance à l'oppression*, in *À la recherche de l'effectivité des droits de l'homme*, obra coletiva, Paris, 2008, págs. 139 e segs.; RONALD FONTENELLE ROCHA, *Direito democrático de resistência*, Belo Horizonte, 2010; ROXANI FRAGICOU, *Le droit de résistance à l'oppression en Droit constitutionnel comparé*, in *Revue internationale de droit comparé*, 2013, págs. 831 e segs.; n.º 155, de *Pouvoirs*.

[1233] Diferentemente, ROCHA SARAIVA, *Constituição jurídica do Estado*, II, Coimbra, 1912, pág. 88: posto que o direito de liberdade beneficia da garantia judiciária, a sua garantia típica está no direito de resistência individual passiva contra as ordens gerais e passiva e defensiva contra as ordens individuais com que o Estado viole o seu direito.

[1234] Uma delas é a Constituição federal alemã (art. 20.º, n.º 4), mas assumindo aí o direito de resistência (ao invés do que sucede no art. 21.º da Constituição portuguesa) um intuito objetivista de defesa da ordem constitucional liberal e democrática. Outra é a Constituição estoniana, segundo a qual (art. 54.º), não havendo outras disponíveis, todo o cidadão estoniano tem o direito de empreender uma ação espontânea contra qualquer violação pela violência da ordem constitucional.

CAPÍTULO IV – O REGIME ESPECÍFICO DOS DIREITOS, LIBERDADES E GARANTIAS

II – Entre nós, a tradição vinda da Lei Fundamental de 1838 e com passagem depois pelas três Constituições republicanas é de consagração do direito de resistência contra violações de direitos, liberdades e garantias [1235].

«É livre a todo o cidadão resistir a qualquer ordem que manifestamente violar as garantias individuais, se não estiverem legalmente suspensas» (art. 25.º da Constituição de 1838); «É lícito a todos os cidadãos resistir a qualquer ordem que infrinja as garantias individuais, se não estiverem legalmente suspensas» (art. 3.º, n.º 37, da Constituição de 1911); «Constituem direitos e garantias individuais dos cidadãos portugueses...: O direito de resistir a quaisquer ordens que infrinjam as garantias individuais, se não estiverem legalmente suspensas, e de repelir pela força a agressão particular quando não seja possível recorrer à autoridade pública» (art. 8.º, n.º 19, da Constituição de 1933); «Todos têm o direito de resistir a qualquer ordem que ofenda os seus direitos, liberdades e garantias e de repelir pela força qualquer agressão, quando não seja possível recorrer à autoridade pública» (art. 20.º, n.º 2, depois 21.º da Constituição de 1976) [1236][1237].

De comum exibem as quatro fórmulas: 1.º) a atinência a direitos, liberdades e garantias; 2.º) o caráter universal e, em princípio, individual, do direito (se bem que não sejam de excluir o seu exercício coletivo ou a sua invocação por pessoas coletivas – *v. g.*, por uma associação ilegalmente dissolvida pela autoridade administrativa); 3.º) a referência, aparentemente restritiva, só a ordens. A Constituição de 1933 acrescenta o direito de legítima defesa. Finalmente, a Constituição atual deixa de fazer a alusão (aliás, inútil) à circunstância de os direitos não estarem suspensos e, sobretudo, ao contrário dos anteriores, consagra tanto a resistência passiva como a defensiva, pois a agressão agora é definida em geral e só por resquício de 1933 se fala ainda em não ser possível recorrer à autoridade pública.

Especificidade das Constituições de 1933 e de 1976 é a consagração do direito de repelir pela força a agressão particular, o que significa a constitucionalização do direito de legítima defesa [1238]

[1235] À face das Constituições anteriores, cfr. MARNOCO E SOUSA, *Comentário*, cit., págs. 200 e segs.; RUI MACHETE, *Resistência (direito...)*, in *Verbo*, 1.ª ed., 16, págs. 404 e 405; MIGUEL GALVÃO TELES, *Direito Constitucional – Sumários...*, cit., pág. 77.

[1236] V. *Diário da Assembleia Constituinte*, n.ºs 36 e 42, de 22 de agosto e 3 de Setembro de 1975, págs. 980 e 981 e 1196-1197, respetivamente (sem interesse).

[1237] Aquando da segunda revisão constitucional, o projeto n.º 1/V propôs que se aditasse «nas condições definidas por lei». Não teve seguimento, nem podia ter, porque tal seria contraditório com a própria natureza do direito de resistência.

[1238] Sobre o art. 21.º da Constituição e problemática conexa, v. MARIA DE ASSUNÇÃO ESTEVES, *A constitucionalização do direito de resistência*, Lisboa, 1989; MARIA FERNANDA PALMA,

DIREITOS FUNDAMENTAIS

Consagradas estão também no texto constitucional vigente duas outras modalidades ou especificações do direito de resistência: o direito dos cidadãos de não pagarem impostos que não tenham sido criados nos termos da Constituição, que tenham natureza retroativa e cuja liquidação e cobrança se não façam nas formas prescritas na lei (art. 103.º, n.º 3) – resistência passiva [1239]; e a cessação do dever de obediência dos funcionários e agentes das entidades públicas sempre que o cumprimento das ordens ou instruções implique a prática de qualquer crime (art. 271.º, n.º 3) – ainda resistência passiva [1240] [1241]. Delas não cuidamos aqui.

III – Considerando também a vertente negativa de alguns direitos sociais, pode divisar-se, no limite, hipóteses de exercício de direito de resistência contra violações ou agressões vindas de autoridades ou de agentes de autoridade.

Será o caso da resistência do trabalhador contra a imposição de trabalho em condições sem higiene, segurança ou saúde [art. 59.º, n.º 2, alínea c)]; ou de resistência do aluno impedido de frequentar a sua escola, por razões religiosas, raciais ou outras (art. 64.º); ou de resistência do automobilista que transporta um doente ou um acidentado a caminho de um hospital sujeito a um bloqueio ilegítimo ou desproporcionado [1242].

IV – Direitos com estrutura em larga medida semelhante à do direito de resistência (passiva) são os direitos de objeção ou escusa de consciência (arts. 41.º, n.º 6, e 276.º, n.º 4) e o direito à greve (art. 57.º), enquanto têm por conteúdo também a abstenção de comportamentos exigíveis em condições

---

A justificação pela legítima defesa como problema de delimitação de direitos, Lisboa, 1990, págs. 192 e segs.; JORGE BACELAR GOUVEIA, *O estado de excepção*, cit., págs. 1179 e segs.; MARIA MARGARIDA MESQUITA, *Direito de resistência e ordem fiscal*, cit., págs. 16 e segs.; GERMANO MARQUES DA SILVA e LUÍS FÁBRICA, *Resistência (direito de)*, in *Verbo*, 25, 2002, págs. 238 e segs.; J. J. GOMES CANOTILHO e VITAL MOREIRA, *op. cit.*, I, págs. 420 e segs.; JORGE MIRANDA e JOSÉ LOBO MOUTINHO, anotação in JORGE MIRANDA e RUI MEDEIROS, *Constituição...*, I, págs. 457 e segs.; JOSÉ CARLOS VIEIRA DE ANDRADE, *Os direitos...*, cit., págs. 341 e 342.

[1239] Vinda já da Constituição de 1822 (art. 224.º) e, mais de perto, das Constituições de 1911 (art. 3.º, n.º 27) e de 1933 (art. 8.º, n.º 16).

[1240] Cfr. MARIA FERNANDA PALMA, *A justificação*, I, cit., págs. 225 e segs.

[1241] Do texto constitucional (art. 7.º, n.º 3, 2.ª parte) ainda consta o direito dos povos à insurreição contra todas as formas de opressão. Caducou com a independência de Timor (1999-2002).

[1242] Cfr., mas na ótica da legítima defesa, MARIA FERNANDA PALMA, *op. cit.*, I, págs. 535 e segs.

CAPÍTULO IV – O REGIME ESPECÍFICO DOS DIREITOS, LIBERDADES E GARANTIAS

diversas. Distinguem-se dele, entretanto, antes de mais, pelo seu cunho peculiar de direitos especiais de garantia de certos e determinados direitos, ao passo que o direito de resistência assume um alcance, simultaneamente, residual e geral.

A objeção de consciência funda-se num elemento subjetivo (a convicção moral, religiosa, filosófica da pessoa); a resistência num elemento objetivo (a constitucionalidade ou o direito afetado). A objeção de consciência envolve um conflito de deveres (de consciência e de cidadania); não a resistência. A objeção de consciência é uma expressão de minoria; a resistência uma forma de atuação que pode interessar a quaisquer cidadãos [1243]. A objeção de consciência é uma reação frente a uma norma legítima; a resistência uma reação frente a uma norma ou a uma decisão ilegítima do poder. A objeção de consciência é essencialmente pessoal, individual; a resistência pode adquirir um significado coletivo e até eminentemente político [1244].

[1243] Quando se trate de desobediência civil (forma extrema de resistência passiva coletiva), a resistência pode tender a tornar-se mesmo expressão de maioria; mas, por isso mesmo, não pode ser considerada lícita pela ordem constitucional.

[1244] Sobre a objeção de consciência perante o serviço militar v., entre nós, o parecer n.º 2/81 da Comissão Constitucional, de 13 de janeiro, in *Pareceres*, XIV, págs. 123 e segs.; a intervenção do Deputado Jorge Miranda na Assembleia da República, in *Diário*, II legislatura, 2.ª sessão legislativa, 1.ª série, n.º 25, reunião de 11 de dezembro de 1981, págs. 872 e segs.; o acórdão n.º 363/91 do Tribunal Constitucional, de 30 de julho, in *Diário da República*, 1.ª série, n.º 202, de 3 de setembro de 1991; o assento do Supremo Tribunal de Justiça de 7 de novembro de 1991, *ibidem*, 1.ª série, n.º 6, de 8 de janeiro de 1992; a Lei n.º 7/92, de 12 de maio, alterada pela Lei n.º 138/99, de 28 de agosto.

Para uma visão doutrinal, cfr., por exemplo, RINALDO BERTOLINO, *L'obiezione di coscienza negli ardinamenti giuridici contemporanei*, Turim, 1967; JOHN RAWLS, *Uma teoria...*, cit., págs. 276 e segs.; JEAN-PIERRE CATTELAIN, *L'Objection de Conscience*, Paris, 1973; FRANCISCO C. PALAZZO, *Obiezione di coscienza*, in *Enciclopedia del Diritto*, XXIX, 1979, págs. 539 e segs.; ANNAMARIA LISITANO, *L'obiezione di coscienza. Due possibili prospettive*, in *Rivista Trimestrale di Diritto e Procedura Civile*, 1979, págs. 1056 e segs.; JOSÉ LAMEGO, *"Sociedade aberta" e liberdade de consciência*, Lisboa, 1985, págs. 83 e segs.; RONALD DWORKIN, *Taking...*, cit., págs. 206 e segs.; RAMON SORIANO, *La objeccion de consciencia*, in *Revista de Estudios Políticos*, n.º 58, outubro-dezembro de 1987, págs. 61 e segs.; JOÃO CABRAL, *Da atribuição do estatuto de objector de consciência*, in *Revista do Ministério Público*, n.º 40, 1989, págs. 103 e segs.; MARIA DE ASSUNÇÃO ESTEVES, *op. cit.*, págs. 135 e segs.; ANTONIO MILLAN GARRIDO, *La objeccion da la consciencia al servicio militar y la prestación social sustitutiva*, Madrid, 1990; EDUARDO MAIA GONÇALVES, *Objecção de consciência*, in *Revista do Ministério Público*, n.º 45, 1991, págs. 161 e segs.; FRANCESCO D'AGOSTINO, *op. cit.*, págs. 185 e segs.; *Liberte de conscience*, obra coletiva, Conselho da Europa, 1992, págs. 77 e segs.; ANTÓNIO DAMASCENO CORREIA, *O direito à objecção de consciência*, Lisboa, 1993; GUILLERMO ESCOBAR

DIREITOS FUNDAMENTAIS

Homólogas contraposições poderia propor-se, no plano económico-social e dos direitos dos trabalhadores, quanto ao direito à greve.

V – Sujeito do direito de resistência tanto pode ser uma pessoa singular como uma pessoa coletiva (*v. g.* a resistência de uma associação à sua suspensão ou dissolução ilegal).

Como a Constituição acentua que a resistência é a ordens que ofendam os direitos daquele que resiste (*"seus"*), é de entender que o exercício do direito de resistência pressupõe a titularidade do direito defendido, pelo que não está constitucionalmente garantido o direito de resistência para defesa de direitos alheios, o que não impede outras formas de intervenção nesse sentido (queixa ao Provedor de Justiça, *habeas corpus*, direito de petição).

Já não está excluído o exercício coletivo de resistência quando estejam em causa direitos, liberdades e garantias de uma categoria de pessoas [1245].

VI – Não se reporta apenas a momentos de normalidade constitucional. Vale também em momentos de necessidade ou de exceção, visto que a suspensão de direitos nunca pode atingir as formas de contenção da suspensão nos seus precisos limites; e, nessa altura, o direito de resistência serve como garantia quer dos direitos que não estejam (ou não possam estar) suspensos quer das normas constitucionais e legais reguladoras do estado de sítio e do estado de emergência.

VII – A Constituição fala em resistência a «ordens». Em rigor trata-se de quaisquer atos do poder, sejam leis (auto-exequíveis), atos administrativos ou

---

ROCA, *La objeccion de consciência en la Constitución española*, Madrid, 1993; JORGE BACELAR GOUVEIA, *Objecção de consciência*, in *Dicionário Jurídico da Administração Pública*, VI, 1994, págs. 165 e segs.; FRANCISCO MUÑOZ CONDE, *A objecção de consciência em direito penal*, in *Revista do Ministério Público*, n.º 69, 1997, págs. 101 e segs.; GIOVANNI DI COSINO, *Coscienza e Costituzione*, Milão, 2000; ANTÓNIO MENEZES CORDEIRO, *Contrato de trabalho e objecção de consciência*, in *Estudos em honra do Prof. Doutor Raúl Vebtura*, obra coletiva, II, Coimbra, 2003, págs. 673 e segs.; FRANCISCO PEREIRA COUTINHO, *Sentido e limites do direito fundamental à objecção de consciência*, in *Themis*, n.º 11, 2005, págs. 245 e segs.; GOMES CANOTILHO e VITAL MOREIRA, *op. cit.*, I, pág. 616; JORGE MIRANDA e PEDRO GARCIA MARQUES, anotação ao art. 41.º, in JORGE MIRANDA e RUI MEDEIROS, *Constituição Portuguesa Anotada*, I, 2.ª ed., págs. 893 e segs.

[1245] JORGE MIRANDA e JOSÉ LOBO MOUTINHO, anotação cit., *loc. cit.*, págs. 461 e segs.

CAPÍTULO IV – O REGIME ESPECÍFICO DOS DIREITOS, LIBERDADES E GARANTIAS

atos de outras categorias – porque atos de qualquer função do Estado podem infringir direitos, liberdades e garantias.

E pode resistir-se, inclusive, a normas sobre as quais tenham sido proferidas decisões negativas de inconstitucionalidade, porque as decisões de não inconstitucionalidade não têm, em princípio, qualquer eficácia [1246].

Nem se trata apenas de atos declarativos ou exequendos. Trata-se também, até por maioria de razão, de ato de execução, inclusive da execução de ordens por funcionários subalternos – porque uma coisa é (salvo o art. 271.º, n.º 3) o dever de subordinação hierárquica dos funcionários, outra coisa o direito de resistência dos cidadãos [1247].

Por outro lado, não só por virtude do art. 21.º como, desde logo, por virtude do art. 18.º, n.º 1, o direito de resistência pode ser exercido contra atos de outros poderes que não os poderes públicos; e impõe-se analogamente nas relações entre particulares [1248 1249 1250].

VIII – O exercício em concreto do direito de resistência pressupõe o exercício do direito, liberdade e garantia ofendido por ato do poder; e, por isso, se diz que é consequência da aplicabilidade imediata dos preceitos constitucionais concernentes aos direitos, liberdades e garantias [1251].

[1246] Cfr. *Manual...*, VI, cit., pág. 82; contra, SOPHIE GROSBORN, *op. cit.*, *loc. cit.*, págs. 142-143.

[1247] Assim, MARIA MARGARIDA MESQUITA, *op. cit.*, pág. 73, e autores citados.

[1248] Assim, J. J. GOMES CANOTILHO e VITAL MOREIRA, *op. cit.*, pág. 166: pode-se resistir tanto à ordem de uma autoridade policial (que ilegitimamente restringe, por exemplo, a liberdade de deslocação) como à ordem de uma entidade patronal (que ilegitimamente ordena a expulsão de um trabalhador do seu posto de trabalho).

[1249] Embora sem se confundir com a legítima defesa. Poderá reconhecer-se ser o mesmo o fundamento constitucional do direito de resistência (agressiva) e da legítima defesa (assim, MARIA FERNANDA PALMA, *op. cit.*, I, págs. 217 e segs.), mas são direitos que se distinguem. Estão um para o outro como os direitos fundamentais para os direitos de personalidade. Cfr. FERNANDO CONDE MONTEIRO, *Algumas considerações sobre a legítima defesa a partir da Constituição da República Portuguesa*, in *Estudos dedicados ao Professor Doutor Nuno Espinosa Gomes da Silva*, obra coletiva, I, Lisboa, 2003, págs. 327 e segs.

[1250] Cfr. o art. 337.º do Código Civil, que aliás, tem por objeto qualquer agressão contra a pessoa ou o património do agente ou de terceiro.

[1251] JOSÉ CARLOS VIEIRA DE ANDRADE, *Direitos...*, cit., pág. 340.

DIREITOS FUNDAMENTAIS

No entanto, pelo menos na resistência defensiva, quando se reage à agressão, o exercício do direito de resistência é algo que acresce a esse direito e que traduz uma faculdade ou permissão constitucional autónoma [1252].

A defesa contra a agressão implica a prática dos atos necessários – atos que seriam ilícitos, se não fora o art. 21.º da Constituição [1253] – para impedir a violação (ou a consumação da violação) do direito, liberdade e garantia em causa, de acordo com critérios de racionalidade ou de proporcionalidade [1254]. Um destes critérios vem a ser a adequação dos meios em função dos direitos – meios mais intensos quando sejam afetados direitos previstos no art. 19.º, n.º 6, menos intensos nos outros casos.

> IX – Num dos seus acórdãos [1255], o Tribunal Constitucional, baseando-se no caráter de "tutela inorgânica e subsidiária dos direitos fundamentais" e da natureza de "direito subjetivo positivado" do direito de resistência, afirmou que ele não era um parâmetro de aferição da (in)constitucionalidade do universo de normas infraconstitucionais, não servindo, assim, para fundar um juízo de (in)constitucionalidade desse universo, a menos que, hipoteticamente, se imaginasse uma norma a eliminar ou a neutralizar o direito de resistência.
>
> Não podemos concordar.
>
> O menos que se pode dizer é que, uma vez que a lei ordinária pode ter e tem efetivamente o referido papel mediador, é tão possível como em relação a qualquer outro direito fundamental que ela possa eliminar, neutralizar ou de qualquer forma restringir indevidamente o direito de resistência e ser, nessa medida, inconstitucional. Não se vê, por isso, qualquer base para a afirmação de que o direito de resistência não é parâmetro da aferição da inconstitucionalidade [1256].

[1252] Contra, ALESSANDRO PACE, *op. cit.*, pág. 70.

[1253] GOMES CANOTILHO e VITAL MOREIRA, *op. cit.*, I, pág. 421.

[1254] Em moldes, porém, não exatamente idênticos – pela natureza das coisas – àqueles que regem a atuação dos órgãos do poder. Sobre o âmbito da proporcionalidade, cfr. MARIA FERNANDA PALMA, *op. cit.*, I, págs. 243 e segs.

[1255] Acórdão n.º 337/99, de 9 de junho, in *Diário da República*, 2.ª série, de 22 de julho.

[1256] JORGE MIRANDA e JOSÉ LOBO MOUTINHO, anotação cit., *loc. cit.*, págs. 466-467.

CAPÍTULO IV – O REGIME ESPECÍFICO DOS DIREITOS, LIBERDADES E GARANTIAS

X – Efeitos do direito de resistência são, basicamente, dois:

a) A exclusão da ilicitude [art. 31.º, n.º 2, alínea b), do Código Penal] [1257], não se verificando crime de desobediência (art. 348.º do mesmo Código) [1258];

b) A desnecessidade de prévia decisão judicial – embora só um tribunal possa declarar justificado o facto e, por isso, só a posteriori o cidadão venha a ter a certeza sobre se terá ou não agido bem.

A situação aproxima-se, de certo modo, das hipóteses de inexistência jurídica cominadas na Constituição (arts. 113.º, n.º 6, 137.º, 140.º, n.º 2, e 172.º, n.º 2). Contudo, nem se afigura correto em geral estender este desvalor a vícios de conteúdo, nem ele se coaduna com um elenco tão vasto de direitos, liberdades e garantias como o constante da nossa Constituição. Mais adequado é discernir na nulidade um grau mais forte de *nulidade* fundamental quando sejam infringidos direitos, liberdades e garantias insuscetíveis de suspensão mesmo em estado de sítio (art. 19.º, n.º 6) [1259].

XI – O direito de resistência, concebido ao serviço dos direitos fundamentais, não se compagina com um dever: os cidadãos têm o direito, não têm o dever (jurídico) de defender os seus direitos.

Em plano evidentemente diverso se encontra o dever – decorrente do dever geral de defesa da Pátria (art. 276.º, n.º 1) – de cada português de passar à resistência, ativa e passiva, nas áreas do território nacional ocupadas por forças estrangeiras (art. 2.º, n.º 5, da Lei n.º 31-A/2009, de 7 de julho, na sequência de leis anteriores) [1260].

[1257] Alínea b), e não alínea a), como se fosse legítima defesa.

[1258] Cfr. CRISTINA LÍBANO MONTEIRO, anotação in Comentário Conimbricense do Código Penal, III, Coimbra, 2011, págs. 349 e segs. Diz esta Autora (pág. 358) a ilegitimidade da ordem não constitui uma causa de justificação, uma vez que a legitimidade da mesma é integrante da factualidade. O não acatamento da ordem ilegítima não chega a poder considerar-se uma conduta típica.

[1259] V. Manual..., VI, cit., págs. 103 e 104.

[1260] Cfr. MARIA DE ASSUNÇÃO ESTEVES, op. cit., pág. 151 (qualificando-o de dever moral – político em situação – limite).

DIREITOS FUNDAMENTAIS

XII – Problema a encarar, por último, deveria ser o da admissibilidade da ação direta (art. 336.º do Código Civil) para tutela de direitos fundamentais[1261]. Não é de excluir a sua utilização, porventura, em algumas circunstâncias[1262].

116. A responsabilidade criminal por violação de direitos, liberdades e garantias

I – As Constituições anteriores expressamente consideravam crime de responsabilidade dos Ministros e Secretários de Estado, entre outros, o atentado contra os direitos, liberdades e garantias[1263].

A Constituição de 1976 alargou o princípio da responsabilidade criminal por atos e omissões no exercício das suas funções a todos os titulares de cargos políticos (art. 120.º; hoje 117.º, n.º 1). Todavia, não enunciou os tipos de crimes e remeteu para a lei (art. 120.º; hoje 117.º, n.º 3)[1264][1265]; e só 11 anos após a sua entrada em vigor seria publicado tal diploma, a Lei n.º 34/87, de 16 de julho[1266] (alterada até hoje pelas Leis n.ºs 108/2001, de 28 de novembro, 30/2008, de 10 de julho, e 41/2010, de 3 de setembro).

[1261] Em sentido positivo, MIGUEL GALVÃO TELES, *Direito Constitucional – Sumários*, cit., pág. 77, nota.

Cfr., sobre a ação direta em Direito privado, por exemplo, GERMANO MARQUES DA SILVA, *Da tutela dos direitos na acção directa*, in *Revista da Ordem dos Advogados*, 1973, págs. 5 e segs.; e ANTÓNIO MENEZES CORDEIRO, *Tratado...*, I, IV, Coimbra, 2005, págs. 447 e segs. No Direito penal, GERMANO MARQUES DA SILVA, *Direito Penal Português*, II, Lisboa, 1998, págs. 114 e segs.

[1262] Ação direta, e não propriamente direito de resistência (com diz MARIA FERNANDA PALMA, *op. cit.*, I, págs. 535 e segs.), seria a reação do beneficiário de prestações sociais à sua não realização.

[1263] Constituição de 1822, art. 159.º-III; Carta, art. 103.º, § 5.º; Constituição de 1838, art. 116.º-V; Constituição de 1911, art. 55.º, n.º 4; Constituição de 1933, art. 115.º, n.º 4 (as fórmulas eram ligeiramente diferentes); na sequência da Constituição de 1911, foi feita a Lei n.º 266, de 27 de julho de 1914. Cfr., na doutrina, DIOGO DE GÓIS LARA DE ANDRADE, *Da responsabilidade e da garantia dos agentes do poder em geral*, Lisboa, 1842; LOPES PRAÇA, *Estudos...*, cit., II, págs. 136 e segs.; MARNOCO E SOUSA, *Comentário*, cit., págs. 547 e segs.; MARCELLO CAETANO, *Manual de Ciência Política*, II, cit., págs. 596 e segs.

[1264] V. *Diário da Assembleia Constituinte*, n.º 109, reunião de 5 de fevereiro de 1976, págs. 3594-3595.

[1265] V. a nossa anotação em JORGE MIRANDA e RUI MEDEIROS, *Constituição...*, II, cit., 2006, págs. 322 e segs. GOMES CANOTILHO e VITAL MOREIRA, *Constituição...*, II, cit., págs. 117 e segs.

[1266] V. a discussão na generalidade, in *Diário da Assembleia da República*, IV legislatura, 2.ª sessão legislativa, 1.ª série, n.º 70, reunião de 23 de abril de 1987, págs. 2738 e segs.

CAPÍTULO IV – O REGIME ESPECÍFICO DOS DIREITOS, LIBERDADES E GARANTIAS

II – Assim, o titular de cargo político [1267] que, com flagrante desvio ou abuso das suas funções ou com grave violação dos inerentes deveres, ainda que por meio não violento, nem de ameaça de violência, tentar destruir, alterar ou subverter o Estado de Direito constitucionalmente estabelecido, *nomeadamente os direitos, liberdades e garantias* estabelecidos na Constituição da República, na Declaração Universal dos Direitos do Homem e na Convenção Europeia dos Direitos do Homem, será punido com prisão de dois a oito anos, ou de um a quatro anos, se o efeito se não tiver seguido (art. 9.º da Lei n.º 34/87).

O titular de cargo político que, com flagrante desvio das suas funções ou com grave violação dos inerentes deveres, *suspender o exercício de direitos, liberdades e garantias* não suscetíveis de suspensão, ou sem recurso legítimo aos estados de sítio ou de emergência, impedir ou restringir aquele exercício, com violação grave das regras de execução do estado declarado, será condenado a prisão de dois a oito anos, se ao facto não corresponder pena mais grave por força de outra disposição legal (art. 15.º).

De notar que a primeira previsão se pretende de âmbito geral e padece de relativa falta de tipicidade, ao passo que a segunda se apresenta de caráter especial e corresponde a uma forma suplementar de proteção das regras constitucionais e legais do estado de sítio e do estado de emergência.

Consideram-se também praticados por titulares de cargos políticos no exercício das suas funções os previstos na lei penal geral com referência expressa a esse exercício ou os que se mostre terem sido praticados com flagrante desvio ou abuso da função ou com grave violação dos inerentes deveres (art. 2.º). E, na verdade, o Código Penal (embora num plano mais amplo que o dos titulares de cargos políticos) inclui entre os crimes cometidos no exercício de funções públicas os atos de ofensa de alguns dos direitos, liberdades e garantias (arts. 378.º, 380.º, 383.º e 384.º) [1268].

A pena aplicável aos crimes de responsabilidade poderá ser especialmente atenuada, para além dos casos previstos na lei geral, quando se mostre que o bem ou valor sacrificados o foram para salvaguarda de outros constitucionalmente relevantes ou quando for diminuto o grau de responsabilidade funcional do

---

[1267] Sendo titulares de cargos políticos os titulares dos órgãos políticos de soberania, dos órgãos de governo próprio das regiões autónomas e dos órgãos das autarquias locais, os Ministros (hoje, Representantes) da República para as regiões autónomas, os Deputados ao Parlamento europeu e os governadores civis (art. 3.º da Lei n.º 34/87).

[1268] Cfr. arts. 291.º a 300.º do antigo Código Penal.

DIREITOS FUNDAMENTAIS

agente e não haja lugar à exclusão da ilicitude ou da culpa, nos termos gerais (art. 6.º da Lei n.º 34/87). A atenuação especial por causa da salvaguarda de outro bem constitucionalmente relevante afigura-se menos consentânea com a defesa dos direitos, liberdades e garantias.

Nos crimes de responsabilidade têm legitimidade para promover o processo penal o Ministério Público e, em subordinação a ele – para o que aqui interessa – o cidadão ou a entidade diretamente ofendidos pelo ato considerado delituoso [art. 41.º, alínea *a*)] [1269].

III – A indemnização de perdas e danos emergentes de crime de responsabilidade cometido por titular de cargo político no exercício das suas funções rege-se pela lei civil (art. 45.º, n.º 1).

O Estado responde solidariamente com o titular de cargo político pelas perdas e danos emergentes de crime de responsabilidade cometido no exercício das suas funções, tendo direito de regresso contra o titular de cargo político por crime de responsabilidade cometido no exercício das suas funções de que resulte o dever de indemnizar e ficando sub-rogado no direito do lesado à indemnização, nos termos gerais, até ao montante que tiver satisfeito (art. 45.º, n.ºˢ 2, 3 e 4).

A absolvição pelo tribunal criminal não extingue o dever de indemnizar não conexo com a responsabilidade criminal, nos termos gerais de Direito, podendo a correspondente indemnização ser pedida através do tribuna cível (art. 46.º, n.º 1).

IV – Relativamente aos crimes de responsabilidade e, portanto, relativamente a crimes cometidos por titulares de cargos políticos no exercício das suas funções com violação dos direitos, liberdades e garantias – ao contrário do que sucede quanto a crimes fora do exercício dessas funções – são de excluir a amnistia, o indulto ou qualquer outro ato de clemência.

Quaisquer medidas de clemência ou de graça colidiriam aqui com o próprio princípio constitucional da responsabilidade. E com ainda mais fortes

---

[1269] Sobre a responsabilidade civil emergente de crimes de responsabilidade, v., sem que tragam novidades, os arts. 45.º a 48.º da Lei (parecendo o art. 46.º, n.º 6, em parte, contraditório com o art. 6.º).

CAPÍTULO IV – O REGIME ESPECÍFICO DOS DIREITOS, LIBERDADES E GARANTIAS

imperativos de ética política: seriam decisões dos próprios titulares de cargos políticos entre si ou para si, seriam os governantes a desculpar-se a si mesmos. E este corolário vale tanto para titulares atuais como para ex-titulares. Embora a Constituição não o diga (nem nenhuma das precedentes o dissesse), tal decorre de um postulado de identidade da Constituição.

Os seus fundamentos e os fundamentos do próprio Estado de Direito democrático mostrar-se-iam abalados se aqueles que são investidos em seu nome ficassem impunes perante a ofensa dos bens jurídicos correspondentes aos crimes de responsabilidade (quer dizer, perante a ofensa desses mesmos fundamentos) [1270].

117. O regime reforçado dos direitos, liberdades e garantias do art. 19.º, n.º 6, da Constituição

I – Os direitos consignados no art. 19.º, n.º 6, e com a amplitude há pouco apontada – os direitos à vida, à integridade pessoal, à identidade pessoal, à capacidade civil e à cidadania, a não retroatividade da lei criminal, o direito de defesa dos arguidos e a liberdade de consciência e da religião – gozam de um regime reforçado de tutela [1271].

Para lá da impossibilidade de suspensão em estado de sítio ou em estado de emergência, esse regime compreende outros regras de extrema importância que cabe agora enunciar em conjunto.

II – Assim:

a) Os cidadãos portugueses que também sejam cidadãos de outro Estado, quando se encontrem no território deste, podem invocar o seu direito de proteção (art. 14.º da Constituição) contra qualquer violação desses direitos [1272];

[1270] Reiteramos o que escrevemos em *Imunidades constitucionais e crimes de responsabilidade*, in *Direito e Justiça*, 2001, tomo 2, págs. 33 e 34; e anotação cit., *loc. cit.*, III, pág. 324. Em parte diferentemente, PEDRO DURO, *Notas sobre alguns limites de poder de amnistiar*, in *Themis*, 2001, págs. 322 e segs.

[1271] De certo modo, aproximam-se das direitos *invioláveis* do art. 2.º da Constituição italiana e do art. 10.º, n.º 1 da Constituição espanhola.

[1272] *Manual...*, III, cit., pág. 142.

DIREITOS FUNDAMENTAIS

b) Os estrangeiros gozam em Portugal, sem quaisquer restrições, desses direitos (art. 15.º) [1273];

c) Os órgãos e agentes administrativos não podem, como já se disse, aplicar normas, bem como decisões dos tribunais que os infrinjam;

d) Os preceitos constitucionais a eles respeitantes vinculam imediatamente as entidades privadas (art. 18.º, n.º 1);

e) Quaisquer normas violadoras dos mesmos direitos consideram-se feridas de nulidade radical ou fundamental [1274];

f) Em caso algum, pode haver restrição, suspensão ou privação individual destes direitos;

g) Em caso algum, pode haver auto-suspensão (ou autolimitação) destes direitos;

h) A Assembleia da República não pode confirmar decretos seus que afetem estes direitos e, se o fizer por maioria de dois terços dos Deputados presentes, desde que superior à maioria absoluta dos Deputados em efetividade de funções (art. 279.º, n.º 2) o Presidente da República não poderá promulgar esses decretos;

i) O Tribunal Constitucional não pode restringir os efeitos da declaração de inconstitucionalidade ou de ilegalidade de norma violadora de tais direitos (art. 282.º, n.º 4) [1275] [1276] [1277];

j) Estes direitos, no seu todo, constituem limites materiais de revisão constitucional [art. 288.º, alínea *d)*].

[1273] *Ibidem*, pág. 154.

[1274] *Manual...*, VI, cit., pág. 113-114.

[1275] *Ibidem*, pág. 302.

[1276] Poderia acrescentar-se a não obrigatoriedade para o Ministério Público de interposição de recurso para o Tribunal Constitucional de decisões positivas de inconstitucionalidade relativas a normas violadoras destes direitos (art. 280.º, n.º 3). Mas, dada a função, conexa, do recurso de propiciar a passagem da fiscalização concreta à abstrata (art. 281.º, n.º 3), hesitamos em sustentá-la.

[1277] Nem, porventura, ressalvar casos julgados. Cfr., não ressalvando, o acórdão n.º 108/2012, de 6 de março (*Diário da República*, 2.ª série, de 11 de abril de 2012), em que estava em causa o direito à identidade pessoal.

CAPÍTULO IV – O REGIME ESPECÍFICO DOS DIREITOS, LIBERDADES E GARANTIAS

118. Direitos, liberdades e garantias e órgãos independentes e consultivos da Administração

I – O Provedor de Justiça, órgão independente (art. 23.º, n.º 3, da Constituição) – mas não órgão ou entidade independente da Administração (art. 267.º, n.º 3) – exerce uma competência genérica de defesa dos direitos das pessoas, como atrás se mencionou. Além dele, há outros órgãos colegiais ou singulares, com interferência específica imediata na proteção ou na regulação de certos direitos, liberdades e garantias.

A própria Constituição logo prevê a proteção dos dados pessoais e a regulação da comunicação social através de entidades públicas independentes que são a Comissão Nacional de Protecção dos Dados Pessoais Informatizados e a Entidade Reguladora para a Comunicação Social (arts. 35.º, n.º 2, e 39.º).

À Entidade Reguladora da Comunicação Social compete, especificamente, assegurar a não concentração de titularidade dos meios de comunicação social, a sua independência perante os poderes político e económico, o respeito pelos direitos, liberdades e garantias pessoais, a possibilidade de expressão e confronto das diversas correntes de opinião, o exercício dos direitos de antena, de resposta e de réplica política (completado pelo art. 6.º do estatuto aprovado pela Lei n.º 53/2005, de 8 de novembro).

À Comissão Nacional de Proteção de Dados compete regular o tratamento e a conservação dos dados pessoais, assegurar o direito de acesso à informação e promover a proteção dos direitos e liberdades conexos (art. 23.º, n.º 1 da Lei n.º 67/98, de 26 de outubro).

II – Criados por lei ordinária são, por ordem cronológica, a Comissão Nacional de Eleições, o Conselho de Fiscalização do Serviço de Informações, o Conselho Nacional de Educação, a Comissão Nacional de Ética para as Ciências da Vida, a Comissão de Acesso aos Documentos Administrativos, a Entidade Fiscalizadora do Segredo de Estado, o Conselho Nacional de Consumo, a Comissão para a Igualdade e contra a Discriminação Racial, a Comissão de Liberdade Religiosa, a Autoridade Reguladora Nacional das Comunicações Electrónicas e o Conselho Nacional de Procriação Medicamente Assistida.

Alguns destes órgãos têm natureza também de autoridades independentes da Administração (art. 267.º, n.º 3, da Constituição), com funções regulatórias

DIREITOS FUNDAMENTAIS

ou não; outros são meramente consultivos. Todos traduzem a crescente consistência de ordem objetiva de direitos fundamentais e acrescentam um suplemento de segurança aos cidadãos.

II – Os modos mais significativos de interferência desses órgãos em favor dos direitos, liberdades e garantias vêm a ser:

- quanto à Comissão Nacional de Ética para as Ciências da Vida, emitir pareceres sobre os problemas científicos e promover a sensibilização sobre os problemas éticos no domínio das ciências da vida [art. 3.º, n.º 1, alíneas *b*) e *d*) da Lei n.º 24/2009, de 29 de maio];
- quanto ao Conselho Nacional de Procriação Medicamente Assistida, dar parecer sobre a constituição de bancos de células estaminais, bem como sobre o destino do material biológico resultante do encerramento destes [art. 30.º, n.º 1, alínea *e*), da Lei n.º 32/2006, de 26 de julho].
- quanto à Comissão para a Igualdade e contra a Discriminação Racial, tornar públicos, por todos os meios ao seu alcance, caso de efetiva violação da lei contra a discriminação [art. 5.º, alínea *e*), da Lei n.º 134/99, de 28 de agosto];
- quanto à Comissão de Liberdade Religiosa, alertar e prevenir as autoridades competentes em caso de violação ou atentado contra a liberdade religiosa ou de qualquer tipo de discriminação religiosa [art. 3.º, n.º 1, alínea *a*), do Decreto-Lei n.º 308/2003, de 10 de dezembro];
- quanto à Autoridade Reguladora Nacional das Comunicações Electrónicas, assegurar que todos os cidadãos tenham acesso ao serviço universal [art. 5.º, n.º 4, alínea *a*) da Lei n.º 5/2004, de 10 de fevereiro);
- quanto à Comissão Nacional de Eleições, assegurar a igualdade de tratamento dos cidadãos em todos os atos de recenseamento e operações eleitorais [art. 5.º, alínea *b*) da Lei n.º 71/78, de 27 de agosto];
- quanto ao Conselho de Fiscalização dos Serviços de Informações, em geral velar pelo cumprimento do regime de direitos, liberdades e garantias e, em especial, conhecer os critérios de pesquisa de informações e propor a realização de procedimentos inspectivos, de inquérito ou sancionatórios em caso de ocorrências cuja gravidade o justifique

CAPÍTULO IV – O REGIME ESPECÍFICO DOS DIREITOS, LIBERDADES E GARANTIAS

[art. 9.º, n.ᵒˢ 2, alíneas *c)* e *k)*, da Lei n.º 30/84, de 5 de setembro, com alterações];

- quanto ao Conselho Nacional de Educação, emitir opiniões, pareceres e recomendações nomeadamente sobre obrigatoriedade escolar, gestão de escolas, liberdade de aprender e de ensinar e ensino particular e cooperativo [art. 2.º, alíneas *d), n), t)* e *v)*, do Decreto-Lei n.º 125/82, de 22 de abril];

- quanto ao Conselho Nacional do Consumo, pronunciar-se sobre todas as questões que lhe sejam submetidas relacionadas com o consumo pelo Governo, por associações de consumidores ou por outras entidades [art. 22.º, n.º 2, da Lei n.º 24/96, de 31 de julho];

- quanto à Entidade Fiscalizadora do Segredo de Estado, pronunciar-se sobre queixas apresentadas por cidadãos respeitantes à recusa de acesso a documentos classificados como segredo de Estado [art. 4.º, n.º 2, alínea *e)*, da lei orgânica n.º 3/2014, de 6 de agosto];

- quanto à Comissão de Acesso aos Documentos Administrativos, assegurar o acesso à informação administrativa e ambiental e a reutilização dos documentos [art. 30.º, n.º 1, alíneas *b)* e *i)* da Lei n.º 26/2016, de 22 de agosto].

III – Recordem-se alguns traços característicos dos órgãos que possam ser considerados «entidades administrativas independentes»:

- a despeito da diversidade de competências, vedação de poderes de investigação próprios de autoridades judiciais e de poderes de imposição de sanções criminais;

- diversidade de tipo de atos – com eficácia ora vinculativa (raramente), ora não vinculativa, quer no interior do aparelho estatal quer na sociedade civil, e sempre com publicidade e, quando se reconduzam a atos administrativos, sujeitos aos meios contenciosos;

- heterogeneidade e pluralismo, com diversas proveniências dos titulares;

- havendo designação pela Assembleia da República, representação proporcional ou exigência de maioria qualificada;

DIREITOS FUNDAMENTAIS

- em outros casos, certos titulares designados por órgãos do poder público, setores da sociedade civil numa linha não sem referência à democracia participativa;
- em alguns casos ainda, presidência por juízes escolhidos pelo Conselho Superior da Magistratura ou pelo Conselho Superior dos Tribunais Administrativos e Fiscais, como forma de reforçar a isenção político-partidária;
- impossibilidade de dissolução ou, tratando-se de órgãos singulares, de destituição;
- irresponsabilidade dos titulares por opiniões e votos no exercício das suas funções;
- não sujeição a poderes de direção, superintendência ou tutela do Governo, mas sujeição a fiscalização pela Assembleia da República [art. 162.º, alínea *a)*, mormente através de relatórios a esta apresentadas].

119. O acesso a instâncias internacionais

I – Os cidadãos vítimas de ofensas aos seus direitos, liberdades e garantias, que tenham esgotado os meios de defesa no âmbito interno, podem pedir a intervenção de instâncias internacionais relativamente à tutela de direitos consagrados em tratados vinculativos do Estado português. É, de certa sorte, uma forma de *amparo* internacional, a articular com os mecanismos constitucionais [1278].

II – O Tribunal Europeu de Direitos do Homem pode receber «petições» de qualquer pessoa singular, organização não governamental ou grupo de particulares que se considere vítima de violação por qualquer Estado vinculado pela Convenção Europeia dos Direitos do Homem – portanto desde logo, pelo próprio Estado de que se é cidadão – de qualquer direito reconhecido na Convenção ou nos seus protocolos (art. 34.º da Convenção, após as alterações feitas pelo Protocolo Adicional n.º 11, entrado em vigor em 1998) [1279].

[1278] Cfr. *Curso...*, cit., págs. 297 e segs. e autores citados.

[1279] Antes do Protocolo n.º 11, o sistema abrangia dois órgãos: a Comissão Europeia e o Tribunal Europeu; as pessoas dirigiam-se à Comissão e o processo só desembocava no Tribunal,

CAPÍTULO IV – O REGIME ESPECÍFICO DOS DIREITOS, LIBERDADES E GARANTIAS

O Tribunal funciona em comités de três juízes, em secções de sete e em tribunal pleno de dezassete. Não declarada inadmissível uma «petição» pelo comité, cabe a uma das secções pronunciar-se quanto à admissibilidade e quanto ao fundo, podendo, em caso de questão grave ou de contradição com anterior decisão do Tribunal, a questão ser devolvida ao tribunal pleno (arts. 27.º e segs. da Convenção).

Com o Protocolo n.º 14, passou a haver intervenção do juiz singular em certos casos.

III – O Tribunal Europeu não anula, nem revoga as decisões dos tribunais internos dos Estados.

No essencial, apenas decide se houve ou não violação de direitos garantidos pela Convenção ou por qualquer dos protocolos e, em caso positivo, poderá – se o Direito interno do Estado só por forma imperfeita permitir remediar as suas consequências – conceder à vítima uma reparação razoável (art. 41.º após o Protocolo n.º 11).

As decisões definitivas são vinculativas e, para efeito da sua execução, transmitidas ao Comité de Ministros (art. 46.º).

IV – De harmonia com o 1.º Protocolo Adicional Facultativo ao Pacto Internacional de Direitos Civis, os cidadãos dos Estados-partes (entre os quais Portugal, desde 1982) podem dirigir comunicações ou exposições ao Comité dos Direitos do Homem – criado pelo Pacto – a alegar serem vítimas de uma violação de qualquer dos direitos enunciados no Pacto.

O Comité leva as comunicações ou exposições ao conhecimento dos Estados, para efeito de eventuais explicações ou declarações, procede ao seu exame e, no final, transmite as conclusões a que chegar aos interessados e insere-as no relatório anual que deve enviar à Assembleia Geral das Nações Unidas.

V – Dois outros importantes tratados internacionais vinculativos de Portugal preveem também a possibilidade de acesso direto dos indivíduos perante órgãos por eles criados, para defesa de direitos fundamentais. São a Convenção

por iniciativa da própria Comissão ou de outro Estado (primitivos arts. 25.º a 27.º, 28.º, 44.º e 48.º da Convenção Europeia).

DIREITOS FUNDAMENTAIS

sobre a Eliminação de todos os Foruns de Discriminação Racial, de 1965 (art. 14.º), e a Convenção Contra a Tortura e Outras Penas ou Tratamentos Cruéis, Desumanos ou Degradantes, de 1984 (art. 22.º).

VI – Forma especial de proteção de certo direito é a estabelecida através do Comité de Liberdade Sindical (criado em 1950 na Organização Internacional de Trabalho), o qual recebe queixas quer de Governos, quer de organizações de trabalhadores, quer de organizações de empregadores.

120. A informação internacional pelo Estado português

Segundo o art. 40.º do Pacto de Direitos Civis e Políticos, os Estados partes comprometem-se a apresentar relatórios sobre as providências adotadas com vista à efetivação dos direitos declarados no Pacto e sobre os progressos obtidos na fruição desses direitos [1280].

Os relatórios serão apresentados, dentro de um ano a contar da entrada em vigor do Pacto, por cada Estado parte interessado em relação àquilo que lhe disser respeito [1281]; e para o futuro, sempre que o Comité dos Direitos do Homem o solicitar.

Ao Comité cabe estudar os relatórios e, por seu turno, transmitir os relatórios por ele elaborados e quaisquer observações de caráter geral que julgue oportunas. Pode igualmente o Comité levar essas observações ao conhecimento do Conselho Económico e Social (das Nações Unidas), acompanhadas de cópias dos relatórios recebidos dos Estados (art. 40.º, n.º 4).

Também já mencionámos a informação internacional em caso de «derrogações» ou suspensão de direitos, liberdades e garantias.

[1280] Os relatórios deverão apontar, se for caso disso, os factos e as dificuldades que afetem a concretização dos preceitos do Pacto (art. 40.º, n.º 2, 2.ª parte).

[1281] Cfr., por exemplo, o relatório de Portugal publicado no *Boletim do Ministério da Justiça*, n.º 311, dezembro de 1981, págs. 11 e segs.

§ 5.º
O regime orgânico

121. A reserva de competência legislativa do Parlamento sobre direitos, liberdades e garantias

I – A competência legislativa do Parlamento, num Estado de Direito democrático, funda-se, simultaneamente, na ideia democrática de que a lei, dirigida a todo o povo, deve ser votada pelos seus representantes eleitos; na ideia liberal do debate público e contraditório em que se espera pôr a razão a plena luz; e na ideia pluralista de que uma assembleia com diversidade de opiniões e interesses é mais apta para tomar as grandes deliberações do que qualquer outro órgão.

Nesta tríplice base de legitimidade, racionalidade e adequação subsiste, *deve subsistir*, ainda hoje – com redobrada veemência em face dos perigos reais de tecnoburocratização da lei do Executivo – um princípio de separação de poderes em favor do Parlamento que, se não requer o exclusivo em todas as matérias, pelo menos o exige nas que sejam mais sensíveis e politicamente mais importantes [1282]. Ora, poucas matérias sobressaem tanto, sob essa perspetiva, como as pertinentes a direitos, liberdades e garantias: bem escusado seria, neste momento, demonstrá-lo.

[1282] É o que, desde sempre, temos sustentado: v. *Contributo...*, cit., págs. 83-84, e *Manual...*, v, cit., págs. 166 167 Cfr., por todos, ROGÉRIO SOARES (*Princípio da legalidade...*, cit., *loc. cit.*, pág. 181) e LUÍS PEREIRA COUTINHO, *op. cit.*, *loc. cit.*, págs. 543 e segs.

DIREITOS FUNDAMENTAIS

II – A Constituição de 1976 distingue (mais claramente após 1982) entre reserva absoluta e reserva relativa de competência legislativa da Assembleia da República. Nos domínios naquela compreendidos, só a Assembleia pode fazer leis (arts. 161.º e 164.º); nos domínios compreendidos nesta, pode o Governo também fazer decretos-leis, precedendo autorização legislativa e com subordinação ao sentido fixado nas correspondentes leis (arts. 165.º e 112.º, n.º 2); mas a própria reserva relativa funciona, quanto à maior parte das suas alíneas, como reserva absoluta no confronto das Assembleias das regiões autónomas [arts. 227.º, n.º 1, alínea b), e 112.º, n.º 4].

No concernente aos direitos, liberdades e garantias verifica-se:

a) Em geral – reserva relativa [art. 165.º, n.º 1, alínea b)];

b) Em especial, relativamente a certas matérias [1283] – eleições dos titulares dos órgãos de soberania, referendos, processo do Tribunal Constitucional, regime do estado de sítio e do estado de emergência, associações e partidos políticos, bases do sistema de ensino, eleições dos titulares dos órgãos das regiões autónomas e do poder local e de outros titulares eleitos por sufrágio direto e universal, estatuto do Provedor de Justiça, restrições ao exercício de direitos por militares e agentes militarizados dos quadros permanentes em serviço efetivo e agentes dos serviços e forças de segurança [art. 164.º, alíneas a), b), c), e), h), i), j), l), m) e o)] – reserva absoluta.

É uma reserva muitíssimo mais larga do que a prevista na Constituição anterior, após 1959 e 1971 [1284], e que se reconduz à orientação adotada na generalidade das Constituições de democracia pluralista.

III – Dilucidando um pouco mais, o âmbito da reserva é o seguinte:

a) A reserva abrange todas as matérias versadas no título II da parte I, por referência a todos os seus preceitos, independentemente da análise

---

[1283] Em parte, ultrapassando o terreno dos direitos, liberdades e garantias.

[1284] A qual só abarcava alguns direitos, liberdades e garantias e sempre a título de reserva relativa. Não se esqueçam, porém, os projetos de revisão n.º 19/VII, do Deputado Carlos Lima, e n.º 6/X, dos Deputados Sá Carneiro e outros (in *Direitos das Sessões* da Assembleia Nacional, n.º 89, de 1959, e suplemento ao n.º 59, de 1970, respetivamente).

CAPÍTULO IV – O REGIME ESPECÍFICO DOS DIREITOS, LIBERDADES E GARANTIAS

estrutural das situações jurídicas aí contempladas, mesmo que, em rigor, algumas não possam ser qualificadas como direitos fundamentais, mas apenas como garantias institucionais [1285];

b) A reserva abrange os órgãos previstos nesse título para defesa de certos direitos (arts. 35.º, n.º 2, *in fine*, e 39.º) e, pelo seu relevo e pela sua função, o Provedor de Justiça (art. 23.º).

c) Em contrapartida, como defendemos oportunamente, ela não abrange direitos de natureza análoga situados fora daquele título da Constituição, salvo os do título I;

d) A reserva abrange os direitos na sua integridade – e não somente as restrições que eles sofram – por não fazer sentido que respeitasse ao acessório ou ao excecional (a restrição) e não à substância ou ao conteúdo essencial de cada direito;

e) A reserva abrange todos os tipos de leis – regulamentadoras, concretizadoras, protetivas, restritivas e aditivas;

f) A reserva abrange, pois, quer um regime eventualmente mais restritivo ou mais condicionador do que o preexistente quer um regime eventualmente ampliativo; não é o alcance da lei, mas a matéria sobre a qual incide que a define [1286] [1287];

[1285] Cfr. o parecer n.º 14/79 da Comissão Constitucional, de 17 de maio, in *Pareceres,* VII, págs. 119 e segs.

[1286] Em 1970, na proposta de lei de revisão constitucional (*Diário das Sessões* da Assembleia Nacional, 1970, 2.º suplemento ao n.º 50) admitia-se que o Governo pudesse legislar sobre matérias reservadas à Assembleia, se ainda não tivessem sido publicados os respetivos diplomas e desde que, por essa forma, se alargassem as garantias dos particulares (§ 2.º do art. 93.º da Constituição, proposto). Mas a Câmara Corporativa (parecer n.º 22/X, in *Actas...,* n.º 67, pág. 655) discordou da solução, porque, em casos desses, melhor seria o Governo apresentar uma proposta de lei e porque se poderia gerar um contencioso sobre se determinado preceito seria mais ou menos favorável para os particulares.

[1287] Diferentemente, JORGE REIS NOVAIS, *As restrições...,* cit., pág. 876: não é tanto a matéria em si quanto o conteúdo da norma que sobre ela incide que determina a exigência da intervenção parlamentar. Defende "contra uma interpretação demasiado estrita e literal da reserva", alguma flexibilidade na determinação de um sentido constitucionalmente adequado (págs. 872 e segs.) e propõe um critério de essencialidade (*Direitos Sociais,* cit., págs. 377 e segs.).

DIREITOS FUNDAMENTAIS

g) A reserva abrange todo o domínio legislativo de cada direito, liberdade e garantia, e não apenas as bases gerais dos regimes jurídicos [1288] [1289]; o Governo aí não pode fazer decretos-leis de desenvolvimento dos princípios ou bases gerais dos regimes jurídicos [art. 198.º, n.º 1, alínea *c)*], apenas pode fazer decretos-leis no uso de autorizações legislativas (não se tratando de matérias do art. 164.º) e decretos regulamentares de execução;

h) A reserva é para todo o território nacional; ainda que certa lei se aplique, por hipótese, apenas numa das regiões autónomas, o órgão competente para a emitir – tendo em conta os critérios constitucionais de distribuição de poderes – é a Assembleia da República, e não a respetiva Assembleia Legislativa regional, salvo nos casos de autorização legislativa a esta concedida, quando possível [de novo, art. 227.º, n.º 1, alínea *b)*].

IV – Por outro lado:

i) A reserva abrange tanto a feitura de normas legislativas como a sua interpretação, modificação [1290] ou revogação;

j) A reserva abrange mesmo a publicação de lei revogatória pura e simples, ainda que esta determine a falta de legislação sobre o direito, liberdade e garantia, dilatando-se, assim, por hipótese, o âmbito de liberdade dos cidadãos – e isso, porque a revogação, mesmo a revogação sem nova disposição material, altera a ordem jurídica e deve ser o órgão competente para legislar a decidir sobre tal alteração, e porque, ainda quando certo direito se expanda, é necessário tomar em conta os demais direitos que, por esse motivo, podem ser afetados;

[1288] Até porque há aspetos de regulamentação que não se situam apenas no cerne da matéria: parecer n.º 9/77 da Comissão Constitucional, de 17 de março, in *Pareceres*, I, pág. 81.

[1289] Relativamente ao sistema de ensino [art. 164.º, alínea *i)*], só as bases pertencem à reserva absoluta, mas tudo o mais – desde que conexo com o art. 43.º – ingressa no art. 165.º, n.º 1, alínea *b)*.

[1290] V. a declaração de voto anexa ao parecer n.º 31/79 da Comissão Constitucional, de 8 de novembro, in *Pareceres*, X, págs. 77-78.

CAPÍTULO IV – O REGIME ESPECÍFICO DOS DIREITOS, LIBERDADES E GARANTIAS

i) A reserva abrange a simples reprodução ou renovação de normas até então em vigor – porque a decisão de reproduzir, de renovar, de manter é já uma decisão legislativa e porque, a tal pretexto, poderia o Governo alterar na prática um regime legislativo e invadir a competência da Assembleia [1291].

V – Não há um procedimento legislativo parlamentar dos direitos, liberdades e garantias.

Mas há especialidades significativas quanto a algumas das matérias mais importantes:

a) Quanto às matérias integradas no âmbito das «leis orgânicas» (art. 166.º, n.º 2) [1292], elas estão sujeitas ao regime (aliás, disperso) destas leis – aprovação, na votação final global, por maioria absoluta dos Deputados em efetividade de funções (art. 168.º, n.º 5), veto do Presidente da República só superável por maioria de dois terços dos Deputados presentes, desde que superior à maioria absoluta dos Deputados em efetividade de funções (art. 136.º, n.º 3), iniciativa da fiscalização preventiva da constitucionalidade não só do Presidente da República mas também do Primeiro-Ministro e de um quinto dos Deputados em efetividade de funções (art. 278.º, n.ºs 4, 5 e 6);

b) As normas relativas ao voto dos portugueses residentes no estrangeiro na eleição do Presidente da República e as restrições ao exercício de direitos por militares e agentes militarizados dos quadros permanentes em serviço efetivo e por agentes dos serviços e forças de segurança são aprovadas por maioria de dois terços dos Deputados presentes, desde que superior à maioria absoluta dos Deputados em efetividade de funções (art. 168.º, n.º 6);

[1291] Ao arrepio deste postulado, a jurisprudência desde o tempo da Comissão Constitucional tem vindo a admitir decretos-leis sem autorização legislativa que reproduzam ou renovem normas já vigentes sobre matérias de reserva parlamentar, embora já tenha entendido que o caráter não inovatório não dependeria apenas da consideração da norma em si, mas ainda da consideração global do regime ou do diploma em que se situasse. V. *Manual...*, v, cit., págs. 256 e 257.

[1292] Mais amplamente, na Espanha, o domínio das leis orgânicas abarca as liberdades (art. 81.º da Constituição).

DIREITOS FUNDAMENTAIS

c) São votadas na especialidade no Plenário as leis relativas a eleições de titulares de órgãos de soberania, referendos, estado de sítio e estado de emergência, associações e partidos políticos e restrições ao exercício de direitos por militares e agentes militarizados e agentes dos serviços e forças de segurança (art. 168.º, n.º 4);

d) Estão também sujeitas a veto qualificado do Presidente da República as leis sobre os limites entre os setores público, privado e cooperativo e social dos meios de produção e sobre os atos eleitorais previstos na Constituição que não revistam a forma da lei orgânica (art. 136.º, n.º 3).

122. A competência parlamentar internacional sobre direitos, liberdades e garantias

I – Após a revisão constitucional de 1997, a aprovação de todos os tratados passou a pertencer à competência de Assembleia da República [art. 161.º, alínea *i*), 1.ª parte].

Quanto aos acordos em forma simplificada, estes têm também de lhe ser submetidos quando versem sobre matérias da sua competência reservada [art. 161.º, alínea *i*), 2.ª parte] [1293].

Os direitos, liberdades e garantias, por princípio, dadas as suas implicações políticas, deverão constar sempre de tratados solenes. Mas, se, acaso, constarem de acordo em forma simplificada, não deixarão de estar sujeitos ao voto parlamentar.

Conquanto de natureza diversa da competência legislativa – pois se reconduz a um poder de fiscalização, no âmbito da interdependência dos órgãos de soberania – esta competência internacional do Parlamento tem uma base político-constitucional idêntica. E é, de resto, mais intensa, por se apresentar apenas como reserva absoluta (por definição) [1294].

[1293] Origem: a revisão constitucional de 1989.

[1294] No texto inicial da Constituição, a alínea *j*) do art. 164.º falava em matérias de competência legislativa *exclusiva* da Assembleia da República; após a revisão de 1982 passou a falar-se em matérias de competência legislativa *reservada,* para que, em caso algum, se supusesse que a correspondência era só com a reserva legislativa absoluta. V. *Curso...*, cit., págs. 103 e segs.

CAPÍTULO IV - O REGIME ESPECÍFICO DOS DIREITOS, LIBERDADES E GARANTIAS

Na competência para aprovação de convenção inclui-se, como é óbvio, a competência para a aprovação, para a formulação ou para a revogação de reservas a qualquer das suas normas [1295].

II – Distinta e muito menos efetiva, embora próxima, é a competência para a pronúncia sobre as matérias pendentes da decisão em órgãos no âmbito da União Europeia que incidam, porventura, sobre direitos, liberdades e garantias [art. 161.º, alínea n)] [1296].

É menos efetiva, porque a intervenção do Parlamento não é regulada pela Constituição, mas por lei – que é a Lei n.º 43/2006, de 25 de agosto; a pronúncia não tem força vinculativa, sob pena de colidir com as competências constitucionais do Governo; e, por conseguinte, este apenas fica obrigado a enviar à Assembleia os projetos de atos da União Europeia, e não a tomar posição em conformidade com o parecer que ela emita.

[1295] Recordem-se as reservas à Convenção Europeia dos Direitos do Homem.
[1296] V. *Manual...*, v, cit., págs. 194 e segs.

CAPÍTULO V
REGIME ESPECÍFICO DOS DIREITOS ECONÓMICOS, SOCIAIS E CULTURAIS

123. A exigência de efetivação pública

I – A eficácia de uma norma ou de um direito é a sua suscetibilidade de produzir efeitos jurídicos. A efetivação equivale à sua passagem à prática, à sua realização fáctica.

Sobre o Estado e sobre as demais entidades públicas recai, por força do art. 9.º, alínea d), a *tarefa* fundamental de promover a efetivação de direitos sociais. E esta é uma base objetiva de ordem constitucional [1297].

[1297] Cfr. MANLIO MAZZIOTTI, *Diritti sociali*, in *Enciclopedia dei Diritto*, XII, págs. 806-807; ÉTIENNE GRISEL, *op. cit.*, pág. 145; ANA PRATA, *op. cit.*, págs. 128 e segs.; *Vers une protection effective des droits économiques et sociaux?*, obra coletiva, Bruxelas, 1973; J.J. GOMES CANOTILHO, *Constituição dirigente...*, cit., págs. 363 e segs., *Tomemos a sério os direitos económicos, sociais e culturais*, Coimbra, 1988, e *Direito...*, cit., págs. 473 e segs.; JOÃO CAUPERS, *op. cit.*, págs. 40 e segs. e 181 e segs.; CHRISTIAN STARCK, *La jurisprudence...*, cit., *loc. cit.*, págs. 1278 e segs.; JOSÉ LUIS CASCAJO CASTRO, *La tutela constitucional de los derechos sociales*, Madrid, 1988, págs. 30 e segs.; JOSÉ RAMÓN COSSIO DIAZ, *Estado Social y Derechos de Prestación*, Madrid, 1989, págs. 251 e segs.; ERNST-WOLFGANG BÖCKENFÖRDE, *op. cit.*, págs. 80 e segs.; GOMES CANOTILHO e VITAL MOREIRA, *Fundamentos...*, cit., págs. 127 e segs.; ANTÓNIO AUGUSTO CANÇADO TRINDADE, *A questão da implementação dos direitos económicos, sociais e culturais: evolução e tendência atuais*, in *Revista Brasileira de Estudos Políticos*, n.º 71, junho de 1990, págs. 7 e segs.; ANTONIO COLOMER VIADEL e JOSÉ LUIS LOPEZ GONZÁLEZ, *Programa ideologico y eficacia juridica de los derechos sociales*, in *Perspectivas Constitucionais*, obra coletiva, III, págs. 307 e segs.; J. J. GOMES CANOTILHO, *Direito...*, cit., págs 473 e segs.; JORGE REIS NOVAIS, *Direitos Sociais*, cit., págs. 333 e segs.; *Direitos Sociais*, obra coletiva (coord. por Cláudio Pereira de Souza Neto e Daniel Sarmento),

DIREITOS FUNDAMENTAIS

Como se sabe, *tarefas* equivalem a fins do Estado manifestados em certo tempo histórico, em certa situação político-constitucional, em certo regime, em certa Constituição em sentido material. Traduzem um determinado enlace entre o Estado e a sociedade [1298].

Entre elas e as *funções* ou atividades específicas ou típicas do poder situam-se as *incumbências,* que são, ao mesmo tempo, metas e ações a que o Estado fica constitucionalmente adstrito – o mais das vezes através de normas programáticas – em face dos direitos, interesses ou instituições que lhe cabe garantir, promover ou tomar efetivos; e as incumbências traduzem-se em «imposições constitucionais», sobretudo (mas não só) em «imposições legiferantes» [1299].

II – Aquela tarefa e essas incumbências aparecem estreitamente correlacionadas com a Constituição económica, desde logo porque a efetivação dos direitos se faz «mediante, a transformação e modernização das estruturas económicas e sociais» [1300].

E aqui sobressaem diretamente, as incumbências de promover o aumento do bem-estar social e económico e da qualidade de vida das pessoas, em especial, das mais desfavorecidas, de promover a justiça social, de assegurar a igualdade de oportunidades e operar as necessárias correções das desigualdades na distribuição da riqueza e do rendimento, de eliminar progressivamente as diferenças económicas e sociais entre a cidade e o campo e entre o litoral e o interior, de promover a correção das desigualdades derivadas da insularidade, de eliminar os latifúndios e reordenar o minifúndio [art. 81.º, alíneas *a), b), d),* 2.ª parte, *e)* e *h)*] [1301].

cit., págs. 343 e segs.; *A eficácia dos direitos sociais,* obra coletiva, São Paulo, 2010; José Carlos Vieira de Andrade, *Os direitos...,* cit., págs. 357 e segs. ; Salete Orobofi e Roberta Marina Cigatto, *Concretização de direitos sociais por meio de políticas públicas,* in *Revista da Faculdade de Direito da Universidade de Minas Gerais,* julho dezembro de 2013, págs. 575 e segs.; Jorge Silva Sampaio, *O controlo ...,* cit., págs. 232 e segs. e 578 e segs.

[1298] Cfr. *Manual...,* v, cit., págs. 7 e segs.

[1299] Sobre o conceito, v. J. J. Gomes Canotilho, *Constituição dirigente...,* cit., págs. 176 e segs., 263 e segs. e 293 e segs.

[1300] Sobre o sentido da Constituição económica portuguesa à face do texto inicial, v. *A interpretação da Constituição económica,* in *Estudos em Homenagem ao Prof. Doutor Afonso Rodrigues Queiró,* obra coletiva, i, Coimbra, 1984, págs. 281 e segs.; e, hoje, v. *Manual...,* i, 2, Coimbra, 2014, pág. 274.

[1301] Nesta perspetiva (embora colocada na parte iii do texto constitucional) se compreende também a cooperação entre os órgãos de soberania e os órgãos de governo próprio das regiões autónomas para o desenvolvimento económico e social, em especial para a correção das

CAPÍTULO V – REGIME ESPECÍFICO DOS DIREITOS ECONÓMICOS, SOCIAIS E CULTURAIS

Em particular, no domínio da política agrícola, avultam os objetivos de promover a melhoria da situação económica, social e cultural dos trabalhadores rurais e dos agricultores, o desenvolvimento do mundo rural, a racionalização das estruturas fundiárias e o acesso à propriedade ou à posse da terra e demais meios de produção diretamente utilizados na sua exploração por parte daqueles que a trabalham, e de criar as condições necessárias para atingir a igualdade efetiva dos que trabalham na agricultura com os demais trabalhadores [art. 93.º, n.º 1, alíneas *b)* e *c)*].

Os planos de desenvolvimento económico e social têm por objetivo, promover, além do crescimento económico e do desenvolvimento harmonioso e integrado de setores e regiões, a justa repartição individual e regional do produto nacional, a coordenação da política económica com as políticas social, educativa e cultural, a defesa do mundo rural, a preservação do equilíbrio ecológico, a defesa do ambiente e a qualidade de vida do povo português (art. 90.º).

Mas a Constituição parece apostar muito mais no sistema fiscal [art. 81.º, alínea *d), in fine*], destinado tanto à satisfação das necessidades financeiras do Estado e de outras entidades públicas como a uma repartição justa dos rendimentos e da riqueza (art. 103.º, n.º 1). Por isso, o imposto sobre o rendimento pessoal visa a diminuição das desigualdades e será único e progressivo, tendo em conta as necessidades e os rendimentos do agregado familiar [arts. 104.º, n.º 1, e 67.º, n.º 2, alínea *f)*]; a tributação do consumo visa adaptar a estrutura do consumo à evolução das necessidades do desenvolvimento económico e da justiça social, devendo onerar os consumos de luxo (art. 104.º, n.º 4), e, finalmente, o regime das finanças regionais assenta nos princípios de efetiva solidariedade nacional [art. 227.º, n.º 1, alínea *j)*], e o das finanças locais visa a justa repartição dos recursos públicos pelo Estado e pelas autarquias e a necessária correção de desigualdades entre autarquias do mesmo grau (art. 238.º, n.º 2).

Enfim, no âmbito da Constituição política, não menos importante é a competência do Governo para praticar todos os atos e tomar todas as providências necessárias à promoção do desenvolvimento económico-social e à satisfação das necessidades coletivas (art. 199.º, alínea *g)*) [1302].

III – Além do Estado, também as regiões autónomas e as autarquias locais interferem na efetivação dos direitos económicas, sociais e culturais.

---

desigualdades derivadas da insularidade (art. 229.º, n.º 1). Cfr. o nosso estudo *Solidariedade e Autonomia*, in *I Centenário da Autonomia dos Açores*, 3, *A autonomia no plano jurídico*, obra coletiva, Ponta Delgada, 1995, págs. 53 e segs.

[1302] Cfr. PAULO OTERO, *O poder...*, cit., págs. 612 e segs.; RUI MEDEIROS, anotação in JORGE MIRANDA e RUI MEDEIROS, *Constituição...*, II, cit., págs. 740 e 741.

DIREITOS FUNDAMENTAIS

A autonomia das regiões visa o desenvolvimento económico-social [arts. 225.º, n.º 2, e 227.º, n.º 1, alínea *r*), *in fine*] e as regiões autónomas recebem atribuições – com as inerentes faculdades políticas e administrativas e, em certos termos, legislativas – nos domínios da proteção da natureza, do equilíbrio ecológico e do património cultural, da política agrícola e do ordenamento do território e do urbanismo [arts. 227.º, n.º 1, alínea *b*), e 165.º, n.º 1, alíneas *g*), *n*) e *z*)] [1303], no domínio da habitação (art. 65.º, n.º 4) e no dos planos de desenvolvimento económico e social [arts. 227.º, n.º 1, alínea *b*), 165.º, alínea *n*), 1.ª parte, e 92.º, n.º 2].

As autarquias locais destinam-se a prosseguir os interesses próprios das populações respetivas (art. 235.º, n.º 2), de harmonia com o princípio da descentralização administrativa (art. 237.º), e são chamadas especificamente à intervenção nos domínios do urbanismo e da habitação [art. 65.º, n.º 2, alínea *b*), e n.º 4], na fruição e criação cultural (art. 73.º, n.º 3) e nos planos de desenvolvimento económico e social (art. 92.º, n.º 2).

IV – Estas tarefas e incumbências concretizam-se:

- Pela garantia da igualdade de oportunidades entre os cidadãos [arts. 58.º, n.º 2, alínea *b*), 64.º, n.º 3, alínea *a*), 73.º, n.º 2, 74.º, n.º 2, alínea *d*), 76.º, n.º 1, 78.º, n.º 2, alínea *a*), e 81.º, alínea *b*)];
- Pela previsão de prestações pecuniárias [arts. 59.º, n.º 1, alíneas *e*) e *f*), e 63.º, n.ᵒˢ 3 e 4, e Lei n.º 45/2005, sobre rendimento social de reinserção];
- Pela criação de instituições, sistemas e serviços [arts. 59.º, n.º 2, 63.º, n.ᵒˢ 2 e 3, 64.º, n.º 2, alínea *a*), e n.º 4, 67.º, n.º 2, alínea *b*), 74.º, n.º 2, alínea *b*), e 75.º, n.º 1];
- Pelo estabelecimento de políticas [arts. 58.º, n.º 1, alínea *a*), 64.º, n.º 3, alínea *f*), 65.º, n.º 3, 66.º, n.º 2, 67.º, n.º 2, alínea *h*), 70.º, n.º 2, 71.º, n.º 2, 77.º, n.º 2, e 78.º, n.º 2, alínea *e*)];
- Pela previsão de condições [arts. 59.º, n.º 2, alínea *c*), 64.º, n.º 2, alínea *b*), 65.º, n.º 1, e 71.º, n.º 1];

[1303] Cfr., porém, PAULO OTERO, *Autonomia regional, igualdade e administração do bem-estar*, in *O Direito*, 1998, págs. 89 e segs.

CAPÍTULO V – REGIME ESPECÍFICO DOS DIREITOS ECONÓMICOS, SOCIAIS E CULTURAIS

– Por medidas legislativas, pura e simplesmente [arts. 59, n.º 3, 63.º, n.º 4, 64.º, n.º 3, alíneas *d*) e *e*), 67.º, n.º 2, alíneas *e*) e *f*), 68.º, n.º 4, e 69.º, n.º 3].

V – De qualquer sorte, nem as tarefas do art. 9.º, nem as incumbências dos arts. 58.º, 81.º, 227.º, etc., equivalem a programa eleitoral, a programa de governo ou a políticas públicas.

Um programa de governo tem de ser muito mais do que isso – um conjunto de orientações políticas e medidas a adotar ou a propor nos diversos domínios da atividade governamental, como se lê no art. 188.º; e as tarefas situam-se a um nível diferente e superior, necessariamente normativo. Nem se conceberia em democracia pluralista (arts. 2.º, 10.º, etc.) que as tarefas fossem outra coisa senão princípios ou limites (que, de resto, não só o Governo como os demais órgãos do Estado, das regiões autónomas e do poder local têm de respeitar) [1304].

Há um conteúdo essencial também das tarefas e das incumbências que o intérprete deve desvendar e o aplicador da Constituição preservar (repetimos), uma *reserva de dignidade da pessoa* [1305]. Para além disso, é o contraditório político – marcado por diferentes opções em contraste e por conjunturas variáveis – que imprime os ritmos e os modos de realização; de uma realização que, mesmo se gradual, tem de ser tão progressiva quanto possível.

[1304] Cfr. ROBERT ALEXY (*op. cit.*, págs. 411-412): se não é possível extrair da Lei Fundamental um programa de distribuição de bens, todavia o sentido dos direitos fundamentais consiste precisamente em não deixar nas mãos da maioria parlamentar a decisão sobre determinadas posições do indivíduo; e, então, não se trata de o Tribunal Constitucional impor a sua teoria da distribuição ao legislador, mas de saber se, em alguns casos, pode limitar a liberdade do legislador para a normação social.

[1305] Cfr. PAULO FERREIRA DA CUNHA, *Teoria*..., II, cit., pág. 289 (falando em reserva de dignidade da pessoa). Diferentemente, JOSÉ CASALTA NABAIS (*Os direitos fundamentais na jurisprudência*, cit., pág. 13).
Sobre a inerência de limites constitucionais ao pluralismo, cfr. a intervenção do Deputado Luís Nunes de Almeida [em *Diário da Assembleia da República*, II legislatura, 1.ª sessão legislativa, suplemento ao n.º 108, pág. 3332(91)]: é o próprio conceito e prática de alternância do poder que implica a existência de limites no que respeita ao pluralismo e à alternância. A inexistência de limites, de balizas, implicaria a inexistência ou a impossibilidade da própria alternância. Não há alternância possível se o que estiver em confronto forem dois sistemas ou dois modelos totalmente opostos, incompatíveis e inconciliáveis, porque não é possível prever ou praticar-se uma alternância no poder quando o que está em causa é mudar de quatro em quatro anos, e de cima a baixo, todo o modelo de sociedade.

DIREITOS FUNDAMENTAIS

124. O princípio da iniciativa social

I – Para a Constituição não importa qualquer efetivação dos direitos económicos, sociais e culturais. Importa, por coerência com os princípios fundamentais de liberdade, de pluralismo e de participação [arts. 2.º e 9.º, alíneas *b)* e *c)*, entre tantos], uma efetivação não autoritária e não estatizante, aberta às iniciativas vindas da sociedade civil. Se seria excessivo falar aqui em subsidiariedade, pode e deve falar-se em complementaridade.

Em vez do exclusivismo do Estado no desenvolvimento de atividades que conduzam à efetivação de direitos sociais, a Constituição pressupõe e faz apelo à intervenção, à complementaridade e até à competitividade que pode vir de entidades da sociedade civil. A *iniciativa social* é uma expressão da sociedade solidária, que se pretende atingir (art. 1.º, de novo) [1306].

II – Nesta linha:

- Realização de obras sociais nas empresas, com a participação das comissões de trabalhadores [art. 54.º, n.º 5, alínea *e)*];
- Cooperação das organizações sociais no desenvolvimento sistemático de uma sede de centros de repouso e de férias [art. 59.º, n.º 2, alínea *d)*];
- Apoio às instituições particulares de solidariedade social (art. 63.º, n.º 3);
- Articulação das formas empresariais e privadas de medicina com o serviço nacional de saúde [art. 64.º, n.º 3, alínea *d)*];
- Estímulo à construção privada e incentivo e apoio às iniciativas das comunidades locais e das populações tendentes a resolver os respetivos problemas habitacionais, fomento da criação de cooperativas de habitação e da autoconstrução [art. 65.º, n.º 2, alíneas *c)* e *d)*];
- Envolvimento dos cidadãos na defesa do ambiente (art. 66.º, n.º 2);
- Cooperação com os pais na educacão dos filhos [art. 67.º, n.º 2, alínea *c)*];

[1306] João Carlos Loureiro fala num princípio de *fraternidade* envolvendo o Estado e a sociedade civil (*Adeus...*, cit., págs. 26-27). Cfr., doutros prismas, Suzana Tavares da Silva, *Direitos fundamentais na arena global*, Coimbra, 2011, págs. 99 e segs.; Miguel Prata Roque, *Juízos precários de constitucionalidade*, in *Estudos de homenagem ao Prof. Doutor Jorge Miranda*, II, págs. 873 e 874; Jorge Pereira da Silva, *Deveres do Estado...*, cit., pág. 537.

CAPÍTULO V – REGIME ESPECÍFICO DOS DIREITOS ECONÓMICOS, SOCIAIS E CULTURAIS

- Proteção das crianças com vista ao seu desenvolvimento integral, especialmente contra todas as formas de abandono, de discriminação e de opressão e contra o exercício abusivo da autoridade na família e nas demais instituições (art. 69.º, n.º 1);
- Fomento e apoio das organizações juvenis (art. 70.º, n.º 3); apoio às associações de cidadãos portadores de deficiência (art. 71.º, n.º 3);
- Colaboração dos órgãos de comunicação social, das associações e fundações de fins culturais, das coletividades de cultura e recreio, das associações de defesa do património cultural, das organizações de moradores e de outros agentes culturais na democratização da cultura e no fomento e na criação culturais (arts. 73.º, n.º 3, e 78.º, n.º 2);
- Inserção das escolas nas comunidades que servem [art. 74.º, n.º 2, alínea *f*)];
- Reconhecimento do ensino particular e cooperativo (art. 75.º, n.º 2, conexo com o art. 43.º, n.º 4);
- Colaboração das escolas e das associações e coletividades desportivas na promoção da cultura física e do desporto (art. 79.º, n.º 2);
- Estímulo do associativismo dos trabalhadores rurais e dos agricultores [art. 97.º, n.º 2, alínea *d*)] [1307] [1308].

125. O princípio da democracia participativa

I – Para a Constituição importa outrossim uma efetivação aberta à promoção pelos próprios interessados.

Não se trata apenas de criar serviços ou concretizar prestações, pecuniárias ou outras; trata-se também de dar lugar e voz aos próprios titulares dos direitos, aos destinatários e beneficiários desses serviços e prestações, segundo as normas da Constituição, do Direito internacional e das leis. Assim se espera otimizar as condições de realização dos direitos e aprofundar a própria democracia.

[1307] Acrescentem-se variadas formas de auto e entre-ajuda surgidas espontaneamente e que permitem a J. J. GOMES CANOTILHO, inclusive falar em subsidiariedade (*Metodologia «fuzzy» e «camaleões normativos» na problemática actual dos direitos económicos, sociais e culturais*, in *Estudos sobre direitos fundamentais*, Coimbra, 2004, págs. 97 e segs.).

[1308] Cfr. a Constituição brasileira (arts. 199.º, 205.º, 225.º e 227.º) ou a venezuelana (art. 57.º).

DIREITOS FUNDAMENTAIS

A *democracia participativa* [arts. 2.º, *in fine*, e 9.º, alínea *c*), 2.ª parte] traduz-se, como se sabe, na atribuição aos cidadãos enquanto administrados, de específicos direitos de participação no exercício de função administrativa de Estado e na relevância de grupos de interesses, de associações e das formações da sociedade civil em processos de decisão (político-legislativa) a nível do Estado [1309].

A Administração pública será estruturada de modo a aproximar os serviços das populações e a assegurar a participação dos interessados na sua gestão efetiva (art. 267.º, n.º 1), para esse efeito, estabelecendo a lei adequadas formas de descentralização e desconcentração, sem prejuízo da necessária eficácia e unidade de ação e dos poderes de direção e superintendência do Governo (art. 267.º, n.º 2). E, desde logo, administração participada e descentralizada encontra-se na saúde (art. 64.º, n.º 4) e no ensino universitário público (art. 76.º); e administração participada e desconcentrada na segurança social (art. 63.º, n.º 2), noutras organizações que visem satisfazer os interesses dos trabalhadores [art. 56.º, n.º 2, alínea *b*)] e no ensino não universitário público (art. 77.º, n.º 1).

Para além disso, são muito variados os direitos de participação de grupos nas decisões, inclusive legislativas, que diretamente os afetem, com incidência em direitos económicos, sociais e culturais: direito das comissões de trabalhadores de participar na elaboração da legislação do trabalho e dos planos económico-sociais que contemplem o respetivo setor [art. 54.º, n.º 5, alínea *d*)]; direito das associações sindicais de participar na elaboração da legislação de trabalho e no controlo da execução dos planos económico-sociais [art. 56.º, n.º 2, alíneas *a*) e *c*)], bem como de se fazer representar nos organismos de concertação social [art. 56.º, n.º 2, alínea *d*)]; direito das associações de consumidores e das cooperativas de consumo de serem ouvidas sobre as questões que digam respeito à defesa dos consumidores (art. 60.º, n.º 3); direito dos interessados de participação no planeamento urbanístico (art. 65.º, n.º 4); direito das associações representativas das famílias de serem ouvidas na definição da política de família [art. 67.º, n.º 2, alínea *b*)]; direito de participação das associações de professores, de alunos e de pais, das comunidades e das instituições de caráter científico na definição da política de ensino (art. 77.º, n.º 2); direito de participação das organizações representativas de trabalhadores e das organizações representativas

---

[1309] Sobre democracia participativa, v. *Manual...*, V, cit., págs. 205 e segs., e VII, cit., págs. 32 e segs. e 56 e segs., e autores citados.

CAPÍTULO V – REGIME ESPECÍFICO DOS DIREITOS ECONÓMICOS, SOCIAIS E CULTURAIS

das atividades económicas na definição, na execução e no controlo das principais medidas económicas e sociais [arts. 80.º, alínea *g*), e 92.º, n.º 2].

II – Sendo a participação estipulada por normas constitucionais, a sua falta envolve invalidade ou mera irregularidade?

Na audição dos órgãos de governo próprios das regiões autónomas pelos órgãos de soberania quanto a questões respeitantes às regiões tudo decorre no âmbito do sistema constitucional de órgãos de poder, baseados nos princípios da interdependência e da solidariedade (arts. 2.º, 111.º e 229.º, n.º 1) – e daí o rigor das fórmulas constitucionais [arts. 227.º, n.º 1, alínea *v*), 229.º, n.º 2] [1310]. Pelo contrário, aqui o que se prevê é certo relacionamento de grupos da sociedade civil com o Estado, ainda que, porventura, traduzido em direitos fundamentais. Ora, são tão numerosos os apelos à participação constantes da Constituição e da lei, tão variados os grupos e organizações de interessados e tão fluidas as formas do seu envolvimento no processo legislativo que seria excessivo e, porventura, paralisante da decisão dos órgãos competentes considerar nulas quaisquer leis decretadas sem participação.

Torna-se, contudo, necessário ressalvar a legislação de trabalho. O Tribunal Constitucional tem considerado, em diretriz constante, que a ausência de participação das comissões de trabalhadores e das associações sindicais acarreta inconstitucionalidade com todas as consequências [1311]. Por isso, a não se adotar outro entendimento [1312] pelo menos pode aqui falar-se na formação de um verdadeiro costume constitucional, de base jurisprudencial.

[1310] Cfr. *Manual...*, III, cit., págs. 322 e segs., e Autores citados.

[1311] A partir do acórdão n.º 31/84, de 27 de março, in *Diário da República*, de 17 de abril de 1984. V. também, entre tantos, acórdão n.º 117/86, de 9 de abril, *ibidem*, de 19 de maio de 1986; acórdão n.º 451/87, de 3 de dezembro, *ibidem*, 1.ª série, de 14 de dezembro de 1987; acórdão n.º 15/88, de 14 de janeiro, *ibidem*, 2.ª série, de 3 de fevereiro de 1988; acórdão n.º 178/97, de 4 de março, *ibidem*, 1.ª série-A, de 16 de maio de 1997.

[1312] Poderia também fundar-se a relevância da inconstitucionalidade no princípio da participação das organizações representativas dos trabalhadores [art. 80.º, alínea *g*), após 1997] ou do «exercício democrático do poder pelas classes trabalhadoras» (do originário art. 2.º do texto constitucional).

DIREITOS FUNDAMENTAIS

126. A dependência da realidade constitucional

I – A transparência dos procedimentos legislativos, a eficácia da Administração (art. 267.º, n.º 2) [1313], o célere funcionamento das instituições judiciárias, uma real responsabilidade do Estado e dos seus agentes – política, financeira, civil e criminal – assim como a subordinação do poder económico ao poder político democrático [art. 80.º, alínea *a*)] e a contenção das pulsões corporativistas de quaisquer grupos – eis elementos não pouco relevantes a ter em conta na efetivação dos direitos sociais.

Mas, condicionando tudo isso, encontra-se (como já se observou quando se distinguiram direitos de liberdade e direitos sociais) a disponibilidade de meios financeiros aptos a suportar os custos de efetivação – meios financeiros, por sua vez, dependentes dos circunstancialismos económicos.

Não por acaso, o art. 22.º da Declaração Universal deixa os direitos económicos, sociais e culturais "ao esforço nacional e à cooperação internacional, de harmonia com a *organização e os recursos* de cada povo"; e o Pacto Internacional de Direitos Económicos, Sociais e Culturais liga a progressiva efetivação dos direitos aos recursos disponíveis – ao "máximo de recursos disponíveis" (art. 2.º, n.º 1).

A doutrina, a este propósito, fala no ajustamento do socialmente desejável ao economicamente possível [1314], na subordinação da efetividade concreta a uma *reserva do possível* [1315] [1316], na raridade material do objeto da pretensão

---

[1313] Cfr. Suzana Tavares da Silva, *O princípio fundamental da eficiência*, in *Revista da Faculdade de Direito da Universidade do Porto*, VI especial, 2010, págs. 519 e segs.

[1314] Jean Rivero, *Les droits de l'homme, catégorie juridique?*, in *Perspectivas del Derecho Publico en la segunda mitad del siglo xx*, obra coletiva, III, pág. 32.

[1315] J. J. Gomes Canotilho, *Constituição dirigente...*, cit., pág. 365; Franco Modugno, *I nuovi diritti nella giurisprudenza costituzionale*, Turim, 2005, pág. 72; Ingo Wolfgang Sarlet, *op. cit.*, págs. 284 e segs.; Ana Carolina Lopes Olsen, *op. cit.*, págs. 175 e segs.; *Direitos fundamentais – Orçamento e reserva do possível*, obra coletiva, Porto Alegre, 2013; Quirino Camarlengo e Lorenzo Rampa, *I diritti sociais fra istituti giuridici e analisi economica*, in *Quaderni Costituzionali*, 2015, págs. 59 e segs. ; Maria D'Oliveira Martins, *A despesa pública justa – Uma análise jurídico-constitucional do tema da justiça na despesa pública*, Coimbra, págs. 316 e segs. e 346 e segs.
Mas observa Carolina Lopes Olsen (pág. 209), antes de se falar na inexistência de recursos, há que investigar se a atividade orçamentária do Estado (seja na obtenção de receitas, seja na realização de despesas) se encontra em conformidade com as normas constitucionais.

[1316] E há, doutro prisma, quem fale em *reserva do necessário*: os direitos sociais não estão apenas sujeitos à reserva do possível mas também à reserva do necessário, no pressuposto da

CAPÍTULO V – REGIME ESPECÍFICO DOS DIREITOS ECONÓMICOS, SOCIAIS E CULTURAIS

como limite real [1317], na reserva financeira do possível ou do financiamento possível [1318], num princípio de sustentabilidade [1319] ou no caráter de direitos *quantitativos* como *direitos de medida* [1320].

II – Tudo está em saber o que é *possível* e o que não é *possível* efetivar em certo momento ou em certa circunstância; o que é *obrigatório* e o que não é *obrigatório*. Quem o fixa ou prescreve?

Por certo, tal decisão compete, em primeira linha, ao legislador dentro da liberdade de conformação a si inerente e dentro da prossecuçao do interesse público a que está adstrito. É ele que, no qudro institucional em que se move, tendo em conta as opções políticas legitimadas pelo sufrágio e avaliando os recursos humanos e materiais presentes, há de procurar as soluções adequadas, as quais podem traduzir-se em diversos tipos, graus, tempos e modos de efetivação dos direitos ou na prioridade dada a uns e não a outros.

São, pois, juízos de facto que presidem a essa decisão. Todavia, estes juízos, convertidos de seguida em normas legais, não ficam arredados do controlo de constitucionalidade [1321]. Um Tribunal Constitucional não pode cegamente aceitar qualquer medida legislativa sem deixar de a apreciar e qualificar. Se lhe é vedado contrapor alternativas (isso pertence à instância política), tem sempre de verificar a conformidade com a Constituição.

Eis um problema não sem semelhança com o das diferenciações de pessoas ou situações frente ao princípio da igualdade, onde, conforme se mostrou, tão pouco os órgãos de fiscalização podem deixar de as apreciar para concluir pelo respeito ou desrespeito do princípio. Tal como não pode ser admitida qualquer diferenciação arbitrária ou sem fundamento razoável bastante, também não

---

autonomia possível e da auto-responsabilidade de cada um para se sustentar (José Carlos Vieira de Andrade, *Conclusões*, in *Tribunal Constitucional: 35.º aniversário da Constituição de 1976*, obra coletiva, pág. 184).

[1317] Christian Starck, *La jurisprudence...*, cit., *loc. cit.*, pág. 1279.

[1318] Paulo Gilberto Cogo Leivas, *Teoria dos direitos fundamentais sociais*, Porto Alegre, 2006, págs. 99 e segs.; Jorge Reis Novais, *Direitos sociais*, cit., págs. 87 e segs.

[1319] João Carlos Loureiro, *Adeus...*, cit., págs. 128 e segs. e 261 e segs.

[1320] Cristina Queiroz, *op. cit.*, pág. 305.

[1321] Cfr. *Manual...*, VI, cit., págs. 394 e segs. e Autores citados; e Miguel Prata Roque, *Juízos precários de constitucionalidade*, in *Estudos de homenagem ao Prof. Doutor Jorge Miranda*, II, págs, 863 e segs.

DIREITOS FUNDAMENTAIS

pode ser acolhida uma medida de não efetivação, maior ou menor, de um direito social, afrontando o seu conteúdo essencial e padrões de solidariedade e de igualdade real entre os Portugueses [art. 9.º, alínea *d*).

Tem de se assentar em critérios de proporcionalidade. Não se tratará tanto, como nos direitos, liberdades e garantias, de ultrapassar conflitos ou colisões quanto de avaliar os direitos em causa, em dialética com a realidade constitucional e procurando uma concordância prática [1322].

Nem se invoquem exigências europeias contra este entendimento, porque a Carta de Direitos Fundamentais da União Europeia estatui: «A fim de lutar contra a exclusão social e a pobreza, a União reconhece e respeita o direito a uma assistência social e a uma ajuda à habitação destinadas a assegurar uma existência condigna a todos aqueles que não disponham de recursos suficientes, de acordo com o direito da União e com as legislações e práticas nacionais» (art. 34.º, n.º 3).

[1322] Cfr. ROBERT ALEXY, *Teoria*..., cit., págs. 486 e 498; FRANCO MODUGNO, *I "nuovi diritti"*, cit., pág. 72; J. J. GOMES CANOTILHO e VITAL MOREIRA, *Fundamentos*..., cit., págs. 131 e 132; ANDREA GIORGIS, *La costituzione dei diritti dell'uguaglianza sustanziela*, cit., págs. 176 e segs.; J. J. GOMES CANOTILHO, *Metodologia "fuzzy"*, cit., *loc. cit.*, págs. 109 e segs.; JORGE REIS NOVAIS, *As restrições*..., cit., págs. 137 e segs.; RUI MEDEIROS, *Direitos, liberdades e garantias e direitos sociais*..., cit., *loc. cit.*, págs. 678-679; GEORGES KATROUGALES e DAPHNE AKOUMIANIKI, *L'application du príncipe de proportionnalité dans le champ des droits sociaux*, in *Revue du droit public*, 2012, págs. 1375 e segs.; JORGE SILVA SAMPAIO, *op. cit.*, págs. 236 e 413 e segs.; JORGE PEREIRA DA SILVA, *Deveres de proteção* ..., cit., págs. 578 e segs.; CATARINA SANTOS BOTELHO, *Os direitos sociais* ..., cit., págs. 424 e segs.

Como escreve JORGE SILVA SAMPAIO, «A questão de saber a quem cabe o ónus de provar, sempre que o Estado invoca a dificuldade financeira de prestar, não se refere, na maioria dos casos, a provar ou não a existência de recursos, mas sim a provar se a questão é «financeiramente tão relevante», e até que ponto, que exija uma definição política de prioridades na distribuição de recursos que acarrete a impossibilidade de realização de um dever correlativo do direito social de prestar. A tarefa do juiz não é obviamente a de proceder à definição de prioridades de distribuição de recursos, e apenas em determinadas situações excecionais lhe caberá apurar se a existência ou não de recursos apresentada como justificação é constitucionalmente plausível. Por seu turno, aquilo que lhe compete, em regra, neste campo é apreciar se as dificuldades financeiras invocadas são *suficientemente relevantes* em termos de interesse público para fazer ceder a pretensão individual, e se o procedimento seguido pelo poder político para chegar à decisão de prioridades, bem como a respectiva fundamentação, são jurídico-constitucionalmente censuráveis».

CAPÍTULO V – REGIME ESPECÍFICO DOS DIREITOS ECONÓMICOS, SOCIAIS E CULTURAIS

127. O problema do retrocesso social

I – Em tempos, aludimos a um princípio de não retorno de concretização das normas de direitos económicos, sociais e culturais [1323]. Mais tarde[1324], porém, deixámos de o considerar com autonomia, por (como já dissemos) estar conexo com o princípio da tutela da confiança e, sobretudo, com o princípio da reserva do possível. Tal como deixámos de o ligar à proibição de retrocesso social, pelos equívocos que a ideia tem gerado.

A despeito disso, mantemos no essencial o sentido que lhe emprestávamos com algumas clarificações. Entretanto, antes de as apresentarmos, importa dar conta do modo como outros Autores têm tratado o problema – um daqueles que, por sinal, mais tem concitado a atenção da doutrina portuguesa – e aludir à evolução da jurisprudência.

II – A afirmação mais clara de um princípio de proibição de retrocesso social é, talvez, a que foi sintetizada assim por J. J. GOMES CANOTILHO e VITAL MOREIRA em 1991: «as normas constitucionais que reconhecem direitos económicos, sociais e culturais de caráter positivo têm, pelo menos, uma função de garantia da satisfação adquirida por esses direitos, implicando uma «proibição de retrocesso», visto que, uma vez dada satisfação ao direito, este «transforma-se», nessa medida, em «direito negativo» ou direito de defesa, isto é, num direito a que o Estado se abstenha de atentar contra ele (cfr., *supra*, 4.3.1.). A ser admissível qualquer restrição a este principio (*v. g.*, estado de incapacidade financeira do Estado), então ela deve ficar sujeita, na parte aplicável, às regras constitucionalmente estabelecidas para as restrições dos «direitos, liberdades e garantias», nomeadamente a necessidade e a proporcionalidade (cfr. art. 18.º, n.ºs 2 e 3), devendo salvaguardar sempre o conteúdo mínimo necessário de satisfação desse direito» [1325].

Ela reaparece, mais mitigada, nas últimas edições de *Direito Constitucional* de J. J. GOMES CANOTILHO: «O princípio da democracia económica e social aponta para a proibição de retrocesso social. – A ideia aqui expressa também tem sido designada como proibição (de "contra-revolução social" ou da "evolução reacionária". Com isto quer dizer-se que os direitos sociais e económicos

---

[1323] *Manual* ..., IV, 3.ª ed., 2000, págs. 397 e segs.

[1324] *Ibidem*, 4.ª ed., 2008, págs. 435 e segs.

[1325] *Fundamentos da Constituição*, Coimbra, 1991, pág. 131. E do primeiro destes autores, *Constituição dirigente*..., cit., págs. 411 e segs.

(ex.: direito dos trabalhadores, direito à assistência, direito à educação), uma vez obtido um determinado grau de realização, passam a constituir, simultaneamente, uma *garantia institucional* e um *direito subjetivo*. A "proibição de retrocesso social" nada pode fazer contra as recessões e crises económicas (*reversibilidade fática*), mas o princípio em análise limita a reversibilidade dos *direitos adquiridos* (ex.: segurança social, subsídio de desemprego, prestações de saúde), em clara violação do *princípio da proteção da confiança e da segurança dos cidadãos no âmbito económico, social e cultural*, e do *núcleo essencial* da existência mínima inerente ao respeito pela dignidade da pessoa humana» [1326] [1327].

III – Posição antagónica é sustentada por JORGE REIS NOVAIS, afirmando que a conceção do princípio da *proibição de retrocesso social* entendida enquanto proibição de diminuição dos níveis outrora garantidos de realização dos direitos sociais, ou de um direito social em particular, «não tem, pura e simplesmente, nem arrimo positivo em qualquer ordem constitucional, nem sustentação dogmática, nem justificação ou apoio em quaisquer critérios de simples razoabilidade. (...) Daí que a doutrina que persiste na fórmula lhe tenha que atribuir um sentido de relativização (...).

«Pode admitir-se criticamente uma utilização do princípio em ordens jurídicas de Constituições *sem direitos sociais*, enquanto referência típica de justificação de limites que o princípio de socialidade e o sistema de direitos fundamentais colocariam à atuação do legislador ordinário no domínio das prestações e benefícios sociais vigentes. Já não se compreende, em absoluto, qual a vantagem, o interesse dogmático, a justificação e a utilidade do princípio em ordens jurídicas em que os direitos sociais são constitucionalmente consagrados na qualidade de direitos fundamentais.

«Com efeito, basta considerar o elenco de princípios ou critérios a que a conceção da *proibição relativa* recorre para limitar o legislador que *retrocede*, para imediatamente se perceber que se trata, pura e simplesmente, dos chamados *limites aos limites* dos direitos fundamentais, ou seja, dos limites constitucionais, próprios de Estado de Direito, que os poderes públicos têm de observar quando restringem os direitos fundamentais. Da observância dos *limites aos limites* depende a legitimidade constitucional da restrição, exatamente da mesma forma

---

[1326] *Direito...*, cit., págs. 338-339. V. também *Metodologia "Fuzzy"*, cit., *loc. cit.*, págs. 111-112, onde escreve que os princípios do Estado de Direito devem valer contra eventuais desrazoabilidades legislativas.

[1327] Em sentido próximo, DAVID DUARTE, *Lei-medida e democracia social*, in *Scientia Juridica*, julho-dezembro de 1992, pág. 341; CRISTINA QUEIROZ, *O princípio da não reversibilidade dos direitos fundamentais sociais*, Coimbra, 2006, págs. 70 e 71; ANDRÉ SALGADO DE MATOS, *O direito ao ensino*, cit., *loc. cit.*, pág. 415; RICARDO BRANCO, *O efeito ...*, cit., *loc. cit.*, págs. 336 e segs.

CAPÍTULO V – REGIME ESPECÍFICO DOS DIREITOS ECONÓMICOS, SOCIAIS E CULTURAIS

que da sua observância dependeria, segundo os defensores da *proibição relativa*, a legitimidade constitucional do dito *retrocesso*» [1328] [1329].

IV – Entretanto, também há Autores que, embora afastando ou rejeitando a ideia de proibição do retrocesso (ou de proibição absoluta), acabam, em maior ou menor medida, por acolher uma qualquer ideia de salvaguarda de um grau maior ou menor de concretização legislativa de normas de direitos sociais.

Segundo JOSÉ CARLOS VIEIRA DE ANDRADE, «os preceitos constitucionais relativos aos direitos económicos, sociais e culturais hão de implicar uma certa garantia de estabilidade das situações ou posições jurídicas criadas pelo legislador ao concretizar as normas respetivas.

«Esta garantia abrange um *mínimo*, que reside na proibição de pura e simplesmente destruir essas situações ou posições, designadamente, na medida em que assim se ponha em causa o nível de realização do direito exigido pela dignidade da pessoa humana.

«E poderá atingir um *máximo*, quando essas concretizações legais devam ser consideradas *materialmente constitucionais*.

«O grau *intermédio* consistirá em efeitos ligados ao princípio da *proteção da confiança* ou à *necessidade de fundamentação* dos atos legislativos «retrocedentes» num valor constitucional que no caso se revele mais forte – aliados à circunstância de se tomarem mais visíveis eventuais violações dos preceitos constitucionais (em especial, do princípio da igualdade), diminuindo assim a liberdade de conformação e a possibilidade de arbítrio legislativo.

«Isto não significa a aceitação de um princípio geral de proibição de retrocesso nem uma eficácia irradiante dos preceitos constitucionais relativos aos direitos sociais como um «bloco constitucional dirigente».

Aquilo que se admite é algo de bem diferente: é que certas normas, apesar de positivadas em preceitos de direito ordinário, *prevaleçam* sobre outras normas ordinárias, quando o seu conteúdo possa (deva) ser considerado materialmente constitucional. Só que este enfraquecimento do poder de disposição

---

[1328] *Direitos Sociais*, cit., págs. 243 e segs. V. também *O Tribunal Constitucional e os direitos sociais*, in *Jurisprudência Constitucional*, n.º 6, abril-junho de 2005, págs. 7 e 8; e *As restrições*..., cit., págs. 138 e 139, nota.

[1329] Cfr. postura idêntica, independentemente dos pontos de partida, em MANUEL AFONSO VAZ, *Lei*..., cit., págs. 384 e 385 e *Direito Constitucional*, cit., pág. 336; JOSÉ DE MELO ALEXANDRINO, *A estruturação* ..., cit., pág. 540; CARLOS BLANCO DE MORAIS, *Direito Constitucional – II, Relatório*, pág. 178; SUZANA TAVARES DA SILVA, *Direitos* ..., cit., pág. 116; LUÍS VERDE DE SOUSA, *Acerca do princípio de proibição do retrocesso*, in *Boletim da Faculdade de Direito da Universidade de Coimbra*, 2007, pág. 503; CATARINA SANTOS BOTELHO, *Os direitos sociais* ..., cit., *loc. cit.*, págs. 287 e segs.

DIREITOS FUNDAMENTAIS

do legislador, que é expressão da relevância da realidade constitucional, não constitui a regra, mas antes a *exceção*: para a radicação na consciência jurídica geral da convicção da sua obrigatoriedade constitucional não basta a aceitação mais ou menos aparente e superficial da opinião política dominante, é necessário um consenso profundo e alargado que demora o seu tempo a formar-se e que não se estende nunca a pormenores de regulamentação» [1330] [1331].

V – A questão não tem estado ausente da doutrina brasileira.

Por exemplo, INGO WOLFRAM SARLET sustenta que negar reconhecimento ao princípio do não retrocesso equivaleria a admitir que os órgãos legislativos dispusessem do poder de tomar livremente as suas decisões, mesmo em flagrante desrespeito à vontade expressa da Constituição[1332]. Em contrapartida, rejeita a feição absoluta do princípio, até porque a redução da atividade legislativa à execução pura e simples da Constituição se revela insustentável e uma solução radical acabaria por conduzir a uma espécie de transmutação das normas infraconstitucionais em direito constitucional, além de inviabilizarem o próprio desenvolvimento deste[1333] [1334].

[1330] *Os direitos...*, cit., págs. 378 e segs.

[1331] Cfr. também as perspetivas de JOÃO CAUPERS, *Os direitos fundamentais dos trabalhadores*, cit., págs. 43-44; VASCO PEREIRA DA SILVA, anotação in *O Direito*, 1974-1987, págs. 432 e 433; RUI MEDEIROS, *O Estado ...*, cit., *loc. cit.*, págs. 30 e 31, e *Direitos, liberdades e garantias ...*, cit., *loc. cit.*, págs. 247 e segs. e 282 e segs.; JORGE PEREIRA DA SILVA, *Dever de legislar ...*, cit., págs. 247 e segs. e 282 e segs.; TIAGO FIDALGO DE FREITAS, *O princípio da proibição do retrocesso social*, in *Estudos em homenagem ao Professor Doutor Marcello Caetano no centenário do seu nascimento*, obra coletiva, Coimbra, 2006, II, págs. 783 e segs., 816 e segs., 838 e 839-840; PAULO OTERO, *Instituições ...*, cit., I, págs. 598 e 599 (mas algo diferentemente, *Direito Constitucional Português ...*, cit., págs. 103 e 104, e *Direitos económicos e sociais na Constituição de 1976*, cit., *loc. cit.*, págs. 52 e 53); TIAGO ANTUNES, *Reflexões constitucionais em tempo de crise económico-financeira*, in *O Direito*, 2011, págs. 1067 e segs., *maxime* 1073-1074; MIGUEL PRATA ROQUE, *op. cit., loc. cit.*, págs. 880 e segs., *maxime* 882; JORGE DA SILVA SAMPAIO, *op. cit.*, págs. 268 e segs.; RÚBEN RAMIÃO, *Projecções jusfundamentais do direito à alimentação*, cit., *loc. cit.*, págs. 438 e 439; CATARINA SANTOS BOTELHO, *Os direitos sociais ...*, cit., pág. 444; MARIA D'OLIVEIRA MARTINS, op. cit. págs. 409 e ss.

[1332] *A eficácia ...*, cit., págs. 433 e segs., *maxime* pág. 447.

[1333] *Ibidem*, págs. 448 e 461. Cfr. também deste Autor *Proibição do retrocesso, dignidade da pessoa humana e direitos sociais: manifestação de um constitucionalismo dirigente possível*, in *Boletim da Faculdade de Direito da Universidade de Coimbra*, 2006, págs. 239 e segs. e *Os direitos sociais entre a proibição do retrocesso e o "avanço" do poder judiciário*, in *Revista Latino-Americana de Direito Constitucional*, novembro de 2011, págs. 141 e segs.

Ainda, entre outros, MARCELENE CARVALHO DA SILVA RAMOS, *Princípio da proibição de retrocesso jusfundamental – Aplicações*, Curitiba, 2009; ou FILIPE DERBI, *A aplicabilidade do princípio da proibição de retrocesso jusfundamental no Direito brasileiro*, in *Direitos Sociais – Fundamentos, judicialização e direitos sociais em especial*, obra coletiva, Rio de Janeiro, 2010, págs. 347 e segs.;

CAPÍTULO V – REGIME ESPECÍFICO DOS DIREITOS ECONÓMICOS, SOCIAIS E CULTURAIS

VI – Quanto à jurisprudência do Tribunal Constitucional, regista-se uma evolução assinalável [1335].

O já referido acórdão n.º 39/84 [1336] orientou-se perentoriamente na linha do princípio da proibição do retrocesso social: «Em grande medida, os direitos sociais traduzem-se para o Estado em obrigação de *fazer*, sobretudo de criar certas instituições públicas. Enquanto elas não forem criadas, a Constituição só pode fundamentar exigências para que se criem; mas após terem sido criadas, a Constituição passa a proteger a sua *existência*, como se já existissem à data da Constituição. As tarefas constitucionais impostas ao Estado em sede de direitos fundamentais no sentido de criar certas instituições ou serviços não o obrigam apenas a criá-los, obrigam-no também a *não aboli-los* uma vez criados.

«Quer isto dizer que a partir do momento em que o Estado cumpre (total ou parcialmente) as tarefas constitucionalmente impostas para realizar um direito social, o respeito constitucional deste deixa de consistir (ou deixa de consistir apenas) num obrigação *positiva*, para se transformar (ou passar também a ser) numa obrigação *negativa*. O Estado, que estava obrigado a *atuar* para dar satisfação ao direito social, passa a estar obrigado a *abster-se* de atentar contra a realização dada ao direito social».

Contudo, em sucessivos arestos, o Tribunal foi suavizando o seu enfoque do problema e adotando formulações mais moderadas [1337]. O acórdão

---

Luísa Cristina Pinto e Neto, *O princípio de proibição do retrocesso social*, Porto Alegre, 2010; Osvaldo Ferreira de Carvalho, *A segurança jurídica e a eficácia dos direitos fundamentais sociais*, Curitiba, 2011, págs. 258 e segs.; Marcos Sampaio, *op. cit.*, págs. 229 e segs.; Flávia Piovesan, *A eficácia dos direitos sociais*, cit., págs. 174 e segs.

[1334] Na doutrina de outros países, v., entre tantos, Ernst-Wolfgang Böckenforde, *op. cit.*, pág. 81; Lorenza Carlassare, *Forme di Stato e diritti fondamentali*, in *Quaderni Costituzionali*, 1995, pág. 45; Isabelle Hachez, *Le príncipe de standstill dans le droit des droits fondamentaux: une irréversibilité relative*, Atenas – Bruxelas, Baden-Baden, 2008 (para quem a obrigação de *standstill*, de não retrocesso é relativa e móvel; ela indica, por um lado, o nível de proteção à luz do qual deve ser apreciada a proporcionalidade de eventuais medidas regressivas e impõe, por outro lado, ao legislador justificar as regressões operadas).

[1335] Cfr. Jorge Pereira da Silva, *O dever...*, cit., págs. 357 e segs.; Jorge Reis Novais, *O Tribunal Constitucional e os direitos sociais*, in *Jurisprudência Constitucional*, n.º 6, abril-junho de 2005; José de Melo Alexandrino, *Estruturação...*, II, cit., págs. 607 e segs.

[1336] De 11 de abril (sobre o serviço nacional de saúde), in *Diário da República*, 1.ª série, de 5 de maio de 1984. Cfr. anotação concordante de Afonso Queiró, in *Revista de Legislação e de Jurisprudência*, n.º 3741, abril de 1986, págs. 381 e segs.

[1337] Cfr. acórdãos n.ºs 330/88, de 11 de abril, e 731/95, de 12 de abril, in *Diário da República*, 2.ª série, de 12 de junho de 1989 e de 26 de março de 1996 (taxas moderadoras); acórdão n.º 101/92, de 17 de março, *ibidem*, 2.ª série, de 18 de agosto de 1992 (restrição de transmissão de arrendamento; acórdão n.º 148/94, de 8 de fevereiro, *ibidem*, 1.ª série-A, de 3 de maio de

n.º 509/2002 [1338] é o que melhor traduz essa inflexão: 1.º) onde a Constituição contenha uma *ordem de legislar*, suficientemente precisa e concreta, de tal sorte que seja possível determinar com segurança as medidas jurídicas necessárias para lhe conferir exequibilidade, a margem de liberdade do legislador para *retroceder* no grau de proteção atingido é necessariamente mínimo, já que só o poderia fazer na estrita medida em que a alteração legislativa pretendida não viesse a consequenciar uma *inconstitucionalidade por omissão*; 2.º) noutras circunstâncias porém, a *proibição de retrocesso social* apenas pode funcionar em casos-limite, uma vez que, desde logo, o *princípio da alternância democrática*, inculca a revisibilidade das opções político-legislativas, ainda quando estas assumam o caráter de opções legislativas fundamentais.

E mais incisivamente o acórdão n.º 3/2010, de 6 de janeiro: «O princípio da proibição do retrocesso social, a admitir-se, sempre carecerá de autonomia normativa em relação não só a outros parâmetros normativos de maior intensidade constitucional mas de menor extensão económico-social, tais como o direito a um mínimo de existência condigna, que é inerente ao princípio da dignidade da pessoa humana, o princípio da igualdade, ou o princípio da protecção da confiança legítima, que resulta da ideia de Estado de Direito, mas também ao próprio núcleo essencial do direito social já realizado e efectivado através de medidas legislativas».

VII – Importa voltar a acentuar que os direitos sociais enquanto direitos fundamentais possuem um conteúdo essencial que, apesar de menos determinado do que o dos direitos, liberdades e garantias, tem de ser sempre salvaguardado. Seria impensável, sem preterição até de limites materiais de revisão constitucional (art. 288.º), abolir a assistência aos trabalhadores em doença profissional ou em desemprego, a segurança social, o apoio às crianças, aos jovens, às pessoas com deficiência e aos idosos, o ensino básico e secundário obrigatório e gratuito, etc. Seria impensável ainda sem grave risco para a consciência e a coesão sociais.

A temática do retrocesso tem de ser deslocado para o nível das normas legais concretizadoras para além desse conteúdo essencial.

1994 (propinas do ensino superior público); acórdão n.º 590/2004, de 6 de outubro, *ibidem*, 2.ª série, de 3 de dezembro de 2004 (revogação do regime de crédito bonificado para habitação para jovens); acórdão n.º 794/2013, de 21 de novembro (horas de trabalho na função pública), *ibidem*, 2.ª série, de 18 de dezembro de 2013.

[1338] De 19 de dezembro, *ibidem*, 1.ª série, de 12 de fevereiro de 2003. Cfr. José Carlos Vieira de Andrade, O «direito ao mínimo de existência condigna»..., cit., *loc. cit.*; ou Maria D'Oliveira Martins, op. cit. págs. 337 e ss.

CAPÍTULO V – REGIME ESPECÍFICO DOS DIREITOS ECONÓMICOS, SOCIAIS E CULTURAIS

VIII – Para nós, desde há muito, é ponto firme que, quando as normas legais vêm concretizar normas constitucionais não exequíveis por si mesmas, não fica apenas cumprido o dever de legislar como o legislador fica adstrito a não as suprimir, abrindo ou reabrindo uma omissão. Assim o exige a própria força normativa da Constituição [1339].

Não se visa com isso revestir as normas legais concretizadoras da força jurídica própria das normas constitucionais ou elevar os direitos derivados a prestações a garantias constitucionais. Essas normas continuam modificáveis como quaisquer outras normas ordinárias, sujeitas a controlo da constitucionalidade e suscetíveis de caducidade em caso de revisão constitucional (sem prejuízo de limites materiais). Nem sequer vêm a prevalecer sobre outras normas ordinárias; como tais, nenhuma consistência específica adquirem.

O que se pretende é, na vigência de certas normas constitucionais, impedir a abrogação pura e simples das normas legais que com elas formam uma unidade de sistema. O legislador, de acordo com os critérios provenientes do eleitorado, pode adotar outros modos e conteúdos de concretização. Nada obriga, por exemplo, a que o serviço nacional de saúde (art. 64.º) ou o sistema de ensino (arts. 74.º, 75.º e 76.º) tenham de obedecer sempre aos mesmos paradigmas: podem ser, ora mais centralizados ora mais descentralizados, ora mais socializantes ora mais liberalizantes (insistimos). O que não pode é o legislador deixar de prever e organizar tal serviço e tal sistema.

Todavia, há que reconhecer que:

a) Ocorrendo condições constitucionais e económicas favoráveis, essas normas devem ser interpretadas e aplicadas de modo a de delas se extrair o máximo de satisfação das necessidades sociais e a realização de todas as prestações [1340];

b) Ao invés, não se deparando tais condições – em especial por causa de recessão ou de crise financeira – as prestações têm de ser adequadas ao nível de sustentabilidade existente, com eventual redução dos seus beneficiários ou dos seus montantes;

[1339] V. *Manual...*, II, cit., págs. 307 e segs. e Autores citados.
[1340] Cfr. o princípio de progressividade da efetivação no art. 2.º, n.º 1 do Pacto Internacional de Direitos Económicos, Sociais e Culturais.

DIREITOS FUNDAMENTAIS

c) No limite, a crise externa poderá provocar a suspensão destas ou daquelas normas legais, mas elas hão de retomar a sua efetividade, a curto ou a médio prazo.

VIII – Problema paralelo ao do retrocesso (ou não retrocesso) social é o do retrocesso (ou não retrocesso) ambiental, ligado ao princípio da sustentabilidade não só em relação ao presente mas também em relação às gerações futuras, e não já a um princípio de proteção da confiança.

No limite, poderá ser necessário, em épocas de crise, conciliar poupanças orçamentais com a manutenção do nível alcançado de proteção ambiental [1341]. No limite dos limites poderá ter de se admitir medidas retrocedentes: quando os custos orçamentais e de proteção ambiental impeçam as políticas públicas de garantia do mínimo de existência humana condigna [1342].

128. Crise económico-financeira e estado de exceção

I – Porém, mais do que esta ou aquela dificuldade circunstancial, pode ocorrer uma crise, mais ou menos prolongada, que afete as condições de efetivação dos direitos sociais e as respetivas normas legais concretizadoras [1343].

[1341] Cfr. ALEXANDRA ARAGÃO, *Desenvolvimento sustentável em tempo de crise e em maré de simplificação. Fundamentos e limites da proibição do retrocesso ambiental*, in *Estudos em homenagem ao Prof. Doutor José Joaquim Gomes Canotilho*, obra coletiva, IV, Coimbra, 2012, págs. 43 e segs., *maxime* 88.

[1342] Segundo ALEXANDRA ARAGÃO, seriam condições gerais para julgar da admissibilidade das medidas retrocedentes:

1. *Condições temporais.* O retrocesso imposto não pode ser permanente, mas antes uma solução temporária para acorrer a uma situação conjuntural. Mais, a medida deve ser aprovada com um horizonte temporal definido *ab initio* e que não pode ser condicional (por exemplo, "vigorará até que passe a crise"). Naturalmente que, mantendo-se as circunstâncias, a medida pode ser renovada por novos períodos, mas a provisoriedade obriga à revisão e reponderação periódica.

2. *Condições consequenciais.* Quando se diz que uma determinada lei leva a um retrocesso é porque o bem fica menos protegido (retrocesso reversível) ou é mesmo aniquilado (retrocesso definitivo). A definitividade ou reversibilidade do retrocesso não dependem de a lei ser revogável ou não, mas sim das consequências ambientais que decorram da aprovação da lei. Se o efeito da nova lei retrocedente é a aniquilação definitiva do bem jurídico ambiental (extinção da espécie, eutrofização do rio, esgotamento do recurso, destruição da paisagem) então é um retrocesso definitivo. O retrocesso definitivo é grave, pelo que deve ser absolutamente banido.

[1343] Cfr. MANUEL GONÇALVES FERREIRA FILHO, *A disciplina constitucional das crises económicas e financeiras*, in *Revista de Informação Legislativa*, n.º 108, outubro-dezembro de 1990, págs. 33

CAPÍTULO V – REGIME ESPECÍFICO DOS DIREITOS ECONÓMICOS, SOCIAIS E CULTURAIS

Eis o que se tem verificado, não sem antecedentes noutras épocas, na última década, em alguns países europeus, tornando necessário, pela sua maior gravidade, os Estados contraírem empréstimos junto a entidades internacionais. E foi o que aconteceu em Portugal, em 2011, com a celebração dos dois "memorandos de entendimento", um com o Fundo Monetário Internacional e outro com a União Europeia e o Banco Central Europeu e dos quais constava, em contrapartida, a obrigação de contenção de despesas públicas, de aumento de receitas e de realização de reformas em numerosas áreas [1344].

e segs.; GILBERTO BERCOVICI, *op. cit.*, pág. 327; JOSÉ CASALTA NABAIS e SUZANA TAVARES DA SILVA, *O Estado pós-moderno e a figura do tributo*, in *Revista de Legislação e de Jurisprudência*, novembro-dezembro de 2010, págs. 84 e 85; BERNARDO DA GAMA LOBO XAVIER, *À volta do art. 260 do C.T.*, Coimbra, 2011; *Sustentabilidade fiscal em tempo de crise*, obra coletiva (coord. por José Casalta Nabais e Suzana Tavares da Silva), Coimbra, 2011; SUZANA TAVARES DA SILVA, *Sustentabilidade e solidariedade em estado de emergência económico-financeiro*, in *O memorando da Troika e as empresas*, obra coletiva, Coimbra, 2012, págs. 34 e segs.; OSVALDO FERREIRA DE CARVALHO, *O estado de necessidade económico-financeiro e o impacto sobre os direitos fundamentais*, Coimbra, 2012; ANTONIO GIMÉNEZ MERINO, *A crise europeia: excepcionalidade económica, gestão autoritária e emergência de formas ativas de resistência civil*, in *Revista Brasileira de Estudos Políticos*, julho-dezembro de 2012, págs. 47 e segs.; AFONSO DE OLIVEIRA MARTINS, *A Constituição e a crise*, in *Estudos em homenagem ao Prof. Doutor Jorge Miranda*, obra coletiva, I, págs. 85 e segs.; MIGUEL PRATA ROQUE, *op. cit.*, *loc. cit.*, págs. 878 e segs.; TIAGO ANTUNES, *op. cit.*, *loc. cit.*, págs. 1075 e segs.; ENRIQUE ÁLVAREZ CONDE, *El Derecho Constitucional y la Crisis*, in *Revista de Derecho Publico*, setembro-dezembro de 2013, págs. 89 e segs.; EDUARDO COIMBRA, *Sobre o estatuto constitucional da austeridade. Normatividade, autoridade e interpretação constitucional em cenário de "normalidade económico-financeira"*, in *A austeridade cura? A austeridade mata?*, obra coletiva (coord. por Eduardo Paz Ferreira), Coimbra, 2013, págs. 763 e segs.; *A crise e o Direito*, obra coletiva (coord. por Jorge Bacelar Gouveia), Coimbra, 2013; GIOVANNI MESSINA, *Stato economico d'eccezione e teoria della governance*, in *Revista Brasileira de Estudos Políticos*, n.º 107, julho dezembro de 2013, págs. 99 e segs.; MARIA BENEDITA URBANO, *Estado de crise económico-financeira e o papel do Tribunal Constitucional*, in *VI Encontro dos Professores Portugueses de Direito Público*, obra coletiva, Lisboa, 2013, págs. 7 e segs.; MARIO BENEDETTI, *Estudo da crise económico-financeira e o papel do Tribunal Constitucional*, in *IV Encontro dos Professores Portugueses de Direito Público*, obra coletiva, Lisboa, 2013, págs. 7 e segs,; CATARINA SANTOS BOTELHO, *Os direitos sociais ...*, cit., págs. 417 e segs.; EMMANUELE ROSSI, *Sostenibilità del Welfare di tempo di crise*, in *Diritto e Società*, 2014, 1, págs. 1 e segs.; JOSÉ IGNACIO LACASTA ZABALZA, *Portugal y España: el 'estado de excepción' por motivos financieros*, in *Boletim de Ciências Económicas da Faculdade de Direito da Universidade de Coimbra*, 2014, II, págs. 1723 e segs.; CARLOS BLANCO DE MORAIS, *Curso...*, II, 2, cit., págs. 709 e 785 e segs. Cfr. ainda, implicitamente, PAULO OTERO, *Direito...*, II, cit., págs. 176 e segs.

[1344] Cfr. EDUARDO CORREIA BAPTISTA, *Natureza jurídica dos memorandos com o FMI e a União Europeia*, in *Revista da Ordem dos Advogados*, 71, 2, 2011, págs. 477 e segs.; FILIPA LEMOS CALDAS e TOMÁS ABRANTES E OLIVEIRA, *A vinculabilidade do Memorando de Entendimento da Troika – Em especial, a disciplina orçamental*, in *Revista de Direito Público e Finanças*, 2011, págs. 173 e segs.;

II – Têm sido, com efeito, numerosos os acórdãos do Tribunal Constitucional português desde 2010 sobre medidas legislativas, sobretudo a nível orçamental, adotados para fazer frente a essa crise económico-financeira [1345]. Podendo ser recenseadas vinte e duas questões de inconstitucionalidade, em doze vezes foram emitidas doze decisões positivas.

O Tribunal não tem deixado de estar ciente ou da «relevância do interesse público» [1346]; ou da «absoluta excecionalidade das finanças públicas» [1347]; ou da «urgência da obtenção de receitas», da «situação de emergência» ou «da situação de grave dificuldade financeira do Estado» [1348]; ou do «desequilíbrio da segurança social» [1349]. Ao mesmo tempo, não tem deixado de reiterar: «A Constituição não pode certamente ficar alheia à realidade económica e financeira... Mas ela possui uma específica autonomia normativa que impede que os objetivos económicos e financeiros prevaleçam, sem quaisquer limites, sobre parâmetros normativos como o da igualdade que a Constituição defende e deve fazer cumprir» [1350].

Tem sido invocando este princípio, assim como os da proporcionalidade e da proteção da confiança, e não tanto os direitos sociais em si mesmos, individualmente considerados, que se têm fundado as decisões de inconstitucionalidade. E as divergências notórias entre os juízes – só uma vez houve votação unânime – têm resultado, fundamentalmente, do alcance com que podem ou

---

FRANCISCO PEREIRA COUTINHO, *A natureza jurídica dos memorandos da "Troika"*, in *Themis*, 2013, págs. 147 e segs.; JOSÉ DE MELO ALEXANDRINO, *Jurisprudência de crise. As questões prévias e as perplexidades*, in *O Tribunal Constitucional e a crise*, obra coletiva, págs. 51 e segs.; MARIA LUÍSA DUARTE, *Direito Internacional Público – Ordem Jurídica global do século XXI*, Coimbra, 2014, págs. 108 e segs.; CARLOS BLANCO DE MORAIS, *Curso...*, II, 2, cit., págs. 725 e 726.

[1345] Acórdão n.º 399/2010, de 27 de outubro (*Diário da República*, de 26 de novembro de 2010); acórdão n.º 396/2011, de 21 de setembro (*ibidem*, de 17 de outubro de 2011); acórdão n.º 135/2012, de 7 de março (*ibidem*, 2.ª série, de 11 de abril de 2012); acórdão n.º 353/2012, de 5 de julho (*ibidem*, de 20 de julho de 2012); acórdão n.º 187/2013, de 5 de abril (*ibidem*, de 12 de abril de 2013); acórdão n.º 474/2013, de 29 de agosto (*ibidem*, de 17 de setembro de 2013); acórdão n.º 794/2013, de 21 de novembro (*ibidem*, de 18 de dezembro de 2013); acórdão n.º 862/2013, de 15 de dezembro (*ibidem*, de 7 de janeiro de 2012); acórdão n.º 413/2014, de 30 de maio (*ibidem*, de 26 de junho de 2014); acórdão n.º 574/2014, de 14 de agosto (*ibidem*, de 3 de setembro de 2014); acórdão n.º 575/2014, de 14 de agosto (*ibidem*, de 3 de setembro de 2014).

[1346] Acórdão n.º 399/2010.

[1347] Acórdão n.º 396/2011.

[1348] Acórdão n.º 187/2013.

[1349] Acórdão n.º 575/2014.

[1350] Acórdão n.º 353/2012.

CAPÍTULO V – REGIME ESPECÍFICO DOS DIREITOS ECONÓMICOS, SOCIAIS E CULTURAIS

devem os princípios ser invocados; ou, doutro prisma, com a densidade do controlo, em nome deles, sobre leis dimanas do legislador democrático – um tema a que, atrás, de resto, já aludimos [1351].

III – Não se chegou, portanto, a um estado de exceção ou de necessidade económico-financeira, figura autonomizável homóloga ou semelhante ao

---

[1351] Sobre esta jurisprudência tem-se pronunciado a doutrina, em moldes por vezes bastante críticos.

Cfr. Luís Pereira Coutinho, *Os direitos sociais e a crise*, in *Direito e Política*, n.º 1, outubro-dezembro de 2012, págs. 74 e segs.; Miguel Nogueira de Brito, *Comentário ao Acórdão n.º 353/2012 do Tribunal Constitucional, ibidem*, págs. 108 e segs.; Ricardo Branco, *"Ou sofrem todos, ou há moralidade". Breves notas sobre a fundamentação do Acórdão do Tribunal Constitucional n.º 353/2012, de 5 de julho*, em *Estudos em homenagem a Miguel Galvão Teles*, obra coletiva, Coimbra, 2012, págs. 259 e segs.; Luís Menezes Leitão, *Anotação ao Acórdão do Tribunal Constitucional n.º 353/2012*, in *Revista da Ordem dos Advogados*, janeiro-março de 2012, págs. 415 e segs.; António Carlos Santos e Clotilde Celorico Palma, *O Acórdão n.º 353/2012 do Tribunal Constitucional*, in *Revista de Finanças Públicas e Direito Fiscal*, ano V, 11-12, 2012, págs. 31 e segs.; Ravi Afonso Pereira, *Igualdade e proporcionalidade: um comentário às decisões do Tribunal Constitucional de Portugal sobre salários no sector público*, in *Revista Española de Derecho Constitucional*, maio-agosto de 2013, págs. 358 e segs.; Raquel Carvalho, *Os efeitos da declaração de inconstitucionalidade proferida no Acórdão n.º 602/2013 e o despedimento por extinção do posto de trabalho*, in *Questões Laborais*, julho-dezembro de 2013, págs. 563 e segs.; *O Tribunal Constitucional e a crise*, obra coletiva (com estudos de Gonçalo de Almeida Ribeiro, João Carlos Loureiro, Jorge Pereira da Silva, José de Melo Alexandrino, Luís Pereira Coutinho, Maria Benedita Urbano, Miguel Nogueira de Brito, Paulo Mota Pinto e Rui Medeiros); Cristina Queiroz, *O Tribunal Constitucional e os direitos sociais*, Coimbra, 2014; Jorge Reis Novais, *Em defesa do Tribunal Constitucional*, Coimbra, 2014; António Casimiro Ferreira e José Manuel Pureza, *Estado de Direito ou Estado de exceção: a justiça constitucional face ao questionamento do Estado social*, in *A economia política do retrocesso*, obra coletiva, Coimbra, 2014, págs. 283 e segs.; Carlos Blanco de Morais, *Curso...*, II, vol. 2, págs. 709 e segs. (sendo muito importante a síntese feita a pág. 754); Gonçalo Rocha Peixoto, *Activismo judicial nas decisões do Tribunal Constitucional*, in *O Direito*, 2017, págs. 403 e segs.; Mariana Melo Egídio, *A interpretação conforme à Constituição na jurisprudência constitucional da crise, ibidem*, págs. 627 e segs. V. ainda as nossas recensões in *O Direito*.

Para um relance comparativo, cfr. *Constitutions in the Global Financial Crisis – A Comparative Analysis*, obra coletiva, Farnham, 2013 (com um artigo de Jónatas Machado a págs. 219 e segs.); Diane Roman, *La jurisprudence sociale des Cours Constitutionnelles en Europe: vers une jurisprudence de crise?*, in *Les Nouveaux Cahiers du Conseil Constitutionnel*, n.º 45, 2014, págs. 63 e segs.; Bárbara Barbizani de Carvalho de Melo Franco Caiado, *As margens do juiz frente às restrições ao direito fundamental à retribuição*, in *Jurisdição Constitucional e Direitos Fundamentais*, obra coletiva, Belo Horizonte, 2015, págs. 1 e segs.; José Luís Bolzan de Morais e Guilherme Valle Brum, *Políticas Públicas e Jurisdição Constitucional*, Porto Alegre, 2016, págs. 81 e segs.

DIREITOS FUNDAMENTAIS

estado de sítio ou ao estado de emergência. Se houve, e continua a haver, alterações significativas e até suspensão de normas definidoras de direitos derivados a prestações, nunca houve suspensão das próprias normas constitucionais de direitos sociais fundamentais.

IV – A única hipótese em que esta suspensão poderá conceber-se é, justamente, em consequência ou em conexão com estado de sítio provocado por agressão efetiva com ocupação de parte do território nacional ou provocada por extrema subversão da ordem constitucional democrática.

De resto, mesmo então, sempre se imporiam quatro condicionantes ou balizas aos poderes públicos:

a) Ser garantido um conteúdo mínimo dos direitos sociais e, conforme salientado na altura própria, o mínimo material de subsistência imposto pela dignidade da pessoa humana [1352];

b) Serem respeitados os princípio da universalidade, da igualdade e da proporcionalidade [1353];

c) Ter de haver autorização parlamentar;

d) Mais cedo ou mais tarde, poderem funcionar os mecanismos de controlo de constitucionalidade e de legalidade.

Senão, estar-se-ia diante de uma rutura anticonstitucional ou, pior, no sentido que vai percorrendo o Direito internacional, na iminência de "Estado falhado".

129. O princípio da relativa relevância das condições económicas dos titulares

I – Os direitos económicos, sociais e culturais são, no contexto do Estado de Direito democrático, direitos universais e não direitos de classe. Tal não obsta a que, por estribadas na ideia de uma igualdade real a construir, as incumbências

---

[1352] ROBERT ALEXY, *op. cit.*, pág. 496: é justamente em tempos de crise que parece indispensável uma proteção jusfundamental das posições sociais, por mínima que seja.

[1353] Cfr. J. J. GOMES CANOTILHO e VITAL MOREIRA, *Fundamentos...*, cit.; GEORGES KATROUGALOS e DAPHNE AKOUMIANAKI, *L'application...*, cit., *loc. cit.*, pág. 1403.

CAPÍTULO V – REGIME ESPECÍFICO DOS DIREITOS ECONÓMICOS, SOCIAIS E CULTURAIS

públicas correlativas da sua realização consintam alguma adequação em função das condições concretas dos seus titulares ou beneficiários [1354].

Direitos de libertação de necessidade e expressão de solidariedade organizada, como já disse, são direitos de todos – porque todos fazem parte de uma só comunidade e porque todos, conforme as suas circunstâncias e vicissitudes, podem vir carecer dos correspondentes bens. Porém, precisamente porque há desigualdades de facto, as prestações em que se projetam hão de tomá-las em conta, podem ser diferenciadas e hão de ser suportadas desigualmente de acordo com as capacidades económicas.

É o próprio princípio de igualdade que o exige, assim como, consoante acabámos de ver – em face de insuperáveis limites financeiros – a efetividade das normas constitucionais em relação aos direitos derivados a prestações, no seu conjunto. É também uma exigência de uma sociedade aberta e solidária.

II – Sobre o problema de saber como devem ser encaradas e suportadas as despesas inerentes à satisfação das necessidades coletivas, há três linhas possíveis e bem demarcadas:

a) A do Estado *mínimo*, que tende a atribuir todos ou quase todos esses encargos aos indivíduos ou a grupos privados;

b) A do Estado *marxista*, que tende, pelo contrário, a confiá-los ao Estado;

c) E a do Estado *social*, que aceita assumir os custos de satisfação de necessidades básicas, embora não os das demais necessidades a não ser na medida do indispensável para assegurar aos que não possam pagar as prestações os mesmos direitos a que têm acesso aqueles que as podem pagar.

Se, obviamente, a Constituição rejeita o Estado mínimo (em face da soma de tarefas e incumbências que atribui às entidades públicas, à luz do desígnio de «uma sociedade mais solidária» do art. 1.º), tão pouco se compadece com o Estado marxista.

[1354] Não é, pois, preciso contestar o caráter de universalidade dos direitos sociais, como faz JOSÉ CASALTA NABAIS (*Algumas reflexões...*, cit., *loc. cit.*, págs. 1001 e 1002).

DIREITOS FUNDAMENTAIS

Não se conforma com este por causa de todo o relevo que confere à intervenção de grupos, associações e instituições existentes na sociedade civil na efetivação dos direitos sociais. Depois, por causa da garantia da propriedade e da iniciativa económica privada (reforçada em sucessivas revisões). Enfim, porque, expressamente, ao considerar o acesso à justiça alude à «insuficiência de meios económicos» (art. 20.º, n.º 1, atrás considerado) e declara o serviço nacional de saúde *tendencialmente gratuito* «tendo em conta as condições económicas e sociais dos cidadãos» [art. 64.º, n.º 2, alínea *c)*, na versão de 1989] [1355].

III – Por um lado, recai sobre o Estado assegurar, por meio de impostos, a assistência materno-infantil, os cuidados primários de saúde, o ensino básico e o secundário obrigatórios [1356], o apoio no desemprego, a integração das pessoas com deficiência e dos marginalizados, o auxílio material às vítimas de crimes e de calamidades naturais, etc. A essencialidade dos bens, assumida pela consciência coletiva do país nesta época histórica, justifica-o.

Por outro lado, quanto às restantes necessidades – ou porque não afetam identicamente todos os cidadãos, ou porque não revestem para todos o mesmo significado ou porque dependem de circunstâncias nem sempre previsíveis – pode justificar-se uma partilha dos custos da sua satisfação (até porque se verifica uma partilha de benefícios). O Estado deve pagar uma parte, os próprios outra parte e até onde possam pagar.

Os que podem pagar, devem pagar. E é preferível que paguem em parte (até certo limite do custo real) o serviço ou o bem, diretamente, por meio de taxas, e não indiretamente, mediante impostos, por três motivos: 1) porque assim tomam consciência do seu significado económico e social e das consequências de aproveitarem ou não os benefícios ou alcançarem ou não os resultados advenientes; 2) porque, em muitos casos, podem escolher entre serviços ou bens em alternativa; 3) porque mais de perto podem controlar a utilização do seu dinheiro e evitar ou atenuar o peso do aparelho burocrático.

[1355] Cfr. Luís MENESES DO VALE, *A jurisprudência do Tribunal Constitucional sobre o acesso às prestações concretizadoras do direito à saúde: alguns momentos fundamentais*, in *Jurisprudência Constitucional*, n.º 12, outubro-dezembro de 2006, págs. 12 e segs.

[1356] Se, por lei, como se viu, o ensino secundário passou a ser obrigatório, naturalmente teria de passar a ser também gratuito.

CAPÍTULO V – REGIME ESPECÍFICO DOS DIREITOS ECONÓMICOS, SOCIAIS E CULTURAIS

Diversamente, *os que não podem pagar, não devem pagar* (ou devem receber prestações pecuniárias – bolsas, pensões, subsídio de desemprego – para poderem pagar) [1357].

Mas a fronteira entre necessidades básicas e outras necessidades não é nunca rígida, nem definitiva. Depende dos estágios de desenvolvimento económico, social e cultural e da situação do país. E é também o sufrágio universal que, em cada momento, a traça, através das políticas públicas adotadas pelos órgãos nele baseados.

O que se diz em doutrina geral tem uma aplicação clara no respeitante, por exemplo, ao ensino superior. Se no serviço nacional de saúde – que é *universal e geral* – se atende às condições económicas e sociais dos cidadãos, o mesmo deverá – por maioria de razão – verificar-se no ensino superior: a gratuitidade aqui há de ser outrossim função das condições económicas e sociais [1358].

O contraste entre os ensinos básico e secundário e o ensino superior entremostra-se não menos flagrante. Aquele é tornado universal e obrigatório e, por isso, pode e deve ser gratuito, pelo menos nas escolas públicas: porque beneficia toda a comunidade, esta deve suportar integralmente o seu custo. De diverso modo, o ensino superior, visto que não é universal, tem uma gratuitidade a ser conseguida progressivamente e moldável em razão das condições económicas e sociais: ele deve ser gratuito, quando as condições dos alunos o reclamem, porque senão frustrar-se-ia o acesso dos que tivessem capacidade; não tem de ser gratuito, quando as condições dos alunos o dispensem.

A frequência do ensino superior implica, ao mesmo tempo, o exercício de um direito pessoal complexo (ou de um feixe de direitos pessoais) e um instrumento de elevação do nível educativo, cultural e científico do país (arts. 43.º, n.º 1, e 76.º, n.º 1). É um benefício para os próprios e um benefício para a coletividade. Logo, afigura-se justo, no plano dos valores constitucionais, que aqueles que

---

[1357] A nossa maneira de ver continua também aqui distante da de João Carlos Espada, que, na lógica da sua posição, nem sequer poria o problema do texto. Pois conforme ele escreve, a universalidade dos direitos sociais liga-se aos bens essenciais considerados indispensáveis à ação da pessoa como agente moral (*Direitos sociais de cidadania*, cit., págs. 248 e 264); ao passo que, para nós, não só as necessidades básicas abrangem mais do que as correspondentes a esses bens como o princípio da universalidade vale para todos os direitos sociais e apenas o seu regime de financiamento há de pautar-se por fatores diferenciadores.

[1358] Aliás, a diferença de advérbios (*tendencialmente* gratuito quanto ao serviço nacional de saúde, *progressivamente* gratuito quanto aos graus de ensino) só reforça essa ideia. O serviço nacional de saúde é, *hoje*, tendencialmente gratuito, tendo em conta as condições económicas e sociais; o ensino superior há de vir a sê-lo. *Tendencialmente* é mais atual que progressivamente.

DIREITOS FUNDAMENTAIS

possam pagar a *sua quota-parte* desse benefício ou contribuir para o pagamento de certo montante desta quota-parte o venham a fazer.

Em suma: se as condições económicas e sociais – quer dizer, as necessidades e os rendimentos do agregado familiar [citados arts. 67.º, n.º 2, alínea *f*), e 104.º, n.º 1] – não permitirem qualquer forma de pagamento, impor-se-á a gratuitidade no ensino superior; se, porém, elas permitirem o pagamento (ou uma parte do pagamento), a isenção deste não só não se apresentará fundada como poderá obstar à correção de desigualdades [1359].

O problema que fica – e não só quanto ao ensino superior – é a desigualdade de custos nas escolas públicas e nas não públicas (com a agravante de os alunos, vindos de meios socioculturais mais elevados, conseguirem mais facilmente ficar com melhor classificação nos exames de acesso ao ensino superior). Para que houvesse igualdade real e liberdade de escolha, teria de ser assegurado a quem desejasse frequentar umas ou outras escolas os indispensáveis meios económicos (fosse de que maneira fosse) [1360].

130. A informação internacional sobre direitos económicos, sociais e culturais

I – A informação, através do envio de relatórios a organizações internacionais, é a forma comum de proteção dos direitos económicos, sociais e culturais a nível internacional: arts. 16.º e segs. do Pacto de Direitos Económicos, Sociais e Culturais; arts. 19.º, n.º 5, alínea *e*), 19.º, n.º 6, alínea *d*), e 23.º da Constituição da Organização Internacional do Trabalho; arts. 24.º e 27.º e segs. da Carta Social Europeia (após as alterações de 1991).

II – Os relatório previstos no Pacto de Direitos Económicos, Sociais e Culturais têm por objeto as medidas adotadas e os progressos alcançados, bem como os fatores e as dificuldades na efetivação dos direitos. São apresentados por fases, segundo programa a estabelecer pelo Conselho Económico e Social.

[1359] Para maior desenvolvimento, JORGE MIRANDA e MARIA DA GLÓRIA GARCIA, *A lei de financiamento do ensino superior*, in *Revista da Faculdade de Direito da Universidade de Lisboa*, 1998, págs. 314 e segs.; MARIA D'OLIVEIRA MARTINS, *op. cit.*, págs. 400 e ss. e ANDRÉ SALGADO DE MATOS, *O direito ao ensino...*, cit., *loc. cit.*, págs. 449 e 450. Cfr., do prisma económico e comparativo, LUÍSA CERDEIRA, *O financiamento do ensino superior português*, Coimbra, 2009.
[1360] Assim, anotação ao art. 43.º, in JORGE MIRANDA e RUI MEDEIROS, *Constituição...*, I, pág. 934.

CAPÍTULO V – REGIME ESPECÍFICO DOS DIREITOS ECONÓMICOS, SOCIAIS E CULTURAIS

E segue-se a intervenção do Conselho Económico e Social, das agências especializadas competentes, do Conselho de Direitos do Homem e da Assembleia Geral das Nações Unidas.

131. A proteção internacional

I – No Pacto de Direitos Económicos, Sociais e Culturais preveem-se medidas destinadas a assegurar os direitos reconhecidos no Pacto (art. 23.º), tais como: conclusão de convenções, adoção de recomendações, prestação de assistência técnica, reuniões para fins de consulta e de estudo. Caso particular é o do ensino primário gratuito (art. 14.º).

Em 2008, foi aprovado um Protocolo facultativo criando um Comité de Direitos Económicos, Sociais e Culturais. O Comité recebe os relatórios previstos no Pacto, a que pode seguir-se a intervenção do Conselho Económico e Social ou das organizações especializadas em razão da matéria.

II – Maior operatividade obtém, de todo o modo, a proteção no sistema da Organização Internacional do Trabalho (através das queixas e dos inquéritos, da sujeição de litígios ao Tribunal Internacional de Justiça e das medidas a adotar pela Conferência Internacional do Trabalho) [1361].

III – Na Carta Social Europeia estabelecem-se regras relativas à abstenção das Partes contratantes nos diversos preceitos (art. 20.º).

132. A competência de regulamentação dos direitos económicos, sociais e culturais

I – Ao contrário do que se verifica com os direitos, liberdades e garantias, a regra é da competência legislativa concorrencial da Assembleia da República e do Governo no tocante a direitos económicos, sociais e culturais e da competência também das Assembleias Legislativas regionais, nos respetivos âmbitos territoriais [arts. 112.º, n.º 4, e 227.º, n.º 1, alínea a)]. A extensão, a fluidez e, muitas vezes, a tecnicidade das matérias encontram-se subjacentes a esta orientação.

[1361] CFR., POR TODOS, ÉTIENNE GRISEL, *op. cit.*, págs. 42 e segs.; ou *Curso de Direito Internacional Público*, cit., págs. 304 e 305.

DIREITOS FUNDAMENTAIS

II – Únicos domínios de reserva de competência da Assembleia da República são:

a) Em moldes de reserva absoluta, as bases do sistema de ensino [art. 164.º, alínea *i*)], enquanto estas tenham que ver com o direito à educação e não só com a liberdade de ensino;

b) Em termos de reserva relativa, as bases do sistema de segurança social e do serviço nacional de saúde, as bases do sistema de proteção da natureza, do equilíbrio ecológico e do património cultural [e as bases do ordenamento do território e do urbanismo (art. 165.º, n.º 1, alíneas *b*), *g*) e *z*) e o regime geral do arrendamento rural e urbano (art. 165.º, n.º 1, alínea *h*)].

III – Esta reserva legislativa coincide com reserva parlamentar de aprovação de convenções [art. 161.º, alínea *j*)].

IV – Todavia, sempre que, independentemente das reservas de competência legislativa, houver leis de bases sobre matérias de direitos sociais, os decretos-leis de desenvolvimento deverão ser com elas conformes (art. 112.º, n.º 2) [1362].

V – Coisa diferente vem a ser a competência do Governo, a exercer por múltiplas formas, de praticar todos os atos e tomar todas as providência necessárias à promoção do desenvolvimento económico-social e à satisfação das necessidades coletivas [art. 199.º, alínea *g*)] [1363].

[1362] V. *Manual...*, V, cit., págs. 404 e segs.
[1363] Cfr. SÉRVULO CORREIA, *Legalidade e autonomia contratual nos contratos administrativos*, Lisboa, 1987, págs. 211 e segs.; PAULO OTERO, *O poder de substituição...*, cit., págs. 614 e segs.; RUI MEDEIROS, anotação em JORGE MIRANDA e RUI MEDEIROS, *Constituição...*, II, cit., págs. 740 e 741.

ÍNDICE GERAL

TÍTULO I
A PROBLEMÁTICA DOS DIREITOS FUNDAMENTAIS

CAPÍTULO I
SENTIDO DOS DIREITOS FUNDAMENTAIS

§ 1.º
Formação e evolução

1. Noção de direitos fundamentais 11
2. Os direitos fundamentais na história 15
3. A evolução até ao Estado moderno 18
4. Da centralização do poder ao constitucionalismo 22
5. Do Estado liberal ao Estado social 27
6. Direitos fundamentais e regimes políticos nos séculos xx e xxi 33
7. O Estado social, hoje 37
8. A justiça constitucional e os direitos fundamentais 41
9. Os direitos fundamentais para além do Estado 42
10. Gerações futuras e sustentabilidade 47
11. Direitos fundamentais das gerações futuras? 51

§ 2.º
Conceções de direitos fundamentais

12. As Igrejas Cristãs perante os direitos da pessoa humana 55
13. Outras religiões e outras áreas civilizacionais 58
14. Universalismo e multiculturalismo 61

DIREITOS FUNDAMENTAIS

15. As atitudes filosóficas subjacentes às conceções de direitos do homem . 65
16. Direitos e valores 68
17. Os sistemas teórico-jurídicos de direitos fundamentais 73

CAPÍTULO II
CONCEITOS AFINS
E CATEGORIAS DE DIREITOS FUNDAMENTAIS

§ 1.º
Direitos fundamentais e conceitos afins

18. Direitos fundamentais e direitos subjetivos públicos 79
19. Direitos fundamentais e direitos de personalidade. 82
20. Direitos fundamentais e situações funcionais. 86
21. Direitos fundamentais e direitos dos povos 89
22. Direitos fundamentais e interesses difusos 92
23. Direitos fundamentais e interesses legítimos 97
24. Direitos fundamentais e garantias institucionais. 97
25. Direitos fundamentais e deveres fundamentais. 100

§ 2.º
Categorias de direitos fundamentais

26. As classificações 107
27. *Status libertatis, status civitatis e status activae civitatis* 108
28. Direitos de agir e direitos de exigir 110
29. Direitos de existência, de liberdade, de participação,
    a prestações e de defesa. 111
30. Direitos de liberdade e direitos sociais. 113
31. Sentido da distinção 117
32. Sentido da distinção (cont.) 122
33. As vertentes positivas e negativas dos direitos 127
34. A dupla natureza dos direitos ambientais 131
35. Direitos fundamentais individuais e direitos fundamentais
    institucionais 133
36. Direitos de exercício individual, direitos de exercício coletivo
    e de exercício individual e coletivo simultaneamente. 139
37. Direitos fundamentais comuns e direitos fundamentais particulares . . . 140
38. Direitos do homem, do cidadão e do trabalhador 142

ÍNDICE GERAL

39. Direitos pessoais, sociais e políticos. 143
40. Direitos gerais e direitos especiais 146
41. Direitos fundamentais materiais e direitos fundamentais
procedimentais 146
42. Direitos e garantias 148
43. Direitos fundamentais relativos e absolutos? 152

TÍTULO II
DIREITOS FUNDAMENTAIS
E SISTEMAS CONSTITUCIONAIS

CAPÍTULO I
RELANCE COMPARATIVO

44. Sequência 155
45. Comparação de Constituições de alguns Estados 158
46. Comparação das Constituições portuguesas 165
47. Os direitos fundamentais na Constituição de 1976. 168

CAPÍTULO II
O ATUAL SISTEMA PORTUGUÊS
DE DIREITOS FUNDAMENTAIS

48. A Constituição e os direitos fundamentais 175
49. O tratamento sistemático dos direitos 177
50. A abertura a novos direitos fundamentais 181
51. A abertura a novos direitos fundamentais (cont.). 186
52. Os deveres na Constituição. 196
53. A interpretação e a integração de harmonia com a Declaração
Universal. 205
54. O art. 29.º, n.º 2, da Declaração Universal e os limites ao exercício
de direitos. 211
55. A dignidade da pessoa humana, fundamento da República 217
56. A dignidade da pessoa humana à face da Constituição 224
57. Dimensões da dignidade 226
58. Dimensões da dignidade da pessoa humana (cont.) 232
59. Dimensões da dignidade da pessoa (cont.) 233
60. Dimensões da dignidade da pessoa (cont.) 234

DIREITOS FUNDAMENTAIS

61. Dimensões da dignidade da pessoa (cont.) 234
62. Dimensões da dignidade da pessoa (cont.) 238
63. Dimensões da dignidade da pessoa (cont.) 241
64. Dimensões da dignidade da pessoa (cont.) 243
65. Dimensões de dignidade (cont.) 245
66. O Estado de Direito 245
67. O Estado de Direito democrático 254
68. Estado de Direito e Estado de Justiça. 257

TÍTULO III
O REGIME DOS DIREITOS FUNDAMENTAIS

CAPÍTULO I
OS PRINCÍPIOS CONSTITUCIONAIS
SOBRE DIREITOS FUNDAMENTAIS

69. Os princípios 261
70. Os princípios constitucionais como parâmetros
    de constitucionalidade 267
71. O art. 17.º e o regime dos direitos, liberdades e garantias 270

CAPÍTULO II
PRINCÍPIOS COMUNS

§ 1.º
O princípio da universalidade

72. O princípio da universalidade 277
73. Princípio da universalidade e pessoas coletivas 281

§ 2.º
O princípio da igualdade

74. A igualdade em geral 285
75. O princípio da igualdade no Direito positivo português 292
76. Sentido da igualdade 299
77. Igualdade e lei. 308
78. Igualdade, administração e jurisdição 313

ÍNDICE GERAL

79. As discriminações positivas. 315
80. A igualdade entre os particulares 318

CAPÍTULO III
PRINCÍPIOS COMUNS COM ADAPTAÇÕES

§ 1.º
O princípio da proporcionalidade

81. O princípio da proporcionalidade 323
82. Campos de aplicação 328
83. Formas de violação. 331
84. O juízo de proporcionalidade 332

§ 2.º
O princípio da proteção da confiança

85. Segurança jurídica, proteção da confiança, boa fé 337
86. Função legislativa e princípio da proteção da confiança. 341
87. Revisão constitucional e proteção da confiança. 347

§ 3.º
O princípio da eficácia jurídica dos direitos fundamentais

88. A aplicação imediata. 349
89. A vinculação das entidades públicas 355
90. A vinculação das entidades privadas 362
91. A preservação do conteúdo essencial 373
92. Limites imanentes e restrições. 378
93. A limitação recíproca dos direitos. 384

§ 4.º
O princípio da tutela jurídica

94. Tutela jurídica e acesso ao direito. 389
95. A tutela jurisdicional dos direitos fundamentais 391
96. A tutela jurisdicional dos direitos sociais, em particular 400
97. Atos jurídico-públicos e meios jurisdicionais 404
98. Os procedimentos judiciais do art. 20.º, n.º 5 da Constituição 408

DIREITOS FUNDAMENTAIS

99. A igualdade perante a tutela jurisdicional 412
100. A tutela graciosa ou não contenciosa dos direitos fundamentais. 417
101. O Provedor de Justiça. 421

§ 5.º
O princípio da responsabilidade civil do Estado

102. Evolução constitucional e legislativa 427
103. O art. 22.º da Constituição. 429
104. A responsabilidade por atos e omissões na função legislativa. 437
105. O regime da Lei n.º 67/2007 443

§ 6.º
Os direitos fundamentais como limite material da revisão constitucional

106. Os limites materiais do art. 288.º. 451

§ 7.º
O referendo sobre direitos fundamentais

107. O referendo político nacional. 455

CAPÍTULO IV
O REGIME ESPECÍFICO DOS DIREITOS, LIBERDADES E GARANTIAS

§ 1.º
O princípio da reserva de lei

108. Liberdade e lei. 457

§ 2.º
O princípio da caráter restritivo das restrições

109. A complexidade das restrições 459
110. As restrições das restrições 468
111. A afetação individual de direitos apenas verificados os pressupostos
e com as garantias da Constituição e da lei 473
112. Auto-restrição e auto-suspensão de direitos 478

§ 3.º
O caráter excecional da suspensão

113. As situações de necessidade constitucional. . . . . , , ... 481
114. O regime da suspensão. 488

§ 4.º
Outros princípios e regras

115. A autotutela mediante o direito de resistência. 497
116. A responsabilidade criminal por violação de direitos, liberdades
e garantias. 506
117. O regime reforçado dos direitos, liberdades e garantias do art. 19.º,
n.º 6, da Constituição 509
118. Direitos, liberdades e garantias e órgãos independentes
e consultivos da Administração. 511
119. O acesso a instâncias internacionais 514
120. A informação internacional pelo Estado português 516

§ 5.º
O regime orgânico

121. A reserva de competência legislativa do Parlamento sobre direitos,
liberdades e garantias 517
122. A competência parlamentar internacional sobre direitos, liberdades
e garantias 522

CAPÍTULO V
REGIME ESPECÍFICO DOS DIREITOS ECONÓMICOS, SOCIAIS E CULTURAIS

123. A exigência de efetivação pública 525
124. O princípio da iniciativa social 530
125. O princípio da democracia participativa 531
126. A dependência da realidade constitucional 534
127. O problema do retrocesso social 537
128. Crise económico-financeira e estado de exceção 544
129. O princípio da relativa relevância das condições económicas
dos titulares 548

DIREITOS FUNDAMENTAIS

130. A informação internacional sobre direitos económicos,
sociais e culturais 552
131. A proteção internacional 553
132. A competência de regulamentação dos direitos económicos,
sociais e culturais 553